LAS CARTAS DEL BEAGLE

Charles Darwin

El libro reúne, en orden cronológico, la colección completa de las cartas que Darwin envió y recibió durante su viaje a bordo del Beagle entre 1831 y 1836, durante el cual realizó muchas de las observaciones que perfilaron su teoría de la evolución de las especies a través de la selección natural. El intercambio epistolar muestra cómo la familia y amigos presenciaban, desde Inglaterra, el acopio de experiencias y materiales que lo ayudarían a sustentar dicha teoría, así como el encuentro con otras culturas y formas de vida. Todo ello acompañado de las ilustraciones de Conrad Martens, el paisajista que se unió a la travesía en 1833, durante el paso del navío por Montevideo.

DEDICADO A LA FAMILIA
DE CHARLES DARWIN, PASADA Y PRESENTE,
CUYA GENEROSIDAD Y SENTIDO DE LA HISTORIA
HICIERON POSIBLE ESTE VOLUMEN

NOTA DEL TRADUCTOR

No voy a relatar aquí las dificultades que presenta una obra que recoge las cartas del científico británico y las de sus amigos, familiares y maestros. Sólo quiero hacer constar que las múltiples dificultades a que hay que enfrentarse al traducir textos de este tipo han requerido de la ayuda de investigadores de aquí y de allá, así como de la constante consulta de mapas y enciclopedias y de diversas fuentes de internet, algunas de las cuales he referido en notas al pie. A todos ellos, mi reconocimiento.

Lo que sí requiere quizá cierta aclaración es la versión utilizada para «castellanizar» cargos y títulos exclusivos de la Universidad de Cambridge, tanto en Inglaterra como en Irlanda, así como los cargos públicos de muchos de los personajes y de los miembros de la tripulación del Beagle. Espero que esta aproximación, notable sobre todo en las biografías agregadas al final del libro, dé una idea de una posible y probable correspondencia.

Por lo demás, una edición como la inglesa, que respeta prácticamente todas las fallas de manuscritos transmitidos a vuelapluma y sin intención de ser publicados, lleva al traductor a traicionar por imposible esta faceta de la edición.

Agregaré que, como es costumbre, se han puesto en cursivas todas las palabras o frases que en el original aparecían en lenguas ajenas al inglés, incluyendo las del español, para evitar agregar notas al pie que, por lo demás, me parecen inútiles. Así que si el lector encuentra frases como «Gracias a Dios» en cursivas, quiere decir que en el original venía tal cual, salvo una que otra falta ortográfica.

Nada más. Espero que el lector de habla hispana disfrute de estas páginas tal como seguramente disfruta de ellas el público de habla inglesa y disfruté yo al traducirlas.

INTRODUCCIÓN

JANET BROWNE[*]
¿CÓMO PUEDE ALGUIEN RESISTIR LA HISTORIA DE UN BARCO QUE VIAJA ALREDEDOR del mundo a principios del siglo XIX? Aunque no estuviera Charles Darwin en su centro, este volumen de cartas originales habría de proporcionar un recuento notable de las aventuras y peligros de un viaje llevado a cabo en el punto clave de la historia marítima. Siendo Darwin parte de la ecuación, los documentos se transforman en un registro extraordinario de la aventura personal de uno de los más grandes pensadores científicos del mundo. El viaje de Darwin en el Beagle se volvió famoso por haber inclinado su mente hacia la teoría evolucionista, por darle el valor intelectual y los materiales que habrían de apoyar esa teoría y por el simbolismo romántico de su camino hacia una meta del todo insospechada y magnífica. Desde luego que Darwin apreciaba el efecto de este viaje tanto como cualquiera. «Qué día glorioso será el 4 de noviembre para mí. Empezará mi segunda vida y se convertirá

en una fecha de cumpleaños por el resto de mi vida», declaró en un rapto al salir de Londres en 1831 para tomar su lugar a bordo del HMS Beagle. La perspectiva de viajar a través de los océanos en un barco de investigación británico iba más lejos que los sueños más alocados. Y aunque se equivocó en la fecha de partida, se sintió frustrado por el tamaño del barco, tuvo una discusión con su nuevo capitán, sintió palpitaciones en el corazón y con el tiempo viviría trastornos sociales, científicos y políticos mucho más trascendentales que salir navegando del puerto de Plymouth, esta evaluación espontánea se volvió real. El viaje del Beagle fue realmente un viraje en su vida, el principio de una nueva existencia. Incluso en su vejez, con toda una vida de logros científicos tras él, Darwin siempre reconoció con un escalofrío de deleite el goce juvenil de esa época en el mar. El viaje del Beagle le abrió la puerta a paisajes y oportunidades excepcionales: los paisajes costeros de Sudamérica, la fecundidad del Brasil tropical, los encuentros dramáticos con otras culturas y otras formas de vida, los viajes azarosos por caminos intransitables, islas exóticas y momentos incontables en los que su imaginación se vio conmovida en extremo. A su regreso, los logros del Beagle le permitieron unirse al mundo de los expertos en historia natural y le inspiraron los puntos de vista evolucionarios que expresaría en múltiples escritos, pero sobre todo en su Origen de las especies por medio de la selección natural, publicado en 1859. En más de una forma, el viaje lo convirtió en lo que sería. Al final de sus días podía aún conmoverse ante el recuerdo de esa experiencia extraordinaria.

Este volumen reúne todas las cartas que Darwin escribió y recibió durante el viaje. Para mayor claridad, el volumen comienza un poco antes de iniciarse el viaje, con las actividades de Darwin en 1831 que precedieron a la invitación a unirse al Beagle. Termina con su regreso a la casa paterna en Shrewsbury después de desembarcar en Falmouth en octubre de 1836, casi cinco años después. Reunida así para su publicación, la correspondencia viene a ser una serie asombrosamente completa, casi como una novela escrita en forma de cartas e igualmente cautivadora para el lector moderno. Todo considerado, es sorprendente que las cartas estén a nuestro alcance. Casi todas estas cartas manuscritas lograron llegar a su destinatario en una época en la que los barcos de vela y los carruajes tirados por caballos eran los medios predominantes de transporte, y la mayoría de ellas sobrevivieron en colecciones y archivos privados hasta hoy, algo maltratadas y arrugadas, ya que con toda evidencia fueron leídas en múltiples ocasiones por quienes las recibieron, pues no sólo sirvieron como testimonio evocador de los lazos personales que ligaban a Darwin con sus amigos y su familia, sino también del poder del Almirantazgo británico y la notable eficiencia de los servicios postales del siglo XIX. Es igualmente sorprendente poder seguir con un detalle tan vívido la evolución de la mente de un joven como Darwin. Sus cartas enviadas desde el Beagle muestran el orgullo natural de un viaje de esta naturaleza. Están llenas de una divertida conversación acerca de la vida cotidiana, del camino a través de los océanos y de sus hallazgos científicos. A veces lo vemos añorando y a veces mareado por el oleaje. Otras exultante por el hallazgo de un fósil particularmente sorprendente o por la vista panorámica. A menudo consulta a su padre sobre materias económicas o bromea con un amigo acerca de los días universitarios. En cada carta expresa su placer ante el mundo natural y registra su cada vez mayor aprecio por las oportunidades que el viaje le brinda. Las cartas también muestran a un Darwin que va madurando a lo largo de ellas como escritor sano y comprometido. Se trata de cartas enviadas a su gente querida, siendo cada una de ellas quizá la última que podía despachar, y constituyen un intento deliberado por describir sus emociones a medida que transcurría el viaje por tierras desconocidas. En las cartas, pues, empezaba Darwin a encontrar en sí mismo al futuro autor. Comenzaba a pensar que podía hacer alguna contribución al mundo de la ciencia. Planteaba sus ideas a sus amigos científicos cercanos y empezaba a desarrollar un estilo propio de expresión, un estilo modesto, sincero, autobiográfico, que se convirtió en uno de sus dones especiales como escritor. Estas frágiles y viajadas piezas de papel, conservadas cuidadosamente ahora en la biblioteca de la Universidad de Cambridge y en otras partes, son realmente únicas porque nos permiten visualizar los pensamientos de Darwin, siempre cambiantes y en desarrollo.

Podemos irlo acompañando en su viaje intelectual. Aquí nos sentimos más cerca de él, al fluir de sus cartas, que en cualquier otro punto de su destacada carrera.

Incontables percepciones de la vida en el siglo XIX brotan de estas cartas. Por ejemplo, las que intercambiaron Darwin y su profesor universitario John Stevens Henslow revelan mucho acerca del estado del conocimiento biológico de la época. Henslow aceptó hacerse cargo de los especímenes de historia natural que Darwin enviaba a Inglaterra y en sus cartas encaminaba suavemente a Darwin respecto de los detalles a los que debía prestar más atención. ¿Qué contenía el paquete 223?, preguntó Henslow en determinado momento. «Parecen los restos de una explosión eléctrica, una simple masa de hollín, permítame decir que se trata de algo muy curioso». En la misma época, Darwin fue desplegando una confianza cada vez mayor en su propio juicio. Sus cartas a Henslow proporcionan tanta información nueva acerca de la historia natural de partes del globo terráqueo hasta entonces relativamente desconocidas para los europeos que el propio Henslow dispuso de extractos de ellas para hacerlos públicos en una de las sociedades científicas de Londres. Pero la función de Henslow durante el viaje de Darwin en el Beagle no terminaba aquí. Activamente promovió las investigaciones de su discípulo cuando Darwin seguía todavía en su viaje, hasta tal punto que cuando Darwin llegó de regreso a Inglaterra se había estado creando ya una reputación científica. Su otro maestro universitario, el geólogo Adam Sedgwick, también se sintió profundamente interesado en su progreso científico. Hay igualmente muchas otras cartas que intercambió con sus amigos, jóvenes o no, acerca de la obra naturalista, que proporcionan un comentario sobresaliente sobre el proceso de elaboración de un conocimiento científico digno de confianza en la década de 1830.

Pero el inesperado punto brillante de esta colección es con toda seguridad la correspondencia de Darwin con sus tres hermanas solteras. Estas alegres y cálidas mujeres vivían con su padre, el doctor Robert Darwin, en un mundo gentil e inteligente que va de la mano con las novelas de Jane Austen. (La mayor de las hermanas de Darwin, Marianne, estaba casada ya con un médico y vivía en otros lares). Las tres hermanas tenían una aguda mirada hacia los incidentes sociales y devotamente mantuvieron a su hermano al día acerca de los acontecimientos locales. Sus cartas a Darwin son una mina de oro para los historiadores sociales. Ni el doctor Darwin ni Erasmus Darwin, el hermano mayor de Charles, llegaron a escribir más que una o dos veces durante todo el viaje. Pero Caroline, Susan y Catherine Darwin se turnaron para escribir una vez al mes en nombre de la familia. Escribieron acerca de las bodas y los compromisos rotos en Shrewsbury o de los libros que la familia leía, la tos del doctor Darwin, los hongos venenosos que comieron y las largas visitas a los parientes, entreverados con noticias ocasionales acerca de la aprobación por el Parlamento de las Leyes de Reforma y de la emancipación. Sus hermanas fueron las que con simpatía le contaron acerca de la boda súbita de Fanny Owen, la joven cuyo corazón tenía la esperanza Darwin de captar pero a la que abandonó ante la excitación del viaje. Antes de que el barco partiera, intercambiaron cartas conmovedoras Darwin y Fanny, y obviamente éstas siguieron siendo recuerdos sentimentales para ambos. A partir de ahí, las hermanas de Darwin mantuvieron una mirada alerta respecto de las esposas potenciales dentro del círculo familiar. Él se asombraba ante la cantidad de acontecimientos que tenían lugar en Shropshire. «Te aseguro que ningún infeliz hambriento ingirió alimentos con mayor premura». Se trata de las mejores hermanas que nadie hubiera podido tener.

También vale la pena mencionar que no todas las cartas aquí reunidas iban o venían de Inglaterra. Parte de la correspondencia más fogosa la mantuvo con su capitán, Robert FitzRoy, o con colegas que viajaban con él, o bien con la gente que iba conociendo en tierra. En total, la colección describe con maravilloso detalle el mundo en el que vivía Darwin. De gran variedad, a veces de carácter íntimo, a veces investigativo en sus temas, las cartas de Darwin desde el Beagle proporcionan una información documental única. Igualmente notables son los dibujos y pinturas aquí incluidos de Conrad Martens, artista notable, hasta ese momento sin fortuna, que se unió al Beagle en Montevideo como artista oficial de la expedición. Martens creó un registro visual poderoso que complementó el sentido de aventura desplegado por los viajeros. Dejó el Beagle en 1834 a su paso por Valparaíso para seguir viaje a Sydney, donde se hizo famoso por sus retratos y paisajes de la incipiente colonia. Darwin y FitzRoy le comisionaron cierta cantidad de obras acabadas cuando el Beagle atracó en Sydney. Pero la mayoría de las ilustraciones de este volumen provienen de los cuadernos de bosquejos de Martens, las cuales proporcionan impresiones de primera mano del viaje del Beagle, un bello equivalente visual de las propias cartas.

¿CÓMO FUE QUE DARWIN Y NO OTRO SUBIÓ A BORDO DEL HMS BEAGLE EN NOVIEMBRE de 1831? Gran parte de la respuesta descansa en el ambiente familiar y educativo de Darwin. Charles Robert Darwin nació en Shrewsbury en febrero de 1809, quinto hijo y segundo varón de Robert Waring Darwin, un próspero médico, y de su esposa Susannah Wedgwood. Darwin recordaría su infancia como años felices aunque su madre murió cuando tenía tan sólo ocho años de edad. La familia desempeñaba un papel de liderazgo en la respetable sociedad provinciana. Uno de sus abuelos era Erasmus Darwin, el poeta e incipiente pensador evolucionista y médico. El otro era Josiah Wedgwood, el magnate de la cerámica y uno de los iniciadores del gusto artístico y del sentido comercial de la época. Ambos hicieron contribuciones notables a los agitados cambios de la vida británica durante la segunda mitad del siglo XVIII y fueron hombres clave de la élite intelectual que promovió la Revolución industrial. Un árbol familiar tan notable siempre promueve comentarios y desde siempre ha sido tema popular entre los historiadores el rastrear parte de la creatividad personal de Darwin en esas dos figuras masculinas de su pasado. En realidad, no se parecía en carácter a ninguno de los dos, excepto que fue criado en la atmósfera de una familia rica, intelectual, librepensadora y metida en la ciencia, la misma que sus abuelos habían hecho posible. Esta más bien moderna combinación de prosperidad fabril, elevada posición social, escepticismo religioso y antecedentes culturales familiares aseguraron que Charles Darwin ocupara siempre un lugar en la sociedad media superior así como la perspectiva de una herencia relativamente cómoda, factores ambos que se volverían significativos en sus logros posteriores. Podríamos decir que nació dentro de la intelligentsia británica con recursos económicos asegurados.

Este principio seguro siguió adelante. Estudió en la Shrewsbury School (una de las «escuelas públicas» históricas de la Inglaterra del siglo XIX, escuela de paga residencial para muchachos de la élite social) de 1818 a 1825, a lo que siguió un corto periodo de estudios de medicina en la Universidad de Edimburgo. Al mismo tiempo que abandonó rápidamente la idea de convertirse en médico, Darwin se las ingenió para dedicar su tiempo a la historia natural. Tomó clases de química con Thomas Hope y el curso de historia natural de Robert Jameson, y ambos lo introdujeron en los conceptos clave de la geología y la zoología de la época. En el Museo de Historia Natural conoció al taxidermista local, un esclavo liberado llamado John Edmonstone, quien le enseñó cómo disecar pájaros. Se unió a una pequeña sociedad estudiantil, la Plinian Society, donde conoció a Robert Grant, un carismático profesor universitario de la escuela de medicina que aprobaba los puntos de vista evolucionistas franceses. Gracias a la guía de Grant, Darwin empezó a utilizar un microscopio para observar organismos recogidos en las costas del mar del Norte.

Grant influyó notablemente para ampliar las perspectivas de Darwin. De él adquirió una fascinación —que mantuvo toda la vida— por los procesos reproductores de invertebrados, como moluscos, esponjas y pólipos, lo que habría de ayudarle durante el viaje del Beagle. Grant igualmente alentó a Darwin para que leyera el Sistema de los animales invertebrados (1801), de Lamarck, y un día estalló en elogios de los puntos de vista de Lamarck sobre la trasmutación (a veces llamada también transformismo, pues la palabra evolución no se usaba en esa época). Darwin recordaría que sí lo escuchó, o así lo recordaba, pero que no tuvo mayor efecto en su mente. Pero ya para entonces había leído el libro de su abuelo sobre las leyes de la vida y la salud, la Zoonomia (1794-1796), que incluía una corta sección que establecía una teoría de la trasmutación muy similar a la de Lamarck. Para entonces hacía ya varios años que Erasmus Darwin y Lamarck habían muerto, pero eran altamente valorados

4

por los pensadores radicales por sus audaces teorías biológicas. Así, pues, Darwin abandonó Edimburgo con horizontes intelectuales más amplios que muchos otros jóvenes de su edad. Ya había aprendido a considerar el propósito de las elevadas cuestiones acerca de los orígenes y las causas, y hallar las explicaciones evolucionistas directamente de las pautas de la vida, aunque no hay razón para pensar que en ese momento fuera evolucionista.

En enero de 1828 entró en el Christ's College de Cambridge para estudiar un grado «ordinario», el punto de partida usual para tomar las órdenes sagradas de la Iglesia anglicana. Aunque su familia no era particularmente religiosa, llegar a ser clérigo era una profesión aceptable en el siglo XIX y varios miembros del círculo de las familias Darwin y Wedgwood eran párrocos sin ser abiertamente fervientes. En la tradición del reverendo Gilbert White, autor de The Natural History of Selborne, los jóvenes podían aspirar a un nicho cómodo en una parroquia rural con tiempo suficiente para dedicarse a la historia natural, a sus intereses literarios o deportivos así como proporcionar el cuidado social paternalista típico de la época. Más tarde Darwin diría en sus recuerdos autobiográficos que se contentaba con la idea de volverse hombre de iglesia, aunque admitía que tenía ciertas dudas doctrinales transitorias. Más adelante se daría cuenta de la ironía. «Considerando cuán fieramente he sido atacado por la ortodoxia, parece risible que haya intentado convertirme en un clérigo». Con toda seguridad su padre le había inculcado la importancia de adquirir una profesión, que no podía depender de un ingreso privado total a partir de la herencia. «Preocúpate sólo de disparar, de los perros y de la caza de la zorra y serás una desgracia para ti mismo y para toda tu familia», parece que el doctor Darwin le dijo alrededor de esa época, para mortificación de su hijo. Si no la medicina, entonces la Iglesia, parecería que fue el tema de su conversación.

Esos pocos años en la Universidad de Cambridge fueron importantes para el futuro de Darwin y dieron forma al trasfondo para muchas de sus experiencias en el viaje del Beagle. Sus logros intelectuales durante el viaje, de hecho, pueden caracterizarse como una mezcla de ideas entre Edimburgo y Cambridge: con las dos tradiciones compitiendo entre sí en chispazos. En Cambridge amplió grandemente sus conocimientos de historia natural, lo cual no formaba parte de su currículum universitario, ya que Darwin estudiaba un compendio tradicional de matemáticas, teología y literatura clásica. Las ciencias —aunque se enseñaban algunas— no eran parte formal de ningún programa de grado. Todo el trabajo de Darwin en historia natural lo llevaba a cabo en su amplio tiempo libre, y así entró en contacto con un grupo de gente variado y maravillosamente alegre, algunos de los cuales formaron parte de sus amistades durante toda su vida. De ellos, dos sobresalen: John Stevens Henslow (1796-1861), el nuevo profesor de botánica, y Adam Sedgwick (1785-1873), el nuevo profesor de geología. Darwin atendió regularmente las clases de Henslow y las afamadas excursiones geológicas de Sedgwick. Henslow vio en Darwin a un claro entusiasta y empezó a invitarlo a las reuniones sociales de las tardes, donde varios de los grandes personajes de la ciencia trabaron conocimiento con él. A lo ancho y a lo largo de todo el campo de Cambridgeshire coleccionó con entusiasmo especímenes, entre los que le apasionaron los escarabajos, a veces en medio de la diversión. Una de las historias que le gustaba contar fue que cierta vez tenía un escarabajo en cada mano cuando vio un tercero que deseaba en gran medida para su colección y, por no querer perdérselo, se metió en la boca uno de los que ya tenía para que no se le escapara el otro. Coleccionar todo tipo de cosas de la naturaleza era un pasatiempo muy popular en esa época y Darwin participaba con sus amigos en excursiones por las localidades cercanas, e intercambiaba especímenes, dándoles nombre y clasificándolos, y ocasionalmente pidiéndole dinero a su padre para comprar cajas de exhibición. Su interés era tan conocido que uno de sus amigos, John Maurice Herbert, le obsequió un pequeño microscopio de campaña como regalo de despedida, algo que Darwin anhelaba poseer. En los días festivos se entregaba a los deportes de campo. Todas estas actividades fueron invaluables para los años posteriores en el Beagle. Su amigo más cercano era su primo William Darwin Fox, que también frecuentaba la universidad con el fin de convertirse en clérigo anglicano. Fox y Darwin compartieron habitaciones en el Christ's College durante dos periodos, al igual que algunas deudas estudiantiles y un perro como mascota. Otro amigo suyo fue Charles Whitley, un pasante de matemáticas, listo y tranquilo, que lo llevaba a las galerías de arte y a las tiendas de grabados de Cambridge y estimuló su gusto por la pintura. Esta apreciación temprana de la estética, aunque no la prosiguió en términos más elaborados, ayudó a Darwin a expresar su aprecio por la belleza que contempló en la naturaleza.

Fue igualmente Cambridge el que le facilitó a Darwin el futuro a partir de los viajes, los del Beagle. En el momento en que se inicia este epistolario, Darwin disfrutaba el ocio de su pasantía. Esperaba regresar a la universidad en otoño para su aprendizaje de teólogo, sin embargo, se había sentido profundamente inspirado al leer la Narrativa personal de Alexander von Humboldt, el diario de la primera parte de los viajes de Humboldt por la Sudamérica tropical. Darwin planeaba seguir los pasos de Humboldt con una corta expedición naturalista a Tenerife, el primer lugar en el que desembarcó Humboldt. Esperaba ir con Henslow y con otro amigo de Cambridge, Marmaduke Ramsay. Pero la logística los sobrepasó. Así que su otro profesor, Adam Sedgwick, lo tomó como asistente por dos semanas en el trabajo de campo acostumbrado del verano con el fin de examinar las rocas primitivas más conocidas de Gales. Sedgwick le enseñó geología a Darwin en el campo y lo introdujo en los principios que podían llevarlo a consistentes decisiones científicas. Estas dos semanas le proporcionaron a Darwin un amor de toda la vida por la teorización geológica en gran escala. A continuación se dirigió a la casa de campo de su tío para la temporada de caza de agosto. A su regreso en Shrewsbury lo esperaba una carta de Henslow.

Las cartas que intercambiaron en las siguientes semanas indican a la vez la excitación y la naturaleza poco usual de la oferta que se le estaba haciendo. Henslow de manera inesperada había puesto el nombre de Darwin para «un intentado viaje a Tierra del Fuego y de regreso por las Indias Orientales» [sic]. El viaje, según entendía Henslow, iba a durar dos años. Explicaba que la posición era «más como compañero que como mero recolector» y recalcaba que lo había recomendado a Darwin «sin dar a suponer que seas ya un naturalista acabado, sino que calificas ampliamente en la recolección, observación y toma de nota de cualquier cosa que valga la pena dentro de la historia natural... No te plantees con modestia duda alguna o temores acerca de no estar calificado, pues te aseguro que creo que eres el hombre adecuado que están buscando». Esta extraordinaria invitación ya había transitado en una ruta circular hasta el Almirantazgo a partir de varios despachos de Cambridge. La invitación sonaba tan atractiva que el propio Henslow por un momento pensó en aceptarla, e igualmente se preguntó acerca de si su cuñado Leonard Jenyns, un naturalista talentoso, pudiera estar interesado. Pero sus esposas y un sensato juicio les sugirieron desecharla.

El resto de la historia aparece con detalles pintorescos en la correspondencia que sobrevivió. La invitación provenía del capitán Robert FitzRoy, recientemente comisionado para encabezar un segundo viaje de reconocimiento del Beagle por Sudamérica. FitzRoy había formado parte del primer viaje del Beagle (1826-1830) bajo el mando general de Philip Parker King y conocía las oportunidades que se les escaparon para la observación científica así como la soledad de un largo viaje por mar. FitzRoy deseaba un compañero científico, alguien con el que pudiera hablar de igual a igual, dividir esfuerzos útiles, participar en la rutina de a bordo, compartir la mesa durante las comidas y mantenerlo en contacto con el mundo. FitzRoy era conservador en política (lo cual reflejaba su trasfondo familiar aristocrático) e iba a convertirse en un ardiente defensor de la religión. Al mismo tiempo, estaba profundamente interesado en la ciencia, incluso en las teorías geológicas más al día, y tenía un conocimiento excepcional en física, la investigación y las habilidades náuticas, así como desplegaba al mismo tiempo una preocupación filantrópica por las actividades misioneras. Muchos años más tarde se ocupó de la reforma del departamento meteorológico del Board of Trade e inventó el barómetro FitzRoy. Intentaba que el viaje fuera técnicamente avanzado y científicamente útil. Su pedido de un compañero científico fue enviado por Francis Beaufort, de la oficina hidrográfica de Londres, a un amigo de la Universidad de Cambridge y de ahí por mano de Henslow a Darwin, un ejemplo llamativo dentro de la red de las viejas amistades a principios del siglo XIX en Gran Bretaña.

Desde luego que Darwin quería aceptar, pero su padre expresó tan poderosas dudas que se sintió obligado a desechar la oferta. La historia de estas dudas y la feliz intervención del tío de Darwin, el segundo Josiah Wedgwood, se conocen a la perfección. Josiah Wedgwood II era el tío favorito de Darwin, un hombre cultivado y considerado que gozaba de las ocupaciones campestres y quien, por una vuelta placentera del destino familiar, iba a acabar convirtiéndose en el suegro de Darwin. En sus años de juventud Darwin siempre fue un visitante bienvenido en la mansión campestre de Wedgwood, por lo que fue a este tío a quien se dirigió Darwin de inmediato en busca de consuelo cuando a pesar suyo declinó la oferta del viaje. Sin embargo, Wedgwood vio que la invitación era realmente una buena oportunidad. Alentó a Darwin para que inmediatamente pusiera por escrito las objeciones del doctor Darwin y prestó su atención benevolente a la lista resultante. Wedgwood consideró que era necesario contestar a las objeciones del padre en una carta que desde entonces se ha convertido en uno de los documentos más renombrados del archivo de Darwin, una carta cálida que habla del carácter de Darwin, de su capacidad como naturalista aficionado y sus futuras perspectivas profesionales, con notable percepción y sentido común. Ansioso por no dejar pasar las cosas, Wedgwood acompañó a Darwin en su propio carruaje a Shrewsbury con el fin de convencer al doctor Darwin en persona. Leer la lista de las objeciones del padre de Darwin en el contexto de las otras cartas es reabrir la apreciación del conflicto del momento y comprender el papel activo que desempeñó Josiah Wedgwood en favor de su sobrino.

Pocos jóvenes pueden haber experimentado tales cambios dramáticos de la ilusión al desencanto y de nuevo a la ilusión. Teniendo ya el permiso de su padre, Darwin se dirigió a Londres para encontrarse con FitzRoy, y sabemos hoy que FitzRoy estaba dispuesto a rechazar a Darwin si no habían de entenderse desde un principio. A pesar de ello, la correspondencia existente indica que ambos quedaron impresionados por el otro. Darwin fue aceptado por FitzRoy más por su conducta propia de la alta sociedad, buen natural y alegre, habilidades prácticas campestres como el manejo de armas de caza y la monta de caballos y su buena voluntad para participar en la áspera y exigente vida naval, que por sus conocimientos de la historia natural o su talento como naturalista de campo, aunque también esto debe de haber tenido su parte. Nunca fueron grandes amigos, pero llevaron su conducta a bordo con gran afabilidad, consideración y respeto. Debemos admitir que hay un simbolismo conmovedor en esos dos hombres que viajan juntos por el mundo, cada uno de ellos creyente a su manera y que al regreso del viaje iban a seguir cada quien su camino en direcciones muy diferentes. A pesar de lo que se ha dicho, no hay evidencia alguna de que hubiera conflicto entre ellos acerca de la religión. Sí discutieron —un par de veces con intensidad—, pero los argumentos eran acerca de las maneras del otro y no de religión. En conjunto se las arreglaron bastante bien, como se observa en las cartas amistosas que intercambiaron. Por lo común Darwin comía con el capitán y hablaba acerca de todo tipo de asuntos con él, aunque compartía un camarote y el espacio de trabajo con el agrimensor asistente John Lort Stokes y el guardiamarina de 14 años Philip Gidley King. En su viaje de regreso, Darwin y FitzRoy escribieron conjuntamente un corto artículo periodístico alabando el trabajo de los misioneros anglicanos en Nueva Zelanda y Tahití. Fue después del viaje cuando Darwin escribió acerca de las maneras imperiosas y temperamento mudable de FitzRoy como si hubieran dominado todo el viaje. De manera similar, FitzRoy rechazó por completo a su compañero de viaje, declarando que Darwin había renunciado a las verdades bíblicas. Por desgracia, FitzRoy se volvió mentalmente inestable en su vejez y cometió suicidio en 1865. Sin embargo, en su momento, sintió que la decisión de aceptar a Darwin fue la correcta. Pocas semanas después de haber aceptado a Darwin, admitió sus mutuas búsquedas intelectuales regalándole a Darwin el primer tomo publicado de los Principles of Geology (1830-1833), de Charles Lyell, que contenía una interpretación radical acerca de la tierra y de sus procesos. Iban a discutir muchos de sus rasgos centrales en los meses siguientes.

Hoy la fama del viaje del Beagle nos impide a veces recordar que su propósito no era llevar a Darwin alrededor del mundo sino cumplir las instrucciones del Almirantazgo británico. El barco estaba comisionado para completar y extender una previa investigación hidrográfica de las aguas sudamericanas que se había llevado a cabo entre 1825 y 1830. FitzRoy se había unido a ese viaje por dos años. La zona era importante para el gobierno británico por razones comerciales, nacionales y navales, todo ello reforzado además por la preocupación del Almirantazgo por proporcionar cartas marinas adecuadas y puertos seguros para su flota en los mayores océanos del mundo. La Oficina del Hidrógrafo (un subdepartamento del Almirantazgo) se distinguía por promover los intereses británicos a través de los mares, por lo que envió muchas expediciones durante la calma que siguió a las guerras napoleónicas. La ciencia y la historia natural eran elementos integrales de estas expediciones, ya que la colonización y la rápida industrialización iban de la mano y la compleja logística de la oferta y la demanda requería que se localizaran nuevas y fructíferas fuentes de mercancías básicas y se hicieran accesibles a los fabricantes del mundo desarrollado. Los gobiernos necesitaban información acerca de los productos naturales, la fuerza de trabajo indígena, la posibilidad de nuevos puertos, rutas comerciales y bases permanentes disponibles en medio de los océanos, al igual que necesitaban alentar las arterias vitales del comercio. Buena parte del deseo del Almirantazgo de conseguir trazar el mapa de las costas orientales de Sudamérica radicaba en el objetivo de lograr decisiones informadas para sus operaciones navales, militares y comerciales a lo largo del recorrido entre Bahía (hoy Salvador) en Brasil y Bahía Blanca en Argentina, así como en la inexplorada costa más allá, y permitir que Gran Bretaña estableciera con fuerza su posición en estas zonas, tan recientemente liberadas de su obligación de comerciar sólo con España y Portugal. Se esperaba que FitzRoy investigara el paso del sur al Pacífico por el que ahora es conocido como el canal del Beagle, para reforzar los existentes lazos con los comerciantes ingleses de Chile, consolidar una ruta segura marítima por las islas coralinas y los arrecifes del océano Índico y realizar para el Almirantazgo una serie de mediciones cronométricas de la longitud alrededor del globo. Tales ejercicios no siempre eran pacíficos. El Beagle se vio envuelto en varios incidentes menores, incluyendo una acción militar en Montevideo y un bloqueo naval en la costa de Buenos Aires. Tampoco fue coincidencia que las islas Falkland [o Malvinas] y otros territorios en disputa fueran incluidos en la lista por el Almirantazgo como puntos permanentes necesarios en los que pudiera ondear la bandera británica. Algunas de las excursiones de Darwin por los alrededores de Buenos Aires y Maldonado estuvieron marcadas por la esporádica actividad militar de las tropas del general Juan Manuel de Rosas, que andaban a la caza de sus oponentes políticos. Por otro lado, las cartas de Darwin también señalan el punto de que los ocupantes del barco no estaban aislados. Formaban parte de una red trasatlántica extensa activada por la llegada del Beagle en cada puerto en el que fondeaba. Los oficiales del barco averiguaban acerca de las vidas de los ingleses civiles en tierra tanto como era posible: Darwin y FitzRoy se reunían socialmente con los gobernadores locales, comían en tierra, se ponían al día por medio de los periódicos, visitaban a los representantes y agentes de los diversos negocios británicos, recibían a bordo a las autoridades y demás situaciones por el estilo. Y se alojaban en las casas de las familias expatriadas notables de los puertos. Darwin vivió durante varios meses en Valparaíso en la casa de un antiguo compañero de escuela, Richard Corfield.

La fama consiguiente del viaje hace igualmente difícil recordar que Darwin no era el naturalista oficial. Como supernumerario, en los libros del Almirantazgo Darwin gozaba de un acomodo libre a bordo del Beagle, pero todos sus costos extraordinarios los cubría su padre, un punto que vale la pena mencionar, ya que significaba que el tiempo de Darwin era más o menos suyo, y que sus colecciones de historia natural eran de su propiedad personal y no de la corona. El médico oficial de a bordo, Robert McCormick, era por nombramiento quien debía hacerse cargo de la recolecta en nombre de los museos nacionales. Pero parece que McCormick resintió los privilegios especiales que el capitán le confería a Darwin y abandonó el barco en Río de Janeiro. Desde este momento, a falta de otro, Darwin se convirtió en el naturalista de a bordo y por lo tanto se consideró a sí mismo como tal. También FitzRoy lo entendió así y se aseguró de que Darwin disfrutara de todos los beneficios que el Almirantazgo dispuso para el transporte de los especímenes. Más tarde, FitzRoy sugeriría a Darwin que sus observaciones de historia natural anotadas en su diario fueran publicadas como parte de la redacción oficial del viaje. Esta curiosa relación era poco común en la historia de las exploraciones. Significaba igualmente que el viaje de Darwin se realizara con frecuencia por tierra. No tenía mayores deberes a bordo. Siempre que era posible, acordaba que fuera desembarcado y recogido en otros puntos, por lo que hizo varias expediciones tierra adentro por su cuenta en Sudamérica, incluyendo un temerario cruce a través de los Andes.

El Beagle surcó los mares de diciembre de 1831 a octubre de 1836. Darwin contaba con 22 años de edad cuando el barco partió de Inglaterra. La ruta del barco incluía las islas de Cabo Verde, muchas localidades costeras de Sudamérica, incluyendo Río de Janeiro, Buenos Aires, Tierra del Fuego y las islas Falkland, y, después de cruzar hacia el Pacífico, la ciudad de Valparaíso y la isla de Chiloé, siguiendo hacia las Galápagos, Tahití, Nueva Zelanda, una breve visita a Australia y Tasmania y las islas Cocos en el océano Índico, concluyendo por Mauricio, el Cabo de Buena Esperanza y, ya navegando por el Atlántico, Santa Helena y la isla Ascensión.

El barco era pequeño, apenas de 90 pies de largo y con una capacidad de unas 242 toneladas, ágil para el trabajo de investigación, pero difícil de manejar en medio del océano. Dentro de su espacio limitado, se esperaba que se acomodaran el capitán y 64 marinos. Además de Darwin, había otros supernumerarios más, incluyendo un constructor de instrumentos que debía ver por el equipo científico y un artista, Augustus Earle, que dejó el barco en Montevideo y fue remplazado por Conrad Martens. Además, había un misionero voluntario, Richard Matthews, y tres nativos de la Tierra del Fuego que habían sido llevados por FitzRoy en el viaje anterior del Beagle y los había educado, siendo ahora repatriados para servir en una estación misional proyectada para el profundo sur. Estos tres fueguinos habían sido anglicizados durante su estancia forzada en Londres y habían generado cierta curiosidad en los círculos sociales. Amigos influyentes de FitzRoy contribuyeron generosamente para la fundación y equipamiento de la propuesta misión, y estos bienes estaban estibados junto con los otros productos necesarios para tan largo viaje marítimo. Al final, el proyecto fue un terrible desastre y Matthews tuvo que ser rescatado y llevado junto a su hermano en Nueva Zelanda. Sólo podemos formarnos una somera idea acerca de cómo vieron la situación los tres fueguinos arrancados de su lugar de origen. Quizá esta decepción estuvo detrás de los motivos de FitzRoy para glorificar por escrito la obra de los misioneros cuando llegaron a Ciudad del Cabo. Desde luego, Darwin se sentía fascinado por los tres fueguinos a bordo del barco, en especial o'rundel'lico (que había sido bautizado Jemmy Button por FitzRoy), y pasmado por sus primeros encuentros con los patagones y fueguinos indígenas, pueblos de los que creía que vivían en el límite del salvajismo. Muchos de los pensamientos más incisivos de Darwin sobre la evolución derivarían de la asombrosa comparación entre los individuos de tierra y los de a bordo.

Estos cinco años fueron de formación para Darwin. Algunos de ellos los empleó galopando en caballos alquilados, acampando en nuevos lugares noche tras noche, cazando para comer con compañeros del barco, discutiendo las noticias sobre la tierra propia y gozando el viaje —una ampliación de sus días de ocio como pasante de Cambridge—. En Montevideo, los hombres del Beagle marcharon por la ciudad armados hasta los dientes para apaciguar un levantamiento político local. En Valparaíso participaron en el baile del intendente. En el profundo sur casi zozobraron al desprenderse un glaciar. En el bosque cercano a Valdivia, Darwin sintió cómo se doblaba la tierra a sus pies en un gran terremoto. Atravesó lagunas coralíferas, se sintió transportado por el canto de un pájaro en la selva tropical y contempló las estrellas desde lo más alto de un paso en la Cordillera de los Andes. En Brasil, su corazón apasionado ardió en indignación por la esclavitud, que todavía era legal bajo el gobierno portugués, y elaboró una lista de historias terribles en su diario: hechos tan repugnantes que si hubiera tenido noticia de ellos en Inglaterra habría pensado que eran simplemente relatos efectistas del periódico. Nadie debería caer en la esclavitud, se dijo. E incluso se vio envuelto en un incidente menor. Un día, sin pensarlo, agitó sus brazos para dar a un botero sus instrucciones y éste cayó de rodillas pensando que lo iba a golpear. El efecto que sobre su mente causaron tantos lugares y pueblos distintos y encontrarse con tal variedad de hábitats y formas de vida en la naturaleza fue incalculable.

Desde el punto de vista de la historia natural, Darwin recolectó cuidadosamente y sin pensarlo mucho: se concentró en insectos, pequeños vertebrados, pájaros, arañas, corales, moluscos y otros invertebrados (sus colecciones en este departamento fueron muy estimadas por sus colegas) y fósiles cuando pudo adquirirlos. Hizo lo que pudo con las plantas, pero a menudo no pudo permanecer mucho tiempo en un lugar para lograr colecciones completas. En particular, recogió especímenes geológicos y mineralógicos para complementar sus investigaciones en este campo y proporcionar la información requerida acerca de los depósitos en que aparecían fósiles. Todo fue etiquetado, registrado por lo menos en dos listas o catálogos distintos junto con notas sobre su localización, color y conducta, si era relevante, envueltos o embotellados, desollados o secados y empacados en canastos para ser remitidos en el siguiente barco del Almirantazgo que se dirigiera a Inglaterra. Las cajas fueron dirigidas a Henslow en Cambridge. Darwin poseía suficientes libros a bordo para ayudarlo a identificar muchos de los organismos, por lo menos en cierto grado, pero sabía que iba a necesitar más amplios conocimientos de los expertos al llegar a casa para confirmar la verdadera novedad de sus descubrimientos. Y mientras tanto, creó un registro de papel que conformaría la base de varios libros y artículos después de terminar el viaje. De tanto en tanto participaba a sus hermanas y amigos la gran satisfacción que estas actividades le daban.

Sin embargo, lo más importante fue la atención que Darwin dedicó a la geología. Investigaciones históricas recientes han establecido cuánto debemos revisar acerca de nuestro escrutinio de los esfuerzos de Darwin durante estos años del Beagle. En particular, se sentía deleitado por los grandes esquemas teóricos que encontró en los Principles of Geology, de Charles Lyell, cuyo primer volumen le había sido obsequiado por FitzRoy. Darwin hizo arreglos para que le fueran enviados los siguientes dos volúmenes a medida que fueran publicados. En ellos encontró un sistema omnicomprensivo de explicaciones geológicas. Lyell propuso que nada pudo suceder en el pasado geológico de lo que no se supiera que sucedía hoy mismo. Argumentaba que la superficie de la tierra experimenta constantemente innumerables pequeños cambios, resultado de las fuerzas naturales que actúan uniformemente durante periodos inmensamente largos. Repetidos a través de las épocas, éstos se acumulan con efectos sustantivos. William Whewell, el gran filósofo de la ciencia de Cambridge, llamó a este enfoque sobre la tierra «uniformitario». Lyell causó desazón entre sus colegas de muchos modos. Insistió en que la Tierra era inmensamente vieja, que no había pruebas de un principio ni perspectivas de un fin, y que continuaría oscilando en ciclos geológicos nunca acabados caracterizados por la elevación y hundimiento sucesivos de grandes bloques de tierra en relación con el mar. Criticó la noción del progreso orgánico, diciendo que no había señales en el registro fósil de tendencia alguna hacia un mejor o más elevado estado, y rechazó vehementemente las ideas de la trasmutación de Lamarck. E incluso, aunque prácticamente ningún geólogo de su tiempo creía en la verdad literal de la Biblia como medio para explicar la historia de la Tierra, Lyell atacó la presencia de la teología en la ciencia.

Todos éstos eran asuntos que ardían. Darwin los absorbió como una esponja ferviente. La doctrina de Lyell de pequeños cambios acumulativos se convirtió pronto en un principio que cimentaba toda la obra de Darwin en el Beagle, ayudándolo a comprender las diversas formas terrestres que observó, y proporcionándole la base de su último libro sobre la geología de Sudamérica. Por aquí y por allá, trabajando dentro del esquema de Lyell, Darwin también desarrolló explicaciones de las estructuras geológicas, las cuales consideraba mejores que las propias propuestas de Lyell. Una fue la teoría del origen de los arrecifes coralinos. Otra fue la elevación de la Cordillera de los Andes en periodos muy recientes. Una tercera fue las interconexiones subterráneas de las erupciones volcánicas, los terremotos y la elevación. Muchas de estas teorías las discutió con FitzRoy. El capitán, que conocía a Lyell personalmente, tomó medidas de los cambios en el nivel de la tierra después del terremoto que experimentaron en Concepción, y presentó a Darwin con un habitante local que continuó con los registros. Igualmente, en un nivel cognitivo más profundo, Darwin adoptó la creencia de Lyell de un cambio gradual. «La ciencia de la geología debe mucho a Lyell; mucho más, creo yo, que a cualquier otro hombre que haya vivido», iba a escribir en su *Autobiography*. Podría decirse que sin Lyell no habría habido ningún Darwin: nada de sus percepciones intelectuales, ningún viaje del Beagle tal como se entiende hoy. Los pensamientos de Darwin empezaron a dar vueltas en torno a la noción de los pequeños cambios que llevan a grandes efectos. Al respecto, dio uno de los pasos conceptuales más significativos de su jornada personal. Por el resto de su vida creyó en el poder de los pequeños cambios graduales. Más tarde, al trabajar sobre la evolución, utilizó con brillantez el mismo concepto de los cambios pequeños y acumulativos como clave del origen de las especies.

Debe dársele el valor real a la evolución intelectual de Darwin durante el viaje. Muchos fueron los jóvenes que atendieron las clases de Jameson o Grant en la Universidad de Edimburgo o las excursiones de Sedgwick por el campo de Cambridgeshire. Muchos fueron los entusiastas que coleccionaron especímenes de la naturaleza. Desde luego, mucha fue la gente que leyó los *Principles of Geology*, de Lyell. Ninguno de ellos que se sepa se hizo el tipo de preguntas que llegó a hacerse Darwin. Podemos reunir las piezas de la gran transformación a partir del tono de voz de las cartas que Darwin empezó a escribir hacia el fin del viaje, en las que articulaba un nuevo sentido de compromiso, una confianza recién encontrada en su propio juicio y conocimientos. Gradualmente fue desechando la idea de entrar como ministro a la Iglesia. Aunque observó en su *Autobiography* que apreciaba por completo los sentimientos de la Cristiandad y apoyaba el trabajo enérgico de los misioneros, sus encuentros con los diversos pueblos fueron haciéndole ver que la creencia religiosa era sólo relativa. No era capaz de abandonar su fe por completo y —según parece— no lo hizo sino mucho después, si es que lo hizo. Muy adelantado el viaje, continuaba pensando que se integraría a la Iglesia y bromeaba acerca de ver párrocos bajo las palmeras, pero ya empezaba a tener esperanzas de que podría por el contrario unirse al mundo de la ciencia y convertirse en un caballero-naturalista en el reino de los expertos, una vida nueva que no era incompatible con una creencia sincera. Contemplaba escribir varios libros a partir de sus hallazgos del viaje y distribuir sus especímenes entre las instituciones metropolitanas. En la última parte del viaje, desde Ciudad del Cabo hasta Bahía para completar ciertos sondeos, y de ahí cruzar el Atlántico hasta el país natal, parece claro que Darwin empezó a ponderar el sentido de la diversidad que había contemplado. Aunque no era todavía un evolucionista, se había convertido en un pensador excepcionalmente perceptivo sobre cuestiones filosóficas, siempre buscando unificar, discernir las causas subyacentes, repensar el mundo a su alrededor como el resultado acumulado de muchos pequeños cambios repetidos, dar al mundo vivo una historia con sentido.

En la introducción al *Origen de las especies*, Darwin afirma que cuando iba a bordo del Beagle «me impresionaron mucho ciertos hechos que se presentan en la distribución geográfica de los seres orgánicos que viven en América del Sur y en las relaciones geológicas entre los habitantes actuales y los pasados de aquel continente». Más tarde aclaró que tres factores del viaje le proporcionaron el punto de partida para sus puntos de vista evolutivos. Se trataba de los fósiles que encontró en la Patagonia, los patrones de distribución geográfica de la rhea (avestruz) sudamericana, y la vida animal del archipiélago de las Galápagos. Más tarde encontraría metáforas iluminadoras en los escritos de Thomas Robert Malthus sobre la población, y leería e investigaría con amplitud los textos científicos contemporáneos con el fin de preparar sus argumentos para su publicación. No fueron menos influyentes entre otras las obras de Robert Chambers y la convergencia inesperada con Alfred Russel Wallace. Sus ideas de la evolución por la selección natural llegaron a ser formuladas y fueron consecuencia del tiempo, un tiempo convertido en palabras, pero la magia de sus primeras investigaciones siempre partirá de las experiencias del Beagle.

Los fósiles fueron un hallazgo realmente afortunado. Localizados cerca de Bahía Blanca, en Argentina, estos restos de mamíferos gigantes extintos fueron identificados más tarde en Londres por expertos del museo como pertenecientes a especies antes desconocidas de Megatherium, Toxodon y Glyptodon. Darwin observó que los animales extintos estaban construidos con el mismo burdo plan anatómico que los habitantes de las Pampas en ese entonces. Parecían ser la continuidad de un «tipo» animal en largos periodos. Entonces, en el profundo sur recogió una nueva especie de rhea (bien conocida por los habitantes del lugar) que era más pequeña que la del norte. Le gustaba contar una anécdota deprecatoria de sí mismo acerca de esta rhea. La compañía del barco había matado a una para cocinarla y fue medio consumida antes de que Darwin comprendiera que era una especie desconocida que necesitaba para su colección. Los restos que quedaron fueron bautizados Rhea darwinii en su honor (el nombre ha cambiado hoy). Más tarde utilizó los dos tipos de rhea para ilustrar el hecho de que especies cercanas no habitan por lo general la misma región: son mutuamente excluyentes. Para él, daban la idea de que los organismos pueden mostrar lazos familiares a través del tiempo y de la topografía actual. Empezó a elucubrar por qué existen tales conexiones.

A medida que el barco progresaba, lo mismo sucedía con los pensamientos de Darwin. En septiembre de 1835, el Beagle dejó Sudamérica y se dirigió al Pacífico, con su primera parada en las islas Galápagos. Irónicamente, una de las pocas cartas de la correspondencia del Beagle que se perdió en el camino y nunca llegó a su destino fue la carta que Darwin escribió sobre las islas Galápagos y que se quedó en el puesto de correos esperando al siguiente barco que pasara por ahí para llevarla a su destino. Darwin mencionó estos detalles en su siguiente carta al hogar. Irónicamente, también, Darwin no se dio cuenta de la diversificación de las especies en las islas Galápagos durante su visita de cinco días, aunque el gobernador inglés de la isla Santa María (llamada Charles entonces) le informó que las tortugas gigantes eran específicas de cada isla. Todo lo de las islas le impresionó grandemente. Las iguanas que corrían por tierra y a la orilla del mar lo dejaron sin palabras, las tortugas, los sinsontes y los pájaros bobos, así como el árido paisaje volcánico y las jugosas cavidades de los misteriosos árboles festoneados de líquenes. Estos pequeños puntos de la tierra estaban sobre el ecuador, bañados por las frías aguas del sur que llevaban focas y pingüinos a sus playas, en gran parte a tiro de piedra entre sí pero separadas por canales profundos y traicioneros. Los diversos animales y los pájaros no estaban acostumbrados a la presencia humana y tenían conductas muy confiadas. Para los hombres del Beagle fue casi como encontrarse con un Jardín del Edén privado. Darwin cabalgó en una tortuga, cogió una iguana por la cola y se acercó tanto a un halcón que pudo quitarlo de la rama en que estaba posado con el cañón de su rifle.

Los pájaros que colectó fueron etiquetados simplemente como «galápagos»: nunca sospechó que su localización individual en las islas pudiera ser importante. Sí observó que parecían aves distintas de una isla a otra y a su vez diferían de las de la Sudamérica continental. Esta observación lo dejó lo bastante perplejo para mencionarlo en sus notas ornitológicas meses después durante el viaje de retorno. Escribió que valía la pena examinar la zoología de las islas con más atención, ya que tales hechos podían destruir la creencia en la estabilidad de las especies. Aunque no hubo un «eureka» súbito para Darwin cuando exploraba las islas, está claro que más tarde estos y otros pájaros lo intrigaron y perturbaron retrospectivamente. De regreso a Londres, rápidamente llevó las aves a John Gould, un taxidermista de la Zoological Society, quien ayudó a Darwin con su gran libro ilustrado, la Zoology of the Beagle. Gould identificó los especímenes de las Galápagos como distintas especies de pinzón, con picos adaptados para comer insectos, cactus o semillas, y colocó a los pinzones en tres diferentes especies. Seguramente cada especie vivía en una isla distinta, pero Gould no pudo asegurarlo porque Darwin no los había etiquetado con su localización geográfica. Sorprendido, Darwin desmenuzó toda esta información. Si cada isla tenía sus propios pájaros, como sugería Gould, sus especulaciones a bordo acerca de la inestabilidad de las especies eran más ciertas de lo que pensó. ¿Quizá las similitudes podían explicarse si los pinzones se habían diversificado a partir de un antepasado común?

Toda la evidencia disponible hoy apunta a la conclusión de que no desarrolló una teoría de la evolución durante el viaje. Por lo demás, como lo muestran claramente las cartas, Darwin regresó lleno de ideas y de ambición científica, determinado a darle sentido al exceso de información que había adquirido. Pocos naturalistas han tenido tal oportunidad de ver el mundo en su integridad. Quedó profundamente impresionado por la prodigalidad de la naturaleza, el color, la variedad y la abundancia por un lado, y la cruda lucha y la rudeza por el otro. «Mientras estás parado en medio de la grandeza de la selva brasileña —declaró—, no es posible darse una idea adecuada de los elevados sentimientos de maravilla, admiración y devoción que llenan la mente». En el lejano sur, encontró semejante inspiración en la melancolía: «En esta soledad silenciosa, la muerte y no la vida parece ser el espíritu dominante». Sin duda ya era un hombre distinto.

Mucho después de ser publicado el Origen de las especies, mucho después de que su comprometido Journal of Researches le hubiera proporcionado un importante auditorio, mucho después de sus libros sobre crustáceos, de sus libros de geología, de sus libros de botánica y de una tempestad de artículos y ponencias científicas, y mucho después de haberse casado con su prima Emma Wedgwood y de la intensidad emocional de los nacimientos y de las muertes familiares, Darwin pudo finalmente mirar hacia atrás a esos días del Beagle con afecto y honradez. «El viaje del Beagle ha sido con mucho el acontecimiento más importante de mi vida y determinó todo mi carácter», declaró en su Autobiography. Gran parte de esa importancia puede verse en estas cartas.

ACERCA DE ESTE LIBRO

LOS TEXTOS DE LAS CARTAS, LAS NOTAS, LAS BREVES BIOGRAFÍAS Y LA BIBLIOGRAFÍA DE este volumen han sido tomados, con cierta revisión, del primer volumen de The Correspondence of Charles Darwin (F. Burkhardt et al. [eds.], Cambridge University Press, 1985), investigados, editados y publicados por el Darwin Correspondence Project. El Project está formado por un grupo de historiadores y científicos independientes, con base principal en la Universidad de Cambridge, en Cambridge, Reino Unido, y en diversas localidades de los Estados Unidos. Fue fundado en 1974 por el filósofo estadunidense Fred Burkhardt, quien a su vez estuvo acompañado por el zoólogo de Cambridge Sydney Smith.

Desde entonces, los investigadores del Project han localizado y transcrito más de 14 500 cartas escritas tanto por Darwin como dirigidas a él, y han publicado transcripciones completas de todas ellas en orden cronológico. La mayor colección de cartas originales está en el Archivo Darwin de la Cambridge University Library, en tanto que otras se localizan en bibliotecas y colecciones privadas de todo el mundo. Cuando se complete, la edición llegará a 30 volúmenes. (Para más datos acerca del Project, véase http://www.darwinproject.ac.uk/. Las cartas también están disponibles en línea).

En este libro se incluye una carta que se descubrió después de haberse publicado el volumen 1 de la Correspondence, y se publicó en el suplemento al volumen 7; se trata de la carta a C. T. Whitley [12 de julio de 1831]. Del volumen 1 de la Correspondence se han omitido los siguientes memorandos impresos:

- De B. J. Sulivan [17 de enero-7 de febrero de 1832]
- De Charles Hughes, 2 de noviembre [de 1832]
- De Robert FitzRoy [¿1833?]
- De Robert Edward Alison [¿junio? de 1834]
- De [¿Alexander Caldcleugh?], [28 de agosto-5 de septiembre de 1834]. Parte de este memorando se reproduce en este volumen (véase figura 45).
- De Frederick W. Eck [septiembre de 1834]

También se omiten detalles de las alteraciones que Darwin hizo cuando escribía sus cartas y las anotaciones que puso en las cartas que recibía (pueden verse en los volúmenes de la Correspondence).

Fred Burkhardt continuó como editor general de la edición principal hasta su muerte a la edad de 95 años, en septiembre de 2007, y sus colegas lo extrañan profundamente.

RECONOCIMIENTOS

LOS EDITORES ESTÁN AGRADECIDOS AL FINADO GEORGE PEMBER DARWIN Y A WILLIAM HUXLEY Darwin por el permiso para publicar las cartas de Darwin y sus manuscritos. También agradecen a los síndicos de la Cambridge University Library y a los demás propietarios de las cartas manuscritas que las han proporcionado generosamente, en particular a English Heritage, a quien, como dueño de la Down House, pertenecen muchas de las cartas de este periodo.

Agradecemos a las siguientes personas por su asistencia invaluable en la publicación original de las cartas contenidas en este volumen: Paul H. Barrett, P. Thomas Carroll, Ralph Colp Jr., John L. Dawson, Hedy Franks, Richard B. Freeman, Mario di Gregorio, Eleanor Moore, W. D. S. Motherwell, Jane Oppenheimer, Martin Ruddick, Silvan S. Schweber, Kate Smith, Alison Soanes, David Stanbury, Frank J. Sulloway y Garry J. Tee.

Este volumen no habría sido posible sin la dedicación y la sabiduría del personal pasado y presente del Darwin Correspondence Project. Debemos agradecer particularmente a los siguientes miembros del Project por su asistencia en este volumen: Rosemary Clarkson, Samantha Evans, Sam Kuper, Alison M. Pearn, James A. Secord, Elizabeth Smith y Ellis Weinberger. Gracias también se deben a Simon y Richard Keynes por su ayuda generosa en localizar las ilustraciones, a Henry M. Cowles por su asistencia en la investigación, a Margot Levy por elaborar el índice y a Jacqueline Garget y a sus colegas de la Cambridge University Press.

El trabajo para la edición principal de la Correspondence se vio apoyado por donaciones de la National Endowment for the Humanities (NEH), la National Science Foundation (NSF) y el Wellcome Trust. La Alfred P. Sloan Foundation, los Pew Charitable Trusts y la Andrew W. Mellon Foundation proporcionaron fondos para completar los de la neh, y la Mellon Foundation proporcionó fondos a la Universidad de Cambridge que hicieron posible pasar a máquina toda la correspondencia de Darwin en forma legible. El trabajo de investigación y editorial ha sido apoyado por fondos de la Royal Society of London, la British Academy, la British Ecological Society, el Isaac Newton Trust, el Jephcott Charitable Trust, el Natural Environment Research Council, la John Templeton Foundation y la Wilkinson Charitable Foundation. El Stifterverband für die Deutsche Wissenschaft proporcionó fondos para traducir y editar la correspondencia de Darwin con naturalistas alemanes.

Finalmente agradecemos al director y a los miembros del Christ's College, del que Darwin fue pasante, por su generosa contribución en apoyo de los costos de producción de este volumen.

SÍMBOLOS Y ABREVIATURAS[*]

[texto incluido]   Se trata de una inserción o corrección editorial.

/texto incluido/   La misma leyenda de «texto incluido» pero entre corchetes cursivos refiere una conjetura al leer una palabra o pasaje ambiguos.

< >   Palabra o palabras destruidas.

< texto incluido>   La misma leyenda de «texto incluido» pero entre comillas latinas simples refiere una lectura sugerida para una palabra o pasaje destruidos.

CD   Charles Darwin

LÍNEA DE TIEMPO DEL VIAJE

1831   2 de octubre: Parte de Shrewsbury

2-24 de octubre: Londres

24 de octubre-10 de diciembre: Plymouth

1832   16 de enero: Primer desembarco en costas tropicales, São Thiago

15 de febrero: Islotes de São Paulo

29 de febrero-25 de abril: Bahía, Abrolhos y Río de Janeiro, Brasil

25 de abril-25 de junio: Vive en Botafogo
26 de julio-19 de agosto: Montevideo
6 de septiembre-17 de octubre: Buenos Aires
26-30 de octubre: Montevideo
2-10 de noviembre: Buenos Aires
14-26 de noviembre: Montevideo
16 de diciembre-26 de febrero de 1833:Tierra del Fuego
1833   1° de marzo-6 de abril: Isla Falkland Oriental
28 de abril-3 de julio: Maldonado
3 de agosto-20 de septiembre: Río Negro, viaje por tierra a Bahía Blanca y Buenos Aires
27 de septiembre-4 de noviembre: Expedición de Santa Fe a Montevideo 4 de noviembre-6 de diciembre: Montevideo
14-28 de noviembre: Expedición a Mercedes
6 de diciembre: Embarcan en Río de la Plata
23 de diciembre-4 de enero de 1834: Puerto Deseado
1834   10-19 de enero: Puerto de San Julián
20-22 de enero: Puerto Deseado
26 de enero-10 de febrero: Estrecho de Magallanes
12 de febrero-6 de marzo: Tierra del Fuego
10 de marzo-7 de abril: Isla Falkland Oriental
18 de abril-8 de mayo: Expedición remontando el río Santa Cruz
1° -8 de junio: Puerto del Hambre
28 de junio-13 de julio: Isla de Chiloé
23 de julio-10 de noviembre: Valparaíso
14-27 de agosto: Excursión geológica a la base de los Andes
28 de agosto-6 de septiembre: Santiago
21 de noviembre-4 de febrero de 1835: Isla de Chiloé
1835   8-22 de febrero: Valdivia
4-6 de marzo: Concepción
11-14 de marzo: Valparaíso
14-18 de marzo: Santiago
18 de marzo-10 de abril: Cruce de la Cordillera por el paso del Portillo hasta Mendoza y regreso a Santiago por el paso Uspallata
10-15 de abril: Santiago
17-27 de abril: Valparaíso
27 de abril-5 de julio: Viaje de Valparaíso a Coquimbo y Copiapó
19 de julio-6 de septiembre: Callao y Lima
15 de septiembre-20 de octubre: Islas Galápagos
15-26 de noviembre: Tahití y el arrecife coralino mar adentro de Mattavai
21-30 de diciembre: Bay of Islands y Waimate, Nueva Zelanda
1836   12-29 de enero: Sydney, Blue Mountains y Dunheved, Australia
5-17 de febrero: Tasmania
6-14 de marzo: King George's Sound, Australia
1° -12 de abril: Islas Keeling
29 de abril-9 de mayo: Isle of France (Mauricio)
31 de mayo-29 de junio: Cabo de Buena Esperanza
8-14 de julio: Santa Helena
19-23 de julio: Isla Ascensión
1° -17 de agosto: Bahía y Pernambuco, Brasil
31 de agosto-4 de septiembre: São Thiago
20-24 de septiembre: Azores
2 de octubre: Anclaje en Falmouth

4 de octubre: Llega a Shrewsbury después de una ausencia de cinco años y dos días

LAS CARTAS DEL BEAGLE

1831

A William Darwin Fox [23 de enero de 1831]
[Cambridge]
Domingo
Querido Fox:
Espero que me perdones por no haber escrito antes de tomar mi grado[1]. Siento una inexplicable aversión a escribirle a quien sea. Pero ahora con todo corazón te congratulo por haber pasado tu examen, y espero que hayas encontrado tu curato[2] agradable; aunque sea con mi último chelín (no tengo demasiados) iré a visitarte.

No entiendo por qué obtener un grado te hace sentir tan miserable, tanto antes como después; tomo conciencia de que antes te sentiste bastante infeliz y puedo asegurarte que lo soy ahora, y lo que lo convierte en más ridículo es que no sé el porqué. Creo que es una bella previsión de la naturaleza que uno sienta así menos tristeza por dejar Cambridge, pero entre todos sus placeres, ninguno tan grande como el de tu amistad, y lo digo de una vez y para siempre.

2. Christ's College, Cambridge, 1823. © Fitzwilliam Museum, Cambridge.

Te envié un periódico ayer, en el que verás qué buen lugar obtuve en las votaciones[3]. En cuanto al Christ, ¿viste alguna vez un colegio que produzca tantos capitanes y apóstoles[4]? No hay nadie, ya sea en el Christ o en el Emmanuel, desplumado. Cameron[5] está hundido[6], ¡junto con otros tres alumnos del Trinity! No tengo armados mis planes todavía, pero creo que tomaré este término y después iré a Shrewsbury y economizaré, para regresar y adquirir mi grado. Puede ser motivo de excusa que uno escriba tanto de sí mismo cuando apenas ha pasado el examen. Así que perdóname. Y bajo un principio semejante espero que escribas una carta repleta de ti y de tus planes. Quiero saber algo acerca de tu examen: háblame de tu estado nervioso, qué libros has adquirido, y cuán perfectos son. Voy adquiriendo interés por estas cosas a medida que se me viene el tiempo encima y todo aquello por lo que habré de sufrir. Thompson, tu tutor, pide que te envíe sus saludos, y lo mismo hace Whitley. Si contestas a ésta, te mandaré tantas respuestas estúpidas como desees.
Soy tu, querido Fox,/ Charles Darwin

De George Simpson [26 de] enero [de 1831]
Feversham[7]
Enero
Querido Darwin:
Te escribo para agradecerte el ensayo y al mismo tiempo para felicitarte por tu muy muy buen grado, aunque debo decir que me hubiera sentido desengañado de que no fueras uno de los mejores, sabiendo tu predilección por las matemáticas[8]. En este momento acabo de regresar de la cacería de la zorra, y encontramos un buen lugar para marcar y fue muy bien la cosa hasta después de la primera parada, cuando perdimos la línea del rastro y terminó la cacería. He sido testigo de muy buenas cosas en la cacería este año, pero empiezo a pensar en estudiar teología, que es más provechosa para el alma que los campos deportivos. Casi temo preguntar si Lumsley Hodgson[9] ha pasado el examen, porque no puedo encontrar su nombre. Espero que no estés bebido y puedas hallar el tiempo necesario para hablarme de tus perspectivas para el futuro. Supongo que dentro de poco buscarás un compañero para tu futura vicaría, así como un buen diseño para las gorras de dormir. Creo que debes proseguir con un nuevo término y, puesto que irás y vendrás por Londres, déjame tener el placer de

verte antes de que regreses para siempre a Shrewsbury, que está a una distancia terrible de Feversham. Ya desaparecieron los disturbios en nuestra vecindad[10], aunque mi hermano ha pensado en enlistarse en las tropas de yeoman, para poner algunos de ellos en huida en caso de necesidad. Espero que no hayas olvidado darle mi invitación en general a Fox. Siempre fui muy particularmente parcial con él y espero que pueda verlo de nuevo en un momento u otro. ¡Qué clase de director tenemos con Graham[11]!

No tengo más nuevas que contarte, pero espero oír de ti en algún momento y con mis mejores deseos para tu bienestar futuro, y una buena elección de esposa, soy / sinceramente tuyo / George Simpson

De Henry Matthew [2 de febrero de 1831]
Londres
Querido Darwin:
Aunque tengo poco o nada que decir que pueda ser de interés, soy lo bastante vano para pensar que no lamentarás tener noticias mías…

Estoy en Londres, solo entre la multitud, sin un solo ser humano con quien intercambiar una palabra. Para mí esta situación es totalmente nueva y no puedo describirte los horrores y la depresión del espíritu a que esto me lleva. He alquilado un alojamiento por 15 chelines a la semana, que consta de un estudio, sala, recámara, cocina y vestidor. ¿No es un espléndido lugar para un hombre solo? Hay una circunstancia que sí disminuye la grandeza del caso y es el hecho penoso de que esta enumeración de habitaciones corresponde a una sola habitación con muchos nombres. Como, bebo, duermo, estudio y en parte aderezo mi comida en un desván como de la mitad de tamaño de mis habitaciones en Cambridge. Pero recuerda, se trata de un gran secreto y no quiero que se sepa en Cambridge que estoy en Londres y mucho menos en tal situación degradante.

En esta mañana he puesto en papel ciertas cancioncillas para obtener algún dinero de su publicación en algún periódico. Si los versos fallan, trataré la prosa, y si no tengo éxito en ninguno de los dos empeñaré mi capa y venderé mis libros.

Como si no tuviera penas suficientes que cargar en mi propia persona, estoy acosado por cartas suplicatorias de mi mujer lamentándose, y de otra de quien tú sabes, llena de súplicas de que se les permita reunirse conmigo y seguridades vehementes de que están deseosos de compartirlo todo conmigo, incluso vivir de papas y sal. Todo esto está muy bien, pero no tengo ni papas ni sal para compartir con ellos. Mi solicitud en Royston[12] fue contestada por una carta casi insultante. La carta de Cookesley[13] a Rivington[14] no ha merecido respuesta. Se trata de un estado dichoso para este hombre sin un centavo. Pero créeme que no desespero. Mergas profundo, etc[15]. Aprecias una cita que conozco plenamente cuando tú no la comprendes para nada. Espero que conserves tu libro por lo menos. Si no, la encontrarás en Aikins. Olvido agregar a mi lista de bendiciones que mañana me presento ante un magistrado acerca de mi bastardo, con un soberano en mi bolsillo para enfrentar los costos de la ley, atrasados y de adelanto por la clemencia. Supongo que con esto te darás una idea de dónde dormiré la próxima noche. No le pongo fecha a mi carta porque no quiero que sepas dónde ando, pero si no regreso para el próximo término, te veré por aquí de paso, y antes de ello tendrás mi dirección[16]. Dios te bendiga, querido amigo./ Soy tu sincero amigo H. Matthew

Pensándolo bien casi deseo no mandarte este horroroso recuento de mi persona, porque estoy seguro de que me quieres lo suficiente como para preocuparte con todo esto, pero, querido amigo, te aseguro que después de lo que he pasado por mi pobreza apenas si se trata de un pequeño infortunio. Estoy seguro de que, si prospero en mis esfuerzos literarios, esta vida de constantes apuros, impelido por la necesidad, será lo único que, sin vino, me salvará de la locura.

Por cierto, oí por Heaviside[17] que mi matrimonio, como se le llama, ha sido conocido en Cambridge. No te permitas pensar nunca que sea cierto.

A William Darwin Fox [9 de febrero de 1831]
[Cambridge]
Miércoles
Querido Fox:

Debería de haber contestado tu carta antes, ya que por encima de todo era necesario redimir mi reputación. Esperé hasta que tuviera noticias de Baker, pero el bribón no se ha presentado en mis habitaciones, aunque le escribí. Estaría muy satisfecho si te fuera de alguna utilidad para pagar tus cuentas y de hacer ciertas investigaciones si tú me guías. NB. Actualmente te debo £1«4»6. Le pagué a Markham Bennet por un porteador, lo que hace una diferencia de un chelín o dos respecto de mi última cuenta contigo. No entiendo del todo tu última carta: ¿es la cuenta de Orridge & Aiken otro asunto? Y ahora, un regaño para ti. Me gustaría saber qué significa una expresión tal como «causando un horror con mi letra», etc. ¿Se trata de una especie de ironía muy refinada? ¿Quiere decir, si tus muy agradables cartas (me veo obligado a adular para excusarme yo) son horribles, que las mías deben ser a fortiori horriblemente intolerables? Para utilizar tu propia expresión, dejemos de lado las patrañas. Siempre me alegraré de recibir carta tuya y lo sabes, y, para usar las palabras de Johnson, «dejémoslo aquí».

Dejaré Cambridge por un tiempo después de la votación, pues mi deber me llama en otro lado; mi inclinación me mantendrá por los siguientes periodos, y si puedo realmente, con toda seguridad me quedaré por la mayor parte del próximo periodo. Tengo tantos amigos aquí (Henslow entre los primeros) que sería placentero cualquier lugar. (NB: escribe siempre Henslow con una e.)

¿Hay alguna esperanza de que vengas en el próximo periodo? Si la hay, debemos vernos. Volveré a escribirte, cuando haya aclarado tus asuntos aquí. Me preguntas por Eras < > nunca nos escribimos si no es por negocios. Está en Londres, y ya quedas tan enterado como yo.

No puedo escribir cartas largas ni siquiera a Charlotte Wedgwood o Fanny Owen, así que debes perdonarme por lo corto de ésta. Y créeme, mi viejo y querido Fox,/ sinceramente tuyo / C. Darwin

La dirección de Simpson es Feversham, Kent: escríbele, estará muy contento de recibir noticias tuyas.

De Henry Matthew [14 de febrero de 1831]
22 Cecil St. Strand
Mi querido Darwin:

Por Dios que nos encontraremos de nuevo. El ángel acusador que voló a la cancillería de los cielos con el juramento, etc. Vide Sterne[18]. Pero debemos vernos de nuevo, aunque por desgracia no en Cambridge. Inventa un lugar y el día y ahí estaré.

Contesto tu amable carta con los espíritus engendrados por una pinta de cerveza porter. Han pasado los días de la ginebra. Respondo a tu generosa remesa con la gratitud de un mendigo, aunque no he practicado lo suficiente en la profesión para no sentirme avergonzado mientras escribo. No pienses con desprecio de mí. Te aseguro que o aceptaba tu oferta generosa o la cárcel, ya que ya había empeñado mi reloj. Dios te bendiga. Espero que pronto se presenten mejor las cosas para mí. No he tenido noticias todavía de los dictaminadores, pero mostré mis intentos a un hombre versado en la profesión y me dijo toda clase de cosas lindas acerca de ellos, por lo que empiezo a pensar que seré el próximo poeta laureado. Miento cuando digo que me avergüenzo por tu fineza. Más bien quizá esté avergonzado por mis necesidades, pero desde luego que estoy orgulloso del vínculo que tu gentileza muestra. No debo ser tan agradecido o gritarás: ¡Condenado!, ¿que nunca pensará en pagarme? Le escribí a Hamilton[19], pero no he recibido respuesta, por lo que empiezo a temer que esté ofendido conmigo. Espero que no sea así, ya que en estos tiempos es mucho más difícil hacer amigos que perderlos y creo que Hamilton es todo un buen tipo. ¿Me preguntas cuáles son mis planes? Quedarme aquí desde luego por dos semanas más, cuando sabré si algo puedo hacer o no. Si fracaso, supongo que tendré que regresar a casa; si tengo éxito puedo escribirle a mi padre y decirle que no quiero nada de él por los próximos dos años excepto que pague mis deudas, una lista de las cuales le transmitiré, y entonces vivir en mi desván garrapateando y esperando lo mejor hasta que los dos años se hayan escurrido. Todo menos Somersetshire y los viejos recuerdos. Espero que hayas soportado el carácter de Cookesley en mi ausencia pero percibo que no convenciste a Cameron. Y te permitiste levantarle la voz contra el inmortal Shelley, como si fuera un insecto, y al encontrar fallas en la más perfecta de las líneas, volverá a llorar el más musical de los dolientes[20]. Desearía que estuvieras en mi desván, donde no hay espacio para huir. Te perseguiría durante horas. El más humanizado de los asesinos de insectos vuelve a sonrojarse. Acabo de completar nueve de las más sentimentales estanzas jamás editadas, por las que intento obtener cinco guineas, de modo que una burla a la poesía palpe a la vez mis frutos y mis fortunas. Escribe pronto, como el caballero que eres. Quiero darme un vuelo por los poemas de Tennyson, si puedo, pues han sido celebrados en el Westminster[21].

Tuyo sinceramente, H. Matthew

«Like» no es un adverbio sino una preposición cuando se usa como tú la usas. Vide Murray[22]; Lowth[23]; Harris[24]; Cobbett[25], passim.

Dios te bendiga, viejo —y claro que creo en Dios. Tuyo para siempre / Henry Matthew

A William Darwin Fox [15 de febrero de 1831]
[Cambridge]
Martes
Querido Fox:
Salgo esta tarde y sólo me da tiempo para hablar de negocios.

Vi a Baker esta mañana y le di tu mensaje acerca de que te escriba, lo que según parece no le gustó, así que lo hago por él. Tiene para ti las siguientes aves: un par de halcones hembras, tres halcones cenizos, un picamaderos, un par de paros barbados, un alcaudón, un cisne. (Lo mandé calcular cuánto valen, pero no sé si lo hizo). El cisne está en malas condiciones. También envié un corimbo oscuro que me agencié hace tiempo. Su cuenta suma 5£«35» 0, lo que incluye una caja de empaque de 14s y un bushel de manzanas «Ribston pippin» por 12s. Todavía no le pago a Aiken pero ya me encargaré. Entonces me quedarás a deber cierta cantidad pequeña. Si me das tus instrucciones le diré a Baker que te envíe las aves. (Quizá sería bueno que tuvieras el grabado con ellas). El antiguo sirviente de Henslow dejó su servicio ya hace tiempo.

Sinceramente tuyo / Charles Darwin
Me marcharé en el transcurso de 10 días más o menos.
Adieu
Si no has leído a Herschel[26] en la Cyclo de Lardner[27], léelo directamente.
1"16.−
3"17.−

De Henry Matthew [marzo o abril de 1831[28]]
Kilve, Bridgewater
Mi querido Darwin:
No creas que soy el más olvidadizo y desagradecido de los sinvergüenzas en este desgraciado mundo por tan largo silencio. Hasta la semana pasada no supe dónde encontrarte y no estoy del todo seguro de que ésta te llegue. Si llega a tu poder espero que creas las seguridades de mi consideración que te mando con ella. Nuestra amistad (odio el término, suena tanto a hipocresía, pero debo usarlo a falta de otro mejor), nuestra amistad fue producto de un día pero espero que dé frutos por muchos años. Te quiero para siempre y que sea lo que fuere para cualquiera de los dos.

Estoy en el hogar en el seno de mi familia (como dirían los escritores noveles) y no conozco otro en el que no haya reposado. Vine como el hijo pródigo pero fui más bien recibido como becerro cebado. Mi padre furioso, mi hermano frío y mis hermanas en lágrimas. Cada correo trae a un cobrador y cada cobrador una escena. Mi padre me denuesta por desperdiciar mis talentos, aunque nunca descubrió que los tenía hasta que los malgasté irrecuperablemente. Pero así es la apuesta de los tutores. Mi plan de dictámenes no tuvo el éxito que esperaba. Estaba demasiado fastidiado por mi e–a[29] cuando estaba en Londres para escribir y he estado demasiado jorobado por mi padre para escribir lo que sea. Envié cierta poesía dedicada como te dije a la joven dama hace seis años a una de las revistas y recibí una nota cortés en respuesta que empezaba con cumplidos y concluía con «Lamentamos que el departamento poético ya esté ocupado». ¡Qué frase esa del departamento poético! ¿Quién ha oído nunca acerca del departamento de Apolo? Envié entonces una descripción humorística de mi propia condición a otro villano pero no obtuve dinero de él. Desde luego, recibí muchos elogios y la petición de que escribiera de nuevo con la seguridad de una pronta atención, etc. Pero esto no llena la panza, así que sopesé el «sólido pudín» del hogar en contra de la «loa vacía» de un desván, empeñé mi ropa por el alquiler de un coche y aquí me tienes. Sin embargo, esta última semana me volvió la inquietud y esta mañana empecé a escribir de nuevo. ¿Conoces a alguien que necesite un tutor privado en tu parte del mundo, es decir, un galopín de la casa? Ésta viene a ser la posición que busco ahora por vía de mientras. ¿Cómo te está yendo, viejo amigo? ¿Has metido en frascos más escarabajos y empalado más mariposas? ¿Estás entusiasmado por la perspectiva de la Reforma[30], o lloras ante la década actual de abusos? ¿O sigues siendo el Darwin tranquilo poco c< uran> te[31], que no se preocupa más que por su botella de ginebra y su constante acompañante filosófico? ¿No ves síntomas de un pergeñador rechazado en esta carta mía? La actividad artificial de un escritor en una revista, los vanos intentos de quien tiene mucho bla bla bla a la mano, porque su producto no vende... Pensarás por todo esto que estoy con el espíritu lleno de júbilo, pero nunca estarás tan equivocado en tu vida. Soy un vil miserable.

Estuve en H últimamente, y la vi, la que logra que todas las demás no valgan la pena. Oh Dios, qué mujer, y tener que sentirme atado a una boba. La cadena aprieta con fuerza.

¿Todavía andas inspirado por el espíritu de Shelley? Dije inspirado, ya que gozar de Shelley es una especie de inspiración. Lee el Cenci y el Spirit of Solitude, y confiesa que Virgilio es un simple y Byron un copista.

¿Así que la viuda abandonó a Cameron finalmente?

Dios te bendiga, mi querido amigo./ Desde siempre tu más sincero amigo / H. Matthew[32]

A William Darwin Fox [7 de abril de 1831]

Mi querido Fox:

¿Quieres cortar la conexión? ¿Por qué no escribes? Yo fui quien envió la última carta, por lo que según la ley de las naciones tú deberías haber escrito. Estaba en tal alboroto cuando te escribí por última vez, que realmente olvidé cómo iban nuestras transacciones monetarias. Aquí las pongo: Tengo en mi posesión tus cinco libras. Le pagué a Aiken £2«13»6. Pero no he pagado la cuenta de Baker (pues no lo he visto), que suma 5£"3s"6, incluyendo los 12s de manzanas para los Henslow. Empezaré en Cambridge en una semana a partir de mañana, pero estaré unos días en Londres para oír ópera, etc., etc. Déjame encontrar una carta tuya esperándome en Cambridge, o antes de ir allá: me encargaré de todos tus asuntos.

Espero gozar de un placentero periodo de primavera con caminatas y recolectando plantas con Henslow: supongo que está descartado que tomes una semana de párroco[33] y te apresures a venir a Cambridge. Pienso que lo disfrutarías y seguro que lo mismo me sucedería a mí. Piénsalo.

Por ahora, hablo, pienso y sueño en un plan que me he cocinado de ir a las islas Canarias. Hace tiempo que tengo el deseo de ver paisajes y vegetaciones tropicales, y, según Humboldt[34], Tenerife es un buen ejemplo de ello.

Viendo de nuevo tu carta, me encuentro con que hay una factura de Orridge: ¿no es la misma que la de 2£"13"6?

Si no estás ocupado, mejor escríbeme antes de mañana en ocho y cuéntame todas las circunstancias de las que puedas pensar. Cómo está tu familia, etc., etc.

Créeme, querido Fox, que soy sinceramente tuyo / Charles Darwin
Shrewsbury, jueves
PD. Cuéntame cómo, dónde, etc., etc., estás viviendo.

De Fanny Owen [8 de abril de 1831]
[Woodhouse]
Mi querido Charles:

Me avergüenzo de mí misma por causarte tantas molestias, pero la gente agradable que conoces siempre se te encaja, así que quiero que me traigas el lunes algo de la tienda del señor Whitney: se trata de una botella de «Aspalterm[35]», un color al óleo, y también una docena de pinceles pequeños, si tiene.

No puedo seguir con mi Dairymaid sin este color, así que si me lo traes el lunes, no puedo decirte cuán agradecida te estaré. Se trata de una botella pequeñita, y ¡hay que cargársela desde luego al mandamás! Te tengo un pedido para Halston[36], así que no dejes de venir el lunes puntualmente, a pesar de lo que tu hermandad femenina pueda decir para impedírtelo: se espera que el caballo negro llegue mañana.

Tráeme un libro sabroso de cualquier tipo, algo que tú puedas sustraer, porque tristemente quiero uno, el que sea, un libro es un libro, ¡qué perogrullada!

Es muy tarde y si no termino el correo habrá cerrado a la noche y ya no lo admitirá, así que perdona la escritura y todas las molestias que te doy. Créeme / siempre tuya, F. Owen
Viernes en la noche

A Caroline Darwin [28 de abril de 1831[37]]
[Cambridge]
Jueves
Mi querida Caroline:

Quiero saber algo de la política de Shropshire y te escribo con la esperanza de obtener una respuesta. Te daré ahora un recuento abreviado de mí desde que dejé Shrewsbury. Tuve una semana muy agradable en Londres, pero lo encuentro, como siempre, muy fatigoso (espero que Erasmus también, ya que vivimos juntos). Gracias a la ayuda de Tom[38] logré una entrada para la música antigua, que fue admirable, pero lo que me gusta más de Londres son los jardines del Zoológico: son deliciosos en un día caluroso, cuando los animales se ven contentos y la gente bien alegre. Siento que Cambridge es uno de los pocos lugares en los que de antemano sientes un gran placer y no te decepciona: cada día que pasa del periodo siento una pérdida, y los días pasan tan suavemente que nunca logro hacer ni la mitad de lo que intento desde la mañana. Estoy muy ocupado y trabajo toda la mañana hasta que llega la clase de Henslow; por lo común salgo en las tardes a algún lado y en ocasiones a cenas en las que la buena comida y la buena conversación hacen un todo armonioso (pienso que te disgusta, pero disculparé a todo aquel que no haya estado todavía en una cena de Cambridge, y si lo han hecho y sin embargo arguyen «qué cosa más enojosa es una buena cena», renuncio a ellos). La elección de aquí es de lo más aburrida, pues Henslow es la mano derecha de Lord Palmerston[39] y ya no tiene tiempo para ir de paseo al campo. Mientras te escribo mi mente le da vueltas a los trópicos: en la mañana voy y contemplo las palmeras del invernadero y regreso a casa y leo a Humboldt: mi entusiasmo es tan grande que apenas si me puedo quedar quieto en mi silla. Henslow y otros profesores apoyan nuestro plan: Henslow me promete meterme la geología a la fuerza. Nunca me sentiré tranquilo hasta no ver el pico de Tenerife y el drago [Dracaena draco]; las deslumbrantes llanuras arenosas y el silencioso bosque sombrío son lo que más alterna en mi cabeza. Trabajo regularmente en mi español; Erasmus me aconsejó decididamente que dejara el italiano. Me he trazado un esplendor tropical.

Adiós / C. Darwin

Cuéntame todos los chismes ya.

Me gradué el otro día[40]: me costó 15 libras, fue un desperdicio de dinero. Los quiero a todos aunque no sepan a menudo de mí, así que me deben perdonar por ser tan egocéntrico como Hope. Empiezo a pensar que la historia natural hace a la gente egocéntrica.

De [John Maurice Herbert[41]] [principios de mayo de 1831[42]]

Si el señor Darwin quiere aceptar el microscopio Coddington que acompaña a ésta[43], será de mucho agrado para alguien que dudó de que los talentos del señor Darwin o su sinceridad fueran motivo de admiración, y que espera que el instrumento en cierta medida facilite esas investigaciones que ha llevado a cabo hasta ahora con tanto amor y éxito.

A William Darwin Fox [11 de mayo de 1831]

Cambridge

Miércoles

Mi querido Fox:

Cambridge ha vivido un estado tal de bullicio y excitación durante la última semana[44] que nada he hecho sino andar de intrigante por la ciudad. Pero demos gracias de que todo haya vuelto a la calma y tenga tiempo para pensar en mis planes. Debo decirte que estoy muy triste por no poder visitarte en este momento. No tengo razón para viajar tantas millas (y gastar tantos chelines) por mera diversión: el jefe, mi padre, me ha dado 200 libras para pagar mis deudas y debo economizar. Aparte de hacerte una visita tranquila y a gusto, debo poner en práctica un plan del que ya llevo tiempo deseando llevar a cabo y es el de ver los grabados en Stamford[45]. Pero ambos planes han de morir la misma muerte por inanición. En el lado per contra de la cuestión entran en juego las clases de Henslow y me arrepentiría de faltar siquiera a una de ellas.

Y ahora respecto de nuestras cuentas eternas. Veo que cometí un error en mi última carta. Tengo de tu dinero 6«4»6. La factura de Orridge fue por 13s y lo que he pagado por ti suma in toto 3£«6»6, por lo que ahora me quedan 2£18s. Le escribí a Baker y le di las instrucciones adecuadas y le pagaré su cuenta la próxima vez que él venga a Cambridge.

Cierto habitante de Cambridge de buen natural me ha hecho un regalo anónimo a todas luces magnífico de un microscopio: ¿alguna vez oíste de una suerte más fantástica? Quisiera saber quién fue, simplemente para sentirme obligado con él.

Mis días aquí son muy placenteros. Estoy ocupado con tres o cuatro?????,[46] y veo con frecuencia a Henslow, de quien no sé si lo quiero o lo respeto más. La señora Henslow está incubando un joven profesor[47]. Muy pronto dará a luz. En cuanto a mi plan para las Canarias, es imprudente que me hagas tantas preguntas. Mis otros amigos desean sinceramente que ya me encuentre ahí, de tanto que los atosigo con mi plática sobre los paisajes tropicales, etc., etc. Eyton irá en el próximo verano, y ya estoy aprendiendo español.

Cómo deseo que nos veamos. Pronto te cansarás de tal tema.

Adiós / Charles Darwin

PD: Aiken no está enfermo. John Day quiere saber qué hacer con tu vino, ya que los cestos se están pudriendo y es necesario hacer algo pronto.

A William Darwin Fox [9 de julio de 1831]

Shrewsbury

Sábado

Mi querido Fox:

Llegué a este estúpido lugar hace tres semanas, pero no he tenido tranquilidad hasta hoy para escribirte. Estoy aquí exactamente bajo el mismo principio en que lo haría una persona que escogiera permanecer en el tribunal supremo. Hablar de pobreza hace que sienta que deba regañarte: en tu respuesta a mi carta en la que explicaba las razones por las que no podía ir a verte a Epperstone, decías que no te extrañaba que no quisiera ir a un lugar tan estúpido. Si tratamos de ver las cosas con toda lógica, primero deberías saber que lo que llamas estúpido es justo lo que a mí me gusta, y segundo sabrías que, si pudiera, con toda seguridad habría ido aunque fuera sólo por el placer de verte. No tienes excusa, y eres (como decimos en español) un grandísimo bribón.

Espero que te hayan llegado bien tus grabados. Estuve en medio de un remolino de polvo y confusión cuando te los envié, de otro modo te habría escrito con la caja. El plan de las Canarias va viento en popa. Trabajo como un tigre para conseguirlo, en este momento con el español y la geología[48], y mientras que al primero lo encuentro intensamente estúpido, el segundo es de lo más interesante. Trato de hacer un mapa de Shropshire, pero no es tan fácil como me parecía.

¿Cómo te va con la entomología? Estás en un lugar capital, es decir si el bosque de Sherwood es como el bosque de New[castle]. Hope y Eyton lograron maravillas ahí (yo no tenía propter pecuniam). Tu imaginación no puede captar la cantidad de insectos elatéridos rojos, melasomos, cerambícidas, en número sin fin. Estoy apenas empezando con los dípteros. Me sorprendió lo excelente naturalista que es L. Jenyns. He estado con él buena parte del tiempo últimamente y cuanto más comparto con él más me gusta. Siento lo mismo respecto de otro hombre, que antes me disgustaba, que es Ramsay de Jesús[49], que es la persona que con toda seguridad (no sé si ya te lo había dicho) me acompañará a las Canarias. ¿Qué tanto conoces de los detalles de nuestros planes?

Si estás en Epperstone en el otoño y si ahí estás, sería conveniente, si puedo arreglármelas, visitarte… contéstame sinceramente. ¿Es imposible que tú me visites en Shrewsbury?

Esta carta es sólo sobre mí mismo. Haz tú lo mismo, adiós / querido Fox. C. Darwin

A John Stevens Henslow [11 de julio de 1831]
Shrewsbury
Lunes
Estimado señor:
Debería de haberle escrito desde tiempo atrás, pero determiné esperar por el clinómetro y me alegra decirle que respondió admirablemente. Puse todas las mesas en mi habitación, y en todo ángulo y dirección concebibles puedo aventurarme a decir que las medí con tanta precisión como cualquier geólogo podría hacerlo. Cuesta 25s, hecho de madera, pero la tapa tiene una placa de latón graduada. Cary[50] no aprobó que tuviera una barra por plomada, de modo que le puse una pesada bola. He estado trabajando en muchas cosas a la vez, por lo que no he avanzado mucho en geología. Sospecho que de la primera expedición que emprenda, con clinómetro y martillo en mano, regresaré no mucho más sabio y sí mucho más desconcertado que al empezar. Hasta ahora sólo me he planteado hipótesis, pero son tan poderosas, que supongo que si algún día las pongo en obra aunque sea por un día, el mundo llegará a su fin. No he sabido nada del profesor Sedgwick, de modo que temo que no visitará las formaciones del río Severn. Supongo que usted hizo todo lo posible para urgirlo. Y ahora, lo que toca a las Canarias. Le escribí al señor Ramsay dándole la poca información que pude conseguir en la ciudad. Pero como posiblemente dejó Cambridge, lo intentaré por mí mismo. Pasaje: 20 libras, los barcos van y vuelven durante los meses de junio a febrero, pero como no he visto al agente, las dos preguntas más importantes quedan sin responder, o sea si significa junio inclusive y con qué frecuencia navegan. No tardaré en enterarme de todo ello. Espero que usted siga alimentando su fervor canario. He leído y releído a Humboldt, así que haga lo mismo y estoy seguro de que nada le impedirá que veamos el árbol del gran drago. ¿Le diría usted a L. Jenyns que su magnífico regalo de dípteros no ha caído en saco roto? ¿Podría preguntarle qué hace cuando los dípteros son demasiado pequeños para ensartarlos con una aguja? Estoy ansioso por saber cómo es la señora Henslow. Temo que quisiera verme en el fondo de la bahía de Vizcaya, por haber sido el primero en pensar en las Canarias. Voy a molestarlo ahora con una serie de preguntas. ¿Sabe la dirección de A. Way? ¿Recuerda por casualidad el nombre de una mosca que el señor Bird

envió por medio de Downes[51]? Y finalmente una comisión molesta: ¿sería usted tan amable de utilizar su juicio y criterio conocidos para escogerme un queso Stilton listo para comerse? ¿Podría mandármelo a Shrewsbury y yo le pagaría al hombre en octubre de regreso?

3. El punto de vista de un amigo de Darwin como aprendiz de entomólogo.
© Cambridge University Library.
Perdone todas las molestias que le estoy dando y créame, estimado señor, que soy sinceramente suyo / Charles Darwin
Eyton me pide que le envíe sus saludos. Su mente tiene un buen resplandor tropical.

A Charles Thomas Whitley [19 de julio de 1831[52]]
Shrewsbury
Martes
Mi querido Whitley:
Mi conciencia se conmovió al recibir tu carta. La razón por la que no escribí antes fue que mantuve la esperanza de que pudiera llegar in propriam personam. En este momento me tiene loco la geología y me aventuro a decir que pondré en práctica en agosto un plan que estoy incubando, el de recorrer Gales a caballo y quedarme unos días en Barmouth ya de camino. Incluso si fuera a ir, no sería de mucha ayuda para el señor D. B. o del señor D B para mí, pues recelo mucho de su pronunciación[53]. Voy muy lentamente con mi español: el número de palabras es bastante aterrador y el número de sentidos de cada palabra es aún más desalentador. Debo arreglármelas para visitarte, y en cuanto a Lowe[54], la cantidad de datos que habrá recogido algo valdrá. Oí a un cochero el otro día llamar a un caballo que se sofoca y con los corvejones inflamados, «una miserable albóndiga». Pensé para mí que el hombre habrá sido amigo de los Lowe. Ayer oí decirle a Watkins que los encuentra tan diabólicamente familiares en casa, que se ve obligado a dar un pequeño paseo para protegerse. Intenta ver a Grey y a Cavendish en Tremadock, y muy posiblemente en Barmouth[55]. Me gustaría encontrarme con él con ayuda de los Lowe, y tendríamos una buena e instructiva charla.
No te mereces ni siquiera una carta tan larga como la que acabo de escribir. Ni siquiera me mencionas qué tanto te gusta Barmouth, a quién ves ahí, qué haces, etc., etc., etc. Seguramente te veré en agosto; hasta entonces, créeme querido Whitley,/ soy tu Charles Darwin

A William Darwin Fox 1.º de agosto [de 1831]
[Shrewsbury]
Agosto 1.º
Querido Fox:
Ayer recibí tu carta y me senté, según tu propio deseo, a contestar lo mejor que pude tus preguntas. Hope no estará en la ciudad en la época que dices, su dirección es 37 Upper Seymour St. y estoy seguro de que se sentirá feliz de mostrarte su gabinete si andas por la ciudad cuando él también esté.
Lamento decirte que he olvidado por completo el nombre de pila y la dirección de Stephens, pero creo que puedes dar con su dirección en casa de su librero, la cual puedes encontrar en las cubiertas de la British entomology. Por lo común he ido alrededor de las 8. Se trata de un hombrecito muy educado: hay una tarde apropiada de la semana, pero creo que no tiene objeción en que la gente que no vive en la ciudad lo llame a la hora que sea.
No sé si te mencioné que tengo dos o tres insectos que me mandaron o el señor Rudd o Wailes de Newcastle[56]. Henslow les pagó a mi cargo para ti, pero no recuerdo con seguridad cuál fue el donante. Te los enviaré junto con mi lote tantas veces prometido (aunque temo que no sea tan numeroso como podrías esperar) en el transcurso de unos días.
El plan de las Canarias no tendrá lugar antes de junio próximo, y lamento saber que la

posibilidad de que los Henslow vengan es muy remota. Esperaba que conforme pasaran los días las cosas fueran arreglándose. Con toda probabilidad iré a Cambridge para pagar mis cuentas alrededor de fines de octubre, pero no lo sé de seguro.

No puedo terminar esta carta sin añadir cuán afligido estoy de que me pienses capaz de decir falsedades deliberadas, sin fundamento e insinceras. No puedo interpretar de otra manera tu carta[57].

Sinceramente tuyo / Charles Darwin

El hombre que hizo mi gabinete es W. Edwards, 29 Wilton St., Westminster. Te sugiero que te hagas uno mayor que el mío. Éste costó 5£"10 y contiene 6 cajones de 1 pie "3 de fondo y 1 pie "7 de ancho, y todo el gabinete mide 1 pie "4 de alto.

De George Peacock a John Stevens Henslow [6 o 13 de agosto de 1831[58]]

Querido Henslow:

El capitán FitzRoy partirá para inspeccionar la costa de Tierra del Fuego y visitar más tarde muchas de las islas del mar del Sur y regresar por el archipiélago indio. El barco ha sido habilitado expresamente con fines científicos, en combinación con la exploración. Por lo tanto proporcionará una rara oportunidad para un naturalista y sería muy infortunado que se perdiera.

Me propusieron que recomendara a la persona adecuada para ir como naturalista en esta expedición[59]. Sería tratada con toda consideración; el capitán es un hombre joven de buenas maneras (es sobrino del duque de Grafton), de un gran celo respecto de su profesión y de quien se habla muy bien; si Leonard Jenyns pudiera ir, imagine qué tesoros no traería consigo, pues el barco estaría a su disposición, siempre que sus investigaciones lo hicieran necesario o deseable[60]; si no se encontrara un naturalista de las características adecuadas, ¿habría alguna persona a quien usted pudiera recomendar ampliamente? Debe ser una persona tal que dé satisfacción a nuestra recomendación.

4. Charles Darwin, 1839.
© Cambridge University Library.

5. Robert FitzRoy, 1835.
© Wellcome Library, Londres.

Piense en esto: sería una grave pérdida a la causa de las ciencias naturales que se perdiera esta preciosa oportunidad.

El barco partirá a fines de septiembre.

¡Pobre Ramsay! Qué pérdida para todos y en particular para usted.

Escriba inmediatamente y dígame qué puede hacerse.

Créame / mi querido Henslow / que estoy a su entera disposición / George Peacock

7. Suffolk Street / Pall Mall East

Querido Henslow:

Escribí esta carta el sábado, pero ya no alcancé el correo. ¡Qué gloriosa oportunidad sería la de formar colecciones para nuestros museos! Escríbame de inmediato y cuide de que no se pierda la oportunidad.

Créame / mi querido Henslow / que estoy a su entera disposición / George Peacock

7. Suffolk St./ Lunes

De John Stevens Henslow[61] 24 de agosto de 1831

Cambridge

24 de agosto de 1831

Mi querido Darwin:

Antes de entrar en la intención inmediata de esta carta, juntemos nuestro dolor por la pérdida de nuestro inestimable amigo Ramsay, de quien habrás tenido noticia de su muerte seguramente antes de ésta. No seguiré con este tema penoso, pues espero verte pronto con el deseo pleno de que tomes en serio la oferta que pronto se te hará de un viaje a Tierra del Fuego y de regreso por las Indias Orientales. Me pidió Peacock, quien leerá y te enviará ésta desde Londres, que le recomendara un naturalista como compañero del capitán FitzRoy, el cual ha sido contratado por el gobierno para realizar el estudio de la extremidad sur de América. Afirmé que te consideraba como la persona más calificada que conozco y que estuviera en condiciones de emprender una situación de este tipo. Afirmé tal cosa sin dar por sentado que tú fueras un naturalista recibido, sino que simplemente calificabas para recolectar, observar y anotar cualquier cosa que valiera la pena en historia natural. Peacock tiene la designación a su disposición y, si no encuentra al hombre que quiera tomar el cargo, es probable que la oportunidad se pierda. El capitán FitzRoy quiere a alguien (parece) más como compañero que como mero recolector y no tomará a nadie por buen naturalista que sea que no se le haya recomendado por lo demás como un caballero. Nada sé de los particulares acerca del salario, etc. El viaje habrá de durar dos años y, si llevas contigo una buena cantidad de libros, puede lograrse todo lo que te plazca. Tendrás amplias oportunidades a tu disposición. En resumen, supongo que jamás hubo una oportunidad mejor para un hombre de celo y espíritu. El capitán FitzRoy es joven. Deseo que de inmediato vengas a la ciudad y consultes con Peacock (en el número 7 de Suffolk Street, Pall Mall East, o en el University Club) y conozcas más detalles. No pongas por delante dudas o temores por modestia acerca de no estar calificado, ya que te aseguro que pienso que eres el hombre adecuado que buscan, así que considera que tienes el espaldarazo de tu bum-bailiff[62] y afectuoso amigo / J. S. Henslow

(A la vuelta)

La expedición partirá el 25 de septiembre[63] (en principio), así que no hay tiempo que perder.

De George Peacock [c. 26 de agosto de 1831]

Querido señor:

Recibí la carta de Henslow la noche pasada, demasiado tarde para enviársela por correo, circunstancia que no lamento, pues me dio la oportunidad de ver al capitán Beaufort (el hidrógrafo) en el Almirantazgo y de plantearle a él la oferta que debo hacerle a usted: la aprueba por entero y puede usted considerar que la oferta está a su entera disposición: espero que usted acepte, ya que es una oportunidad que no debe dejarse de lado y considerar con el mayor interés el beneficio que nuestras colecciones de historia natural recibirán gracias a su labor.

Éstas son las circunstancias:

El capitán FitzRoy (sobrino del duque de Grafton) partirá a fines de septiembre en un barco para examinar en primera instancia la costa sur de Tierra del Fuego, después visitará las islas del mar del Sur y regresará por el archipiélago indio a Inglaterra. La expedición no tiene más propósito que el científico y el barco habrá por lo general de esperar a su entera voluntad por sus investigaciones en historia natural, etc. El capitán FitzRoy es un oficial celoso y con espíritu, de maneras agradables y muy estimado por todos sus compañeros oficiales: viajó con el capitán Beechey[64] y gastó 1500 libras para traerse y educar a sus expensas a tres nativos de Patagonia[65]. Ha contratado a un artista por su cuenta pagándole 200 libras al año para que vaya con él: por lo tanto puede estar seguro de tener un compañero muy agradable, que cordialmente compartirá todos sus puntos de vista.

El barco partirá cerca de fines de septiembre y no debe usted perder el tiempo en dar a conocer su aceptación al capitán Beaufort, el hidrógrafo del Almirantazgo. He intercambiado una buena cantidad de cartas acerca de este asunto, quien[66] siente junto conmigo la mayor ansiedad acerca de su aceptación. Espero que ningún otro arreglo llegue a interferir con éste.

El capitán le dará la bienvenida y toda la información requerida: le recomiendo que venga a Londres, con el fin de entrevistarse con él y completar los arreglos. Dejaré Londres el lunes: quizá tenga usted la amabilidad de escribirme a Denton, Darlington, para confirmarme que va.

El Almirantazgo no prevé un salario, aunque le proporcionarán una designación oficial[67] y todo lo necesario: sin embargo, si se requiere un salario, me inclino a pensar que será proporcionado.

Créame / estimado señor / que soy su servidor / George Peacock

Si ve a Sedgwick, espero que le dé mis saludos.

A John Stevens Henslow 30 [de agosto de 1831]

Shrewsbury

Martes 30

Querido señor:

La carta del señor Peacock llegó el sábado y la recibí ya en la tarde de ayer. En cuanto a mí concierne, tal como lo pienso, desde luego que con gran gusto aceptaría la oportunidad que con tanta generosidad me ofrece. Pero mi padre, aunque no me lo rechazó con absoluta decisión, aconseja con determinación que no vaya, por lo que no me sentiría cómodo si no sigo su consejo. Las objeciones de mi padre son las siguientes: me impediría establecerme como clérigo; mi falta de costumbre en el mar; el poco tiempo y la posibilidad de que no congenie con el capitán FitzRoy. Se trata de una objeción muy seria la del poco tiempo para preparar todo, ya que no sólo el cuerpo sino también la mente necesita prepararse para tal empresa. Pero si no fuera por mi padre, tomaría todos los riesgos.

¿Por qué no se designó a un naturalista desde tiempo antes? Me siento en deuda por todas las molestias que se ha tomado por mí y seguramente no podría presentarse una mejor oportunidad. Regresaré en octubre a Cambridge y entonces me abocaré a una conversación con usted. Le escribiré al señor Peacock a Denton (¿en Durham?), pero su dirección es tan poco legible que incluso con la ayuda de la oficina de correos no me queda clara. ¿Sería entonces usted tan amable, si conoce usted su dirección o la del capitán FitzRoy, de mandarles unas líneas en este sentido? Mi viaje con Sedgwick se llevó a cabo con toda perfección. No supe de la pérdida del pobre señor Ramsay hasta pocos días antes de su carta. Hasta ahora he sido afortunado de no perder a nadie por quien tenga afecto y estima. Pero mi relación con él, aunque muy corta, fue suficiente para que me llegaran estos sentimientos en alto grado. Apenas puedo creer que ya no esté con nosotros. Tenía el mejor carácter que haya conocido jamás.

Sinceramente suyo,/ querido señor. Charles Darwin

Le escribí al señor Peacock y le mencioné que le pedí a usted que le mandara unas líneas por si no recibía mi carta. También le pedía que se comunicara con el capitán FitzRoy. Incluso si fuera a ir, el disgusto de mi padre me quitaría todas las energías y necesito todas las reservas de energía que pueda guardar. De nuevo, debo agradecerle; algo le agrega a la pesada carga, aunque placentera, de la gratitud que le debo.

De Robert Waring Darwin a Josiah Wedgwood II 30-31 de agosto de 1831

Salop[68]

30 de agosto de [18]31

Querido Wedgwood:

Estoy muy contento de que ya se sienta mejor y que las seis píldoras de trementina hayan surtido efecto. Tal vez en la medida en que estimulan esa parte particular del intestino sería bueno de todos modos que continuara con ellas por un tiempo. Sea cuidadoso en observar la emisión amarillenta del intestino, ya que si continúa o se incrementa, será una razón para abandonar el uso de estas nuevas píldoras, ya que pueden ser su causa.

Dé gracias a Frank[69] por su cesta. Todavía no la abro.

Charles le contará acerca de la oferta que se le ha hecho de participar en un viaje de descubrimiento por dos años. Yo la objeto firmemente por varias razones, pero no las detallaré porque él podrá tener su opinión imparcial sobre el tema, y si usted piensa distinto de mí, desearía que él siguiera su consejo.

Querido Wedgwood, suyo con afecto / R. W. Darwin

Después de escribir lo anterior, Edward ha abierto la cesta que Henry me dejó de parte de Frank y encontramos que se trata de un paquete para su hermano que debieron haberle mandado con él a The Hill[70].

Miércoles 31

Charles ya ha desechado la idea del viaje.

A Robert Waring Darwin 31 de agosto [de 1831]

[Maer]

Agosto 31

Querido padre:

Me temo que voy de nuevo a hacer que se sienta incómodo. Pero considerándolo todo, creo que me perdonará una vez más por dar mis opiniones sobre la oferta del viaje. Tengo una disculpa y la razón es la forma distinta con la que todos los Wedgwood consideran el tema respecto de la suya y la de mis hermanas.

Le proporcioné a mi tío Jos lo que considero de todo corazón como una lista cuidada y completa de sus objeciones y ha sido tan amable como para darme su opinión sobre ellas. Incluyo la lista y sus respuestas. De todos modos le pido un solo favor: sería de todo punto una gran amabilidad suya que me enviara una respuesta decidida: sí o no. Si es la última, sería de mi parte un desagradecido si no confiara implícitamente en su buen juicio y en la amable indulgencia que me ha demostrado a lo largo de toda mi vida, por lo que puede usted confiar en que nunca más volveré a mencionar el asunto. Si su respuesta fuera afirmativa, iría directamente con Henslow y le consultaría punto por punto acerca del tema y de inmediato me dirigiría a Shrewsbury. Para mí y para los Wedgwood el peligro no parece ser muy grande. Los gastos no pueden ser importantes y de todos modos no creo que malgastara más el tiempo que si me quedara en casa. Pero le suplico que no considere que estoy resuelto a ir, pues no dudaría ni un solo momento en abandonar la idea si usted pensara que, pasando un tiempo, la situación siguiera haciendo que usted se sintiera incómodo.

Debo afirmar de nuevo que no creo que me incapacitara para una vida asentada. Espero que esta carta no lo deje inquieto. La envío mañana en la mañana por estafeta y si usted llega a tomar una decisión me puede usted enviar directamente una respuesta por el mismo medio al día siguiente. Si esta carta no lo encuentra a usted en casa, espero que pueda contestar tan pronto como le sea conveniente.

No sé cómo expresarle la amabilidad del tío Jos, nunca podré olvidar el interés que muestra siempre por mí.

Créame, querido padre,/ que soy su hijo afectuoso / Charles Darwin

PD: Frank le agradecería mucho si usted enviara la loza a The Hill.

(1) Poco respetable respecto de mi carácter como clérigo.

(2) Un plan alocado.

(3) Que seguramente ofrecieron a mucha otra gente antes que a mí el puesto de naturalista.

(4) Y que si no fue aceptado es que debe haber cierta objeción seria respecto del barco o de la expedición.

(5) Que nunca sentaré cabeza ante mi futura vida.

(6) Que mis alojamientos serían incómodos con toda seguridad.

(7) Que usted debe considerar que de nuevo estoy cambiando de profesión.

(8) Que será una empresa sin utilidad alguna.

De Josiah Wedgwood II a Robert Waring Darwin[71] 31 de agosto de 1831

Maer

31 de agosto de 1831

Querido doctor:

Siento gran responsabilidad ante su solicitud acerca de la oferta que se le hizo a Charles, pero como usted deseó que Charles me consultara, no puedo rehusarme a darle el resultado de mis reflexiones. Charles me ha dado la lista de lo que cree que son sus principales objeciones y creo que lo mejor que puedo hacer es afirmar lo que pienso acerca de cada una.

1.– No creo que fuera de ninguna manera poco respetable para su carácter como clérigo. Por el contrario, pienso que la oferta lo honra y que la incursión en la historia natural, aunque ciertamente no profesional, es muy conveniente para un clérigo.

2.– No veo cómo enfrentarme a esta objeción, pero habrá conocimientos bien definidos en los que ocuparse y seguramente adquirirá y reforzará su disciplina de trabajo, y quiero pensar que puede lograrlo tanto de esta manera como quedándose en casa durante los próximos dos años.

3.– Ante la lectura de las cartas, no veo el problema, y al leerlas de nuevo con el tema en mente no le veo fundamento.

4.– No puedo concebir que el Almirantazgo mande un barco en malas condiciones para un servicio como éste. En cuanto a objetar la expedición, dependerá del criterio de cada individuo, pero nada puede inferirse en el caso de Charles si se llega a saber que otros han rechazado la oferta.

5.– Usted es un juez mucho más adecuado acerca del carácter de Charles de lo que puedo serlo yo. Si usted piensa que con toda probabilidad el viaje lo hará inestable e incapaz de establecerse, cuando compare la forma en que transcurrirán estos dos años con la forma en que transcurrirán si no acepta la oferta, desde luego que es una objeción a considerar. No es el caso que los marinos propendan a adquirir costumbres domésticas y tranquilas.

6.– No puedo dar más opinión más allá de lo que ya he expresado, pues si la proporciona el Almirantazgo podrá reclamar el mejor acomodo posible según lo permita el barco.

7.– Si viera a Charles absorbido en sus estudios profesionales, probablemente pensaría que no es aconsejable interrumpirlos, pero no es así, y creo que no será el caso en cuanto a él. Su interés en busca de conocimientos lleva la misma ruta que podrá seguir con la expedición.

8.– Seguramente que la empresa no concuerda con su profesión, pero si lo consideramos como un hombre que muestra gran curiosidad, ésta es una oportunidad tal de ver otra gente y otras cosas como a pocos puede dárseles.

Piense usted que tuve poco tiempo para considerar las objeciones y que usted y Charles son las personas que deben decidir.

Soy,/ querido doctor,/ suyo con afecto / Josiah Wedgwood

De R. W. Darwin a Josiah Wedgwood II 1.º de septiembre de 1831
[Shrewsbury]
1.º de septiembre de 1831
Querido Wedgwood:
Charles le agradece grandemente por tomarse tantas molestias así como por su interés por sus planes. Me decidí a dejar de lado mis objeciones, ya que usted no lo ve con el mismo ángulo que yo.
Charles expuso mis objeciones clara y plenamente. Si sigue con la misma idea después de informarse con más amplitud, le daré toda la ayuda que esté en mi poder.
Gracias por sus amabilidades. Suyo,/ con afecto / R. W. Darwin[72]

A Francis Beaufort 1.º de septiembre [de 1831]
Shrewsbury
Septiembre 1.º
Señor:
Me tomo la libertad de escribirle de acuerdo con el deseo del señor Peacock de darle a conocer mi aceptación de la oferta de viajar con el capitán FitzRoy. Seguramente habrá recibido una carta del señor Peacock anunciándole mi rechazo, lo cual se debió a que mi padre no aprobaba en principio el plan; desde entonces ha reconsiderado el tema y ha dado

su consentimiento; por lo tanto, si no se ha ocupado el puesto, sería un honor para mí aceptarlo. Si ha habido cierto retraso ha sido porque estaba yo en Gales cuando llegó la carta[73]. Me dirigiré a Cambridge mañana por la mañana para ver al profesor Henslow y de ahí seguiré camino de inmediato a Londres.

Me reitero, señor,/ como su humilde y obediente servidor / Charles Darwin

De Francis Beaufort a Robert FitzRoy 1.° de septiembre [de 1831]
Septiembre 1.°
Mi querido señor:
Creo que mi amigo el señor Peacock del Trinity College de Cambridge ha logrado encontrar un «sabio» para usted. Un señor Darwin, nieto del tan conocido filósofo y poeta, lleno de celo y de espíritu de empresa, quien ya había contemplado hacer un viaje por su cuenta a Sudamérica.

Hágame saber cómo ve la idea o me echo para atrás a tiempo./ F B

A John Stevens Henslow [2 de septiembre de 1831]
[Cambridge]
Mi querido señor:
Acabo de llegar y adivinará la razón. Mi padre ha cambiado de idea y creo que el puesto no ha sido ocupado. Estoy muy fatigado y me voy a la cama. Debo pensar que no ha recibido mi segunda carta[74]. ¿A qué hora puedo presentarme ante usted en la mañana? Mándeme una respuesta verbal.

Buenas noches./ Suyo / C. Darwin
Red Lion.

De Adam Sedgwick 4 de septiembre de 1831
Tremadoc [Gales]
Septiembre 4, 1831
Querido Darwin:
Dejé Capel Curig anteayer y el estúpido mesonero de nariz roja no me mostró tu carta hasta horas antes de salir. De otro modo me habría aventurado a aprovechar tu información respecto de Cwm Idwal[75]. Sin embargo, debí de haber visto las madréporas[76]; ya que el miércoles fui de Capel Curig a Cwm Idwal y de ahí trepé hasta la cima por el lado de Twll Dy, un muy raro abismo que quiero suponer que observaste; de ahí escalé las crestas de Glider Bach y Glider Fawr y bajé zigzagueando hasta la posada. Sin embargo, tu información no me sorprendió, ya que las madréporas son tan fáciles de encontrar como las terebratulæ, las cuales parecen darse aquí y allá por toda la cadena snowdoniana. Encontré terebratulæ entre las pizarras talcosas de Foel Goch, un precipicio justo al oeste de Cwm Idwal. Encontré restos orgánicos en la pizarra de Moel Shabod, pero no tropecé con ningún lecho en el cual abundaran. Al principio encontré especímenes más o menos en medio de la gran zona de pizarras, y después en las paredes rocosas por encima del bosque (de pasada, las paredes rocosas son buenos lugares para encontrar fósiles y a menudo nos cuentan una buena historia que sería difícil conseguir sin ellas). No entendí tu acertijo sobre el Moel Shabod[77]. ¿Por qué los lechos accidentados del fondo, del lado noroeste, no deberían pasar bajo la pizarra azul con conchas? No estoy de acuerdo contigo en pensar que la masa de la trapa basáltica en la cresta de la montaña está bajo la pizarra. Me parece decididamente que está por encima. Y en el gran Cwm con la laguna en el lado este vemos la pizarra bajo la trapa. De nuevo, la trapa rodea en forma de herradura hacia el sureste, da la vuelta del lado este del gran Cwm y entonces corre en una masa de 200 yardas de ancho en una dirección noreste durante una milla o dos, entre dos grandes masas verticales de pizarra quemada. Ejemplo:

Mi dibujo es detestable y carente de todas las proporciones debidas, pero has de suponer que 4 y 5 han sido considerablemente empujados hacia la mano izquierda de X y los números 1 y 2 son como cuentas en tu carta; el número 3 se extiende una milla hacia el sur, y después da la vuelta hasta el número 5. La conexión no es ideal, pues puedes andar todo el camino sobre la trapa desde el número 3 al número 5. La pizarra número 4, donde hace contacto, es tan dura como el pedernal. Empiezo a creer que no llegaré a Barmouth este año, así que dirígete a mí por favor a Carnarvon, que por un tiempo consideraré como mi cuartel general, aunque no permanezca ahí muy a menudo. Para que vayas viendo mi avance te enviaré un itinerario de mi camino.

El 21 (hace dos semanas) de Carnarvon a Dolbadarn; después de oír en la mañana un sermón de una hora y partir en una caminata geológica de domingo hacia el sur. El 22 un día de trabajo duro a lo largo de la corona, los hombros y las costillas de Snowdon. El 23 fue un día más duro, empezando por las canteras de pizarra (4 horas antes del desayuno, ¿qué habría dicho tu criado a esto?) y después la escalada de Lidir Mawr y andar zigzagueando a lo largo de las crestas de la cadena hasta Twll Dy y de ahí a casa al anochecer. El 24 detenido todo el día por el mal tiempo. El 25 duro y dale por mi camino a Capel Curig, almuerzo y después lo mismo hacia Tinny Maes, reuniendo otra modesta colección de especímenes geológicos. El 26 Carnedd David, Carned Llewelyn y así bajar por los duros riscos de pórfido (que vemos a distancia) hasta Aber y de nuevo a Tinny Maes. El 27 precisar la naturaleza de los lechos bajo la gran zona de pizarras haciendo dos o tres travesías y terminando en Bangor. El 28 en gran medida un día de descanso, por ejemplo, viajar a Aber. El 29 a Conway por las crestas de la montaña, y después cruzar el agua a las cumbres entre el gran y el pequeño Orms para dirigirme en la tarde a Llanrwst. El 30 cruzar las montañas a pie por el borde de los lagos hasta Capel Curig, cogido entre la niebla y el diluvio, y dirigirme a través de los montes brújula en mano, alcanzar caseta de peaje a un cuarto de milla por el camino que me devuelve a la posada. El 31, el lago Ogwen, Glider Fawr y Bach, etc., etc., a C. Curig. El 1.º de septiembre, la cresta y los flancos de Moel Shabod. Excursión de tarde a las colinas al norte de la trapa, etc. El 2, los montes entre C. Curig y Llanrwst y visita a algunas minas. El 3, Bettws, Penmachno, Maentwrog y Tremadoc, con ascenso a uno o dos cerros por el camino. El domingo 4, descanso de todo el día, niebla y lluvias continuas.

Mis saludos a tus amigos en Shrewsbury / Sinceramente tuyo, A. Sedgwick

PD: No vi basalto en el lago Ogwen, sino una variedad de pirita muy negra, algo entre la piedra lidia y el feldespato compacto. Difiere del basalto en que es muy silícea. Quizá no vi el punto que mencionas. Tanto como el viento y el tiempo permitan voy a hacer travesías entre este lugar y Carnarvon. Me tomará unos diez días.

A Susan Darwin [4 de septiembre de 1831[78]]
Cambridge
Domingo por la mañana
Mi querida Susan:

Como la carta no habría podido salir ayer, me puse a escribir hasta hoy. Tuve más bien una jornada tediosa, pero llegué a Cambridge bastante fresco. Todo el día de ayer lo pasé con Henslow, viendo lo que debe hacerse y realmente es mucho. Por la mayor de las suertes, conocí a un hombre de apellido Wood[79], sobrino de Lord Londonderry; es muy amigo del capitán FitzRoy y le escribió acerca de mí. Me enteré de parte de la carta del capitán FitzRoy, de fecha algo anterior, en la que dice: «Tengo un buen conjunto de oficiales y la mayoría de mis hombres ya fueron ahí antes». Parece que anduvo por ahí en los últimos años y entonces era el segundo en el mando, con el mismo barco que ha escogido ahora. Sólo tiene 23 años de edad[80], pero ha estado mucho tiempo en el servicio y ganado la medalla de oro en Portsmouth[81]. El Almirantazgo dice que sus mapas son perfectos. Pudo escoger entre dos barcos y prefirió el más pequeño.

Henslow me dará cartas para todos los viajeros de la ciudad de los que cree que pueden ayudarme.

Peacock tenía por primera y única designación de naturalista ofrecérsela a Leonard

Jenyns, que estuvo tan cerca de aceptar que ya había empacado su ropa. Pero, como tiene dos parroquias, no le pareció correcto abandonarlas. Y, con gran pesar de su familia, Henslow mismo no estuvo muy lejos de aceptar, ya que la señora Henslow se mostró generosa sin haberle pedido el consentimiento, pero se la veía tan apesadumbrada que Henslow de inmediato dio por resuelto el asunto.

No reexpidas la carta de Henslow, pero puedes abrirla, si quieres. Y ahora, para darte ciertas molestias. Ve en la recámara el Edinburgh Journal of Science[82], o un título parecido, y ve si los siguientes trabajos están en él: tres de Humboldt sobre líneas isotérmicas[83]; dos de Coldstream y Foggo sobre meteorología: observaciones meteorológicas[84]. Dile a Edward que me junte las cuentas de Shrewsbury.

Estaría muy agradecido si mi padre pusiera en mi cuenta de aquí 100 libras y lo mismo en Londres, ¿en qué banco?

Me temo que habrá muchos gastos al principio. Henslow está en contra de llenarse de cosas; es un error en el que caen los viajeros jóvenes. Escribo como si todo estuviera ya arreglado, pero Henslow me dice que ni me lo crea y que piense en ello sólo cuando haya tenido largas conversaciones con el capitán Beaufort y con FitzRoy.

Adiós. Sabrás de mí constantemente. Escribe a 17 Spring Gardens. Todavía no le digas a nadie en Shropshire. De ningún modo: C. Darwin

Estaba tan cansado esa tarde que pasé en Shrewsbury que ni las gracias di a nadie por sus amabilidades, ni la mitad de lo que sentía.

Dale mi amor a mi padre.

Ésta es la razón por la que no quiero que nadie en Shropshire se entere: en caso de que no fuera a ir, todo sería más decepcionante.

A Susan Darwin [5 de septiembre de 1831]
17 Spring Gardens, Londres
Lunes

Tengo tan poco tiempo que gastar que ninguno tengo para desperdiciarlo en reescribir cartas, así que me perdonarás que me haya llevado la otra conmigo y busque alterarla. La última carta fue escrita en la mañana. Al mediodía Wood recibió una carta del capitán FitzRoy, la cual —debo decirlo— fue muy franca y caballerosa, pero tan en contra de mis deseos que inmediatamente dejé de lado los planes. Lo mismo sucedió con Henslow, pues dijo que pensaba que Peacock había actuado muy mal al tergiversar tanto las cosas. Ni siquiera pensé en irme a la ciudad, pero aquí estoy y he de darte más y más prometedores detalles. El capitán FitzRoy está en la ciudad y pude verlo; no vale la pena intentar elogiarlo tanto como me siento inclinado a hacer, porque no me creerías. Algo debo decir y es que nadie puede ser más abierto y generoso que él conmigo. Parece que había prometido llevar consigo a un amigo[85], quien está en el gobierno y no podrá ir. Su carta la recibió cinco minutos antes de que yo llegara, y eso hizo las cosas mucho mejores para mí, pues la necesidad de un camarote por mi parte era una de las mayores objeciones de FitzRoy. Me ofrece que comparta la cabina con él, si quiero, y toda suerte de comodidades que pueda tener, aunque no serán muchas. Me dice que nada lo haría más infeliz que verme incómodo, pues en un barco pequeño no podemos más que estar uno encima del otro, y pensaba que su deber era verlo todo desde el peor punto de vista. Creo que partiré el domingo a Plymouth para ver el barco. Hay algo muy atractivo en sus maneras y en la forma en que va derecho al punto. Si convivo con él, dice, viviré pobremente, sin vino y con comidas sencillas. El plan no es tan fabuloso como lo pinta Peacock: el capitán FitzRoy me aconseja no decidirme todavía, pero seriamente piensa que será mucho más agradable que penoso para mí.

El barco no se hará a la mar hasta el 10 de octubre y lleva 60 hombres, cinco o seis oficiales, etc., pero es un barco pequeño. Probablemente esté navegando durante tres años. Debo pagar por el rancho como el propio capitán: 30 libras anuales, y FitzRoy dice que gastaría alrededor de 500 por mi equipo llevando las cosas al extremo. Pero, para darte las peores noticias, dar la vuelta al mundo no es seguro, pero la oportunidad es excelente: hasta que este punto no esté decidido no lo haré yo. Pero debes creer que después de tantos cambios que he realizado, nada más que mi razón hará que me decida.

FitzRoy dice que el mar tormentoso es una exageración, pero que si no elijo permanecer con ellos, en cualquier momento puedo regresar a Inglaterra, pues muchos barcos vienen de regreso, y que durante el mal tiempo (que puede durar dos meses), si quiero, puede dejarme en cualquier país saludable, agradable y seguro, en el que encuentre siempre ayuda. Y que tiene muchos libros, todo tipo de instrumentos y armas a mi disposición. Que cuanto menos ropa y más barata lleve, mejor.

La forma de proceder será muy conveniente para mí: anclan el barco y permanecen en el lugar durante dos semanas.

Hice que el capitán Beaufort me comprendiera perfectamente. Dice que si empiezo y no doy la vuelta al mundo, tendré todas las razones para sentirme decepcionado. Debo presentarme dentro de dos días y posiblemente recibir más precisas instrucciones. La objeción más fuerte es decididamente la falta de espacio, pero el capitán FitzRoy (con toda probabilidad debido a la carta de Wood) parece determinado a darme las comodidades que tenga a la mano. Me gusta su forma de proceder. En seguida me preguntó: «¿Te importará que de pronto se te diga que quiero el camarote para mí cuando quiera estar solo? Si nos tratamos el uno al otro de esta manera, creo que nos entenderemos, si no, probablemente nos mandaremos al diablo el uno al otro». Nos detendremos una semana en las islas Madeira y veré la mayoría de las grandes ciudades de Sudamérica. El capitán Beaufort está trazando la ruta por el mar del Sur.

Escribo con gran prisa. No sé si te interesará tanto como para perdonar el triple costo postal. Espero que mi juicio sea razonable y sin prejuicio respecto del capitán FitzRoy. Si es así, creo que nos entenderemos. Hoy ceno con él. Podría escribir mucho más si supiera que te parece bien y tuviera tiempo en este momento. Desde luego que hay una marejada en los negocios de los hombres[86], y ya la experimenté, puesto que me había dado por vencido totalmente hasta la 1 de hoy.

Dale mi amor a mi padre, mi muy querida Susana/Adiós, Charles Darwin

A John Stevens Henslow [5 de septiembre de 1831]
[17 Spring Gardens] Londres
Lunes
Querido señor:
Gloria in excelsis es el comienzo más moderado que me viene a la mente. Las cosas son más prósperas de lo que hubiera considerado posible. El capitán FitzRoy es todo lo que puede ser de grato, si fuera a alabarlo sólo la mitad de lo que me siento inclinado con una sola vez que lo vi, lo cual le parecería a usted absurdo. Creo que realmente desea que vaya yo[87]. Me ofrece comer con él y cuidará de que tenga tanto espacio para mí como sea posible. Pero en cuanto a las cajas que lleve conmigo, debo limitarme, pero ahí piensa como marino en el tamaño de las cosas. El capitán Beaufort dice que me alojaré por encima de lo normal y que sólo me costará como a los demás oficiales. El barco parte el 10 de octubre, le lleva una semana llegar a las islas Madeira y luego a Río de Janeiro. Todos creen que es muy probable que regrese por el archipiélago indio, pero hasta que esto se decida, no lo haré yo.

Lo que indujo al capitán FitzRoy a ver las cosas de otra manera es que el señor Chester[88], que iba como amigo suyo, no puede ir, así que yo tomaré su lugar en todo y por todo. El capitán FitzRoy lleva una buena selección de libros[89], muchos de los cuales estaban en mi lista, y rifles, etc., de manera que el equipo me será menos costoso de lo pensado. El barco estará fuera durante tres años, lo que no objeto y por lo tanto tampoco mi padre. El miércoles tengo otra entrevista con el capitán Beaufort y con toda seguridad el domingo partiré a Plymouth con el capitán FitzRoy, así que espero que seguirá usted pensando en el asunto y mantendrá en su libreta de apuntes lo que le llame la atención. Seguramente buscaré al señor Burchell[90] y me daré a conocer. Estoy alojado en el 17 de Spring Gardens.

No puede usted imaginar nada más grato, gentil y abierto que las maneras del capitán FitzRoy para conmigo. Seguramente será falta mía si no congeniamos.

¡Qué cambios he experimentado! Hasta la 1 de hoy estaba construyendo castillos en el aire acerca de la caza de la zorra en Shropshire, y ahora de las llamas en Sudamérica. Desde luego que existe una marejada en los asuntos de los hombres. Si ve al señor Wood, dele mis saludos más atentos de mi parte.

Adiós, mi querido Henslow / Su más sincero amigo / Charles Darwin
Perdone mi carta producto de las prisas.

A Susan Darwin [6 de septiembre de 1831]
17, Spring Gardens
Martes
Mi querida Susan:
De nuevo te voy a dar molestias. Sospecho que si sigo a este ritmo me querrías ya en Tierra del Fuego o en cualquier otra tierra que no fuera Inglaterra. Primero te diré mis encargos. Dile a Nancy que me tenga listas pronto 12 camisas en vez de ocho. A Edward que me envíe mi valija tapizada (puede meter la llave en la valija atada a algún cordel), mis zapatillas y un par de zapatos ligeros para caminar. Mis libros de español, mi nuevo microscopio (de unas 6 pulgadas de alto y 3 o 4 de ancho[91]), al que debe metérsele algodón, mi brújula geológica: mi padre sabe de ella. Un pequeño libro, Taxidermy[92], que debe estar en mi habitación. Pregúntale a mi padre si tendría alguna objeción a que tomara arsénico por una temporada, ya que mis manos no están muy bien, y siempre he observado que si por una vez las tengo bien y cambio mi forma de vida en esa época, por lo general siguen estando bien. ¿Cuál es la dosis? Dile a Edward que mi rifle está sucio. ¿Cuál es la dirección de Erasmus? Dime si estoy a tiempo de escribirle y recibir su respuesta antes de que parta, ya que me gustaría particularmente saber qué piensa de todo esto. ¿Supongo que no tienes la dirección de Sir J. Macintosh?

Escribo todo esto como si todo estuviera ya arreglado, pero las cosas no han cambiado mucho, excepto que el capitán FitzRoy desea mucho mi presencia y ante su amabilidad veo predestinada mi partida. Ayer pasé una tarde muy agradable con él. Debe ser algo mayor de 23 años, tiene una figura menuda y es una edición algo más oscura pero atractiva del señor Kynaston, y según mis gustos de buenas maneras sobre todo. No es un hombre gastador, excepto en una cosa: respecto de las armas de fuego me recomienda firmemente que obtenga una caja con un par de pistolas como las suyas, ¡que cuestan 60 libras!, y que nunca baje a tierra sin llevarlas cargadas. Duda acerca de un rifle. Me dice que no aprecio lo suficiente el lujo de la carne fresca aquí en tierra. Claro que no debo comprar nada hasta que esté todo resuelto, pero todo el día me la paso dándole a mis listas, agregándole o tachando artículos. Éste es el primer día agradable que tengo desde que recibí la carta y todo se debe a la especie de confianza involuntaria que he puesto en mi bello ideal del capitán.

Pararemos en Tenerife. Su objetivo es parar en la mayor cantidad de lugares posible. Lleva consigo 20 cronómetros y sería un «pecado» no establecer las longitudes[93]. Me dice que me ponga a escribir al Almirantazgo acerca de que es libre elección mía ir en el viaje, tan pronto y como quiera[94]. Pensaría que esperas que me regrese ya en las Madeira, pero si me queda aún un pedacito de estómago, no me daré por vencido. Perdóname que te moleste tan a menudo y siga escribiéndote. Lo primero me es de gran utilidad y lo segundo de gran entretenimiento para mí. Con toda seguridad te escribiré de nuevo mañana.

Mi amor para mi padre, queridísima Susan / C. Darwin
Contéstame por correo.
Ya que mis instrumentos necesitan ajustarse, mándame mis cosas por el Oxonian la misma noche.

A William Darwin Fox 6 [de septiembre de 1831]
17 Spring Gardens, Londres

Martes 6

Querido Fox:

Cuando leas ésta, comprenderás por qué no contesté la tuya antes. Regresé de un viaje geológico con el profesor Sedgwick por el norte de Gales el lunes 29 de agosto. Entonces encontré tu carta y con ella otra de Henslow y Peacock del Trinity, ofreciéndome el puesto de naturalista en un barco que debe dar la vuelta al mundo. Al principio (debido a que a mi padre no le pareció) rechacé la oferta, pero mi tío, el señor Wedgwood, lo tomó todo desde un punto de vista tan distinto que volvimos los dos a Shrewsbury el 1.º de septiembre y él convenció a mi padre. El 2 partí a Cambridge, y después de nuevo, ante una carta desalentadora de mi capitán, me di por vencido. Pero ayer todo se volvió más llano y creo que lo más probable es que vaya, aunque todavía no es seguro, así que no se lo menciones a nadie. A consecuencia de ello he tenido una semana tremendamente dura. El capitán FitzRoy es tal como lo hubiera deseado, pero las objeciones más serias son el tiempo (tres años) e ir en un barco tan pequeño. FitzRoy está determinado a superar esto en favor mío. Nuestra ruta sería Madeira, Canarias, Río de Janeiro, 18 meses en Sudamérica, principalmente la extremidad sur y todas las ciudades principales. Después a las islas del mar del Sur, Australia, India y regreso a casa. Desde luego que nada está seguro, pero nos haríamos a la mar el 10 de octubre. Seguro que te escribiré de nuevo.

Tu carta me dio un gran placer. No puedes imaginar cuánto me molestó e hirió tu carta anterior[95], pero gracias al cielo creo firmemente que fue por entero culpa mía interpretar así tu carta. Perdí un amigo el otro día y dudo de que la muerte moral de nuestra amistad (como lo supuse entonces perversamente) no me haya dolido tanto como la muerte real y súbita del pobre Ramsay. Nos conocemos desde hace mucho para que, según creo, se necesiten más explicaciones. Pero debo mencionar una cosa: que en mi lecho de muerte podré decir, según creo, que nunca he pronunciado una expresión insincera acerca de ti (lo cual en aquel momento no sentí del todo). Una cosa más. Enviar de inmediato los insectos como protesta mía fue una infortunada coincidencia. Olvidé que tú lo tomarías con toda naturalidad. Cuando los veas ahora, espero que no crucen por tu mente sentimientos poco amables, y que creas que siempre tienes en mí un amigo sincero y, agregaría, agradecido. Todos los momentos placenteros que pasamos juntos en Cambridge se levantan como espíritus del más allá que me juzgan y me condenan. Espero que tengamos muchos más de ese estilo, lo cual será mi deseo al partir de Inglaterra.

Dios te bendiga, querido Fox, y que siempre seas feliz./Tuyo sinceramente / Charles Darwin

Dejé tu carta en casa, así que no sé si la dirección es la correcta.

A Susan Darwin [9 de septiembre de 1831]

[17, Spring Gardens]

Viernes en la mañana

Mi querida Susan:

Acabo de recibir el paquete. Supongo que no fue entregado ayer debido a la coronación[96]. Les debo mucho a mi padre y a todos los demás. Todo se va desarrollando de manera correcta. Supongo también que ya habrás recibido mi carta que escribí al día siguiente y espero que lo envíes todo.

Mis asuntos siguen en statu quo. El capitán Beaufort dice que se me considera respecto de las vituallas y piensa que no tendré dificultades acerca de mis colecciones cuando regresemos. Pero es un pez de aguas demasiado profundas para que pueda pescarlo. Lo único que ahora me impide finalmente decidirme es la necesidad de certeza acerca de las islas del mar del Sur, aunque moralmente no tengo dudas de que llegaremos a ellas esté o no especificado en las instrucciones: el capitán FitzRoy dice que hago bien en fastidiar al capitán Beaufort: él sí lo pesca con una larga pértiga. El capitán FitzRoy dice que está seguro de que de todos modos le interesa (en particular, si esta administración no es eterna, ¡acabaré volviéndome conservador!) que, ya de camino, regrese por la ruta que él escoja. Por lo que dice Wood, me imagino que los duques de Grafton y Richmond se interesan igualmente en él[97]. Por cierto que Wood ha sido de gran utilidad para mí y estoy seguro de que su intercesión personal inclinó al capitán FitzRoy en mi favor.

Para explicarte las cosas desde el mero principio: el capitán FitzRoy deseó en primera instancia un naturalista y de pronto parece haber sentido un horror súbito de que la casualidad le enviara alguien a quien detestara a bordo del barco. Confiesa que su carta a Cambridge fue para echar un balde de agua fría sobre el plan. No creo que nos peleemos por la política, aunque Wood (como debe esperarse de un irlandés de Londonderry) advirtió solemnemente a FitzRoy que yo era liberal. El capitán FitzRoy me advirtió lo mismo que el tío Josuah: «Tus amigos te dirán ahora que un capitán de mar es el mayor bruto en la faz de la creación; no sé cómo ayudarte en este caso, excepto que espero que me pongas a prueba». ¡Cómo cambia la gente! En realidad ahora deseo que el viaje se alargue antes de tocar tierra. Siento que mi sangre se hiela ante todo lo que he hecho. Todo mundo parece querer ayudarme. El Zoológico quiere convertirme en miembro corresponsal; todo esto puedo conjeturarlo sin haber cruzado el ecuador. Pero tengo un amigo invaluable, el señor Yarrell, un hombre de libros y excelente naturalista. Va a las tiendas conmigo y regatea los precios (aunque no compre todavía). Cuélgame si gasto 60 libras en pistolas.

Ayer todas las tiendas cerraron, así que no pude hacer nada y fui tan niño como para dar 1'1 por un excelente lugar para ver la procesión. Y te aseguro que valió la pena. Me sorprendió que cualquier cantidad de oro pueda hacer que una larga fila de gente brille. Fue como lo que uno ve en los libros ilustrados de las procesiones orientales. El rey se veía muy bien y pareció ser popular, pero hubo poco entusiasmo, tan poco que apenas puedo creer que vaya a haber una coronación en otros 50 años.

La guardia de corps me complació tanto como todo lo demás: son magníficos y es bello ver cómo despejan una multitud. Piensas que habrán de matar a unos cuantos, por lo menos, pero parece que no hirieron a nadie, aunque sí llegan a asustar a la gente como si fueran el diablo. De todos modos, la multitud era tan densa que la gente se vio obligada a salir de la calzada. Uno de estos caballeros de seis pies, sobre un caballo negro, galopó derecho al lugar, haciendo que su caballo se encabritara y cayera sobre el punto más tupido. Llegarías a suponer que la gente está hecha de esponja del modo en que se contrajo. En la tarde hubo iluminación y fue mucho mayor que la que hubo cuando la Ley de Reforma[98]. Todas las calles principales se llenaron de gente como en las carreras. Los carruajes iban de seis en fila y me atrevo a decir que no iban a más de una milla por hora. El duque de Northumberland aprendió una lección desde la última vez: ya que su casa era imponente, mucho más que las de los otros nobles y de mucho mejor gusto. Llenó todas las ventanas de su casa de ristras de luces brillantes que por su regularidad y cantidad lograban un bello efecto. La pobreza de la inventiva es sorprendente: anclas y coronas y WRs [William Rex] se repetían en una sucesión sin fin. Lo mejor eran los tubos de gas con pequeñas perforaciones, que brillaban hasta ser penosas. Escribo tanto acerca de la coronación como si pensara que no tendrás ocasión de leer el Morning Herald. Por primera vez en mi vida encontré grato a Londres: las prisas, el bullicio y el ruido van al unísono con mis propios sentimientos. Y tengo tanto que hacer en los momentos de ocio que trabajo de astrónomo, pues supongo que asombraría a un marinero si no supiera cómo encontrar longitud y latitud.

Voy ahora mismo a verme con el capitán FitzRoy y mantendré esta carta abierta hasta la tarde por si ocurre algo más. Te daré una prueba de que FitzRoy es un buen oficial: todos los oficiales serán los mismos del otro viaje y los 2/3 de su tripulación y los ocho infantes de marina fueron antes y todos se ofrecieron a volver de nuevo, así que el servicio no puede ser tan malo. El Almirantazgo ha dado órdenes de proporcionar una gran provisión de carne enlatada y jugo de limón, etc., etc.

Acabo de regresar de pasar un largo día con el capitán FitzRoy, yendo y viniendo en su calesa y de compras. Es muy tarde para poner esta carta en el correo. Puedes considerar que de seguro voy en el viaje; de todos modos siempre puede haber un cambio, si algún accidente fuera de lo común se produjera, lo cual no veo razón alguna para que así suceda.

Confío en que nada alterará mi deseo de ir. Empecé a ordenar cosas. Me procuré un estuche con dos buenas pistolas y un excelente rifle por 50 libras, lo cual representa un ahorro. Un buen telescopio con brújula, 5 libras, y éstos son casi todos los instrumentos caros que quiero llevar. El capitán FitzRoy lo tiene todo: nunca vi a un hombre tan extravagante (digo yo, pero él lo niega) respecto de sí mismo, pero tan ahorrador a mi respecto. ¡Cómo ordena las cosas! Sus armas de fuego costarán 400 libras por lo menos. Me encontré mi valija al llegar, todo bien, con mi agradecimiento. No creo que vaya a tomar nada de arsénico. Mándale perdices al señor Yarrell con mi gratitud. Pídele a Edward que trate con Clemson[99] acerca de hacer para mi rifle: dos martillos o percusores de repuesto, dos muelles reales, dos seguros de muelle, cuatro tapones o pezones, quiero decir uno para cada cañón, excepto los pezones, de los que debe haber dos para cada cañón, todos de excelente calidad y enviados de inmediato. Dile a Edward que pregunte acerca de los precios.

Voy el domingo en paquebote a Plymouth, donde estaré uno o dos días y regresaré; espero encontrar letra tuya. Unos días en Londres, después Cambridge, Shrewsbury, Londres, Plymouth, Madeira, tal es mi ruta. Fue aburrido hablar tanto de la coronación, y podría llenar otra hoja.

Acabo de estar con el capitán King, el oficial principal de FitzRoy en la última expedición, y piensa que ésta me convendrá. Sin preguntarle, me dijo que el temperamento de FitzRoy es perfecto. Envió a su propio hijo[100] con él como guardiamarina.

Se olvidaron de la llave de mi microscopio, pero no importa.

Mi amor para todos / Charles Darwin

A John Stevens Henslow 9 [de septiembre de 1831]
17, Spring Gardens
Viernes 9, en la tarde
Querido señor:
Debe de haber pensado que era muy raro que no le hubiera escrito antes. Lo aplacé ayer y anteayer debido a la coronación y a que no vi al capitán FitzRoy y, por lo tanto, carecía de noticias particulares que comunicarle. Hoy no regresé a casa hasta muy tarde para el correo, pues anduve con el capitán FitzRoy por toda la ciudad ordenando las cosas. A partir de esta noticia se dará usted cuenta de que todo está arreglado, o sea que no concibo ninguna causa con suficiente peso para que se altere mi determinación. He ordenado pistolas y un rifle, pues según dice FitzRoy haremos buen uso de las armas. Tales son en particular casi las únicas cosas caras que deseo llevar: FitzRoy tiene inmensas reservas de instrumentos y libros, por ejemplo lleva consigo cinco simpiesómetros[101], tres barómetros de montaña, y libros que incluyen a todos los viajeros y muchos otros de historia natural. No parece preocuparse por ningún gasto por lo que hace a su propia persona, pero busca que economice mucho cuando se trata de aconsejarme. Y respecto de mis planes: el domingo voy a Plymouth en paquebote y me quedo unos pocos días, regreso a Londres y después a Cambridge, donde finalmente arreglaré mis cosas, pagaré mis cuentas y me iré a casa, a Shrewsbury. Después, de nuevo a Londres, Plymouth y Tierra del Fuego. Con toda seguridad a las islas del mar del Sur. Estoy registrado en cuanto a las vituallas, pero, acerca de mis colecciones, el capitán Beaufort dice que su primera impresión fue que debo entregárselas al Museo Británico, pero creo que lo convencí de lo irregular de esta situación[102] y finalmente me dijo que pensaba que no habría dificultad alguna para que las presente a alguna institución pública, como el Zoológico, el Geológico, etc.

Pero no creo que el Almirantazgo apruebe que las mande a una colección de provincia, aunque sea buena, y realmente yo mismo lo dudo, aunque sólo sea porque los adelantos de la historia natural deban presentarse dentro de la colección mayor y más central. Pero ya hablaremos de esto y de muchas otras cosas cuando nos veamos, lo cual creo que será a principios de la otra semana. El señor Yarrell ha sido invaluable para mí, con tan buena disposición y buenos consejos, y todos piensan que el capitán King me será de gran utilidad. Una de las incógnitas es el número de botellas y ¿sería tan amable de buscarme una red metálica para las conchas? Dele mis atentos saludos a L. Jenyns y dígale que tengo un paquete para él del señor Yarrell. ¿Podría preguntarle a Jenyns en qué número del Edinburgh Journal están unos artículos de Coldstream y Foggo[103]? Mándeme la respuesta por correo. Debería poseer un pluviómetro. Espero que cuando regrese de Plymouth encuentre una carta suya. Hoy recibí una del profesor Sedgwick, pero no he tenido tiempo ni de leerla. No puede tener idea siquiera de lo atareado que estoy todo el día, y debido a mi confianza en el capitán FitzRoy estoy tan feliz como un rey. Si usted estuviera aquí para hablar de las cosas, estaría mucho más feliz. Espero que me perdone todas las molestias que le ocasiono: si fuera usted como Liston en Paul Pry[104], y dijera que nunca más haría algo de buena gana, no sabría yo qué hacer.

Buenas noches, mi querido Henslow / Suyo sinceramente / Charles Darwin

PD: Todo lo que FitzRoy dijo acerca de la carta de Peacock, de que evidentemente era un hombre muy entusiasta, fue una forma elegante de llamarlo impreciso.

Cary dice que su clinómetro está listo y trabaja en la cámara oscura, que también estará lista pronto.

Acabo de estar con el oficial superior del capitán FitzRoy durante la pasada expedición y me ha dado buenos consejos, pero me temo que habrá revisado casi toda la costa.

Le escribiré de nuevo antes de ir a Cambridge.

Mantenga en mente el Syme sobre los colores[105].

A Charles Whitley [9 de septiembre de 1831]
17, Spring Gardens / Londres
Viernes en la tarde
Querido Whitley:

Te sorprenderás cuando veas la fecha de esta carta y quizá te sorprendas más cuando leas su contenido.

Cuando llegué a casa, después de dejar Barmouth, encontré cartas de Peacock y de Henslow ofreciéndome (por parte del Almirantazgo) el privilegio de ir en un barco real en un viaje de estudio alrededor del mundo. Primero rechacé la idea, debido a que mi padre no aprobaba el plan, pero a partir de entonces lo convencimos de que era apropiado para mí. De acuerdo con ello, después de muchas dudas y dificultades, partí a Cambridge y después vine a la ciudad, a donde llegué el lunes. Y parece que todo quedó ya dispuesto. El capitán FitzRoy, mi capitán, parece ser un tipo agradable y fuera de lo común, que me gustó a primera vista. Es sin duda muy cortés. Habré de convivir con él y el barco es uno muy pequeño, pero fue el que él eligió. Ordenar las cosas es algo tan divertido: hoy pedí un rifle y un par de pistolas, ya que tendremos buenos pleitos con esos caníbales. Algo representará dispararle al rey de las Islas Caníbales.

Nuestra ruta va por Madeira, las islas Canarias, Río de Janeiro, 18 meses por toda Sudamérica, sobre todo la extremidad sur; las islas del mar del Sur (cierto nuevo curso), Australia, la India, el hogar. Veré un gran número de lugares, pues llevamos 20 cronómetros para que no haya error en las longitudes.

El capitán FitzRoy ve todo como científico y parece inclinado a ayudarme en todo lo que a mí me toca. El domingo iré a Plymouth para ver el barco, que partirá el 10 del próximo mes. Por lo tanto, no tengo un momento de reposo. Cacé una perdiz en el primer diabólico y caro 3'13'6[106]. A las 8 ya había terminado. Dales mis más cordiales recuerdos a los Lowe. Me gustaría oír sus observaciones sobre mi gran viaje. Dile al mayor de los Lowe[107] que mis cosas llegaron perfectamente bien y que le estoy muy agradecido por todas las molestias que se tomó. Si hubiera un artículo publicado sobre los fungus[108], todas mis conjeturas se confirmarían. Si puede obtenerse algo más, y ponerlo en ginebra, y mandarlo a Shrewsbury, sería fantástico.

Espero que me escribas. Te agradezco tu última nota. Si hubiera visto a Lowe, seguramente tendría algunas preguntas que hacer. Espero que mantenga una mente abierta. De nuevo, salúdame a los dos Lowe, pues les deseo toda clase de buena suerte y créeme, querido Whitley, que soy tuyo sinceramente / Charles Darwin

Vi al pobre Herbert en Cambridge. Está totalmente cansado de Cambridge, el pobre viejo.

Mándale saludos afectuosos a Beadon[109].

Agregué esta posdata en la carta equivocada[110]. ¿Ser ías tan amable de ir a la oficina postal[111] y pedirles que redir ijan a Caernarvon una carta dir igida al profesor Sedgwick? Estoy muy avergonzado de enviar tales cartas y estoy cansado de escribir.

De John Coldstream 13 de septiembre de 1831

Querido Darwin:

Me sorprendió y me encantó volver a ver su letra manuscrita una vez más en una carta dirigida a mi persona. Ciertamente es «mucho tiempo» desde que recibí sus noticias. Sin duda será un hombre muy útil en la posición que usted tiene en perspectiva llenar en la expedición del capitán FitzRoy, si su celo en la búsqueda de la ciencia y su fuerza corporal siguen siendo los mismos que cuando tuve el placer de verlo por aquí. No tengo la menor duda de que ambos han crecido y, por ello, anticipo grandes beneficios de sus labores en el sur. El artículo del doctor Brewster al que se refiere es uno, creo, que apareció en las series de observaciones meteorológicas realizadas en Leith Fort en 1824 y 1825. Está en el volumen X de las Transactions of the Royal Society of Edinburgh, publicadas en 1826 o 1827. El otro único artículo al que supongo que puede referirse es uno acerca de «la temperatura media del globo». Apareció en el volumen IX de las mismas Transactions[112]. Como últimamente he prestado poca atención a la historia natural, me siento mal preparado para darle alguna información que pueda servirle, pero en lo que respecta a la recolección de animales marinos, puedo afirmarle que creo que una red de arrastre para ostiones, del tamaño común, puede darle buen servicio. Puede usted conseguirla en cualquiera de los pueblos de pescadores de la boca del Támesis (si no en Londres), pero, tal como usted me lo pidió, le esbozo un dibujo de la red que se utiliza comúnmente en el estrecho de Forth.

El marco es de hierro y mide de a a b, fig. 1, alrededor de 3 pies; la barra que rasca el fondo tiene un filo romo en el frente; la superficie de la parte baja de la bolsa está formada por anillos de hierro y la superior por una red fuerte. La fig. 1 es una vista frontal con la bolsa colgando. La fig. 2 es una vista del instrumento en operación.

También pueden conseguirse unas cuantas trampas para langostas de diversas construcciones. Muchos de los más raros de nuestros Mollusca y Zoophytes se encuentran adheridos a las líneas de pesca profunda (como las que se disponen para bacalaos y merluzas y que están hechas para permanecer en el mar por muchas horas sin perturbarlas). Cuando el barco esté anclado, puede «lanzar» tales líneas, con pequeñas porciones de madera carcomida o pequeñas cestas, etc., así como anzuelos amarrados a ellas. Si deja estas líneas en el agua por toda la noche, hundidas a una buena profundidad, puede usted obtener una buena cantidad en la mañana.

Espero que vea usted al doctor Grant antes de embarcar, ya que puede darle muchos consejos valiosos. Para determinar las circunstancias que debe usted atender al hacer observaciones meteorológicas, y la mejor manera de registrarlas, creo que no puede contemplar un mejor modelo que el excelente diario contenido en el Voyage to the Pacific del capitán Beechey[113]. Es realmente valioso. Igualmente, permítame sugerirle que se dedique a conseguir una entrevista con el profesor Daniell, del King's College[114], antes de partir. Creo que es el filósofo mejor calificado de Inglaterra para dirigir su atención a los puntos que usted debe atender principalmente al observar los fenómenos atmosféricos. Si puedo serle de más utilidad en este asunto estaré muy feliz de tener sus noticias. ¿Ha sabido algo últimamente acerca de nuestro amigo mutuo Glasspoole?

Con los mejores deseos para su bienestar y éxito, con gran estima, sigo siendo suyo sinceramente / John Coldstream

Leith, 13 de septiembre de 1831

De Charles Whitley 13 de septiembre de 1831
Barmouth
Martes, septiembre 13, 1831
Mi querido Darwin:
Tu carta, que recibí a mi regreso a Snowdonia, ciertamente me sorprendió y en todo me complació. Te felicito por la perspectiva de una ocupación que te atrae y apasiona y la oportunidad que te proporciona de estudiar todas las ciencias naturales a un mismo tiempo, según tu propio gusto. Pero puesto que estás a punto de escapar de mi consejo y reproches por un periodo considerable, debo preguntarte si no experimentas cierto remordimiento de conciencia por tu olvido de las matemáticas, especialmente de la trigonometría y la navegación, pero esto último habrás de aprenderlo, en la práctica y con los ojos vendados, según reglas y tablas. Sin embargo, si este capitán FitzRoy es la mitad del buen tipo que tú consideras que es, seguramente no dejará de enseñarte su lógica, y en mi opinión serías un tonto si no la captas tan pronto como te deje en paz el mareo, y muy tonto en verdad si no estudias estas cosas cuando tengas la oportunidad. En cuanto a estudiar todo lo que no esté conectado con el negocio del barco, me figuro por lo que he oído que el obispo Heber[115] tiene razón cuando afirma que no es un asunto fácil, pero esto es sólo hablar de oídas. Debo decir ahora que pensarás que este consejo es algo tan valioso como el que las mamás dan por lo común a los niños buenos cuando van a ir a la escuela. No importa, puede serte útil.

No voy a perturbar tus ocupaciones «de disposición» o tu caza de caníbales, anticipaciones de describir fungus, con un recuento de una ascensión muy placentera de Snowdon que emprendimos los Lowe y yo en un claro sábado o la vista que observamos o el gustoso camino a casa. Oímos de Miller geologizando en Harlech y despaché tu carta a Sedgwick, a Caernarfon[116]. Vamos pasándola de la manera usual y espero estar en Shrewsbury el 1.º de octubre. Espero ahora que me escribas aunque sea una carta de tres líneas, para decirme si estarás en Salop de nuevo y cuándo, pues deseo grandemente verte de nuevo. Puedes ahogarte, morir de un tiro o consumido por las fiebres, o puedo morir yo por puro enojo y desilusión antes de tu regreso y, desde luego, deseo darte un apretón de manos una vez más antes de separarnos. Hemos trotado juntos amigablemente y hay pocos hombres que echaría yo tanto de menos como tú cuando llegue el día negro para cualquiera de los dos. Por lo demás te agradezco tu primera información. Fue muy considerado de tu parte, ya que eres dado (inter nos) a ser «de mente inestable» en las ocasiones de «empaca y vámonos». También te pido que me digas si hay algo en esta tierra, lo que sea, que pueda yo hacer por ti antes de que te vayas o durante tu ausencia (ya que espero alguna carta de cuando en cuando). Ahora debes por favor escribirme de nuevo sobre estos temas y de inmediato. Una vez más te felicito por tu suerte (y desearía que fuera la mía, ya que últimamente me he sentido muy irritado y estoy harto de Inglaterra), pues pone a tu disposición la forma de distinguirte en tus búsquedas favoritas, y me halaga que no te demores en hacerlo a tu propia satisfacción y ante el placer si no la envidia de tus amigos, de los cuales hay pocos tan ligados a ti como
Tu muy fiel / Charles Whitley
Dale mis saludos afectuosos a tu hermano.

A Susan Darwin [14 de septiembre de 1831]
Devonport
Miércoles en la tarde
Mi querida Susan:
Llegué aquí ayer en la tarde, después de navegar con éxito desde Londres por tres días. Supongo que respirar el mismo aire que un capitán marino es una especie de medida preventiva, ya que nunca había pasado tres días más placenteros. Desde luego que hubo unos momentos de mareo, pero detesto por completo hasta nombrarlo. Había cinco o seis gentes muy agradables a bordo y completamos una mesa y nos juntamos y disfrutamos de

alegres cenas. El capitán FitzRoy tomó a su cargo a un pequeño guardamarina (que resulta que conoce a Sir F. Darwin y su apellido es Musters[117]) y no puedes imaginar modos más amables y joviales que los del capitán con él. Quizá llegaste a pensar que admiraba yo a mi bello ideal de capitán por mis cartas anteriores, pero todo ello es nada respecto de lo que siento ahora. Todo mundo lo alaba (conozcan o no mi conexión con él) y, si juzgamos por el poco tiempo que he compartido con él, no hay duda de que lo merece. Esto no quiere decir que una admiración tan intensa como la que siento por él pueda durar para siempre. Nadie es un héroe para su ayuda de cámara, como dice el dicho, y desde luego que me encontraré en el mismo predicamento.

El barco es realmente pequeño, con tres mástiles y 10 cañones, pero todos dicen que es lo mejor para nuestro trabajo y dentro de su clase es un excelente navío: nuevo, aunque ya ha sido probado y con la mitad más de la resistencia usual. Mala es la necesidad de espacio, pero hay que sacarle el mejor provecho[118]. Me cayeron bien los oficiales (aunque el capitán dice que no la harían en la corte de St. James, pero con toda seguridad son un joven grupo muy inteligente, activo y determinado). Mantengo una posición de equilibrio, pues existen varios contras, que no esperaba, pero por otro lado los pros los sobrepasan.

El día de hacernos a la mar va posponiéndose cada vez más, a medida que se acerca: no creo que partamos antes del 20 de octubre, lo cual me conviene en extremo, pues la cantidad de cosas que tengo que hacer es terrible. No creo que pueda quedarme en Shrewsbury más de cuatro días. Dejaré Plymouth el viernes para estar en Cambridge a fines de la próxima semana.

Encontré que se había depositado dinero en el banco y agradezco por ello a mi padre. Mis bríos respecto del viaje son como las mareas, que corren en un sentido y esto cuenta en su favor, pero lo hacen con pequeñas oleadas que pueden representar todas las dudas y esperanzas que aparecen continuamente en mi mente de manera cambiante. Después de un símil tan maravilloso debo dejar de escribir. Así que adiós, mi querida Susan/Tuyo C. Darwin

Dale mi amor a mi padre.

6. Plano dibujado por Darwin de su camarote
a bordo del HMS Beagle. © Cambridge University Library.

A Susan Darwin 17 [de septiembre de 1831]
17 Spring Gardens
Sábado 17
Mi querida Susan:

Es probable que hayas recibido mi carta fechada en Plymouth. No tengo nada en particular que decirte, excepto el día que con toda probabilidad llegaré a Shrewsbury. El lunes por la noche iré a Cambridge, y seguramente lo dejaré el jueves o viernes, por lo que llegaré en la mañana siguiente a las 5, así que tenme la cama preparada. Qué maravilloso es viajar con tanta rapidez. Vine de Plymouth, 250 millas en 24 horas, y llegué esta mañana. Cuando te escribí la anterior estaba muy alarmado acerca de mi camarote, pero todavía no habían sido asignados. Pero cuando me fui ya lo habían sido y el mío es excelente: el mejor después del que tiene el capitán y notablemente luminoso. Parece que mi compañero, por pura suerte, va a ser el oficial que más aprecio[119]. El capitán FitzRoy dice que tendrá cuidado de acondicionar un rincón de tal modo que esté cómodo en él y pueda considerarlo mi hogar, pero en eso también dependo por entero de él. Mi camarote es también mi estudio y en medio está una gran mesa, por encima de la cual dormimos en dos hamacas, pero por los primeros dos meses no habrá nada de trabajo, así que será todo un lujo, pues es mucho mayor que el del propio capitán.

Ya no me importa que lo hables con quien sea, ya que todo ha quedado arreglado y seguro, y me siento capaz de todo. Y no es que no haya sido con frecuencia una tarea difícil y que mi razón fuera mi único poder capaz de realizarla, pero es muy penoso pensar dejar a tanta gente querida por tanto tiempo.

Pero hagamos a un lado lo mío o lo de todos ustedes. He estado con bríos extra desde que todo quedó decidido y, si tengo que ir hasta el fondo, lo haré en este punto como una criatura racional. El uso de las armas de fuego es de gran importancia, pues durante meses vivieron de ellas en el último viaje, tanto así que el gobierno proporciona la pólvora y las balas. Sin mencionar que nunca se está seguro al descender a tierra sin las armas cargadas, lo cual es suficiente para mantener a los nativos bien tranquilos.

El objeto del viaje es trazar los mapas del lado oriental de la Tierra del Fuego y la Patagonia, o sea establecer la longitud de muchos lugares con más precisión de cómo están en la actualidad. Por otro lado bautizaron a más de 50 islas nuevas, tan desconocida es esta parte de la costa.

Intenté escribir a Maer y desde luego que lo haré. Haz que mis camisas estén marcadas darwin, sin ningún número.

Ve con Dios. Mi cariño para mi padre/Tuyo con afecto / Charles Darwin

Dejaré Shrewsbury el viernes 30 o antes.

A John Stevens Henslow 17 [de septiembre de 1831]
17, Spring Gardens
Sábado 17
Querido señor:

Llegué esta mañana de Plymouth y encontré su carta con otras seis sobre mi mesa. Lo menciono, porque esto me obliga a ser breve en mi respuesta. Busqué a su hermano, pero no estaba en casa, aunque ahí me dijeron que usted había dejado Londres ayer. Es muy infortunado que me hubieran retenido en Plymouth: habría gozado de una buena caminata por la ciudad de Londres con usted. Me siento muy agradecido de su propuesta de compartir sus alojamientos, cosa que habría aceptado con gratitud en todo, excepto dormir en su casa. Llegaré a la mitad de la noche por el Mail[120], y después de dos o tres días saldré muy temprano en la mañana para Birmingham, así que no puedo pensar en volver su casa patas arriba por una mera noche. ¿Sería usted tan amable de ordenar una cama para mí en el Hoop[121] para el lunes en la noche, ya que seguramente llegaré a Cambridge entonces? Debe usted temblar ante mi llegada, ya que no lo dejaré en paz ni un momento. Tengo tantas preguntas que hacer y conversar de tantas cosas. Todo va como seda. Las islas del mar del Sur se ven cada día más cerca. Mi camarote es más cómodo de lo que pensé y mi único problema es la entrega de mi colección cuando regrese. Esta misma mañana vi al capitán Beaufort y hablamos algo acerca del tema. Hay otra cosa desagradable, pero ya se verá en el futuro. Sin embargo, el balance se inclina por el lado de la prosperidad.

Perdóneme esta carta apresurada y créame, mi querido señor, con mis gracias más efusivas, que soy suyo sinceramente / Charles Darwin

De Adam Sedgwick 18 de septiembre de 1831
Carnarvon
Septiembre 18, 1831
Querido Darwin:

Antes de ésta habrás recibido una carta que te dirigí desde hace un tiempo a Shrewsbury. Contenía la relación de lo que estaba haciendo e hice. He decidido ahora concentrarme en esta región y, si logro llegar al fin a mi entera satisfacción, me alegraré de volverles la espalda a estas montañas por una temporada. No puedo más que alegrarme por tu designación y realmente espero que sea fuente de felicidad y honores para ti. No sé qué decir acerca de los libros. Número 1, Daubeny[122]. Número 2, un libro sobre geología. La obra de d'Aubuisson[123] es una de las mejores, aunque llena de sinsentidos wernerianos[124]. No creo que el Bakewell sea un mal libro para un principiante[125]. ¿Qué debe hacerse con las conchas fósiles? Ve a la Geological Society y preséntate ante el señor Lonsdale[126] como amigo mío y compañero de viaje y te aconsejará. Desde luego que debes llevar contigo la narrativa personal de Humboldt. Por lo menos te mostrará el espíritu correcto para que un hombre se enfrente al trabajo. Existe un pequeño folleto impreso por la Geological Society que contiene indicaciones para los viajeros, etc[127]. Lonsdale te dará un ejemplar, pero es un simple horn-book[128] que casi ni vale la pena ojear. Estudia la colección de la Geological Society todo lo que puedas y compénsalo con especímenes. Quiero proponerte cuando empiecen las reuniones[129]. Estoy con prisa porque mi calesa está a la puerta para seguir mi camino a Clynnog, desde donde espero, Dios mediante, en 10 días abrirme camino alrededor del gran promontorio sudoccidental de la bahía de Cardigan. Entonces regresaré para empacar y partir hacia Capel Curig, donde me detendré de nuevo por tercera vez para hacer una o dos travesías por la cadena. Pero esto depende del tiempo. Si éste empeora, me pondré al abrigo.

La cadena Carnarvon es muy complicada por la cantidad de líneas anticlinales que debo seguir de monte en monte y valle tras valle, camino arriba, camino abajo y el cruce de uno a otro. Trataré de darte aunque sea una idea de una sección:

La pendiente prevaleciente en la cadena Snowdoniana es SE con numerosas y grandes contorsiones, y la base de la serie va cerca de la línea de las canteras de pizarra (a) en el lado oeste de la cadena. El choque de los lechos en la cadena va al NNE con singular uniformidad, hasta que llegas a las afueras orientales y ahí todo es confusión. Las cadenas Merioneth se elevan en la misma dirección (hasta donde las he visto), pero la inclinación prevaleciente parece ir al NO. Espero encontrar (el próximo año) un gran eje central anticlinal en Merioneth[130]. El lugar marcado con X en la sección es el lugar en que los dos sistemas de elevación interfieren entre sí. Pero mi dibujo es tan detestable y fuera de toda proporción que temo que no entenderás nada. Considero que la muerte de Ramsay fue una pérdida lamentable para toda la universidad. Dios te bendiga y conserve tu salud mental y corporal. Verdaderamente tuyo/A. Sedgwick

Me alegraré de saber de ti. Escribe a Carnarvon.

De Frederick Watkins [18 de septiembre de 1831]
Barnbro. Rectory
Domingo
Mi querido Darwin:

Nunca pensé tan bien de nuestro gobierno actual como cuando escuché que habían seleccionado a Charles Darwin como naturalista del gobierno y que sería transportado (con placer, desde luego) durante tres años ¡horror! hacia los escarabajos de Sudamérica, ¡horror! hacia todas las mariposas tropicales. Así que otro viejo del grupo, y no diré que uno más cercano y querido que los demás, va a ser botado al Océano de la Vida y dejará tras sí la pequeña fortunatæ insulæ de diversión y retozo y negligencia. Por Jove, viejo, aunque parezca un truismo, nunca veremos de nuevo esos días que ya vimos, o comer ni la mitad de lo que hemos comido; y lo último por lo menos es imposible[131]. En mi humilde opinión haces bien en ir y algunos de estos < > te> verá[132] en el rango de los Brognia< rt>,[133] < d> e Candolle[134], Henslow, Linneo y compañía. Mientras que yo, miserable e infortunado, estoy campesinando en una parroquia rural y mostrándole a la gente un camino que desconozco, el del Cielo. Uno de nuestros amigos diría que es «un hecho melancólico» que tres años sean un tiempo largo y que en ese tiempo pueden pasar tanto aquí en casa como allá por aquellas tierras, tristezas, enfermedades o el gran final, pero que si ese tiempo pasa y nos encuentra a ambos enfrente del «mejor de los mundos posibles», entonces, viejo, qué apretón de manos nos daremos, qué botella de jerez, qué excursiones y qué historias de las maravillas vistas y los peligros pasados. Podrá ser como Cavendish[135] dice que busca encontrarme a su regreso de Malta «en la Linda Parroquia con la señora W. y algunos pequeños Freddies». Qué reunión de buenos y excelentes amigos podremos tener él y tú y Jack Venables[136], etc., etc. Ay, ay, no sabemos qué hay en el vientre del tiempo. Pero por lo menos, viejo amigo, la peor fortuna del mundo no puede privarnos de muchos placenteros y sagrados recuerdos (n. b. < >)[137]: el canto del ruiseñor y la voz de los querubines, el paseo bajo la luna y la copa social (¿o fue botella?), el redoble del órgano y el chocar de cuchillos y tenedores, con la charla, las discusiones, las bolas de billar y la caza de escarabajos, tanto como para llenar de ideas a la mente más hueca de Cambridge. No podemos esperar lo mismo de aquí en adelante, pero sí cosas quizá más elevadas y alegres, y créeme, sinceramente, no hay nadie que yo vea en el futuro con quien pasar horas más felices que tú. Nuestros amigos se van dispersando rápidamente. Whitley pronostica cambios en su barómetro vital, Jem Turner[138] y Jack Venables se preparan para tomar las órdenes y sus curatos, Cavendish se irá a Malta por tres o cuatro años, Duncan acabará siendo vizconde[139] y desde luego, al vuelo, Grey[140] buscando algo diplomático, todo lo bueno para Emmanuel Colbeck, Clutton y compañía campesinando[141], el viejo digno Smith[142], la única pluma que queda en el ala. Es una dura letra de cambio en el banco mental, y que no puede cambiarse con facilidad. No creo que regrese a Cambridge; la próxima semana estaremos en Doncaster, desde luego, con bailes, carreras, cenas y disipación, pero los problemas y los barbitúricos lo echarán todo a perder y más bien preferiría estar contigo en esas tardes suaves y silenciosas oyendo los chillidos de pájaros exóticos y admirando aquellos bosques fabulosos.

Sería impertinente que un individuo como yo le pidiera a un naturalista que perdiera su tiempo en mí, pero si de pronto no tiene nada que hacer y quiere matar algo de tiempo, ya podrá imaginar cuánto me gustaría saber algo de él. ¡Demonios! No quiero para nada terminar esta casi conversación, pero debo hacerlo de un momento a otro, así que debemos cenar juntos de nuevo dentro de tres años. ¿Qué cenaremos? Mis mejores deseos te acompañen por mar y tierra en el Viejo Mundo o en el Nuevo. Piensa de cuando en cuando en los buenos viejos tiempos y recuerda que siempre tendrás un amigo sincero en / Frederick Watkins[143]

¿Puedo hacer algo por ti en Cambridge o donde sea? Sabes que mi capacidad no es mucha pero que mi voluntad es grande; si hay algo házmelo saber y no pienses en las molestias F. W.

A Robert FitzRoy [19 de septiembre de 1831]
17, Spring Gardens
Mi querido señor:
Busqué por distintas tiendas pero no logré obtener ningún cartón tan grueso como la muestra que me dio. Le envío con ésta el tipo más grueso que según dicen han tenido siempre y espero que responda a su propósito. Me presenté en Watkins & Hill y me prometieron que harían su mejor esfuerzo para apresurar a los hombres del invernadero. Igualmente, intentarán obtener algo del talco incoloro. Vi al capitán Beaufort y el resultado de la entrevista fue que en cualquier momento él podía quitar mi nombre de los libros contables, pero que si el Almirantazgo estaba dispuesto a desempeñar la parte del lobo, en su opinión esto no haría ninguna diferencia en cuanto a estar o no en dichos libros. Le mencioné que creía que la colección del médico[144] estaría a disposición del gobierno[145] y esto le pareció que haría las cosas más fáciles para mí, en el sentido de disponer mi colección para diversos organismos de Londres. Me aconsejó que lo reconsiderara y hablara del tema con usted y que lo viera a usted antes de dejar finalmente la ciudad. He estado muy ocupado en estos dos días últimos recogiendo información y todo marcha favorablemente: sólo un cable me impedirá ver en uno u otro momento una palmera en su propio país, y qué oportunidad puede ser mejor que la presente. Pienso que no podía haber habido mejor suerte que la que estoy teniendo. Y siempre recordaré sus amabilidades y su ayuda en todo y por todo para lograr mis fines con el mejor disfrute posible. Salgo a Cambridge esta noche y de ahí a Shrewsbury y estaré de nuevo en Londres el 1.º de octubre. Si tiene tiempo y algo que comunicarme, le agradeceré sumamente que me escriba, pues estaré ansioso por saber cómo va todo. El capitán Beaufort dijo que creía que el médico podía obtener de Sir W. Barnett[146] (o un nombre parecido) aparatos libres de cargo, pero que no lo intente yo,

pues podría perder terreno ante los Lores del Almirantazgo.

¿Tiene usted el viaje por el Pacífico del capitán Beechey? Si no lo tiene, lo compraré, pues contiene algunos boletines meteorológicos excelentes.

Créame, querido señor,/ que me siento muy sinceramente obligado con usted / Charles Darwin

Lunes

A William Darwin Fox 19 [de septiembre de 1831]

17, Spring Gardens (y aquí seguiré hasta la partida)

Lunes 19

Mi querido Fox:

Regresé de mi expedición a Plymouth para ver el Beagle el sábado y me encontré con tu esperada carta en mi mesa. Es realmente ridículo que estos 20 días me hayan parecido tan largos, mucho más ciertamente que muchas semanas en tiempos normales. Esto da cuenta de los esfuerzos por recordar cuánto te he hablado de mis planes, por lo que voy a empezar por el principio a novo. La expedición, bajo el mando del capitán FitzRoy, se realiza principalmente para completar un estudio de las partes más meridionales de Sudamérica, pues las costas occidentales de estas partes fueron bien estudiadas por el capitán King, bajo cuyas órdenes FitzRoy fue como segundo en el mando[147]. Según esto, principalmente andaremos por la costa oriental de Patagonia desde Río de la Plata hasta los estrechos de Magallanes. El segundo objeto es confirmar las longitudes de una serie de lugares con mayor acuciosidad que hasta ahora, y determinar toda una serie alrededor del mundo. La expedición es por entero un asunto gubernamental.

Mi contratación no es un asunto muy regular, ya que lo único que el Almirantazgo ha hecho es ponerme en los libros contables en cuanto a las vituallas, con un valor de 40 libras anuales. Tengo cierta idea de que se me borre de nuevo de ellos. Ciertamente lo haría si pensara que eso me convertiría en dueño absoluto de mi colección a mi regreso a Inglaterra[148]. Pero en conjunto es una oportunidad gloriosa y afortunada, pues tantas serán las cosas que me interesen: bellos paisajes y una ocupación y recreación interminables en todas las ramas de la historia natural. Además, la misma navegación y la meteorología me distraerán durante el viaje, junto con el estupendo requisito de que haya un grato conjunto de oficiales, y hasta donde puedo ver esto se logró. Por otro lado existe un riesgo real para la salud y la vida, y partir por tanto tiempo conlleva un sentimiento doloroso de dejar a tanta gente que amo que requiere toda mi resolución para llevarlo a cabo. Pero todo está ya decidido y antes del 20 de octubre espero estar navegando mar adentro. Mi objeción en cuanto al barco es su reducido tamaño, lo cual lo coarta a uno en cuanto al espacio para mí mismo y mis baúles, etc., etc. En cuanto a su seguridad, espero que el Almirantazgo sea el mejor juez; para el ojo de un hombre de campo parece muy pequeño. Es un bergantín de 10 cañones y tres mástiles, pero parece que es un barco excelente.

Hasta aquí mis planes futuros, y ahora hablemos del presente. Hoy noche voy en diligencia a Cambridge y de ahí, después de arreglar mis asuntos, procederé hacia Shrewsbury (casi seguro que el viernes 23 o quizá antes); ahí permaneceré unos días y estaré en Londres hacia el 1.º de octubre y partiré a Plymouth el 9. Y lleguemos a la parte principal de mi carta. No sé cómo decirte cuánto me importa que te ofrezcas a venir a verme antes de partir de Inglaterra. Cierto que me gustaría mucho, pero debo decirte con todas sus palabras que voy a tener muy poco tiempo libre y que ese tiempo se me escurrirá sólo por lo mucho que he de barruntar, y en segundo lugar no puedo pensar que valga la pena que dejes tu parroquia por una causa como ésta. Pero nunca olvidaré tu generosa amabilidad. Sé que actuarás como te parezca más oportuno, pero no lo hagas por mí. Cualquier momento es lo mismo para mí. Creo que por esta carta sabrás tanto de mis planes como yo mismo, y juzgarás de acuerdo con ella cuándo y cómo escribirme.

Tengo instantes de verdadero entusiasmo en uno u otro momento, cuando pienso en los cocoteros y los cacaoteros, las palmas y helechos tan elegantes y bellos: todo nuevo, todo sublime. Y si vivo años después para verlo en perspectiva, ¡qué grandes los recuerdos serán! ¿Conoces a Humboldt? (si no, qué esperas para conocerlo). Con qué intenso placer mira hacia atrás a esos días empleados en los países tropicales. Espero que, cuando escribas a Osmaston, les cuentes mi plan y les des mis saludos afectuosos y despedida.

Adiós, mi querido Fox. Tuyo siempre con afecto / Charles Darwin

De Charlotte Wedgwood 22 de septiembre [de 1831]
Maer
Septiembre 22
Mi querido Charles:

Te felicito sinceramente por haberse decidido finalmente tu destino, y se decidió como tú lo deseabas. Te deseo con todo mi corazón todo el goce y los progresos y los bellos paisajes y la vida interesante que tanto has buscado, y sobre todo un regreso a salvo y feliz que vendría a ser lo más grato de todo. Me alegró mucho haber recibido carta tuya. Me apesadumbraba haber sido tan ilusos como para no pedirte que nos escribieras, cuando en verdad deseábamos con especial interés saber cuál habría de ser tu destino, de manera que al llegar carta tuya sin haberla pedido me dio tanto más gusto. Durante cierto tiempo desde que te fuiste de Maer me hice un lío pensando en las posibilidades en pro o en contra de que te dejaran de lado de la expedición por habérsela ofrecido mientras tanto a otro, lo que habría sido la forma más enojosa de perder la oportunidad, y todo ello se incrementó al encontrar tú que tu carta al señor Henslow, de la cual parecía que dependía tu destino, se hubiera demorado por un día en el correo[149]. Frank, para mayor seguridad, había enviado una dirección con la carta para que la reenviaran inmediatamente, pero las prisas de nada sirvieron, puesto que cuando consultó en la Oficina a su vez para preguntar si había llegado bien a su destino, lo primero que vio fue la misma carta. Sin embargo, calculamos que, al regresar tú tan súbitamente a Cambridge, no habría problema, puesto que llegabas según pensábamos el mismo día en que debía haber llegado la carta. Me alegra tanto que te hayas encontrado con un capitán Wentworth[150]: una extraordinaria ocasión con tan buena suerte es un buen augurio para cualquiera. Espero que hayan intimado realmente, lo que hará que el gusto sea doblado. Deseo que no nos dejes en tierra como lo harían tus Lores del Almirantazgo. Cuando pienso en tus hermanas mi conciencia se turba y me sentiré culpable cuando las vea de nuevo. Serán de un muy buen carácter si no nos guardan rencor. Le cargaré todas las culpas a mi padre y a Hensleigh, y tú puedes proclamar que él es la única persona que tenía una opinión fija. Desearía de todo corazón que pudiera yo saber si Caroline regresará con tiempo suficiente para verte o tendrá más razones que nadie para tenernos rencor. Lamento mucho que se haya agregado un tercer año, pero es un gran consuelo que tú en cualquier momento en que lo desees puedes abandonar el barco y regresar a casa si encuentras la oportunidad de hacerlo. Confieso que ese tercer año me hace temblar mucho más que anteriormente respecto de la parroquia rural con la casa adjunta donde me daría mucha pena no verte instalado. Pienso que es la clase de vida más feliz y tal que casi obliga a cualquier persona a ser buena, y aquello que lo obliga a uno a ser bueno es lo que uno necesita durante todos los días de la vida. Que te obligue a trabajar es, lo sé, una de las ventajas que crees que te va a dar esta expedición. Yo espero que así sea, pero me temo que un barco no sea un buen lugar para trabajar y que requiera un gran esfuerzo de voluntad y perseverancia el lograrlo. Tengo un deseo muy sincero de que llegues a comprobar que has tomado una buena decisión y, además, que no te hemos hecho ningún daño, puesto que no puedo dejar de recordar que, salvo por ese 1.º de septiembre, tu familia te hubiera tenido con ellos en casa, y esto, tú lo ves, me vuelve seria y con ganas de sermonear. Desearía desde luego que tu tiempo te permitiera vernos antes de irte, pero no te queremos quitar ningún día de tu semana en casa por ningún motivo, aunque seguramente querrías tener más tiempo para ti. Realmente creo que es mejor para ti no tener demasiado tiempo entre la resolución ya tomada y el momento de actuar, que deje de haber tiempo para todas las objeciones que se presentan, lo cual sucede siempre y con un peso mucho mayor que su importancia real, pues no se consiguen más que tormentos, y, tal como están las cosas, espero que estés demasiado apurado y ocupado para pensar en este proceso desagradable. Supongo que ahora estás en Cambridge: me pregunto si estás demasiado ocupado y tu mente llena de tantas cosas como para observar la belleza extremada de hoy y de ayer, sobre todo de ayer. El miércoles todo aparecía con una belleza sobrenatural, incluso las plantaciones de alerces. Una de tus noches tropicales de plenilunio apenas podrá ser más bella y me pongo a pensar qué será que haga tanta diferencia entre éstas y otros días llenos de sol, pero pienso que estos días nunca se dan sino en otoño. Nuestro grupo de viaje por Gales, que regresó el día anterior desde el puente Menai, hubiera dado todo por dos o tres días de éstos; sin embargo, les gustó su viaje a pesar de las nubes. La señorita Julia Mainwaring vino hoy para rogarnos que algunas de nosotras fuéramos a ayudarla a entretener a un grupo de oficiales, puesto que ella era la única dama; nadie quiso ir salvo Emma, quien, cuando se dio cuenta de que no podía convencer a Fanny para que las acompañara, aun dándole su apoyo, le entraron muchos escrúpulos, no fuera que pareciera demasiado Lydia[151]. Sin embargo, si iba temprano esperaba que pareciera estar hospedada con la señorita Julia en vez de haber llegado expresamente para conocer a los oficiales. Vamos a tener el gran honor de que nos visite el doctor Holland mañana, ¿qué te parece? Sin embargo, para que no nos vayamos a sentir demasiado envanecidas, tenemos que admitir que Mary Holland y sus hijos están aquí, cosa que, aunque él no lo sabía, medio lo adivinaba, pero es algo de qué enorgullecerse a pesar de todo, y espero que podamos pasar por alto la propuesta legislativa de reforma, pues entiendo yo que es algo que su temperamento no resiste. Elizabeth y yo vamos la semana entrante al Bent en Derby para una función musical, la cual no rivaliza con la de Birmingham, de famosa memoria. Me encantaría saber de ti antes de que te des a la vela. Dame todos los pequeños detalles acerca de tus arreglos a bordo. El grupo que viajó a Gales recogió algunas noticias acerca de ti en Overton: que podrás bajar a tierra por un tiempo mientras duran las tempestades, lo cual no será un consuelo pequeño, pensaría yo. Aquí todos desean enviarte sus recuerdos y todos tienen un gran interés en todos tus planes y proyectos. Una vez más, deseando calurosamente tu éxito, siempre seré, querido Charles,/ tu prima afectuosa / Charlotte Wedgwood

Me pregunto a dónde podré dirigirte la próxima.

De Fanny Owen [22 de septiembre-2 de octubre de 1831[152]]
Querido Postillón:
Te suplico que aceptes un pequeño monedero, del cual espero que condesciendas a usarlo en recuerdo de la Sirvienta del Black Forest…
Sigo siendo, querido C., tu verdadera Fanny O.
Por favor dale mis recuerdos cariñosos a mi amigo, el señor Charles Mogg…[153]

De Robert FitzRoy 23 de septiembre de 1831
Devonport
Septiembre 23, 1831
Querido Darwin:
Leí la primera frase de tu carta: «Antes de que juzgues mi conducta», y la descarté con furia, diciendo: «Malditos esos tipos de tierra que nunca saben lo que piensan», «veamos pues qué maldito anzuelo le hace rehusar el viaje», cuando al leer más adelante encontré que un comienzo tan desesperado sólo surgía de una simple petición ¡acerca de un guardiamarina! ¡Estaba seguro de que abandonabas el trato por una dama que se interponía, o algo jamás visto!

Lamento que esté fuera de mi poder llevar conmigo al joven Owen[154], ya que el número de guardiamarinas permitido quedó completo desde que fue comisionado el barco.

No hay posibilidad de una vacante. Con seguridad está bien que hayas preguntado, pero yo sólo puedo rehusarme, aunque no lo habría hecho si hubiera podido hacerte el favor.

Recibí el paquete de Londres y tu carta, gracias.

Tengo el Voyage de Beechey, pero no el Gallop de Head[155]. Desde luego que puedes traer tu Humboldt, así como todos los libros que gustes, pero no puedo consentir dejar lo mío: todas mis cosas viajan conmigo.

Habrá mucho espacio para los libros. Tengo un hidrógrafo Daniell[156], pero estaría bien tener otro, pues son frágiles. No tengo un pentágrafo[157] porque no pienso que tenga ningún uso material para mí.

Considerándolo todo, creo que es mejor que estés en los libros, pero haz lo que gustes, tú eres el interesado.

Ajusté un buen espacio seco para tus cosas, y creo que tendrás poco que quejarte de tu camarote, la mesa, los cajones, etc.

El astillero va haciendo las cosas muy despacio, así que seguramente no partiremos hasta fines de octubre. Puedes quedarte otra semana, de modo que te presentes el 17, si te parece.

Lealmente tuyo / Robert FitzRoy

A Charles Whitley 23 [de septiembre de 1831]
Shrewsbury
Viernes 23
Mi querido Whitley:

Encontré tu carta sobre la mesa cuando llegué de Plymouth, pero realmente no tuve tiempo de escribirte ni en Londres ni en Cambridge, pues en ninguno de estos lugares permanecí más de dos días. Vi a Herbert en Cambridge y me temo que esta carta no te llegue. Me sentiré muy mal por ello, ya que no creo haber recibido una carta más amable que la tuya o alguna que me haya dado más placer. Debes tener en mente la perspectiva de dejar Inglaterra por tres o cuatro años para poder comprender cómo se puede gozar con una carta de alguien como tú. Me temo que no podremos encontrarnos, pues dejo Shrewsbury de hoy en ocho. Herbert puede conseguir mi dirección a través de Henslow, así como la época adecuada para escribirme, etc., y cuando pueda (necesariamente será de cuando en cuando) tendrás noticias mías o de mí. He tenido una mañana bastante cansada y el correo parte pronto; así que perdóname esta carta: no tengo nada en particular que decirte excepto que todo está ya en orden y que he precintado algo así como la mitad de mi oportunidad de vivir. Si es que uno vive simplemente para ver cuánto puede estirar la vida. Tal como están las cosas, yo no.

De nuevo te agradezco, querido Whitley, por todos tus buenos deseos. Espero que se hagan realidad y que, a mi regreso, te encuentre feliz y hombre de provecho.

Dios te bendiga / mi querido Whitley/Tu amigo afectuoso
Charles Darwin
Llegaron algunos Fungi y te los agradezco.

De Fanny Owen [26 de septiembre de 1831]
2, Northernhay Place, Exeter
Lunes
Mi querido Charles:

Esta tarde le oí a Caroline que dejas el hogar a fines de esta semana, y que deseas un adiós de mi parte antes de irte. No tenía ni la menor idea de que te irías tan pronto, pues se me dijo que partirías hasta fines de octubre, de modo que esperaba y creía que regresaría a casa a tiempo de verte. No puedo decirte cuán desilusionada y enfadada estoy de que esto no pueda ser. ¡Poco podía pensar la última vez que te vi en el viejo Forest que pasaría tanto tiempo antes de que nos pudiéramos encontrar de nuevo! Este horrible Devonshire —qué tonta fui en venir—. Me digo que llegaré a casa cuando tú te hayas ido. Mi querido Charles, espero que te diviertas y seas el más feliz de los hombres felices. Daría cualquier cosa por verte una vez más antes de que partas, porque me pone melancólica pensar en el tiempo que estarás fuera, y el cielo sabe qué será de nosotros a dos años vista. En todo caso seremos más viejos y estables. Los años placenteros y la diversión que tuvimos en el Forest nunca podrán volver. ¡Cómo deseo haber estado ahí esta semana para una última charla contigo, pues no puedo asimilar el pensar que realmente te alejas sin decirme adiós!

Pero debo dejar este tema ya que me parece que me estoy volviendo fastidiosa y melancólica, lo cual no lleva a nada. Me dicen que estuviste en Plymouth hace unos 10 días y yo también estuve ahí. Qué mala suerte de no habernos encontrado. ¿Volverás a ir? Si vas quizá pases por Exeter, de donde partiré con los Hunt el día 6. Creo que no regresaré a casa directamente sino que habré de pagar ciertas visitas. Si me es posible, trataré de eludirlo y ver que mi padre se encuentre conmigo en Leamington o Birmingham, ya que sería una horrible obra insulsa andar como viuda con los Hunt por lugares desconocidos. Estoy segura de que he andado melancólica todo este verano, pero espero haber expiado todos mis pecados por la severa penitencia que me ha caído encima. No me volverán a pescar viva de nuevo de esta manera cuando finalmente me halle en casa. Hogar dulce hogar es lo que me oirás cantar. Te aseguro que lo digo con sentimiento, pues derretiría un corazón de piedra o quizá rajaría un tímpano de hierro al oírme, pero aquí mis poderes están fuera de lugar y nunca podré desahogar mis sentimientos tal como mi inclinación desearía. Así que el pobre Williams ha partido finalmente, y pienso que habrá sido una feliz liberación para él, y ciertamente para todos quienes estuvimos relacionados con él. Puesto que ya pasó el tiempo prudente de duelo, la horrible ceremonia tendrá lugar desde luego lo más pronto posible. Cuán irritante será que no estés presente, y ni siquiera probarás el largamente esperado pan de pasas[158]. Es muy egoísta de mí decir cuán enojada estoy de que te vayas, ya que estoy segura de que es lo que más te apetece. ¿Te lanzaste a la clemencia de tu padre y te confesaste ante tus acreedores o qué hiciste? ¡Qué fantástica manera de escapar de los sastres nada caballerosos, etc.! ¡Cuando estés lejos de la tierra podrán silbar por su dinero por lo que a ti te importa! Bueno, no te sorprenda si oyes que he tomado un barco también para huir de ellos. La alegre temporada de Navidad se acerca rápidamente y mi corazón se hunde cuando piensa en ella, pero no hay más que poner buena cara, y lo haré mientras pueda. Por favor escríbeme un último adiós, mi querido Charles, y cuéntame tus planes y perspectivas, adónde irás y todo lo demás. Y dime además si debo buscarte una pequeña esposa para la parroquia en este tiempo hasta tu regreso. Dime tus preferencias y andaré viendo para echarle el ojo a alguna para cuando lo requieras. Un buen conocimiento de la tribu escarabajo es desde luego lo que requieres. A este respecto, ¿tu fiel Charlotte Salwey[159] no se ha destapado todavía? No he oído nada de ella. En cuanto a tus hermanas, creo que se han alocado o enfurruñado o adormilado o algo, ya que no he tenido ni una línea de ninguna de ellas en estos dos meses. Me han tratado con un marcado menosprecio. Me divertí mucho en Plymouth, donde hay mucho que vale la pena ver. Me imagino que viste Mount Edgecombe[160], que es un bello lugar. Fui a bordo del Adelaide y lo recorrí, así que puedo imaginarte a ti en tu pequeño camarote, y te aseguro que no serás olvidado. Anhelaré tenerte a mi lado para reír contigo y reñir fuera del estudio de pintura. Desearía haberte hecho tus alfileteros, pues te habrían sido útiles y, en ocasiones, al tomar un instrumento de la muerte para un escarabajo te habría venido a la mente el fabricante del útil artículo, pero ya no hay remedio. Esta carta es demasiado engorrosa y sosa como ninguna lo fue, pero no puedo evitarlo, debes tomar lo hecho por lo deseado. Escríbeme a 2 Northernhay Place. Debo concluir y sólo puedo añadir que te deseo sinceramente toda la diversión y la felicidad posibles, pues ya no puedo desear que no te fueras tan súbitamente como para no tener una charla y una risa más, pero esto no será así, así que adiós, mi querido Charles.

Créeme que siempre seré tu sincera y afectuosa / F. O.

Quema ésta antes de que partas, por piedad.

De Sarah Owen [27-30 de septiembre de 1831]

Mi querido Charles:

Ves que soy tan buena como mi palabra, o más bien el señor Baker lo es, ya que incluyo el alfiler prometido[161], y el cabello es genuino, por lo que me halaga la idea de que está destinado a acompañarte alrededor del mundo.

Todos nos sentimos tristes después de tu partida el domingo y no sé lo que hará Woodhouse sin ti por tanto tiempo, pero espero y deseo que ambos encontremos el éxito en nuestras respectivas nuevas carreras y vivir para encontrarnos aquí de nuevo muy a menudo. Recuerda tu promesa acerca del núm. 1, Belgrave St.,[162] y por favor piensa en mí entre tanto y escribe cuando estés ocioso por media hora. Te aseguro que mi promesa de despedida se mantendrá religiosamente y puedes esperar un relato correcto y verdadero de la Pluma de la propia Sufriente.

Me alegra de que hayas tenido un corto indulto por amor de tu familia, aunque quizá no estés tan contento por la demora.

Dios te bendiga, mi querido Charles, y créelo, aun cuando pueda cambiar mi título, que siempre seré tu amiga sincera y afectuosa / Sarah

A John Stevens Henslow 28 [de septiembre de 1831]
Mi querido Henslow:

Recibí otro paquete de Phalli de Barmouth, y otro tarro de los mismos, los que recogí anteayer en un bosque muy húmedo y sombreado. Estoy cada vez más convencido de que son especies distintas. Las de Shropshire, más blancas y cónicas y tiesas que la de Barmouth: la bola es de color más oscuro y el sombrero menos gelatinoso, y no tan oscuro.

Todos están conservados en ginebra y salmuera, debido a que necesitan más alcohol.

He enviado algunos de los Leoides. ¿Sería tan amable, cuando mande mis cosas a Londres, de incluir un pedazo de ladrillo recubierto a la manera alemana y mencionar qué clase de lente recomienda el señor Brown[163]? Y por último no olvide las introducciones de Lowe[164] y Smith[165].

Ayer dijo el capitán FitzRoy que me da una semana más de respiro y por lo tanto no dejaré este lugar hasta el último día de esta semana y Londres el 16 de octubre. Desearía por supuesto que ya hubiera llegado el día, ya que empiezo a estar muy ansioso por empezar[166]. Mi padre está mucho más reconciliado con la idea, como lo supuse, tan pronto como se ha ido acostumbrando a ello.

Mi querido Henslow, créame que soy sinceramente suyo / Charles Darwin
Miércoles 28.
Shrewsbury

A Robert FitzRoy [4 u 11 de octubre de 1831]
17, Spring Gardens
Querido FitzRoy:

No tengo nada en particular para escribirte, excepto asegurarte que no tendrás ocasión de «maldecir a esos tipos de tierra». Es mucho más probable que yo haga lo mismo tanto para los de tierra como para los de mar, si algo me impide ir contigo. Todo va viento en popa y los que me conocen aprueban del todo mi empresa. Sería perfectamente feliz si no fuera por el combate que se libra continuamente en mi interior entre la utilidad y el volumen de cualquier objeto que busco. Te aseguro que he economizado tanto como me ha sido posible, pero mi equipaje es terriblemente voluminoso. Considero con consternación enfrentarme al señor Wickham[167]: si ya refunfuñó por el número de mis pulgadas cúbicas naturales, no puedo imaginar qué hará ahora. Si sucede lo peor y no puedes llevar mis cosas, hay dos grandes cajas que puedo dejar sin que haya un verdadero daño material. Si tienes tiempo para mandarme unas líneas, ¿me informarías cómo arreglármelas mejor con mi equipaje cuando llegue a Plymouth? Supongo que el Beagle no estará listo para recibirlo y, si no recuerdo mal, no es posible acercarse al hotel en bote. Ahora te hablaré acerca de lo que he hecho respecto del dinero. He arreglado de tal modo que Curtis & Co. cumplirá siempre con mis letras de cambio y supongo que esto es todo lo que se necesita. ¿Tienes algún libro sobre trigonometría esférica?, pues espero leer algo de matemáticas durante estos tres años. El señor Earle[168] me pide que te informe que llegará el mismo día que yo, o sea el sábado 16[169]. Que habría partido unos días antes de esa fecha, pero que buscó la oportunidad de navegar con alguien conocido. Supongo que el Beagle no se hará a la mar hasta principios de noviembre, así que tendré suficiente tiempo para instalarme en mi camarote, lo cual será una gran ventaja para sacarle partido. Sólo espero, como dirías tú, que no sea demasiada la suerte para que dure. Si hay algo en Londres que yo pueda hacer por ti, con todo gusto lo haré.

Con las más efusivas gracias por todo el interés que has mostrado por mis asuntos, créeme, querido FitzRoy,/ sinceramente tuyo / Charles Darwin

Vi a George Cavendish, que está con los rifleros y considera de muy pobre carácter a nuestro amigo el mayor.

Martes

A John Stevens Henslow [4 u 11 de octubre de 1831]
17, Spring Gardens
Martes
Mi querido Henslow:

Vi a su hermano ayer y le pagué los 7"12 que le debía a usted, y me dijo que iba a mandarle un paquete, de manera que aproveché la oportunidad de escribirle sobre el tema de las consignaciones. Hablé con todo el mundo y usted es mi último recurso. Si se hace cargo de ello, me demostraría la mayor amabilidad. El coche por tierra a Cambridge no sería nada en comparación con tener un lugar seguro donde guardarlos, y más aún si hay alguien que vea por su seguridad. Supongo que las plantas y las pieles de pájaros son las únicas cosas que dan problemas, pero yo sé que usted hará lo apropiado.

¿Me daría usted las instrucciones más minuciosas como si se las estuviera dando a un salvaje de Otaheite[170]? Sería aún mejor que me hiciera un bosquejo de la tapa de la caja con sus instrucciones, con toda precisión y sin faltar una letra, como si hubiera de enviarlas de cualquier lugar remoto. Acerca del pago por ellas, creo que el mejor plan sería que, después de la llegada de una o dos cajas, le escribiera a mi padre y él colocaría la suma a su cuenta de cualquier banco en Cambridge que usted escogiera. Le escribiré sobre el tema. Estoy tan ocupado como nunca antes, y apenas tengo tiempo para pensar en mí. Supongo que no navegaremos hasta noviembre, así que podré escribirle desde Devonport. El señor Brown ha sido de gran utilidad para mí, y con toda bondad y buena cara.

Su hermano debe pensar que soy un pobre estafador, ya que por desgracia le di el dinero en un sobre sellado, y con toda propiedad lo abrió y la sorpresa fue que había seis libras en vez de 7"10. Estoy seguro de que pensará que para el futuro sería imprudente que usted confiara en mí.

Sea tan amable en escribirme antes de que deje Londres el domingo 16 acerca de las consignaciones.

Créame, mi querido Henslow / que le estoy sinceramente obligado
Charles Darwin

De Fanny Owen [6 de octubre de 1831]
Exeter
Jueves
Mi querido Charles:

Nuestras cartas se habrán cruzado en el camino[171]; recibí la tuya hace unos días y se ve que fue escrita con un humor de todos los diablos y ten por seguro que me contagiaste. No puedo soportar pensar, mi querido Charles, que no nos veremos durante tres largos años, según me dices, aunque había oído en un principio que eran dos. No tengo ninguna duda de que los gozarás, y recordarte todo ese tiempo en que estarás ausente no tiene sentido y es puro egoísmo. No puedo más que mandarte un último adiós. Hablas de los cambios que pueden producirse antes de tu regreso, «y esperas que no te habré olvidado». No dudo de que me encontrarás en statu quo en el Forest, sólo que más vieja y serena, pero donde yo esté y sean cuales fueren los cambios que puedan haber sucedido, ninguno te corresponderá a ti nunca en mi opinión, así que no hables, mi querido Charles, de ¡¡olvidar!! Las muchas horas felices que compartimos desde la época en que éramos yo la Sirvienta y tú el Postillón no habrán de olvidarse, ¡y esperemos que no terminen nunca! No sé qué haremos en el Forest sin ti, y lo triste que estaré de que no haya nadie que me repruebe en el estudio de pintura. No he sabido acerca de los detalles de tu viaje por parte de nadie, sólo que piensas partir el 15, pero si tienes una pequeña media hora de ocio antes de irte escríbeme de nuevo. Me gustaría tanto saber de ti: hazlo directamente a la oficina de correos de Leamington. Estaré ahí durante unos días con los Hunt de camino al hogar. Dejaré Exeter el próximo lunes 10 y no lo siento. Caroline me dice que estabas paseando por Plymouth justo el día en que yo estaba ahí. ¡Nunca oí nada más desafortunado que el que no se hayan cruzado nuestros caminos! Esta carta no vale su costo postal, pues sé que soy más aburrida y pragmática de lo que nadie lo ha sido, pero toma la voluntad por los hechos, mi querido Charles. Ya que no puedo verte para decirte adiós, es una satisfacción melancólica de nuevo tomar la pluma.

Dios te bendiga, mi querido Charles, y que goces de toda la posible felicidad son los deseos sinceros de tu F. Owen

Si tienes un tiempo para escribir… pero si no lo tienes, de todos modos sabré que no es falta tuya. Una vez más, hasta más vernos / mi querido Charles

A Robert FitzRoy [10 de octubre de 1831]
17, Spring Gardens
Querido FitzRoy:
Muchas gracias por tu carta; me ha dado gran alivio, ya que habría sido desgarrador dejar atrás tantas cosas y nunca habría pensado en mandar las cosas en otro barco, como se va esta carta y espero que con algo de talco que la acompañe. Leí tu carta sin tomar nota, pero ahora ya me agencié algo de Jones que parece muy bueno, y que mandaré esta tarde por la diligencia. Quedarías sorprendido de no verme en propriam personam en vez de mi escritura, pero me acabo de enterar de que el gran paquebote de vapor no navegará en domingo y me estaba figurando una sucia cabina con la proporción de 39 /40 de los pasajeros vomitando, cuando llegó el señor Earle y me dijo que el Beagle no se haría a la vela hasta principios de noviembre. Desde luego que esto lo cambiaba todo, de modo que me quedé en Londres por una semana más. Así que mandaré los bultos pesados por el vapor y emprenderé camino con la diligencia en la mañana del domingo.

¿Tienes un buen conjunto de barómetros de montaña[172]? Varios peces gordos del mundo científico me han marcado algunos puntos de geología que hay que confirmar y que enteramente dependen de su altura relativa. Si no tienes una buena existencia yo le agregaría uno más a la lista. Me debería de dar vergüenza por molestarte tanto, pero ¿me mandarías unas líneas para informarme? Todos los días me vuelvo más ansioso ante la posibilidad de partir y pienso que si yo estoy así, tú debes estar con una fiebre sin igual. ¡Qué glorioso día será para mí el 4 de noviembre! Entonces comenzará mi segunda vida y será como si fuera mi cumpleaños por el resto de mis días.

Créeme, querido FitzRoy, que soy tuyo sinceramente / Charles Darwin
Lunes
Espero que no te haya causado muchos inconvenientes ordenar y dejar lista la habitación.

De John Stevens Henslow 25 de octubre de 1831
Cambridge
25 de octubre de 1831
Mi querido Darwin:
Acabo de recibir su carta acerca del envío con la afirmación de que intentó engañar a mi hermano 1 libra. Vea por favor la factura que se envió, ya que me cruza por la cabeza que leyó libras por chelines y chelines por libras y que debería haberle pagado 12"7" en vez de 7"12. No puedo asegurarlo sin buscar las facturas y ajustándolo todo de nuevo, por lo que a

lo mejor usted tiene razón. En cuanto a las consignaciones, pienso que la mejor manera es hacer lo que hace Lowe: dirigirlas como sigue: Rev. Prof. Henslow, Cambridge, a la atención de J. W. Henslow Esq., 12 Clements Inn, Londres, Antípodas o Inglaterra: siendo la parte subrayada opcional.

Intento una gran adición a mi clinómetro poniéndole un visor para calcular las distancias, y pienso que esto incluirá todas las necesidades de los geólogos. Acabo de encontrarme con Watkins, quien está contento de saber acerca de su expedición. Downes acaba de regresar de una visita corta a Suiza, pero qué más le da a un fueguino. Pasado mañana empieza la elección de nuestro condado. El señor Jenyns[173] es presidente del comité del capitán Yorke[174], a quien se le propuso que durmiera en mi casa durante esa semana, maniobra por la cual había calculado que mis ventanas acabarían hechas pedazos, lo cual habría sido tan bueno como aprovisionarse en el cuartel enemigo. Sin embargo, piensa mejor dormir en la posada donde se reúne el comité, así que supongo que puedo sentirme tranquilo a menos que los contrarios tomen la delantera y piensen que soy demasiado radical. Sin embargo, presumo que estas cosas empiezan a dejar de interesarle a usted y por lo tanto le dejo con esas mejores meditaciones acerca de sirenas y peces voladores.

Suyo afectuosamente / J. S. Henslow

A John Stevens Henslow 30 [de octubre de 1831]
4, Clarence Baths / Devonport
día 30
Mi querido Henslow:

Su carta me llenó de consternación. Nunca supe de algo tan estúpido como cometer un error así. Perdí su carta, pero no tengo dudas de que está en lo cierto. Si meramente me guiara por la memoria, seguiría pensando que son 7"12. Pero después del asunto de la pequeña estafa descubierta por su hermano, ya no confío en mí. Qué mal de mi parte darle tan innecesarios problemas, pero quizá pueda usted encontrar los precios de las cosas principales, tales como el papel y los libros encuadernados, y eso sería suficiente para saber cuál es la suma correcta. Lo más fácil sería pagarle por medio de los oficios de mi hermano. Le estoy en deuda por las indicaciones acerca de los envíos. Creo que la mayor parte de las cosas deberán ir primero a Falmouth (donde debo tener un agente) y de ahí a Cambridge. Le diré a mi padre que usted le mandará una nota con la cuenta de lo que usted ha pagado por mí, y no creo que lo encuentre tan descuidado como yo. Espero poder asistir a la Philosophical Society cuando regrese, pero por lo que he oído supongo que se me honrará vinculándome al Museo Británico. Aquí todo va sobre ruedas. Mi bello ideal de capitán está determinado a que me sienta tan cómodo como le es posible. Pero la esquina del camarote, que es de mi propiedad privada, es extremadamente pequeña. Apenas tengo espacio para darme la vuelta, y eso es todo. Mi amigo el médico[175] es un asno, pero nos damos de empujones con mucha amabilidad: actualmente está muy atribulado, pues duda entre pintar su camarote de gris francés o de un blanco apagado. Poco más he oído de él que no sea este tema. Los oficiales de la sala de armas son un buen conjunto de camaradas, pero más bien toscos, y su conversación está tan a menudo llena de jerga y de frases marinas que es tan ininteligible para mí como el hebreo. Los muebles de nuestros camarotes son nada menos que de caoba. En resumen, toda va lo mejor posible. Sólo deseo que fueran un poco más aprisa. Me temo que bona fide no navegaremos antes del 20 del mes próximo. Desearía su consejo acerca de las matemáticas. Después de considerar mis 11 libros de Euclides, y la primera parte del álgebra (¿incluyendo los teoremas binomiales?), ¿debería entonces empezar por la trigonometría, después de la cual empezaría por la esférica? ¿Hay realmente partes importantes en las partes 2.ª y 3.ª del álgebra de Wood? Es una vergüenza que tenga que preguntarle, pero me sentiría muy agradecido si me escribiera rápidamente de todo ello. Debe usted estar muy ocupado, ya que si los señores Askew[176] y Darnell[177] no han refrescado sus cerebros durante las vacaciones, seguramente le darán ciertas molestias.

¡Qué época más importante habrá de ser 1831 para mi vida! Obtener un grado y partir hacia la Patagonia son cada uno de por sí acontecimientos memorables. Y usted ha tenido buena parte en que yo haya logrado ambos. Deles mis cordiales saludos a la señora Henslow, a Leonard Jenyns y demás amigos. A menudo pienso en su buen consejo de tomar los momentos desagradables como asuntos comunes y corrientes y no compararlos con las ventajas sólidas y duraderas. Nunca puedo conducirme mejor que cuando pienso en usted y en sus consejos.

Siempre suyo, mi querido Henslow / con todo el afecto / Charles Darwin
Me dio usted la dirección de su hermano: 12 Clements Inn. ¿Es correcta?

A Caroline Darwin [¿31? de] octubre [de 1831[178]]
4, Clarence Baths,/ Devonport
Octubre 21
Mi querida Caroline:
Recibí tu carta el mismo día en que le escribí a Susan. Desde entonces me llegó carta de Katty, por la que le doy las gracias y mi amor. Me gustaría sobre todo y directamente conocer la factura del tutor. ¿Decía algo acerca de 30 libras a tener en cuenta por mis muebles? De hecho, no habrá sido así, lo cual habla mal del señor Ash[179], ya que escribí sobre este tema sólo para pedirle restarlos de la cuenta antes de mandarla. Puedo arreglarlo por medio de Henslow. Mi padre debe pensar de mí que soy un estafador consuetudinario, pues le dije que serían entre 8 y 16 libras.

Todo marcha de una manera normal, así que no tengo mucho que escribir al respecto. Creo que Erasmus vendrá y me verá partir, así que él podrá describir cómo un pequeño espacio puede empaquetar a un hombre. Me temo que nuestro barco será una especie de cosmorama[180]. Y que el camarote de popa sea alegre será muy problemático para mí.

Empezaré muy pronto a almacenar mis cosas, pero supongo que no podré dormir a bordo hasta una semana antes de partir. Tengo mucha suerte de que me caiga bien mi compañero de camarote, el mejor de todos los oficiales. El capitán FitzRoy le dio una habitación en la casa, así que estamos juntos. La ventaja de vivir con el capitán es absoluta, pues sus costumbres tranquilas son una delicia después de los disturbios de la sala de armas. El único inconveniente por ahora es la gran falta de lugar para guardar las cosas. Vivo con un temor continuo. Mi habitación cuesta 15 chelines la semana y vivo ahora como si estuviera a bordo, o sea 50 libras anuales. Debo pagarle al capitán (si le parece a mi padre) 100 libras por los dos años próximos, ya que si su bolsillo es sondeable, debe haber llegado al fondo. Por lo que entiendo, no creo que naveguemos hasta últimos del próximo mes, aunque nada excede a la actividad de los oficiales.

Dale mi amor a Susan y dile que no me llevaré Persuasion, ya que el capitán dice que no lo leerá y no hay peligro de que yo lo olvide. Cuantas más cartas mejor. Mi amor para todos: ¡hurra por los volcanes de Valparaíso! / Con afecto / Charles Darwin

A Caroline Darwin 12 de noviembre [de 1831]
Noviembre 12
Mi querida Caroline:
La cuenta del tutor es tal como esperaba e imaginaré algún plan por medio de Henslow. Por desgracia Henslow acaba de perder a su hermano, por lo que no quiero molestarlo por ahora[181].

Aquí todo va con toda prosperidad y el Beagle se ve ahora como un verdadero barco. Acaban de pintarlo y en unas semanas los hombres vivirán a bordo. Ningún barco ha sido dispuesto en una escala tan costosa en Plymouth. Me entra cierto fervor naval cuando lo observo y supongo que es un barco tan bueno como el arte puede hacer, y si debo creer todo lo que oigo, el capitán es un ser tan perfecto como puede la naturaleza crear. Es ridículo ver lo popular que es, pues las damas apenas pueden farfullar vigorosamente las palabras que expresan sus grandes sentimientos.

He tenido que salir más tarde de lo que desearía. Ayer cené en casa del almirante Sir

Dixon[182] con el capitán FitzRoy, donde no conocí más que a oficiales marinos y la conversación habría sido totalmente tonta para un hombre de tierra, pero para mí fue muy interesante. Ayer desayuné con un señor Harris[183], a quien aprecio más que a nadie que haya conocido. Ha escrito mucho sobre electricidad. Esta mañana hice lo mismo con el coronel H. Smith[184], un viejo caballero muy listo. Mañana iré a casa de Lord Morley y cabalgaré con Lord Borrington[185] para ver los granitos de Dartmoor. Así que todo es alegría para mí y me gusta mucho el lugar. Por todo lo que he sabido, sospecho que el mal de mar es peor de lo que había pensado. Más de la mitad de los oficiales navales sienten mareos en un principio. Estoy seguro de que cuando desaparezca el mal de mar pronto caeré en las costumbres marinas y me acabarán gustando. Creo que pronto me acostumbraré a todo y que habré ganado la mitad de la batalla. Es muy afortunado que no hayamos partido antes, ya que si hubiéramos navegado hace seis semanas me parece que, debido a los vientos del suroeste, no habríamos llegado a Madeira el día de hoy.

Dile a Susan que no necesita alarmarse acerca de que se me olvide dar las direcciones para escribirme y que presumo que Río de Janeiro será el punto principal por bastante tiempo. Simplemente, las cartas llegarán. Me imagino que Sudamérica no nos detendrá más de 18 meses, lo que nadie parece saber es que se haya descubierto un nuevo continente mucho más al sur[186]. Quizá se nos mande investigarlo. Supongo que habrás recibido una carta mía después de la de Susan.

Mi amor para mi padre y todos los demás. C. Darwin

A John Stevens Henslow 15 [de noviembre de 1831]
Devonport
día 15
Mi querido Henslow:
Han llegado las órdenes del Almirantazgo y todo está listo por fin. Partiremos el último día de este mes y me parece que el barco quedará listo antes. Se ve como un bello barco e incluso un hombre de tierra puede admirarlo. Todos pensamos que es el navío más perfecto que jamás habrá salido del astillero. Una cosa es cierta, ningún barco ha sido equipado con tal gasto y con tanto cuidado. Todo lo que había de hacerse se hizo de caoba y nada puede exceder a la pulcritud y belleza de los alojamientos[187]. Las instrucciones[188] son muy generales y dejan mucho a la discreción y buen juicio del capitán, con lo que se le otorgan todos los cumplidos, tanto sustanciales como verbales. Le daré ahora un esbozo de los planes. Primero a Madeira o a las Canarias (quizá sólo éstas), Cabo Verde, Fernando Noronha, Río de Janeiro, Montevideo, y después a trabajar en la Patagonia, Tierra del Fuego, islas Falkland, en todo lo cual consumiremos como un año y medio. Después de completado el trabajo, seguiremos el camino hacia el norte por la costa occidental de Sudamérica, a elección del capitán, dándonos tiempo para extendernos a placer a través del océano Pacífico (tomando un nuevo curso), a Nueva Gales del Sur y la tierra de Van Diemen, algunas de las islas de las Indias Orientales, el cabo de Buena Esperanza y a casa. Me aflige decir que el tiempo es ilimitado, pero espero que no exceda los cuatro años. Ningún navío ha dejado Inglaterra con tal cantidad de cronómetros[189], los 24 de excelente calidad. En resumen, todo va bien y ahora sólo me queda rogar por que la náusea modere su fiereza, con lo que la llevaré muy bien. Sin embargo, no debo pensar que ésta sea una de las mejores oportunidades que jamás hayan ocurrido para la historia natural. La necesidad absoluta de espacio es tan endemoniada que nada lo puede superar. Creo que L. Jenyns hizo muy bien en no venir; esto es, a juzgar por mis propios sentimientos, porque estoy seguro de que si hubiera dejado el College por unos años, o volverme más viejo, nunca habría podido aguantarlo. Los oficiales (excepto el capitán) son como los novatos más novatos, es decir en su forma de comportarse: en todo lo demás son bien distintos. Dele mis recuerdos sinceros y dígale que si un día sueña durante la noche en palmeras, por la mañana puede reconfortarse con la seguridad de que el viaje no le habría convenido. Le estoy muy agradecido a usted por su consejo sobre de Mathematicis. Sospecho que, cuando esté luchando con un triángulo,

deseraré a menudo verme en sus habitaciones y, en cuanto a esos malditos y malhumorados números irracionales, no sé qué haré sin usted para conjurarlos[190]. Mi tiempo pasa placenteramente. He conocido a una o dos personas agradables, sobre todo al señor Rayos y Truenos Harris, de quien usted ya habrá tenido noticias. Mi ocupación principal es ir a bordo del Beagle y tratar de parecerme a un marino tanto como pueda. No tengo pruebas de haber engañado a hombre, mujer o niño alguno. Le voy a pedir que me realice otra comisión y espero que sea la última. Cuando estaba en Cambridge, le escribí al señor Ash, pidiéndole que mandara a mi padre las cuentas del colegio después de restarles algo así como 30 libras por mis muebles, lo cual olvidó y mi padre pagó la cuenta, por lo que quiero que se le devuelva a mi padre el dinero por los muebles. Quizá usted sería tan amable como para hablar con el señor Ash. Ya le he costado a mi padre tanto dinero que estoy muy avergonzado de mí mismo.

Le escribiré de nuevo antes de embarcar y quizá usted también lo haga en ese tiempo. Deles mis recuerdos al profesor Sedgwick y al señor Peacock.

Créame suyo con afecto / Charles Darwin

A Charles Whitley 15 de noviembre [de 1831]
4, Clarence Baths / Devonport
Mi querido Whitley:
Recibí tu carta varios días después de su fecha, y para dolor mío, como verás por mi dirección, es imposible que visite Cambridge por los próximos años. Si hubiera sabido antes cuántas treguas se me iban a conceder, desde luego que habría permanecido en Londres para asegurarme de llegar a ver a todos los viejos y civilizados filósofos tan queridos de nuevo en Cambridge. Desde luego que pasará mucho tiempo antes de que los vea a todos, como acostumbraba reunirme con ellos en las clásicas tardes del domingo.

Mis sentimientos me sobrepasan cuando pienso en el sencillo, elegante, Club de los Glotones y ese día de victoria y triunfo y de gloria interior, que algunos llamaron sublime, pero que los más juiciosos sabían que no era más que un sentimiento pleno por una cena satisfactoria. ¡Oh Dios, qué lugar más alegre es Cambridge! Pero todo está en el pasado, así que no tiene caso pensar en ello. Aunque no puedo evitarlo, y supongo que el viejo alegre Herbert y F. Watkins estarán ahí. Juro que me iría sin cenar con tal de verlos a ustedes tres disfrutar de la cena. En cuanto al viejo Herbert, lo derrotaré contando mentiras a mi regreso, y si no es así, que la humanidad entera llene de vergüenza mi alma. Deseo que ustedes tres tengan la digestión más rápida, más singular y mejor de todos los hombres de los reinos unidos.

Justo acaba de llegar el criado por las cartas y he aquí que me la he pasado escribiendo como un condenado tonto, pero cuando pienso en ti y en unos cuantos más, debo hacer una de dos cosas: o llenarme de melancolía bonae fide, etc., o hablar como loco. Lo primero sería «demasiado ridículo», ya que después de todo son cuatro años y es demasiado para mirar tan lejos, pero cuando haya pasado, ¡qué etapa de mi vida se habrá conformado! No tengo tiempo para más, así que transmíteles mis mejores deseos a Herbert y Watkins.

El plan es magnífico. Permaneceremos dos años en Sudamérica y el resto del tiempo trastearemos alrededor del mundo.

Dales mis recuerdos a Lowe y a todos los demás, especialmente al viejo Matthew, si lo ves.

Si tú o algún otro tiene tiempo para una línea acerca de Cambridge, se los agradeceré. Aquí estaré hasta fines de este mes.

Mi querido Whitley, Dios te bendiga. Tuyo con afecto / C. Darwin
Noviembre 15 / ¿Dónde anda Cameron?

A William Darwin Fox 17 [de noviembre de 1831]
4, Clarence Baths / Devonport

Mi querido Fox:

Probablemente te sorprenda ver mi escritura, pues supongo que me creerías ya en alta mar. Una y otra vez nos retrasamos, por lo que no navegaremos hasta el 5 del mes próximo. Siempre quise escribirte antes de la partida final, pero como esa fecha estaba tan distante... me dispuse a hacerlo antes. No creo que pueda hacer algo mejor que darte un esbozo de las Instrucciones, que llegaron apenas ayer. Dejan mucho al juicio del capitán y estoy seguro de que no podían hacerlo con alguien mejor.

Primero vamos hasta las Canarias o Tenerife, después a Cabo Verde, Fernando Noronha, Río de Janeiro, permaneceremos en cada uno de estos lugares alrededor de una semana y algo más en Río. Me complace esto, porque he oído que no hay paisaje en el mundo que lo iguale. Después a Montevideo, que se convertirá en nuestro cuartel general por un tiempo o más bien, digamos, el punto al cual regresaremos por provisiones frescas, etc. Desde Montevideo, empezaremos nuestro trabajo regular y seguiremos la costa de Patagonia, partes de Tierra del Fuego, las islas Falkland. Después de haber hecho esto, nos ocuparemos de la isla de Chiloé y más tarde procederemos tan al norte como el capitán desee (podría ser hasta California), de modo de dejar tiempo para hacer una buena travesía de isla en isla hasta Nueva Gales del Sur, después de lo cual cortaremos entre las Indias Orientales, el cabo de Buena Esperanza, y a casa.

Todo aquel que puede juzgar dice que es uno de los más grandes viajes que nunca se han proyectado. Todo es en gran escala. 24 cronómetros. Todo el barco ha sido equipado a base de caoba y es la admiración de todos los lugareños. En resumen, todo se ve tan propicio como pueden lograrlo los medios humanos. El único serio inconveniente es el tiempo, que nadie puede alterar. ¡Ay!, seré un viejo a mi regreso, demasiado viejo para encontrar esposa. ¡Cuántos cambios habrán sucedido! Supongo que estarás casado y tendrás por lo menos seis pequeños. Me dará un gran placer ver cómo tratas de criar a los seis al mismo tiempo, y me sentaré junto al fuego y les contaré cuentos maravillosos, a los que nadie dará crédito. Cuando pienso en todo lo que veré y emprenderé, realmente se requiere un gran esfuerzo de la razón para persuadirme de que todo es cierto, de que veré las mismas tierras que pisó el capitán Cook. Dudo de la verdad del viejo truismo, de que el hombre puede hacer lo que el hombre ya ha hecho, cuando pienso que yo, un infortunado hombre de tierra, voy a emprender semejante viaje. Anhelo el tiempo en que el mal de mar ahogará tales sentimientos y supongo que ese tiempo será el 5 del mes próximo. Escríbeme, por favor, y cuéntame cómo te va. Oí que en la función musical te sentaste junto a la incomparable Charlotte. Infórmame de tus progresos. La he comprometido a que intercambiemos cartas.

Adiós/Tuyo afectuosamente / Charles Darwin / 17

De John Stevens Henslow 20 de noviembre de 1831
Cambridge
20 de noviembre de 1831
Mi querido Darwin:

Puesto que ya he recibido las láminas para el artículo de Lowe[191], pensé que sería imperdonable no mandártelas y en consecuencia se las encomendé a L. Jenyns, quien va a ir a la ciudad mañana y te las mandará en alguna diligencia a Plymouth. Podrán servirte para fijar tu atención cuando colectes conchas terrestres. Cuando trabajes con números irracionales, recuerda que estás simplemente manejando cantidades con índices fraccionales y que un poco de práctica te permitirá ver en ellos nada tan formidable como lo que pareces anticipar. Aderézalos de esa manera y compáralos con el símbolo v. Desde hace tiempo que he considerado que la noble expedición en la que estás metido no habría sido adecuada para L. Jenyns. Aun con un poco de autonegación por tu parte, me satisface plenamente el hecho de que habrás de recoger una abundante cosecha de satisfacciones futuras. Si puedo decirlo, una de tus debilidades es tomar a ofensa la rudeza de las maneras y todo lo que bordee una conducta anticaballeresca, y he observado que tal conducta con frecuencia hiere tus sentimientos con bastante mayor profundidad de lo que deberías permitirte. No es que abogue por la rudeza, Dios no lo permita, y mucho menos por nada deshonroso, pero debemos hacer todo género de concesiones ante la mala educación, la temprana conducta viciosa y los sentimientos vulgares, si de verdad queremos pasar por la vida sin contratiempos, y por lo tanto te exhorto sincera y afectuosamente a que nunca te sientas ofendido por cualquier conducta grosera o vulgar a la que sin duda te sentirás sometido entre tus compañeros. Toma el consejo de la corte de St. James y embrida tu lengua cuando arda en ella cierta reprimenda merecida y los sentimientos impacientes que estos males habrán de generar en tu mente educada se calmarán con el tiempo y te sentirás satisfecho ante el valor real y conmovedor que no dejarás de encontrar bajo muchas superficies toscas. Desde hace tiempo te he predicado la necesidad de someterte a los males de todo género y cuando regreses espero que me repitas las lecciones que te di (si te parece que lo necesito) bajo los avances positivos de un juicio largo y experimentado. Estoy seguro de que eres el hombre adecuado para la expedición que has emprendido y que en ti está todo lo que se necesita para que tenga un giro favorable. No soy muy viejo, pero tengo algunos años más de experiencia sobre mi cabeza, y siempre he encontrado ventajas en acomodarme a las circunstancias. Es maravilloso cómo y con qué frecuencia una pequeña deferencia vence a un mal y a partir de entonces todo corre con suavidad.

Créeme siempre tu afectísimo J. S. Henslow (Escríbeme de nuevo).

De Fanny Owen 2 [de diciembre de 1831]
Woodhouse
Viernes 2
Mi querido Charles:

En una carta que me llegó ayer de Catherine, me dice que sigues esperando en suspenso en Plymouth y que era incierto que partieras o no el 5. No espero que ésta te llegue a tiempo, ya que deseo tener una pequeña charla más contigo. Pensé que estarías esperando que cada día fuera el último en Plymouth, de modo que escribirte hubiera sido inútil o te aseguro que no habría estado silenciosa tanto tiempo. Mi querido Charles, cómo deseo que hubieras estado con nosotros en el tremendo 22[192]. Estoy cierta de que habrías disfrutado de todo plenamente, desde el principio hasta el fin con toda seguridad (aunque te lo diga quien no debería), pues todo transcurrió de manera brillante. Yo fui la encargada y llevé todo el asunto, desde partir una tonelada de pastel hasta hacer galones de ponche de ron para las celebraciones vespertinas. Desde luego, Susan y yo, como sabes, fuimos las Damas de honor, y el señor Charles Jones fue el Chaperón de las Damas, algo así como 10 carruajes compusieron la procesión a Felton, las Gotas de Rocío cayeron como a las 11[193] y creo que todos se comportaron con entereza y resignación adecuadas; en cuanto a la pobre mamá, fue maravillosa. Creo que el Novio fue el más alucinado de toda la comitiva; pobre, lo lamenté por él, pues estaba tan blanco como el papel y aunque lo apoyé hasta la soga, realmente pensé que se iba a desmayar, y no había brandy a mano aunque me rogaba que le diera un trago. Su tartamudeo era terrible de puro nervio, pero siguió adelante maravillosamente, aunque la palabra qu qu qu qu qu qu-erer le tomó algo de tiempo, pero fue la única. «Tan pronto como terminó la ceremonia, la Pareja feliz montó en su carruaje de viaje (se nos informó que era verde) y procedió a toda la velocidad posible en un Viaje romántico a la Metrópoli, donde se entendía que intentarían visitar todos los Teatros»: puedes reírte ante este anuncio, pero te aseguro que es un hecho. ¿Supiste alguna vez de algo tan poco sentimental? La primera noche después de llegar a la ciudad fueron al Covent Garden, la siguiente al Adelphi y así sucesivamente cada noche que han pasado en Londres —tan del estilo de Sarah—. Determinados a no perder el tiempo sino a regresar a nuestros festejos en casa, tuvimos 37 comensales en dos mesas. Yo presidí una de las mesas y ¿piensas que no di la vuelta con la champaña? No dejé que ninguna copa estuviera vacía ni un momento, pero antes de que el Mantel fuera retirado todos mis caballeros estaban más excitados que los de la otra mesa y empecé a sentirme algo asustada por si daban de qué hablar, pero por suerte nadie estaba tan excitado, excepto el señor B. O., que se levantó para brindar por la jalud de nuejtro janfitrión y janfitriona y arrancó las carcajadas. Abundaron los deseos de salud y los brindis, acompañados de tres veces tres copas, y hubo discursos apropiados y pulcros, así como una bella canción por ese genio salvaje del señor Crofton, compuesta por él mismo para la ocasión y que fue muy admirada. Te la mandaría, pero no creo que amerite una doble carta. Después de cenar, fue desalojado el comedor y dispuesto para el baile. Tuvimos un Baile realmente brillante, que se prolongó con gran ánimo hasta las 5 de la mañana del miércoles, incluida toda la servidumbre. Papá abrió el baile con la melodía de «Come haste to the Wedding» [Ven pronto a la boda], con la señora Kenyon, ¿puedes imaginártelos? Las danzas campiranas estuvieron a la orden de la noche y tuvimos gran diversión. La única mosca en la oreja fue un horroroso zapateo por parte de los pies bien calzados de algunos de los Galanes, pero esto era de esperarse. Todos juntos nos divertimos y sinceramente siento que no estuvieras presente en la Fiesta, mi querido Charles. Habrías estado tan < > como en Plymouth. Qué cansado es que te mantengan por tanto tiempo en suspenso. Por favor, mi querido Charles, escríbeme un último adiós si tienes media hora de ocio antes de hacerte a la vela. Me encantaría enviarte noticias nuestras de cuando en cuando durante tu ausencia, si sé dónde mandártelas. No puedes imaginar cómo te he extrañado en el Forest y cómo anhelo verte de nuevo. Espero que toda felicidad y placeres te esperen, mi querido Charles, y regresa a nosotros tan pronto como puedas ¡y lo digo egoístamente! Echo de menos a la pobre Sarah mucho y me parece como un sueño en el que apenas puedo creer que se haya ido. No tengo más noticias que contarte, realmente. Desearía tenerlas. La señora Mytton está con nosotros. Vino para la boda, habiendo quedado arreglado el asunto de su divorcio antes, y su Escudero a salvo en Calais. Pobre mujer, está tan contenta como le es posible y nos encanta que mantenga el buen humor. Te diré, por si no lo has sabido, que Edward Williams, con todos los buenos sentimientos de un buen cuñado, me regaló el otro día un bello caballo de la venta del señor Gore. Es casi un pura sangre, y bello, bastante perfecto, creo yo, y estoy feliz con mi regalo. Todas las bellas cosas de Howell & James no me habrían gustado tanto. Hice que mi padre me regalara una nueva silla y su brida londinenses para mi viejo Goldfinder, así que como ves ando toda arreglada al alcanzar el título de señorita Owen, nombre que debo llevar con toda dignidad, y qué vieja y serena persona encontrarás en mí cuando regreses de las Islas Salvajes. ¡La señorita Fanny Sparling se casará con Dry Corbett!!! [194] De esto se habla por todas partes como un hecho positivo. Él ha estado viviendo últimamente en Felton y nos llega el rumor de que ella dice que no sabe por qué la gente puede reírse de Dry. Es realmente demasiado bueno y devotamente debemos esperar que harán buena pareja por la diversión que proporcionarán a nuestro campo, que hoy es demasiado insulso, creo.

He sabido que te gusta mucho Plymouth. Cuando estuve ahí por unos días pensé que era un lugar deleitoso: hay tanto que ver.

Si tienes tiempo, escríbeme, querido Charles. Cómo deseo que no tuvieras ese horrible gusto por los Escarabajos y te hubieras quedado «asy[195]» con nosotros, pues no soporto separarme de ti por tanto tiempo.

Dios te bendiga, mi querido Charles. Perdona mi insulsez, pero créeme siempre / tuya afectuosamente / Fanny Owen

A John Stevens Henslow 3 de diciembre [de 1831]
Devonport
Diciembre 3
Mi querido Henslow:

Es ya tarde y anocheciendo y esta noche dormiré a bordo. Ya es seguro que nos hagamos a la vela el lunes, así que puede suponer en qué desesperado estado de confusión estamos todos. Si usted pudiera oír las exclamaciones de los oficiales, supondría que nos dan apenas una semana de advertencia. Yo estoy igual, desconcertado ante todo, y en tal trajín que ni siquiera sé qué hacer. La cantidad de cosas por hacer es infinita. Veo incluso el mareo en el futuro como algo así como con cierta satisfacción, cualquier cosa suena mejor que este estado de ansiedad. Le estoy muy agradecido por su última carta amable y afectuosa. Siempre me complace recibir consejos de usted y nadie que haya yo tenido la suerte de conocer es más capaz de darlos que usted.

Cuando me escriba, recuerde que soy algo así como un protegido suyo y que es su deber darme lecciones. Le doy mi dirección ahora: en principio, será Río, pero, si me quiere enviar una carta el primer martes (día en que parte el paquebote) de febrero, diríjala a Montevideo, y me dará un gran placer. Gozaré tanto de oír noticias de Cambridge. La pobre vieja Alma Mater. Soy un hijo valioso por lo que hace al afecto. Poco más puedo añadir. Me encantará recibir algún recuerdo conmemorativo de Ramsay. Mi corta amistad con él se me presenta como un sueño, lo cual ha dejado en mí muchos recuerdos melancólicos y a un tiempo placenteros.

No puedo terminar ésta sin decirle cuán agradecido estoy, de corazón, por la amabilidad que ha tenido para conmigo durante mi vida en Cambridge. Mucho del placer y el provecho que he obtenido se los debo a usted. Anhelo ya los días en que deberemos volvernos a ver y, hasta entonces, créame, mi querido Henslow,/ que soy su amigo agradecido y lleno de cariño / Charles Darwin

Deles mis recuerdos más cariñosos a quienes han mostrado su interés por mí.

De Caroline, Catherine y Susan Darwin 20-31 de diciembre [de 1831[196]]
Miércoles, diciembre 20
Mi querido Charles:
Hace exactamente una semana que recibimos tu carta contándonos que te sentiste obligado a regresar a Plymouth después de una noche tormentosa y que pasaste 24 horas miserables[197]. Me asombra que puedas escribir alegremente después de tanto sufrimiento. Supongo que te sirvió como una parte del condimento que habrás de padecer antes de que te vuelvas resistente al mareo. Tu relato acerca del capitán fue sublime. Se trata de las maneras tranquilas propias del Red Rover[198] y los «suaves tonos claros» que se escuchan a través del tumulto. Los ojos de papá estaban llenos de lágrimas cuando se enteró de tu noche miserable y cómo tu bienhumorado capitán, dentro de toda la confusión, te visitó y arregló tu hamaca. Debe ser un capitán Wentworth[199], pues todo lo que nos cuentas de él lo hace cada vez más perfecto. Erasmus llegó a casa como una hora después de recibir tu carta y estaba asombrado de ver que tuviéramos conocimiento de ti antes que él. Dijo que el sábado en la noche fue tremendo en Devonport y que su cama se estremecía tanto como si estuviera en alta mar. Erasmus llegó muy cansado de su regreso a casa y quiere arreglárselas para no tener nada que ver con las diligencias que van de un pueblo a otro, como Bath, Worcester, etc., justo al atardecer. Me sorprendió que no se quedara un día en Bath en consideración a sí mismo, sobre todo cuando Paganini iba a tocar ahí, de modo que habría tenido una buena tarde de diversión. Le pedimos que nos dijera todo lo que pudiera acerca de ti, «el Beagle» y tus compañeros, para que pueda contemplarte muy bien sentado en tu reducido rincón y ante tu mesa. Nos hizo reír también con su relato de tu entrega de un libro y la carrera que te viste obligado a emprender después de escapar del general. No regresaré a los tiempos anteriores a la llegada de Erasmus, ya que espero que hayas recibido mi carta en la que te contaba de la visita de los Wedgwood y del nacimiento de otro pequeño sobrino con gran desilusión de Marianne y el doctor Parker. Todavía no he visto al bebé pero me dicen (claro está) que es una linda criatura y que será bautizada como tú y el hermano del doctor Parker, quien hizo su aparición el mismo día de tu partida. Esta última semana ha sido muy melancólica para mí. Poco he podido pensar aparte de ti y aunque espero y creo que todo lo que observarás será placentero en gran medida, el sentido egoísta de esta gran separación de ti y el largo, largo tiempo que pasará antes de que sienta que te volveré a ver, es bastante penoso. En resumen, querido Charles, serás tratado apropiadamente cuando te veamos de nuevo. Veo que Erasmus tiene la esperanza de que regreses después de dos años y cómo nos alegraremos si su profecía se vuelve realidad. Papá está muy bien y parece que cada día tiene más interés por el invernadero, pues constantemente va a inspeccionarlo y espero que

encuentre en él una grata diversión y una ocupación tranquila. Nuestros días pasan como es costumbre: juego de cartas en la tarde y, después de que papá se retira a sus habitaciones, Erasmus, Charlotte y nosotras nos juntamos alrededor del fuego y charlamos a gusto alrededor de una hora y, como te dije antes, tú eres por lo general el tema. El (lunes 18 de diciembre[200]) Susan y yo partimos para el anuncio matrimonial en Eaton[201], habiendo llegado el señor y la señora Williams y el señor y la señora White unos días antes. A pocas millas de Shrewsbury nos encontramos con Sarah sola en su carruaje. Iba a vernos, habiendo por primera vez, como dijo, «tocado la campanilla» y ordenado el carruaje y parecía muy orgullosa de haberse aventurado a dar un paso tal de autoridad. Nos subimos al carruaje con ella y compartimos un alegre viaje a Shrewsbury, aunque sólo se quedó unos momentos y nos pidió que cenáramos con ella el próximo lunes, a lo que Susan y yo nos comprometimos, lo llevamos a cabo y llegamos allá como una hora antes de la cena. Nos encontramos a Fanny y a Sarah solas en el salón. Fanny había insistido, según supimos, en que Sarah no saliera a recibirnos a la sala, sino que hizo que se sentara sin moverse «para mantenerse digna». No puedes considerar lo lindas y plácidas que se veían cuando entramos en la habitación, ambas alegres y felices. El señor y la señora Bruce, el señor Edward Hanmer y Henry Hill estuvieron en la cena, y en cuanto terminó Sarah y yo nos sentamos solas más de una hora y se mostró tan abierta y afectuosa que jamás podré sentirme más cerca de ella. Edward Williams tenía muy buen aspecto, gracias a que Sarah pensó en una bella mascada de satín negro que le hizo ponerse, pero creo que era más bien debido a que se le veía muy feliz. Nunca antes había hablado mucho con él y quedé muy sorprendida de encontrarlo muy agradable y, más aún, no tartamudeó ni una sola vez. Sarah se veía como una dama en la cabecera de la mesa e hizo los honores con toda corrección. Creo que hubo cierto ataque de celos después de la boda y Fanny dijo que Sarah se comportó excelentemente. Se sintió algo asustada después de contárnoslo, de si no habría hecho mal, y me alegra ver por diferentes circunstancias que no buscan hablar de sus faltas ahora que él está casado con Sarah. Todos los vecinos han estado de visita en Eaton, los Corbet de Sundurne y de Acton Reynald[202], y muchas otras familias que nunca antes habían visitado a los Williams. Encontré que el hermano del señor Bruce fue casi un viajero tan grande como lo serás tú, pues pasó siete años en Arabia, Egipto, Nubia y que estos Bruce son parientes de el Bruce[203], lo cual no era de mi conocimiento. El señor Bruce preguntó un montón de detalles acerca de ti y me pidió que te dijera lo que le sucedió a su hermano después de cinco años de viajar y recolectar y escribir, pues naufragó y todos sus papeles se destruyeron y nunca cesó de reprocharse el no haber hecho duplicados y haber mandado sus diarios y escritos en su oportunidad. Esperaba que tú te beneficiaras del consejo. Terminamos la tarde jugando a las cartas. Los Bruce pusieron casa en Londres y todos los hermanos se fueron, por lo que me siento contenta de que Eaton esté libre de toda la parentela. A la mañana siguiente Fanny vino a casa con nosotros y se llevó a Susan y a Catherine con ella a Woodhouse para el baile de Ellesmere y es hora de que deje mi carta por unos días. Nunca fue mi intención hacer una apología por escribir tonterías, ya que es la única manera de que sepas de todo o cualquier cosa acerca de todos, así que buenas noches, querido Charles. Ante tus primeros placeres ante la vista de Río, apenas encontrarás tiempo para leer lo que estoy escribiendo.

Día 25. Navidad. Todos hemos estado pensando en ti y deseándote una feliz Navidad, lo que de seguro es más bien una farsa, sabiendo como sabemos que andas tambaleándote y sacudiéndote y con el estómago revuelto. Estoy pintando con toda tranquilidad y me asombra cuando pienso que tú estás a medio camino de Madeira en el momento en que recibimos tus dos cartas desde Devonport, extensas, interesantes, agradables. Me alegra mucho que te sientas en casa y confortablemente establecido en el Beagle y resignado al confinamiento tan de inmediato después de embarcar. Pienso en tu capitán y que tú te mereces su cumplido de ser el «mejor de los hombres de tierra». No te intranquilice si no recibes carta tras carta. Puedo decir que todos en casa están determinados a escribirte y sin duda lo harán, pero yo no confiaría demasiado en ninguno de ellos y a menos de que tenga la seguridad y haya visto una carta dirigida a ti puesta en la oficina de correos a tiempo para cada paquebote que se hace a la mar, yo misma te escribiré aunque sea media página para que no te quedes sin tener carta y, aunque en ciertas cosas soy bastante descuidada, en todo lo que tiene importancia no puedo reprocharme por haber olvidado jamás lo que tengo determinado y haya prometido hacer, así que puedes estar seguro de que si no recibes una carta en algún lugar en el que esperas recibir carta, no será porque hayamos olvidado escribirte, sino que se ha perdido. El señor Towers nos dice que los paquebotes del gobierno parten el primer martes de cada mes y te mandaré esta carta en el paquebote de enero. Recuerda que la comunicación entre nosotros habrá de ser tardada y danos instrucciones a tiempo de hasta cuándo te podemos escribir a Montevideo y dónde después. Y ahora quiero pedirte un favor: que tengas a mano una carta, aunque sea de tres líneas sólo para decir que te encuentras bien, lista para ser enviada en cualquier oportunidad, ya que supongo que tendrás la ocasión de enviar una carta por medio de algún otro barco, prácticamente sin tiempo de escribirla y pensando lo ansiosos que estamos y esperanzados de recibir carta tuya. No puedo imaginar mayor placer que la vista de tu escritura, aunque literalmente tu carta contenga tan sólo las palabras de que estás bien.

Nada ha pasado desde que dejé de lado mi carta. Charlotte es muy agradable pero la veo algo seria. Eras y ella hablaron largamente pero pienso que ambos, pobres criaturas, se muestran tristemente tímidos. La pobre Charlotte se sonroja y los colores le llegan a las yemas de los dedos y Eras piensa en que lo mismo le habrá pasado en Maer y así inocentemente trajo a cuento tu jamás-olvidada impertinencia que me dejó tan petrificada. Quizá pienses que esta solución surge por los celos y la envidia de Erasmus y sí creo que parece algo sospechoso. Fanny y Emma vinieron el viernes. Veo muy guapa a Emma y su conversación es muy agradable, pero sigo apegada a mi vieja amiga Fanny.

Llegó una carta de John Price para mi padre. Debió dirigirla a Susan, pues estaba tan llena de mensajes para ella y le reprochaba por haberle sólo escrito por un lado de un papel de notas últimamente, cuando ella estaba obligada a escribirle cierto mensaje o comunicación a él para mi padre. Supone que ella pensó que era «muy impropio escribir en ambos lados del papel a un soltero, etc.» y muy enojado de que no le haya hablado de tus planes. Susan está furiosa por «su impertinencia». Se le ordenó a Erasmus que escribiera, pero rehusó decir que nada tenía que ver con los «pleitos entre amantes». Puedes adivinar lo indignada que estaba Susan, y todo acabó siendo yo la víctima, pero pienso que debo escribir de modo que nuestra correspondencia termine donde empezó.

Diciembre 29. Querido Charles. Acabo de recibir tu carta del 27 en el momento de partir y debo decirte unas pocas palabras, ya que después de leer cualquiera de tus encantadoras cartas, nunca puedo seguir leyendo y por lo común doy un paseo a solas y pienso en ti. Me emociona tu entusiasmo y no puedo imaginar un goce más vívido que el del momento en que toques tierra y veas tu «glorioso sol» y la exquisita vegetación. El martes recibí tu cariñosa carta por el primer correo y con la esperanza de que la respuesta te llegue escribí una corta carta para ese mismo correo de regreso, y quiero suponer que, después de una visita a la oficina de cartas devueltas, se me entregará a su debido tiempo. No terminaré mi carta hasta el día en que al enviarla puedas tener las últimas noticias.

Diciembre 31. Recibí tu segunda carta el jueves, escrita cuando «se levaron anclas, navegamos, desplegamos velas[204]» y como mi carta escrita el martes me regresó esta mañana con (el Beagle ha partido) en su reverso, supongo que ahora sí es cierto. Eras, Charlotte, Fanny y Emma partieron el lunes con el carruaje completo y deben haber completado una partida muy alegre y grata. Durmieron en Birmingham la primera noche. Desde ese día he sabido por Eras que el doctor Holland es muy atento con Charlotte y está convencido de que tiene intenciones serias. Me siento segura de que las intenciones de Charlotte son igualmente serias y desde luego que no ha ido más lejos. Pero si lo estima y le gusta, creo que él sería un esposo muy cariñoso, pero son una pareja que jamás debería unirse.

Todo Shropshire está ahora chismeando acerca del pleito entre el doctor Dugard y la señora Hill. El doctor D. declaró que la señora H. le prometió cierta suma (1000 libras al año, se dice) si conseguía la boda entre Sir Rowland y la señorita Clegg[205], siendo testigos de la promesa la señora Dugard y uno de los jóvenes Hill, lo cual ella niega y dice atraer a sí «el dedo de Dios». El doctor Dugard amenaza con procesar a la señora Hill ante el tribunal supremo por difamación por las cosas que dice y contó toda la historia el otro día [a] Sarah (la señora Williams), en una cena. Por otro lado, los Hill están furiosos y dicen que todo es falso. El doctor D. trata de obtener su dinero y ellos cuentan la historia por todos lados. Y todos paran el oído para ver cómo terminará este desgraciado asunto.

Susan y Cath quieren esta solapa para escribirte unas líneas, y que su carta larga irá en el paquebote de febrero dirigido a Río a menos que en ese tiempo tengamos una nueva dirección. Si le escribes a Eras, ¿puedes dirigir la carta a su Club?, ya que habla de dejar sus habitaciones en la calle Regent, pero supongo que ya te habrá indicado dónde. Toda la mañana me la he dedicado a leer los viajes de Beechey y esto me ha despertado un interés doble, gracias a él, por las islas del mar del Sur, sabiendo que tú las visitarás (primera página).

He leído y releído tantas veces tus cartas que me las sé de memoria, o casi, ya que tú y yo sabemos que la memoria no es nuestro punto fuerte. Acabo de ver a mi padre y te manda su más grande amor. Me hubiera gustado que vieras su expresión complacida cuando le leí tu mensaje afectuoso.

Adiós mi muy muy querido Charles/Tuya afectuosamente / Caroline Darwin

Nancy estaba tan complacida por que la recordaras con tanto afecto. Dice que no sabe qué sería apropiado decirte a ti por parte de ella.

Mi queridísimo Charles. Me quedó este pequeño espacio después de la enorme carta de Caroline, y sólo para decirte cuán a menudo pienso en ti y cuánto más espero que disfrutes de tu viaje, mucho más de lo que pueda esperarse, pero cuando te llegue ésta realmente empezarás apenas a disfrutarlo viendo las maravillas del mundo. Apenas puedo creer que te esté escribiendo a Sudamérica. ¿Qué pensarás de esta pequeña mota de polvo de Shrewsbury cuando regreses? No puedes darte cuenta de cuán interesantes nos parecen tus cartas. Dependemos de que escribas siempre que tengas la oportunidad, pues es de gran alivio saber de ti con frecuencia. Incluso tus cartas de Devonport fueron muy interesantes, y ansío tu primer relato desde Madeira. Veo que Beechey llegó a Tenerife en 12 días. El señor Owen habla tanto de ti y con tanto afecto y sentimiento. Me gustaría que te dieras cuenta de cómo te respalda. He estado varias veces en Woodhouse últimamente, por sus bailes. Estoy determinada a escribirte más el 1.º de febrero. Adiós, mi queridísimo Charles./ Catherine

Mi querido Charles: No puedo dejar que parta esta carta sin mostrarte mi propio amor y decirte cómo ansiaré tu primera carta desde Madeira, pues será de lo más interesante. Mi optimismo lo supera todo acerca de tu disfrute, ya que pienso que eres como yo y siempre ves el lado mejor de las cosas. Empezaré en una nueva hoja para el 1.º de febrero en unos días y ahora sólo te doy mi adiós, deseándote el más feliz y próspero año nuevo, que empieza mañana. Siempre querido Charles, tu muy afectuosa Susan Darwin

1832

De Catherine Darwin 8 de enero-4 de febrero de 1832
Shrewsbury
Enero 8, 1832
Mi muy querido Charles:

Pienso que recibirás la carta de Catherine, que partió el día de año nuevo, al mismo tiempo que ésta, pero debes leer primero aquélla, pues así tendrás los acontecimientos en orden. ¡Qué placer nos causará tu primera carta! ¡No puedes ni pensar cuánto la anhelamos! Te aseguro que pienso en ti, casi tanto como tú debes pensar en nosotros. Me siento como Ellen Tollet, que si puedo soportaré tu larga ausencia. Me sentiré muy ansiosa por saber cómo sigue agradándote la compañía del barco, y especialmente del inimitable capitán, o sea de todo. Anhelo saber de ti.

Debo empezar por darte las nuevas de los Owen, de quienes algunas son sorprendentes y extraordinarias. Caroline pasó dos días en Woodhouse en esta semana, pensó que los encontraría solos y tranquilos y cuál no fue su sorpresa, al entrar a la sala, de encontrar al señor Biddulph[1] asentado ahí. Seguramente te sentirás tan sorprendido como Caroline, cuando Fanny se la llevó afuera de la habitación y le dijo que estaba comprometida con el señor Biddulph, quien se le declaró unos días antes y ella aceptó, en el transcurso de un paseo a caballo secreto, en el que Fanny se encontró con él en Queen's Head. Puedes imaginarte lo asombrados que estábamos, cuando Caroline regresó a casa y nos contó, y debo añadir lo afligida que me puse, cuando pensé en su carácter disipado de jugador, aunque ahora me he reconciliado algo con él, ya que todos coinciden en que es muy afectuoso y habla ahora de pasar gran parte del año tranquilo en Chirk Castle[2]. No creo que Fanny se preocupe por él tanto como se preocupaba por John Hill[3], pero está tan molesta ahora ante la perspectiva de lo que pensará Sarah, cuando se entere, que piensa más en esto que en el propio señor Biddulph. El señor y la señora Owen y toda la familia se muestran muy alarmados por Sarah; dicen que se siente tan terriblemente mortificada y tan tremendamente enojada con Fanny, ya que ésta imaginará que le jugó una traición y trató de atraerse al señor Biddulph en la época en que Sarah flirteaba con él. Esto no es cierto, como lo declara el señor Biddulph, pues sus lazos con Fanny provienen enteramente de cuando veía la pena de Fanny cuando John Hill la abandonó. Lo sedujeron tanto sus lágrimas y sentimientos en ese momento, que resolvió intentar de ver la manera de que ella no se preocupara tanto por él, y desde esa época su gran ansiedad era hacer que Sarah se desentendiera. La señora Owen está ahora en Eaton, para darle la noticia a Sarah. Otro momento de ansiedad, como puedes imaginar, es que el señor Edward Williams no se entere acerca de lo que Sarah siente o le preocupa el asunto. Creo que quizá recibas una carta del señor Owen por este paquebote, ya que dijo que te escribiría, y no dudo de que Fanny también contribuirá en ella. Tu portamanteo llegó sin novedad el otro día. Debo decirte que cuando el señor Biddulph empezó a prestarle atención a Fanny, el señor Owen estaba tan temeroso de que ella de nuevo «desfalleciera» como le sucedió a Sarah, que despertó a la señora Owen en medio de la noche y le declaró que si el señor Biddulph sólo estaba de nuevo flirteando, lo retaría «y si caía le dejaría su última voluntad a Owen, para que de inmediato lo volviera a retar». La señora Owen estaba muy divertida, como te imaginarás, ante estas ideas sangrientas nocturnas.

Enero 29. Debo proseguir con mi carta y contarte todo lo que ha pasado desde que escribí lo anterior. Sé lo mucho que te preocupan las noticias de los Owen. El señor Owen fue quien dio la noticia a Sarah y entre que estaba apenado por los sentimientos de ella y por sus propios temores, realmente se puso a llorar al contárselo. Sin embargo, Sarah se lo tomó mucho mejor de lo que nadie pensó y, aunque no le habló a Fanny al día siguiente, después se dieron la mano. El señor Williams sigue en las tinieblas por fortuna, y Sarah parece muy ligada a él y él violentamente enamorado de ella. No creo que Sarah se preocupe mucho por esta boda, más allá del enojo y el resentimiento con el señor Biddulph, al haberla éste convertido en «instrumento» en el último invierno, y desde luego que lo olvidará todo en poco tiempo. Caroline y yo estuvimos con Sarah una noche y Sarah dice que cumplirá su vieja promesa y te escribirá. Espero que lo haga y le daremos tu dirección. Me gustaría que supieras lo mucho que el señor Owen habla de ti y con cuánto afecto y delicadeza, por lo que hace que lo quiera mucho por sus sentimientos hacia ti. El señor Owen rehúsa en serio recuperar la capa, así que aquí estará en la lavandería hasta que tú regreses. La boda de Fanny será en marzo, creo. Primero irán a Chirk Castle durante una semana y después a Londres para la primavera. Estuve parando en Woodhouse por unos días mientras el señor Biddulph estaba ahí y desde luego que lo consideré muy agradable y no puedo ocultar que espero que, con una esposa tan apegada como Fanny, se reformará y se hará tolerablemente doméstico, por lo que tengo grandes esperanzas de que la querida Fanny sea feliz. Cuando regreses te encontrarás con una maternal mujer casada. Espero que no te moleste demasiado, mi querido Charley, aunque me temo que poco pensaste en lo cierta que iba a ser tu profecía de «casarse y darse en matrimonio». Puedes estar perfectamente seguro de que Fanny continuará siendo siempre tan afectuosa y amigable contigo como siempre, e igualmente alegre de verte, aunque temo que esto será de poca ayuda para ti, mi querido Charles.

Papá está muy bien, y muy apegado a su invernadero, que ya quedó terminado y perfecto, y con algunas plantas en él. Espero que recibas un buen paquete de cartas con este paquebote. Erasmus y Charlotte te escribirán con toda seguridad. La carta de Charlotte te sorprenderá, como ha sucedido con todos. Lo único es que Charlotte va a casarse después de tratar durante unos 15 días a un perfecto extraño para toda la familia. Igualmente, la carta de Charlotte te dará una relación de la boda de Hensleigh y Fanny Mackintosh el 10 de este mes. Inglaterra se ha vuelto loca con los matrimonios, pensarás tú. Es año bisiesto, que como sabes es cuando las damas toman su turno de pedir en matrimonio.

Creo que Caroline te bosquejó el comienzo del pleito entre el doctor Dugard y los Hill, que tanta sensación causó en Shropshire. El doctor Dugard acaba de terminar con la comedia al dar una retractación formal de todo lo que dijo contra los Hill. Ya sea que se comió sus propias palabras bajo el temor corporal de las fustas del capitán y del mayor Hill o que se haya dado cuenta de su propio carácter, no lo sabemos. De todos modos se trató de una historia extraordinaria que a papá le interesó extremadamente.

Dinos si recibes los periódicos para considerar si te hablamos de las noticias públicas; verás que estamos por entrar en días de ayuno generales, aunque no sé a cuenta de qué, ya que por fin estamos completamente libres del cólera[4]. Deberías leer el texto melancólico del pobre coronel Brereton al poner fin a la corte marcial disparándose directo al corazón. Se dice que con toda seguridad hubiera quedado en la ruina de seguir viviendo. El capitán Warrington, cuyo proceso sigue, tiene pocas oportunidades; se dice que podría haber evitado el juicio, pero insistió en ser procesado ante la muerte del coronel Brereton, pues se imaginó que el propio coronel Brereton sería la evidencia principal. Se afirma que con toda seguridad perderá su cargo[5].

Harry y Jessie Wedgwood están con nosotros ahora; llegaron el miércoles y son muy agradables. El otro día tuvimos noticias de John Wedgwood y de su esposa. La tía Jane y Eliza nos piden que te mandemos sus buenos deseos y su amor. Si los buenos deseos te sirven de mucho, tienes todos los que puedas desear. Lo aseguro de la mayoría de la gente de Shropshire, donde todos te quieren y aprecian. Qué gran placer será verte de nuevo, mayor que cualquier otro que se me pueda dar, te lo aseguro.

He estado leyendo el relato del motín del Bounty, en la biblioteca familiar[6]. Quizá veas la isla Pitcairn. Te da un relato tan excelente de la bondad y de la religiosidad de la gente de ahí que lamento ver, por una nota adicional, que los misioneros se los llevaron a Otaheite, donde fueron conducidos a la depravación por esos horrendos otaheitas. Me interesó mucho la historia que contó Erasmus del marino misionero[7], que navega contigo. Sería algo extraordinario que este entusiasmo perdurara al ver la tierra de nuevo.

Adiós, mi muy querido Charles. Papá y los demás te envían su amor más afectuoso. Dios te bendiga y recuerda, si nos amas, que debes cuidarte, así como tu salud./ Siempre seré tu afectuosa / E. Catherine Darwin

Febrero 4

De Charlotte Wedgwood 12 de enero-1.º de febrero de 1832
Dulwich
Enero 12, 1832
Mi querido Charles:

Creo que será una muy buena oportunidad de empezar una carta para ti, pues tengo una hora tranquila antes de regresar a la casa más frívola y bulliciosa de todas, Roehampton[8]. Pienso que ésta llegará a Río mucho antes que tú, pues que los vientos te trajeron de regreso dos o tres veces más antes de que nuestras costas se liberaran de ti. Pero esto no importa y no puedo dejar pasar la oportunidad de una boda en la familia, pues al ritmo que van sucediendo ya no habrá oportunidad de otra más antes de que termines tu viaje alrededor del mundo. Puesto que hay tan raras incidencias sería un buen plan el que pergeñamos de arreglar de un golpe el de dos miembros de la familia, aunque por el otro lado que se casen primos entre sí es un asunto muy anodino y proporciona muy poco interés o diversión. Me uno totalmente a la opinión de la doncella de Fanny M., a la que habiéndole preguntado qué pensaba de la boda de su señora dijo: «Pues mire, señora, no creo que haga mucha diferencia». Qué bueno que ya pasó: deben sentirse tan cómodos y tranquilos ahora que el intervalo desagradable a partir del momento en que se fijó ha pasado y en él sólo hubo ajustes engorrosos, movimientos caseros y toda clase de pestes y Hensleigh, en medio de ellos y de sus nuevos deberes magisteriales, empezó a verse fastidiado[9]. Él anduvo medio mal toda la semana y se quedó en cama el sábado y el domingo en la mañana, cuando debía casarse el martes, y se sintió tan mal que escribió una nota para decir que el matrimonio debía posponerse un par de días, pero por suerte llegó su médico, le dijo que estaba bastante bien, le recomendó unas costillas de carnero acompañadas de vino, todo lo cual lo restauró de tal modo que la nota fue al fuego y apareció a tiempo para la cena en muy buenas condiciones para su ejecución del día siguiente. La única consecuencia seria de haberse quedado en cama fue escribirle a Fanny para que ella obtuviera el anillo de bodas, indignidad por la que supongo que ninguna novia antes se vio en ese trance. Sin embargo, se vio obligada a someterse y enviar a uno de los Thornton[10] por él. Pero ésta no fue la última indignidad a la que se vio obligada, ya que en primer lugar su vestido no llegó a tiempo y se vio obligada a desnudar a una de sus damas y a casarse con un vestido prestado, y aún peor: tuvo que esperar lo que pareció un exceso de tiempo en la iglesia antes de que el novio hiciera su aparición, por lo que empezamos a temer que se había metido en cama de nuevo. No obstante, apareció por fin bien enfundado y dando cuenta del atraso al presentarse con un par de caballos mortuorios, «un mal augurio», y teniendo que resolver el tema de los aposentos del juez Alderson[11] y, por mal que hubiera empezado la cosa, el resto del tiempo hizo una muy buena figura y él y la novia se quitaron los anteojos para la ceremonia. Hubo ocho carruajes y los sirvientes con grandes escarapelas, lo que atrajo la reprimenda por el gusto superior de una vieja sucia de la multitud, la cual dijo: «Vean, si debía casarse hubiera dejado todas estas tonterías de lado y no reunir a una multitud a su alrededor». Después hubo un gran desayuno, en el que Lady Gifford presidió ante 42 a la mesa, que además comprendían todas las ramas de la familia, de innumerables Thornton además de unos cuantos amigos. Antes de ir a la iglesia, Sir James hizo que yo le metiera en el bolsillo un ejemplar de una nueva novela de la que no veo qué oportunidad tuvo de leerla.

Enero 29. Mi carta ha estado ociosa por algo más de 15 días. Cuán poco pensaba cuando la dejé cuál sería la siguiente pieza de información que debería añadirle: nada menos que la de que estoy comprometida en matrimonio. Me temo que pensarás que parte de lo que escribí al principio es totalmente falso, pero te aseguro que no hay nada de eso, pues no tenía ni la menor noción entonces de lo que me iba a pasar y que me iba a ver casada me parecía la cosa más improbable. Sabrás de estas noticias por otras cartas, pero querrás saber más de ellas por mí misma. Cuando Emma y yo llegamos a Roehampton nos encontramos que ahí paraba también el señor Charles Langton, quien es sobrino del señor Langton[12] que se casó con Marianne Drewe y es tutor de su hijo Bennet, quien siempre pasa los días de fiesta en casa de Lady Gifford y con el fin de estar con él durante estas fiestas fue que el señor Langton pasó la Navidad en Roehampton. Es clérigo, pero no tiene una posición, sino sólo un muy pequeño ingreso, aunque fue tutor de Lord Craven, quien mantiene a varias parroquias, y él está seguro de que se le proporcionará una[13]. Además, tiene una abuela muy rica, así que en el futuro tendrá una buena posición, aunque ahora sea pobre. Algunas de las parroquias sostenidas por Lord Craven están en Shropshire y en partes muy lindas de Shropshire. Esto sería maravilloso para mí, si es que el señor Langton obtiene una de éstas. Si por casualidad caemos tan cerca de casa y de Shrewsbury sería una suerte tremenda. Por ahora tomaremos una casa en Surrey, cerca de Guildford: será muy agradable estar al alcance de Londres. A Emma le gusta el señor L. casi tanto como a mí y se sintió encantada cuando me propuso matrimonio, lo cual te lo cuento porque pensarás que ella es un juez más imparcial que yo.

Pensaba que te vería establecido en tu parroquia en el futuro, pero ahora supongo que te recibiré antes en la mía. Pienso que es la vida más feliz en el mundo y espero, querido Charles, que lleguemos a comparar notas cuando ya tengamos experiencia en el caso y veamos que es una situación tan feliz o casi tan feliz como esperábamos. Mirando yo hacia el futuro y pensando en sus ventajas, me siento ansiosa de que tú termines con tus vagabundeos y te establezcas como clérigo, pero ha de ser como clérigo cuya religiosidad se muestre realmente buena y activa (tú sabes que me diste permiso de predicar): sólo en eso puede consistir la felicidad y si no pensara que el señor Langton ha de ser así, creo que más bien desearía que fuera lo que sea menos clérigo. Tengo una fe profunda en sus altos principios y su naturaleza amable me da cierto sentido de seguridad respecto de que he hecho algo sensato al igual que algo agradable para mí. Parece que ha pasado muy poco tiempo desde que lo vi por primera vez y me formé un juicio tan confiado en él y aun así no me siento menos segura por ello. Siento que en cierto respecto ir derecho al matrimonio es como hacer un viaje alrededor del mundo. Hace que uno quiera más que nunca a todos los amigos. He recibido cartas encantadoras de todos los míos y ninguna más encantadora que la de mi querida Caroline. Espero añadir una que venga de ti a la lista, pues saber de ti me encanta, y una carta tuya será siempre bienvenida aunque con tus muchos corresponsales no espero que me escribas a menudo. Olvidaba decir que la boda será en marzo. Mi padre no ha tenido más compañía por cierto tiempo que la de Jos y Frank. Frank nos manda no< ticias> petulantes de las obras de conducción de agua de mi pobre papá, y nos describe lo ingenioso de las tuberías y las o< bras>, que siempre lo llevan a nuevos problemas y gastos, en una manifestación de éxitos que por lo común desaparece cuando se llega a ese punto. Mi madre y Elizabeth regresan la próxima semana de Cresselly[14] para hacerle compañía y muy pronto todos estaremos en casa de nuevo. Ya dejamos Roehampton y ahora estamos un tiempo con los Mackintosh y un tiempo con los Alderson. Los Sismondi y Fanny Allen también están en la ciudad, de manera que somos toda una partida familiar. Tuvimos una muy agradable visita con Harriet, que es de muy buen natural y ansiosa de hacer que todo marche sobre ruedas. Erasmus está buscando una buena obra de teatro para nosotros. Hemos visto una o dos y por lo demás todo lo que hemos hecho se reduce a cenas con los amigos del clan, particularmente en casa del doctor Holland, que ha ascendido en nuestro parecer, por lo que nuestra conciencia nos reprocha por todo lo que dijimos en su contra. Creo que ha hecho progresos y es muy amigable con todos.

(Febrero 1.°) Espero que no pase mucho tiempo para que nos escribas desde alguna de las islas a las que lleguen. Me encantaría conocer tus primeras impresiones de los climas tropicales y que, por lo demás, hasta ahora has evitado todo peligro sería muy agradable a mis oídos. Me sorprende cuán poco te molesta estar encerrado en tu pequeño bergantín, pero no tomes a crítica mi opinión ya que, a pesar de toda tu admiración por ese bello barquito, no puedo más que sentir lo difícil que debe ser deshacerse de todas las nociones propias de comodidades y reconciliarse con todo el confinamiento e incomodidad a bordo. Auguro que debes sentir que te hace mucho bien estar hecho de modo que las cosas no tengan importancia, y por el relato que haces de tus compañeros de a bordo, que Caroline me mostró, parecería que esto realmente tiene el efecto deseado, el de hacer a los oficiales desinteresados y bienhumorados. El señor Langton fue guardiamarina durante un año y no le gustó. Me temo que pensarás en detrimento de él por ser un «hombre de tierra».

Es muy lindo ver a Hensleigh y a Fanny tan felices como parecen, pues consideran su estado mucho más grato que la tan larga espera que padecieron. Ayer recibió Fanny en su primera gran cena y se la veía muy elegante, y recibió a los invitados con tanta gracia que Hensleigh debe haberse sentido orgulloso de su esposa. Los leones[15] de la fiesta eran dos polacos desterrados, el brahmán Ramohun Roy[16] y Sidney Smith. El juez y Georgina, con quienes estoy parando, han sido muy cordiales conmigo y G. me considera mucho de nuevo. Adiós, mi querido Charles. Espero tener noticias tuyas pronto desde Shrewsbury. Dios te bendiga y te traiga sano de nuevo a casa. Créeme que soy tu afectuosa / prima Charlotte Wedgwood

De John Stevens Henslow 6 de febrero de 1832
Cambridge
6 de febrero de 1832
Mi querido Darwin:

Como mañana es el primer martes de febrero, escogí el día de hoy (día de mi cumpleaños) para mantener mi promesa, que acepté cuando me pediste que te escribiera en ese día. Oí de tu arriesgada partida por el señor Yarrell, a quien se lo contó el capitán King. Tienes que tener un corazón valeroso para resistir la inclinación que seguramente cruzó por tu mente de no partir, puesto que estabas en pésimo estado por el mareo, tal como me describieron que habías sufrido. Sin embargo, espero que pronto te vayas acostumbrando y que ahora seas ya un marino experimentado. Como no puedes haber perdido todo tu entusiasmo por mantenerte informado acerca de Cambridge, te contaré algo acerca del examen, que más bien parece haber sido carente de piedad, ya que, además de que unos 30 candidatos se asustaron desde el primer día y desistieron y partieron, hubo 29 desplumados, y entre ellos Lord Sandwich y un sobrino de Lord Grey en Trinity, y un honorable DeGrey en Saint John. Como ves nos estamos volviendo bastante radicales. Sabrás por los periódicos que seguramente recibes de un modo o de otro que Trinity obtuvo el primer lugar en matemáticas[17] (nadie se lo esperaba). Estuve fuera de Cambridge para visitar a mi padre y me quedé dos noches en Londres con gusto atendiendo en la Geological and Linnean Society, donde supe de ti por diferentes círculos y entre algunos de sus miembros. ¿No sigues siendo un liberal? Pues oí por Wood que tu hermano te comentó que era imposible tocar brea y no mancharse[18]. Sea como fuere, sé que será por honrada convicción y por lo tanto, aunque yo no cambiaré mis principios, me contentaré con permitirte que cambies los tuyos sin pensar lo peor de ti por hacerlo así, aunque tampoco creo que te inquiete gran cosa. Sólo que como estábamos acostumbrados a estar de acuerdo en tales asuntos, ahora debemos acordar que nuestro desacuerdo (si hay tal) no nos perturbe. Determinamos erigir una lápida en memoria de Ramsay en la Capilla de Jesús. Será sencilla, con un medallón realizado por Chantrey[19], que decidió ayudarnos. Tengo una miniatura admirable por su parecido, que impresiona a todos, la cual fue pintada por la señora Jenyns de memoria, con un mero esbozo para guiarla de una vieja miniatura tomada por un instrumento. Busco grabarlo (a pedido de sus amigos) para ellos, y como seguramente también a ti te gustaría tener una impresión te seleccionaré una que podrás guardar o no según desees. Si habrá de hacerlo un artista de renombre costará a los suscriptores cerca de 10/6, y si sobra algo será distribuido entre los pobres. Worsley[20] renunció a la tutoría de Downing. Estuvo ausente todo el periodo y yo actué en su lugar como capellán y como comensal los domingos y otros días cuando Dawes no estaba[21]. Le disgustaban totalmente los deberes de la vida en un College y ha tomado el paso adecuado. ¡Sedgwick ha hecho que le hagan su retrato!, y lo hará Phillips[22] para que sea pareja del que le hizo a Buckland[23]. Hizo que el artista se riera tanto que apenas si lo soportó. Ambos serán grabados como pareja. Whewell[24] ha renunciado a su profesorado por falta de tiempo y creo que Miller[25] lo sucederá. Whitley es candidato a profesor de matemáticas en el nuevo College que habrá de establecerse en Durham. No recuerdo más noticias de Cambridge que valgan la pena. Mi hogar está floreciente. La señora H. ha mejorado mucho de salud y los niños son una bendición, como de costumbre. Tú y yo discutimos ampliamente tus perspectivas en Tierra del Fuego, que ya no sé qué decir más hasta tener noticias tuyas. A veces me culpo por haberte insinuado pequeñas líneas de consejo, por lo que me habrás considerado problemático, pero estoy seguro que de todo corazón estarás atribuyendo mis sugerencias a un buen motivo, el de estar ansioso por mi parte por tu felicidad, lo cual no puede gozarse en este mundo problemático sin someterse y limitarse diariamente a mortificaciones a veces insignificantes pero a veces graves. Cuando se toman con paciencia, refrescan el espíritu. Más aún me siento ansioso por ti por haber sido el instrumento principal para adoptar los planes actuales, y si el tiempo pasa para ti de manera infeliz, nunca cesaré de reprocharme haberte recomendado que tomaras el paso de dedicarte a la causa de la ciencia. Aun así, aunque desee verte regresar con el botín del mundo entero, si no estás satisfecho, sin duda te veré más pronto de lo que había esperado. Seguramente cuando recibas ésta ya habrás tenido amplia experiencia acerca de cuán calificado estás para enfrentar las dificultades y cómo puedes actuar por encima de ellas. Si has logrado éxitos hasta ahora, asegúrate de que seguirás sano y salvo hasta el final, pero si no, ya no sigas intentándolo y regresa. Lo único que harás será amontonar mayores problemas. Seguiré manteniendo esta correspondencia desde el momento en que me orientes acerca de cómo lograré que mis cartas te lleguen, y siempre te escribiré con tanta libertad como me sea posible sobre el tema de tu empresa, juzgando por lo que pueda captar de tus cartas el estado de tus posibles deseos.

Créeme que soy tu afectuoso y sincero J. S. Henslow

7. Isla de São Thiago, Cabo Verde, 1833. © Richard Keynes.

A Robert Waring Darwin 8 de febrero-1.º de marzo de 1832
(Brasil) / Bahía o San Salvador
Mi querido padre:

Me pongo a escribir esta carta el 8 de febrero, un día después de que navegamos pasando por São Thiago (Cabo Verde) y buscaré la oportunidad de encontrar algún barco con destino a nuestra tierra en cierto punto del ecuador, aunque la fecha dirá si esta oportunidad se da. Empezaré desde el día en que dejamos Inglaterra y daré un corto relato de nuestro progreso.

Nos hicimos a la vela, como sabe, el 27 de diciembre y hemos sido tan afortunados que desde ese momento hasta la fecha hemos gozado de una brisa moderada y favorable. Después supimos que escapamos de una tormenta en el Canal, otra en Madeira y otra en la costa de África. Pero aunque escapamos de las tormentas, sí sufrimos sus consecuencias: un mar alborotado. En el golfo de Vizcaya nos topamos con una larga y continuada mar crecida y la infelicidad que soporté por el mal de mar llegó mucho más allá de todo lo que esperaba[26]. Creo que usted sintió curiosidad acerca de ello. Regalaría toda mi experiencia que tan cara me costó. Nadie que haya estado en el mar por sólo 24 horas tiene el derecho de decir incluso que el mareo es incómodo. La verdadera infelicidad sólo empieza cuando estás tan exhausto que cualquier pequeño esfuerzo hace que te venga una sensación de desfallecimiento. No logré que nada me aliviara más que tenderme en mi hamaca. Debo exceptuar su envío de uvas, pues es la única comida que soporta mi estómago. El 4 de enero estábamos a unas millas de Madeira, pero como había un mar alborotado y la isla está a barlovento, no valía la pena pensar en abordarla. Más tarde nos enteramos de que fue afortunado que evitáramos el problema, pero yo estaba tan enfermo que ni siquiera pude levantarme para ver su contorno a la distancia. El 6 en la tarde llegamos al puerto de Santa Cruz. Al principio me sentía moderadamente bien y me representaba a mí mismo todas las delicias de fruta fresca creciendo en bellos valles y leyendo las descripciones de Humboldt de las gloriosas vistas de las islas. Quizá puede usted imaginar nuestra desilusión cuando un hombrecito pálido nos informó que debíamos observar una estricta cuarentena de 12 días. Hubo un silencio de muerte en el barco; hasta que el capitán gritó «Larguen el foque» y abandonamos este lugar tan deseado. Tuvimos mar en calma por un día entre Tenerife y la Gran Canaria y aquí experimenté por primera vez un gran placer: la vista era magnífica. El pico de Tenerife se veía entre las nubes como de otro mundo. Nuestra única desventaja era el deseo extremado de visitar esta espléndida isla. «Dígale a Eyton que no olvide nunca cualquiera de las islas Canarias o Sudamérica; que con toda seguridad la molestia necesaria valdrá la pena y que debe tener en mente encontrarse con buena cantidad de problemas. Estoy seguro de que se arrepentirá si no hace el intento».

De Tenerife a São Thiago, el viaje fue muy placentero. Tenía una red a popa del barco que pescó un gran número de animales curiosos, por lo que ocupé mi tiempo por completo en mi camarote, pero en cubierta el tiempo era tan delicioso y claro que el cielo y el agua hacían un solo cuadro. El 16 llegamos a Porto da Praia, la capital de Cabo Verde, y ahí permanecimos 23 días hasta ayer, 7 de febrero. El tiempo transcurre maravillosamente, nada puede ser más placentero; con mucho trabajo, que a la vez es deber y goce completo. No creo que haya pasado una sola media hora de ocio desde que dejamos Tenerife. São Thiago me ha proporcionado una cosecha extremadamente rica en muchas ramas de la historia natural[27]. Encuentro que las descripciones nada valen de muchos de los animales más comunes que viven en los trópicos. Desde luego que aludo a los de las clases inferiores. Hacer de geólogo en un país volcánico es de lo más agradable; además del interés que por sí proporciona, nos lleva a los lugares más bellos y retirados.

Nadie más que una persona amante de la historia natural puede imaginar el placer de pasear bajo los cocoteros en un matorral de platanares y cafetos y un número infinito de flores silvestres. Y esta isla que me ha dado tanta instrucción y placer está considerada como el lugar menos interesante de todos los que parece que vamos a tocar durante nuestro viaje. Desde luego que es por lo común bastante árida, pero los valles son aún más exquisitamente bellos por el contraste. Es del todo inútil decir nada del paisaje, pues sería más provechoso explicarle a un ciego los colores que a cualquier persona que no ha salido jamás de Europa la total desemejanza de un paisaje tropical. Cuando gozo algo siempre miro hacia atrás para describirlo, ya sea en mi cuaderno de actividades (que cada vez es más amplio) o en una carta, así que debe excusarme mis raptos y que además los exprese tan mal.

Veo que mis colecciones van creciendo plenamente y a partir de Río pienso que me veré obligado a enviar a casa un cargamento. Todas las demoras sin fin que experimentamos en Plymouth han resultado afortunadas, ya que creo que ninguna persona ha partido mejor aprovisionada para colectar y observar dentro de las distintas ramas de la historia natural. Mucho me ayudaron multitud de consejeros. Y para mi gran sorpresa, un barco es singularmente cómodo para todo tipo de trabajo. Todo está tan a mano y la estrechez te vuelve tan metódico que al final estoy de gane.

Adentrarme en el mar me ha hecho pensar que es un lugar tranquilo, como regresar a casa después de estar lejos de ella. En resumen, siento que un barco es un hogar muy confortable, con todo lo que deseas y, si no fuera por el mal de mar, todo el mundo debería ser marinero. No creo que haya mucho peligro en que Erasmus ponga el ejemplo, pero en caso afirmativo puede considerar que no conoce ni un décimo de los sufrimientos del mareo. Aprecio a los oficiales mucho más que al principio, especialmente a Wickham y al joven King, y a Stokes y a todos ellos. El capitán sigue siendo muy atento y hace todo lo que está en su poder para ayudarme. En el puerto vemos poco uno del otro, ya que nuestras tareas nos llevan por diferentes caminos. Nunca en mi vida conocí a un hombre que pueda aguantar tanto tal estado de fatiga. Trabaja incesantemente y cuando en apariencia no está en actividad es porque está pensando. Si no se mata, hará una gran cantidad de trabajo durante este viaje. Me encuentro muy bien y aguanto el calor no muy extremado que hemos experimentado tan bien como cualquiera. Pronto lo sufriremos en serio. Ahora surcamos el mar hacia Fernando da Noronha, a corta distancia de la costa de Brasil, donde no nos quedaremos por mucho tiempo, pues iremos examinando los bancos entre este lugar y Río, con parada quizá en Bahía. Terminaré esta carta cuando tenga la oportunidad de enviarla.

Febrero 26. A 280 millas de Bahía. El 10 nos comunicamos con el paquebote Lyra en su viaje a Río. Mandé una carta corta para ser enviada a Inglaterra en la primera oportunidad. Hemos sido bastante desafortunados en cuanto a encontrarnos con barcos cuyo destino sea nuestra tierra, pero supongo que en Bahía podremos llegar a escribir a Inglaterra. Mientras escribía la primera parte de esta carta no sucedió nada más que cruzar el ecuador y que me afeitaran. Esta operación enteramente desagradable consiste en que embarren tu cara con pintura y alquitrán, que forma una espuma para un serrucho del que se supone que sirve de navaja y después te medio ahogan en una vela llena de agua salada. Unas 50 millas al norte de la línea tocamos las rocas de São Paulo, una pequeña mancha en medio del Atlántico (apenas de media milla de un lado a otro), y que apenas han sido visitadas. Es totalmente yerma, pero cubierta por bandadas de aves. Tenían tan poca costumbre de ver seres humanos que nos dimos cuenta de que podíamos matarlas con palos y piedras. Después de permanecer unas horas en la isla, regresamos a bordo con el bote lleno de nuestras presas. De aquí fuimos a Fernando da Noronha, una pequeña isla a la que los brasileños envían a sus deportados. Tocamos tierra con mucha dificultad debido a un fuerte oleaje, por lo que el capitán determinó hacernos a la mar al día siguiente de haber llegado. Este día en tierra fue para mí a todas luces interesante, ya que la isla completa es un bosque tupido tan enredado por las lianas que es muy difícil moverse fuera del sendero batido. Encontré muy interesante la historia natural de todos estos puntos nada frecuentados, especialmente la geología.

He escrito todo esto de modo que me sienta libre en Bahía. Decididamente, la cosa más sorprendente de los trópicos es la novedad de las formas vegetales. Podemos imaginar a los cocoteros por los dibujos si se les agrega una levedad airosa, de la que ningún árbol europeo puede vanagloriarse. Los bananos son los mismos de nuestros invernaderos; las acacias o los tamarindos sorprenden por su follaje azuloso, pero de los gloriosos naranjos no hay descripción ni dibujo que dé una justa idea. En vez del verde desvaído de nuestros naranjos, los nativos exceden al laurel de Portugal en su color oscuro y desde luego la belleza de su forma es infinitamente superior.

Los cocoteros, las papayas, los bananos de verde claro y los naranjos cargados de frutos rodean por lo general a los poblados más lujuriosos. Al contemplar tales escenas, se siente la imposibilidad de cualquier descripción que se acerque a la realidad, mucho menos exagerarla.

1.° de marzo. Bahía o San Salvador. Llegué a este lugar el 28 de febrero y estoy escribiendo esta carta después de haber dado un paseo muy en serio por los bosques del nuevo mundo. «Nadie puede imaginar nada tan bello como el antiguo pueblo de Bahía, pues está estampado en un bosque lujurioso de bellos árboles y situado en un pronunciado banco desde el cual observas las aguas tranquilas de la gran bahía de Todos Santos. Las casas son blancas y elevadas, y puesto que las ventanas son estrechas y largas tienen una apariencia ligera y elegante. Patios de vecindad, pórticos y edificios públicos varían la uniformidad de las casas. La bahía está llena de grandes barcos esparcidos. En resumen, qué más puede decirse de una de las vistas más bellas de Brasil» (copiado de mi diario). Pero el placer glorioso y exquisito de caminar entre tantas flores y tales árboles no puede comprenderse sino sólo por quienes lo han experimentado. Aunque en una latitud tan baja el calor no es tan desagradable, ahora es muy húmedo ya que es la estación de lluvias. Encuentro que el clima hasta ahora me sienta admirablemente: hace que uno desee vivir por cierto tiempo en un país así. Si realmente quiere tener una < noción> de los países tropicales, estudie a Humboldt. Bríncese las partes científicas y empiece después de dejar Tenerife. Mi admiración es cada vez mayor cuanto más lo leo. Dígale a Eyton (¡parece que les estoy escribiendo a mis hermanas!) cuánto gozo de América y que estoy seguro de que sería una verdadera pena que no hiciera el intento. Esta carta partirá el 5 y me temo que pasará algún tiempo antes de que llegue a manos de usted. Sería como una advertencia, ya que en otras partes del mundo puede usted quedar largo tiempo sin noticias. Podría incluso pasar hasta un año.

Alrededor del 12 partimos hacia Río, pero nos demoraremos algo en el camino para sondear los bancos de los Abrolhos. Dígale a Eyton que, según mi experiencia, debe estudiar español, francés, dibujo y a Humboldt. Sinceramente espero saber de él (si no verlo) en Sudamérica. Espero encontrar cartas en Río, y espero que cada una mencione la fecha de la anterior en la siguiente. Hemos derrotado a todos los barcos en maniobrabilidad, tanto así que el comandante en jefe dice que no necesitamos seguir su ejemplo, pues lo hacemos mejor que su gran barco. Empiezo a tomar gran interés en los puntos navales, en especial ahora, a medida que oigo decir que somos el número uno en Sudamérica. Supongo que el capitán es un oficial de primera. Fue extraordinario el día de hoy ver cómo derrotamos al Samarang en recoger velas. Es algo nuevo que un «barco de sondeo» derrote a un buque de guerra. Y considere que el Beagle no es un barco especial: Erasmus se daría rápidamente cuenta de ello, al saber que en la noche realmente me acomodo en los sagrados precintos del alcázar de cubierta. Debe usted excusarme por estas raras cartas y recordar que por lo general las escribo al atardecer, después de mi trabajo diario. Tomo más cuidado en mi libro de actividades, para que usted con el tiempo tenga una relación mejor de los lugares que visito.

Hasta ahora el viaje ha respondido admirablemente a mis deseos, y aun así estoy mucho más consciente de su cordura cuando echaba baldes de agua fría a todo el plan; las probabilidades son muy altas de que todo sea más bien un desastre. Siento esto de tal manera que si cualquier persona me pidiera mi consejo en una ocasión similar me lo pensaría mucho antes de alentarlo. No tengo tiempo para escribir a nadie más, así que envíe a Maer noticias para hacerles saber que en medio de un paisaje tropical glorioso no me olvido de cómo llegaron a ser instrumento de que ahora esté yo aquí. Ya no regreso a los arrebatos de antes, pero me doy todo el crédito en no volverme loco de tanto deleitarme con las cosas.

Deles mi amor a todos en casa y a los Owen, en quienes mis afectos, como todo lo demás, florecen y se incrementan en estas regiones tropicales.

La convicción de que ando en el nuevo mundo sigue siendo una maravilla a mis propios ojos y me imagino que no lo es menos para usted recibir una carta de su hijo de tales partes del mundo. Mi querido padre, créame que soy su hijo más afectuoso / Charles Darwin

San Salvador, Brasil

Veo que a partir de mi primera página he estado escribiéndoles a mis hermanas.

A Robert Waring Darwin 10 de febrero de 1832
2 días de camino al SW de São Thiago / Lat. 11 N
Febrero 10, 1832
Mi querido padre:

Tengo una larga carta ya escrita, pero el transporte para enviársela es tan incierto que no quise tentar el destino y mejor esperar la oportunidad de encontrar un barco que viajara a Inglaterra. Y tomo la oportunidad porque usted ya debe estar ansioso de no haber tenido noticias mías. Hemos estado todo el día a la caza de un paquebote que hiciera rumbo a Río y esta tarde lo alcanzamos y mañana un bote irá a bordo y esta carta será trasladada a Río y de ahí enviada a Shrewsbury o al fuego. Hemos tenido un viaje rápido y próspero y placentero. Al principio, hasta las Canarias, me sentí tan miserable por el mal de mar, y aun ahora un pequeño balanceo me tiene con aprensión. No paramos en Madeira debido a que soplaba una galerna, y en las islas Canarias porque nos querían poner en una estricta cuarentena de 12 días. Para no someternos a ella navegamos a Cabo Verde y llegamos a São Thiago el 16 de enero, después de que dejamos Inglaterra el 27 de diciembre. El viaje de Tenerife a São Thiago fue muy placentero y nuestras tres semanas hasta llegar ahí fueron deliciosas. Aunque São Thiago es considerado por lo general como nada interesante, para mí fue excitante. Desde luego, la poca vegetación que tiene es totalmente tropical, y mis ojos se dieron el festín de las formas y colores exquisitos de los cocoteros, los bananos y los bellos naranjos. Los invernaderos no dan idea de estas formas, en especial de los naranjos, que en su apariencia son tan pero tan distintos y superiores a los ingleses, como su fruta fresca respecto de la importada.

La historia natural me llena de satisfacción e incesantemente estoy ocupado con animales nuevos y de lo más interesantes. Sólo hay un triste inconveniente: el enorme periodo de tiempo hasta mi regreso a casa. A menudo me entra el temor cuando miro hacia adelante. Pero hasta ahora todo ha respondido radiantemente. Me agradan todos los marinos y algunos mucho. El capitán es tan amable como puede serlo un capitán. Wickham es una persona espléndida, y lo que le puede parecer paradójico a usted es que literalmente encuentro que el barco (si no estoy mareado) es casi tan cómodo como cualquier casa. Es un excelente lugar para trabajar y leer y ya estoy considerando hacerme a la mar como un lugar de descanso y como mi hogar. Estoy absolutamente convencido de que una tan buena oportunidad de ver el mundo no volverá a suceder en un siglo. Así lo creo, hasta donde puedo juzgar. Podré hacer algún trabajo original en historia natural. Veo que sabemos tan poco acerca de muchos de los anima< les> tropicales.

El efecto de enviar esta carta < será> estropear la más larga, pero me sentí determinado a no perder oportunidad alguna (en Cabo Verde no había ninguna) y es dudoso que esto suceda antes de llegar a Río: los bancos de los Abrolhos de la costa de Brasil pueden retardarnos algo.

Hasta ahora no he sentido más calor que en Inglaterra. En una semana será muy distinto. Siempre encontrará usted que mis cartas están muy mal escritas, ya que me encuentro con que tengo apenas media hora de conversación, y en ese tiempo es una lucha pensar qué debo decir primero. Este retraso en las cartas será una lección para no esperar cartas demasiado pronto.

Dé usted mi amor a todos y créame, mi muy querido padre, que soy su hijo que lo quiere / Charles Darwin

De Susan Darwin 12 de febrero[-3 de marzo] de 1832
Shrewsbury
Febrero 12, 1832
Debo empezar esta hoja deseándote toda alegría, mi querido Charley, por llegar este día a los 23 años, y espero de corazón que seas feliz, y que continúes así en todos los años que han de venir. Nuestro plan, como puedes darte cuenta, es que siempre alguna de nosotras tome el turno cada tres meses y febrero es el mío. Hemos adoptado también otro plan a sugerencia de Caroline y es que nunca veamos hacia el futuro (quiero decir, hablar de lo que en nuestro interior contemplamos), sino que, por el contrario, sólo te relataremos acontecimientos del pasado para no confundirte, de otro modo nuestras cartas no responderían al propósito de ser un diario, lo que a mi juicio siempre es más satisfactorio en las ausencias. A pesar de mí misma, empiezo a ver al cartero con la esperanza de ver llegar una carta remota, ya que si has tenido suerte en topar con un barco, supongo que podríamos saber de ti desde Madeira. Papá es más sensible y declara que no esperará nada hasta marzo. Lo único que ha sucedido en esta última semana ha sido la muerte de la pobre anciana Darwin, que murió en el priorato el 5 de este mes. Todos fuimos al velorio, por ser domingo, pero desde luego esto no es un asunto de importancia para ti. Creo que tenía 84 años y estuvo enferma como unos 15 días. Sir Francis y Lady Darwin, para concluir, dejarán su residencia montañosa[28] y vendrán ahora al priorato, el cual ella seguramente preferirá a la sociedad de águilas y jabalíes.

En esta última semana me arrepentí de no haberme relacionado con los Galton[29], ya que Paganini ha estado tocando por varias noches en Birmingham y supe que todas las señoritas Galton fueron a la sala. Si no hubiera sido por la muerte de la señora Darwin, papá habría con toda naturalidad propuesto un plan de ir con Harry y Jessie a oírle, lo cual habría sido maravilloso. Esta pareja está pasando una quincena con nosotros y son una compañía muy agradable y se han acoplado a nuestro modo muy bien. Se unieron a nuestra partida de whist con toda la amabilidad posible y Harry nos leyó para nuestro disfrute un ejemplar corregido de Joseph Andrews[30], el cual encontramos muy divertido con la ayuda plena de skipibus[31]. Creo que no soportarían mucho más tiempo vivir en Etruria, pues ambos parecen odiar cordialmente las alfarerías.

Creo que hay grandes esperanzas de que Charlotte Langton se establezca aquí en Shropshire, pues Lord Craven tiene a su cargo muchas parroquias en este condado. Wistanstow es la que me gustaría que tuvieran, pues está muy cerca de Craven Arms y muy bien situada entre los Clee Hills[32].

Las colinas me han recordado las rocas y piedras, etc., y papá me pide que te diga con su amor que le dijo al señor Hughes que te guardara las conchas que encuentre en la mina de grava[33], pero dice que no hay ninguna que te pueda interesar.

Catherine ha estado parando los dos últimos días en Woodhouse para acompañar a Fanny mientras los señores Owen y su pequeña Caroline se quedaban por una semana en Aqualate[34] para la cacería de Newport. El señor Biddulph no puede venir de Londres hasta que el problema de la Reforma se decida[35], y entonces tendrá lugar la boda de inmediato y, una vez que transcurra la luna de miel en Chirk, regresarán a Londres. John Hill acaba de recibir una parroquia que le proporcionó uno de sus tíos y que reporta 600 libras al año y la señora de Drewe Corbet dice que él intentó de nuevo declarársele a Fanny y está muy molesto por haber llegado demasiado tarde. No puedo menos que sentirme triste por él, aunque es más de lo que merece después de su conducta insensible.

Cuanto más oigo del señor Biddulph más pienso que hará feliz a nuestra querida Fanny. Se le nota tan afectuoso, no sólo con ella, sino con su madre, que dice mucho de su carácter. Estuve casi una semana en Woodhouse al mismo tiempo que él y, aunque pienso que es muy agradable, lo encuentro una persona difícil para entablar amistad y más bien me horrorizará ir de visita a Chirk Castle.

Febrero 19 / Otra semana ha pasado con más noticias, ya que Frank Wedgwood está comprometido en matrimonio con una señorita Mosley, hija de un clérigo de buena familia de Derbyshire. Quedó en la casa con ella toda una semana en Loxley y en algún otro lugar y se le declaró. No lo aceptó de inmediato, pero lo tuvo a prueba una semana más en casa de su padre y ahora todo ha quedado arreglado. Es muy gorda y no muy guapa, pero de un muy buen temperamento y famosa por ser ahorradora[36], así que pienso que hará una muy buena esposa. Nadie de su familia la ha conocido excepto Harry, pero aparecerá en Maer probablemente cuando el señor Langton haga su primera aparición, lo cual será muy cómico. La buena Charlotte nos ha invitado a las tres a ir a su boda y Caroline te hará el largo recuento, ya que tendrá lugar alrededor del 15 de marzo. Preveo que Maer pronto quedará < desierto>, ya que espero que Fanny y Emma sigan este disparatado ejemplo de la< s bodas> antes de que termine el año.

Ahora estoy en Overton con Marianne y sus 4 < niños>, los cuales están sanos y felices. Parky me ha estado preguntando cuándo regresará el tío Charles, pregunta que yo no puedo contestar. El doctor P. parece con buen ánimo y < >

Acabo de leer el Mutiny of the Bounty en la biblioteca pública. Es una muy vieja historia pero muy interesante del relato de Beechey de cómo encontró en buen estado a los amotinados en una de las islas Pitcairn[37]. Me parece que debes tener el viaje de Beechey contigo ya que el capitán FitzRoy, según tú, llevaba una gran colección de libros de viajes a bordo. Catty y yo cenamos en Onslow[38] el jueves pasado y ahí conocimos a un capitán Meynard, que hizo que me pusiera roja en relación con mi tío Sir Francis Darwin, al contarme que viajó con él por Grecia y que el principal deporte de Sir F. era desfigurar y mutilar todas las estatuas con las que se topaba. Este mismo capitán M. me dijo que era la época en que todos los barcos partían de Inglaterra y no regresaban, así que temo que tu carta no encontrará un transporte tan pronto como esperaba. El cólera ha vuelto a Londres, así que has escogido una buena época para dejar Inglaterra, ya que supongo que ahora cada ciudad habrá de caer a su turno. La señora Williams acaba de adquirir su nueva casa en Belgrave St., pero no podrá disfrutarla mucho, ya que está enferma con una tos muy severa, la cual cree que es la tos ferina. Ha pedido tu dirección y piensa escribirte.

El pobre de Sam Beck se ha puesto cada vez peor desde que te fuiste y ahora está moribundo. Papá acaba de ir a verlo. —Ha muerto.—[39] Nuestro invernadero está listo y en él hay varios pinos y plantas. Papá se sienta ahí sus buenos ratos y da la pauta muy bien como entretenimiento. Dispusimos tuberías en el invernadero y el calor regular del agua caliente hace que la habitación sea muy cómoda de mañana, ya que se volvía muy fría en la noche.

He regresado a Shrewsbury. El niño pequeño de Marianne será bautizado como Charles por sus dos tíos de este nombre, ya que el hermano mayor del doctor Parker, que vive en la India, se llama Charles. No debes culparme si Eras no te escribe ya que por lo regular lo apremio en cada posdata. Ahora se encuentra enterrado casi en un laboratorio que ha montado en sus alojamientos, lo que a veces le hace olvidar el tiempo y las estaciones. Si viene por la Pascua lo acosaré y atormentaré su corazón hasta que te escriba. Me temo que debo cerrar esta carta sin haber visto [tu escritura], querido viejo Charley, ya que llega marzo y debe ser enviada. Todos tus amigos están empezando a preguntarnos si ya hemos tenido noticias tuyas, y algunos dicen que probaste tan buen vino en Madeira que es imposible que pudieras escribirnos, pero yo sé como lo he sabido siempre que esto habrá pasado con prudencia y que todos pegaremos un grito y Edward se presentará con una carta tuya.

Debo terminar con otra boda, pero nada interesante: tu encantadora prima Lucy Galton está comprometida con el señor Moilliet, el hijo mayor de una gordísima señora Moilliet, que estuvo una vez en casa pero he olvidado si tú también estabas. El joven caballero tiene una buena fortuna, así que desde luego se esperan grandes satisfacciones para la pareja. Todos los días espero saber de la anunciada boda de Bessy y William Fox, pues no veo qué esperan. Como no tengo nuevas direcciones, mantendré la posibilidad de Río de Janeiro.

Todo nuestro amor y afecto, muy querido Charles, tu siempre muy especial Susan E. Darwin

He tocado cantidad de música este invierno en tu honor.

De William Nostyn Owen Sr. 1.º de marzo de 1832
Woodhouse
Marzo 1.º
Mi querido Charles Darwin:

He tardado mucho más de lo que pensaba en empezar a escribir esta carta y esto se debió simplemente a que podía hacerlo cualquier día. Día a día lo pospuse, quizá esperando también tener algo más interesante que comunicarte y hacer que una tosca carta fuera algo más aceptable. Sin embargo, tu propia familia, sin duda antes que yo, te habrá relatado las noticias o el chismerío que su yerma tierra produce, así que déjame que espere todo el tiempo que quiera en recogerlas. No voy a posponerla más o más bien me adularé pensando en que puedo escribir cualquier cosa que todavía no se te ha contado o que esto hará que mi carta sea más bienvenida hoy que hace unas semanas. De ahí se infiere que me sienta feliz y tan vano como para creer que mi carta llegará a su tiempo y sean cuales fueren sus contenidos será tan bienvenida como te aseguro que lo será una tuya siempre, ya que me proporcionará buenas noticias tuyas. Con frecuencia supe de ti antes de que partieras de Plymouth y lamenté con pesar el mal tiempo que por un tiempo retrasó tu partida y que te obligó a regresar al puerto, por lo que espero que tu avance ya no haya sido interrumpido por ninguna mala fortuna o suceso desagradable. Espero y ruego también que estés satisfecho y contento con tu situación y trabajando en lo que te llevó a embarcarte, aunque al mismo tiempo tengo el consuelo de saber que si esto no es así o ya no deseas proseguir hasta el fin con tu viaje, puedes detenerte cuando y donde te convenga y encontrar tu camino a casa. No espero, sin embargo, que lo hagas, ya que oí que estabas plenamente satisfecho con tu capitán y sus compañeros y que en este momento estás como en tu casa y a tus expensas en el barco como cualquiera de ellos. Creo que el primer lugar que esperan tocar es Madeira y de ahí espero que muy pronto tengamos noticias tuyas. En vez de encapricharme en estas conjeturas, deja que me ponga a recoger y a comunicarte todo lo que ha sucedido y que pueda ser para ti de algún interés desde que partiste. Y en principio, si no acabas considerándome un estúpido egoísta, empezaré por mi propia familia. Creo que sabes que Sarah se comprometió y se casó con el señor Williams por el tiempo en que tú te diste a la vela, y espero y creo que será muy feliz. Ahora están en Londres pero pasaron dos meses en Eaton. En cuanto a Fanny, que regresó de Devonshire para atender la boda de su hermana, quizá te sorprenda oír que encontró a otro admirador en el hombre que el año pasado creímos que andaba tras su hermana; ahora se comprometió en matrimonio con el señor Biddulph y parece que el acontecimiento tendrá lugar antes de que ésta te llegue. Aunque me temo que por ahora no es muy rico y es probable que nunca lo sea, considerando el enorme lugar, etc., que debe sostener para vivir en él, es ciertamente lo que el mundo llama un buen partido para ella y sé de cierto que el amor está tanto del lado de ella como del lado de él y pienso que existen todas las razones para creer que ella será feliz.

No sé si alguna vez te lo encontraste o lo conociste, pero tiene buen aspecto y actúa como un caballero sensible, aunque como tantos otros al principio fue culpable de algunos actos imprudentes, entre ellos estuvo muy cerca de casarse con la señorita Isabella Forester, y me temo que perdió algo de dinero en el juego, aunque no la cantidad que se mencionaba. Pero ahora creo y espero que sus locuras habrán terminado y habrá dejado de lado las escapadas para convertirse en un buen esposo, ya que estarás de acuerdo conmigo, aunque posiblemente no debería decirlo, en que obtendrá una mujer tan buena y afable como ninguna otra. Le fue presentado a tu padre y parece que se agradaron el uno al otro. Alegremente lo llama el conde Robert de Chirk. Y no me refiero delante de él, sino bromeando con nosotros. Este asunto ha sido totalmente inesperado y súbito para mí y creo que es mi deber agregar que para la propia Fanny, a quien parece haber ganado su corazón sobre todo por su conducta cuando ella deshizo su compromiso con J. Hill, pues él estuvo presente y se dio cuenta de todo lo que sucedió, por lo que dice que fue entonces cuando se decidió a que, si de veras ella terminaba con J. H., él iba a tentar su suerte y lo hizo a la primera oportunidad después de regresar de sus tierras, así que está bien lo que termina bien. Y de todo corazón me alegra que no tenga nada que ver con una mujer como la señora Hill, pues seguramente te enteraste de la gran explosión que hubo entre ella y el doctor Dugard, ocasionada por la afirmación del doctor de que ella lo había empleado para conseguir a la señorita Cleg para Sir Rowland y sus 400 000 o 500 000 libras, por cuyo servicio y otros más levantó una demanda de 2000 libras, cosa que no fue aceptada y ocasionó una gran explosión, y aunque el doctor ha sacado la peor parte del encuentro y se ha visto obligado a retractarse, mucha gente piensa que ha sido comprado. Y la opinión general es que si sus manos están bastante sucias, las de la señora Hill no lo están menos. Rara vez se ha visto una transacción más desgraciada y por todo ello el pobre y tonto de Sir Rowland ha sido puesto a la venta como cualquier esclavo o bestia de carga, y todo lo que ha ganado en dinero lo perderá, y debe perderlo, en carácter. Quizá no tengas en mente que éste es un año bisiesto o si estás consciente de ello escapaste sabiamente por esa misma razón, y si podemos juzgar por el número de matrimonios que ya han tenido lugar en este país y los que están preparándose, pienso que las damas deben de estar ejerciendo su privilegio sin piedad alguna. Entre otras, la señorita Parker justamente ha capturado a Sir Baldwin Leighton, quien, según se dice, es una bestia. Excepto por estas minucias, el tiempo transcurre según nuestro estilo anodino: un poco de caza, un poco de tiro y de cuando en cuando alguna discusión sobre la Ley de Reforma, que de nuevo ha provocado un tedioso debate en el Comité de los Comunes, donde no hay duda de que pasará por una amplia mayoría. Sin embargo, entre los Lores su éxito se considera más dudoso, pero se habla de que ha de elegirse una gran cantidad de Pares y hemos de pensar que así ha de ser si la ley ha de pasarse, aunque por qué se difiere ante los actuales ministros y ante todos los que la desean, es un misterio. Si Lord Grey no tiene el valor y la energía suficiente para llevarla adelante, visto lo que ha visto, coût qu'il coût, creo que merece ser colgado por sus propios amigos y seguidores, y ciertamente su situación es indigna; aunque de todas maneras esperamos cosas mejores de él, yo confieso que de algún modo temo por él, y tendría mucha más confianza si se quedara fuera del asunto y se lo dejara a los lores Brougham[40] y Althorp[41]. Me temo que si fracasa deberemos enfrentarnos a algo peor y quienes desean hacer lo correcto habrán de compartir la ruina que sus encaprichados oponentes los mongers distritales y los obispos[42] traerán al país. 'Quos deus vult perdere prius dementat. Pero ya no hablemos de política, ya que supongo que el mismo transporte que te lleve ésta te llevará igualmente algunos periódicos ingleses.

Te encantará saber que Arthur pasó su examen en el India College por fin con grado de notable y, si todo va bien, embarcará en mayo para Madrás, donde espero que lo encuentres y gocen los dos de buena salud. Francis sigue con el señor Meredith y todavía no puedo determinar cuál será su profesión, ya que en estos tiempos todo está tan completo que es difícil escoger al igual que obtener un empleo y el pan. Todos los demás miembros de mi numerosa familia, incluida la señora Owen, están tan bien como los dejaste. Y también puedo decir felizmente que lo mismo sucede con los tuyos, de los que te contaría más si no fuera porque ellos mismos te escribirán a este propósito y para tu satisfacción. Veo que tu padre está particularmente bien, pero sigue sin estar demasiado satisfecho por haberte perdido de vista por un periodo que parece demasiado largo. Dios permita que regreses con buena salud y lo encuentres a él del mismo modo. A esta distancia, puedo decir sin ruborizarme y con toda seguridad sin alabanzas que no hay un hombre vivo al que valúe y estime más o del que me sienta más obligado. Algo hay en él tan liberal, de tan altas miras y al mismo tiempo de tal modestia que es del todo imposible conocerlo bien sin respetarlo y amarlo. Debes sentirte muy orgulloso de él, aunque no dudo que lo estés. Creo que ya llegué a agotar todo el conjunto de pequeños acontecimientos domésticos que han sucedido en estos lados desde que los dejaste, y no tengo conciencia de nada más para relatarte que pueda divertirte o interesarte, así que concluyo mi burda epístola deseándote todo éxito posible y gratificante y con la esperanza más ferviente de que podamos encontrarnos de nuevo en tan buena salud como cuando visitaste nuestra casa. Fanny dice que no debes suponer que la dama del Conde Robert de Chirk olvidará jamás al amigo de su juventud y tiene la intención de escribirte unas líneas en el mismo sobre en que va ésta.

Créeme, mi querido Charles, que siempre seré tu sincero y afectuoso amigo/William Owen

De Fanny Owen 1.º de marzo de 1832

Mi querido Charles:

Tus hermanas me dicen que te han informado en su última carta del terrible e importante acontecimiento que de nuevo tendrá lugar aquí. Mi destino está decidido, el dado ha sido lanzado y, querido Charles, estoy segura de que no tengo un amigo en el mundo que más sinceramente quiera mi bienestar que tú y nadie estará tan contento de escuchar que aparece una perspectiva de felicidad ante mí en la suerte que he escogido. Conocí al señor Biddulph desde hace mucho tiempo y siempre me agradó mucho, lo consideré muy agradable y de buen corazón, pero en un trato más íntimo me convencí de que posee todas las cualidades para hacerme feliz, está sinceramente (el cielo lo sabe) y desinteresadamente ligado a mí, en suma, pienso que el mío es un final feliz, y no tengo dudas al respecto, aunque sí es una cosa melancólica y terrible dejar el hogar feliz y a toda la gente con los que has convivido y amado desde la niñez. No puedo dejar de sentirme deprimida cuando pienso en ello, aunque la consideración de pensar que sólo estaré a 10 millas del viejo Forest es encantadora. Mi querido Charles, no sigo más con mis propios asuntos, aunque sé que estás interesado en todo lo que me concierne o, si no, no me habría extendido tanto. Daría mucho por verte de nuevo y tener una alegre charla, mientras todavía soy Fanny Owen, pero esto no puede ser, mas cree mi querido Charles que ningún cambio de nombre o de condición puede alterar o disminuir los sentimientos de sincero afecto y admiración que desde hace años siento por ti, y tan pronto como regreses de tus vagabundeos me sentiré muy ofendida si uno de tus primeros paseos a caballo no te lleva a verme a Chirk Castle, y ahí verás qué curiosos escarabajos produce el lugar. No sé si alguna vez conociste al señor Biddulph, pero sí te puedo decir una cosa: que la dura Catherine tenía violentos prejuicios en contra de él, pero hice que viniera a conocerlo e incluso ella, con su bien conocida dureza, se ha convertido y declara que ella lo considera una pieza de perfección. Sólo menciono esta pequeña anécdota porque pienso que habla por él, ¡sabiendo como todos sabemos qué tan firme puede ser Cath! Papá te ha estado escribiendo una larga hilera de cosas y temo que te cuenta ahí todas las novedades que hay por estos lugares, que no son muchas. Supongo que el pobre Arthur partirá a la India alrededor de mayo o junio. Me dolerá mucho verlo partir, ya que el pobre es un muchacho muy bien dispuesto, pero no creo que lo haga muy feliz la perspectiva de partir a la India. Sarah y su Hubby parecen llevarla bien. Ella acaba de aposentarse en su nueva casa, en Belgrave Square, y parece llevar una vida muy alegre. También habrás sabido acerca de la boda de tu favorita Charlotte Wedgwood, que parece haber sido toda una exaltación: fue a Londres, lo conoció y todo se decidió en dos semanas. Desde luego, la fiebre de matrimonios parece haber hecho furor este año en Shropshire. La señorita Parker ha tomado a su cuidado a ese joven y alegre baronet Sir Baldwin Leighton. La señorita Fanny Sparling, según dicen, se unirá en matrimonio bien pronto con el señor Dry Corbet. Sólo me falta decir que la infección pronto se extenderá hasta tus hermanas. Pienso que el pobre y desamparado Hope[43] lo desearía, pues probó suerte hace algún tiempo. Espero que continúe agradándote tu capitán tanto como cuando lo conociste por primera vez y espero igualmente que tu expedición, mi querido Charles, responda a todas tus esperanzas más optimistas, que te estés divirtiendo en todos los sentidos tanto como te sea posible, y cuando regreses a la pequeña parroquia y quieras una linda esposa, «ruega que sea yo la comisionada para encontrártela». Ay, la señorita C. Salwey[44] se ha perdido para ti, pero no tengo ninguna duda de que podrá ser remplazada. No he utilizado mucho últimamente el viejo estudio de la torrecilla. Cómo nos divertíamos en esa pobre y vieja habitación, qué felices días tuvimos juntos, mi querido Charles. No puedo decirte lo mucho que te extraño y cuán a menudo hablamos de ti. Eres el primer favorito de papá, te lo aseguro, y se siente feliz de poder escribirte. No sé cuándo seré amarrada, como dice Owen, pero probablemente será en algún día de abril. El señor Biddulph está en este momento en Londres atendiendo sus deberes parlamentarios, luchando por la Reforma. Debo concluir estos garabatos. Con toda ansiedad, mi querido Charles, espero siempre oír de tu felicidad y prosperidad, y recuerda que siempre encontrarás en mí la misma sincera amiga que he sido desde que éramos la Sirvienta y el Postillón, y no debes olvidar tu compromiso de regresar y verme en el viejo castillo tan pronto como llegues de nuevo a tu lugar de nacimiento.

Ahora adiós, y el cielo te bendiga, mi muy querido Charles./ Créeme siempre tu / sinceramente afectuosa / Fanny Owen

Woodhouse

Marzo 1.°, 1832

Mamá desea enviarte su amor más sincero y piensa en enviarte muy pronto provisiones. Caroline te manda su amor también.

De Caroline Darwin (con posdata de Marianne Parker)

12[-29] de marzo [de 1832]

Maer

Marzo 12 / Lunes

Mi querido Charles:

Susan envió su carta en el primer martes de este mes dirigida a Río, ya que no tenemos hasta ahora otra dirección tuya. Todos los días tenemos la esperanza de recibir una carta de Madeira ya que sería tiempo, según calculamos, de una carta y nos estamos volviendo muy impacientes, querido Tactus, para oír de ti. Quiero llenar esta carta de noticias de Maer. Me temo que una carta sin una nueva boda será muy aburrida. Vine el pasado martes y me encontré a toda la familia en casa y a dos señoritas Tollet, las que sólo se quedaron un día para mi gran alegría, ya que son tan habladoras que en vano intenté tomar parte y escuchar sin hablar es un trabajo sin gracia en comparación, como tan a menudo convinimos. El miércoles el señor Baugh Allen llegó para quedarse ¡ay! por 15 días. Nunca hubo un hombre más pesado, parlanchín y presuntuoso. Todos aquí, excepto la tía Bessy, están desesperados por su visita y todos estamos de acuerdo en que cuando deja la habitación por unos minutos es como la calma tras la tormenta (¿no es una frase bellamente afectada?). El viernes llegó el señor Langton y la boda tendrá lugar el jueves de la siguiente semana. Jessie también llegó, el viernes, y ahora que te he dado el esbozo puedo contarte los detalles. Charlotte, Fanny y Emma fueron a encontrarse con el señor Langton, que llegaba en diligencia a Newcastle, a lo cual Charlotte accedió de buena gana para no encontrarse públicamente con él. Regresé para quedarme en la habitación y ver cómo el tío Jos le daba la bienvenida y evitar una introducción por separado. Cenamos tarde y a las 6 llegó la diligencia. Toda la familia le dio un apretón de manos de una manera amistosa y fina. C., F. y E. fueron a vestirse y el señor Langton y el tío Jos y el señor B. Allen se quedaron charlando del tiempo sin parar. El pobre señor L. decía que «hace frío, mucho frío» y otros «un buen día, ha sido un buen día» y asoleado, etc., todos repitiéndose y contradiciéndose en la forma más agónica hasta que el tío Jos llevó al infortunado hombre a su habitación para que se vistiera. Más tarde dijo el tío Jos que no podía pensar «qué cautivaba al señor L. para que se quedara charlando en vez de irse» y todos pusimos el grito en el cielo y dijimos que él era quien debía culparse y no al señor Langton. Supongo que toda esta espera para la cena no casaba con la constitución de la familia, porque cuando finalmente nos sentamos a cenar a las 7, el tío Jos nunca dijo una palabra ni tampoco Jos. El señor L. se mostró tímido y retraído, y al carecer de la ventaja de un programa familiar (tal como el que le proporcionaste a William Fox), debo decirte que el silencio fue muy extraño y posiblemente incivil para él. Es como W. F., un hombre ceremonioso y cortés y realmente bien educado y caballeroso. Supongo que Frank pensó que la familia se sentía temerosa ante el señor L. y vio la necesidad de prestarle demasiada atención, aunque rara vez se dirigió a él y, cuando lo hizo, por lo común expresó un sentimiento ultrarradical. Cuando se pasó de mano en mano el queso asado, Frank pensó que no se le había ofrecido al señor Langton, así que tomó un plato como tú tomarías una piedra plana y lo hizo deslizarse por la mesa hasta el señor L. y le pidió entonces que tomara la parte que quisiera. Después de la cena, el tío Jos, que no se encuentra muy bien, se acostó en el sofá y leyó hasta la noche y Jos se repantigó en el silloncito frente a él y literalmente ninguno de los dos habló durante todo ese tiempo o se dirigió ni una sola vez al señor L. Debemos considerar que fue su primera tarde y que la situación en la que se encontraba era por así decirlo aquella en que según fui testigo la necesidad apremia. Las muchachas estaban tristes y enfadadas, sobre todo la pobre Charlotte, con una noche tan pesada y forzada. El domingo y ayer las cosas fueron mucho mejor y la cena también transcurrió adecuadamente. Harry llegó de las sesiones de Stafford y no paró de hablar. Frank se fue a visitar a la señorita Mosley, así que no hubo platos que volaran por la mesa, aunque sí hubo un plato que se estrelló al resbalárrsele de las manos a Jos de tal manera que Harry preguntó más tarde si Jos jugaba a cara o cruz el plato con el fin de tomar una decisión. Sin embargo, se llevó aparte al señor L. para charlar con él y sigo pensando que, cuando de verdad charla, lo hace con ventaja sobre sus hermanos. Creo que el señor Langton es un hombre muy agradable y de aspecto y maneras placenteros, más que muchos de los que tengo vistos. Fueron bellas su lectura de la Biblia y sus plegarias de anoche. Charlotte se ve tan bella y tan feliz, así como orgullosa del señor L., que es un placer contemplarla; pienso que cuando conozcas al señor Langton te sentirás igualmente contento como nosotros de que lo haya conocido. Han alquilado una casa en Ripley, Surrey, por un año. En opinión generalizada, la señorita Mosley de Frank por ningún motivo tiene modos muy placenteros. Dicen que es una mujer de buen carácter y muy apegada a Frank. Han decidido que vivirán en Etruria y, en cuanto a Harry y Jessie, tomarán alguna otra casa cercana, para alegría de Jessie. Se cree que el señor Paget Mosley, su hermano, va detrás de Fanny, pues siempre la invita a tomar una copa de vino con él a solas y la contempla y señala hasta los más nimios de sus modales. Hizo algo muy raro que, si puedo, sin grandes florituras, te quiero relatar. Se enteró de cuál era el día en que llegaba el señor Langton, a quien nunca había visto, y se subió a la diligencia y anduvo cinco millas con él; después de un tiempo entabló conversación, aludió a quién era el señor L., diciéndole: «Llegará tarde a la cena, etc.», después le deseó felicidad, le dijo que creía que la cofia blanca de Charlotte no había llegado, después alabó su manera de cantar y después de una pausa dijo: «Fanny canta también muy bien». El señor L. dudó, pero el señor Paget persistió en su dicho y luego recordaron que Fanny una noche participó en el gran final en Fígaro. Pienso que, considerando lo poco que el señor Mosley sabe de la familia de Maer y el poco conocimiento que tenía del señor Langton por esta relación, esta conversación fue realmente extraordinaria. El día 20, toda la comitiva empezó a juntarse. Llegó Catherine. El señor Secker[45], de las audiencias, llegó con Harry. Los señores Tollet y sus tres hijas llegaron para el té el 21: las jóvenes de muy buen humor. Ellen Tollet hizo tanto ruido con sus carcajadas y su charla que el tío Jos se sintió muy contrariado y dejó la habitación. Charlotte se veía muy bella pero se mantuvo muy silenciosa y parecía abrumada y con el deseo de que la reunión no se alargara tanto. El señor Langton mostró modales muy suaves y atentos < sin> exagerar. A la mañana siguiente nos reunimos todos en el salón entre las 9 y las 10. Había dos mesas con té y café para que se pudiera escoger antes de irnos a la iglesia. La tía Sarah y la señorita Mosley llegaron entonces. La sala parecía tan fuera de lugar con la gente reunida en pequeños grupos y todos vestidos tan a modo. Charlotte con su cofia blanca de seda y una pelliza verde. A las 10 se abrieron las puertas de vidrio del porche y salimos todos. El señor Langton y la señora Tollet encabezaron la procesión y todos seguimos en pares: siete parejas y el tío Jos y Charlotte y las damas de compañía. La pobre Emma enfermó de fiebre y no pudo asistir. Robert[46] ofició y la gente lo alabó. La pequeña iglesia se veía repleta y llena de alegría. El tío Jos dijo después que le pareció perfecta la conducta de Charlotte. Cuando regresamos a Maer, todos nos juntamos a desayunar en el comedor, en una gran mesa cubierta con platos dulces, tés, etc. Fue un desayuno bullicioso y alegre, y un poco antes de las 12 el señor y la señora Langton partieron. No he tenido noticias de Charlotte desde que se fue a Ripley. Al día siguiente Cath y yo regresamos a casa y gocé de la quietud y el reposo consiguientes. La boda de Fanny Owen está señalada para dentro de unas semanas y en la próxima carta te contaré sus particularidades. ¿Has oído algo de la boda de Lucy Galton con el señor James Moilliet? Se casaron ayer y te aseguro que debes pensar que el señor Moilliet es un hombre feliz. No he tenido noticias últimamente de los Fox. Debo hablarte de una boda más. Ayer había una nota en el periódico de Shrewsbury hablando de la licencia y la compra del anillo y de dos personas que iban a llegar para casarse a St. Chad, cuando de pronto el novio cambió de idea y de plano se rehusó a casarse. El clérigo, el señor Compson, discutió con él en vano. Mark fue el héroe y nuestra lavandera la heroína. Nadie tenía la menor idea de que fueran a casarse y no tuvimos mayor explicación de la conducta extraña de Mark. Pero esta mañana ya los encontramos casados[47]. No tengo más noticias familiares, excepto que el pobre Pincher se cortó el tendón del pie con una botella de vidrio y temen que quede cojo de por vida. Mi padre está muy bien y se regodea con el invernadero, que va espléndidamente y está lleno de flores muy alegres. Marianne está con nosotros y te escribirá en la solapa. Nos dijeron que en cierto periódico se mencionó al Beagle, pero la tonta de la señora Sneyd[48] no pudo decirnos qué se decía ni dónde ni cómo. Mi querido Charles, espero tanto saber de ti cada día: no puedo esperar tanto con la esperanza de recibir una carta. La pobre Nancy cuida a Charles, el bebé de Marianne, y creo que llora más que todo lo que tú lloraste en tus días de bebé. < > Papá y nosotras hablamos con frecuencia de ti y esperamos que hayas superado tus mareos y estés bien y la estés pasando a satisfacción, pero sigo elaborando la esperanza de que te contentes en no seguir con la expedición hasta su término.

Dios te bendiga, mi muy querido Charles, con el amor de todas nosotras y de papá./Tu afectuosa / Caroline Darwin

Marzo 29 / 1832

Mi querido Charles:

Pedí que me dejaran una solapa. He deseado tanto escribirte para decirte cuán a menudo y cuánto he pensado en ti, pero no quiero convertirme en uno de tus corresponsales, pues mis cartas serían demasiado aburridas y de todos modos sabrás de los grandes acontecimientos que van sucediéndose, como el nacimiento de los niños, etc., y no debes pensar, querido Charles, que te olvido. Parky está aprendiendo por sus lecciones de geografía los lugares a los que irá el tío Charles. Anhelamos carta tuya mucho más de lo que puedes suponer y Caroline te ha contado todas las noticias que pueden contarse.

Adiós y que Dios te bendiga./ Mi querido Charles, siempre tu muy afectuosa / M. P.

A Caroline Darwin 2-6 de abril de 1832

Mi querida Caroline:

Estamos en este momento a unas 100 millas al este de Río y mañana, 3 de abril, esperamos llegar a la capital de Brasil. Mi última carta la mandé desde Bahía, de cuyo puerto salió el Beagle el 18 del mes pasado. En total, he gozado mucho mi primera visita a Sudamérica. Sin embargo, tuve la mala fortuna de verme confinado a mi hamaca por ocho días por un piquete en la rodilla que se inflamó bastante. Bahía tiene una gran desventaja, ya que está situada en un espacio demasiado grande, por lo que nos fue imposible caminar más que en una sola dirección. Por suerte fue con mucho el lugar más bello. Aquí el paisaje debe sobre todo sus encantos a las formas individuales de la vegetación, y cuando se junta esto con las elevadas colinas y un contorno acentuado, te aseguro que la incapacidad de justipreciar el lugar es por lo menos preocupante. Hablo de gozar de Bahía buscando ser moderado, pero este placer (con la carga de ocho días de confinamiento) compensa toda la desgracia que padecí entre Inglaterra y Tenerife. Pienso en el mañana con gran interés en espera de las cartas, pero no encuentro demasiado placer en contestarlas. Es raro lo que me cuesta escribir estas mismas cartas. Supongo que se debe en parte a que me la paso tomando notas de todo en mi diario, pero sobre todo a la cantidad de temas, lo cual es tan desconcertante que por lo general me siento perdido a la hora de empezar o de terminar una oración. Y esto, a manos llenas, debe admitirse que sea una objeción.

La temperatura media de Bahía era de 80° [26.6 °C]. Estando ya acostumbrado al calor, sufrí menos aquí que en Praia, donde la temperatura media fue de 73° [22.7 °C]. La gran diferencia de clima entre los trópicos y las tierras más frías consiste en la alta temperatura nocturna. Una media de 84° [28.8 °C] para todo el año (en la Guyara, Colombia) lo hace el lugar más caluroso del mundo[49], así que he experimentado un calor considerable. De verdad lo gozo mucho; había esperado desear los días helados por los que ustedes deben de haber estado temblando últimamente: pero no, denme las regiones de palmeras y naranjos y el adiós a la helada y la nieve. Requiere de una energía adicional emprender cualquier cosa y mucho más resistirse a tomar la siesta después de comer. Y cuando consientes en este capricho, te levantas bañado en sudor, pero con la piel tan fresca como la de un niño.

Es muy probable que nos quedemos todo un mes en Río. He pensado que, si puedo encontrar alojamiento más o menos económico, me quedaría en una linda aldea como a cuatro millas de la ciudad. Sería excelente para mis colecciones y para conocer los trópicos. Es más, puedo entonces escapar de calafatear y pintar y tantos otros maleficios que Wickham está planeando. Una parte de mi vida como marino (y me estoy convirtiendo en uno, o sea, voy conociendo cordajes y cómo manejar el barco, etc.) es placentera, cosa que no esperaba; es como vivir simplemente sobre el agua azul, y soy la única persona a bordo que desea las largas travesías, pero desde luego que con toda cautela trato con Eolo, cuando le ando rogando que haya viento pero que el mar siga tranquilo. Al salir de Bahía, mi estómago no era capaz más que de conservar su crédito. Terminaré esta carta llenándola de yoes y más yoes cuando esté en Río.

Río de Janeiro. Abril 5. Esta mañana recibí tu carta del 31 de diciembre y la de Catherine del 4 de febrero. Permanecimos anclados durante toda la noche, pues el capitán determinó que viéramos el puerto de Río y que fuéramos vistos a plena luz. La vista es magnífica y mejorará con su conocimiento, en este momento es demasiado novedosa para contemplar montañas tan accidentadas como las de Gales, cubiertas de una vegetación perenne y con las cimas ornamentadas por la forma ligera de las palmeras. La ciudad, llamativa por sus torres y catedrales, está situada en la base de estas colinas y dispuesta junto a una amplia bahía, tachonada de buques de guerra cuyas banderas dan fe de todas las naciones.

Llegamos, con un estilo de primera clase, junto al barco del Almirantazgo y, para su asombro, arriamos todas las velas y de inmediato volvimos a izarlas. Un buen barco que realiza una maniobra tan perfecta, con tal seguridad y rapidez, es un acontecimiento hasta la fecha poco visto dentro de esta clase. Es de gran satisfacción saber que somos capaces de un orden y una disciplina tan perfectos[50]. En medio de nuestras tácticas llegó el manojo de cartas. «Mándenlas abajo —tronó Wickham—, pues todos los insensatos las anhelan y se olvidan de su deber». Logré tener las mías como una hora después: el sol brillaba y la vista resplandecía; nuestro pequeño barco se comportaba como un pez en el agua. Así que pensé que sólo iba a ver las firmas, pero no hubo tal. Mandé bosque y agua, palmeras y catedrales al diablo y me precipité hacia abajo, donde pude recrearme con el gozo estremecido de leer acerca de todos ustedes: al principio el contraste del hogar, traído vívidamente a mis propios ojos, hace la actualidad más excitante, pero el sentimiento pronto se divide y absorbe por el deseo de ver a todos quienes hacen querida la compañía entera.

Rara vez un individuo tiene el poder de darle a otro tal suma de placeres como ustedes me la proporcionaron ese día. No sé si la convicción de ser amado será más encantadora que la correspondiente de amar a cambio. Debería saberlo pues experimenté las dos al mismo tiempo. Con la tuya recibí una carta de Charlotte, hablando de parroquias en bellos campos y otros panoramas celestiales. No puedo dejar de admirar tal tipo de breve «empalme de cables» a la manera de los marinos. Hay un estilo que parece predominar, y Fanny parece haberlo llevado a cabo cabalgando. Seguramente todo debe ser una delicia para los interesados, pero como yo prefiero a las solteras que a las que llegan al estado bendito, digo que es un fastidio. A ese paso, ante el destino, no tengo oportunidad alguna de una parroquia. Claro que tengo que dirigirme a ti como la señorita Darwin. Yo mismo siento curiosidad de saber a quién dirigirme. Supongo que Susan alcanzó los honores de ser la señora de J. Price. Quisiera escribirle a Charlotte, pero cómo y a dónde dirigir mi carta. No lo sé: positivamente es una moda inconveniente ésta de casarse. Maer ya no será el lugar que fue y, en cuanto a Woodhouse, si Fanny no es en ese momento la señora Biddulph, diré pobre querida Fanny hasta que me vaya a dormir. Me siento muy inclinado a filosofar, pero no sé qué pensar ni qué decir, al tiempo que me deshago en ternezas y grito: «mi muy querida Fanny, por qué reclamo», veo al mismo tiempo el soleado jardín florido de Maer y, por otro lado, veo que mis pensamientos y sentimientos y sentencias están tan revueltos que entre llorar y reír acabo deseándoles buenas noches.

8. Bahía de Botafogo, 1833. © Cambridge University Library.

Abril 6. Un comerciante de esta ciudad[51] va a visitar una gran hacienda, a unas 150 millas tierra adentro. Me permite que lo acompañe. El día 8 partimos y no regresaremos en dos semanas. Es una oportunidad muy poco común y a todas luces excelente y así podré ver, lo que por tanto tiempo ha sido mi ambición, la selva virgen no tocada por el ser humano y de la que los animales son dueños. Todos estarían aterrados ante el pensamiento de que me ponga a combatir a cocodrilos y jaguares en las soledades de Brasil, pero la expedición es totalmente segura y si no apreciáramos nuestras vidas, mi compañero y huésped no se aventuraría. Creo que un paquebote se hará a la mar antes de que regrese: si es así, esta carta va con él. Desde luego que volveré a escribir desde Río. Cuando regrese viviré en una cabaña del pueblo de Botafogo y Earle y King serán mis compañeros. Anticipo que viviré ahí como en el Elíseo. La casa y su jardín están repletos de flores y está situada cerca de un lago apartado o más bien una ría, pues está conectada con el mar, pero rodeada de colinas elevadas. Supongo que nos quedaremos aquí como cinco semanas, y de aquí iremos a Montevideo, que por bastante tiempo será mi dirección. Con las cartas de ustedes recibí una amable y afectuosa de Henslow. No es imposible que haya la necesidad de sacar algún dinero, ya que con toda seguridad éste es el lugar más caro que quizá jamás habremos de visitar. Tengo el tiempo < tan> ocupado que mis cartas han de < ser> para toda la familia. Antes de dejar Río enviaré una carta en la que les pediré algunos libros (cuyo placer es inmenso) e instrumentos.

Ha sido una verdadera peste obtener mi pasaporte y se espera una revolución para mañana, lo que lo hará más difícil. Estoy acalorado y soñoliento. Así que mi querida Caroline y todos los demás/Adiós. Su muy afectuoso / Charles Darwin

Mi amor para todos los que se preocupan por mí. Espero tener noticias del señor Owen (y de Fanny). Habla él tan cariñosamente de mí que lo valúo casi más que a cualquiera.

De John Maurice Herbert 15-17 de abril de 1832
St. John's College, Cambridge
Domingo 15 de abril de 1832
Mi querido y viejo compañero:
Me siento ahora para cumplir un compromiso en el que me comprometí contigo antes

de que dejaras Inglaterra; una tarea que tiene algo tan horrible en sí que requiere un esfuerzo nada común para penetrar en mi indolencia ordinaria y para llevarla a cabo. El doctor Johnson dice que escribir una corta carta a un amigo distante es como saludar a un viejo conocido con una reverencia distante (y esto con respecto a una carta para Milán): ¿qué tan larga debe ser una carta mía que habrá de lanzarse a atravesar el Atlántico y el ecuador? Extraños cambios han tenido lugar ya en Cambridge, entre otros, me convertí en miembro de St. John's, así que debes imaginarme como un disciplinario estricto y un buen juez del oporto. Whitley está presionando con velas desplegadas para ser elegido profesor de matemáticas en el nuevo College de Durham; informes comunes lo han entregado a la viuda de Johnny Cameron y él mismo afirma que busca el matrimonio y el letargo. Cameron está en sus propios pantanos nativos y los glotones andan dispersos, salvo Watkins, Whitley y yo. Por cierto, ¿cómo vas con tu alimentación patagónica? Lowe piensa que debes colectar un fardo de hechos curiosos respecto de la cocina. Yo voy a empezar a leer de derecho de inmediato, y tengo cierta idea de irme a residir a Chester por los próximos dos años, con el fin de estudiar con un tutor en derecho de ahí. Cené con nuestro viejo amigo Henslow ayer y conocí al capitán Ramsay (un hermano de nuestro Ramsay), que acaba de regresar de navegar por la costa africana. Se trata de un hombre agradable y muy pero muy parecido a su hermano. Después de cenar fuimos todos a casa del profesor Smyth[52], quien dio una conferencia sobre «Damas» para edificación de la señora Somerville [53] y el Hamilton de Dublín[54], pues ha estado buscando meterse entre las celebridades en la última semana. Fue muy divertido. No tenía idea de que el viejo camarada diera tanto de sí. Después de su conferencia tuvimos algo de buena música, la que acompañó obligado desde luego con sus idioteces. La señora Frere[55] lo vendió el otro día maravillosamente. Menospreció al pobre de Rossini de mala manera, diciendo que no tenía nada sino trivialidad y falso brillo. Comenzó tocando lo que pretendió ser una pieza de Rossini y siguió llamándolo ¡soso!, ¡pésimo!, ¡basura!, ¡etc.! En realidad tocó un noble trozo de Händel. Henslow piensa llevar un grupo de alumnos ya sea a Weymouth o a la isla de Wight, pues desea lanzarse a las urnas (?? p?????)[56] y al mismo tiempo dedicarse al estudio de la historia natural; la señora Henslow y la familia irán también, así que esperan pasar un verano espléndido: ¿no te hubieras agregado tú ante tal oportunidad hace dos o tres años? No he oído nada de Eyton desde que te fuiste; desaparecer parece ser una falla familiar, ya que C. Eyton acaba de fracasar en su examen previo a la graduación y W. Eyton se ha ido al ejército de pura desesperación[57]. Como quizá no has tenido noticias últimamente de Shrewsbury, sólo te diré que la señorita Owen de Woodhouse se casó con… y la señorita Parker con Sir B. Leighton, y se informa que Biddulph de Chirk va a ensartarse con la señorita Fanny Owen, pero no puedo poner las manos en el fuego por la autenticidad de este último informe. Ha habido un caso desesperado de adulterio entre Offley Crewe y la señora de Broughton Streye, por lo que él tiene que pagar 5000 libras por daños[58]. Desde luego que estarás ansioso por saber cómo va el asunto de la Ley de Reforma: la segunda lectura pasó en la cámara de los Lores el viernes después de un debate de cuatro días, por mayoría de nueve. Los lores Harrowby, Wharcliffe, Haddington, etc., etc., la aprobaron; es glorioso ver cómo los hombres acaban desertando[59]. Creo que tú estás entre el personal conservador. Pon a uno de ellos engarzado en un alfiler cuando regreses a casa, ya que será más valioso como espécimen para el gabinete de un anticuario que tus hongos y coleópteros para el de un naturalista. Si puedes capturar uno con la cola de Monboddo[60], o con las orejas extendidas, sería un espécimen doblemente interesante. Espero que además de tu libro sobre historia natural prepares otro que nos ilustre sobre los modos y costumbres de los fueguinos y patagones. Te envidio las oportunidades que tienes de colectar materiales para contar mentiras, pues teniendo yo dificultades para decir mentiras con gracia sobre el departamento del Interior, al aprender español mi atención ha cambiado hacia el del Exterior. Espero mucha diversión del descubrimiento de América. Ponte a tomarle ventaja a los 60° de latitud sur. El cólera ha seguido con su trabajo de manera efectiva, pero no con la amplitud con que se esperaba; en la última semana ha habido 105 casos en Ely y 49 muertos. No ha llegado todavía a Cambridge. De todos los lugares en que se ha recrudecido más furiosamente está París: en un día de la última semana hubo 1020 casos y entre 300 y 400 muertos. Casimir Perier fue uno de los infectados, pero parece que se ha casi recuperado, y el hermano de Heaviside la pescó allá. Henslow me pide que te diga que ya tiene la descripción de las láminas de tu volumen 17 de «Le dictionnaire classique, etc.»[61] Pensarás que ésta es una carta dispersa e ininteligible, ya que no he seguido ningún orden o, me temo, inteligibilidad, basado en el principio de que todas las noticias deben serte agradables a tal distancia del hogar. Martes en la mañana. Ayer noche estuve en la reunión trimestral de la Coral, la que tú acostumbrabas patrocinar en extremo, y si tu viejo amigo Keats estaba en lo cierto, habrías sentido un escalofrío en tus vértebras con la sola mención de algunas de tus viejas favoritas, tal como te sucedía, pues «Oír melodías es grato, pero las jamás oídas son más gratas»[62]. La Coral ha mejorado de tal forma que ni tú darías crédito; las distintas partes logran sostenerse tan bien, y con un tono tan exacto, que pensarías que cada una de ellas son inmensas voces individuales, aunque dudo de que entiendas mi sentido. Primero tuvimos la obertura a Esther y después una selección muy ajustada del Te Deum de Dettingen[63]. Después «O first created brow, etc.» sacada de Sansón. En seguida «Let their celestial concerts all unite», que fue cantada tan espléndidamente que tú como yo habrías pensado que se trataba de un cuarteto para cuatro voces tremendas. Después ese elegante coro de Salomón: «May no rash intruder disturb their soft hours», etc. Finalmente el coro «Grande y glorioso» de Haydn. La segunda parte empezó con la Obertura a Rodelinda de Händel, muy bella, grande y sencilla. Después una nueva misa espléndida de Hummel. Todo concluyó con el coro de Saúl «Gird on thy sword», etc. En noviembre hubo un concierto en Huntingdon en el que cantó la Coral, donde los grandes personajes de Londres se deleitaron al máximo con la extremada precisión con que ejecutaron algunas piezas de armonía muy difícil. En esta primavera Cambridge se ha vuelto loca con la música, ya que tuvimos toda una sucesión de conciertos, aunque ninguno, con la excepción de los que dio el joven Aspull, fue particularmente brillante. El septeto prospera y el Comité va muy bien. Tuvimos un debate severo, entre Romilly de Trinity[64] y Chevallier[65], por el Secretariado, que quedó vacante por la muerte de Hustler[66]. Se convirtió en un problema de partidos; por lo menos, Romilly fue sobre todo apoyado por los liberales y Chevallier por los conservadores. Me complace decirte que el primero lo logró después de una dura jornada electoral. Miller fue nombrado profesor de mineralogía en lugar de Whewell, que renunció. Sus clases son tremendamente espesas; en un principio tenía la clase llena, pero su público fue disminuyendo poco a poco hasta que quedaron cinco. ¿Te acuerdas de Sharpe[67]? Va a obtener el título de bachiller viajero, y en la actualidad está comprometido activamente en ilustrar una obra arquitectónica de Whewell[68]. Acabo de hacer que evaluaran mis grabados, pues están condenados al martillo del subastador, ya que no encuentro nada más ornamental hoy que el dinero contante y sonante. He logrado reunir una buena cantidad de ahorros[69] y puedo ahora dejar de evitar a mi sastre[70] con gran satisfacción e indiferencia. Carecer de deudas, o por lo menos andar cerca de tan feliz estado, produce un sentimiento envidiable. He seguido mi principio, o más bien el principio de todos, «Quien espera un penique espera una libra», quizá demasiado literalmente durante mi residencia en la Universidad, pero no debo reprochármelo, ya que he pasado muchos días felices en ella y no pocos en tu compañía. Me temo que sea un sentimiento puramente egoísta cuando digo que desearía que regresaras, como todos nosotros confesamos un sentimiento algo incómodo al pasar por la Christ's Gate. Quienes bien te desean —y son muchos, ya que en tu caso no debes creer en el viejo proverbio español: «Ahora que te veo me acuerdo[71]» (¿me paso de engreído?)— deben consolarse por tu ausencia reflexionando que estás ahora comprometido en colectar materiales en busca de tu futura fama; que estás a punto de poner tu nombre, ya íntimamente conectado con la ciencia, junto a los de Cuvier y Humboldt. No me culpes por adulador. Sé que harás grandes cosas, ya que es imposible que tu asiduidad y tus talentos no te lleven al éxito. Cuando regreses, ten compasión de un abogado sin clientela.

Nos estamos volviendo muy liberales en St. John's: acaban de pedirme que me suscriba para pagar los retratos de dos grandes luminarias de la ciencia y la literatura: Herschel y Wordsworth, ambos de este College. Ciertamente la ciencia está en la actualidad en medio de grandes adelantos: ¿cuándo hubo una mujer como la señora Somerville capaz de abreviar la Mécanique céleste de Laplace? Cuando fue presentada a Laplace diciendo que había leído su libro, éste observó que hubo sólo una mujer que antes lo hubiera hecho —una señora Glegg, que era el nombre de su anterior marido[72]. Ya te he contado todo lo que mi cabeza inconexa y plena de confusión puede pensar, y mi hoja de papel me está recordando que ya es hora de decirte hasta luego, y, aunque no tenga toda la amargura de una anterior, créeme que ésta no carece de aguijón. Todos los amigos presentes te desean que los recuerdes amablemente, y entre ellos se encuentran Henslow, Whitley y Watkins. Dios esté contigo y haga prosperar tus esfuerzos. No te urjo a que contestes, ya que tu tiempo necesariamente lo tienes ocupado, pero que el temor a que no sea una carta larga no te detenga a la hora de escribir, ya que unas cuantas líneas que me digan que estás bien y floreciente serán recibidas con igual agrado.

Mi muy querido Darwin, tu amigo siempre sincero / J. M. Herbert

A Caroline Darwin 25-26 de abril [de 1832]
Bahía de Botafogo
Abril 25
Mi querida Caroline:

Sellé mi carta primera ya lista para remitirla durante mi ausencia, pero no hubo una oportunidad adecuada, así que aquélla y ésta irán juntas. Aprovecho la ocasión de que McCormick regresa a Inglaterra, al quedar invalidado, es decir, al entrar en desacuerdo con el capitán y con Wickham. No es una gran pérdida[73]. Derbishire[74] también ha sido licenciado del servicio por su propio deseo, y para evitar ser investigado por su mala conducta en cuestiones de dinero.

Todo esto ha sido un largo paréntesis. Mi expedición duró 15 días, en la mayoría de los cuales pasamos grandes fatigas: supongo que para un país civilizado viajar no puede ser peor. La mayor dificultad es obtener algo de comer y vestir la misma ropa durante los primeros cinco días. Tuve dos días de malestares y la extremada infelicidad de cabalgar bajo un sol abrasador durante 10 horas seguidas. Mi horror ante la posibilidad de ser abandonado por entero en una venda[75] sería mejor que no que cualquier maestrito me quisiera enseñar español, tan pronto como llegáramos a esos países. Por otro lado, hubo un gran interés y novedad en ver la manera de convivir con los brasileños, cuya rara oportunidad pude experimentar durante los días en que viví en una fazenda, o sea una de las propiedades que han sido despejadas más al interior. Sus costumbres son patriarcales. He visto con toda perfección selvas, flores y pájaros, y el placer de contemplarlos es infinito. Te aconsejo que obtengas un grabado francés, Le forêt du Brésil: es ingenioso y real. Esta carta es de todo un poco, pues realmente tengo poco tiempo para escribir. En un paquebote envié mi diario habitual. Me dio un ataque de repugnancia a su respecto y quise desaparecerlo de mi vista: cualquiera de ustedes que quiera puede leerlo. En gran parte es absolutamente infantil. Sólo recuerden esto: lo escribo tan sólo para que me recuerde mi viaje y no es un registro de hechos sino de pensamientos, y como excusa tengan en mente lo cansado que estoy por lo general cuando lo estoy redactando.

Earle y yo vivimos ahora en un lugar retirado y muy bello, donde espero quedarme por 15 días encantadores. Sin embargo, empecé con malos augurios. Al momento de desembarcar el bote se hundió, pues altas olas me golpearon y pusieron de cabeza y llenaron el bote. Nunca olvidaré mi agonía de ver todos mis libros de trabajo, mis papeles, instrumentos, microscopios, etc., etc., pistola y rifle, todo flotando en el agua salada. Todo quedó algo estropeado, pero no demasiado. Debo hacerme fuerte ante todas las calamidades que me sucedan. Tengo suerte de tener tan buenos alojamientos, ante el hecho de que el bote se haya volteado. Un grupo de los oficiales remontó el río en el cúter, pero yo llegué tarde para este crucero. Parece que King vendrá a vivir conmigo, y es el muchacho más alegre y perfecto que haya conocido y es mi principal compañero. Wickham es un buen tipo y somos muy amigos, lo que desde un punto de vista egoísta es una ventaja nada común. Y por lo que hace al capitán, algo contaré ya que demuestran tanto interés por él. Por lo que puedo juzgar, es una persona extraordinaria. Nunca me tropecé antes con un hombre del que pudiera imaginar que podría ser un Napoleón o un Nelson. No diría que es listo, pero estoy convencido de que nada es demasiado grande o demasiado elevado para él. Su ascendiente sobre todos es muy curioso: el alcance con que cada oficial y cada hombre siente ante la menor reprensión o la menor alabanza podríamos considerarlo, si no lo conociéramos a él, incomprensible. Es muy entretenido ver a tantas manos arrastrando una soga cuando se supone que él no está en cubierta y observar el efecto cuando pronuncia una sola sílaba: es como un tiro de caballos cuando el carretero da uno de sus tremendos chasquidos. Su franqueza y su sinceridad no tienen paralelo para mí, y si uso sus propias palabras, más o menos sucede lo mismo con su «vanidad y petulancia». He sentido los efectos de esto último, pero al traer a cuento a los primeros con toda seguridad le reprochamos los últimos. Su gran falta como compañero es su austero silencio, el cual proviene de un exceso de pensar las cosas: sus muchas cualidades son grandes y numerosas y al mismo tiempo se trata del carácter más fuerte y marcado al que me haya enfrentado.

Acúsame recibo de la llegada del diario, ya que de todos modos será de interés considerable en mi futuro como registro exacto de todas mis primeras impresiones, las cuales forman un conjunto vivo y harán que este periodo de mi vida sea siempre de gran interés para mí. Debes hablarme con toda sinceridad y de buen grado recibiré tus críticas. Sólo recuerda las disculpas que expresé anteriormente.

Me gusta mucho este tipo de vida, incluso puedo reírme de los malestares de viajar por Brasil. Debo exceptuar una mañana en que no desayuné hasta la una, habiendo cabalgado muchas millas sobre arena resplandeciente. Por lo general debes esperar unas dos horas antes de obtener algo de comer, sea cual sea el tiempo. Aunque me gusta este andar de tropiezo en tropiezo. Pienso con regularidad que tengo la distante perspectiva de una parroquia tranquila y lo veo incluso a través de un bosque de palmeras.

Viernes. El capitán acaba de hacernos una visita y me llevó con los ministros de la iglesia, donde cené el lunes y me encontré con los pocos caballeros del lugar. Me comunicó una noticia de gran importancia: el Beagle navegará desde el 7 de marzo[76] de regreso a Bahía. La razón es que se ha encontrado una diferencia inesperada en las longitudes, lo cual es de gran importancia, por lo que el capitán escribió al Almirantazgo informando al respecto[77]. Parece que no hay problema para que siga viviendo tranquilamente aquí; me costará algo, pero estoy encantado con la idea de gozar un tiempo más de los trópicos. Lamento que la primera parte de esta carta haya sido enviada al Tyne. Para ilustrarte debo decirte que el capitán dice que las novelas de la señorita Austen están en todas las mesas, lo que simplemente significa en las de los londonderrianos de Jersey, etc.

Tendrás noticias mías de nuevo desde Río, y cómo deseo que me suceda lo mismo de parte tuya.

Dales mis recuerdos afectuosos a todos, y a mi padre, Susan y Catherine y Erasmus. Que estos últimos no se olviden de escribirme. Les escribiría a cada uno de ustedes, pero creo que esto no tiene sentido en realidad./Adiós y buenas noches a todos / Siempre con afecto / Charles Darwin

Abril 26, Río de Janeiro

De Catherine Darwin 26-27 de abril [de 1832]
Shrewsbury
Abril 26
Mi muy amado Charles:
Quedamos muy decepcionados de no haber sabido de ti desde Madeira, pero supusimos que o no tocaron ahí o no hubo transporte hacia Inglaterra. No te imaginas cómo la deseamos y cómo comentamos tu primera carta desde Río, qué placer fue escuchar que estás

bien y dichoso, al igual que recuperado de tu mal de mar y empezando a disfrutar del viaje. La última carta que te enviamos fue la de Caroline del 1.º de abril, dirigida a Montevideo, y desde Woodhouse, hacia el 1.º de marzo, partió una carta del señor Owen y Fanny, dirigida a Río de Janeiro. Si he de juzgar por el placer que deben darte las cartas que te lleguen de Inglaterra a partir del que me dan a mí las tuyas, debe ser sin duda mucho, y seguramente te preocupa más aún, así que danos todas las direcciones posibles para escribirte. Papá y todos nosotros estamos bien y tal como nos dejaste. Tuvimos con nosotros a Erasmus por la semana de Pascua y con frecuencia hablamos de ti, mi viejo y muy querido Charley. Erasmus llegó de Northamptonshire, en donde estuvo de visita sentimental con su amiga la señora Whitworth, una de las muchas amigas que hizo en el extranjero. Nos sentimos más o menos escandalizados al respecto, pero nos alivió del todo con lo que nos contó de ella: «que es la más horrenda bestia que haya vivido y que canta como un organillo». Encontró que la casa era tan intolerablemente ridícula que, después de estar dos días en ella, mandó pedir un coche y voló para tomar el ferrocarril, con la promesa de quedar con ellos más tiempo la siguiente vez. No hemos podido saber cuál fue el motivo, excepto los cantos de la pobre mujer y el conservadurismo del marido. La boda de Fanny Owen se ha pospuesto. El señor Biddulph estuvo de visita en Woodhouse el mes pasado, pero es tan lerdo y los acuerdos van con tal lentitud que es el asunto más tedioso posible, y ahora hay otra posposición ya que el señor Owen se ha visto obligado a ir a Londres para llevar a Arthur y verlo partir. Su barco se hace a la vela a mediados de mayo. Caroline Owen fue con ellos a Londres y se quedará en casa de la señora Williams, que ha estado muy enferma y la gente dice que está convertida en un perfecto fantasma. Apenas reconocerías a tu vieja amiga Sarah, bajo su nuevo nombre, y me temo que la señora Myddelton Biddulph incluso sería más todavía una extraña para ti.

Hasta aquí escribí ayer y esta mañana llegó el pobre de Arthur para decirnos adiós en su camino a Londres. Fue muy melancólico verlo, pobre muchacho, que casi no podía ni hablar y volvía la cara para que no viéramos sus lágrimas. Nunca me sentí más triste por nadie. Primero se despidió de los señores Owen y de Fanny, así como esta mañana de los niños, y su segunda despedida, con nosotros, pareció ser demasiado para él. Era el retrato de la tristeza. Pobre muchacho, cómo espero que su vida en la India sea feliz; es algo importante para él que no le guste el vino. Susan ha estado viviendo por momentos en Woodhouse últimamente, flirteando a ratos con el capitán y a ratos con Arthur. De ninguna manera se olvida de ti el señor Owen, o ninguno de los Owen, puedo asegurártelo, pues él habla de ti con tanto interés y afecto como siempre. Sir Baldwin Leighton es otra persona que no deja de preguntar por ti. Él y su prometida vinieron el otro día. No creo que supieras mucho de ellos y supongo que es su amor por los viajes al extranjero lo que le hace mostrar tanto interés por ti.

Hoy es el día de la boda de Frank Wedgwood y la señorita Mosley y de Edward Holland y la señorita Isaac. Piensa en qué tiempos de bodas son éstos que dos parejas se casarán el mismo día. Erasmus da un relato tan bueno acerca de la señora de Edward Holland. Dice que es lo contrario de Falstaff; no sólo es estúpida sino que hace que los demás sean estúpidos, y que es vulgar y enfurruñada, y piensa que la condición de su casa de campo es alarmante. Todavía no sabemos nada de la señorita Mosley, excepto que es inmensamente gorda y la más excelente ahorradora, pues habla de «tasajear los cerdos sin ningún desperdicio». El señor y la señora Langton están viviendo en Ripley, Surrey, con toda comodidad. Es un pueblo lindo, en una región realmente bella, a 23 millas de Londres. Todo considerado, Charlotte parece estar muy enamorada. ¿Recuerdas la profecía que le hiciste a Erasmus? ¿De que le encontrarías atado de pies y manos a E< mma> Wedgwood y enfermo de amor por ella, o sea en < el> mismo estado en que se supone están Harry y Jessie? Me divierte mucho tu profecía y pienso que posiblemente haga su efecto e impida su cumplimiento cabal.

Viernes 27 de abril. Erasmus nos dejó ayer. Me pidió que te mandara su amor y te dijera que no te ha escrito tal como tú y él llegaron al acuerdo de no escribirse mutuamente, y que los hermanos nunca pueden escribirse uno al otro. Erasmus manifiesta un gran interés por tus cartas y dice «cuán grande me hace sentir y qué extraño viene a ser que tenga un hermano en Sudamérica». Mi muy querido Charley, cuánto me alegrará que nuestra grandeza llegue a su fin y te tengamos de nuevo con nosotros, y ¡oh! que haya alguna oportunidad de que regreses de Sudamérica antes de que termine la travesía del Beagle. Estamos muy interesados en conocer si tu admiración y aprecio por tu capitán continúa y cuánto aprecias al resto de tus compañeros.

Recuerda que estamos muy interesados, por lo que debes seguir escribiendo tu diario para ti y para nosotros, y hablarnos de todo. Me temo que te debes de haber sentido muy desilusionado de no conocer Madeira, como creemos que sucedió al no tener noticias tuyas. Supongo que te llegan los periódicos y habrás visto lo terrible que ha sido el cólera en París. Ya está desapareciendo de Londres pero se está esparciendo por el campo. Se dice que ha habido un caso en Whitchurch, y que lo tendremos directamente en Shrewsbury y es terrible con papá siendo el médico en jefe del Consejo de Salud. Por lo menos tú escaparás a ese peligro, y ojalá pudiera estar igualmente segura de que escaparás a los otros innumerables peligros a los que estás expuesto. Por el cielo, cuídate y eso es todo lo que te pido y que no te excedas en fatigas para que tu salud no sufra. Tal es lo que teme papá siempre. Estoy segura de que la prudencia contribuye mucho a salvar a la gente de riesgos y peligros y mi esperanza es que tu sentido común te salve. Dios te bendiga, queridísimo Charles. Nunca me di cuenta de cuánto te quería antes. Recibe el amor más cariñoso de papá y de todos nosotros. Ve acusándonos recibo de las cartas que recibes, pues así sabremos si de verdad las recibiste.

Siempre tuya, mi muy querido Charles. E. C. D.

A Catherine Darwin Mayo-junio [de 1832]
Bahía de Botafogo, Río de Janeiro
Mayo-junio
Mi querida Catherine:

He recibido al mismo tiempo tres cartas, la tuya y la de Caroline que ya contesté y mandé junto con el Diario por medio del Tyne, que estaba regresando a Inglaterra. La de Susan (y una del señor Owen) la recibí el 3 de mayo. El Beagle no ha regresado, así que estoy viviendo tranquilo aquí y por lo tanto gozando plenamente de la oportunidad de ver el país y recolectar en todas las ramas de la historia natural. Acabo de releer todas las cariñosas cartas de ustedes y en consecuencia asumí la resolución de empezar ésta. Estoy tan aburrido de escribir cartas contando la misma historia que si tropiezo a lo largo de ésta, es casi más de lo que espero. Mandé una lista de encargos para que el pobre de Erasmus los lleve a cabo, dirigida al club de Whyndam, y le dices a mi padre que me temo que algunas cosas son caras, pero no puede imaginar el valor que tales cosas tienen en un país donde no se ha manufacturado ni siquiera un reloj. Me encanta saber que el invernadero va tan bien. Cómo gozaré a mi regreso de ver a algunos de mis viejos amigos de nuevo. Adquieran un banano, son fáciles de cultivar y su follaje es maravilloso. No he cesado de maravillarme por tantos matrimonios: en cuanto a Maer y a Woodhouse, ya podrían clausurarlos. Recibí una linda carta del señor Owen y de Fanny. La del primero contenía las expresiones más cálidas acerca de mi padre. (Esta carta está siendo de toda clase de cosas). Supongo que para estas fechas ya te habrás dado cuenta de lo incierto que será siempre el asunto de las cartas y los barcos. Cuando lleguemos al sur y después de haber andado cinco meses de crucero sin ver una sola vela que lleve a casa, junto con las ocasiones anteriores y posteriores, el tiempo entre dos de mis cartas puede ser infinito. Nuestro secretario del Almirantazgo aquí estaba bajo las órdenes del capitán Maling, quien parece que estuvo siempre muy ocupado, con los tiempos muy inciertos. El secretario dice que la señora Maling lleva por entero la parte política.

Junio 6. El Beagle ha regresado de Bahía y trae las noticias más infortunadas. Una gran parte de los oficiales y dos marineros, antes de dejar Río, fueron a una partida de caza en el cúter remontando la bahía. Muchos de ellos fueron levemente atacados por la fiebre, pero los dos marineros y el pobre pequeño Musters fueron atacados violentamente y murieron a los pocos días[78]. Este último y uno de los marineros fueron enterrados en Bahía. El pobre muchacho tuvo noticias dos días antes de su enfermedad de la muerte de su madre. Cuántos han matado las partidas de caza y con cuánta rapidez nos abandonan. El Beagle permanecerá todavía otros 14 días por lo menos aquí y entonces navegaremos a Montevideo con una parada en las islas de Santa Catarina, espero. Navega con perfecto orden, aumenta nuestro cumplimiento y tiene una nueva pieza de artillería, se colocaron nuevas redes de abordaje y renovamos los aparejos, y ahora no hay ni un pirata a la vista del que debamos preocuparnos y un millar de salvajes juntos no podrían hacernos daño.

Les he escrito cartas a Charlotte, al señor Owen, Fox y Henslow, además de a Herbert. Me angustia no poder estar seguro de que mis cartas lleguen a su destino. Recibí una linda carta de Caroline, fechada en Maer y dirigida a Mr. Darwin, HMS. ¿Seré yo un barco o el HMS Beagle, barco de Su Majestad [His Majesty Ship], es un perro? Hay que poner el artículo el antes. Debemos suponer que desconoce la diferencia entre el foque de botavara y el astabandera. Ver que se dirige a mí de esta manera (como dije, pequeñeces). El capitán Harding, hermano de la señora Hunt y segundo capitán del Warspite, está aquí y ha sido muy atento conmigo. Me mandó decir que tiene 800 hombres bajo su mando y que puedo disponer de un bote por una hora o por una semana, como me plazca. Uno de nuestros oficiales vive en Falmouth, y da la siguiente dirección para sus cartas: Hay dos paquebotes que parten cada mes, uno a Río y el otro que toca Río y sigue a Montevideo. Éste parte el viernes después del tercer martes de cada mes y es desde luego el mejor modo de mandarles mi carta mensual. La carta debe estar un día antes del viernes. Cuando duden acerca de la dirección, pongan South American Station [Estación de Sudamérica]. Pero mientras tanto sigan con Montevideo. No pueden imaginar algo más tranquilo y delicioso que estas semanas que han pasado. Nunca hubo un caso de mayor suerte que el regreso del Beagle a Bahía. Dale mi amor a Marianne y agradécele su posdata, y dile que salude de mi parte con cariño al señor Parker. Dales recuerdos a todos mis amigos, en especial al mayor Bayley y a los Eyton. Dile a Tom que mantener el valor hasta las Canarias o Madeira sería muy conveniente. Saqué 40 libras (lo cual menciono en mi última carta) y me temo que me veré obligado a sacar 10 libras más. Lo siento mucho, pero 12 semanas aquí en vez de cuatro ha representado un incremento en los gastos. Mis alojamientos a bordo sólo cuestan 22 chelines a la semana.

Me avergüenza mandar una carta tan poco interesante, pero sería ininteligible para ustedes cuán difícil es para mí escribir cartas. A fines de este mes (junio) zarpamos para Montevideo. En principio nuestro curso seguirá costeando hasta Río Negro, donde hay una pequeña colonia de españoles. Después seguiremos adonde ningún hombre ha llegado (por lo menos que se sepa). Qué satisfacción me causa que el Beagle no cargue provisiones para un año; antes era como irte a la tumba por ese tiempo. Convivir con el capitán tiene una gran ventaja, la de estar yo al mando en cosas de sociedad que se presenten. Soy el único de a bordo al que regularmente se le pide tratar a los almirantes, los encargados de negocios y otros grandes hombres.

Con mi cariño más entrañable para todos, querida Katty/Tu muy afectuoso / Charles Darwin

A William Darwin Fox Mayo de 1832
Bahía de Botafogo, junto a Río de Janeiro
Mayo de 1832
Mi querido Fox:
Me he retrasado en escribirte a ti y a todos mis otros amigos esperando llegar aquí y tener cierto tiempo libre. Desde que dejamos Inglaterra mi mente se ha visto envuelta en un perfecto huracán de gozo y asombro, y hasta este momento no he tenido un minuto de reposo. Te daré un esbozo muy apretado de nuestro viaje. Zarpamos de Inglaterra después de muchas dificultades el 27 de diciembre y llegamos tras una corta travesía a São Thiago. Sufrí enormemente en esta primera parte, pero el pico nevado de Tenerife me convenció de que seguía una buena ruta para ver el mundo totalmente nuevo para mí. En São Thiago empezaron mis labores de historia natural, que me son tan preciadas. Durante tres semanas

recogí toda una hueste de animales marinos y gocé de más de una buena caminata geológica. Parando antes en algunas islas, partimos para Bahía y de ahí a Río, donde permanecí por unas semanas.

Mis colecciones van admirablemente en casi cada rama: en cuanto a los insectos, creo que enviaré a Inglaterra un sinfín de especies no descritas. Creo que carecen de las especies pequeñas en sus colecciones, y aquí esta mañana he capturado minúsculos Hydroporus, Noterus, Colymbetes, Hydrophilus, Hydrobius, Gyrinus, Heterocerus, Parnus [hoy Dryops], Helophorus Hygrotus, Hyphydrus, Berosus, etc., etc., como especímenes de escarabajos de agua dulce. Estoy enteramente ocupado con los animales terrestres, ya que la bahía es sólo de arena. Quizá los que más placer me han causado por su novedad son las arañas y las tribus contiguas. Creo que he capturado varios géneros nuevos[79]. Pero la geología se lleva la palma: es como el placer de jugar y especular a primera vista qué rocas serán. A menudo mentalmente apuesto 3 a 1 por lo terciario más que por lo primitivo, pero éste ha ganado hasta ahora todas las apuestas. Hasta aquí los grandes fines de mi viaje; en otros aspectos las cosas son igualmente florecientes, pues mi vida en el mar es tan tranquila que, para alguien que es su propio jefe, nada puede ser más placentero. La belleza del cielo y la brillantez del océano, al unirse, son todo un espectáculo. Pero cuando estás en tierra y vagabundeas por las sublimes selvas, rodeado de vistas tan esplendorosas que ni siquiera Claude[80] pudo imaginar, gozo de un placer que sólo los que las han experimentado pueden comprender. Si hay que hacerlo, habrá de ser estudiando a Humboldt.

En nuestros sabrosos desayunos en Cambridge, poco podía pensar que el ancho Atlántico llegaría a separarnos, pero es un raro privilegio que con los cuerpos no separe ni los sentimientos ni la memoria. Por el contrario, las escenas placenteras de mi vida, muchas de las cuales han transcurrido en Cambridge, surgen a partir del contraste del presente mucho más vívidas en mi imaginación. ¿Crees tú que un escarabajo diamante me dará jamás tanto placer como nuestro amigo el crux major? ¿Puede nadie olvidar aquellos pocos días en el Whittlesea Meer con el pequeño Albert[81]? Una de mis diversiones más constantes es extraer escenas del pasado y en ellas con frecuencia te veo a ti y al pequeño Fan. ¡Ay, Señor, y también al viejo Dash, pobrecito! ¿Recuerdas cómo me atormentaban todos ustedes acerca de su bella cola? Ahora vivo aquí a mis expensas, ya que el Beagle ha regresado a Bahía para dejar sentado un problema de longitudes y a mediados del próximo mes zarparemos para Montevideo. Confío en que me escribirás ahí (será nuestro cuartel principal por un tiempo terriblemente largo), dirigido a M< >, HMS B< eagle>;;, Montevideo, Sudamérica. Haz lo que acabo de hacer y cuéntame cómo te las arreglas para vivir en una embarcación que apenas navega y con tanta lentitud como es una parroquia: cuéntame qué eres, qué tienes y qué intentas hacer. Recuerda que las minucias se vuelven más interesantes, y no menos, conforme aumenta la distancia.

Supongo que seguiré durante todo el viaje, pero es una porción de vida tristemente larga, especialmente cuando la mayor parte del placer está en la anticipación. Sin embargo, debo hacer la excepción respecto de la historia natural. Piensa en mí cuando estés recolectando insectos en un seto espinoso en un lindo día de mayo (sin duda terriblemente frío); piensa en mí recolectando entre ananás y naranjos, mientras que tú te tiñes los dedos de sucias zarzamoras; piensa y envidia las maduras naranjas. Éste más bien es un acto fanfarrón, ya que caminaría millas y millas bajo aguanieve, nieve o lluvia para estrechar tu mano, querido viejo Fox. Dios te bendiga.

Créeme / Soy tu afectuoso / Charles Darwin

Dale mis saludos amistosos al señor y la señora Fox y a toda tu familia. Una vez más, buenas noches y ve con Dios.

De Susan Darwin 12 de mayo[-2 de junio] de 1832
Maer
Mayo 12, 1832
Mi querido Charles:

El 3 de mayo recibimos tu última carta, escrita desde San Salvador, que toda la casa gozó sinceramente: el recuento feliz que das de ti y de todos tus gozosos momentos en el mundo tropical, que exceden con mucho todo lo que habíamos esperado para ti. Hemos leído tu carta con frecuencia con papá (y la señora Bates[82]) y pienso que nunca podrá por pura vergüenza volver a su viejo discurso de la cárcel y el barco[83]; ahora conoce que en él has encontrado un cómodo hogar. Nancy y Edward han estado tan contentos como todos nosotros de tener noticias tuyas. Erasmus les había hecho ciertos chistes bastante pesados hace una semana: «de cómo te habías perdido y te escondimos de ella», así que la pobre alma casi se puso a llorar cuando supo que tú estabas vivo y bien. Papá se interesó mucho por tu tremenda narración del mareo que habías padecido y bastante orgulloso de que hubieras respondido bien a su receta de las uvas. Creo que quiere publicar este descubrimiento para beneficio de todos los que lo sufren.

La carta que escribiste y mandaste por el Lyra llegó un día después de que nos llegó tu otra carta, lo cual fue muy raro porque las fechas eran muy distantes, pero supongo que los vientos hicieron que todos los barcos llegaran juntos. Le enviamos tus cartas a Erasmus, quien se las va a mostrar a Charlotte Langton y después las verá la familia de aquí, pues todos preguntan insistentemente por ti y quieren que te envíe muchos mensajes cariñosos. El día posterior a la llegada de tus noticias tuve que escribir varios despachos, primero a Eyton copiándole todos tus mensajes, los cuales espero que hayan logrado el efecto deseado de que atraviese el Atlántico, lo cual espero que lo haga alguna vez, pues habla todo el tiempo de ello, y cuando le llegue la oportunidad desde luego que le urgiré a que lo lleve a cabo. También tuve que enviar la alegre información al mayor Bayley y a Woodhouse, pues todos pidieron conocer las primeras noticias tuyas, así que te prometo, mi querido Charley, que para nada se te olvida entre ninguno de nosotros, y me alegra mucho que el clima cálido responda tan bien a tus sentimientos emotivos. Nos entristece tu desilusión por las Canarias, pero espero que las islas de Cabo Verde te la hayan compensado. El joven Parky contempla todo tu viaje como una lección de geografía, así que Marianne puede sacar provecho al mismo tiempo que placer de tu carta.

Catherine te escribió el mes pasado a Montevideo, a donde Caroline mandó también su carta de marzo. Espero pues que antes de mucho tengamos respuesta a las cartas que encontrarás en Río, y espero que entonces nos des nuevas direcciones para nuestras cartas futuras, pues me entra la duda de que ésta te llegue. No puedo dejar de pensar lo afortunado que fuiste de hacer ese viaje con el profesor Sedgwick, pues la geología parece que te causa un gran placer ahora. Parece que el pobre de Arthur Owen zarpará esta semana para Madrás, y me escribió una notita desde Londres, donde ha estado visitando su barco con frecuencia. Se trata del Abberton, y sólo hay dos muchachas jóvenes como pasajeras, lo cual parece que lamenta pues representa una muy corta asignación para todos los escribientes[84]. El señor Owen está con él en Londres preparando su equipo, y Arthur espera que se encuentre en medio de tal alboroto que por algún error sea él quien parta a la India y no Arthur. Francis deseaba con ardor partir con Arthur y pensé que ése sería el mejor plan si pudieran obtener una buena situación para un avinagrado como él. Caroline Owen está parando en la ciudad con los señores Williams, así que la pobre Fanny, que ha perdido mucho de su viejo espíritu casero, se ha quedado sola con las señoras en el Forest. El señor Biddulph se ha decidido por fin a tener un acuerdo vinculante, que había causado toda la posposición, y la boda tendrá lugar tan pronto como regrese el señor Owen. Estoy ahora pasando unas dos semanas en Maer, al cual encuentro tristemente cambiado, pues la pérdida de Charlotte es irreparable. Y habiéndose ido también Frank, el grupo se ha reducido mucho. El tío Jos habla mucho de pobreza, pues sus hijos gastaron mucho con sus bodas. Fanny Wedgwood está coqueteando con el señor Paget Mosley (hermano de la mujer de Frank), pero puesto que he oído que es un hombre muy aburrido no tengo t< emor> de que Fanny lo acepte. Se h< abla> mucho de política por aquí, ya que los ministros renunciaron, pues no pudieron hacer que el rey convenciera a los pares de que aceptaran la Reforma, y desde luego esto interesa sobremanera a esta familia de gran espíritu público. La semana anterior a que me fuera, el señor Edward Holland y su señora, que andaban de viaje de nupcias, vinieron y se quedaron tres días con nosotros. Fue algo raro que decidieran venir tan pronto después de su boda, sobre todo porque la pequeña señora H. es muy tímida. Pero papá los entretuvo de manera genial e hizo que se sintieran alegres y cómodos. Escuchamos tales cuentos tétricos por parte de Erasmus sobre la novia que realmente nos demostró ser un mortal fastidioso, pues nos sorprendió gratamente que ella fuera más bien linda y una criaturita agradable a un tiempo y particularmente conveniente para Edward, quien parece estar muy orgulloso de ella.

Regresé ya de Maer y encontré que Eyton había estado de visita con el fin de saber de ti, pero se fue de inmediato a Alemania por los próximos tres meses con el señor F. Hope en una expedición en busca de escarabajos. El profesor Sedgwick se dio una vuelta por aquí la semana pasada de camino a Gales. Habló mucho de ti y te envió sus saludos afectuosos, y pidió que se te dijera que examinaras los bancos de grava de los riachuelos en busca de restos de animales. Hoy vimos en los periódicos una noticia triste, la de que Sir James Mackintosh murió. Había estado enfermo durante una semana y murió el 30 de mayo. El señor Hensleigh Wedgwood y su esposa se verán obligados a reducir gastos, pues perdieron 1200 libras en un año. Lord Grey vuelve a ocupar un cargo de nuevo, así que la Ley de Reforma pasará triunfante con toda seguridad. Es una gran desgracia que Sir James haya muerto antes de terminar su Historia de Inglaterra[85]. Papá desea que te dé su cariño más afectuoso, así como que te dé las gracias por tu tan linda carta, que le dio un gran placer. Cuando le dije al señor Owen lo feliz que eras, le salieron lágrimas de los ojos de puro placer. Estoy segura de que te considera como uno de sus hijos. Fanny se casó el 31 de mayo con el señor Biddulph. Ya no tengo espacio para contarte los detalles, pero Caroline llenará su próxima carta con ellos.

Dios te bendiga, mi muy querido Charley. Todo nuestro cariño y yo soy / por siempre tu amorosa / Susan E. Darwin

Hemos escrito una vez cada mes desde que nos dejaste. Todas dirigidas a Río de Janeiro hasta el 1.º de abril y a Montevideo más tarde. El señor Owen también te escribió a Río de Janeiro.

A John Stevens Henslow[86] 18 de mayo-16 de junio de 1832
Río de Janeiro
Mayo 18, 1832
Mi querido Henslow:
Demoré en escribirle hasta ahora porque estaba determinado a tener un buen juicio del viaje. Tengo tantas cosas que decirle que mi cabeza está repleta de ideas de todo tipo, como una botella sobre la mesa lo está de animales. Siendo usted mi Lord del Almirantazgo, debe excusar esta carta llena de yoes y mis. Después de nuestros dos intentos de salir al mar a pesar de las galernas del suroeste, el tiempo en Plymouth pasó bastante desagradablemente. Habría escrito si hubiera tenido algo que decir, excepto lo que debía dejarse sin decir, por lo que sólo escribí a Shrewsbury. Con el tiempo, zarpamos el 27 de diciembre con un buen viento a favor, que ha durado durante todo el viaje. Los dos vistazos primeros al amargo mareo no me dieron más que una leve idea de los que iba a experimentar. Hasta llegar a Tenerife (no tocamos Madeira) apenas si me levanté de mi hamaca y sufrí realmente más de lo que puede usted imaginar por esa causa. En Santa Cruz, mientras trataba de adivinar entre las nubes el Pico y me repetía las sublimes descripciones de Humboldt, se nos anunció que teníamos que realizar 12 días de estricta cuarentena. Habíamos hecho una pequeña travesía, así que «Leven anclas» y vámonos para São Thiago. Podría usted decir que todo esto suena muy mal y así fue, pero de ahí hasta ahora ha sido casi una escena de goces continuos. Una red de arrastre me tuvo muy ocupado hasta que llegamos a São Thiago, donde pasamos tres deliciosas semanas. La geología del lugar fue en general interesante y creo que una novedad[87]. Hay ciertos datos en gran escala de costa elevada (que es una excelente época por lo que [hace] a fechar las rocas volcánicas) que interesarán al señor Lyell[88]. Para mí, una gran fuente de perplejidades es mi ignorancia supina acerca de cuáles son los datos

correctos y si son de suficiente importancia para interesar a los demás. En cuanto a recolectar, no puedo estar equivocado. São Thiago es singularmente árido y produce pocas plantas o insectos, así que mi martillo fue mi compañero usual y en su compañía gasté horas de placer.

En la costa recogí muchos animales marinos, especialmente gasterópodos (algunos de ellos me parecen nuevos). Examiné muy cuidadosamente una Caryophyllea y si mis ojos no me traicionan las anteriores descripciones no tienen la menor semejanza con el animal. Capturé varios ejemplares de un pulpo que poseía el poder más maravilloso de cambiar de color, como si fuera camaleón, y es evidente que cambiaba de color acomodándolo al color del suelo por el que pasaba: verde amarillento, café oscuro y rojo fueron los colores prevalecientes, dato que debe ser nuevo, según puedo observar. La geología y los animales invertebrados serán mi principal objeto de trabajo durante todo el viaje. De ahí atravesamos a Bahía y paramos en la roca de São Paulo, que es una formación de serpentina. ¿No se trata de la única isla del Atlántico que no es volcánica[89]? Del mismo modo, estuvimos unas horas en Fernando da Noronha, donde había un tremendo oleaje, así que un bote se hundió y el capitán no quiso esperar más. Mi vida a bordo, cuando hay un mar azul, es encantadora; muy cómoda y tranquila, aunque es casi imposible estar de ocioso, lo cual para mí es decir mucho. Nadie puede ser más adecuado en todo respecto para recolectar que yo: muchos cocineros no han echado a perder el caldo esta vez; los pequeños consejos del señor Browne acerca de los microscopios han sido invaluables. Tengo una buena dotación de libros, y el Dictionnaire classique es muy útil. Si usted puede pensar en cualquier cosa o libro que me sea útil, puede usted escribir unas líneas a E. Darwin, Whyndham Club[90], St. James Square. Él me los procurará y me los mandará con otras cosas a Montevideo, donde estará mi cuartel general durante el próximo año. Después de tocar los Abrolhos, llegamos aquí el 4 de abril, cuando entre otras recibí su amable carta. Puede usted contar con ello, toda la tarde estuve pensando en las horas felices que pasé con usted en Cambridge. Ahora vivo en Botafogo, un pueblo a una legua de la ciudad, y podré quedarme aquí por más de un mes. El Beagle ha regresado a Bahía y me recogerá a su regreso. Hubo un importante error en la longitud de Sudamérica, y para comprobarlo es que se ha realizado este segundo viaje. Nuestros cronómetros, por lo menos 16 de ellos, se comportan estupendamente: no hay registro de que ninguno se haya comportado como ellos. Unos días después de atracar empecé una expedición de 150 millas al río Macaó, que duró 18 días. Aquí vi por primera vez una selva tropical en toda su sublime grandeza. Nada salvo la realidad puede dar una idea de cuán maravilloso, cuán magnífico es el panorama. Si debo hablar especialmente de una sola cosa, daría la preferencia a la multitud de plantas parásitas. Tu grabado[91] es absolutamente real, pero subestima la exuberancia y no la exagera. Nunca experimenté un placer igual. Admiré a Humboldt y ahora prácticamente lo adoro. Es el único que da una noción de los sentimientos que surgen en la mente al entrar por primera vez en los trópicos.

Ahora estoy recolectando animales de agua dulce y terrestres: por si lo que se me dijo en Londres es cierto, que no hay pequeños insectos en las colecciones de los trópicos. Les digo a los entomólogos que estén atentos y tengan listas sus plumas para describirlos. He capturado, tan minúsculos (si no más) que en Inglaterra, insectos Hydroporus, Hygrotius, Hydrobius, Pselaphus, Staphylinus, Curculius, Bembididous, etc., etc. Es extremadamente interesante observar las diferencias de géneros y especies distintos de los que conozco. Sin embargo, estoy mucho menos anhelante de lo que esperaba por las arañas, aunque son muy interesantes y, si no me equivoco, ya he capturado algunos nuevos géneros. Tengo una gran caja que muy pronto enviaré a Cambridge y con ella mencionaré algunos datos más de historia natural.

El capitán hace todo lo que está en su poder para ayudarme, y nos llevamos muy bien, pero le doy gracias a mi buena fortuna que no haya hecho de mí un renegado de los principios liberales. No seré un conservador aunque tan sólo sea a cuenta de sus fríos corazones acerca del escándalo de todas las naciones cristianas: la esclavitud. Me llevo bien con todos los oficiales y, en cuanto al médico, ha regresado a Inglaterra, pues él mismo escogió comportarse de manera muy desagradable con el capitán y con Wickham. Era un filósofo muy al estilo antiguo. En São Thiago hizo observaciones generales por su propia cuenta durante la primera quincena y recolectó datos particulares durante la segunda.

Acabo de regresar de una caminata y, como muestra, qué poco se conoce de los insectos. Según el Dictionnaire classique, Noterus sólo contiene tres especies europeas, pero yo en un solo golpe de red capturé cinco especies distintas: ¿no es extraordinario?

Junio 16. Me decidí a no enviar ninguna caja hasta que lleguemos a Montevideo. Es una gran pérdida de tiempo tanto para los carpinteros como para mí empacar mientras estamos en el puerto. Me temo que cuando haga el envío se sentirá desilusionado, ya que no contendrá pieles de pájaros y muy pocas plantas y unas pequeñas muestras geológicas. En conjunto, lo demás tiene muy poco que mostrar.

Recibí una carta de Herbert en la que me afirma que usted tiene un volumen del Dictionnaire classique. ¿Lo mandaría al Whyndam Club? Supongo que en este momento anda en algún puerto de mar con sus discípulos. Espero que por su bien y el de ellos haya pocos días matemáticos debidos a la lluvia. ¡Cómo gozaría de una semana con ustedes! Quizá tanto como usted lo haría en los gloriosos trópicos.

Zarpamos para Montevideo al final de este mes (junio), de modo que estuve aquí cerca de tres meses, lo cual ha sido muy afortunado para mí, ya que pasará mucho tiempo antes de que crucemos el trópico de nuevo. A veces temo que no podré resistir todo el viaje, pues creo que por lo menos durará cinco años. La mente requiere cerrarse a piedra y lodo antes de observar calmadamente tal intervalo de separación de todos los amigos. Salúdeme cordialmente a la señora Henslow y a las dos señoritas; igualmente a L. Jenyns, al señor Dawes < > al señor Peacock. Dígale al profesor Sedgwick que no sabe lo mucho que le debo por la expedición por Gales: me ha proporcionado mi interés por la geología, el cual no abandonaría por nada en este mundo. No creo que nunca haya pasado unas tres semanas más deliciosas que las de machacar las montañas noroccidentales. Me prepararé para la geología de los alrededores de Montevideo, pues he oído que hay pizarra ahí, por lo que presumo que en ese distrito podré encontrar la unión entre las Pampas y la enorme formación granítica del Brasil. En Bahía, la pegmatita y el gneiss en lechos seguían la misma dirección observada por Humboldt como prevaleciente en Colombia, que dista 1300 millas: ¿no es maravilloso?

Montevideo será mi dirección por largo tiempo. Espero que me escriba de nuevo. No hay nadie de quien me interese más recibir consejos que de usted.

Me sentiré en deuda si obtiene uno de los grabados del pobre señor Ramsay y me lo guarda. Perdone esta casi ininteligible carta y créame, mi querido Henslow, que le tengo los sentimientos más cálidos de respeto y amistad. Suyo afectuosamente / Charles Darwin

Junio 16

PD: Encontré el otro día un hermoso Hymenophallus [Hymenophyllum] (pero que se hizo pedazos al traerlo a casa) y lo acompañaban Leoides, una perfecta copia del espécimen de Barmouth[92].

A John Maurice Herbert [1° -6 de] junio de 1832
Bahía de Botafogo, Río de Janeiro
Junio de 1832
Mi querido viejo Herbert:

Tu carta me llegó aquí, cuando había ya perdido toda esperanza de recibir una más, así que me dio un gusto adicional. Ante tal intervalo de tiempo y espacio se aprende a sentirse obligado realmente ante quienes no se olvidan de uno. La memoria, cuando le vienen escenas ya pasadas, proporciona a nuestros exilios uno de los mayores placeres. Cuán a menudo, deambulando por estas colinas, pienso en Barmouth, y puedo añadir que igualmente desearía a menudo un compañero así. Qué contraste proporciona una caminata por estos dos lugares: aquí los picos abruptos y rocosos están hasta la mera cima rodeados de bosques lujuriosos; toda la superficie del país, excepto donde ha sido aclarado por el hombre, es una selva impenetrable. Cuán diferente de Gales, con sus suaves colinas cubiertas de césped y sus valles abiertos. No me había dado cuenta de cuán íntimamente está conectada la que podríamos llamar parte moral con el goce del paisaje. Tales ideas, al igual que la historia del país, la utilidad de los productos y más especialmente la felicidad de la gente, nos acompañan. Cambia al trabajador inglés por un pobre esclavo que trabaja para otro y ya no reconoces el mismo paisaje.

Estoy seguro de que te gustará saber cómo han respondido todas las partes (el cielo nos proteja, excepto el mal de mar) a la expedición. Vimos Tenerife y la Gran Canaria; São Thiago, donde anduve por tres maravillosas semanas, divirtiéndome con las delicias de meterme por primera vez en la naturaleza de una isla volcánica tropical y, además de otras islas, los dos celebérrimos puertos de Brasil: Bahía y Río. Me quedé en mi hamaca hasta que llegamos a las Canarias y nunca olvidaré la sublime impresión que en mi mente causó la primera vista de Tenerife. La llegada a las temperaturas cálidas fue todo un placer exuberante. Los claros cielos azules de los trópicos fueron un gran cambio después de las dichosas tormentas del suroeste de Plymouth. Justo en la línea se volvió en un calor sofocante. Nos quedamos un día en São Paulo, un pequeño grupo de rocas de un cuarto de milla de circunferencia que se asoman en medio del Atlántico. Ahí fuimos parte de toda una escena. Wickham (teniente primero) y yo fuimos los únicos que bajamos con armas y martillos geológicos, etc. Los pájaros a miles estaban tan a tiro que los cazamos a pedradas, pero finalmente, proh pudor!, mi martillo geológico fue el instrumento de la muerte.

Rápidamente llenamos el bote de aves y huevos. Mientras estábamos atareados de esta manera, los hombres del bote peleaban lindamente con los tiburones por peces tan magníficos como no puedes ver en el mercado de Londres. Nuestro bote habría sido un buen tema para Snyders[93], tal mezcla de caza contenía. Dile a Whitley que encontré mi vida en el mar azul no sólo muy placentera, sino que es excelente para la lectura; es tan tranquila y cómoda que no te tienta el ocio. Estuvimos aquí durante 10 semanas y ahora partimos para Montevideo, desde donde espero galopar por las Pampas.

Me avergüenza mandar una carta tan revuelta, pero si alcanzaras a ver el montón de cartas sobre mi mesa comprenderías la razón. Una carta breve o una llena de tonterías serían una indirecta para cortar la amistad entre determinadas personas, pero no para los viejos caballeros: igual podrías tratar de dejar de lado a tu sastre como yo lo intenté; así que corto o largo vuelve a escribirme: una carta tuya trae consigo mil pensamientos agradables. Ahora puedo verte en los dos casos extremos, entre la marcha fúnebre a Dolgelley[94], y la carrera por los pantanos con Selwyn[95]. Me complace oír que la música florece tan bien en Cambridge, pero es tan bárbaro hablarme de «conciertos celestiales» como a una persona en Arabia del agua fría. En un viaje de este tipo, si uno obtiene muchos placeres grandes y nuevos, por otra parte la pérdida no deja de ser considerable. ¿Cómo habría de agradarte que súbitamente se te prohibiera durante cinco años ver a todas las personas y lugares que has conocido y amado desde siempre? Te aseguro que en ocasiones esta reflexión «me desconcierta». Y además para un hombre o un barco no es fácil enderezarte. Dales mis recuerdos sinceros a los excelentes amigos que quedan y a los que tuve el gusto de conocer en Cambridge. Me refiero a Whitley y a Watkins. Dile a Lowe que estoy incluso por debajo de su menosprecio, pues puedo comer salazón de ternera y galletas mohosas para la cena. Ve a lo que puede llegar un hombre caído.

Mi dirección para el próximo año y medio será Montevideo.

Dios te bendiga, mi muy querido viejo Herbert. Que siempre seas feliz y próspero es mi deseo más cordial. Tuyo afectuosamente / Charles Darwin

La dirección que puse es un método curioso por temor a los errores[96].

De Caroline Darwin 12-28 de junio [de 1832]
[Shrewsbury]
Junio 12
Mi querido Charles:

95

No puedo decirte la alegría que nos dio recibir tu carta de San Salvador. Hemos deseado con tanta impaciencia saber de ti y fue tal el placer de tener un feliz relato tuyo tan interesante. Te extrañamos y hablamos de ti y pensamos en ti más incluso de lo que pensé. Para esta fecha habrás recibido nuestro paquete de cartas, pues hemos escrito hasta el primer martes de todos los meses desde que te fuiste a Río y después a Montevideo. No te olvides de notificarnos cuándo debemos cambiar de dirección. Al contar los meses, siempre anúncianos cuándo recibiste todas nuestras cartas, ya que de nuevo te aseguro que hasta tu regreso yo misma tomo la responsabilidad de ver que una carta te esté dirigida cada mes. Susan sólo tuvo un pequeño espacio en su última carta para hablarte de que Fanny Owen y el señor Biddulph se casaron el 31 de mayo y te prometió que yo le agregaría un relato más particularizado. La fiesta reunió casi a puros elementos femeninos, pues todos los hombres andaban en Londres. Nadie se quedó en la casa salvo los Humphrey, mis hermanas y el hermano del señor Biddulph. En la mañana temprano de ese día llegué con la señorita Casteau, ya que había estado por unos días en Maer y no regresé a casa hasta el 30. Llegamos a Woodhouse entre las 8 y las 9 y Fanny me pidió que fuera a verla a su habitación. Ya estaba arreglada con un vestido blanco, desde luego, con su cofia y sus velos, ya lista. Se la veía tan extraña y tan como un personaje que entra en el escenario que nos pusimos a reír las dos juntas. Fue muy linda y afectuosa y me senté con ella mientras transcurría el desayuno. Todas las damas llegaron para darle una mirada a la novia y después del desayuno todas las señoras que habían llegado para desayunar subieron para ver a Fanny, lo cual le pareció a ella muy desagradable. Quienes llegaron a desayunar fueron los Kenyon, los Bridgeman, los Mathew, los Dymock, los Smythe Owen y los Cotton. A las 10 y media empezó la procesión, éramos 10 carruajes. Yo fui con Fanny, Caroline y Emma, y la pobre de Caroline andaba algo deprimida. El señor Biddulph se veía muy guapo y caballeroso y extremadamente nervioso. Durante la ceremonia tenía el semblante blanco y las manos azules. Fanny temblaba tanto que casi no pudo escribir su nombre. Desde la iglesia se fueron a Chirk. Creo que el señor Hunt[97] leyó el servicio muy bien. Todos regresamos a Woodhouse. Fue un día largo. Los huéspedes se juntaron en el frente de la casa para jugar y la tarde terminó con un baile de la servidumbre y vinieron todas las esposas y las hijas de los granjeros vecinos. El baile continuó con gran ánimo y el comedor estaba tan repleto de gente que el calor era intolerable. A la mañana siguiente todos nos fuimos a casa. Susan y Cath convivieron con el señor y la señora Biddulph durante un día en Woodhouse, y Fanny se veía muy atractiva y feliz. La semana pasada se fueron a Londres, donde se quedarán un mes. La señora Owen y Caroline están ahora en Londres, en casa de la señora Williams. Ella (la señora W.) no está del todo bien después del accidente en que se lastimó el pie y se ve obligada todavía a usar muletas. Hemos tenido carta de Arthur Owen y ha tenido más suerte que tú, pues sólo se mareó un día. Escribió desde Madeira embelesado por las flores y el clima. Nada se ha decidido acerca de Francis. No había muchachas jóvenes para gran desencanto de Arthur. Su capitán cree que su barco mercante es el primero del mundo. Después de todo, Eyton no se fue a Alemania. El señor Hope no lo esperó y ya no quiso seguirlo. Debo mencionar a toda la gente: hemos visto con frecuencia a los Leighton últimamente, ya que Catherine y las niñas se han apasionado por el dibujo y van por ahí haciendo esbozos casi todos los días. Por la última carta de Susan te habrás enterado de la muerte de Sir James Mackintosh y en esta primavera se pondrán a la venta todos sus libros. Cuando se paguen sus deudas se supone que habrá un resto de 3500 libras a repartir entre todos sus hijos. Hensleigh y Fanny vivirán cerca de Londres, de modo que Hensleigh pueda conducir a su oficina de la policía todos los días. El próximo mes vendrán a Maer y los Langton en septiembre. Creo que Erasmus le guarda cierto rencor al señor Langton pues no cree que sea merecedor de Charlotte; dice que habla sin ton ni son y que no es muy sensible, pero yo no estoy segura de que tenga razón con su opinión, pues está determinado a menospreciarlo. He recibido muchas lindas cartas de Charlotte. Erasmus intentaba irse a París con Fred Hildyard en julio, pero una carta que tuvimos ayer de él nos dice que ya que Paganini está en Londres, ya no puede abandonar la ciudad. Marianne, Cath y yo iremos a la playa mañana, para pasar una quincena en el Rhyl, cerca de St. Asaph. Los tres niños mayores van con nosotros y dejaremos al bebé en casa. Menciono el número de niños por temor a que, como Erasmus, olvides todo acerca de tus sobrinos. Papá está muy bien, va a tener un nuevo coche, construido para dos personas, en vez de un nuevo sulky. El pobre Pincher me ha tomado gran afecto ahora que su dueño no está y siempre lo acaricio para que no extrañe a su amo. Nina ha engordado.

Frank Wedgwood y su esposa están hospedados aquí. La señora de Frank es una persona nada interesante y no muy agradable, grande y sosa. Parece muy apegada a Frank, ser una gran ahorradora y amigable, así que espero que se lleven bien. Ella es sensible. Esta tarde iremos al circo para ver un buen grupo de caballos en Shrewsbury. El doctor H. Johnson vino a vivir aquí y cena con nosotros y se une a nuestra partida. No sé si lo conociste. Esta mañana me sorprendió encontrar a las tres señoritas Hill de Berrington que iban a montar a caballo al circo sin ningún caballero o sirviente que las acompañara. El señor Everard Fielding se casó la semana pasada con la señorita Boughey[98].

Me avergüenza el mandar una carta así, boba y abominable, pero no había habido ningún mes con tan poca cosa que contar. No hemos hecho nada más que cuidar del jardín y no creo que sea buena cosa hablar de nuestras flores ahora que tú estás entre la vegetación tropical. El señor Sedgwick estuvo media hora a su regreso de Gales y fue muy simpático. Es un hombre muy agradable y tiene un semblante igualmente agradable. Oímos un informe de que William Fox se puso muy enfermo, pues en una carta de la señorita Bent a uno de los Wedgwood dice que «ahora está mucho mejor y sale a caminar todos los días, pero su médico lo sangró tan violentamente que pasará mucho tiempo antes de que recobre sus fuerzas». Cath escribió a Julia para preguntarle por él, pero todavía no tenemos respuesta. Cuídate, querido Charles. No puedo dejar de sentir temor de que te enfermes por exagerar en los planes de los que tanto gozas. Papá y todos se unen en el amor por ti con el mío, mi muy querido Charles. Cómo gozaré ver tu querido viejo semblante de nuevo.

Siempre tuya, afectuosamente, Caroline Darwin

(Carta terminada el 28 de junio)

De William Darwin Fox 30 de junio de 1832
Epperstone, cerca de Nottingham
Junio 30, 1832
Mi querido Darwin:

Creo que hace como un mes que tu hermana fue tan gentil de enviarme unas palabras para decirme que se habían tenido amplias noticias tuyas y dónde podía yo escribirte. Empecé una carta en ese momento, pero algo me impidió terminarla, y desde entonces me propuse escribirte día tras día y dejándolo constantemente para después, unas veces por andar enfermo, a veces por vagancia y frecuentemente con el sentimiento de que no había nada pero nada que decirte que no te lo hubieran dicho desde Shrewsbury, y ahora estoy de nuevo empezando (con la determinación de terminar) con la simple idea de que supieras de mi existencia e impedirte que te olvides de mí por completo en medio de las maravillas de la Creación de las que estás rodeado y que seguirás contemplando hasta que regreses a Inglaterra. Apenas puedo a veces con la idea de que estés tan distante, y divirtiéndote en medio de escenarios que siempre deseé ver, por lo que espero llegar a tener cierta idea aunque sea de segunda mano a través de tu descripción. A menudo me he preguntado por dónde andas y cómo te va, y me sentía ansioso de tener noticias tuyas, y la carta de tus hermanas me dio noticias bienvenidas. Por lo que dice de ti, parecería que estás alegremente situado en todo respecto; que tu salud, el barco y tus compañeros siguen estando tan razonablemente como esperabas que seguirían en momentos previos a tu partida. Por todo lo que he oído de Sudamérica, poco debe temerse el clima con las debidas precauciones. No puedo dejar de tener cierto temor acerca de que el ardor (ése que recuerdo mostraste en la caza de macaones por las ciénagas de Bottisham), comparando las grandes y las pequeñas cosas, puede meterte en dificultades y desdeñar los peligros de todo tipo cuando andas en persecución de la historia natural donde todo es nuevo y todo es glorioso hasta el mayor grado. A menudo desearía estar contigo y compartir tu felicidad, y pienso en la diferencia de nuestros destinos y la ridiculez de mis esfuerzos en historia natural en comparación con los tuyos. A consecuencia de una severa inflamación de los pulmones que me afectó a principios de abril, he estado más o menos inválido desde entonces y me he distraído paseando por los campos a lomo de caballo estudiando las pequeñas aves migratorias del verano, su nidificación, etc., y en estas tareas he pensado en ti y tus ocupaciones vivamente y con frecuencia. Yo entreteniéndome entre filas de setos para observar los movimientos de una curruca y tú rodeado por los nobles árboles de una selva sudamericana de vegetación y de vida lujuriosas. Debes de haber sentido mucho no observar Madeira y las islas Canarias, aunque quizá el tiempo que ahorraron se vio recompensado después y, puesto que ya han sido plenamente exploradas, por lo menos la primera, la cosecha será más rica donde estás ahora y donde seguirás. La extremada novedad de todo lo que te rodea pasa y te estás acostumbrando cada vez más a la intoxicación de las sensaciones que el país en el que estás te debe producir. A menudo reprocho un rasgo de tu carácter que me temo habrá de impedir que persigas una gran ventaja que deberías aprovechar ahora por tus actuales viajes, y es algo que también me reprocho yo mismo, pues podría por lo menos ganar de su lectura. Aludo a tu gran aversión a escribir y mantener un recuento metódico diario de los acontecimientos pasados, lo que me lleva a temer (aunque tengo la esperanza de lo contrario gracias a la poderosa influencia de todos los objetos que te rodean) que te impida mantener un diario regular. Si no lo haces, la vasta multitud de novedades que te rodea hará que las ideas se empujen unas a otras, sin nada que decir de las muchas que se perderán, y se borrarán de un plumazo la vívida realidad y la vida que un memorando redactado en el momento daría a cada acontecimiento y elemento que pasa. Con esta excepción (de la que puedo decir que la has superado) no conozco a nadie tan apto como tú para la expedición en la que te comprometiste. Hemos tenido grandes cambios en Inglaterra desde que tú te fuiste, y sólo han pasado seis meses... ¿qué puede ocurrir por lo tanto antes de tu regreso dentro de tres años? Seguramente supiste que la incomparable Charlotte Wedgwood cambió de apellido. Por lo que he oído de quienes conocen al marido o por lo menos que lo han visto, su elección parece haber sido acertada, pues ella no es una persona a la que se pueda embaucar. Estoy seguro de que lamentas la muerte de Sir J. Mackintosh, pues a menudo he oído que hablabas de él como de alguien a quien estimabas mucho. La muerte de la señora Darwin del priorato no te habrá afectado tanto. En la época de tu regreso seremos mejores jueces de los efectos felices de nuestra Ley de Reforma, por lo menos si se le permite seguir su curso natural para corregir los abusos de la Iglesia y del Estado. El espíritu de partido está por las nubes. Los conservadores (para utilizar sus propias palabras) están meramente esforzándose por impedir que el barco se hunda y los liberales y radicales llenos de alegría. Por unos días estuvimos ciertamente al borde de la revolución. La excitación entre las capas más bajas del país era extraordinaria. Todo en quietud pero evidentemente todo preparado para lo que pudiera suceder. Sin embargo, creo que hemos pasado a salvo este gran apuro, del que tantas cosas dependían, y que debemos proceder con constancia y fortuna, aunque queda mucho por hacer, cuya perspectiva es formidable. El cólera se ha extendido por toda Inglaterra y, aunque no es un azote demasiado grave, nos obliga a prever que lo será, pues es terrible en muchos lugares. Me temo que empezó en Derby la semana pasada y ahora apareció en muchas de las grandes ciudades, progresando lentamente en Inglaterra, Escocia e Irlanda. No recuerdo una temporada como la actual. Todos los tipos de cosechas prometen abundancia. Ha sido un año extraordinario para los insectos, pero no he podido ir en su busca. No he visto a nadie de tu familia desde que te fuiste, pero sí he sabido cosas halagadoras de todos ellos. Tu padre está bien, fuera de lo común. En Osmaston, me da gusto decirlo, todos están como siempre. Mi padre no ha estado bien, pero va mejorando. De los amigos de Cambridge no sé gran cosa desde hace tiempo. Pero espero pronto tener noticias de Henslow. Debería presentar mi grado de maestro en la próxima semana, y me habría sentido en la gloria al dar mi voto en las primicias de la Cámara de los Comunes reformada, pero me vi obligado a renunciar a ello. Pulleine compartirá unos días conmigo la próxima semana. ¿Recuerdas nuestra excursión a Moncks Wood y a Whittlesea en esta época del año con Albertus Way? El cólera ha matado a 48 en Whittlesea y se informa de 130 nuevos casos. No he vuelto a oír de él, ni sé si sigue en Leamington o no. ¿Alguna vez conociste al viejo señor Galton de Dudston[99]? Falleció después de una persistente enfermedad. Ahora debería escribir algunas líneas sobre mi propia adorada persona. Como te dije, no he estado bien, lo que me ha incapacitado para seguir mis deberes durante los tres últimos meses y sólo ahora he regresado a Epperstone por un corto tiempo, pues temo que no seré de utilidad actualmente, pues no me siento mucho más fuerte que antes; de hecho estoy comparativamente bien, pero como sucede siempre con las afecciones del pecho varía mucho en cuanto a la salud y el espíritu. En un tiempo pensé que nunca podría volverte a ver en este mundo, pero ahora confío en que lo lograré y te veré vigoroso después de que termines tus vagabundeos. A menudo veo hacia tu futuro regreso con alegría y lamento no haberte visto antes de tu partida. No tuve ni idea de que todavía te hubieras quedado tanto tiempo en Inglaterra. Nos dejaste justo para poder decir que todavía estábamos en 1831.

Espero que no te disguste mi dichosa carta. Tú, que abundas en novedades, no debes censurar a los hombres de casa comunes por no tener nada que comunicar. No te pido que me escribas, ya que debes estar lleno de ocupaciones, y sabré de ti desde Shrewsbury cuando les escribas, ya que unas líneas de ellos me darán la información que deseo acerca de tu bienestar.

Y ahora, mi querido Darwin, con todos los deseos para tu bienestar y éxito en todo lo que emprendas y que de nuevo pueda verte con salud y felicidad en la vieja Inglaterra, que de todos modos es la más bella y mejor isla del mundo / Créeme que soy tu apegado amigo William D. Fox

A Catherine Darwin 5 de julio [de 1832]
Río de Janeiro / HMS Beagle
Julio 5
Mi querida Catherine:
Apenas tengo 15 minutos para escribirte. Sulivan[100] la pondrá en su paquete, así que sólo costará lo normal. Recibí tu carta dirigida a Montevideo y antes una de Caroline desde Maer. Mañana zarpamos para Montevideo y, si el viento no sopla directamente contra nosotros, tocaremos en la isla de Cabo Frío, escena celebérrima de buceo en busca de los restos del Thetis[101]. Ya han pescado 900 000 dólares. Si tenemos suerte (lo cual es muy probable) de encontrarnos con vientos afuera de Santa Catarina, nos detendremos ahí. Espero sufrir terriblemente de mareos, pues estamos seguros de tener mal tiempo. Después de quedarnos por un tiempo corto en Montevideo, cruzaremos al sur, pero no más allá de Río Negro. La geografía de este país es tan poco conocida como la del sur de África. Anhelo pararme donde nadie ha pisado antes, y estoy muy impaciente por dejar puertos civilizados. Todos estamos ansiosos por la Reforma; las últimas noticias decían que Lord Grey quizá seguiría con el tema. ¿Puedes pedirle a Erasmus que agregue los siguientes libros?: Los Quadrupeds de Pennant[102] (si no es demasiado tarde) está en mi recámara, y el Tableaux de la nature de Humboldt[103]. No puedes imaginar el valor avariento vinculado con los libros cuando se es incapaz de obtenerlos.

Hemos estado tres meses aquí y sin duda llegué a conocer las glorias de la selva brasileña. Por lo común cabalgo unas cuantas millas, dirijo mi caballo e inicio algún rastro internándome en la impenetrable masa de vegetación. Sentado en un árbol, y mientras como mi almuerzo en la sublime soledad de la selva, el placer que experimento es indecible. El número de animales no descrito que he capturado es grande y algunos muy interesantes, lo aseguro, para los naturalistas. Intento clase tras clase de animales, con lo que dentro de poco podré tener una noción de todos, de modo que, si no llego a otro fin, nunca querré un objeto de empleo y diversión por el resto de mi vida. (Sulivan sólo me da cinco minutos más). Estoy escribiendo en mi ajustado rincón y estoy tan cómodo como cualquiera podría estarlo. Sólo obedezco órdenes escribiendo una corta carta. Cuando estemos en las costas desérticas de Patagonia pasará mucho tiempo antes de que oigas de mí. Mi diario va progresando, pero encuentro el inconveniente de haber mandado la primera parte a casa a causa de las fechas.

Dale mi amor entero a mi padre y a todos los demás./ Con todo el afecto / Charles Darwin

A Susan Darwin 14 de julio-7 de agosto [de 1832]
[En el mar; Montevideo]
Mi querida Susan:

Con toda probabilidad estaremos poco tiempo en Montevideo y aprovecho la oportunidad de una tarde ociosa en el mar para empezar esta carta. Ahora (el 14 de julio) estamos a unas 300 millas de Río, y hoy por primera vez tenemos viento a favor. Antes, la calma y suaves vientos contrarios sólo fueron perturbados por ventarrones y tormentas. Durante una semana sufrí mucho por los mareos, pero ahora estoy bien de nuevo. Todos están ávidos de que empiece nuestra tarea real. Después de mantenernos en agua dulce en Montevideo, partiremos a Río Negro. Por cerca que esté del mundo civilizado, toda la costa y el interior son totalmente desconocidos. El relato de Falkner[104], por impreciso que sea, es el único. Espero grandes cosas para la historia natural, pero si esto falla supongo que en todo el mundo no se producen tantas piezas de caza en un solo punto. Creo que el capitán procederá río arriba muchas millas y espero estar en la partida. No puedo imaginar nada más interesante: la única cosa que tenemos en contra es la ferocidad de los indios, pero prefiero ir con el capitán y 10 de los hombres que con cualquier otro con 20 hombres. Es tan prudente y alerta como sea posible y resuelto y valiente cuando se le obliga.

9. Línea de la costa cerca de Montevideo, 1833. © Cambridge University Library.

10. Montevideo desde el lugar de anclaje del HMS Beagle, diciembre de 1833. © Cambridge University Library.

Hasta donde podemos saber, el siguiente es un esbozo del futuro. Después de la costa de Patagonia, regreso a Montevideo y de ahí procederemos a Tierra del Fuego e instalaremos a los fueguinos. Regreso a Montevideo y después hasta Valparaíso. Desde este punto regresaremos al sur (?) y a partir de ahí el ancho mundo se nos abre. Incluso la perspectiva de caminar por donde ningún europeo ha pisado nunca no compensa dejar las gloriosas regiones de los trópicos. Ya es perceptible el cambio del tiempo. Todo mundo se ha puesto sus ropas de paño y se prepara para temperaturas extremosas. Nuestras barbas van creciendo. En la actualidad mi cara se ve tan negra como la de un deshollinador a medio lavar. Con mis pistolas en el cinto y el martillo geológico en la mano, ¿no parezco uno de los grandes bárbaros? Antes de dejar Río supimos la noticia de que Lord Grey estaba en minoría y estamos ansiosos de saber cómo terminará el asunto. No parece que podamos recibir más cartas hasta después de nuestro regreso del sur, lo cual será muy triste para mí, pues espero respuesta a mi carta desde Bahía, ya que ello da a cualquier correspondencia una apariencia de cercanía.

No creo que te haya contado cómo transcurre nuestro día. Desayunamos a las ocho y la máxima invariable es dejar de lado toda cortesía. Nunca hay que esperar a los demás y salimos en estampida en el momento en que ya hemos comido, etc. En el mar, cuando el tiempo está calmado, trabajo con los animales marinos, que abundan en todo el océano. Si el mar está encrespado, o estoy enfermo o me las ingenio para leer acerca de un viaje o viajes. A la una se come. Ustedes los terrestres están equivocados acerca de la manera en que se vive a bordo. Todavía no hemos probado (ni lo haremos) la salazón de ternera. Arroz y chícharos y calabazas son excelentes vegetales y con un buen pan ¿quién puede pedir más? El juez Alderson no puede ser más moderado, ya que sólo agua se presenta en la mesa. A las 5 tomamos el té.

Los guardiamarinas tienen sus comidas una hora antes que nosotros y los suboficiales después.

Julio 30. Montevideo. El paquebote llegará aquí en unos días, así que haré otro intento de completar mi carta. Llegamos aquí el 26 después de una larga y desagradable travesía. El tiempo ha sido o muy pesado o muy calmo. Supongo que cuanto más al sur vayamos, más incómoda sentiré la vida en el mar. Es curioso cuánto siento el cambio de clima. El termómetro rara vez ha bajado de los 50° [10 °C], pero aun así y con ropa gruesa no puedo calentarme. Adonde vayamos, seguramente nos encontraremos con perturbaciones. Pasamos junto a la fragata y nos hicieron señas. «Listos para la acción» y «prepárense para cubrir nuestros botes». Poco después una notable fuerza montó en los botes con cañones móviles y pasó junto a nosotros para dirigirse a la Mole. Todo esto no fue meramente más que un argumento de fuerza para convencer a los habitantes de que no deben saquear las propiedades británicas. Sólo pude hacer una buena caminata por los pastizales del llano de los que con tanta frecuencia hemos oído hablar. Hay algo muy encantador en la libre expansión, donde nada te guía o limita tu camino. Pero de todos modos me quedé algo desencantado, pues por lo que hace al paisaje la imaginación no puede pintar nada más apagado y poco interesante. ¡Cuán distinto de la selva brasileña, donde puedes sentarte durante horas y encontrar minuto a minuto nuevos objetos de admiración! Con toda seguridad navegaremos antes de que otro paquebote llegue de Inglaterra, y lo siento. Ansío tanto saber de ustedes después de que hayan recibido carta mía. No puedo agradecerles lo suficiente por escribirme regularmente. La real regularidad del tiempo es una satisfacción, pues prevé unas expectativas irrazonables. Mi objetivo principal, la historia natural, se desarrolla muy bien y desde luego que he capturado muchos animales, etc., que serán interesantes para los naturalistas. Con independencia de esta satisfacción, he empezado tantas ramas que antes eran nuevas para mí que ya tengo ganas de estar en Inglaterra para empezar el ataque sobre varios oscuros pequeños individuos. Voy a tomar 25 libras, lo que hará una suma, desde que salí de Inglaterra, de 80 libras. Aparte de esta cifra, por lo menos 20 libras no han sido desperdiciadas, pues se han gastado en torno a mi colección. Durante los próximos dos meses, aun con todo mi ingenio, no creo poderme gastar ni un penique.

Acabo de recibir noticias de que mañana zarpamos a Buenos Aires. El capitán ha oído ciertas noticias de un viejo mapa de la costa y piensa que tiene la suficiente importancia para ir ahí. Me satisface, ya que cuantos más lugares más alegrías, pues, yendo uno por ahí, todo lo que pueda verse nunca es demasiado. Por fin podré entregar la carta de la señora Haycock al señor Hughes[105]. El paquebote llegará aquí el miércoles, así que dejaré esta carta para que sea remitida.

Dales mi amor a todos en mi querido Shrewsbury, y mi querida Granny, siempre seré tu / muy afectuoso / Charles Darwin

Julio 31./ Montevideo

Montevideo/Agosto 7. He retomado mi carta de nuevo para continuar escribiendo algo más. Llegamos a Buenos Aires, donde un barco de guardia nos disparó un cañonazo que cayó cerca, lo cual tomamos como un gran insulto, y si nuestros cañones hubieran estado preparados, habríamos contestado con los intereses acumulados. Pero de inmediato pusimos banderas desplegadas y regresamos aquí. El capitán informó de las circunstancias a la fragata Druid, anclada en el apeadero, y se dirigió a Buenos Aires, donde obtuvo amplias satisfacciones al insulto que se nos había brindado. ¡La excusa fue la cuarentena por el cólera! Decidimos que debíamos tomar una semana de calma, pero a la mañana siguiente de anclar un serio motín tuvo lugar entre las tropas negras que hizo peligrar la seguridad de la ciudad. Inmediatamente armamos y tripulamos todos nuestros botes y, a pedido de los habitantes, ocupamos el fuerte principal[106]. Fue algo nuevo para mí andar con pistolas y sables por las calles de una ciudad. Todo terminó en humo, pero las consecuencias son muy desagradables para nosotros, ya que por el estado problemático del país no podemos andar por el campo. El paquebote tardará todavía una semana en zarpar. Y ahora, por lo que respecta a los negocios, en mi carta a Erasmus le conté que el teniente Blanchard iba a llevar a cabo el envío de mi caja. Acabamos de saber que ha quebrado y partido para Estados Unidos.

Espero que Erasmus haya preguntado al agente de Londres, la señora Palgrave, 3 Lyons Inn, Strand. Si así fue, habrá tenido noticias al respecto. Si no, debería haberse enviado una carta a Falmouth, y espero que no se hayan perdido. Sería una gran pérdida para mí. Si se han recuperado, debe haber otro medio de enviarlas a Montevideo. Siento mucho todo este problema./ Suyo afectuosamente / Charles Darwin

El 17 partimos para Río Negro. Adiós.

A John Stevens Henslow[107] [23 de julio-]15 de agosto [de 1832]
Mi querido Henslow:

Estamos ahora batiendo Río de la Plata arriba y tomo la oportunidad de empezar esta carta para usted. No envié las muestras desde Río de Janeiro, pues resiento el tiempo que me tomaría empacarlas. Ya están listas para ser enviadas, probablemente por el paquebote[108]. Si es así irán a Falmouth (donde el capitán FitzRoy ha hecho arreglos) y así no molestaremos al agente de sus hermanos en Londres.

Cuando dejé Inglaterra no estaba consciente de cuán esencial fue su amabilidad cuando se ofreció a recibir mis cajas. No sé qué habría hecho sin tal cuartel general. Y ahora unas líneas apologéticas sobre mi colección. Me temo que me dirá que es demasiado pequeña, pero no he estado ocioso y debe recordar que en las tribus inferiores cientos de especies hacen un pequeño bulto. La caja contiene una buena cantidad de muestras geológicas, aunque estoy consciente de que un gran número no deja de ser pequeño. Pero mantengo que nadie puede acusarme hasta que haya tratado de acarrear rocas bajo el sol tropical. Me esforcé por obtener muestras de cada variedad de roca y escribí notas sobre ellas. Si piensa usted que vale la pena examinarlas, me encantará la información mineralógica que sea, especialmente la de las muestras 1 a 254, que incluyen las rocas de São Thiago. Sabría a cuál se refiere gracias a mi catálogo[109]. En cuanto a mis plantas, pudet pigetque mihi[110]. Todo lo que puedo decir es que uno ve los objetos y se dedica a observarlos y a estudiar sus particularidades, y no puedo resolverme a recolectarlos cuando no sé nada de ellos.

Es decepcionante, en medio de tales tesoros, caminar por la gloriosa selva y sentir que son desechados enfrente de ti. Mi colección de los Abrolhos es interesante, pues sospecho que contiene prácticamente toda la flora y lo mismo podría decirse por la extrema esterilidad de São Thiago. Envié a casa cuatro botellas con animales en alcohol y tengo tres más que no mandaré hasta tener la cuarta. Estoy ansioso por saber cómo llegan. En Río conseguí una enorme colección de Arachnidæ, al igual que muchos buenos escarabajos en pastilleros, pero no era el mejor tiempo del año para estos últimos. Como sólo tengo tres cuartos de caja de dípteros, tampoco los envié. Entre los animales inferiores, nada me ha interesado más que el hallazgo de dos especies de elegante colorido de verdaderas Planariæ[111], ¡que habitan en el bosque seco! La engañosa relación que mantienen con los caracoles es la cosa más extraordinaria de ese tipo que he visto. En el mismo género (o mejor dicho en la misma familia) algunas de las especies marinas poseen una organización tan maravillosa que casi no podía dar crédito a lo que veía. Todos hemos oído de las franjas descoloridas del agua en las regiones ecuatoriales. Presencié una que se debía a la presencia de Oscillaria tan diminutos que en cada pulgada cuadrada de superficie debe haber habido por lo menos cien mil de ellos. Después de esto, lo mejor es callarme, porque pensará que soy el Barón de Münchausen[112] de los naturalistas. Con toda seguridad podría colectar muchos más especímenes de animales invertebrados si me tomara menos tiempo con cada uno, pero he llegado a la conclusión de que, anotados dos animales con su color y forma originales, esto será más valioso para los naturalistas que seis con sólo fechas y lugar. Espero que me mande sus críticas acerca de mi colección y me esforzaré para que nada de lo que usted diga se pierda para mí.

Con las muestras enviaría mis notas, aunque encuentro que tengo repetidamente tantas ocasiones de referirme a ellas que sería una seria pérdida para mí. No puedo concluir acerca de mis colecciones sin añadir que implícitamente espero que usted mantenga una cuenta exacta acerca de todos los gastos de las cajas, etc., etc. En este momento estamos anclando en la boca del río y realmente es una escena extraña. Todo está en llamas, el cielo con rayos, el agua llena de partículas luminosas y aun los propios mástiles poseen una llama azul en la punta. Espero con gran interés peinar las llanuras de Montevideo, aunque veo hacia atrás los trópicos, esa mágica línea de todos los naturalistas, y siento pesar. La emoción de sentarse en un tronco podrido en medio de la penumbra de la selva es inenarrable y para no olvidarla nunca. Cuán a menudo he deseado que usted lo experimentara. Cuando veo un banano, recuerdo cómo los admiramos en Cambridge usted y yo. Poco podía pensar entonces que pronto iba yo a probar su fruta.

Agosto 15. En unos días la caja partirá en el paquebote Emulous (del capitán Cooke) a Falmouth y de ahí se le remitirá a usted. Esta carta seguirá el mismo camino, así que si en el tiempo debido no recibe usted la caja, escriba usted por favor a Falmouth. Hemos permanecido aquí (en Montevideo) durante bastante tiempo, pero debido al mal tiempo y a la lucha constante en tierra casi ni hemos podido recorrer el país. Nada he recolectado durante el último mes, pero hoy salí a caminar y regresé como el arca de Noé, con animales de todo tipo. Para mi asombro hallé dos Planariæ que vivían bajo las piedras. Pregúntele a L. Jenyns si ha oído tal cosa alguna vez. También encontré un caracol muy curioso y arañas, escarabajos, serpientes y escorpiones ad libitum. Y para concluir maté un Cavia que pesaba un quintal. El viernes partimos al Río Negro y ahí empezará nuestro trabajo desenfrenado. Contemplo con terror las regiones húmedas y tempestuosas del sur, pero después de este placer intenso debo aceptar ciertos mareos y malestares.

Deles mis recuerdos a todos y créame, mi querido Henslow, que soy su afectuoso / Charles Darwin

Montevideo. Agosto 15.

De Catherine Darwin 25 de julio[-3 de agosto] de 1832
Shrewsbury
Julio de 1832
Mi muy querido Charles:

El 31 de junio nos emocionó recibir tu carta desde Río fechada el 6 de abril y el 5 de julio (de este mes) recibimos tu segunda carta y el Diario fechados el 25 de abril, con el recuento interesante de tu expedición por el Brasil. No puedo expresarte lo interesantes y entretenidos que nos parecieron tus cartas y tu Diario, y qué gran alegría da a toda la casa cuando tenemos tan felices relatos de ti en todo sentido. Corrí a decirle a Nancy y a algunos de los demás sirvientes, y el placer es universal por toda la casa, ya que todos te aman y piensan en ti, mi muy querido Charles. Es tan maravilloso además ver cómo tu viaje responde de maravilla, y cómo lo disfrutas hasta con exceso. No creo que ningún placer puede ser más vívido que el que has disfrutado. No tenía ni idea antes de leer tu diario de la extraordinaria belleza de los trópicos. Si me pides mis críticas, debo decir que tus descripciones son excelentes, y me dan el más vívido placer al leerlas. Estuve tan interesada que no pude dejar de leer hasta que llegué al final, lo cual también fue el caso de Marianne y Caroline, pues ambas admiraron y gustaron de él extraordinariamente. Tu Diario y tus cartas nos fueron enviadas a Marianne y a Caroline y a mí al mar, donde estuvimos en las últimas tres semanas. Susan le leyó en voz alta el Diario a papá, que también estuvo interesado y le agradó mucho. En Maer también quisieron verlo, pero no sabemos si tú lo deseas y debemos esperar hasta que nos digas si podemos hacerlo o no. Debemos guardarlo cuidadosamente para ti. El mismo paquete contenía una nota del capitán Beaufort, de la que imagino que tendrás la curiosidad de saber qué dice, por lo que te la copio: «El capitán Beaufort presenta sus cumplidos a la señorita Darwin, con la carta incluida, y quizá me perdone la libertad que se toma de agregar que el capitán FitzRoy no pierde oportunidad de expresar la completa satisfacción que siente por la sociedad del señor Darwin, y en su último despacho afirma: "D. es igualmente querido y respetado por todas las personas de a bordo". Almirantazgo. Junio 29»[113]. Susan escribió para agradecer al capitán Beaufort sus finezas.

Ésta es la quinta carta que dirigimos a Montevideo: abril, mayo, junio, julio y agosto. Es una pena que la de abril no haya sido dirigida a Río, pero nos sentimos obligadas a seguir tus instrucciones originales. Nos desconcertó que tuvieras un desliz de la pluma, ya que supongo que el Beagle iba a regresar a San Salvador el 7 de marzo, pero que tú quisiste escribir mayo. Fue un plan muy conveniente que permanecieras estacionado en la bahía de Botafogo. No puedo concebir algo más extraordinario e interesante que vivir tranquilo en una cabaña brasileña, pero no dejes que la cabaña te saque la parroquia de tu cabeza, pues es algo mucho mejor, por lo cual nos alegró saber que sigue estando a la vista de tus perspectivas. Espero que aún encuentres a Fanny Wedgwood sin comprometer y controlada en una excelente esposa de clérigo para cuando regreses, pues será una linda e invaluable esposa[114]. Pero no te prometo que la encontrarás sin compromiso, pues otro clérigo, el señor Paget Mosley, hermano de la señora de Frank Wedgwood, parece someterla a una atención asidua, pero se trata de un hombre vulgar, gordo y feo, por lo que no creo posible que ella lo quiera. Debo contarte una pequeña escena que tuvo lugar entre ellos. Estaban admirando algunas de las flores del invernadero cuando el señor Mosley declaró que él podía mostrar unas flores más bellas aún, y de su bolsillo sacó un pedazo de papel en el que Fanny había trazado algunas florecitas unas semanas antes. Emma estaba cerca y casi se ahoga de la risa por las maneras extrañas del hombre y la diversión de Fanny.

El profesor Sedgwick ha estado llamando con gran insistencia y en las horas más inesperadas, lo cual me hace pensar que la próxima noticia que tendrías sería que Susan está considerando ser la señora Sedgwick[115]. La última visita suya la hizo camino de Cader Idris[116]. Cuando estábamos en la playa (en Rhyl, en Flintshire, no lejos de Abergelley, un lugar odioso), hicimos el camino usual a Bangor y Conway y también a tu vieja conocida, la Orme's Head, a la que Caroline es tan afecta que hasta piensa en construir una casa ahí. La de Rhyl es una costa bastante fea y me pareció como Plas Edwards[117] y acabó por enfermarme. Leímos una reseña de los Voyages in the South Seas del señor Earle[118], en el Monthly Review del señor Lytton Bulwer[119]. Su libro ha sido muy alabado y parece muy entretenido. Me muero de curiosidad por saber si recibes los periódicos y cuánto conoces de las noticias públicas. Los periódicos no te dirán mucho acerca del cólera, que ha vuelto a asolar Londres y se ha expandido por todo el país. Es tan extraña esta segunda aparición, sobre todo entre las clases altas. La muerte de la señora Smith (hermana de Lord Forrester) fue extrañamente súbita: estaba en la ópera el sábado por la noche, perfectamente bien a la hora del almuerzo el domingo, cuando de pronto fue atacada y murió a las 12 de la noche. Mientras agonizaba, todos los médicos de Londres fueron consultados, pero se pasaron dos horas discutiendo antes de que pudieran hacer nada. En Shrewsbury estamos libres de la enfermedad. Los miembros del condado van de casa en casa por todo Shropshire haciendo propaganda para el Parlamento. El señor Pelham y el señor Whitmore no tienen rival para el sur de Shropshire y Sir Rowland Hill, el señor Gore y el señor Coates van por el norte de Shropshire, que sí será disputado. El señor Coates es el único liberal entre ellos y es un hombre pobre. El señor Biddulph se presenta en una elección disputada por Denbighshire con el hijo de Lord Kenyon, lo cual es una locura porque es casi seguro que pierda[120]. Me temo que la pobre Fanny no tiene una vida muy placentera o fácil, pues la vieja señora Biddulph, la madre, es odiosa con ella y el señor Biddulph es un marido demasiado exigente. Qué lástima que Erasmus no te escriba, pues es una criatura tan ociosa, y lo veo tan absorto con Paganini. Espero ansiosa volver a saber de ti, mi muy querido Charles. No puedes pensar cómo se alegra mi corazón cuando recibimos carta tuya.

Dios te bendiga siempre y recibe, con el amor de todos, el mío afectuoso / E. Catherine Darwin

De Susan Darwin 15[-18] de agosto de 1832
Shrewsbury
Agosto 15 / 1832
Mi querido Charles:
Recibimos el sábado pasado tu última carta dirigida a Catherine con otra para el señor

Owen fechada en junio en Río y nos dio un gran placer tener otro relato feliz de ti. Aunque te quejas mucho de la dificultad de escribir, no nos parece claro ya que no podíamos recibir una carta más linda y más desenfadada que tu última. Creo que por fin has encontrado la manera de que este ocioso del viejo Dag te escriba al mandarle que lleve a cabo tus encargos. Se ha hundido en una letargia tal en Londres que requiere que le enviemos tres cartas antes de que se enderece para mandarnos unas líneas. No puedo concebir por qué se ha enterrado en vida en este precioso verano en la suciedad de Londres, ya que ha estado hablando de que vendría y se iría al extranjero en los últimos tres meses, pero nada se realiza. El señor y la señora Hensleigh están en Maer y vendrán a vernos a principios de septiembre y espero que por alguna casualidad Erasmus aparezca entonces entre nosotros, ya que hay una gran atracción en ese lado. Tu narración de los efectos fatales de la partida de caza es muy triste, especialmente por la muerte del pequeño Musters, que era un ser muy alegre. ¿Supongo que habrán muerto a bordo del barco? ¡Qué afortunado fuiste por no unirte a la partida aunque seguramente lo lamentaste en ese momento! Espero, mi querido Charley, que esto sea una advertencia para que te cuides hasta el extremo y no exageres para no provocarte estas fiebres. Papá te envía su más afectuoso cariño y me pide que te repita otra vez lo que hemos dicho todos continuamente, lo de que esperamos que no te permitas una falsa vergüenza que te impida regresar cuando te sientas inclinado a ello, pues nos haría muy felices tenerte de regreso. Estoy muy complacida de pensar que la tranquilidad de una parroquia tiene todavía sus encantos para ti. Es encantador ver hacia el futuro e imaginar que te estableces aquí. Y a pesar de este año de bodas, estoy segura de que encontrarías que todavía hay una linda mujercita para ti. Robert Wedgwood estuvo aquí y ayer se fue al Hill y de ahí seguirá para devolver la visita al señor y la señora Edward Holland e inspeccionar su propia futura morada en Dumelton[121] (que así se llama ahora). Se ha dedicado a la granja y tiene más de 40 patos y gallinas, además alquila la balsa de Maer al tío Jos, lo que pienso que es una especulación dudosa, ya que según creo paga 20 libras al año por ello. Papá no ha estado tan bien como acostumbraba últimamente, le ha dado lumbago y a la vez encuentra que el más mínimo esfuerzo es demasiado para él. Lo estamos convenciendo de que deje lo más que pueda la visita a los pacientes, y así podrá evitar cualquier fatiga o apuro. El invernadero es de lo más grato y antes de que llegara tu carta había ordenado un banano. Comimos nuestra primera piña del invernadero el lunes pasado. El tío John estaba con nosotros y la calificó de muy buena. La cabeza de Joseph da de vueltas ante esta primera producción. Papá quiere que te diga que la cuenta por tu dinero en el banco no ha sido presentada el 9 de este mes, pero ya giró órdenes de que se te cubriera, y da su consentimiento a los encargos que le has hecho a Erasmus.

Caroline y yo partiremos pasado mañana a Derbyshire para realizar nuestra largamente prometida visita a Osmaston. Apenas puedo creer que haga dos años que William y Julia andaban por aquí. Espero que todas las hermanas perversas se encontrarán bien, pues me gustaría relacionarme con ellas, en especial con Frances Jane. William no ha estado muy bien de salud como para cumplir con sus deberes, así que espero que esté en casa. Caroline quería encontrarse con Bessy Galton para ver cómo prospera el coqueteo, pero me hará montar en cólera verlas juntas, por lo que espero que no esté ahí. La señora Fox es la que nos produce horror, pues su pasión por la mecánica nos alarma. Acabo de obtener el Babbage On machinery[122] y debo ponerme a estudiarlo con toda diligencia para prepararme. Catherine y yo fuimos a Ness a< yer> para unirnos a un grupo en el Hill[123]. Los Owen fueron, desde luego, la principal atracción. Woodhouse parece tan alterada y extraña con Caddy y Francis como propietarios de la que fue alguna vez una casa alegre. El pobre de Owen no se encuentra bien en Londres con su ictericia, y Sarah ha perdido su constitución oweniana. Está redactando una larga carta para ti, y me ha escrito para pedirme cómo dirigirla. Fanny ha estado muy ocupada últimamente visitando a la gente de Denbighshire con el señor Biddulph y con gran éxito. El hijo de Lord Kenyon no tenía oportunidad alguna frente a ellos.

Creo que Caroline te contó en su última carta qué día tan placentero pasamos con el mayor Bayley y cuánto habló acerca de su amigo Charles. Hace mucho que no veo a Tom Eyton, pero cuando lo haga le apremiaré para que vaya tras de ti.

El cólera ha llegado finalmente a Shrewsbury, pero todavía no suma 20 casos y espero que pronto desaparezca. Creo que Catty es la más alarmada por la enfermedad que nadie en la casa. El actual animal casero es un joven cuco que fue tomado por unos muchachos de un nido de alondras. Me temo que no vivirá lo suficiente para decir cucú en la próxima primavera.

Fuimos a un concurso de arqueros[124] en Pradoe el 10 de este mes y nada hicimos más que contemplar a la infortunada novia de Sir Rowland Hill, pues hizo su aparición pública ahí. Se ve muy chiquilla, pero bastante linda y de buen ver. Era la señorita Clegg, la gran heredera cuya boda fue mantenida en secreto por más de un año por esa vieja arpía de la señora Hill, quien desde luego la planeó. Después de todos nuestros planes ya maduros para ir a Osmaston, tuvimos una carta ayer en la que se nos dice que el pobre William está de nuevo tan mal que no puede recibirnos. Me imagino que temen que sea la tisis, pues su pecho está afectado. Recibió tu carta y se sintió muy contento de que le hayas escrito. Qué familia tan infortunada y enfermiza es la de los Fox. Ésta es una epístola muy sosa mi querido Charles, pero simplemente quiere decirte que todos estamos bien. No dejes que pase la menor oportunidad de escribirnos, pues es tal el placer y el consuelo que nos da saber de ti, mi muy querido C. En el futuro simplemente menciona las fechas de nuestras cartas. Hasta ahora no se ha perdido ninguna, lo cual es un gran consuelo.

Dios te bendiga y, con todo nuestro amor afectuoso, créeme siempre tuya / Susan E. Darwin

Sé que me equivoqué al poner HMS en esa dirección, pero en el futuro lo haré correctamente si me perdonas por esta vez.

De Erasmus Alvey Darwin 18 de agosto [de 1832]
[Londres] Agosto 18
Mi querido Charles:

Vi por una carta de Catty que el paquebote zarpa el viernes, así que te escribo para hablarte de tus encargos, aunque me temo que no podré obtener tus trampas para serpientes a tiempo para mandártelas. Los Mollusques de Cuvier[125] no se encuentra en Londres y es muy apreciado y escaso. De todos los libros de viajes sólo uno puede obtenerse en un ejemplar imperfecto, sin el atlas, por tres guineas y media, así que no lo compré. De los otros uno cuesta 40 libras y otro 30, pues constan de una gran cantidad de láminas in folio. En resumen, no obtuve ninguno de ellos. Sí compré los Fragments de géologie et de climatologie asiatique de Humboldt[126], que me supongo es la obra que buscas. El octavo volumen de la Personal narrative[127] todavía no se publica. Los Travels de Leopold von Buch por Jamieson[128] fueron por Noruega y no por Suecia, así que lo compré de todos modos y espero que sea el correcto. Bohn[129] fue muy atento y pensó que recordaba algo acerca de los Linneos[130], pero como no mencionaste la edición y hay muchas no está seguro de que te pueda conseguir las hojas. El señor Banks me ha prometido los espejos, etc., pero como sabes es un carruaje lento. Si Bohn fracasa, te enviaré mi Linneo, que pedí a Shrewsbury por si acaso. Las Arctic regions de Scoresby[131] no están en Shrewsbury, y como no parecías muy ansioso acerca de él, no he pensado que valiera la pena comprarlo. No pude adquirir agujas de encaje (así me las describiste) pero sí algunos alfileres para encaje y algunas agujas para ensartar cuentas, pues son las mejores que se fabrican. Lo demás ya lo hice.

Habrías disfrutado de un verano muy placentero en Shropshire este año. Sedgwick y Murchison[132] estuvieron ahí realizando estudios geológicos. Murchison fue a examinar todo el campo que rodea los Ponsford Hills[133], para lo cual hasta a mí me habría gustado andar con él. Hice muchos planes para el verano, pero todos fallaron y vivo o más bien vegeto de la manera más tranquila posible en Londres pensando en el esfuerzo que representa darle la vuelta al St. Jame's Park en el transcurso del día. Quise haberme ido en este verano con Sargeaunt[134] para ver el Auvergne, pero su médico decidió que ante su delicado estado de salud le ordenaba que se fuera a Italia por un par de años.

En mis habitaciones he establecido un cómodo laboratorio, el cual ha sido el gran desiderátum de mi vida en Londres, y eso y el fumar llenan mi vida maravillosamente. El próximo mes espero ir a visitar a Charlotte en Ripley. Es una pena que Charlotte, al contrario de la norma general entre las mujeres que se casan, se haya deteriorado tanto con el matrimonio y espero que, para < cuando> hayas tú regresado, ya haya aprendido a hablar con soltura acerca de los lores y de sus pedigrís. Estoy convencido de que éste es su tema tête à tête. Espero tener un buen intercambio de gemidos contigo acerca de cómo se ha arrinconado de manera incomparable. Desde luego, es el acontecimiento más maravilloso que haya sucedido en la familia.

Me entristece ver por tu última carta que sigues considerando esa horrenda parroquia en el desierto. Empezaba a esperar verte establecido en Londres en alojamientos cercanos al Museo Británico o a otro lugar igualmente erudito. Mi única oportunidad es que la Iglesia Establecida sea abolida, y en algunos lugares se empieza ya a demandar promesas en este sentido. La cuestión de las promesas es hoy muy agitada, y ayer leí una admirable carta de Tom Macaulay a los electores de Leeds sobre el tema de las promesas en la que rehúsa darlas de manera directa con simplemente afirmar sus opiniones abiertas y francas. La abolición de los impuestos a los periódicos, el voto por papeleta, la abolición y la conmutación de diezmos, la abolición de la esclavitud, etc., etc., de todo ello él está convencido pero no se compromete a votar en su favor[135]. Ahora que tenemos la Ley de Reforma, la gente parece poco inclinada a utilizarla, ya que una gran proporción o la incumple por ignorancia o por no querer verse registrados. Esto hace que la gente esté cada vez más ansiosa de votar por papeleta y no tengo dudas de que pronto se aprobará. El pobre del viejo rey es muy impopular ahora, pues al descender hasta la cámara para prorrogar el parlamento fue recibido con gemidos y en una gran cena de la National Political Union[136], cuando se propuso brindar por su salud, se rechazó absolutamente la borrachera. Te cuento todo esto de la política porque supongo que estás demasiado lejos de Inglaterra para que te preocupe mucho. La política no viaja.

Adiós, mi querido Charles, y escribe de nuevo cuando necesites algunos encargos más, y yo tendré sumo placer en llevarlos a cabo sin que pienses en las molestias. Encuentro un gran placer en leer tus cartas y tomo un gran interés en todos tus hechos, pero no deseo que me escribas a mí, y si no tienes noticias mías con frecuencia, te puedo asegurar que no es por falta de cariño, sino por indolencia, y tampoco sé muy bien qué contarte acerca del chismerío de Londres, que si no se lleva hasta Shrewsbury, mucho menos a través del Atlántico. Adiós con mi cariño y mis buenos deseos. E. Darwin

A Frederick Watkins 18 de agosto de 1832
Montevideo, Río de la Plata
Agosto 18, 1832
Mi querido Watkins:
No estoy muy seguro de que pienses que una carta de alguien tan alejado valga la pena, sobre todo si se escriben bajo el principio egoísta de pedir una respuesta. En los distintos países que hemos visitado la completa diferencia y novedad respecto de Inglaterra sólo sirve para hacer que sus escenarios y encantos sean más agudos. En consecuencia, el placer de oír y pensar en los viejos amigos se vuelve mayor. Recuerda esto y en alguno de los largos atardeceres de invierno siéntate y mándame un largo relato de ti y de tus amigos, tanto acerca de lo que tienes como de lo que intentas hacer; de otro modo en tres o cuatro años más, cuando regrese, serán ustedes unos extraños para mí. Considera cuántos meses han pasado y no hemos caminado tanto en el Beagle si piensas en la vuelta al mundo. De todos modos, todo ha valido como pago de las molestias necesarias y la falta de comodidades. Estuvimos tres semanas en Cabo Verde y no fue poco placer vagabundear por los llanos de lava bajo un sol tropical, pero cuando por primera vez me introduje y contemplé la lujuriosa vegetación

de Brasil, se hicieron realidad las visiones de las noches árabes. La brillantez del paisaje nos lanza a un delirio de goces y un cazador de escarabajos no puede despertar de pronto ante el espectáculo, cuando por dondequiera que vuelvas la vista nuevos tesoros aparecen ante tu mirada. En Río de Janeiro, tres meses pasaron de largo como si fueran semanas. Realicé una excursión maravillosa en esa época internándome en el país a lo largo de 150 millas. Me quedé en una hacienda que es la última que ha desbrozado el terreno y más allá sólo existe una impenetrable selva. Es casi imposible imaginar la quietud de esta vida. No hay un solo ser humano en millas a la redonda que interrumpa la soledad. Sentarse uno en medio de la penumbra de tal selva en un tronco podrido y pensar en casa nos remite a un placer que vale la pena. Pero ahora estamos en un país mucho menos interesante. Una simple caminata por los pastizales ondulados de la llanura muestra todo lo que hay que ver. No se distingue mucho de Cambridgeshire, sólo que cada árbol de los setos y las colinas deben aplanarse y la tierra fértil verse convertida en pastizales. Todo Sudamérica está en un estado tan inestable que no hemos llegado a ningún puerto que no presente disturbios. En Buenos Aires, un cañonazo pasó silbando sobre nuestras cabezas e hizo un ruido que jamás había oído, pero me di cuenta de que tengo un conocimiento instintivo de lo que significa. El otro día tuvimos que bajar a tierra con nuestros hombres y tomar posesión a pedido de los habitantes del fuerte central. Nosotros los filósofos no pactamos con este tipo de trabajo y espero que sea el último y no haya más. Zarpamos en un día o dos para estudiar la costa de Patagonia, pues es enteramente desconocida y espero que despierte mi interés, aunque ya noto la grave diferencia entre estos mares y el océano equinoccial. En el «Golfo de las Damas», como lo llaman los españoles, es tan lujoso sentarse en cubierta y gozar del fresco de la noche y admirar las nuevas constelaciones del sur… Por cuanto a la vieja luna, ella, los ruiseñores, Jack Venables y tu viejo y alegre yo forman un tren de ideas tan placentero como nunca pude desear algo así en que pensar. Me pregunto dónde podremos encontrarnos de nuevo, pero sea cuando sea, poca cosa me dará mayor placer que verte de nuevo y hablar de los largos momentos que pasamos juntos.

Si me encontraras en este momento, ciertamente me verías como a un animal salvaje: una gran barba horrorosa y una chaqueta bochornosa desfigurarían hasta a un ángel.

Créeme, mi querido Watkins, con los sentimientos más cálidos de amistad./ Siempre tuyo / Charles Darwin

De Sarah Williams 26[-31] de agosto de 1832
1, Belgrave Street
Domingo 26 de agosto / 1832
Mi querido Charles:

Si pensaste en mí, me temo que habrá sido para recriminarme mi olvido de la promesa de escribirte. Te aseguro que mi propia conciencia me lo ha reprochado con frecuencia, pero sé que no necesito decirte que no es el olvido la causa de mi silencio, ya que, mi querido Charles, no ha pasado un día sin que ocupes alguno de mis pensamientos, y fue con gran placer que escuché las buenas noticias que se han recibido de ti. Papá estuvo muy contento con tu carta, que recibió hace unas dos semanas, y seguramente ya te contestó. Susan me dice que dirija la carta a Montevideo, pero me temo que será a todas luces incierto cuándo recibirás ésta, pero cuando la recibas espero que me escribas y me lo confirmes, sin esperar a estar en Tierra del Fuego, de donde me prometiste mandarme una carta. A menudo pienso qué gran y maravilloso número de cambios ha tenido lugar entre nuestros amigos desde la última vez que los viste. La boda de Fanny debe haberte sorprendido no poco, después la de la «Charlotte incomparable» y su hermano, el señor F. Wedgwood. Creo que tu primo Hensleigh se vio emparejado antes de que partieras y seguramente estuviste detenido tanto tiempo en Portsmouth como para haber oído que mi ejecución había ya tenido lugar, espantosa época a partir de la cual, te lo aseguro, he sido tan feliz como una reina y nada tengo que desear por haber sido consentida y echada a perder por Edward, que es un ángel aunque sin alas (como Harry Wedgwood dijo del «incomparable marido de Charlotte»). Creo realmente que nunca ha habido un carácter así, y tú puedes imaginar su excelencia cuando te diga que nadie de la raza guerrera de los Owen, hasta ahora, nunca se ha visto llevado a la pelea, o a la disputa: no sé si esto se deba a que la sangre de los Owen está degenerando a toda prisa, pero es un hecho. Trataré de darte un relato de mi vida y aventuras desde que nos separamos. Cuando me casé, en vez de ir a un helado viaje por el mes de noviembre, en busca de lo pintoresco, declaré que quería partir al instante en un viaje romántico a Londres, adonde llegamos al día siguiente. En esa misma tarde fui a ver a la señorita Fanny Kemble[137] (oigo que exclamas: ¡por los cielos y la tierra!) y continué con mi gira teatral durante una semana o más, hasta que visité cada uno de los teatros abiertos en esa época. Poco después regresamos a Eaton, donde permanecimos hasta fines de enero y nos divertimos cazando casi cada día con los sabuesos. Monté en un viejo y experimentado Hunter, con tanto sentido como cualquier cristiano, que me llevó maravillosamente por todas las situaciones sin que diera conmigo por los suelos. Desde entonces se ha convertido en propiedad mía y ha estado pastando todo el verano y espero encontrarlo listo para ir de caza cuando empiece la estación. Pero, para regresar a mi historia, dejamos Eaton a fines de enero y fuimos a quedarnos con mi hermano Richard[138], en Pall Mall, hasta que quedó arreglada esta casa, de la que tomamos posesión a fines de febrero. Ya no he salido de ella, excepto por una visita de unos días a casa de los Bruce, quienes se aposentaron cerca de Windsor. En marzo tuve una grave enfermedad, que hizo que me quedara en cama por un tiempo. Tan pronto como me sentí capaz, pensé que un paseo a caballo me haría bien y así monté a una vieja yegua gris de cuatro años que Edward me compró con el señor Gore < y> fuimos al parque (era la se< gunda vez> que la montaba) y había llegado justo al lado opuesto de la Serpentine cuando se lanzó tras un perro, se dio la vuelta y fui a dar al suelo. Sus patas por desgracia se enredaron con mi vestido y, al tratar de zafarme, puso su pata sobre el hueso de mi tobillo y la junta de la herradura me trozó un pedazo. Dicen los cirujanos que media pulgada más y me quedaba sin articulación. Trepé de nuevo en el caballo, pensando que sólo me había torcido el tobillo, y Edward me llevó a la casa que pertenece a la Humane Society mientras conseguía un carruaje que me llevara a la casa. En esa tarde llegaron Caroline y Arthur, el pobre de Arthur para preparar su viaje, y todo el tiempo que estuvieron con nosotros nunca pude dejar la cama, tan mala era la herida. Fueron nueve semanas antes de que pudiera caminar. Me las arreglé con una muleta y me subían y bajaban del carruaje. Edward ya no consiente que monte más a esta yegua gris malhadada y me vi obligada a venderla, pero la he sustituido por un lindo alazán que me acomoda muy bien. El inocente de Arthur partió a mediados de mayo y se llevó consigo un bulldog que da temor de verlo, más bien un extraño perro para llevarlo consigo, pero se me dijo que le iba a ser más útil que cualquier otro perro. Supimos de él desde Madeira y parece que estaba gozando mucho del viaje, pobre muchacho. Espero que cuando llegue a la India se estabilice y sólo así no habrá duda de que le irá bien. Caroline fue a la boda de Fanny y regresó aquí con mamá. Se quedaron cinco semanas con nosotros, y vinieron y regresaron por el Wonder, del que dijeron que es el medio de transporte más encantador sobre la tierra. Me siento rara de quedarme sola por tantas horas del día, ya que Edward va al trabajo cerca de las 11 y rara vez regresa antes de las 5 o 5 y media, y es enojoso que estemos detenidos en Londres tan avanzado el año, debido a la ausencia del señor Powell, pero espero ver Eaton alrededor de la segunda semana de septiembre, y permaneceremos ahí hasta después de Navidad. Nunca me quedé tanto tiempo en Londres antes, pero ya soy una cockney tan completa que considero que es un lugar mejor que cualquier otro, a la larga, y me satisface que mi destino sea permanecer en él tanto tiempo. Fanny ha estado en la ciudad durante tres semanas, pero ya regresó a Chirk Castle, donde me temo que no se sentirá muy a gusto en los tiempos que vienen, ya que la señora y la señorita Biddulph se quedan ahí por unos meses y se siente intimidada ante ellos. ¡Quién hubiera pensado que se casaría tan pronto después del infortunado lance de la ciudadela[139]! Caroline ya tomó posesión del título de Miss Owen, y te aseguro que ha hecho más progresos desde que obtuvo esta dignidad. Supongo que Emma hará su aparición pública en este invierno, pues he sabido que ha mejorado mucho últimamente, pero hace más de seis meses que no la veo. Matty Cotton, esa «estrella naciente de Ton», también se ve floreciente. Desde luego, todas las demás bodas de Shropshire ya te han sido anunciadas. La señorita Boughey y el señor E. Fielding, la señorita Parker y Sir Baldwin. El intento de boda del señor Mainwaring con la señorita Salisbury y del señor Henry Lloyd con una heredera de Bristol tan pronto como obtenga una parroquia. Si no regresas pronto, sólo encontrarás perros muertos en Shropshire. Clare Leighton sigue siendo Clara Leighton y no he oído que vaya a cambiar de nombre. Estoy seguro de que lamentarás la súbita muerte de la pobre de la señora Mathew. Sí pienso que nadie ha sido tan lamentado, y me temo que el pobre del señor Mathew no se recuperará del hecho. Erasmus cenó con nosotros no hace mucho y lo encontramos también en una cena en casa de los Holland. Por cierto que el señor Holland se casó y está hecho polvo desde que te fuiste. No puedo decir que admire su elección aunque no soy tan violenta como Erasmus, quien declara q< ue s> i le ofrecieran cinco libras por darle un beso, no lo haría. Catherine está ahora de visita con los Holland, en Gloucestershire. Estaría encantada, mi querido Charles, de recibir carta tuya y no olvido la solemne promesa que me hiciste de visitarme en primer lugar de Belgrave Street tan pronto como llegaras a Londres. Cena con nosotros y ve al teatro. ¡Me pregunto cuándo será ese día! Espero que siga siendo de tu agrado tu «ángel disfrazado de capitán de mar» tanto como antes, puesto que ya tienes contigo una gran colección de curiosidades. A menudo me río cuando pienso en tu última caminata por el Forest, cuando descubriste y arrancaste esos horribles hongos y los embotellaste para tus profesores de Cambridge. Prefiero curiosidades vivas como los monos o los pericos, que me encantan. Ahora poseo tres animales caseros, un pinzón y dos pájaros extranjeros que no admiten descripción. Tuve la < > desgracia de perder al pobre Beppo, que fue robado por algún miserable en forma humana cuando sólo teníamos tres semanas en Londres. Amo esta casa en la que vivo, es tan aireada y tranquila. Te reirás de que tal cosa sea una recomendación para mí, pero no tienes ni idea de qué matrona más estable y serena me he vuelto, y, por extraño que parezca, casi enteramente he perdido el gusto por la diversión y andar de paseo. No podrás creer que ésta sea la Sarah Owen que escribe con este estilo, pero lo es. Y ahora temo que debo llegar a la conclusión de este largo garrapateo. El cielo sabe cuándo y cómo podré llegar a ti, pero cuando esto suceda, espero que te convenzas de que no eres ni serás olvidado jamás por uno de tus más viejos amigos, que es y seguirá siendo muy sinceramente y afectuosamente tu / S. H. Hosier Williams / (qué te parece)

Una carta dirigida a Belgrave Street siempre me encontrará. Dios te bendiga, mi querido Charles, y < muy> pronto volveré a escribirte.

De William Darwin Fox 29 de agosto-28 de septiembre de 1832
Ryde. Isla de Wight
Agosto 29, 1832
Mi querido Darwin:
La vista de tu tan conocida escritura en el dorso de una carta me dio no poco placer, pues empezaba a dudar de saber de ti durante tus jornadas; parecía tan lejana la fecha en que supe de ti... Sin embargo, supe de excelentes descripciones tuyas, no de tu puño y letra, aunque casi; de todos modos no eran tan gratas como saber de tu felicidad por tus propias palabras. Hace unos tres meses escribí una carta idiota que seguramente habrás recibido antes de ésta, y si no, no se perdió nada, pues me sentí bastante estúpido y pedante cuando la escribí y casi me arrepentí de haberte enviado tal tontería tan lejos. Recibí tu carta hace unas dos semanas, cuando estaba a punto de dejar mi casa con destino a esta isla a consecuencia de otro ataque contra mis pulmones. Aunque no tan fuerte como el anterior de marzo, fue lo suficientemente malo para que fuera deseable un cambio a aires más cálidos. Fui mejorando para mi sorpresa una semana después de dejar la casa, incluso pensé que ya estaba bien cuando una caminata imprudente en un día de mucho calor me provocó otro ataque, que me ha durado lo que corresponde a una semana, por lo que no partiré mientras dure el tiempo tan frío y lluvioso que tenemos ahora. Todos los días intenté empezar ésta, pero no me sentí

capacitado, aunque ahora que ya la empecé confío seguir con ella y enviarla mañana a través del Atlántico. Me dices que te haga un recuento especial de mi vida, etc., etc. Desde luego que tendrías una descripción muy monótona si hiciera lo que dices. Desde mi última carta he estado fluctuando entre Epperstone y Osmaston, lo suficiente para mi propio placer, pero no para emprender mis deberes parroquiales, o siquiera de entomólogo, o de hecho en hacer nada más que distraerme. Así que no te infligiré el diario de un inválido, pero antes de que el invierno se asiente te volveré a escribir y te contaré cómo me va y cómo el mundo se agita por estos lares. En este momento no sé dónde pasaré el invierno. Creo que nosotros (es decir, mi padre y mi madre y dos hermanas más jóvenes con mi pequeña sobrina[140]) nos quedaremos aquí durante unas seis semanas, cuando dependerá de mi salud si regresamos a Osmaston o vamos a algún lugar cuyo aire sea aún más apacible que en Derbyshire para pasar el invierno. Por lo que entiendo de mí mismo, no tengo una afección real de los pulmones, sino que están en un estado tan delicado y excitado como para estar en extremo propensos a todas las enfermedades que les son afines, sin mayores cuidados, etc. Y a menos de que me haga más fuerte y tenga más cuidado al respecto, la consunción con toda probabilidad continuará. Pero actualmente confío en que esté camino de recuperarme y pretendo tomar todas las precauciones necesarias para garantizarlo.

Septiembre 18. Cuando escribí la primera página, buscaba enviarla inmediatamente, pero al siguiente día me sentí tan mal que no pude terminarla, y así pasaron varios días en que sentí que perdía fuerzas con gran rapidez y me dirigí al doctor Barrett (que está aquí de momento para recuperarse de un ataque del cólera), quien me ordenó aplicarme ampollas, etc., etc., lo que me mantuvo controlado por un buen tiempo y hasta hace poco no me sentí inclinado a realizar la parte mecánica de la escritura, aunque pensé en ti con frecuencia. Así es, no pasa medio día sin que me pregunte qué estás haciendo y que no desee estar contigo. Estoy mucho mejor, tan bien o tan cerca de estarlo como antes de mi último ataque y me divierto mucho. Todos mis planes para el invierno se han alterado y quedó establecido que yo y mis dos hermanas menores nos quedemos aquí durante el invierno, así que estamos en nuestros cuarteles de invierno, una casa muy cómoda que parece bastante calurosa y abrigada. Me gustaría que fueras uno de sus huéspedes por unas semanas mientras estemos aquí, aunque soy un gran animal para desearte que estuvieras aquí cuando parece que estás maravillosamente ocupado por donde andas. Hace unos días vi por el periódico que un barco que vino de Río dejó tu pequeño Beagle en seguridad ahí y que desde luego tú estabas bien o si no nos habríamos enterado. Desde luego, por tus relatos de ti mismo y por lo que sé del clima de Sudamérica, por los libros y los viajeros, debo imaginar que tienes todas las oportunidades de que tu salud se mantenga tan bien como en Inglaterra con las precauciones debidas. Con la llegada de septiembre mucho de Inglaterra habrá llegado a tu mente, así como la cacería de perdices de la que tanto gozabas, y espero que la gocemos de nuevo. Hace un mes que no sé nada de Shrewsbury, y entonces tanto tu padre como tus hermanas gozaban de buena salud. La muerte de la pobre Fanny Wedgwood ha sido un gran golpe para todos ellos, como de seguro lo habrá sido para ti. Parece que su muerte fue muy súbita, ya que no estuvo enferma más de una semana y por lo que parece sin que nadie advirtiera el peligro. ¡Cuán cambiado está el conjunto de esta familia desde la última vez (la única) en que los vi juntos! Tres hijos y una hija casados y otra que se fue[141].

Septiembre 28. De nuevo se detuvieron mis progresos, y habiendo estado tan ocupado desde entonces en esto y aquello, nunca reasumí mi carta hasta que, resueltos los problemas diarios, pudiera dedicarme a ella y encaminarla. A menudo he deseado que estuvieras conmigo en mis cortas caminatas, en las que he visto insectos que en tus días de infancia entomológica les habrías dado valor. Vi una Colias hyale y si hubiera sido capaz de andar tras ellas podría haber visto todas las especies de este bello género en la isla. No he realizado ninguna captura desde que llegué, más que de unos cuantos Coleoptera que se me cruzaron por el camino y un Sirex juvenans, aunque todos los días veo algo que es nuevo para mí. A menudo pienso, cuando veo nuestros diminutos Crustaceæ o Mollusca o cualquier insecto, de lo gloriosamente bellas y curiosas criaturas que aparecen profusamente a tu alrededor, y te imagino deleitándote entre todas ellas, con el cielo, el océano, los árboles, de hecho con todas las cosas grandes y sublimes. A veces debes sentir que rebosas de sentimientos, aunque desde luego para estas fechas la extremada novedad de los climas tropicales ya se habrá apaciguado. Me topé con una caja de insectos sudamericanos hace unos días, y fui lo suficientemente extravagante como para comprarla simplemente porque venían de los lugares donde tú estás recolectando. Entre ellos había algunos magníficos Cerambycidæ, Geotrupidaæ, Cicadæ, etc., etc., pero en este momento no tengo ningún libro por el cual pueda identificarlos. Entre ellos hay también el insecto palo, una mantis y un enorme Nepa, o algún pariente suyo. De la lista que das de los escarabajos acuáticos que colectaste el día en que me escribiste, tu familia favorita parece ser muy abundante. Miré ansiosamente en Stephens en busca de un Cryctocephalus darwinii[142], pero nunca apareció, ni creo que tu nombre haya sido mencionado por él desde que partiste. Sin embargo, tendrás tu venganza en un tiempo por venir, ya que a tu regreso tendrás mucho que explicar a los amantes de la historia natural. Estoy de acuerdo contigo en lo que dices de los insectos diminutos que no han sido por lo común recolectados al otro lado del océano. Rara vez he visto alguno salvo los notables por el tamaño o la belleza en cualquier gabinete. Stephens por ahora no está entre mis libros. Ha estado dando evasivas tan egregiamente acerca de sus números como para disgustar sumamente a muchos, y ahora lo ha coronado todo salvo obtener una admonición en la Cancillería contra un libro de Rennie[143] por usurpar su obra, que no tiene nada que ver, y ha discontinuado sus números de los últimos dos meses, porque ciertamente otros pueden copiarlos si lo hace. He oído que está tristemente necesitado de dinero, lo cual puede atenuar su conducta. Acaba de salir una nueva Entomological Monthly M< aga> zine[144], que no he visto todavía, pero < > parece que la apoyan fuertemente los entomólogos primeros y no se admiten debates. ¿Estás consciente de que no hay impuestos sobre las conchas que ingresan a este país[145]? Lo menciono porque te puede inducir a traer más de las que de otro modo traerías, aunque sí hay un impuesto para prohibir una gran colección. Nunca me dijiste si se te permitía tu propia colección de historia natural o, como lo temiste, nuestro gobierno iba a tragársela. Seguramente te permitirán conservar los duplicados, aunque después de todo el caudal que habrás acumulado en la mente es lo que cuenta, en comparación con lo cual el gabinete no es de gran importancia. Desde luego que ves los periódicos cuando llega algún barco y seguramente los devoras con no poco interés. Ahora que la Ley de Reforma fue aprobada, el cólera y la próxima elección son los grandes temas. El cólera ha llegado casi a todas partes, pero no es un visitante tan espantoso para la gente de nuestra clase como pareció en un principio. Entre los pobres y necesitados es terrible por sus estragos y a veces también entre las clases más altas, como en Londres, donde mucha gente que gozaba de todas las comodidades se ha perdido. En esta isla ha habido sólo un caso dudoso, aunque duró en Portsmouth unas semanas, y creo que muchos más han sido atacados en ese puerto de lo que por lo común se dice. Lo digo por mis propias investigaciones, pues a menudo cambio de casaca. Para mostrarte lo poco que se piensa en ello en el momento de hacer su aparición, ayer fui al lanzamiento (con todo nuestro grupo) del Neptune, un barco de 130 cañones, y no creo que ningún habitante del país dentro de 20 millas que pudo venir dejó de hacerlo. Fue una vista gloriosa ver este gran puerto con una masa de seres vivos y todos alegres. No sé si alguna vez estuviste aquí. Es un bello lugar que domina Spithead y todo ese gran surgidero al otro lado de Portsmouth que por lo común está animado, como en la actualidad, por barcos de guerra. Tenemos en este momento tres ingleses y un francés y en horas esperamos toda la flota francesa, pues van a transmitir la última decisión de sus países a Holanda sobre la cuestión belga, y si no es aceptada, bloquearán todos sus puertos[146]. Es bastante curioso ver a una fragata francesa con la bandera tricolor, al igual que un 74 que les tomaron, en nuestros caminos. Desde luego que espero que la antipatía de las dos naciones tan largamente atesorada esté ahora por acabarse, y que tu texto favorito, «paz en la tierra y a los hombres de buena voluntad», pueda extenderse por toda la tierra. Se me acaba de ocurrir que, por mi situación marítima en este invierno, puedo serte de alguna utilidad proporcionándote todas las provisiones que quieras.

Si hay algo que yo pueda hacer del tipo que sea, no dudes en utilizarme, ya que nada podrá darme más placer (como me imagino que sabes) que el serte útil. Desde luego que debes tener agentes en Londres para las cosas comunes, pero pienso que puedo serte de alguna utilidad en mandarte las provisiones de historia natural que puedas desear. Puedo recoger los paquetes que sean para ti, obtener cajas de almacenamiento, lo que sea. Si puedes utilízame y será un placer para mí. He estado escribiendo tonterías hasta que se me va acabando el papel. Seguro que te gustará saber que ya estoy convaleciente y espero que pasar el invierno aquí acabará de restablecerme. Mi padre, mi madre y mis hermanas están hoy a cual mejor y todos te desean éxito en todo lo que emprendas, buena salud, etc., etc. Acabo de saber por Simpson que Jeffry Hall[147] se ha establecido en Canadá. Simpson entró a la Iglesia. No he oído desde meses nada de Henslow. Saco en conclusión que Erasmus está vivo porque no he oído nada en contrario, pero de todos modos no he sabido de él durante varios meses, y casi podría decir que años. Ahora, mi querido Darwin, debo decirte hasta luego por un tiempo. Seguramente te volveré a atormentar antes de mucho. Si puedes encontrar tiempo para escribirme seis líneas en cualquier momento, serán bien recibidas y con gratitud, sólo dime cómo y dónde estás y qué haces, nada más. Adiós. Que tengas un viaje próspero y que ambos vivamos, el uno para oír y el otro para relatar Tus Maravillas de Viajero.

Dios te bendiga y créeme que soy tu fiel y lleno de cariño W. D. Fox

De Caroline Darwin 12[-18] de septiembre de 1832
[Shrewsbury]
12 de septiembre de 1832
Queridísimo Charles:

Susan te escribió para que su carta partiera de Falmouth en la tercera semana del mes pasado, dirigida como nos indicaste en tu última carta fechada en junio. Quizá no soy muy precisa en cuanto a la fecha, pero como Susan ha admitido, no importa mucho. La muerte del pobre Musters fue muy triste. Deseo que se le haya evitado la noticia de la muerte de su madre. Espero que seas lo bastante prudente y consideres el estado de abandono en que te encontrarías en una larga enfermedad con el miserable acomodo que tendrías en alguna de tus expediciones apresuradas, como ya tuviste la experiencia por lo que afirmas en tu diario. Sé que es un disparate y «del todo irreflexivo» usar tu propia expresión y anotar a tal distancia deseos y precauciones, pero debo hacerlo, mi querido Tactus, por mi propio alivio. Debes saber cuánto sentí la triste pérdida que ha sufrido la pobre familia de Maer. Hace como unas tres semanas la desdichada de Fanny Wedgwood cayó enferma de lo que pensaron que era una especie de fiebre biliosa. Durante dos días pareció muy enferma, con vómitos y dolor, y después pareció mejorar, tanto así que nadie de la familia tuvo idea de que estaba en peligro. Siete días después de que se sintió mal, Elizabeth se sentó con ella toda la noche porque Fanny estaba demasiado inquieta para dormirse, y hacia la madrugada pareció estar muy fría e incómoda y enviaron a buscar al apotecario. Éste fue entre las 6 y las 7 y la vio en gran peligro y a las 9 expiró. Sólo Elizabeth y Emma estaban con ella, pues incluso después de ver al apotecario, por un malentendido, nadie de la familia tuvo una idea de que el peligro fuera tan inmediato. El tío Jos se sintió terriblemente abrumado y pasó mucho tiempo hasta que Elizabeth pudo hacer comprender a la tía Bessy lo que había pasado. Mi padre dice que debe haber habido mortificación en sus entrañas: cuando cesó el dolor, deben de haber pensado que se estaba poniendo bien. No supimos de su enfermedad hasta que recibimos la carta que nos daba cuenta de su muerte. Te he contado con detalle todos los aspectos porque sé lo muy interesado que estás en todo lo que tiene que ver con los Wedgwood y con justicia sabemos cuánto te gustaba Fanny y valuabas su bondad y excelentes cualidades. No tuvo idea de su propio peligro, pero como me dice Elizabeth en la carta que me dirige, «no hacía falta, para alguien tan piadoso, tan humilde y generoso, y de tan buenos sentimientos». Para Emma la pérdida será muy grande, pues casi nunca se separaban, y toda sus asociaciones por sus complacencias y juventud eran de una conexión íntima con ella. Los señores Hensleigh permanecieron en Maer durante ese tiempo, lo que fue muy afortunado, pues fueron un consuelo para todos. El tío Jos vino ayer a ver a papá, estaba animado y aparentemente como de costumbre. Dice que están todos mejor y animados en Maer excepto la tía Bessy, a la que no pueden hacer que siga con sus ocupaciones normales: se sienta a solas y se la ve muy triste y abatida. El señor Baugh Allen está en Maer y se llevó a la tía Bessy a un pequeño viaje por el norte de Gales en su carruaje por unos días, lo cual piensan que le hará bien, y el próximo sábado Charlotte y el señor Langton vendrán a Maer para quedarse por largo tiempo, lo cual será un gran consuelo para todos. Charlotte había sabido algo acerca de que Fanny no se sentía bien antes de que le llegara la carta explicándole lo que había pasado. Poco antes recibí yo carta de Charlotte hablando con placer de una carta tuya que le llegó y estaba escribiéndote, pero supongo que no terminó su carta antes del suceso y por lo tanto no habrás tenido noticias de ella. Dice que el señor Langton ha sido muy amable y compadecido de ella por esta primera pena. Me cuesta pensar qué noticias darte, pues pasa un día tras otro con nada notable que decirte. Sin embargo, las mejores noticias son que mi padre parece estar tan bien como acostumbraba. Como te contó Susan, estuvo indispuesto durante varias semanas. Tiene mucho ánimo y se entretiene mucho con el invernadero y ha revivido en él su antiguo interés por las flores. Quiere conseguir un banano, sobre todo por tu consejo. Ha estado dejando de lado su trabajo en gran medida. Todavía ve a alguna gente, pero es de todos conocido que ya tiene que declinar ir a cualquier distancia, aunque se le dificulta rehusar ir a ver a los pacientes. Un doctor Goldie[148] llegó a Shrewsbury de York muy recomendado por el señor Vernon Harcourt[149] y el coronel Gooch. Parece un hombre sensato y con toda seguridad tendrá éxito. No hemos visto todavía a la señora Goldie. Papá habla de ir por un día a Liverpool para ver cómo soporta la fatiga del encumbramiento social, ya que tiene grandes deseos de ir a Londres, como durante tanto tiempo ha venido comentando. Catherine está de visita con los Holland en Overbury[150], que está a sólo cinco millas de Dumbleton. La está pasando muy bien, montando y conduciendo por los alrededores. Son muy sensatos y poseen lindos caballos y carruajes. Irá en un pequeño viaje con ellos por Derbyshire y visitarán a Sir T. Denman[151], por lo que no regresará a casa hasta fin de mes. Fue a visitar o a cenar con Edward Holland y esposa y dijo que ambos parecían supremamente aburridos. Sospecha que el hermano de la señora Holland, el señor John Isaac, y Charlotte pronto añadirán otra boda a las celebradas este año. Susan irá unos días al Hill para encontrarse con Jessie, quien se hospeda en él. Ahí esperaba quedarse por toda la semana, pero Harry, que iba a servirle de chaperón, ha tenido que quedarse por negocios de quiebra y no sabe a ciencia cierta qué día llegará. Supongo que sigues teniendo cierto interés por Nina y Pincher. Ambos están inválidos pero convalecientes. Pincher se cortó el pie de fea manera con vidrios rotos, pero ya casi está curado de su cojera y la pobre Nina ha tenido una desgracia peor: el viejo < > caballo de tiro la sujetó de la pata trasera, la levantó hasta el pesebre y no la dejó librarse por unos segundos. Su pierna se rompió de fea manera y me temo que la articulación se lastimó también, pero está mejorando y ya no parece estar sufriendo dolor alguno. Los cirujanos que la atienden fueron muy obsequiosos y estoy segura de que hicieron todo lo posible. El cólera ha llegado a Shrewsbury desde hace unas semanas, pero en la semana pasada fue amainando y ya hace días que no hemos oído de ninguna muerte. Dicen que mucha gente informaba tener cólera y que no era cierto, por lo menos eso dice el señor Wynne[152], quien desde luego es infalible.

Me da gusto que por fin ese vago de Erasmus te haya escrito y espero que hayas recibido los libros para estas fechas. El capitán Beaufort se encargó de ellos. William Fox recibió tu carta, y todavía está en la isla de Wight esperando mejorar antes del invierno.

La señora Williams viene a Woodhouse el próximo lunes. Se ha vuelto muy delicada de salud y a menudo no está bien. La celebrada constitución de los Owen falló con ella. Me encantará volverla a ver. Sólo he visto a la señora Biddulph una vez desde su boda. Estaba yo en Woodhouse y vino cabalgando y se quedó unas tres horas muy tranquila y muy bella. La vieja señora Biddulph y la señorita Biddulph están en Chirk Castle y son tan formales y sosas que Fanny dice que casi se muere de aburrimiento. Me parece feliz y unida al señor B.

No puedo dejar de pensar que es un hombre muy egoísta, aunque no tengo pruebas de ello. Francis permanece en Woodhouse, pues no encuentran nada para él. Te escribo habiendo leído tu diario, el cual disfruté en extremo. Espero que cuando tengas la oportunidad nos mandarás otra parte de él. Nos proporciona mucho placer e interés leer acerca de ti y nos trae el país, etc., de manera tan vívida. Nunca te he dicho, querido Charles, qué gran placer tus queridas y afectuosas cartas nos producen a mí y a todos. Estoy segura de que te sentirás premiado por la molestia de escribir si ves el gozo con que se reciben tus cartas. Mi padre me urge para que te diga que tu dinero no ha sido librado al banco o por lo menos no desde hace unos 15 días, que fue cuando preguntó. Te manda su cariño más afectuoso y desea que cuando escribas menciones la fecha de las cartas que recibiste. Quiero decir cuándo < > fueron escritas, así como cuándo las recibiste.

Harry y Susan se fueron esta mañana al Hill. Mi padre está de tan buen ánimo que ya confirmó su ida a Londres en unas semanas con Harry y Edward y goza mucho con el pensamiento de una gran diversión.

Adiós, mi muy pero muy querido Charles. Te ruego que seas prudente y cuidadoso. A menudo sueño de día y te veo feliz en tu parroquia. De nuevo adiós y que Dios te bendiga, querido Charles. Tu afectuosa / Caroline Darwin Septiembre 25[153].

Espero haber dirigido esta carta adecuadamente.

De Charlotte Langton 27 [de septiembre de] 1832
Maer
Octubre 27, 1832[154]
Mi querido Charles:
Me sentí tan contenta de recibir tu carta y de oír un recuento de tu tan buen éxito durante el viaje. Me alegra tanto de corazón por el placer y los beneficios que obtienes gracias a él y que espero que sigas recibiendo. Parecería que ha respondido mucho mejor de lo que los más vehementes podían esperar, ya que no sólo gozas en extremo de los bellos panoramas que observas, sino que incluso te apegas a tu pequeño camarote atestado del Beagle, en el que uno siente que sólo puedes encontrar incomodidad e inconvenientes. Nunca pude adivinar que fuera un buen lugar para leer y me da no poco placer saber que lo aprovechas con gran diligencia. Este viaje se convertirá en una satisfacción y una ventaja para ti durante toda tu vida en vez de un simple goce del momento. También me alegra que no te hagas tan partidario del mar como para perder de vista los placeres de una vida doméstica tranquila en el campo inglés, ya que me entristecería mucho que continuaras con una vida errante, lo cual creo malo para cualquiera, por no decir de la pérdida para los amigos, y no todas las bellezas de los climas tropicales compensarían el cambio. Diferí escribirte hasta llegar a Maer, pues en un lugar nuevo y con gente nueva pensé que me sería imposible concentrarme acerca de qué escribirte y que Maer me daría más material para contarte. La pérdida de nuestra querida Fanny lo ha cambiado todo desde que lo dejé en la primavera. La familia parece haberse empequeñecido en comparación con lo que fue, sobre todo ante lo buena e inocente y desprendida que era, aunque sólo puedo sentir que es muy feliz por haber sido arrancada de este mundo antes de que le llegaran disgustos o desgracias. Su vida fue muy feliz e íntima sin saber de peligros o sentir la pena de separarse de la familia. La pobre mamá ha tomado su pérdida maravillosamente bien y todos muestran su buen ánimo. Hensleigh y Fanny estaban afortunadamente con ellos en ese momento y fueron el apoyo y el consuelo mayor posible para ellos. Me sentí muy contenta de que pudiéramos venir y sustituirlos en el momento de su partida. Es un clima septembrino lo más bello imaginable: nadie piensa en ir de cacería puesto que Robert anda en el Hill, gozando según yo a plenitud de unas vacaciones, y mucho más, sospecho, por tener la buena suerte de encontrarse con Susan ahí. Mientras tanto Charles, es decir el señor Langton, ha aceptado cumplir con su deber en los dos próximos domingos. Recuerdo el horror que expresabas ante la idea de cumplir con tu deber en Maer. Creo que algo parecido le pasa a Robert, aunque no con tanta fuerza como a ti. No me siento como una verdadera esposa de párroco todavía y no me

115

sucederá hasta que obtenga un beneficio propio, lo cual deseo que suceda pronto, ya que será mucho más grato estar establecidos en un hogar propio, pues por ahora no sabemos siquiera cuánto tiempo nos quedaremos donde estamos. Me alegraría tanto por los dos que empezáramos a tratar de llevar una vida útil en vez de sentirnos buenos para nada e inútiles, pues lamento decir que así nos sucede por ahora. Nos parece una excusa no hacer nada cuando no se tiene algo fijo, aunque no se deba pensar así. Me encanta la belleza de Surrey, y el pueblo en el que vivimos no es muy bello pero estamos en las cercanías de paseos muy amenos y contamos con dos ponis y un pequeño carro para movernos. Es una mezcla muy agradable de un campo ricamente cultivado con matorrales silvestres comunales y monte bajo y bosque que convierten el campo en un lugar muy agradable para montar a caballo, por lo que con frecuencia he deseado tener a Caroline con su caballo para mostrárselo. Hemos conocido a mucha gente pero pocas son las que realmente aprecio. No me inclino a hacer nuevos conocidos o amistades, lo cual es una desgracia pues se pierde mucho del placer de la amistad. En cuanto a lo social, dependemos de Hensleigh y Fanny, a quienes se les antoja venir y renovar sus fuerzas con nosotros en el campo, así como Lady Gifford, que está camino de Londres. Nunca me he aventurado a pedirle a Erasmus que venga a vernos, ya que parece encontrar que el campo es muy fatigoso, por lo que temo tener la mortificación de verlo morir de aburrimiento durante un día en Ripley. La última vez que lo vi estaba haciéndose útil para Fanny Hensleigh, buscándole casa, para lo cual parece que tiene muy buen gusto, por fortuna para ella y para Hensleigh, quien está demasiado ocupado en su oficina para poder dedicarse mucho tiempo a buscar casa. Pienso que su gusto por Londres debe ser extraordinario, ya que fue capaz de quedarse en la ciudad durante todo este bello verano, pero supongo que a estas alturas ya se habrá ido a Shrewsbury. Harry y Jessie carecen de casa y se quedan en el Hill, esperando cambiarse a una casa en Keel, entre Newcastle y Betley. Robert se ha dedicado a planificar sus patos y gallinas en este verano, y el aguaje está cubierto de patos, pues parece que los huevos pagan la cuenta de su carnicero. Ahora va a criar una vaca. Pensábamos que su genio tendía más bien a la vida señorial, pero ahora pienso que se muestra inclinado mejor a la vida de un clérigo campirano, para lo que debe decirse que tiene más méritos que no el de los proyectos de la granja. Mi padre te manda su cariño y desea que te diga cuán contento está de que tu aventura se desarrolle tan bien. Pienso que Charles te tiene cierta envidia por esa expedición tan grata, ya que su gran pasión es viajar, y si algo hace que se arrepienta de haberse casado sería ya no poder hacerlo. Sin embargo, su ánimo lo ha llevado a rechazar dos ofertas semejantes en este verano, por lo que creo que ya no debo temer al respecto. Uno fue un viaje en un yate de un amigo por el Mediterráneo y el segundo en otro yate de otro amigo para ir a Estados Unidos con el fin de reseguir la costa y andar de un lado a otro a expensas de su amigo.

Mi madre y Elizabeth y Emma desean que te envíe sus saludos cariñosos. Sólo deseo que sigas tan feliz en tus viajes como lo eres ahora, lo cual hago fervientemente para que tengas un regreso feliz y seguro.

Créeme, querido Charles, que soy tu prima afectuosa / Charlotte Langton

Parece que a tu amigo Wilcox[155] le va muy bien. Se ha quedado con la casa solariega y se sostiene vendiendo la caza, la cual compramos como lo hacíamos antes.

De Catherine Darwin 14 de octubre [de 1832]
Shrewsbury
Octubre 14
Mi querido Charles:

Recibimos tu carta fechada el 7 de julio, enviada con el paquete del señor Sulivan, a fines del mes pasado. Fue un largo periodo para este viaje, casi tres meses. Nos alegramos mucho de recibir una carta tan feliz; tus tres meses en tierra han sido desde luego tan interesantes y útiles como era posible. Nos divirtió tu ansiedad por dejar los puertos civilizados y por conocer el destino de la Reforma, dos deseos nada compatibles. Hasta ahora hemos logrado el éxito con nuestra correspondencia: tú has recibido todas nuestras cartas hasta la fecha de tu última, y también todas las tuyas creo que han llegado a salvo. Deberás decirnos cuándo dejaremos de dirigirnos a Montevideo y dar la Estación de Sudamérica. Charlotte desea que te diga que te escribió una carta a fines del mes pasado (septiembre) a Montevideo. Me imagino que debe ser una carta muy melancólica, escrita tan cerca después de la muerte de la desdichada Fanny. Parece que todos están recuperando los ánimos en Maer, excepto la pobre tía Bessy, que ahora lo siente mucho más, cuando no parecía al principio que le afectara tanto. Los Langton están aposentados ahora en Maer y toda la familia parece apreciar mucho al señor Langton, pues dicen que es un hombre alegre y burlón y de buena charla, muy distinto del hombre sensato y grave que les pareció antes de casarse. Toda la gente de Londres, con Erasmus a la cabeza, le tenía mala voluntad y lo veía con prejuicio, supongo que porque había sido tan ponderado al principio. Erasmus es muy temerario y malvado al respecto y lo cree fastidioso y necio y tedioso. Charlotte es para él la esposa más devota que se haya visto, perfectamente encantada con el señor Langton y no habla ni piensa en nada más. Esto aumenta la mala voluntad de los londinenses, cuyo tema principal de conversación parece ser encontrarle faltas al señor Langton. Erasmus está con nosotros ahora, pues no se separó de Londres en todo este verano hasta que por fin ha venido para respirar aire fresco. Él y la señora Hensleigh parecen estar más unidos que nunca; ella parece estar tan casada con él como con Hensleigh y papá profetiza continuamente un lindo párrafo sobre ellos en el periódico. Papá está muy bien ahora, mucho mejor que durante el verano y más ocupado que nunca con su juguete: el invernadero. Ha pedido ya su banano y se ha hecho un profundo hoyo para recibirlo en la parte más alta del invernadero, donde se alojará. Papá piensa llamarlo el árbol de Don Carlos[156], en tu honor. Papá también planea comprar el libro de Audubon sobre ornitología americana[157]; el propio autor lo vende y no quiere separarse de ningún número suelto a menos que compres todos, cuyo precio es de 40 guineas. Las láminas son magníficas, como debe ser. Te gustará ver algunas de las láminas de tus viejos amigos cuando regreses.

Te hemos remitido tus libros antes de que nos llegara tu carta en la que mencionas las otras dos. Tuvimos unas temperaturas muy altas en Inglaterra del 20 al 27 de septiembre: 70° [26.6 °C] a la sombra; el común lo atribuyó al cometa[158], que apareció por primera vez, visible en el telescopio, por esa época. El cólera ha desaparecido de Shrewsbury, después de unas pocas muertes; la última fue la del señor Corbet deYnsymanghwyn (cerca de nuestro viejo Plas Edwards), a quien seguramente recordarás de Shrewsbury. Cayó postrado y murió después de unas horas de la mayor agonía, tal que sus gritos se oían desde las casas cercanas. Poco tengo que decirte acerca de los Owen, aunque yo iré a Woodhouse en esta semana para encontrarme con las señoras Williams y Biddulph; será como en los viejos tiempos, ya que felizmente los dos maridos andarán lejos: el señor Williams en Londres y el señor Biddulph visitando a sus votantes. Me dicen que la pobre Sarah se ve muy delicada. Ha estado muy enferma todo el año, pero con buen ánimo. No se ve que Fanny viva una vida muy feliz en Chirk, pues ha padecido a la horrible vieja suegra, la señora M. Biddulph, y a la hermana y al hermano, que han permanecido ahí por un largo tiempo, y los aborrece con toda cordialidad. Son muy estirados y formales y acostumbro pensar que hay un verdadero odio entre ellos. Sin embargo, Fanny no se rebaja ante ellos, sino que se da los aires adecuados. Tienen un mayordomo francés ahora en Woodhouse, un antiguo sirviente en tierras francesas, con quien las jóvenes se saludan de mano y que habla y charla todo el tiempo en que permanece en la habitación, e imita a los huéspedes, etc., etc. Desde luego que será un personaje más. Tiemblo sólo de pensar en él. Se sintieron muy contentos con tu carta al señor Owen. En las últimas cinco semanas he estado viviendo con los Holland, pues fui en una larga visita a su lugar de Worcestershire, Overbury, que es una casa muy hermosa en medio de un campo muy lindo, y después fui de viaje con los Holland por Derbyshire para ver a los próceres de ahí y visitar a la familia de Sir Thomas Denman. Fue muy placentero, pero acabé cansándome un poco de los Holland. La señora de Edward Holland, la recién casada, me cae mal, tanto como a Erasmus. Es desagradable, poca cosa, obtusa y fría. Edward Holland empezó a construir su nueva casa, que se tardará cuatro años en hacerse; será una gran casa y linda, pero Edward se convertirá en un casero pomposo cuando sea su dueño, ya que ahora mismo no puede contenerse ante su importancia. Estuve presente en la gran ceremonia de colocación de la primera piedra. Tuvimos cierta noticia hoy de Maer. Lord Craven le ha concedido al señor Langton un beneficio cerca de Ludlow, con 300 o 400 libras al año y con una situación bastante ventajosa. El señor Langton fue tutor de Lord Craven. Es muy conveniente para Charlotte estar acomodada tan cerca de Maer y de aquí, y todos están muy contentos en Maer. Mi querido Charles, cuánto anhelo verte establecido en tu parroquia. Espero que sigas con esta ilusión. La gente de aquí piensa que cruzar los mares del Sur para ti debe ser un trabajo poco interesante, y que esto nos da ciertas esperanzas de que quizá regreses antes que el Beagle. Nancy me ruega que te diga lo feliz que la hace cada vez que recibimos noticias tuyas.

Dios te bendiga y te cuide, mi queridísimo Charles. No puedes creer lo mucho que pienso en ti. El cariño de papá y de todos para ti, nuestro querido Charles./Tuya / Catherine Darwin

A Caroline Darwin 24 de octubre-24 de noviembre [de 1832]
[Montevideo]
Mi querida Caroline:
Estamos a 24 de octubre, a unas pocas leguas de Montevideo y antes de la madrugada soltaremos el ancla en el puerto. Esta primera travesía no ha aportado mucho material para la correspondencia o para cualquier otro propósito. ¿Recuerdas las dunas de arena de Barmouth? Hemos navegado a lo largo de la costa por 240 millas que sólo están compuestas de este tipo de dunas. Además, en vez de estar como en Barmouth simplemente junto al mar, aquí en la Patagonia[159] se extienden millas tierra adentro hasta que alcanzan el campo llano abierto, que es mucho menos pintoresco que las dunas. A pesar de esto y con un mal tiempo continuo en nuestro camino al sur, gocé del trayecto. Nuestro punto más meridional fue Bahía Blanca (un poco al norte de Río Negro), donde hay una pequeña colonia española o más bien un fuerte contra los indios. Al entrar en la bahía nos topamos con una pequeña goleta, en la que viajaba un inglés asociado con otros dos pequeños barcos (más bien botes cubiertos) que se dedican a cazar focas. El inglés estaba bastante familiarizado con la costa y el capitán lo consideró como una buena oportunidad, por lo que contrató los dos botes y les asignó dos oficiales para cada uno[160]. Ahora están reconociendo la costa, la cual, por su cantidad de bancos, nos habría detenido por largo tiempo. A nuestro regreso a Montevideo (lo cual será tan pronto como sea posible) los encontraremos en Río Negro y dejaremos que sigan trabajando hacia el sur.

Esta segunda travesía será muy larga y durante ella estableceremos a los fueguinos y probablemente calaremos las islas Falkland. Una vez hecho esto (lo cual es un tremendo periodo del cual hablar) regresaremos a Montevideo, recogeremos a nuestros oficiales y rodearemos el cabo de Hornos para entrar de nuevo en los gloriosos y deliciosos mares intertropicales. La vista de los panoramas tropicales ha decuplicado mi deseo de ver más, lo cual no es una exageración, ya que nadie puede saber cuán bello es el mundo en que habitamos, sobre todo si sólo conoce los climas fríos. Mi fuente principal de placer ha provenido para mí de la historia natural durante estos dos meses. He sido maravillosamente afortunado, con los huesos fósiles. Algunos de los animales deben haber sido de grandes dimensiones, y estoy seguro de que muchos de ellos son desconocidos, lo cual es siempre grato, pero con animales antediluvianos la cosa es doblemente grata[161]. Encontré partes de curiosas capas de esos huesos que se atribuyen al Megatherium[162]; como los únicos especímenes europeos están en Madrid (que originalmente provinieron de Buenos Aires, en 1798), sólo esto es suficiente para que valgan la pena los tediosos minutos. No he sido menos afortunado entre los animales vivos. También en septiembre tuve buena caza: un día cacé un gamo y su hembra, pero en esta línea nunca gocé tanto como con la cacería de los avestruces con los soldados salvajes, que son más que medio indios. Los capturan lanzándoles dos bolas atadas en los extremos de una cuerda para embarazar sus patas: se trata de una cacería muy animada. El mismo día encontraron 64 huevos de esos animales[163].

11. El Aguada, cerca de Montevideo, agosto de 1833. © Cambridge University Library.

12. Desde el exterior de los muros de Montevideo, agosto de 1833. © Cambridge University Library.

Se están cumpliendo cuatro meses desde que recibí una carta, así que comprenderán lo ansioso que estoy para que llegue el día de mañana. Todos sentimos curiosidad acerca de la política, pues todo lo que sabemos es que pasó una ley, pero si tenemos rey o república, según dice el capitán, todavía no tenemos pruebas.

Montevideo. Acabo de recibir tu carta del 28 de junio y la de Susan del 12 de mayo. ¿Que no contienen noticias sus cartas? ¡Lejos de ello! Estoy asombrado ante la maravillosa cantidad de acontecimientos que tienen lugar mes a mes y te aseguro que ningún infeliz medio hambriento traga la comida con más vehemencia que yo sus cartas. También recibí una de Fox, quien parece estar sufriendo por su enfermedad, pero escribe ahora con buen ánimo. Dile a Susan que su tan elegante nota sobre la tournure para el capitán Beaufort ha llegado hasta aquí. El capitán Beaufort la incluyó con una nota cortés para mí «con la idea de que a la distancia de 6000 millas, la letra de nuestros seres queridos siempre es agradable». El capitán tiene buena mano para darle vueltas al caleidoscopio de las «gracias», la «gratitud», los «cumplidos», etc., etc. Si en un tiempo u otro quieres mandarme largas cartas (incluyendo periódicos o etcéteras duplicados), ponlas bajo la protección del capitán B. y dice que él me las hará llegar.

El lunes saldremos a Buenos Aires, ya que el capitán quiere comunicarse con el gobierno y estaremos ahí como una semana durante la cual veré de tener unas buenas galopadas por las Pampas. Supongo que ustedes conocen bien el libro de Head[164], el cual por su precisión y animación no tiene igual. Después de regresar estaremos aquí otra semana y después… a Tierra del Fuego. Esta segunda travesía supondrá por lo menos entre seis y nueve meses, así que háganse a la idea de un hueco en mi correspondencia pero no en la de ustedes. No deben temer acerca de las direcciones hasta que se les diga de cambiar, simplemente pongan Sudamérica: todas las cartas a los barcos de Su Majestad pasan por el buque insignia, que sabe dónde enviarlas y a qué estación. Ya que mis cartas no dicen mucho de mis procedimientos, seguiré escribiendo el diario con constancia, y como prueba de lo cual el número de la página actual es el 250.

Estamos en noviembre 11, descendiendo por el río hacia Montevideo. Estuvimos una semana en Buenos Aires y gocé de esta larga travesía en tierra. La ciudad es grande y bella, pero el campo está más allá de lo insulso. Vi con frecuencia al señor Hughes y nadie puede ser más servicial. Obtuvo gran cantidad de información para mí y ha emprendido diversas comisiones problemáticas que de otra manera nunca hubiera podido realizar. Cuando invernemos en el Plata, intentaré lanzarme a una buena excursión geológica por el campo uruguayo y lo volveré a ver en Buenos Aires. Pienso que logré infectarlo con cierta manía geológica, la cual espero que lo aliente. También vimos al coronel Vernon, cuñado de la señorita Gooch. En realidad anda de viaje turístico por aquí e intenta viajar por tierra hasta Lima y de ahí a México para regresar a Europa. Pocos son los caballeros que emprenden un viaje así. Olvidé si ya les mencioné que durante nuestra estancia previa en Montevideo el señor Hamond[165] se nos unió. Es un pariente del infortunado Musters y una persona muy caballerosa. Por lo general nos hicimos compañía en tierra y nuestra diversión mayor era andar cabalgando y admirando a las damas españolas. Después de ver a uno de estos ángeles deslizándose por las calles, musitamos involuntariamente: «Qué bobas son las inglesas que no saben ni caminar ni vestirse». Y al mismo tiempo qué feo suena Miss junto a Señorita. Lo lamento por todas ustedes, pero a toda la tribu le haría mucho bien venir a Buenos Aires.

Noviembre 14. Montevideo. Acabo de sentirme agraciado por todo un grupo de cartas inesperado. Una de Catherine de julio 25, de Susan de agosto 15, de Erasmus del 18. Estas dos últimas debo su recepción a que se cambió el día de envío de los martes a los viernes. Como se trató de un favor muy especial, le doy las gracias al querido Erasmus por escribirme y llevar a cabo todos mis encargos. Me apena que los libros resultaran ser tan caros y no se hayan podido comprar. Sólo los conocía de referencia: desde luego que todos los libros de viajes, sobre todo los que se utilizan en la historia natural, son interesantes para mí. Me he vuelto un devoto de la historia natural y no puedes imaginar qué placer avariento siento cuando examino un animal que difiere con mucho de cualquier género conocido. Ningún escolar ha abierto jamás una caja con pastel de ciruela tan ansiosamente como yo el mío, pero es un placer que no tendré en los próximos nueve meses. Me alegra que el diario llegara con bien; en cuanto a mostrarlo, lo dejo enteramente en las manos de ustedes. Sospecho que la primera parte es abominablemente infantil; si es así, no lo envíen a Maer. Igualmente, no lo manden por la diligencia (lo cual les parecerá ridículo), pero si se perdiera sería como perder parte de mi memoria. Siento que reviste gran importancia preservar un recuerdo exacto de los lugares que hemos visitado. Cuando tenga otra oportunidad les mandaré otro tanto. El Beagle está en un estado de maravillosa confusión y alboroto. No hay un rincón, incluyendo los camarotes de los oficiales, en el que no se haya almacenado comida, esto es, el capitán parece determinado a no regresar. Contemplo con gran interés mi futuro en Tierra del Fuego; está lleno de lugares en los que anclar, así que puede soplar muy fuerte si quiere y reírnos del viento. Cualquier cosa es mejor que este detestable Río de la Plata, preferiría por mucho vivir en una gabarra carbonera del río Cam.

¡Hurra! (Noviembre 24): acabo de recibir la valiosa caja, gracias a todos los que tuvieron que ver con ella y a Erasmus que la empacó tan bien. Ni el capitán ni yo hemos recibido (por ciertos cambios en los paquebotes) ninguna carta. Me hubiera gustado saber de nuevo que todos están bien y sanos antes de mi larga ausencia, podría decirse que de este mundo. En Buenos Aires saqué 20 libras para mí y porque el capitán FitzRoy me preguntó si podía pagarle un año por adelantado por mi rancho. Lo hice porque no podía rehusarme, aunque quizá debiera, ante una persona tan sistemáticamente generosa para todo aquel que se le acerca. Así que ahora (pasado todo un año) estoy como en un principio dos años por adelantado. Habiendo extraído[166]

A John Stevens Henslow[167]
[c. 26 de octubre-]24 de noviembre [de 1832]
Montevideo [Buenos Aires]
Mi querido Henslow:
Llegamos aquí el 24 de octubre[168], después de una primera travesía por la costa de Patagonia. Al norte del Río Negro nos topamos con unas pequeñas goletas empleadas para la caza de focas y, para evitar perder tanto tiempo en el reconocimiento de una intrincada masa de bancos, el capitán FitzRoy alquiló dos de ellas y las puso al mando de sus oficiales. Nos tomó casi un mes aprovisionarlas y tan pronto como terminamos regresamos aquí y ahora estamos preparándonos para una larga travesía hacia el sur. Espero encontrar el montañoso país salvaje de Tierra del Fuego de gran interés y, después de la costa de Patagonia, seguramente lo gozaré. Esperaba que, para darle crédito a la madre naturaleza, no existiera un país como este último, pero en la triste realidad costeamos a lo largo de 240 millas de dunas de arena. Nunca pude haberme imaginado qué objeto tan horrible y feo es una duna de arena. El famoso país de Río de la Plata no es mucho mejor en mi opinión: un enorme río salobre rodeado por una interminable llanura verde es bastante como para hacer que un naturalista gima. Así que hurra por el cabo de Hornos y la tierra de las tormentas.

Ahora que ya me he desfogado, lo cual es un privilegio que los marineros asumen en todas las ocasiones, daré un vuelco para relatarle mis trabajos de historia natural. Debo dar una última queja, ya que por mala suerte el gobierno francés envió a uno de sus recolectores[169] al Río Negro, donde ha estado trabajando por los últimos seis meses y ahora ya le dio la vuelta al cabo de Hornos. Así que temo con todo egoísmo que sacará la crema y nata de todas las cosas buenas antes que yo. Como no tengo a nadie con quien hablar acerca de mi buena o mala suerte en la recolección, estoy empeñado en desfogarme con usted. He sido muy afortunado con los huesos fósiles, pues tengo fragmentos de por lo menos seis animales distintos; muchos de ellos son dientes que pueden ser reconocidos a pesar de haberse visto arrollados y hechos pedazos como lo han sido. Presté toda la atención de la que soy capaz al sitio geológico pero desde luego ésta es una larga historia para ser contada aquí. Primero el tarso y metatarso perfectos de un Cavia; segundo, la mandíbula superior y la cabeza de un animal muy grande, con cuatro molares cuadrados y huecos y cuya cabeza tenía gran protuberancia en la frente. Al principio pensé que pertenecían a un Megalonyx o a un Megatherium. Para confirmar todo esto, en la misma formación encontré una gran superficie de placas poligonales óseas, que «las últimas observaciones» (¿cuáles?) muestran que pertenecen a un Megatherium[170]. Inmediatamente que las vi pensé que debían pertenecer a un enorme armadillo, cuyas especies vivas son tan abundantes por aquí[171]. En tercer lugar, la quijada inferior de algún gran animal, que a partir de los molares pienso que podía pertenecer a los Edentata. En cuarto lugar, unos grandes molares que en ciertos aspectos parecen pertenecer a un enorme Rodentia, y en quinto lugar igualmente unos dientes más pequeños pertenecientes al mismo orden, etc., etc. Si le interesa lo suficiente como para desempacarlos, tendría gran curiosidad por saber algo más de ellos. En este caso, debe tenerse cuidado en no confundir las etiquetas[172]. Van mezclados con conchas marinas que me parecen idénticas a las que existen hoy[173], pero puesto que las encontré depositadas en sus lechos, diversos cambios geológicos habrán tenido lugar en el país.

Hasta aquí los muertos y vayamos a los vivos. Hay un pobre espécimen de un ave que, para mis ojos no ornitológicos, parece ser una feliz mezcla de una alondra, una paloma y una agachadiza (núm. 710). El mismo señor MacLeay nunca hubiera imaginado una criatura tan inostomizada[174]. Supongo que acabará siendo un ave muy conocida, aunque a mí me elude. He recogido algunos anfibios interesantes, unos buenos Bipes, un nuevo Trigonocephalus cuyas costumbres se relacionan muy bien con Crotalus y con Viperus, y cantidad de nuevos (hasta donde llegan mis conocimientos) saurios. En cuanto a un pequeño sapo, espero que sea nuevo, y debería ser bautizado como «diabolicus». Milton debe aludir a este individuo cuando habla de «en cuclillas como [un] sapo»[175], sus colores son según Werner[176], negro de tinta, rojo bermellón y naranja amarillento. Para mí, ha sido una travesía espléndida en historia natural. Entre los Crustaceæ pelágicos, algunos géneros nuevos y curiosos. En los zoófitos algunos animales interesantes y, en cuanto a un Flustra, si no tuviera ningún espécimen que me lo sostenga, nadie podría creer en su anómala estructura. Pero en cuanto a la novedad nada de esto vale lo que una familia de animales pelágicos que a primera vista parecen Medusa, pero que en realidad son altamente organizados. Los he examinado repetidamente y desde luego por su estructura sería imposible colocarlos en un orden existente. Quizá Salpa sea el animal más cercano, aunque la transparencia del cuerpo es casi el único carácter que tienen en común. Lo mismo puede decirse de otro animal, aunque de una estructura más simple.

Creo que las plantas secas contienen casi todo lo que crece en Bahía Blanca. Todos los especímenes serán empacados en toneles. Creo que serán tres (antes de enviar la carta especificaré las fechas, etc., etc.). Me temo que usted se quejará o mejor dicho lo hará el piso de la sala de conferencias, cuando lleguen los toneles. Sin usted, nada de esto podría haberlo llevado a cabo. El tonel chico contiene peces: ábralo usted para ver cómo el alcohol aguanta la evaporación de los trópicos.

A bordo del barco, toda va tan bien como es posible: el único problema es la tremenda cantidad de tiempo entre éste y el día de nuestro regreso. No le veo límites: casi se ha completado un año y el segundo pasará antes de que ni siquiera hayamos dejado la costa oriental de Sudamérica. Y entonces es cuando nuestro viaje habrá realmente comenzado. No sé cómo lograré sortearlo. La frecuencia con la que pienso en las horas felices que viví en Shrewsbury y Cambridge es más bien ominosa. Todo lo dejo al tiempo y al destino y me las arreglaré según como vaya avanzando. Hemos estado en Buenos Aires toda una semana.

121

Noviembre 24. Es una bella y gran ciudad, pero con un campo donde todo es barro. No puedes ir a ningún lado ni nada puedes hacer por el barro. En la ciudad obtuve mucha información acerca de las orillas del Uruguay. Supe de piedra caliza con conchas y lechos de conchas en todas partes. Espero que cuando invernemos en la Plata podré emprender una muy interesante excursión al campo. Compré unos fragmentos (núms. 837 y 838) de unos huesos enormes, de los que se me aseguró que pertenecieron ¡a gigantes del pasado! También me procuré semillas. No sé si son acreedoras a su atención; si le parecen bien, obtendré más. Van en una caja. Le envío en el paquebote Duke of York, comandado por el teniente Snell con destino a Falmouth, dos grandes toneles que contienen huesos fósiles, un tonel chico con peces y una caja que contiene pieles, una botella con alcohol y pastilleros con escarabajos. ¿Sería usted tan amable como para abrir estas últimas, ya que pueden enmohecerse? Con excepción de los huesos, el resto de mi colección parece algo escasa. Recuerde cuánto tiempo en proporción pasamos en el mar. Siempre me siento ansioso por saber en qué estado llegan mis cosas y cualquier crítica acerca de la cantidad o el tipo de especímenes. En el tonel chico está parte de una gran cabeza, cuyas partes anteriores van en los otros más grandes. Ha llegado el paquebote y estoy con prisas. Ya no sabrá de mí durante varios meses.

Hasta entonces, créame, mi querido Henslow, que le estoy realmente agradecido,

Charles Darwin

Dele mis saludos cordiales a la señora Henslow.

De Susan Darwin 12-18 de noviembre de 1832

Shrewsbury

Noviembre 12, 1832

Mi querido Charles:

Te sorprenderá saber que mi padre por fin ha puesto en marcha su largamente planeada excursión y se fue a Londres hace dos días con Caroline en el interior y Edward y Harry, los hermanos anticuarios, en el asiento trasero, como en nuestra vuelta por Lincolnshire. Todavía no tenemos noticias de ellos y estamos ansiosos por conocer su primera reseña de cómo aguanta la fatiga. Hoy domingo iban a visitar Oxford y llegarían a Londres mañana en la noche, donde pensaban quedarse como una semana para visitar los lugares célebres y llevaba una larga lista sobre todo de los edificios que valían la pena.

El nuevo carruaje que mi padre mandó construir sobre todo con este fin no ha respondido del todo a sus expectativas, pues Hunt no fue muy cuidadoso con las medidas, y me temo que las dificultades para entrar y salir parecen haber dado al traste con su placer. Sin embargo, es casi tan ligero como un simón, lo cual era uno de los puntos capitales.

Catty y yo nos sentimos muy raras con la casa, los caballos, los carruajes y los sirvientes, todos bajo nuestro mando, sin papá sentado en su sillón cerca del fuego.

Sarah vino como «señorita Owen» para quedarse cuatro días con nosotras hace como una quincena, antes de que el señor Williams llegara a Eaton, y gozamos mucho de su compañía, al igual que el filósofo Erasmus, quien estaba aquí en esa época y exclamaba: «Es un placer contemplarla», y cierto es que se la ve mucho más guapa que nunca, aunque delicada. A menudo habla de ti y dice que «dependía de que mantengas tu promesa de que le permitas ser la primera persona que cene con ella a tu regreso, ya que Belgrave St. era muy conveniente para tal propósito». Deseo que se me realice mi premonición de que antes de estos dos años, mi querido viejo Charley, cumplas este compromiso. Catherine y yo nos iremos y pasaremos dos días de esta semana en Eaton, lo cual será un agradable cambio en nuestra soledad, y pensamos ir al Old Hunt Ball [Antiguo Baile de la Cacería] de Eaton con su grupo de amigos.

He pasado un otoño muy alegre, pues octubre en el Hill fue maravilloso. Tom y Robert estaban ahí y los dos maestros caleseros con el faetón, así que no nos cansamos de lindos paseos y partidas de exploración. Igualmente vive cerca de ahí una familia Michell que se unía a nuestras excursiones. La señorita Michell es bien parecida y muy vivaz. Siempre la encaminábamos a que fuera la dama de Tom, pero ahora que los he visto juntos no le veo síntomas de que Tom se anime.

Su hermano, el capitán Michell, es muy agradable y un deportista famoso. Cuando hacíamos paseos por el río acostumbraba pescar truchas para nuestra cena y las cocinaba sobre una estufa que pertenece a Tom, de su servicio en Portugal. Todos preguntaron por ti y me hicieron leer algunas de tus primeras cartas, que les interesaron mucho.

El pobre de Allen[177] habla sin reservas de regresar a Maer para ocuparse de la parroquia en la próxima Navidad, pero pienso que su valentía se acabará cuando vea la nieve cubriéndolo todo, especialmente cuando oiga que Robert intenta hacer que las ventanas de la parroquia sean más grandes, lo que estoy segura de que no conviene a la constitución de Allen. En su última carta, Cath te contaba que el señor Langton ha obtenido la parroquia de Onnibury, cerca de Ludlow; es un lugar encantador para nosotros. Con la parroquia van 70 acres de terreno, pero me apena decir que no le gusta el trabajo en la granja y declara que no mantendrá ni a cerdos ni a vacas, y Charlotte es una mala esposa en este sentido, ya que no lo ayuda a que tenga los gustos apropiados para un párroco del campo.

No había visto al señor L. hasta últimamente: es agradable y sociable, pero no el tipo de hombre que habría yo esperado que cumpliera los sueños de Charlotte. Vendrán a su parroquia según parece el próximo febrero, así que ahora los veremos con bastante frecuencia. A mi padre le cae bien él, lo que es muy afortunado. Desearía que lo conocieras y estoy segura de que siente atracción hacia ti por su manera de hablar de ti. Digamos que además de conocer más acerca de la vida en el mar, toma mucho interés por tus noticias. Debo hacerte una pregunta de ignorante: ¿explorarán ustedes hacia el sur hasta llegar al polo sur o no? ¿O sólo las costas de América? Debo obtener el libro de Earle para leerlo, y espero que ponga algo de sentido en mi cabeza. En la actualidad la principal lectura de la casa son las revistas Penny y Saturday[178], que son económicas y provechosas. Llegaron las dos grandes palmeras y dan hasta el techo del invernadero, así que no sé cómo van a desarrollarse.

Charlotte Holland anunció, siguiendo las formas y muy ceremoniosamente, que está comprometida en matrimonio con el señor John Isaac. Debe tener un gusto extraño para que la prefiera a Louisa, y creo que el banco del que su padre y él son propietarios quebrará antes de que tome este paso. Vivirán cerca de Worcester.

Domingo 18 de noviembre. Vi en el periódico que la noche pasada hubo una insurrección en Montevideo y 50 de la tripulación del Beagle fueron llamados a contenerla y lo hicieron. Este relato que llegó a Londres nos hace pensar que muy pronto tendremos noticias de ti, mi querido Charles, y espero que el Almirantazgo no tarde tanto en enviar las cartas de los particulares, así que debo terminar ésta antes de que pueda esperar recibir más noticias de ti. El periódico dice que llegaste a Montevideo el 9 de agosto y en este caso tardaste un mes en ir desde Río de Janeiro, lo que se me hace mucho tiempo. Dos veces hemos tenido noticias de Londres y nos dan buena nota acerca de mi padre. No parece estar muy cansado por las visitas, cosa que Caroline temía, y goza de todo extremadamente. Visitó el jardín zoológico, pero Caroline te explicará el próximo mes todas sus hazañas. Hemos estado durante tres días de visita en Eaton y el señor Owen dijo que te escribirá muy pronto. El señor Williams parece estar enamorado de Sarah de cabeza a pies, aunque ya llevarán un año de casados el próximo jueves 22 < > Tendremos que ir y celebrar el aniversario c< on una> lonja de tocino[179].

Vi a Tom Eyton en el Hunt Ball. Se le ve alterado y no tan agradable como era. Dicen que se le ve mucho con el señor Oakeley y que son unos alcohólicos de mala manera, por lo que me temo que se está pervirtiendo. Dicen que está enamorado de la señorita Oakeley. Estoy segura de que si estuvieras en Inglaterra no se habría deslizado por la ladera de esta manera, pero esto es sólo un informe, lo que te estoy contando, y espero que no sea cierto, ya que es una lástima.

Catherine y yo nos juntamos en nuestro amor por ti, mi queridísimo Charley, y yo soy tu hermana más afectuosa / Susan E. Darwin

Nancy habla de ti mañana, tarde y noche.

A William Darwin Fox [12-13 de] noviembre de 1832[180]
Río de la Plata
Noviembre, 1832
Mi querido Fox:

Voy a tomarte la palabra y enviarte mejor una carta corta que ninguna. Te parecerá muy raro, pero nunca encontré tanta dificultad para escribir cartas como en la actualidad.

Hay tanto que decir, o habría que decir, que me siento apabullado y por lo general termino diciendo bien poco. Después de dejar Río de Janeiro navegamos hasta Montevideo, de donde partimos en una travesía de reconocimiento hacia el sur (te escribí desde Río). Toda esta parte de Sudamérica es absolutamente sosa; dunas de arena y llanuras ondulantes son bien poco después de las montañas y valles esplendorosos con la rica vegetación de los trópicos. En Montevideo no supimos de nadie durante cuatro meses, y como puedes suponerlo, devoré como un buitre tu carta y las demás. Mi querido viejo Fox, lamento mucho saber por ti y por los de mi casa que te has sentido tan mal, y espero que cuando recibas ésta estarás sentado, en buena salud y alegría, junto a un buen fuego. ¡Vaya, vaya! Cuánto tiempo pasará hasta que yo pueda gozar de este placer. En más o menos una semana navegaremos siguiendo la costa hacia las islas Falkland y después al Cabo de Hornos. Sospecho que habrá cierta diferencia entre esto y una buena chimenea inglesa: todo será tolerable si hay cierto límite sostenido y moderado al que mirar en el futuro, pero los planes del capitán se agrandan a medida que el tiempo pasa y no le veo un fin a este viaje. Regresaremos del Cabo de Hornos e invernaremos en el Plata, de ahí iremos al otro lado y costearemos hasta Panamá, y entonces podemos decir que volverá a iniciarse el viaje.

Durante este último mes, la única fuente de placer, y no pequeña, ha sido la historia natural. He sido afortunado sobre todo en geología y entre los animales pelágicos. Una vieja ambición de mi parte ha sido cumplida, o sea encontrar los restos de grandes animales extintos, de los que pienso que algunos son novedad. Tengo dientes y fragmentos de cerca de siete tipos, pero incluso esto no me reconcilia con el hecho de abandonar las doradas regiones de los trópicos. Mi ojeada a estos climas me ha echado a perder todos los demás, aunque debo exceptuar los días de otoño en Inglaterra, cuya claridad atmosférica puede compararse con cualesquiera otros. Pobre vieja Inglaterra. Espero que mis vagabundeos no me impedirán disfrutar de una vida apacible y que, en un día futuro, pueda ser tan afortunado como para que se me califique como un buen clérigo rural como tú. Y entonces podremos trabajar juntos en la historia natural y contarnos tan prodigiosas historias como ningún Barón de Münchausen hizo antes. Pero el capitán dice que si me permito tales visiones como los verdes campos y las lindas pequeñas esposas, etc., etc., seguramente daré el salto repentino. Así que debo contentarme con llanuras arenosas y grandes megaterios.

13. Montevideo cerca de la Puerta Inglesa, agosto de 1833. © Cambridge University Library.

14. Gaucho y caballos, 1833. © Cambridge University Library.

En este momento estamos luchando contra un inmundo viento de muerte en nuestro regreso de Buenos Aires a Montevideo. Buenos Aires es una linda y gran ciudad y tiene una apariencia europea, con la excepción de unos cuantos gauchos salvajes con sus ponchos de vivos colores cabalgando por sus calles. ¿Conoces el libro de Head? Da un excelente recuento de los modos de este país.

Espero que me escribas de nuevo y recojas todos los detalles acerca de ti, lo cual incrementa el interés y no lo pierde por la distancia. Sudamérica, tal cual, será la mejor dirección para el Beagle. La próxima semana estaré muy ocupado empacando especímenes. Con gran amabilidad, Henslow se encarga de recibirlos. Es uno más de los muchos favores que le debo. Siempre consideraré como uno de los días con más suerte de mi vida el día en que me lo presentaste. La amistad de un hombre así vale la pena de ganársela. Adiós, querido Fox. Dios te bendiga y te mantenga tan feliz como mereces, y escríbeme de nuevo.

Tuyo, con mucho cariño, Charles Darwin

De John Maurice Herbert 1.º[-4] de diciembre de 1832

Manchester

1.º de diciembre de 1832

Mi querido Darwin:

Me siento obligado contigo por atender tan pronto mi solicitud, especialmente cuando el saqueo sobre tu banco de información parece ser muy agresivo. Te sorprendería seguramente ver de dónde proviene esta carta. He tomado una habitación permanente en Chester (por lo menos durante un año) y la distancia hasta Manchester no es muy considerable, por lo que con mi propensión al salón de baile, como si fuera una gacela, es bien conocida, me siento feliz de cumplimentarla a tan poco costo en molestias y en dinero. Anoche asistí a una reunión de la Philosophical Society[181] de este lugar, más por el gusto de ver al viejo Dalton[182] que para cumplir cualquier pasión (¿puede utilizarse la palabra con propiedad en relación con tales remilgos?) por la ciencia. El doctor Henry leyó una ponencia muy interesante sobre la variación de la temperatura en los lagos de agua dulce y el océano[183]; nos dio un hecho que me sorprendió mucho: Lord Mulgrave encontró en su expedición al Ártico[184] que a la profundidad de (creo) 4000 pies el mar tiene una temperatura de sólo 26° Fahrenheit [-3 °C]. ¿Cómo puede retener su fluidez? Supongo que ya serás un buen matemático práctico a estas alturas; sólo te amenazaba la trigonometría, pero espero que las ganas que siempre has tenido y de las que cierta vez me diste crédito por ellas, te hayan llevado a las regiones de la «mecánica celeste», o que estés ya a poca distancia de alcanzarla. En cuanto a mí, hace tiempo que puse todas mis matemáticas, y para siempre, en el estante. Ahora apenas tengo cierto recuerdo misterioso de los coeficientes diferenciales, la polarización, etc., etc. Sin embargo, espero retener lo suficiente como para ser capaz de comprender el libro (el? at???????)[185] cada vez que haga su aparición. Ya empecé a representarme su apariencia y la naturaleza de sus contenidos: ¿uno de los in quarto de Murray con tipografía Davidson[186]? ¿Cómo se titularía? «Observaciones físicas, políticas y morales hechas durante el viaje alrededor del mundo en los años 1831-1835 por C. Darwin, F. R. S., F. L. S., etc., etc.»[187] Desde luego que no lo publicarás hasta que estos caracteres jeroglíficos se agreguen a tu nombre. Disfrutaré de sus páginas apenas las corte. A tu regreso me encontrarás convertido en un abogado delgado, cetrino, de mejillas hundidas, habitante infeliz de uno de esos cuartos inhabitables e indecentes (conocidos como cámaras) en o cerca del Lincoln's Inn, con un sinnúmero de documentos legales, etc., acumulados a mi alrededor. ¿No seré tan confiado en mis propias habilidades como para alcanzar el éxito? Las cosas han dado un giro muy extraño en el mundo de la política desde que dejaste Inglaterra. Denman ha sido nombrado juez supremo. ¿Quién hubiera pensado que el último abogado de la reina y procurador general llegaría a la cumbre de su profesión[188]? Pero así fue. La elección se está acercando a pasos agigantados y todo el mundo la ve con ansiedad: los conservadores (¡pobre gente!) no tienen esperanza alguna y la única pregunta es cuál de los liberales o radicales obtendrá el poder. No se considera a Hobhouse como suficientemente liberal para Westminster[189], así que han puesto sobre el tapete al coronel Evans[190], y él, se dice, ¡apoya a Gordon para ser nominado por nuestra universidad[191]! Veo que Henslow obtuvo un beneficio, pero dónde y de qué valor todavía no logro averiguarlo. Su caso me ha convencido de la necesidad de una reforma en la Iglesia, pues es una consideración muy humillante que uno de sus ornamentos más brillantes haya sido olvidado por tanto tiempo. La Cámara de los Lores no vale una adquisición de 20 años. «Abajo los obispos» se está convirtiendo, me temo, en un grito común. Es interesante reflexionar acerca del rápido avance de las opiniones liberales. Anoche estuve en la compañía de un hombre cuyo padre fue condenado en 1792 por alta traición, sólo porque apoyó abrogar las Test & Corporation Acts[192] y la reforma en el Parlamento, y su casa fue casi destruida por una furiosa multitud a favor de la Iglesia y el rey. ¿Cuándo veremos algo semejante? En el mundo literario acabamos de perder al desdichado Mackintosh, a Scott y a Leslie[193], tres de los hijos más ilustres de Escocia, puede decirse que de la Gran Bretaña.

Estoy inmensamente en deuda contigo por tu comentario hiriente acerca de mi sastre, y aunque no puedo más que congratularte por el gesto, debo simpatizar contigo por el efecto que produjo, ya que ahora (admirabile dictu) se me ha absuelto en ese asunto. De los planes de Whitley conozco < tan> poco como tú, ya que no lo he visto para nada por mucho tiempo y no se digna contestar mis cartas. Concluirás conmigo que se pavonea como lord en la segunda corte de St. John's, m----o a los liberales y alabando a los conservadores. Me temo que la Universidad de Durham ha sido diferida sine die: hablan de cuatro años. La viuda se casó. ¡Pobre Heaviside! Me gustaría que él mismo me explicara su caso y excitara mi conmiseración. De Watkins y Lowe no sé nada. En el futuro prestaré más atención a tus opiniones y juicio de la que acostumbraba. En los últimos seis meses han venido a mi mente esos sentimientos que tú y Henslow predijeron, aunque no puedo pensar que la necesidad de ejercicio contribuya mucho al respecto, al igual que mi irregularidad en la vida de la escuela. En cierta época temí la debilidad en su peor forma, pero Lawrence me ha aliviado al decirme que no hay causa de alarma. Una jornada, o más bien un viaje, a las Pampas sería la mejor forma de llevar a cabo su receta, ya que me ordenó una cantidad de ejercicio sin límites. Veo por el último número del Times que los servicios de H. M. S. Beagle fueron solicitados en Montevideo, y que desembarcaron 50 hombres para asistir a la plaza; desde luego que tú habrás tomado parte en este brillante negocio. Acabo de recibir carta de Whitley: dice que lo de Durham se decidirá en este invierno; ¡Watkins y Cameron están los dos en Cambridge enloquecidos con sus respectivas actividades! Ahora dejaré de pecar contra la ciencia y el público quitándote tu valioso tiempo y te permitiré regresar a tu investigación sobre Scolopendra y «tumbas antenatales» de falenas, etc. Escríbeme tan pronto como buenamente puedas y créeme siempre, mi querido Darwin, tu más sincero y fiel,/ J. M. Herbert

Acabo de ver una requisición a Lubbock[194], firmada por Sedgwick, Henslow y toda la tribu de valiosos liberales que uno considera, invitándolo a perseverar por la Universidad, lo que ha aceptado. Whitley dice que ha tenido un buen efecto, ya que unos cuantos de los beneficiados johnianos serán traídos de las partes más alejadas del país para apoyar al primer investigador del Excéntrico Lunar y Presidente del Palenque[195], un llamado que en esta estación de heladas y niebla causará unas cuantas vacantes. Gordon declinó. Supongo que no se invitará a Hobhouse. Recuerdo que tienes una manera particular de leer cartas, o sea la costumbre de devorar sólo una cláusula a la vez, y a continuación dejar el resto para la comida del día siguiente. Con el fin de satisfacer esta extraña propensión tuya y de proveerte por cierta cantidad de tiempo (aunque sepa el cielo si será un alimento suficiente), me empeñé en llenar esta hoja entrecruzando el texto hasta que se derrame. Si de todos modos sacas de él ya sea placer o consecuencia de esta extraña posdata, quedas en deuda con una joven dama por ello, quien me sugirió la impropiedad (creo que me dijo la vergüenza) de mandar una carta tan corta como la que había escrito a través del Atlántico. Le respondí que yo conocía algo mejor tus gustos que ella y que eras un admirador de lo breve y medular, pero mi argumento no prevaleció, pues arguyó tan elocuentemente por tu causa que no podía dejar de tener éxito. Aun así, no atribuyas la tontería de estas últimas líneas a otro que no sea yo mismo. Me disgustaría que ella deba cargar con el peso de la prueba. Pensarás que es lisonjero suponerte capaz de contribuir a la diversión de otro abusando de su tiempo. Desde luego, ¿puede ella juzgar solamente por mis poderes conversacionales que no puedan mejorarse? La última vez que estuve en la ciudad, fui atraído por un nuevo museo, llamado Naval y Militar, lo que considero cualquier cosa menos prometedor: no consiste más que en donaciones y me parece totalmente desprovisto de orden. Se dice que Herschel tendrá la cátedra de filosofía natural en Edimburgo. Y ahora se está llevando a cabo una suscripción para librar a la familia de Scott de la humillación provocada por la quiebra de Constable[196], y para mantener la casa solariega de la familia en Abbotsford.

Airy[197] ha enviado un manifiesto que declara las reclamaciones de Lubbock a los amantes de la ciencia, lo que no creo que contribuya a su éxito[198]; dice que los artículos de Lubbock fueron los primeros en colocarnos al mismo nivel con el resto de Europa en lo que toca a las investigaciones de las ramas más elevadas de la filosofía matemática.

Dios te bendiga. Adiós, J. M. H.

1833

De Caroline Darwin 13 de enero de 1833

Shrewsbury

Enero 13, 1833

Mi querido Charles:

Debes perdonarme que te escriba una carta realmente aburrida, pero se me ha utilizado injustamente. Éste es un mes de Catherine y no me dijo hasta este mismo instante que ni siquiera ha empezado una carta para ti, y, siendo hoy el último día, no quiero fallarte en mi promesa de escribirte yo cuando otros se olvidan. Mi padre está muy bien, que sé que es el tema principal, así que poco más importa de lo que te pueda contar. Recuerdo el sentimiento de angustia que sentí durante mis tres meses en Francia el año pasado y lo imposible que es sacudírtelo cuando estás lejos y por la razón que sea con pocos ánimos. Tu última carta, a la que contesté a mediados de diciembre, era para Susan justo antes de que navegaran hacia Montevideo. Espero, mi muy querido Charles, que el frío y las lluvias mientras costeabas la Patagonia no te hayan enfermado. Todos estamos impacientes por tu próxima carta y, si encuentras que tales cambios de clima no le convienen a tu salud, regresa a casa y piensa en tu cómoda parroquia. Terminé mi última carta en Overton. Parky y Henry se sintieron orgullosos de encontrar el lugar en el mapa en el que anda su tío Charles. Parky ha crecido muy varonil y progresa mucho con su latín y el flirteo más permanente que haya contemplado. Una semana después de mi regreso tuvimos la visita de nuestro nuevo miembro, el tío Jos[1]. Parece muy contento de haber regresado con una mayoría tan instruida y dice que sin problema ni molestias nada hace más que lo que el Comité le ordena y que fueron muy clementes pues incluso escapó de montar la silla[2]. Dice que no puede permitirse llevarse la familia a Londres pero pienso que esperan ir por lo menos unos meses. El Parlamento se reúne el 31 de enero, así que pronto tendrá que dejar Maer y espero que el experimento le satisfaga y que no se arrepienta. Jessie vino con el tío Jos y se quedaron por dos días. Sucedió por desgracia que nosotras tres íbamos a ir a la misma tarde en que llegaron (inesperadamente) a Eaton para ver una obra actuada por el grupo familiar de los William, los Owen y los White, aunque la pobre Sarah no pudo actuar. La constitución de los Owen no responde y está en un estado de salud muy delicado. Se la ve muy mal y sin ánimo, pues piensa que nunca se repondrá y pondrá bien y no soporta ninguna fatiga ni esfuerzo.

Actuaron en The Irish tutor, una alegre farsa bulliciosa[3] en la que todos representaron sus partes muy bien. Después hubo baile. El resto del mes ha pasado tranquilamente. Jugamos al whist todas las tardes con papá y siento que está muy contento y vigoroso como estaba hace unos años. La semana pasada fue la semana de la New Hunt [Nueva Cacería]. No teníamos a nadie con nosotras, más que los Clive de Styche y Caroline Owen. El señor Edward Williams murió a comienzos de la semana, así que no hubo fiesta en Eaton. El señor Tom Pemberton[4] también murió. Para que puedas enterarte de lo que va pasando en el vecindario, ya no ha habido más bodas excepto la de Sir T. Boughey con la señorita Louisa Giffard[5]. No fui al baile tras la cacería. La señora Biddulph estaba ahí muy distinguida, pero me temo que se ha encontrado con que el señor Biddulph es una persona muy tediosa con quien convivir. Estoy segura de que es muy egoísta. Ganó las elecciones y regresó a Denbighshire. Tanto tu Pincher como Nina están muy bien y estoy a punto de comprarle a Joseph tu caballo pardo. Lo he montado y me gusta mucho hasta donde puedo juzgar.

Erasmus se ha divertido mucho en las fiestas de Lady Gifford y de los Hensleigh, etc. No ha escrito mucho últimamente. La señora Hensleigh ha de confinarse a principios del mes próximo, así que supongo que ya no puede haber comilonas en su casa por ahora. Susan y Cath irán a dos bailes la semana próxima y supongo que estos bailes son la excusa para dejar de escribirte.

Ellas y papá te mandan su cariño y créeme, mi muy querido viejo, que con mi más ardiente cariño / soy tu afectuosa Caroline Darwin

Es demasiado tarde para desearte un feliz año nuevo, pero sí te lo deseo.

De John Stevens Henslow 15-21 de enero de 1833
Cambridge
15 de enero de 1832[6]
Mi querido Darwin:

Debo empezar mi carta para ti antes de que una u otra cosa me persuada de diferirla hasta que sea demasiado tarde para el próximo paquebote. Wood y yo intentamos escribir para el paquebote de diciembre, pero justo cuando íbamos a hacerlo llegó tu carta en la que anunciabas que venía una caja en camino, así que pensé mejor esperar hasta que hubiera visto su contenido. Aquí la tengo ahora y todo ha viajado bien. Sin embargo, procederé por orden y primero contestaré tus dos cartas y luego comentaré lo de la caja. La primera fecha de tu primera carta es el 18 de mayo y la recibí en Cambridge en junio, no, se me envió desde Cambridge en julio a Weymouth, donde estaba yo pasando el verano con mi familia y dos discípulos en exploración geológica, etc., etc., de sus alrededores y donde hicimos un buen recorrido. Me detuve en Oxford en mi camino, donde la British Association cobijó por unas semanas una reunión de científicos y fue una época muy entretenida. La próxima vez será en el próximo verano en Cambridge. Mientras estaba en Oxford recibí una carta del Lord Canciller proporcionándome un pequeño ingreso en la parroquia de Berkshire, a unas 14 millas de Oxford. Claro está que no voy a residir ahí, pues nunca pensé en dejar Cambridge sin que algo realmente extraordinario sucediera[7]. Y nunca pensé en dejarlo por cuestiones monetarias. Regresamos a Cambridge en octubre y tuvimos el alboroto de la elección para entretenernos. Nada pudimos hacer con todos los intentos por introducir a un liberal para la Universidad, así que desistimos[8]. Tuvimos a dos liberales en la ciudad y a dos liberales y un conservador para el condado, pero ya los periódicos te habrán contado todo esto. En este momento soy examinador en Paley y en una hora tengo que atender en la cámara de Senadores. En cuanto a la revisión de tus cartas: No me preocuparía acerca de si está bien o mal anotar tales o cuales hechos acerca de la geología. Anota todo lo que puede ser útil, sobre todo las posiciones relativas de las rocas con un esbozo como éste:

Núm. 1 (espécimen (a)), de unos 10 pies de grueso, de un carácter uniforme. Núm. 2 (especímenes (b, c)) variable, etc. etc.

Cuando Sedgwick regrese daremos una mirada a tus especímenes y te enviaremos nuestro informe conjunto[9], ¡y parece haber una buena cantidad! Yo mismo capturé un Octopus en Weymouth este verano y observé el cambio de color cada vez que abría la caja de estaño en la que lo puse, pero no con tan gran perfección como parece que lograste tú. El hecho no es nuevo, pero cualesquiera observaciones recientes serán muy importantes. ¿Raro que una roca serpentina no sea el producto de la horneada volcánica de una pizarra clorítica? La roca de São Paulo puede no ser una excepción al carácter común de las islas del Atlántico[10]. Tengo la descripción de las láminas del Dictionnaire classique y te las mandaré donde me digas. Tu relato de la selva tropical es maravilloso y no puedo dejar de envidiarte. En cuanto a que me sienta desengañado con la caja, creo que has hecho maravillas, ya que veo que no te limitas a recolectar, sino que describes cuidadosamente. Muchas de las plantas son apetecibles para mí. Evita enviar fragmentos. Haz que los especímenes sean tan perfectos como puedas, con raíz, flores y hojas y no te equivocarás. De los grandes helechos y grandes hojas, dóblalas sobre sí mismas de un lado del espécimen y que queden colocadas en una hoja de papel de tamaño adecuado.

No te molestes en coserlas, ya que viajan mejor sin ello, y una simple etiqueta mensual a las del mismo lugar es suficiente excepto que poseas todo el tiempo de sobra o manos de sobra para escribir más. L. Jenyns no sabe qué hacer con tus Planariæ terrestres. ¿Tomaste por tales el curioso género Oncidium pariente de las babosas, de las que se da una figura en los Linnean Transactions[11] y no son las especies marinas también mollusca, quizá Doris y otros géneros? Especímenes y observaciones de éstos serán muy interesantes. Si puedes obtener la Anatomie des mollusques de Cuvier[12], lo encontrarás muy útil, aunque temo que esté agotado. Le diré a tu hermano que lo busque en Treuttel[13]. Watkins recibió tu carta. Y ahora en cuanto a la caja: Lowe empaca insuficientemente y Darwin se sobrepasa. Lo último es una falla por el lado bueno. No necesitas hacer tan gran despliegue de estopa y papel para los especímenes geológicos, ya que viajan muy bien con que sean envueltos a la manera germana y estibados bien juntos, pero sobre todas las cosas no le pongas estopa alrededor de cualquier cosa antes de que la hayas envuelto primero en una pieza de papel delgado. Es imposible limpiar las fibras de la estopa de algunos de tus especímenes sin dañarlos. Un excelente cangrejo perdió todas sus patas y un Echinus la mitad de sus espinas por este error. Sin embargo, no parece que ningún otro espécimen además de estos dos haya sido maltratado. Otra precaución que tomaría es colocar el número sobre el espécimen siempre dentro de la cubierta y no fuera. La humedad y la fricción han borrado uno o dos, y no puedo remplazarlos. Secaré por completo todos los objetos perecederos y los pondré en cajas de cartón con alcanfor y las pegaré por los cantos y colocaré en mi estudio o en algún lugar seco. El material pesado lo enviaré a mi salón de clases, tan pronto como sea de nuevo habitable, ya que en la actualidad es todo confusión, pues se está construyendo un gran museo y sala de lectura y habitaciones privadas, junto a las mías[14], para Clark y Cummings. Debo abandonar la carta para ir a la cámara del Senado y pongo un adiós hasta que pueda encontrar unos minutos más para concluirla.

Enero 21. Terminó el examen y no hubo nadie desplumado del Christ's College. No sé si habrás tomado conocimiento de los hombres de este año (excepto Downes, que fue el núm. 26) o te enviaría sus nombres. El capitán fue Laffer del Christ's[15]. Acabo de poner a un lado los artículos perecederos del modo que dije. Los pájaros: varios carecen de etiquetas. La mejor manera es atarles la etiqueta a las patas. Uno tiene las plumas de la cola ajadas por haber sido dobladas por el mal empaque. El resto está en orden. Cuadrúpedos: el más grande bastante bien, los dos ratones más bien mohosos. Empaca una cantidad infinita de conchas de tierra y del agua dulce, pues deben ser casi todas nuevas. Excelentes los insectos diminutos. ¡Qué labor te espera! Sabes mejor que yo lo que no hace peligrar sus antenas y patas, para empacarlos en algodón. Supongo que si se humedecen con vapor pueden ser desempacados sin peligro. Los líquenes son especímenes buenos porque casi nadie se preocupa por enviarlos aquí. Por caridad, ¿qué es el núm. 223[16]? Parece como los restos de una explosión eléctrica, una mera masa de hollín: algo muy curioso, oso decir. ¿No sería una buena medida precautoria enviar a Inglaterra una copia de tus notas con el próximo paquebote? Sé que es una tarea pesada copiar tales asuntos, pero es muy expeditivo para evitar la posibilidad de perder tus notas mandando un duplicado acá. Cada espécimen individual que llegue aquí se convierte en un objeto de gran interés, y aunque fueras a enviar 10 veces tanto como has enviado hasta ahora, cuando llegues de regreso pensarás y desearás haber mandado ¡100 veces más! Por ejemplo, las cosas que parecerían desechos, pero que en realidad son valiosas. Sin embargo, nadie puede decir positivamente que no has estado activo y que tu caja no sea magnífica. No esperaré al regreso de Sedgwick antes de enviarte ésta, sino que te daré un recuento de los especímenes geológicos en la próxima. Envío ésta ahora a tu hermano con el volumen del Dictionnaire classique y te deseo que sigas con tu buen éxito. No temo que te canses de la expedición mientras sigas con hallazgos como los que has hecho hasta ahora y espero que tus ánimos no te fallen en esos momentos de aburrimiento que se presentan de cuando en cuando, durante el proceso de un empeño tan largo. Downes y otros amigos me pidieron que te envíe sus recuerdos más cordiales y su afecto y la señora Henslow agrega sus mejores deseos. Los míos están siempre contigo, como sabes, y no necesito decir que debes creerme. Con gran afecto y sinceramente tuyo / J. S. Henslow

Mis tres hijos van bien y mi muchacho está desarrollándose a plenitud. Para el próximo junio esperamos un incremento. Estamos de duelo por la muerte de la madre de la señora Henslow.

De Erasmus Alvey Darwin a John Stevens Henslow 23 de enero [de 1833]
Enero 23
Querido señor:
Recibí su paquete que contenía un libro, etc., y una carta para mi hermano. Los enviaré a la primera oportunidad y seguiré su sugerencia de intentar obtener la Anatomie des mollusques, que no creo que posea.
Me siento muy agradecido por las dos cartas que tan amablemente envía. He obtenido un gran placer al leerlas y con gusto haré uso de su permiso para enviarlas a mi casa y tendré cuidado para que se le regresen.
No sé si puedo ser de ayuda tanto para recibir como para remitir las cajas que pueda mi hermano enviarle a usted y sólo ruego que me ponga a su disposición de la manera que crea conveniente.
Suyo / sinceramente reconocido / E. Darwin
24 Regent St.
PD: Mi hermano menciona en su carta que su caja será enviada a través del agente del capitán FitzRoy en Falmouth. El anterior agente del capitán FitzRoy (he olvidado su nombre) quebró y en consecuencia he tenido bastantes dificultades en mandarle los libros. Si usted lograra saber la dirección del actual agente que remite la caja, me sentiría muy reconocido si me la hace llegar. No me aventuraría a darle tanta molestia si no supiera con certeza todas sus amabilidades con mi hermano.

De William Darwin Fox 23 de enero de 1833
Ryde, isla de Wight
Enero 23, 1833
Mi querido Darwin:
Al recordar mi promesa de escribirte de nuevo al llegar el invierno, me senté para redimirme, temiendo que tú más bien pensaras que no me tomo la molestia, pues nada tengo que decir que pueda interesarte de nadie excepto de mí mismo, y el yo es quizá un tema aburrido para tema de una carta que has de escribir o incluso para recibirla. Tuve la esperanza de recibir unas pocas líneas de ti en los últimos cinco meses, pero puedo muy bien imaginar que tienes tu tiempo tan medido que es suficiente para ti las cartas que debes mandar a casa y quizá en tu caso yo sería un corresponsal igualmente malo. Por unas semanas he tratado de instigar a Julia para que les escribiera a tus hermanas con el fin de poder saber algo de ti, pero hasta ahora sin éxito, y si no tengo mejor suerte pronto me sentiré inclinado a hacerlo yo mismo, aunque no creo que Erasmus conteste a una carta mía si le escribo ni tampoco sé su dirección. He visto tantos barcos a punto de partir para Sudamérica desde Portsmouth y en espera de vientos favorables en el Mother Bank[17] que mis propensiones erráticas a menudo me han excitado penosamente y he soñado durante la noche que estaba ocupado recolectando para ti todo lo nuevo, bello y extraño. Sin embargo, mi destino está, por lo menos, del todo anclado en el continente, por no decir (como quizá esté más apegado a la verdad) el país en el que nací, y debo contentarme con conocer las regiones tropicales por medio de Humboldt y Darwin. Espero que tu camarada sea suficientemente grande incluso para tus grandes ideas. Pero si sigo de esta manera, acabaré llenando la hoja de papel sin haberte hablado de mí mismo, de quien me siento medio halagado en pensar que deseas tener noticias, ya que estaba en muy mal estado cuando te escribí por última vez. Desde entonces me he sentido con más fuerzas y más capaz de enfrentar un esfuerzo, aunque he tenido muchos ataques más o menos serios y otros de naturaleza más débil, y sigo siendo en buena parte un inválido y me temo que lo seguiré siendo por un tiempo. Sí me da mucho temor el invierno, desde luego, pero tomando

grandes precauciones y gracias al clima suave de Ryde espero irla pasando bastante bien, y entonces quiero creer que los próximos primavera y verano harán mucho por aliviarme de la afección restante de mis pulmones. A menudo tengo grandes dudas acerca de si alguna vez podré forzarlos por una continua cantidad de tiempo, pues en la actualidad unos pocos minutos me trastornan bastante si no los pongo a descansar. Sin embargo, debo esperar lo mejor, y en este momento tengo todos los motivos para agradecer que esté como estoy. Sigo aquí con mis dos hermanas menores y la pequeña Anna Maria (quien asegura que ya se ha olvidado de ti) durante el invierno y con toda probabilidad la primavera, cuando mi salud determine qué será entonces de mí. Te agradará la noticia de que todos en Osmaston están bien, y mi padre y mi madre partieron de aquí hace apenas dos días. Me encantó encontrarme hace unas semanas con una caja de insectos proveniente de Río de Janeiro, proporcionada por un señor Bescke, naturalista que vive ahí en Praça da Constituçào, un caballero al que deberías visitar. Qué magníficos Lepidoptera hay ahí. Había también varios tipos de Mantis que nunca había visto y una de esas Libellulæ que tienen largos cuerpos desproporcionados. Te imaginé en medio de la Felicidad Entomológica y soñé estar contigo.

He disfrutado también mucho de ver a nuestra marina ir y venir constantemente debido a este bloqueo de los holandeses, y entre todas las dimensiones me he imaginado a tu pequeño Beagle. Habrás visto por los periódicos que tenemos una flota conjunta francesa e inglesa anclada en Spithead, y que navegan juntas y ahora están al pairo en Downs. He gozado todo esto mucho y espero que las antipatías nacionales hayan sido desechadas, pero también me ha divertido mucho el disgusto que esto ha causado a muchos de los oficiales de nuestros barcos. En varios de los que he visitado apenas podían encontrar nombres suficientemente duros para los oficiales franceses, y cuanto más viejos los oficiales más extremado era su odio. Subí al mejor de los barcos franceses y me complació mucho tanto el navío como los oficiales y la tripulación, todos determinados a mostrar a los ingleses qué puede hacer el «franchute[18]» con su marina. El barco de Erasmus Galton llegó aquí hace unos meses y ya fue despachado. Realmente es un buen ejemplo de guardiamarina y estoy seguro de que te complacería mucho verlo. Toda la familia vino y permaneció aquí unos meses mientras el barco se ponía en condiciones para Holanda. Me encantaría poder unirme a tus investigaciones geológicas al igual que a las ornitológicas (de las que por otro lado nada dices, de lo cual me maravillo), entomológicas y demás empeños de historia natural. Puedo imaginar fácilmente que las arañas y demás tribus semejantes deben ser magníficas por lo poco que he visto. A menudo pienso que ciertas partes de Sudamérica podrían ser un magnífico lugar de residencia y si se pudiera juntar a unos cuantos de los amigos en grupo, con seguridad se me haría fácil dejar la Querida Vieja Inglaterra por un clima más soleado. El Spartiate 74 está justo ante mi vista listo para ir hacia ti con un nuevo almirante. Me hubiera gustado conocer a alguno de los oficiales para saber exactamente adónde se dirigen, pues sería muy gratificante enviarte un mensaje de viva voz. Mandar cartas estúpidas a tanta distancia tiene algo tan gélido y tú que tienes tan poco tiempo para leerlas. Nuestros viejos días de Cambridge vienen a mi mente con frecuencia como un sueño. Me temo que hay horas pasadas que ya nunca volverán. He estado muy ocupado últimamente con las Pselaphidæ y las Scydænidæ… Me imagino tu sonrisa de desdén. No puedo dejar de pensar que en otros países pueden hallarse grandes géneros emparentados con éstos y que quizá son los tuyos, los sudamericanos: ¿no es el lugar más idóneo ése en el que estás ahora? Me gustaría mucho saber adónde irás después de que dejes Sudamérica. Quizá ya no pueda volver a escribirte, pero esto tiene poca importancia, ya que tú siempre podrás mandarme unas líneas y espero que lo hagas. Recuerda que no quiero más que unas diez líneas sólo para decirme cómo estás, dónde estás y adónde vas. No puedes creer el gusto que me dará recibir unas pocas líneas de este tipo. A todos nos gusta mucho Ryde, pues hay mucha gente sensible aquí y el clima de la isla es delicioso. Esperaba encontrar muchos insectos de los que sé fueron hallados aquí, pero no he podido andar tras ellos asiduamente. Las gaviotas son otra fuente de diversión para mí. Cuando vine pensé que podía explicar mucho sobre ellas, pero me sentí mortificado de ver cuánto de ellas ignoraba. Me puse a estudiarlas (pues realmente lo hice) y a cuanto animal muerto pude apropiarme, así como cinco especímenes amaestrados que recogí en diferentes épocas, por lo que he logrado darme una idea de las que vienen aquí, con sus varios cambios de plumaje desde el nido hasta los cinco años. No podría haber hecho esto sin tu viejo amigo Fleming[19]. Es una gran pena que se haya alejado tanto por su pasión por los nuevos nombres, ya que es el mejor naturalista por lo general de todos los que publican. Pude llegar a comprender acerca de peces, moluscos y pájaros gracias a él cuando nada me decían otros libros que poseo. Desde que te fuiste se ha publicado una muy respetable Entomological Magazine, que sale cada dos meses, y Rennie acaba de iniciar A Field Naturalist Magazine mensual a 1/[20] y se habla de otras. He olvidado si Hewitson[21] empezó con sus huevos antes de que te fueras, pero creo que sí. Ahora son ilustrados magníficamente y la venta de su obra se incrementa rápidamente. Me divirtió tu sello de Cupido ornando las velas de un barco. Si algún amor ornamenta las velas de tu barco dando la vuelta al mundo debe ser el amor de los escarabajos, las arañas y las rocas. Si continúas (como dijiste que era tu propósito) en el Beagle durante todo el viaje, tus oportunidades como geólogo se incrementarán mucho. ¿No corres cierto peligro de volverte como Waterton, tan apegado al vagabundeo, que el antojo se vuelva de nuevo irresistible después de un año o dos de tu regreso? Me gustaría saber si hay libros u objetos de cualquier tipo que enviarte; recuerda que cualquier cosa que pueda hacer por ti sea como sea me dará un gran placer conseguírtelo. Aquí y ahora me he agenciado un poni, un terrier, cinco gaviotas de varios tipos, y Julia una cacatúa que le compré, y A. M. un gato, así que nuestra casa empieza a verse muy sociable. Cuando supe de tu padre por última vez gozaba de muy buena salud y toda tu familia estaba bien y con buen ánimo, pero seguramente ya habrás tenido tú noticias de ellos. Debo concluir esta larga carta, sin objeto determinado y sin sentido. Me temo que pensarás que entre mis otras dolencias está la demencia.

Y ahora, mi querido Darwin, créeme que tengo los más placenteros y agradecidos recuerdos de los viejos tiempos de Cambridge y de otras partes, así como ardientes esperanzas de futuras largas historias de hombres con cola y un solo ojo. Siempre tu afectuoso amigo / William Darwin Fox

De Robert Waring Darwin y las señoritas Darwin a John Stevens Henslow
1.º de febrero de 1833
El doctor Darwin y las señoritas Darwin presentan sus cumplidos al profesor Henslow y le piden que reciba su agradecimiento por su fineza en permitirles ver las cartas incluidas aquí. La que fue escrita el 15 de agosto tiene 10 días más que la última que hayamos recibido. Shrewsbury / Febrero 1.º, 1833.

De Susan Darwin 3-6 de marzo de 1833
Shrewsbury
Marzo 3, 1833
Catherine fue la última en escribirte[22] y te habrá contado, mi muy querido Charles, cuán contentos nos pusimos por tu última carta fechada en noviembre, que ahora tiene Erasmus. También vimos la carta que el señor Hughes escribió a los Haycock y en la que hablaba mucho de ti y el gran placer que experimentó al verte, que es casi tan bueno como saberlo por ti. Atesoraremos esta última carta tuya más que cualquier otra, ya que nos dices que no debemos esperar noticias tuyas en los seis o nueve meses próximos, lo que parece un tiempo sin fin si vemos hacia el futuro. Te felicito por tu buena suerte de encontrar esos curiosos restos del monstruo M. Pienso que la geología es el tema más interesante que se pueda uno imaginar y ahora he encontrado la manera más fácil de aprender algo acerca de ella. Las revistas de a penique dedican unas páginas al tema (que puede entender la persona más lerda) en cada número. Creo que este trabajo de a penique ha salido a la luz después de que dejaste Inglaterra, y en ella confiamos todos ya que contiene todo tipo de conocimiento escrito de una manera muy amena e ilustrada con grabados.

La raza de los Wedgwood crece rápidamente y debo darte la relación anual.

El hijo y heredero de Frank, Godfrey, nació el 26 de enero y los Hensleigh tuvieron una hijita[23] nacida el 6 de febrero. El tío Jos ha estado atendiendo el Parlamento desde hace como un mes. No hemos sabido mucho de él, excepto que lo encuentra fatigoso. Su familia irá a la ciudad después de la Pascua, cuando se dividirán entre Charlotte y Hensleigh, así que no tomarán casa en Londres. Los radicales se han vuelto tan vehementes y licenciosos en los debates que papá se siente cada día más y más conservador. Este gobierno parece perfecto para que no permita que sigan los abusos. Llego a pensar que la Ley de Reforma de la Iglesia y de la esclavitud se aprobará en esta sesión[24]. En resumen, cuando regreses de tu expedición de reconocimiento habrá habido tantos cambios que no puedo imaginar cómo sabrás de ellos por periódicos que serán nueve meses viejos, por lo que será imposible leerlos.

Últimamente he pasado bastante tiempo en Woodhouse para ayudar a la pobre Caroline que no tiene hermana ahora que Emma se ha ido para quedarse con Susan en Londres y Fanny y el señor Biddulph han tomado una pequeña cáscara de nuez por seis meses mientras el Parlamento sesiona. Francis sigue en casa, y quieren que forme parte de un regimiento de infantería, pero encuentran grandes dificultades. Parece que se lleva muy bien con el señor Owen, lo cual es afortunado. El señor Owen habla a veces de mandarlo al Canadá, pero supongo que esto es sólo una broma. Han tenido noticias de Arthur desde que llegó a Madrás. Escribió con mucho ánimo y ha pasado su primer examen tan bien que le han aumentado el salario. Siempre hablan y preguntan acerca de ti en Woodhouse y la señora Owen sigue manteniendo la opinión de que Charles Darwin es la persona más feliz que conoce. Caroline Owen se ríe mucho al recordar tus caminatas por los bosques con Sarah, y d< espués> de burlarse de todos nosotros por ser una familia tan reservada, d< ijo> finalmente que «tú eras una excepción, ya que creía que no había secreto familiar que no le contaras a Sarah en el bosque». Me temo que todo esto es cierto, amo Charlie. Acostumbraba a sorprenderme cómo te gustaba tanto hacer tan largas visitas al Forest, pero ahora que he estado 15 días seguidos lo encuentro muy agradable, de modo que uno se convierte en parte de la familia. Parece raro verlos reducidos a un grupo de cuatro en la cena. Sarah pidió tu dirección el otro día, por lo que presumo que encontrarás una carta a tu regreso.

Charlotte Holland se casó con el señor Isaac el 14 de este mes y Emma Wedgwood fue a la boda.

Marzo 6

El capitán Beaufort fue muy amable en escribirnos para decirnos que si le enviamos inmediatamente esta carta a él, alcanzará el correo de Buenos Aires y con toda probabilidad serán las últimas noticias que tengas por un tiempo. No puedo entender cómo es esto posible, pero como tú quieres saber tan tarde como sea posible que todos estamos bien, cierro ésta aunque sea una epístola tan sosa.

Querido viejo Charley, me temo que no veremos tu letra hasta septiembre, pero por lo menos tenemos el alivio de saber que tu largo silencio no significa peligro alguno y que es inevitable. Catherine y yo acabamos de llegar de un largo paseo con la (futura señora Hope), alias Louisa Leighton[25]. Hablan de partir al extranjero después de la boda, lo que será más del gusto del caballero que de la dama.

Papá quiere mandarte su cariño más acendrado. Todos hablamos de ti y nadie te olvida, te lo aseguro. Y nada más excepto mi cariño y mis bendiciones / Querido viejo, tu afectuosa Granny D.

De Robert Waring Darwin 7 de marzo de 1833
[Shrewsbury]
Mi querido Charles:

Ya que un paquete de cartas va cerrado para el capitán Beaufort, debo enviarte unas líneas, aunque de hecho no tengo más que decir aparte de expresar el placer que sentimos todos de que sigas gozando de buena salud y de tu viaje. Todos nos sentimos felices cuando recibimos carta tuya.

A consecuencia de la recomendación de tu primera carta obtuve un banano, y está tan próspero que amenaza con llenar todo el invernadero. Me siento a sus pies y pienso en ti bajo una sombra semejante. Sabes que nunca escribo nada aparte de contestar preguntas acerca de la medicina y por lo tanto, como no eres un paciente, debo concluir.

Las cuentas de tu dinero son correctas y las 20 libras de noviembre ya aparecieron. La otra para el capitán FitzRoy todavía no la recibo.

Querido Charles, tu siempre afectuoso / R. W. Darwin
Salop
7 de marzo de 1833

De Caroline Darwin 7 de marzo [de 1833]
[Shrewsbury]
Marzo 7
Mi querido Charles:

Aunque no es mi turno de escribirte, no puedo resistir la oportunidad de mandarte mi mejor cariño. Me alegró tanto recibir tu carta última del 24 de noviembre con un recuento tan feliz de ti que debo congratularte por tu exitosa y perseverante recolección. Me entra la curiosidad por leer en tu diario cómo oíste primero de la capa del Megatherium y acerca de si es una parte que no había sido enviada a Inglaterra. Creo que oí al señor Sedgwick decir que cierto espécimen de la capa estaba ahora en Inglaterra.

Unos días después de tu carta supimos de ti de nuevo por el señor Hughes, quien parece envidiar tu expedición, pues seguramente su propia vida debe ser bastante aburrida. Estoy muy contenta de poder darte tan buenas noticias de mi padre: se le ve muy bien y aunque desde que te fuiste sus fuerzas para moverse, caminar, etc., han ido disminuyendo, en todo otro respecto es otra vez el mismo. Apenas ve a algún paciente y rehúsa ir de visita a cualquier distancia, pero se entretiene muy bien y sus ojos, por el hábito de la lectura, ya no se cansan tanto como antes, y volvimos a nuestras viejas costumbres de jugar al whist y al casino todas las tardes.

Charlotte Holland se casará el 14 de este mes con el señor Isaac. Emma Wedgwood será una de las damas de la novia y regresará a Londres con Louisa H. Espero que Erasmus sea un caballero muy atento con ella y nadie sabe cuándo terminarán sus paseos en cabriolé en los que irán y vendrán de Clapham, que es donde los Wedgwood viven. Antes de tu regreso habrá nacido toda una nueva raza de pequeños Hensleigh y pequeños Frank. Charlotte Langton dice que más o menos siente júbilo cuando oye que la expedición durará cinco años, ya que piensa que es una oportunidad mayor de que no te quedes todo el tiempo, pero espero que el informe que oímos sea falso en cuanto a que se prolongará más. Cuán impacientes y ansiosos estaremos por tu próxima carta después de tu viaje por la fría Patagonia, mi querido Charles, y es tan dichoso que tu salud soporte todo lo que emprendes. Me gustaría poder darte más detalles de la casa. Mark tiene un muy lindo bebé. El viejo Pincher está muy bien. Cabalgué al pardo que obtuviste de Joseph y me gusta mucho.

Mañana voy a Maer, donde seremos un grupo muy chico, con el tío Jos en Londres y Emma también fuera. El tío Jos aguanta muy bien las fatigas del Parlamento y escribe con ánimo como si le gustara esa vida. Dice que 19 de 20 discursos son muy aburridos. Da su apoyo constante al ministerio y se muestra muy severo con los radicales. Todas las partes parecen estar de acuerdo en aprobar fuertes medidas a favor de la emancipación de los esclavos durante este periodo de sesiones y estoy segura de que eso sólo es suficiente para valorar a los actuales ministros.

Tu diario está bien guardado y estamos lejos de pensar que seas demasiado cuidadoso en mostrarte tan ansioso de que no se pierda, pero queda tranquilo, pues se tomarán todas las precauciones para tener el mayor cuidado con él. Tanto yo como mi padre y todos nosotros hemos tenido un gran interés y placer al leerlo.

Adiós, mi muy querido Charles, y Dios te bendiga. Sentarme y escribir en este viejo salón escolar me hace sentir tan maternal hacia ti, mi querido Tactus. Tu muy afectuosa / Caroline Darwin

A Caroline Darwin 30 de marzo-12 de abril de 1833
Islas Falkland-Berkeley Sound
Marzo 30, 1833
Mi querida Caroline:
El Beagle navegará en unos días a Montevideo y como esta hoja de papel es muy grande me ha tomado bastante tiempo empezar mi carta. Hace ahora cuatro meses desde mi última carta, así que voy a escribirles una especie de diario de todo lo que ha pasado desde entonces. Con el fin de no perdernos de los días largos hicimos una travesía directa hacia el sur: mi primera introducción a la notoria Tierra del Fuego fue en la bahía del Buen Suceso y el maestro de ceremonias fue una buena galerna. Este lugar fue visitado por el capitán Cook. Cuando ascendía sus montañas, que causaron tantos desastres al señor Banks, sentí que estaba hollando tierra, lo que era para mí lo clásico[26]. Vimos aquí a los nativos fueguinos; un salvaje que no ha sido domesticado es uno de los mayores espectáculos del mundo. La diferencia entre un animal domesticado y uno salvaje se ve mucho más marcada en el hombre. En un bárbaro desnudo, con su cuerpo cubierto de pintura, cuyos gestos mismos, ya sean hostiles o pacíficos, son ininteligibles, con dificultad vemos en él a una criatura humana[27]. Ninguna ilustración o descripción explicaría el extremado interés que se crea a la primera vista de los salvajes. Es un interés que casi hace que valga la pena la travesía hasta estas latitudes, y debo asegurarte que esto es decir mucho.

Doblamos el Cabo de Hornos en una bella tarde, aunque fue la última que nos deparó el destino por un tiempo. Después de tratar de hacer frente a los vientos del poniente nos metimos en una caleta cerca del cabo. Aquí nos metimos en un clima tremendo; las bocanadas de viento de verdad arrancaban el agua y traían nubes de espuma. De nuevo salimos al mar con no mejor suerte, ventarrón tras ventarrón en tan cortos intervalos que un barco nada puede contra ellos. Después de 23 días de chocar contra ellos sólo pudimos llegar al falso Cabo de Hornos[28], a unas cuantas millas. Este último ventarrón valió la fama de la reputación que este clima ha poseído desde los tiempos de Anson[29]. El capitán considera que fue el más severo al que se ha enfrentado. Oímos que dos barcos habían naufragado por la misma época. En el desayuno observé que una bocanada de viento no era tan mala en un buen barco marinero y el capitán me advirtió que esperara hasta que embarcáramos el mar, lo cual fue profético, ya que al atardecer embarcamos una gran ola y es una visión que un hombre de tierra recordará para siempre. Uno de nuestros botes se hizo pedazos y desapareció de inmediato: con el agua por toda la cubierta, me causó grandes destrozos, ya que empapó mucho de mi papel y de mis plantas secas. Además, sufrí mucho del mal de mar, aunque con todo esto ya me he endurecido más. Sin embargo, me hace pensar con gran éxtasis en el cálido aire sereno y las bellas formas de los trópicos. Ningún discípulo de Mahoma contempló jamás el séptimo cielo con mayor celo que yo en estas regiones.

15. La isla de Jemmy Button, marzo de 1834. © Kerry Stokes Collection, Perth.

16. Jemmy Button (Orundellico).
© State Library of New South Wales.

17. Mujer fueguina, probablemente Fuegia
Basket (Yokcushlu). © State Library of New South Wales.
Cuando encontramos un buen lugar para anclar, llevamos a los fueguinos y a Matthews con toda una flotilla de botes al país de Jemmy Button. Los parientes de Jemmy lo reconocieron, pero como había olvidado su lengua y andaba vestido de pies a cabeza, no le prestaron atención y se mostraron más ansiosos pidiéndonos cuchillos, etc. Una vez que

cavamos un jardín e hicimos unas casas, el capitán (llevándome consigo) emprendió una larga travesía de exploración con dos botes. Cuando regresamos a la colonia, las cosas aparecieron en condiciones ruinosas: casi todo había sido saqueado y los fueguinos le habían hecho tales señales a Matthews que el capitán le aconsejó no permanecer con ellos. Estos fueguinos son caníbales[30], y tenemos buenas razones para suponer que lo llevan a cabo en tal medida como no se ha visto en todo el mundo. Jemmy Button le dijo a Matthews tiempo atrás que en invierno a veces se comen a las mujeres: lo cierto es que las mujeres forman una pequeña parte de ellos, pero no pudimos creerlo. Pero el otro día un capitán foquero dijo que un muchacho fueguino que él tenía dijo lo mismo. Al preguntársele: «¿Por qué no comes perros?», el niño contestó: «Los perros cazan nutrias» y «las mujeres son inútiles» y «el hombre muy hambriento». Dijo que las ahogan. Es difícil no creerles a dos fuentes tan distintas dadas por muchachos. ¿Alguna vez se ha oído algo semejante, que se las esclavice durante el verano para proveer de comida y en invierno se las coman según la ocasión? Me sentí tan asqueado con el simple sonido de las voces de estos miserables salvajes. La expedición en los botes fue muy interesante: recorrimos cerca de 300 millas y estuvimos ausentes 23 días. La peor parte fue que los fueguinos eran tantos que nos vimos obligados a menudo a encontrar un lugar tranquilo para dormir ya de noche cerrada, lo cual nos impidió el mayor lujo: una simple playa como cama. La mayor parte del camino fue en el canal del Beagle, un brazo de mar que conecta el Atlántico y el Pacífico. Algunas de las escenas de su aislamiento y otras de su aire desolado fueron grandiosas. Los glaciares que descienden hasta la orilla del agua, el claro azul del hielo, que contrasta con la blanca nieve, y todo ello rodeado de verdes bosques oscuros forman paisajes tan bellos como novedosos para mí. Un alud que se deslizó hasta el agua nos puso por un momento en gran peligro. Nuestros botes fueron arrastrados a la playa, pero una gran ola se abalanzó con ímpetu y casi los hace pedazos: nuestro predicamento, sin comida y rodeados de salvajes, no habría sido nada agradable.

Llegamos aquí, a las islas Falkland, a principios de mes y después de una sucesión de ventarrones, por lo que un día de calma es todo un fenómeno. Para nuestra gran sorpresa, vimos ondear la bandera inglesa[31]. Supongo que la ocupación de este lugar apenas quedó registrada en los periódicos ingleses, pero oímos que la parte sur de América está en ebullición ante el hecho. ¡A juzgar por el terrible lenguaje de Buenos Aires, podríamos suponer que esta gran república estaría dispuesta a declarar la guerra contra Inglaterra! Estas islas tienen una apariencia miserable, pues carecen de árboles, aunque por su situación serán de gran impo< rtancia> para la navegación, y por esta circunstancia el capitán intenta hacer una exploración cuidadosa[32]. Aquí aconteció un gran suceso para la historia del Beagle, y fue la adquisición de un gran bergantín de 170 toneladas, sólo 70 menos que el Beagle. El capitán lo compró para sí, pero intenta escribir al Almirantazgo para tripularlo, etc., etc[33]. Wickham lo comandará y, aunque duplicará nuestro trabajo, quizá acorte nuestra travesía, cargará con agua y provisiones y en una remota posibilidad de fuego o hundirnos en un arrecife de coral puede salvar nuestras vidas. La intención actual es llevar el bergantín al Río Negro y ahí reaprovisionarnos, mientras el Beagle va a Montevideo. Si es así, me quedaré en aquel lugar, ya que es un lindo lugar salvaje y detesto el Río de la Plata.

He tenido mucha suerte en geología, ya que he encontrado gran número de conchas fósiles en las rocas más antiguas, que nunca tienen restos orgánicos. Esto < ha sido> un gran desiderátum en geología, por la posible comparación de animales de especies igualmente remotas en distintos sitios del globo. En cuanto a las criaturas vivas, estos malditos climas son muy desfavorables, aunque tuve la gran satisfacción de ver que mis poderes para examinarlos y describirlos se han incrementado en buen grado. En cuanto a nuestros planes futuros, nada sé pues las circunstancias cambian cada día. Creo que haremos un viaje más hacia el sur antes de finalmente dar la vuelta al cabo de Hornos; quizá pasemos por el estrecho de Magallanes, ya que el capitán ya tuvo suficiente de ese gran mar del cabo para evitarlo hasta el fin de sus días. Me asombra que pueda soportar esta vida; si no fuera por el fuerte y creciente placer por la historia natural, nunca hubiera podido.

Es un pensamiento tentador el verlos a todos ustedes alrededor del fuego y quizá importunando a Granny por que toque algo de música. Tales recuerdos son muy vívidos cuando la popa cabecea fuertemente y tengo mareos y frío... Pero si fuera yo a regresar a casa ahora me sentiría como si no hubiera habido un tiempo de espera, y supongo que se debe a que ya me he hecho a considerar una larga ausencia.

Marzo 8[34]. Acabamos de pasar por nuestra suerte de siempre, a través de un fuerte ventarrón, pero no voy a escribir más por ahora porque no he acabado de dejar de marearme y estoy listo para exclamar: todo es vanidad y tormento del espíritu.

18. Fueguinos flechando peces en la orilla del agua. Cortesía de Kerry Stokes Collection, Perth.

Abril 12. De este mismo tormento del espíritu lo hay en abundancia en un barco: hay que pagar un alto precio, pero no demasiado, para ver todo lo que vemos, pero tales escenas sería imposible contemplarlas por cualquier otro medio. Y en cuanto al celo que este viaje me ha proporcionado para todas las ramas de la historia natural, nunca cesaré de dar gracias.

Wickham será una gran pérdida para este barco, pues no hay otro < en> el barco que valga la mitad. También Hamond, que últimamente se unió < al> Beagle balbuceando y aborreciendo el servicio, busca unírsele. He compartido su compañía más que nadie y por consiguiente lo aprecio. Puedo ver claramente que no tendremos placer o satisfacción hasta que salgamos de estas latitudes detestables y naveguemos a plena vela hacia donde crecen los bananos. ¡Oh, esos reinos de paz y alegría! Para esta época del próximo año estaremos bajo un cielo azul y una atmósfera clara. En este momento acortaremos velas, ya que por la mañana esperamos estar a la vista de la boca del Río Negro[35]. Enviaré con el Beagle (si me quedo aquí) una cuenta por 60 libras. Debo algo de dinero y espero vivir en tierra en el Río Negro. Obtendré las cartas de ustedes en unos 30 días, lo cual es un placer que gracias a ustedes nunca me falla.

Con mi cariño más afectuoso para mi padre y para todas ustedes y que todos sean felices. Créeme, querida Caroline, que soy tu sincero / Charles Darwin

Hice un pagaré por 70 libras, pues me quedaré como dos meses en el Río Negro.

A John Stevens Henslow[36] 11 de abril de 1833
Abril 11, 1833
Mi querido Henslow:
Estamos ahora navegando desde las islas Falkland hacia el Río Negro (o Colorado). El Beagle seguirá a Montevideo, pero si me las puedo arreglar quiero quedarme en aquel lugar. Hace ya meses desde que estuvimos en un puerto civilizado, ya que casi todo el tiempo lo pasamos en la parte más meridional de Tierra del Fuego. Se trata de un lugar detestable, ventarrones van y vienen con tan cortos intervalos que es difícil hacer nada. Estuvimos 23 días a la vista del Cabo de Hornos y de ninguna manera pudimos pasar al lado occidental. El último ventarrón antes de que nos disuadiéramos de un nuevo intento fue fuera de lo común. El mar hizo añicos uno de los botes y había tanta agua en las cubiertas que todo andaba flotando. Casi todo el papel para secar las plantas está inutilizado y la mitad de la colección de esta travesía. Finalmente nos guarecimos y en los botes nos dirigimos al oeste por los canales internos. Como yo era uno de la partida, me alegré en extremo: con dos botes nos internamos como 300 millas y así tuve una excelente oportunidad de actuar de geólogo y de ver mucho de los salvajes. Los fueguinos están en el estado de barbarie más miserable de lo que esperaba ver en cualquier ser humano. En este país inclemente, van absolutamente desnudos y sus casas temporales son como las que los niños hacen en verano, con ramas de árboles. No creo que ningún espectáculo pueda ser más interesante que la primera ojeada al hombre en su estado salvaje y primitivo. Se trata de un interés que no puede imaginarse hasta que se experimenta. Nunca olvidaré, al entrar en la bahía del Buen Suceso, el grito con que nos recibió un grupo de ellos. Estaban sentados en la punta rocosa, rodeados por un oscuro bosque de hayas; a medida que agitaban los brazos desatinadamente alrededor de sus cabezas

y con sus largos cabellos ondeando, parecían los espíritus atormentados de otro mundo. En algunos aspectos, el clima es una curiosa mezcla de rigor y suavidad, y en cuanto al reino animal, prevalece el primer carácter. En consecuencia, no he agregado gran cosa a mis colecciones. La geología de esta parte de la Tierra del Fuego me parece a mí, como la de cualquier parte, muy interesante. El país es no fosilífero y un lugar común de rocas graníticas y pizarras: mi principal ocupación fue establecer la relación entre hendiduras, estratos, etc., etc. Sin embargo, la mineralogía de algunas de las rocas me pareció bastante curiosa, pues se asemeja a la de origen volcánico.

19. Port Louis, Isla Falkland Oriental, marzo de 1834. © Kerry Stokes Collection, Perth.

En cuanto a la zoología, poco pude hacer durante toda la travesía. El océano austral es casi tan estéril como el continente que baña. Mi mayor ocupación fue con los Crustaceæ. Se trata de un orden conocido de manera imperfecta: encontré un Zoëa cuya forma es muy curiosa, siendo su cuerpo sólo 1/6 de la longitud de las dos espinas. ¡Estoy convencido por su estructura y otras razones que es un joven Erichtus[37]! Debo mencionar parte de la estructura de un decápodo por ser muy anómala: las últimas dos patas son pequeñas y dorsales, pero en vez de terminar con pinzas, como en todas las demás, tienen tres apéndices curvos a modo de cerdas y éstas están finamente aserradas y provistas de vasos algo semejantes a los de los cefalópodos. Siendo pelágico este animal, se trata de una bella estructura que le permite agarrarse a objetos ligeros flotantes. Algo encontré acerca de la propagación de esa tribu ambigua que son las coralinas. Y esto es todo casi del pobre catálogo de rarezas durante esta travesía. Después de dejar Tierra del Fuego navegamos a las Falklan< d>. Olvidé mencionar el destino de los fueguinos a < los que> devolvimos a su país. Se habían vuel< to> enteramente europeos de costumbres y necesidades, de tal modo que el más joven había olvidado su lengua y sus compatriotas les prestaron muy poca atención. Les construimos casas y sembramos jardines, pero al regreso de n< uestro> recorrido alrededor del cabo, creo que es muy dudoso que hayamos encontrado alguna propiedad que no hubiera sido robada.

A nuestra llegada a las Falkland todo mundo se sorprendió de ver izada la bandera inglesa. Esta nueva isla nuestra es un punto absolutamente desolado, aunque con el tiempo será de gran importancia para la navegación. Aquí topé con la buena fortuna de encontrar entre las rocas más primitivas una capa de arenisca micácea, donde abundaban los Terebratula y sus subgéneros y Entrochitus. Como se trata de una localidad muy alejada de Europa, pienso que la comparación de estas impresiones con las de las más viejas rocas fosilíferas de Europa será sobre todo de gran interés[38]. Desde luego que sólo hay moldes y relieves, pero muchos de ellos son realmente perfectos. Espero que sean suficientes para identificar las especies. Como me considero su alumno, nada me da más placer que hablarle de mi buena suerte. Estoy impaciente por tener noticias suyas. Cuando me siento mareado y miserable, uno de mis principales consuelos es representarme el futuro, cuando de nuevo paseemos juntos por los senderos que rodean Cambridge. Ese día está fastidiosamente lejano: tendremos que hacer otra travesía por Tierra del Fuego en el próximo verano y entonces nuestro viaje alrededor del mundo apenas empezará. El capitán FitzRoy ha comprado un gran bergantín de 170 toneladas. En muchos aspectos será una gran ventaja la de tener un compañero, pues quizá de alguna manera logre acortar nuestra travesía, lo que anhelo de todo corazón. Sin embargo, espero que los arrecifes coralinos[39] y los diversos animales del Pacífico mantendrán mi resolución.

Deles mis recuerdos más sinceros a la señora Henslow y a todos los demás amigos. Soy un verdadero amante del Alma Máter y de todos sus habitantes. Créame, mi querido Henslow, que soy su afectuoso y más agradecido amigo / Charles Darwin

Recuerde, si puede pensar en los libros, aquellos de viajes científicos, etc., etc., que puedan serme útiles y no deje que se pierdan en lo profundo de su mente.

Todos tenemos una gran curiosidad acerca de las noticias de cierto gran cometa que parece aparecer en cierto tiempo. Sondee a los expertos y envíenos un informe[40].

Estoy convencido, después de hablar con quien lo encontró[41], que el Megatherium enviado a la Geological Society pertenece a la misma formación que los huesos que envié y que fueron deslavados hacia el río desde las colinas que componen los bancos[42]. Al profesor Sedgwick le interesará seguramente saberlo, y dígale que nunca he cesado de agradecerle esos cortos viajes por Gales.

De Caroline Darwin 1.°-4 de mayo de 1833

Mayo 1.° / 1833

Mi querido Charles:

Me temo que no haya mucha oportunidad de que recibas esta carta, ya que el capitán Beaufort, en su nota a papá, decía que pensaba que no recibirías las cartas que te escribiéramos por un tiempo después de las que te enviamos por medio de la oficina del Almirantazgo a mediados de marzo. Espero que las hayas recibido bien. La última que recibimos de ti tenía fecha del 24 de noviembre, justo antes de que empezaras tu expedición al sur. Mi querido Charles, qué feliz seré cuando recibamos tu próxima carta con un buen relato tuyo posterior a tu estancia en esas frías y tormentosas regiones. Poco ha pasado en casa desde que te escribimos la última. Pasé tres semanas en Staffordshire en Maer y unos pocos días en Betley. La mayor parte del tiempo estuvieron también en Maer John Wedgwood y familia, y de la casa sólo estaban la tía Bessy, Elizabeth y Jos. Parecía muy extraño y melancólico ver sólo tan pequeña parte de la familia. El tío Jos observa que aguanta la fatiga y las altas horas de la noche en el Parlamento muy bien y sigue muy interesado. Es un apoyo fuerte del ministerio y no soporta a los radicales.

Emma Wedgwood se fue para ayudar en la boda de Charlotte Holland con el señor John Isaac y después se fue a Londres con la señora Holland y Louisa. Desde entonces está de visita en casa de los Langton en Ripley. El resto de la familia de Maer fue a Londres en esta semana, donde se quedarán unos meses visitando a sus amigos.

Susan y Cath tienen un muy buen plan de unirse a Harry y Jessie y alojarse en Londres durante tres semanas de este verano. Tuvimos noticias de Erasmus, quien parece ser muy feliz aunque parecería que lleva una vida disipada. El señor y la señora Evans[43] de Portrane están en Londres y los ve con frecuencia. El señor Evans está en el Parlamento por el condado de Dublín. Erasmus irá a la reunión de los filósofos en Cambridge para junio[44]. Visitará a Frederic Hildyard. Louisa Leighton se casó con el señor Hope el martes pasado, y hubo una inmensa multitud que llenó St. Chad y los Leighton organizaron un baile después al que asistieron Catherine y Caroline Owen. Susan estaba resfriada y se quedó en casa. Esta semana se fue con el señor y la señora Cotton para quedarse con William Clive y familia en el W. Pool[45]. Woodhouse ha quedado alterada desde que te fuiste con sólo la tranquila Caroline en la casa y apenas si alguien le hace compañía. Francis está en la casa ahora. Han recibido cartas muy gratas de Arthur. Robert Clive regresó de la India hace unas semanas y no volverá. Casi ni lo hemos visto. Ha adquirido un tono moreno y se le ve más viejo por estos tres años que ha pasado fuera. Arthur Owen estuvo en la misma casa con él en la India. Robert Clive habla muy bien de él. La pobre de Fanny Biddulph sigue en la espera diaria por su parto. El señor B. se peleó con su casero y tuvieron que mudarse de casa la semana pasada y en la noche en que se cambiaron se vieron despertados por el olor a humo y se descubrió que una viga estaba quemándose, pues estaba conectada con una de las chimeneas. La pobre Fanny tuvo mucho miedo y por unas horas con la expectativa de que tuvieran que abandonar la casa, pero se pudo apagar el fuego antes de la madrugada y ningún daño derivó de su miedo. Emma Owen se está desarrollando como una linda jovencita y está parando con Sarah Williams en Londres. Mi padre se está volviendo muy travieso, pues la próxima semana irá a York y yo iré con él. Iremos por Liverpool y regresaremos por Doncaster, donde veremos la abadía de Newstead, la cual disfrutaré. La respiración de mi padre ha mejorado mucho en este verano con respecto del pasado. El capitán Harding[46] vino hace unos días. Yo no lo vi, pero mi padre y Susan se alegraron de oír de viva voz noticias tuyas. El capitán Harding parece muy delicado de salud, por lo que quiere irse de inmediato a Santa

Helena y casarse con la señorita Dona Dallas, pero sus amigos no lo dejan hasta que se reponga.

Tom Wedgwood estuvo con nosotros. Dice que Robert se está convirtiendo en un gran granjero. Ha tomado a su cargo varios campos del tío Jos y cría cerdos y vacas y crió 17 patos que tuvieron un lamentable fin: pues después de empezar a poner, el tío Jos dijo que se comieron las papas y por lo tanto debían dejar el aguaje. Robert obedeció y se vio obligado a comerse sus patos en vez de multiplicarlos como intentaba.

Pincher y Nina están muy bien y yo monto a tu pardo y todo y todos van como cuando la última carta se te envió, así que no prestes atención a esta carta tan aburrida de puras habladurías. El jardín está maravilloso, y todo florece. Creo que no ves muy buenas vistas como ésta en Patagonia.

Adiós, mi muy querido Charley/Todos te mandamos nuestro cariño de todo corazón. Siempre tu afectuosa / Caroline Darwin

Mayo 4

Shrewsbury

A Catherine Darwin 22 de mayo-14 de julio de 1833

Maldonado. Río de la Plata

Mayo 22, 1833

Mi querida Catherine:

Gracias a mi buena fortuna y a mis lindas hermanas puedo agradecer la siguiente ristra de cartas (las de agosto las recibí hace muchos meses): septiembre 12, de Caroline; octubre 14, de Catherine; noviembre 12, de Susan; diciembre 15, de Caroline, y enero 13, de Caroline.

Mi última carta fue fechada en el mar, después de desengañarme en el Río Negro. Los mismos vientos alocados y mala fortuna me persiguieron a Maldonado, así que el Beagle se dirigió en línea recta a Montevideo. Aquí sólo nos quedamos una noche, cuando recibí las cuatro primeras cartas, y ya no me dio tiempo de abrir mi carta y agregarle algo, sino sólo mandarla tal como estaba. Al dejar Montevideo nos vinimos a Maldonado y al día siguiente me establecí en tierra. El Beagle todavía no regresa (ya que de nuevo partió) de Montevideo y no sé nada de nuestros planes futuros, pues la compra del bergantín lo ha alterado todo. He estado viviendo aquí durante las últimas tres semanas; es un pueblo tranquilo, rodeado por todas partes por una sucesión sin fin de colinas de prados verdes y cimas rocosas. Tuve sólo una pequeña excursión de la que gocé mucho, me procuré dos hombres confiables y un grupo de caballos y cabalgamos durante 12 días por el interior. El campo sigue siendo muy similar, de modo que eché de menos terriblemente las vistas esplendorosas de Brasil. Sin embargo, vi gran cantidad de gauchos, una raza singular de gente del campo. «A todo galope» da un cuadro muy justo; pienso que nada puede ser más fogoso y justo que esta frase.

Además de las cartas de ustedes recibí algunas más. Una de Charlotte, dos de Fox y también una amable como ninguna de las que he recibido en toda mi vida, de la señora Williams. Me da mucha pena saber por las cartas últimas de ustedes que ha perdido mucho de la fuerte constitución de los Owen, aunque estoy seguro de que con esto no se ha perdido nada de la bondad de los Owen.

Debo confiar en que en el próximo verano (el invierno de ustedes) será el último que pasaremos a este lado del cabo de Hornos, ya que me he cansado completamente de estos países. Un Megatherium vivo no habría de mantener mi paciencia. Las buenas gentes de Shropshire, que afirman que cruzando los mares del sur sólo encontraré trabajo estúpido, saben muy poco de los animales invertebrados sin número que abundan en el océano intertropical. Si no fuera por éstos y todavía más por la geología, en poco tiempo habría cruzado como rayo el Atlántico hasta el buen viejo Shropshire. Un penique vale una libra. He trabajado duramente (por lo menos para mí) en la historia natural y colectado muchos animales y observado muchos fenómenos geológicos, y pienso que sería una lástima, habiendo llegado tan lejos, no continuar y hacer todo lo que esté en mi poder para este que es mi empeño favorito y que, estoy seguro de ello, lo será por el resto de mi vida.

El siguiente asunto se refiere a mi padre: tener un sirviente para mí solo será un gran apoyo para mi comodidad, por estas dos razones: hasta ahora el capitán me asignó a uno de los hombres para que me atendiera siempre, pero no me parece justo quedarme con un marino afuera del barco, y segundo, cuando estamos en el mar nadie me puede atender sólo a mí. El hombre está de acuerdo en ser mi sirviente y todos los gastos sumarían menos de 60 libras al año. Le he enseñado a disparar y a desollar pájaros, así que para mi objeto principal me es muy útil. Ya hace un año y medio casi en que dejé Inglaterra y veo que mis gastos no han superado las 200 libras anuales, así que siendo inútil escribir para que me dé permiso, he llegado a la conclusión de que me permitirá este gasto, aunque todavía no me he resuelto a decírselo al capitán y la oportunidad de tener un hombre más a bordo no creo que le satisfaga. Lo menciono porque ya hace mucho que vengo pensando en ello[47].

Junio. Acabo de recibir un paquete con más cartas. No sé cómo agradecerles a todos suficientemente: una de Catherine del 8 de febrero; otra de Susan del 3 de marzo, junto con notas de Caroline y de mi padre: denle mi cariño más firme a mi padre: casi lloré del placer de recibirla. Fue muy amable al pensar en escribirme. Mis cartas son a la vez escasas, cortas y bobas como respuesta a las de ustedes, pero siempre se alivia mi conciencia al considerar que el Diario es una larga carta. Si puedo arreglármelas, antes de doblar el cabo de Hornos enviaré el resto. Me encanta saber que el cuero del Megatherium les ha representado cierto interés en mis ocupaciones. Sin embargo, estos fragmentos no son de ninguna manera lo más valioso de estas reliquias geológicas. Quiero creer que el tiempo empleado en este viaje, si lo desecháramos en cuanto a todos los demás aspectos, produciría su valor real en historia natural. Y me parece que al hacer lo poco que puedo para incrementar el bagaje general de conocimientos es un objeto vital tan respetable como cualquier otro que pueda emprenderse. Más bien es por el resultado de tales reflexiones (como ya dije antes) que por el placer inmediato lo que me hace continuar con el viaje, al mismo tiempo que la gloriosa perspectiva del futuro, cuando atravesemos los estrechos de Magallanes, pues en verdad tendremos el mundo ante nosotros. Piensen en los Andes, el bosque lujurioso de Guayaquil, las islas del mar del Sur y Nueva Gales del Sur. Cuántos panoramas magníficos y característicos, cuántas y curiosas tribus de hombres veremos, qué preciosas oportunidades para la geología y para estudiar una infinita hueste de seres vivos. ¿No es ésta una perspectiva para levantar al espíritu más flojo? Si lo echara todo por la borda, no creo que pudiera quedarme quieto en la tumba, sino que seguramente sería un fantasma que rondaría por el Museo Británico.

¡Cuán afamados parecen progresar los ministros! Siempre gozo con los < chis> mes de la política y lo que ustedes piensan que tendrá lugar, etc., etc. Con constancia leo el periódico semanal, pero no es suficiente para guiar la opinión y considero estar en un estado penoso por no sentirme tan obstinado como un cerdo en la política. Observo lo firme que se muestra la opinión general, como se vio en las elecciones, en contra de la esclavitud. ¡Qué orgullo para Inglaterra, si es la primera nación europea que logra abolirla! Antes de que partiera de Inglaterra se decía que después de vivir en estados esclavistas mis opiniones se alterarían: la única alteración de la que estoy consciente que se me está formando es una estimación cada vez mayor del carácter de los negros. Es imposible ver a un negro y no sentir uno buena voluntad hacia él, hacia esas expresiones alegres, abiertas, honradas y ante tales cuerpos musculares. Nunca vi nada de los mezquinos portugueses, con sus aires asesinos, sin desear que Brasil siga el ejemplo de Haití y, considerando la enorme y saludable población negra, sería maravilloso que en un futuro sucediera. En Río, conocí a un hombre (cuyos títulos no conozco) que se ganaba un muy buen salario para impedir (creo) la llegada de esclavos: vive en Botafogo y ésa es la bahía donde, durante mi estancia, más esclavos clandestinos eran desembarcados. Algunos de los pobladores antiesclavistas cuestionan su cargo: era el tema de conversación en Río entre algunos de los ingleses de clase baja.

Junio 19. Escribo esta carta como en pedazos. Acabo de pasar un día a bordo para ver al viejo Wickham, que regresó de su bergantín alquilado para capitanear el nuevo adquirido.

Este mismo bergantín me producirá grandes beneficios. El capitán, que siempre está ansioso por hacer que todo mundo esté cómodo, me ha concedido todos los cajones (del bergantín) de almacenamiento del camarote de popa y en el futuro nadie vivirá ahí más que yo. Me refocilo en mi cuarto. No cambiaría mi destino con nadie del barco. La causa de nuestra larga detención en estos lugares es el revestimiento de hojas de cobre del bergantín. En cuanto esté listo, el Beagle partirá por un mes a Río Negro, regresará al Río de la Plata y tomará provisiones para todo el verano. El capitán ansía poder pasar a Concepción, del otro lado. Estoy listo para cubrirme de gozo ante ese solo pensamiento. Llanuras volcánicas, lechos de carbón, lagos de nitro y el Señor sabe qué tanto más. Si esto fuera cierto, fraguaría un gran plan, el de quedarme atrás y situarme en Buenos Aires. He oído tantas cosas curiosas ahí. Por el contrario, los cerros del Río Negro están prácticamente hechos de conchas fósiles. ¿Hubo alguna vez un filósofo (mi nombre común a bordo) colocado ante estos dos haces de heno? Lo peor de todo es que el de Buenos Aires es demasiado caro y casi todas las 70 libras se han ido en pagar lo que debo y en mi larga residencia aquí. Y además, con sólo leer la suma total de julio de 1831 a 1832 es suficiente para que le dé a uno una indigestión. Cuánto debería haberse pagado, lo ignoro. Me instalaré a bordo dentro de una semana y entonces sabré más del asunto.

Junio [julio] 6. Ahora vivo a bordo. Acaba de llegar el paquebote, pero no traía cartas para este pobre hombre. No tengo derecho a gemir, ya que supongo que el paquete del capitán Beaufort se ha saltado este mes. Adiós para la correspondencia en el futuro. A partir de ahora deben dirigirla a Valparaíso. Nuestros planes son (siempre que los vientos y las olas lo permitan) pasar un mes en los bancos junto al Río Negro, regresar al Plata, ver que el bergantín ya esté listo, tomar provisiones en Montevideo para un año e irnos de parranda al país de las tormentas; pasar el estrecho de Magallanes en el otoño (la primavera de ustedes). Estoy listo para llenarme de alegría ante esta perspectiva. Deseo decir adiós al Atlántico. Ya me imagino al menos que, después de un largo panorama de tormentas, veré de nuevo el cielo azul de los trópicos. El otro día le escribí a Buenos Aires al señor Hughes y lamenté saber que dejó la ciudad, sobre todo por su mala salud. Le pregunté al capitán y me dio su consentimiento respecto del sirviente, pero me ahorró muchos gastos manteniéndolo en los libros de avituallamiento, y escribirá al Almirantazgo para obtener su visto bueno, así que no será mucho más de 30 libras anuales. Ahora podré juntar una buena colección de aves y cuadrúpedos, que antes me llevaba demasiado tiempo. Aquí obtuvimos 80 pájaros y 20 cuadrúpedos. Dile a Caroline que agradezca a Charlotte mucho que me haya escrito. Cuando hayamos cruzado al otro lado tendré más noticias que dar y entonces le escribiré para agradecerle. He perdido todo interés en esta parte de América y me siento más inclinado a gemir que a escribirle cortésmente a nadie.

Julio 14. Acabamos de navegar a Montevideo y en unos días nos lanzaremos al sur. Recibí carta de Caroline del 1.º de mayo. La última mía iba en el paquete de Beaufort de marzo; la de abril se perdió por desgracia. Con excepción de las cartas que mandan desde casa, recuerden que los 3"6 son una tentación para cualquiera para rasgar la carta[48]. En el mismo paquete que lleva ésta llegará el resto de mi diario, por medio del capitán Beaufort, así que si no llega ya saben dónde preguntar por ella. No es muy amplio el diario a últimas fechas, ya que no hay nada que contar en estos países-bien-conocidosy-de-poco-interés. La carta se ha ido redactando como si fueran dos cartas distintas, pero cuando se vive en tierra es difícil saber de las transmisiones a Montevideo. Una vez más debo agradecerles por escribir. Es tan maravilloso contar con una correspondencia regular.

Denle mi cariño a mi padre y a Erasmus y a todos ustedes. Dios los bendiga a todos./ Querida Katty, soy tu más afectuoso / Charles Darwin

PD: Cuando leas ésta, me temo que pensarás que soy como el guardiamarina de Persuasion, que nunca escribía a casa excepto cuando quería pedir: se trata sobre todo de libros, lo más valioso entre lo valioso: la Philosophy of zoology de Fleming y los Quadrupeds de Pennant, que están en la casa; la Consolation in travel de Davy, el Arctic regions de Scoresby, el de Playfair sobre la Theory of the earth, de Hutton, los Travels de

Burchell, On volcanoes de Paul Scrope, un panfleto de J. Dalyell sobre Observations on the Planariæ publicado en Edimburgo y los Travels in S. America de Caldcleugh. Si alguno de estos libros es demasiado caro, táchenlo. Díganle a Erasmus que le estaré muy agradecido si, con el consentimiento de mi padre, puede llevar a cabo este encargo. Si el octavo volumen de Humboldt o el libro sobre geología de Sedgwick y Conybeare salieron ya, me interesan los dos[49]. Desde ahí no pueden apreciar el excesivo valor de los libros. Cary tiene una cinta de medir por 3s"6 de unos 12 pies[50]. Perdí la mía. En la actualidad tengo una lente de doble convección acoplada al lente objetivo y de alrededor de una pulgada de diámetro. Ahora necesito una escala mayor y con una distancia focal más amplia para iluminar objetos opacos. Debe fijarse en un pie con muchos movimientos. Quiero utilizarlo con el fin de colocarlo junto al microscopio y tener así una luz firme sobre el objeto opaco. Me imagino que un óptico puede haber hecho ya un artificio de este tipo. También otra caja de Promethians[51] (me pongo como esta tinta roja cuando pido esto), ya que los nativos se asombran tanto ante ellos que he gastado demasiados, y finalmente cuatro pares de zapatos de caminar muy fuertes, de Howell si tiene mi medida. Es imposible procurárselos en este país.

Como dicen los yanquis, creo que ésta es una condenadamente descarada y considerable posdata. No me cabe duda de que el capitán Beaufort se encargará de hacer llegar la caja a Valparaíso.

A William Darwin Fox 23 de mayo de 1833
Maldonado / Río de la Plata
Mayo 23, 1833
Mi querido Fox:

A nuestro regreso de una travesía entre las islas de Tierra del Fuego recibí tus dos cartas fechadas en un amplio intervalo de agosto y enero[52]. Me siento muy agradecido contigo por escribirme, pues tus cartas nunca dejan de lanzarme en un placentero ensueño de los tiempos pasados y éste es uno de los placeres mayores de los que puedo gozar hoy. Siento para mí que la pérdida de la sociedad es muy grande. Nada a bordo del Beagle puede recordarme nuestras tardes en Cambridge. Desde luego que hay una diferencia entre una de nuestras reuniones de café, con Whitmore, etc., etc., y una tarde en la sala de oficiales. Pero lo mismo sería dentro de 50 años, como dijo el muchacho después de la azotaina, y por lo tanto he llegado a la conclusión de no preocuparme mucho por nada que pueda interferir con la historia natural.

La travesía de este verano no ha sido muy provechosa, excepto por un poco en el campo de la geología. Me gustaría que, como yo, empezaras a ir conociendo esta última rama, que pronto será la favorita y, además, fácilmente cortejable. Espero una mejor suerte cuando llegue el feliz día de doblar el cabo de Hornos y naveguemos hacia climas más cálidos.

Este lado oriental está desprovisto por completo de toda belleza pintoresca y, puesto que la costa no es rocosa y carece de bosques, no es bueno para gran parte de la zoología. Pasamos todo el invierno en sus alrededores, y no sé cuándo le diremos hasta luego al Río de la Plata. Espero que en el próximo verano completemos toda esta parte de Sudamérica. El viaje resulta inmenso y muy distinto de los dos años que se propusieron en principio. Como tú dirías, se trata de un mal serio gastar tanto tiempo en vagabundeos. A menudo conjeturo qué será de mí y mis deseos ciertamente habrían de convertirme en un clérigo rural. Tú tristemente esperas más de lo que nunca lograré en historia natural. Sólo soy una especie de chacal que proporciona comida a los leones, pero me gustaría saber que hay suficientes leones. En esta mañana colecté toda una hueste de pequeños escarabajos: desearía saber quién en Inglaterra es capaz y tiene el interés a la vez de describirlos. Me preguntas por la ornitología y mis labores en este campo son bien simples. Le enseñé a mi sirviente a disparar y a despellejar aves y le pago por ello. Sólo he capturado un pájaro que me interesa sobremanera. Podría decirse que es como un gorrión macho, pero me parece como si todos los órdenes hubieran dicho: «Compartamos[53] todos la factura de este espécimen». Colecto reptiles, pequeños cuadrúpedos y peces con asiduidad, especialmente los primeros, pero los animales invertebrados marinos son mi placer: entre ellos he examinado algunos casi ofensivamente nuevos, ya que no puedo encontrar analogía entre ellos y ninguna de las familias descritas. Entre los Crustaceæ he capturado algunos géneros nuevos y curiosos. El placer de trabajar con el microscopio hace segundas a la geología. Te aconsejo fuertemente que en este instante compres de Bancks en Bond St. un microscopio simple, tal como el que recomienda el señor Browne, y entonces te pongas a estudiar a los insectos científicamente, por lo que entiendo separar, examinar y describir los despojos: es muy fácil y extremadamente interesante. Lo digo por experiencia, no en los insectos, sino en los diminutos Crustaceæ.

Me alegra saber por tu última carta que tu salud, después de tantos esfuerzos, está por lo menos mucho mejor y que estás de nuevo colectando nuestros queridos escarabajos. Tu arreglo doméstico en Ryde parece exquisitamente < con> fortable: me llena de envidia sólo imaginarlo. Nada te he dicho de nuestro viaje hacia el sur, ya que (lo que tú considerarías una cuestión bastante extraña) no tengo mucho que decir. Tuvimos cantidad de severos ventarrones y nos batimos en un encuentro de tres semanas en pleno cabo de Hornos, y soplaban tan fuerte que apenas podías tener los ojos abiertos. Nos anegamos, lo cual echó a perder mi papel para secar las plantas… ¡Oh, los infortunios de una verdadera galerna! En Tierra del Fuego vi por primera vez salvajes bona? fide, y son tan salvajes como desearía cualquier persona en buena medida curiosa. Un salvaje es desde luego un animal miserable, pero que vale la pena estudiarlo.

¿Me escribirás de nuevo? Soy un mal corresponsal, pero desde luego escribir cartas no es mi fuerte. Si estuvieras a tiro de saludo, te dejaría sordo en el acto. Una vez más debo agradecerte tus amables cartas. Te aseguro que sé cómo valorar y agradecer cordialmente tu amistad. Créeme, mi querido Fox,/ que soy afectuosamente tuyo, Charles Darwin.

Dales mis saludos al señor y a la señora Fox y a todos en Osmaston. Dile a la señorita A. Maria que la recordaré sin mayor rencor, ya que ella no me quiere recordar. Pro futuro, escribe aValparaíso. En este lugar he colectado como 70 especies de aves y 19 Mammalia. Tu pregunta acerca de lo que he hecho en ornitología me ha hecho bien: he observado las costumbres de todo el conjunto[54].

De Catherine Darwin 29 de mayo de 1833
Londres. Regent St.
Mayo 29, 1833
Mi querido Charles:
Te sorprenderá ver la dirección de ésta, pero Susan y yo estamos gozando en Londres como chaperones de Harry y Jessie. Hace una semana que vinimos y hemos estado extremadamente ocupados y alegres desde entonces. Esperamos quedarnos aquí tres semanas en total, si el dinero aguanta, porque se va como el agua en Londres. Ha pasado mucho tiempo desde que tuvimos noticias tuyas, mi querido Charles, y me temo que pasará mucho más antes de que tengamos la esperanza de saber de ti nuevamente. La última en escribirte fue Caroline, a fines de abril; los correos han cambiado de nuevo ahora al primer martes de cada mes. Vimos al capitán Harding después de que Caroline te escribiera. Vino a consultar a papá y se le veía con la salud hecha pedazos. Parece ser un hombre muy gentil, y de buenas costumbres. Nos contó una larga historia sobre ti, y de tu entusiasmo y felicidad, y gocé de ver a una persona que te había visto en los últimos ocho meses. El capitán Harding partirá a Santa Helena de inmediato para recoger a su novia, la señorita Dona Dallas. Se dice que los Dallas quieren regresar a Inglaterra pronto, ya que la gubernatura de Santa Helena será revocada. Espero que veamos pronto al señor Charles Hughes, que está de regreso; es una pena que se le haya obligado a dejar Buenos Aires antes de que tú regresaras a ella. Ahora vemos con frecuencia a Erasmus, ya que nuestros alojamientos no están muy lejos de los suyos y tiene buen natural y es divertido, por lo que gozamos mucho de su compañía. Ir de paseo en su cabriolé es uno de los placeres más grandes y lo conduce muy bien, por lo que no me da miedo ni en medio de una multitud londinense. Parece estar más enamorado

que nunca de Fanny Hensleigh y casi vive en Clapham. Papá hace mucho que se sintió alarmado por las consecuencias y espera ver algún suceso en los periódicos. Creo que el verdadero peligro se encuentra en Emma Wedgwood, de quien sospecho que el señor Erasmus está más enamorado, según parece, de lo que él mismo sospecha. Todos los Wedgwood de Maer están ahora viviendo en Ripley, con los Langton. El tío Jos va ahí los domingos, aunque está obligado a permanecer todo el tiempo en Londres, por el Parlamento. No se ha sentido bien y con fiebre después de que la influenza se ha extendido tanto por Londres. Hace como un mes la gente decía que parecía que Londres había vuelto a los tiempos de la peste, pues todos los teatros cerraron después de que 24 de los cantantes guardaron cama y muchas de las tiendas cerraron. En el Banco de Inglaterra, 90 oficinistas guardaron cama, de modo que los negocios apenas podían seguir adelante. Sin embargo, no es una enfermedad fatal, pero sí hace que uno sufra mientras dura. Todos hemos escapado de ella. Me temo que encontrarás que Maer está aún más tristemente cambiado a tu regreso, ya que la salud de la tía Bessy es muy precaria. Últimamente tuvo tres ataques en un día, lo que papá cree que es demasiado peligroso. No parece que en Maer se den cuenta de ello, del peligro de estos ataques. Papá y Caroline están solos en casa ahora. Dejamos a papá muy bien y con un gran ánimo. Se ha vuelto tan ansioso de viajar que él y Caroline partieron hace muy poco en otro bello viaje por Yorkshire. Fueron por Liverpool, que papá no conocía, vieron el ferrocarril, pero no viajaron en él; después fueron a ver las bellas abadías de Yorkshire y así siguieron hasta la catedral de York, y de regreso por Litchfield. Estuvieron ausentes 10 días y el viaje le vino muy bien a papá, quien lo gozó mucho y regresó mucho mejor de como se fue.

¿Recuerdas a los Evans de Portrane en Irlanda? El señor Evans es parlamentario por el condado de Dublín, así que están en Londres y son muy amigos nuestros. Con ellos y con todo un grupo iremos a Richmond con el vapor el sábado, comeremos ahí y regresaremos en la tarde. La señora Evans preguntó por ti y dijo que no podía concebir nada de lo que gozaría más que de un viaje así. Sarah Williams es la persona más cordial y amigable sobre la tierra; la encontramos invaluable para salir con ella y tiene una bella casa en Belgrave Square, en las afueras de Londres, pero por desgracia tiene mala salud y, lo que es muy extraño, piensa tanto en su propia salud que papá y todos los de su propia familia piensan que más bien es una hipocondríaca permanente. Supongo que se debe a que el señor Williams la consiente todo el tiempo y la cuida demasiado. ¿No es la cosa más rara de este mundo? Sarah es la persona de quien habría pensado que estaría siempre llena de vida. La pobre de Fanny Biddulph se está recuperando poco a poco del posparto: tuvo una pequeñita el 7 de mayo (¡piensa tú en una Fanny maternal!). Susan y yo vamos a verla continuamente, pues se la ve deplorablemente enferma y muy sola en su casa de Londres, donde, por una extraña razón, el señor Owen no deja que la señora Owen la acompañe en el posparto, así que se la pasa sola todo el tiempo. El señor Biddulph parece quererla y estar muy apegado a ella, pero es un hombre alegre y disipado y desesperadamente egoísta.

Adiós, mi muy querido Charles. Erasmus te manda su amor y con el de Susan, créeme, mi querido viejo Charley, de quien deseo tener noticias pronto, créeme siempre tuya / Catherine

A John Maurice Herbert 2 de junio de 1833
Maldonado / Río de la Plata
2 de junio de 1833
Mi querido Herbert:

Me quedé encerrado durante los últimos tres días en una oscura habitación miserable de una vieja casa española debido a los torrentes de lluvia que cayeron. No estoy, por lo tanto, con un muy buen humor para escribir, pero, desafiando las hipocondrias, te envío unas cuantas líneas aunque sea para agradecerte sinceramente que me hayas escrito. Estamos pasando parte del invierno por ahora en el Río de la Plata, después de haber pasado un verano azaroso en el sur. Es cierto que Tierra del Fuego es un lugar miserable y la furia constante de los vientos es tremenda. Una tarde vislumbramos el cabo de Hornos y tres semanas después sólo estábamos a 30 millas hacia el poniente. Es un gran espectáculo ver a la naturaleza en todo su furor, pero el cielo sabe que todos en el Beagle han visto lo suficiente en este solo verano para el resto de sus vidas reales. El primer lugar en el que desembarcamos fue la bahía del Buen Suceso, que fue donde Banks y Solander padecieron el desastre al ascender una de las montañas. El clima era bastante tolerable y disfruté de algunas caminatas por el salvaje país, más o menos como el que está detrás de Barmouth. Los valles son impenetrables por el enmarañado bosque, pero las partes altas, cerca de los límites con la nieve perpetua, están desnudas. De algunas de estas colinas el escenario, debido a su carácter salvaje y solitario, era casi sublime. Los únicos habitantes de estas alturas son los guanacos y con su relincho chillante rompen continuamente el silencio glacial. La conciencia de que ningún europeo jamás ha pisado la mayor parte de este suelo le agrega placer a este andar a la ventura.

Cuán a menudo y cuán vívidamente vienen a mi mente muchas de las horas en Barmouth. Veo hacia esa época con un placer nada común: en este momento puedo verte sentado en la colina detrás del Inn casi tan claramente como si estuviéramos ahí. No es necesario estar separado de todo aquello a lo que estabas acostumbrado para saber cómo atesorar tales recuerdos y, a esta distancia, puedo agregar cuánta es mi estima hacia ti. Mi querido Herbert, me pregunto cuándo te volveré a ver. Espero que, como tú dices, sea rodeados de montones de pergaminos, pero más tarde o más temprano habrá una linda dama que se hará cargo de ti y de tu casa. Una visión tan deliciosa me llena de envidia. Ésta es una curiosa forma de vivir para una persona que normalmente pisa la tierra como yo. Lo peor de todo es el tiempo que se alarga. Desde luego que hay una gran parte de extrema diversión y, por el contrario, la parte de la molestia del espíritu es tolerable. Sin embargo, todo debe plegarse ante el placer de escarbar viejos huesos y capturar nuevos animales. Por cierto que valoras demasiado alto mis trabajos en historia natural. No soy más que un proveedor de los leones y no estoy seguro de que no gruñan y finalmente me destruyan.

Hace bien al corazón saber cómo van las cosas en Inglaterra. ¡Un hurra por los honrados liberales! Espero que pronto ataquen esa mancha monstruosa sobre nuestra tan proclamada libertad: la esclavitud colonial. He visto lo suficiente de la esclavitud y de la disposición de los negros para sentirme por completo fastidiado por las mentiras y sinsentidos que se oyen sobre el tema en Inglaterra. Gracias a Dios que los insensibles conservadores, que, como acostumbraba decir J. Mackintosh, no tienen entusiasmo más que contra el entusiasmo, han recorrido ya su camino. Por tu carta, lamento enterarme de que no estás bien y que lo atribuyes en parte al exceso de ejercicio. Me gustaría verte en medio de estas verdes praderas: daríamos largas caminatas que rivalizarían con las de Dolgelley y podrías contar historias de las que creo que igualarían una braza cúbica de budín. En vez de esto, debo andar mis solitarios vagabundeos. Piensa en los días de Cambridge y recoge serpientes, escarabajos y sapos.

Perdóname esta corta carta. Sabes que nunca estudié el cartulario completo y créeme, mi querido Herbert, que soy tu amigo afectuoso / Charles Darwin

Por favor, escribe de nuevo. Dales mis recuerdos a todos los amigos y a Whitley. Nunca olvidaré cuántas horas placenteras pasé con este último. Lee las galopadas de Head si quieres tener un relato acabado de este país.

¿Has sabido algo de F. Watkins, Cameron o Matthew? Escribí a éste hace unos meses pero nunca me contestó.

En el futuro dirige las cartas a Valparaíso.

Acabo de encontrarme con la siguiente cita en la Sacred history of the world, tomada del Hereford Journal!!: noviembre 1824[55]: Los claveles han sido injertados con hinojo y durante los dos o tres primeros años las flores fueron verdes, tal como los duraznos en una morera, en cuyo caso la fruta tiene el hueso teñido de púrpura.

¿Fuiste tú el experimentador original e ingenioso? Creo que te oí argumentar que las mentiras blancas no dañan. He aquí claveles verdes y duraznos púrpuras criados para mostrar la liberalidad de la Providencia. Cuando se demuestre que toda esa evidencia es falsa, ¿quién no se volverá escéptico? Piensa, si fueras el autor, qué desagradables consecuencias se habrían producido.

A John Stevens Henslow[56] 18 de julio de 1833
Río de la Plata / H. M. S. Beagle
Julio 18, 1833
Mi querido Henslow:
Escribí mi última carta en el mar. Esperaba entonces detenerme en el Río Negro de la Patagonia, pero el viento, que es nuestro amo dominante, ordenó otra cosa; en consecuencia, la mayor parte del invierno la hemos pasado en este río, en Maldonado. Entre un montón de cartas que me esperaban me sentí desilusionado de no descubrir su letra manuscrita. Durante varios meses he mirado hacia el futuro con no poco placer para saber cómo les va a todos ustedes en Cambridge y con bastante angustia acerca de cómo les va a mis colecciones. A partir de ahora, nuestra dirección será Valparaíso y me sentiré muy agradecido si me escribe. Sólo usted sabe acerca de mis colecciones y siento que mi satisfacción futura acerca de este viaje dependerá sólo de su aprobación. Me temo que haya usted sentido que fueron muy escasas, pero, como ya dije, debe usted recordar cuánto tiempo se pierde en el mar y que me impuse la regla constante de preferir los grupos de animales oscuros y diminutos. Ahora tengo un sirviente para mí solo y le enseñé a despellejar aves, etc., de modo que en el futuro espero que habrá una mayor proporción de especímenes vistosos. Ya tenemos casi todas las aves de estos lugares[57] (Maldonado), cerca de 80 en número, y casi 20 cuadrúpedos. Pero aparte de esto poco más hemos logrado.

En el mismo paquebote en el que va ésta irán cuatro barriles: el mayor requiere que se le abra, ya que contiene pieles, plantas, etc., etc., y una caja de puros con pastilleros; los dos siguientes en tamaño sólo especímenes geológicos, así que no es necesario abrirlos a no ser que tenga interés en verlos; el más pequeño y aplanado contiene peces: con una barrena podrá darse cuenta de lo repleto que está de alcohol. Algunos de los pastilleros están marcados así (X): contienen Coleoptera y requerirán (al igual que la caja) que se las aire y quizá algo de aceite esencial. No es ni de cerca todo lo que he colectado este verano, pero por varias razones preferí diferir el envío de la otra mitad. No tiene caso agradecerle por hacerse cargo de mis colecciones, ya que sé que no hay otra persona que quisiera hacerlo, y este viaje hubiera sido entonces inútil y me hubiera regresado a casa.

En unos días, nuestros planes para el futuro serán ir al Río Negro para deslindar sus bancos. Me dejarán en tierra y espero que podamos quedarnos ahí por un buen tiempo, pues la geología debe de ser muy interesante, ya que está en el paraje de unión del Megatherium y las colinas de la Patagonia. Por lo que vi de estas últimas durante media hora en la bahía de San José, bien valdrán un buen examen. Junto al gran lecho de ostiones hay uno de arena lleno de cosas diferenciadas en su parte inferior[58]. Y sobre éste, y por lo tanto muy arriba del nivel del agua, hay otro de conchas tan modernas que mantuvieron su color y emiten malos olores al quemarlas. La Patagonia debe de haber surgido del mar no hace mucho. Después de que el Beagle regrese de este corto viaje, tomaremos provisiones para 12 meses y a principios de octubre procederemos a Tierra del Fuego, pasaremos los estrechos de Magallanes y entraremos en el glorioso Pacífico. El Beagle, después de seguir hasta Concepción o Valparaíso, regresará hacia el sur (aunque yo no dejaré los climas cálidos) y después de su regreso procederemos costa arriba y finalmente cruzaremos el Pacífico. Tengo grandes dudas acerca de permanecer en Concepción o Valparaíso; en el primero por sus lechos de carbón y conchas, pero en el segundo puedo cruzar y volver a cruzar la gran cadena de los Andes.

Estoy listo para llenarme de alegría ante el pensamiento de dejar este soso y nada pintoresco lugar de América. Cuando pasemos Tierra del Fuego, todo será días de fiesta. Y entonces, el solo pensamiento de los lindos corales, el clima caluroso y resplandeciente, el cielo azul de los trópicos, es suficiente para que uno enloquezca de gusto. Estoy ansioso por saber qué se hizo de la gran colección (creo que mal surtida) de especímenes geológicos del viaje anterior a Tierra del Fuego[59]. Espero ver lo suficiente de este país para sentirme capaz de hacer un rudo esquema de él, y sus especímenes, desde luego, con sus localidades marcadas en ellos, lo cual será para mí muy valioso. Dele mis recuerdos más atentos al profesor Sedgwick, y quizá él pueda averiguar en la Geological Society qué se hizo de aquéllos. Alguien me dijo que usted posee un volumen del Dictionnaire classique y la explicación de sus láminas. Mi hermano en poco tiempo me mandará un paquete, en el que podría venir. Su dirección es Whyndham Club en St. James Square. Si usted sabe de cualquier libro que me pueda ser útil puede mencionárselo a él. Espero encontrar carta (aunque es mucho el tiempo hasta entonces) en Valparaíso, pues me sentiré muy contento de saber qué es lo que está haciendo. Con frecuencia, durante la última primavera, cuando el tiempo es tan favorable, me pregunté si sería bueno ir a Gamblingay[60] o si en ese mismo momento cierto botánico reverenciado no estaría ansioso por ver al otro lado de una zanja pantanosa. La única noticia de Cambridge de la que me enteré por mucho tiempo es una favorable: la de que se le ha concedido un beneficio a usted. Espero que sea cierto.

Deles mis recuerdos sinceros a la señora Henslow y a Leonard Jennings[61]. Y créame, mi querido Henslow, que soy su amigo más afectuoso y agradecido. Charles Darwin

CD anota mal el nombre de Jenyns.

De Susan Darwin 22-31 de julio de 1833
Osmaston [y Shrewsbury]
Julio 22, 1833
Mi muy querido Charles:

Espero que no hayas percibido la falta de una carta para el mes de junio, pero si lo hiciste, soy yo a la que debes culpar, pues en las prisas por dejar Londres olvidé que era mi turno escribirte. Debo decir que Caroline estaba más molesta que tú, porque no se enteró sino hasta muy tarde como para mantener su promesa de nunca dejarte sin carta durante un mes entero. Estamos todos tan impacientes por tener nuevas noticias tuyas y nos llena de esperanza de tenerlas pronto porque por el periódico nos enteramos de que se tuvo noticia de que el Beagle estaba el 5 de abril en las islas Falkland y cómo habríamos de alegrarnos si esta noticia implicara recibir carta tuya. Me sentí obligada a no esperar ninguna hasta septiembre, como tú expresaste, pero esta nota en el periódico ha trastornado mi resolución, por lo que estaremos esperando el correo con gran ansiedad.

Verás por la fecha que después de intentos vanos de Caroline y yo misma durante tres años, finalmente fuimos de visita a Osmaston. Hemos estado aquí casi durante una semana y hemos congeniado con todos ellos y los apreciamos mucho. Frances Jane se ha fortalecido mucho y ya puede bajar las escaleras y es capaz de permanecer sentada mucho más tiempo que antes. Creo que es muy superior al resto de las niñas tanto en sensibilidad como en gracia, además de ser muy guapa e interesante. Me agrada en extremo Emma, ya que realmente tiene un perfecto carácter bondadoso. A quien se ve muy delicado es a William y todos se muestran abatidos a este respecto, pero no tose y espero que no acabe tísico. Pasará de nuevo el invierno en la isla de Wight, lo que según ellos hace una gran diferencia para su salud.

Todos hablaron mucho de ti y Julia se vanagloriaba el otro día de que sus ojos veían más lejos que los tuyos, y relató el experimento que lo demostraba, cuando William los puso a ambos a prueba con cierto libro desconocido. La señora Fox trató de que nos enteráramos acerca de unas manualidades que nos enseñó, pero logramos escapar y como ya sólo estaremos tres días más, espero que salgamos de aquí tan ignorantes como llegamos.

Hace como dos semanas William estuvo en la reunión de los filósofos en Cambridge y nos dijo que se enteró de que tus cosas habían llegado bien. El profesor Sedgwick dio un discurso muy elocuente acerca de su renuncia al cargo de presidente. Y el profesor Henslow ya no pudo dar una de sus fiestas porque la señora H. está de parto. Fue una pena que el ocioso de Erasmus no fuera a esta reunión, pues Hildyard le pidió que fuera a su casa para poder asistir. Parece tan extasiado con Londres que ni una sola vez lo dejó en este verano tan bello.

Estuvimos ahí exactamente cinco semanas y nos divertimos mucho. Nancy visitó el Museo Británico y se emocionó al contemplar cierto animal disecado del que decía que el capitán FitzRoy lo había descubierto, por lo que se sentía tan cerca de ti como para que le pareciera el aspecto más interesante de Londres. Yo me enamoré de un armadillo que vi en el jardín zoológico y, puesto que venía de América, desearía que te trajeras uno como mascota para la casa. Van y vienen con tal pertinacia que me río cada vez que pienso en ello.

Charlotte y el señor Langton acaban de llegar a Shropshire para tomar posesión de su parroquia en Onnibury. Se verán obligados a construir una nueva casa parroquial, pero por ahora viven en una granja y parecen muy felices. Qué bueno que pudieron establecerse tan cerca de nosotros. Espero que pronto nos visiten. Me entra curiosidad por oír cuánto le gusta al señor Langton su vida de clérigo, ya que sintió cierta timidez ante el pensamiento de conocer a sus feligreses. Siento mucho que William se haya visto obligado a dejar su curato en Epperstone y estoy segura de que lo siente mucho. El señor y la señora White, su rector, acaban de estar aquí y nos cayeron muy bien, pues parecen excelentes personas. He estado viendo unos muy bellos grabados de pájaros de un señor Selby. Supongo que se publicaron después de que dejaste Inglaterra, pero estoy seguro de que adquirirás un ejemplar cuando los veas, ya que son muy superiores a los pájaros de Bewick[62].

Creo que Catherine ya te contó que Fanny Biddulph tuvo una niña. La vimos con frecuencia mientras estuvimos en Londres, pues se estaba recuperando lentamente y le encantaba tenernos de plática a su lado cuando el señor Biddulph estaba en la Cámara. Estuvo muy enferma a partir de su embarazo y ahora (aunque han pasado casi dos meses desde el parto) está demasiado débil para viajar. Es muy lindo verla cómo se desvive por su bebé, de la que piensa que es de una belleza perfecta y la bautizó Fanny Charlotte. La vieja señora Biddulph tuvo una apoplejía que la paralizó, así que supongo que los jóvenes tendrán Chirk Castle para ellos en este otoño. Me quedé cuatro días en Woodhouse últimamente. Tiene por ahora poca compañía y la pobre de Caroline es bastante aburrida. Todos los jóvenes estaban en casa y el heno estaba en forma, por lo que tomamos novelas, una botella de sidra y fruta y nos quedamos dos días enteros entre los montones de heno. Francis se encargó de esconder el licor si se acercaba el viejo. Era plena estación de la fresa y Caroline Owen dijo que siempre recordaba cuando tú y Fanny se acostaban cuan largos eran sobre los lechos de fresas y no dejaban una. Creo que el señor Owen gozaría de no poco de charlar contigo, ya que nadie lo escucha acerca de sus campañas en Flandes ahora que tú no estás. Tienen noticias de Arthur con frecuencia, aunque se queja mucho de no recibir cartas de Inglaterra, lo cual me parece muy raro, ya que tú que estás más lejos aún no dejas de recibir las nuestras. Emma Owen está embarneciendo y es una muy linda muchacha, más parecida a una blanca señora Owen que el resto.

Hace como una semana papá y Caroline fueron en un pequeño viaje por Yorkshire con el fin de ver la catedral, y visitaron Liverpool con su ferrocarril, pero no se subieron en él. Mi padre goza mucho de estos pequeños viajes y espero que el próximo verano llegue a Edimburgo. Su nuevo carruaje funciona muy bien, pues es ligero y siempre lleva a Edward con él cuando va a cierta distancia. Todavía no come pan para el desayuno, lo que le ha hecho mucho bien a su respiración.

Shrewsbury. Julio 31./ Esperamos hoy a los Langton. La tía Bessy se ha puesto muy enferma después de un severo ataque de convulsiones. Charlotte corrió de Onnibury a Londres casi sin esperanza de encontrarla viva, pero se ha recuperado de muy buena manera y Charlotte regresó anoche por el Wonder y esperamos que el señor Langton llegue de su parroquia para encontrarse con ella aquí. Los Biddulph están ahora en Woodhouse, y la pobre Fanny y su bebé han contraído la tosferina. Me da mucho gusto que haya dejado Londres. Papá fue a desayunar ayer a Woodhouse para ver los pacientes de tosferina ya que el bebé del señor Owen también la tiene.

Todo nuestro cariño y amor para ti, queridísimo Charley, y hasta pronto, de / tu afectuosa Susan Darwin

Nancy me pide que te diga que no la olvides.

El señor Charles Hughes ha regresado a Inglaterra, pues su salud no le permite quedarse más tiempo en Buenos Aires. Primero fue a Canadá a ver a su padre el trotamundos. Ahora está con los Haycock y vendrá a cenar un día de éstos, y entonces sabremos mucho más de ti. Espero que te conserves bien, mi querido Charles. Y que tus labios no te molesten ya.

De Robert FitzRoy 24 [de agosto de 1833]
Beagle / a la altura del Mons Megatherii [Punta Alta] Sábado 24
Mi querido filósofo:

Esperando que no estés totalmente gastado, aunque medio hambriento, a ratos helado y en otros medio ahogado, te deseo que goces la campaña con el general Rosas[63] y te aseguro que cada vez que el barco cabecea (lo cual sucede muy a menudo, como sabes bien), me apesadumbra sobremanera la cantidad de práctica marina que te estás perdiendo y lo infeliz que te debes sentir en tierra firme.

Tu casa (sobre las aguas) seguirá anclada en el Montem Megatherii hasta que regreses para asistir al parto de un Megalonyx que mide 72 pies desde la punta de su hocico hasta la de su cola y un Ichthyosaurus algo mayor que el Beagle.

Nuestros sabios dicen que no eres lo bastante Arquímedes como para lograr sacar a este último animálculo.

Por medio de Chaffers he enviado al comandante, a cuenta tuya y en consideración de nuestros intestinos, que tienen una rara inclinación a interesarse por la carne de buey[64].

Si ya partiste de Sierra Ventana, tanto mejor[65]. Aquí me quedaré, con mi viejo oficio, «anclado a los cuatro vientos»[66].

Sancho va con Chaffers en caso de que necesites sus recomendables servicios.

Escríbeme cuando necesites un bote. Mandaremos uno dentro de cuatro días.

Tómate tu tiempo, pues aquí tenemos bastante trabajo para todos los sondeadores, así que no te gruñiremos cuando regreses. Sinceramente tuyo / Robert FitzRoy

PD: No me alegro de tus peregrinaciones extraordinarias y desenfrenadas porque estoy celoso y envidioso y extremadamente saciado de tanta falta de caridad. ¿Qué pensarán en casa del «Amo Charles»? «Creo que se volvió loco». Te ruego que seas cuidadoso —donde hay cuidado no hay temor, dice el proverbio.

PD 2.º (excitación irlandesa[67]). ¿Has tenido ya noticias de Henslow o de tus colecciones enviadas a Inglaterra?

De John Stevens Henslow 31 de agosto de 1833
Cambridge
31 de agosto de 1833
Mi querido Darwin:

Me temo que he sido más bien descuidado, pues debía escribirte antes para anunciarte la llegada de tu último cargamento, que llegó bien a mis manos con excepción de unos cuantos artículos del tonel en alcohol que se echaron a perder, debido a que el alcohol se salió por la boca. Tengo conmigo tu carta de abril pasado, que me anima a mandarte unos cuantos libros que te pudieran interesar según mi parecer y tengo que (o más bien debo) escribirle a tu hermano para recomendarle uno o dos más. Las partes fósiles del Megatherium son de gran interés pues sirven para ilustrar ciertas partes del animal que los especímenes recibidos antes en este país y en Francia no mostraban. Buckland y Clift las exhibieron en la sección geológica[68] (y lo que esto significa lo sabrás por el informe que te envío[69]) y acabo de recibir una carta de Clift pidiéndome que le envíe todo a él, que él los extraerá y los restaurará, hará que los dibujen y me los regresará con la descripción de lo que son y cuánto sirven para ilustrar la osteología del Gran Aminal, lo cual haré cuando regrese de nuevo a Cambridge, ya que en la actualidad estoy en Ely y simplemente estoy aquí por el sábado para suplir los deberes dominicales de L. Jenyns, habiéndose sentido mal éste y recomendándole que no laborara en estos días. He metido a los diversos animales que estaban en el barrilito con nuevo alcohol en frascos y los coloqué en mi sótano. Las cosas más delicadas, como insectos, pieles, etc., las tengo en mi propia casa, con la precaución de colocar alcanfor en las cajas. Las plantas me encantaron en extremo, aunque todavía no las extraigo, pero con la ayuda de Hooker espero hacerlo pronto[70]. No pensé en poner tu nombre en la tablilla que erigimos en memoria del pobre Ramsay en la capilla de Jesús hasta última hora. Como todavía no se completaba la lista, me aventuré a incluirte por 21/-. Propuse que se le grabara (creo que te lo dije) un excelente retrato que la señorita Jenyns hizo para mí, que probablemente costará entre 10 y 12/-. Estoy seguro de que no he actuado mal, por tu respeto por la memoria de R., en incluir tu nombre. Se espera el cometa del que hablas para 1835, según los cálculos, pero me parece que es muy dudoso que los cálculos sean correctos. Desde luego que los periódicos hablan disparates acerca de él, pero sí está fuera de lo ordinario dentro de las apariciones de los cometas[71]. La señora Henslow me dio una linda niña el 23 de junio, el día antes de que se reuniera la Asociación. Se trató de una gran semana de procreación, ya que las señoras Clark y Willis[72] de Cambridge estuvieron de parto dentro de uno o dos días de la misma época. Deseo tanto como tú que llegue el día en que podamos discutir los distintos acontecimientos de tu viaje juntos, pero también espero que habrá mucho más en el futuro antes de que emprendas el regreso a casa, y no es que no quiera que regreses de inmediato si estás realmente cansado, pero debes recordar cómo hablábamos de la seguridad que teníamos de que ibas a experimentar muchas molestias, lo que haría que desearas regresar al hogar. Si te propones regresar antes de que se cumpla la totalidad del viaje, no lo hagas sin pensarlo dos veces, sino que mantén el pensamiento por lo menos un mes en el que ni se te cruce por la mente continuar, y si esto ocurre, entonces podrás concluir que ya te hartaste de la expedición, aunque sospecho que siempre encontrarás algo que mantenga tu espíritu. Envía todos los fragmentos de la cabeza del Megatherium en los que hayas puesto los ojos, y de todos los fósiles. Utiliza bien tu red de barrido, ya que veo que tus diminutos insectos aparecen todos como nuevos. (Debo terminar de escribir porque ya sobrepasé los límites.)[73] En este verano me he vuelto entomólogo debido a mis niñas, que han empezado una colección de insectos y conchas, y hacen que trabaje para ellas. El pobre de Stephens ha perdido 400 libras en un juicio legal y estamos abriendo una suscripción para ayudarlo con sus ilustraciones. Me encantan tus descripciones de los pocos animales que conoces y los que vas aludiendo.

Créeme / afectuosamente tuyo / J. S. Henslow

De Caroline Darwin 1.º de septiembre de 1833
Shrewsbury
Septiembre 1.º / 1833
Mi querido Charles:

Estuvimos sumamente contentos la semana pasada de recibir tu carta desde Río Negro, fechada el 12 de abril, y saber que te encuentras bien y feliz. Me imagino lo impaciente que estarás de encontrarte de nuevo en esos deliciosos climas tropicales de los que supongo aquí tenemos una vaga idea por tus meras descripciones. Cuida de ti mismo, mi querido Charles. Aquí en casa eras tan inclinado a sobrepasarte en tus esfuerzos, que tememos cada vez que leemos cómo gozas. Empezaré mi carta con las noticias más inmediatas que puedo dar. Quiero decir que mi padre está muy bien y con gran espíritu y mucho mejor que el año pasado. Susan fue la última en escribirte desde Osmaston y te habrá dicho cuán delgado y enfermo está el desdichado de William Fox. Con frecuencia habla acerca de ti y con el mayor interés. Verlo me hizo recordar los placenteros paseos a caballo que realicé contigo y con él cuando venía a Shrewsbury, lo cual me trajo tu voz y tu risa tan vivamente y cuánto deseo oírlos de nuevo en la realidad. Creo que Eliza, la hermana mayor, es la más aburrida que jamás he contemplado y la pobre lisiada de Emma el modelo más perfecto de lo que debe ser una persona. Quedé encantada con ella, pues es muy grato ver a una persona tan pero tan jovial, en la que la bondad y la religión actúan sobre cada sentimiento como en ella. Nos quedamos en Osmaston como 10 días y cuando regresamos Erasmus vino a casa y se ha quedado con nosotros desde entonces. Es muy lindo y agradable y gozamos mucho con su compañía. Creo que no emprenderá ninguna expedición en este verano, sino que regresará a Londres cuando nos deje. La señora Evans de Portrane quiere persuadirlo de que vaya a Escocia con ella, y creo que iría si no hubiera descubierto que irán ciertas jóvenes del grupo que le desagradan. Sigue constante con la señora de Hensleigh Wedgwood y cree que es la más linda de las mujeres. Ella y Hensleigh estuvieron aquí con su bebé, del que tan prendados están, y Erasmus, con todo su horror por los bebés, jugaba con la pequeña y la contemplaba todo el tiempo.

La pobre tía Bessy ha estado enferma con gran peligro. Tuvo ataques y en uno de los últimos se cayó y quedó lisiada, así que no puede ni caminar. Tuvieron una larga jornada de siete días desde Londres con ella, pero finalmente llegó a Maer con bien.

También tuvimos una corta visita de dos días de los Biddulph. La pobre Fanny no está muy bien, con violentos dolores de cabeza nocturnos y fiebre bastante alta. No se ha puesto bien desde el día del parto y se la ve tan pálida, delgada y sutil que casi no la reconocerías, pero es muy dulce y encantadora. El señor Biddulph parece estar muy enamorado y apegado a ella, lo que es lo mejor que puede pensarse de él, aunque me gusta mucho más de lo que pensé antes de conocerlo. Es listo y en ocasiones hasta divertido. La vieja señora y la señorita Biddulph v< end> rán para quedarse en Chirk Castle, lo cual < es> un gran golpe para Fanny, ya que eso destruye to< da> comodidad para ella. No creo tanto que se haya visto afectada por su matrimonio, pues es tan afectuosa y sencilla como antes. Nunca veo a los Owen sin que me pregunten por ti con el mayor afecto e interés. La señora del coronel Leighton y Clare cenaron aquí un día para conocer a los Biddulph y Clare contrastó frente a Fanny.

El señor George Maddocks se casó con su sirvienta y desde entonces está con tal delirio que ha sido encerrado por una semana. Primero demostró su locura al ponerse a golpear a sus dos caballos después de correrlos 60 millas, debido a que se negaron a ir más lejos. Te cuento todos los chismes que puedo para que veas cómo se desarrolla el mundo de Shropshire. La ocupación actual de Susan es el bordado, como cuando te fuiste. Ahora está haciendo un magnífico ramo de flores en un marco enorme. Mi ocupación es ahora una nueva escuela de infantes recién acabada y los niños y la institutriz ya están establecidos en ella. Y Catherine tiene una pequeña racha de dibujar, pero no ollas y cazuelas, sino ancianos y mujeres, que están mucho mejor que lo anterior.

Para mañana esperamos a Marianne. Tiene tu carta, lo cual resiento, ya que siempre es placentero tener una carta que vas a contestar a la que te puedas referir, aunque deseo que traiga excelentes noticias de la perspectiva de que en cualquier momento te podemos tener de regreso. Me alegro sumamente de que haya respondido tan bien a tus deseos y que hayan pasado ya estos dos años de peligros. Agradezco pensar que el bergantín ayudará a tu seguridad.

La letra de cambio por 70 libras fue pagada el 31 de julio y mi padre dice que haces bien en mencionar en tu carta cuando gires por dinero. Mi padre te manda su mayor cariño y lo mismo hacemos Eras y todos nosotros, mi muy querido Charles. Tu afectuosa C. S. D.

Catherine acaba de decirme de qué manera más coqueta y agradable Fanny Biddulph preguntó por ti diciendo: «¿Me ha olvidado ya Charles? ¿No me menciona en sus cartas? No he olvidado para nada nuestros días del viejo Postillón y la Sirvienta». Cath dice que se veía muy bella cuando decía todo esto. ¿Me veo muy inmoral por repetirlo?

A Caroline Darwin 20 de septiembre [de 1833]
Buenos Aires
Septiembre 20
< Mi> querida Caroline:
Acabo de regresar de una grandiosa expedición. Puesto que un barco mercantil parte mañana a Liverpool, te escribiré cuanto pueda antes de irme a la cama. El Beagle, después de

152

dejar Maldonado, navega hacia el Río Negro. Cuando < > determiné ir por tierra a Bahía Blanca < y> esperé por el barco, y habiendo oído en seguida que el país era tolerablemente seguro, me dirigí a esta ciudad.

Es toda una jornada de entre 500 y 600 millas, a través de un distrito que hasta hace poco nunca había sido atravesado más que por los indios y nunca por un inglés. En este momento hay una sangrienta guerra de exterminio contra los indios. El ejército cristiano está acampado en el río Colorado. En su avance, desde hace unos pocos meses, el general Rosas dejó cada 10 a 15 leguas a cinco soldados y un tiro de caballos. Cuando llegué al río Colorado, el general me dio una orden para esos caballos[74]. Una oportunidad tan buena para la geología no podía descartarla, así que me decidí a empezar con todos los riesgos. Los caballos, etc., eran gratuitos. Mi único gasto (alrededor de 20 libras) fue para contratar a un compañero de fiar. Me he convertido en todo un gaucho, bebo mi mate y me fumo un cigarro y me acuesto y duermo tan cómodamente con el cielo por dosel como en una cama de plumas. Es una vida de tal modo saludable, a lomo de caballo todo el día, comiendo sólo carne y durmiendo bajo un aire tonificante, que uno despierta tan fresco como el gallo. Desde el Río Negro al Colorado sólo hay un campo deshabitado con sólo dos fuentes de agua salobre, y desde el último lugar hasta Bahía Blanca hay postas. Desde Bahía Blanca hasta el río Salado las postas son irregulares y, a excepción de éstas, no hay más habitación. A veces hay una cabaña y a veces nada, y los soldados viven enteramente de ciervos y avestruces. La rusticidad y la novedad de esta jornada me interesaron grandemente y el peligro de ningún modo es tan grande como parece, ya que los indios se están reuniendo ahora en la Cordillera para una gran batalla en este verano. Me detuve dos días para examinar la Sierra Ventana, una curiosa montaña que se levanta en medio de la vasta llanura. El ascenso fue demasiado fatigoso y poco es lo que se consigue por el esfuerzo. La llanura parece simplemente un mar, sin su bello color.

En Guardia del Monte encontré algo más de la armadura del Megatherium gigante, lo que me representó un gran interés, pues conecta la geología de diferentes partes de la Pampa. Del mismo modo, en Bahía Blanca encontré unos huesos más perfectos que los anteriores, y uno de ellos es prácticamente un esqueleto entero[75].

El Beagle está ahora en Montevideo o Maldonado. Recibí una carta del capitán que incluía una de Catherine fechada en Londres el 29 de mayo. Como no tenía conmigo mi caja de correspondencia, no puedo decir si recibí la de abril. Pronto estaré de nuevo a lomo de caballo. Hay un río al norte (el Carcarañá) cuyas orillas están sembradas de grandes huesos, pues construyeron parte de un corral con ellos. Todos los han visto, así que deben ser numerosos. Entonces regresaré a Montevideo y me uniré al Beagle. A fines del próximo mes navegará hacia los estrechos de Magallanes y por lo tanto visitará de nuevo las islas Falkland.

Vivo ahora en casa de un comerciante inglés de lo más hospitalario[76]. Realmente me causa gran extrañeza escribir en una habitación amueblada a la inglesa y todavía más ver a una dama preparando el té. Me veré obligado a girar una fuerte suma de dinero. Lo hago con mayor confianza pues sé con certeza que, después de dejar el Plata, habrá cinco o seis meses de economía sureña. En este momento no puedo adelantar qué suma será. Viajar es muy económico en este país, pues el único gasto es procurarse una compañía confiable, pues de ello depende tu seguridad, ya que no hay caballeros más sanguinarios que estos gauchos sobre la faz de la tierra. Ahora estamos en primavera y todo florece y revive, pero cuánta diferencia entre esto y los bellos campos ingleses. A menudo pienso en el jardín de casa como un paraíso. En un buen atardecer del verano, cuando los pájaros cantan, cómo gozaría aparecer como un fantasma ante ustedes mientras trabajan entre las flores. Son placeres que debo contemplar durante el largo intervalo de los océanos Pacífico e Índico.

Adiós y que Dios los bendiga a todos. Mi querida Caroline, ¿cuándo podremos cabalgar juntos? Tuyo afectuosamente, Charles Darwin. Dale mi amor más cálido a mi padre.

A John Stevens Henslow [20-27 de] septiembre de 1833
Buenos Aires

Septiembre de 1833

Mi querido Henslow:

Un amigo español de Entre Ríos me ha prometido mandarme un cargamento de huesos. Si llegan aquí, el señor Lumb se ha ofrecido amablemente a mandárselos. Le dejo ésta como una instrucción para él y él mismo le agregará el nombre del barco, la fecha, el porte, etc., y todo lo necesario.

Créame que le estoy realmente agradecido / Charles Darwin

Al rev. profesor Henslow

Cambridge University

Inglaterra.

Especímenes de historia natural[77].

De Catherine Darwin 27 de septiembre de 1833

Shrewsbury

Septiembre 27, 1833

Mi querido Charles:

La última carta tuya que recibimos fue la fechada el 12 de abril, de tu primer desembarco en el Río Negro. La recibimos en agosto para nuestro gran placer, y Caroline ya te escribió después, para el 1.º de este mes, pero le entró la duda de que su carta no hubiera salido a tiempo.

Erasmus estaba con nosotros cuando llegó tu carta, así como la familia de Hensleigh Wedgwood, y todos nos sentimos muy interesados por lo que dices. Me da mucho gusto saber que el capitán FitzRoy compró el bergantín, ya que es algo muy importante. No puedo dejar de preocuparme cuando hablas tan maravillado de los trópicos, pues me temo que es un signo muy fuerte de que pasará mucho tiempo antes de que te volvamos a ver, y tengo grandes temores de cómo podrás soportar la tranquila vida clerical para la que decías que regresarías. Todos los que han tenido noticias de tu lucha durante 23 días cerca del Cabo de Hornos sienten un genuino respeto por ti. Últimamente vi a Tom Eyton, que me preguntó mucho por ti. Se quedó en Gales por la mayor parte del verano, según él recolectando. Ha habido informes de que le presta una gran atención a la señorita Slaney, pues ha estado mucho con los Slaney, pero cuánto de ello hay de verdad, no lo sé. Parece poco probable que sienta tanto amor por el dinero, pues de otro modo no puede creerse que haya otra cosa.

El señor Henry Hope y su señora (o sea Louisa Leighton) se fueron de paseo por el Rin y a París. La vieja señora Hope no morirá, aunque los Leighton estaban seguros de que no podría vivir un mes más desde principios del año. Louisa debe encontrar intolerable vivir con la odiosa anciana gran parte del tiempo. Creo que Caroline te escribió después de que los Biddulph estuvieron con nosotros. Ya se fueron a Chirk Castle y la detestable señora Biddulph y su hija ya fueron para allá, y Fanny las detesta de verdad, pues las considera desagradables y presuntuosas con ella. La pobre Fanny sigue estando delicada. Apenas si la conocerías de tanto que ha cambiado. Está tan delicada, pálida y delgada, pero tan encantadora y afectuosa como siempre lo fue. Me gustaría que hubieras visto su lindo aspecto (cuando hablaba acerca de ti), se volvió hacia mí y dijo: «Supongo que nunca me menciona», con todo su viejo y dulce modo. Habló mucho de ti con afecto y calor y dijo lo mucho que desearía volverte a ver y cuánto deseaba tu felicidad. Susan se ha quedado dos veces en Chirk, antes de que llegara la vieja señora Biddulph, y dice que el señor Biddulph parece estar tan enamorado de Fanny como es posible, de modo que espero que en este aspecto sea digno de ella. Emma Owen ha crecido y es sumamente bella, la más bella posiblemente de toda la familia. Francis vive de ocioso en Woodhouse y el señor Owen no puede descubrir cabalmente qué hacer con él. La señora Williams ha venido a Eaton, y no tiene hijos. Ahora debo hablarte de tu otra vieja amiga, Charlotte. Estuvimos con ella en Onnibury, la parroquia del señor Langton, a cuatro millas de Ludlow. Es un campo nada común por su belleza y tuvimos una muy agradable visita. Le llevamos tu última carta a Charlotte para leérsela y se divirtió mucho con ella. La actual casa parroquial es para preocuparse por lo ruinosa y miserable, por lo que el señor Langton va a construir una cuya situación sea mucho mejor, lo cual es realmente un pensamiento más bien loco, pues es muy pobre, pero será muy estimulante gastarse las 200 o 300 libras < en> el actual viejo asunto de ellos. Charlotte parece muy feliz, llena de arañazos y fatigas por el cuidado de la casa (tan fuera de lugar en ella). El señor Langton es un hombre que habla hasta por los codos y amigo de visitar a la gente, alguien de quien nadie podía esperar que Charlotte se enamorara de él, pero así fue. Lo peor de todo en él es, para mí, que domina con absoluta seguridad tanto las más pequeñas bagatelas como los grandes asuntos. Susan lo atribuye a que estuvo todo un año a bordo de un barco siendo niño, contemplando la autoridad absoluta. Si tal es el caso, ¿qué sucederá con tu pobre esposa después de tantos años de aprendizaje en el arte de gobernar? Habrá de instruírsela acerca de la alarmante teoría de Susan. La pobre de Charlotte no tiene hijos, lo que imagino que debe ser un tema delicado. De todos modos, a pesar de todo parece ser extremadamente feliz y es muy agradable y tierna, tanto como antes. Erasmus se quedó con nosotros mucho más de lo común en este verano. Fue a Maer por una semana, lo cual gozó extremadamente y fue muy feliz ahí, con Fanny Hensleigh, su bebé, la señorita Snow [Nieve], como se la conoce (abreviando snowdrop[78]), y Emma Wedgwood: todas sus favoritas a su alrededor.

Me temo que Erasmus es demasiado vago para escribirte, lo cual es inicuo.

Papá está muy bien y está planeando otro pequeño viaje por el sur de Inglaterra para ver las catedrales de Winchester y Salisbury. Viajar le hace mucho bien. Te manda su amor más cariñoso y, con lo mejor de nuestro cariño, créeme / siempre, mi queridísimo Charles,/ tu muy afectuosa hermana / E. Catherine Darwin

De Robert FitzRoy 4 de octubre de 1833
Beagle. Montevideo
4 de octubre de 1833
Mi querido Darwin:
Hace dos horas que recibí tu epístola fechada el 26 y con toda puntualidad e inmediatez me dispongo a contestar tus dudas. (Mirabile!!)

Pero antes que nada, mi pobre filósofo, ¿por qué no me dijiste nada de tus escapadas por un pelo y tus patéticos accidentes? ¿Cuántas veces tuviste que huir de los indios? ¿En cuántos precipicios te despeñaste? ¿En cuántos pantanos te hundiste? ¿Cuántas veces te llevaron las riadas?, y ¿cuántas veces estuviste a punto de morir? Que no te dejaron muerto lo veo claramente por tu letra manuscrita, así como por una parrafada en el periódico nada amistoso del señor Love. No me dijiste si habías recibido los papeles en blanco sin problema, hombre informal. ¿Cómo puedo asegurarme de no haber firmado algo que puede acabar con mi inmaculada reputación? Harris[79] llevó la valija que los contenía y me prometió entregarlos fielmente. ¿Cómo Sancho, con la asistencia del señor Hood[80], maquinó manejar las cosas tan mal como para llegar varios días después que Harris? ¡Quién sabe! En ella iban cinco líneas «escasas», como diría el capitán Beaufort, y una promesa de un mejor comportamiento. Desde la fecha de la nota, el Beagle ha estado dos días en Maldonado, un día aquí y como una semana entre este lugar y el cabo Corrientes. Como no cargamos ninguna mano de almirez a bordo, ni ninguna persona calificada (pues el contramaestre estaba ausente), no pude pensar en desembarcar, así que tuviste la oportunidad, «de verus» (soplaba fuerte e impedía el tocar tierra). Creo que tuviste noticias acerca del señor Parry y supiste de su pérdida. Si no has tenido noticias de él, tu aliado (¡¡con fama de ladrón de huesos!!) te habrá informado. Por doloroso que haya sido para él, y para su familia, pero sobre todo para él, conservo la esperanza de que habrá mejores tiempos para el buen amigo Parry, ya que quedó soltero. Puesto que ella era de buen corazón y amistosa, y era amigable hasta el grado sumo de sus medios, ella tuvo su parte de debilidad y desliz femeninos. Robert Parry partió a Inglaterra en el Mary Worral, barco mercante, para ser colocado en una escuela, mientras que las hijas jóvenes van a Buenos Aires, también a la escuela. El señor P. va a dejar su casa y tomará «un departamento para solteros», una solución sabia, aunque penosa en verdad para un padre de familia. Piensa en qué cambio para un círculo doméstico.

Si el señor P. escribió como era su intención, habrás sabido acerca del señor Martens[81], el sucesor de Earle, un artista machacador, que en sueños exclama: «¡¡Piensa en mí parado en una cima de los Andes o dibujando un glaciar fueguino!!» Por mi fe en la Gibología, estoy seguro de que te caerá bien y mucho, pues es, o me equivoco lastimeramente, una rara avis in navibus, Carlo que simillima Darwin. No te pongas celoso ahora, ya que sólo puse este último rasgo para hacer que la línea encajara. Sabes muy bien que tu grado es rarissima y que tu línea va así: Est avis in navibus Carlos rarissima Darwin, pero crees que me jacto tan seriatim, pues es un muchacho caballeroso y bien informado. Sus paisajes son muy buenos (comparados con los de los londinenses), aunque quizá en las figuras no puede igualar a Earle. Es muy industrioso y de costumbres caballerosas (lo que no es poca recomendación).

Wickham la lleva muy bien: realmente el «alijador» no merece consideraciones frívolas. El señor Kent de los Pílades está en Gorriti, formando parte de nuestro escuadrón. Tenemos hombres suficientes y muy buenos, y todo prospera.

—Está bien, pero las conjunciones, las conjunciones —oigo que dices—: estás llegando al final de una hoja de papel sin decirme nada de lo que quisiera saber.

—Estamos a 4 de octubre —esto es lo que dice la fecha de tu carta—. Bueno, hum… si… hum… pero… debemos considerar… entonces… hum… mañana será el seis… ¡¡Prodigioso!! Tú sabes lo que quiero decir… seguramente esto… y esto y más… y hum, hum, hum y ¡¡adónde va la cabeza!!

Nunca escribiré otra carta después del té, esa bebida verde que lo achispa a uno. Además, es un lujo tal sentir que tu epístola no viene del otro lado del Atlántico y sólo tuvo que cruzar el fangoso Plata. Es tan terrible escribirle a una persona que está a miles de millas, cuando tu conciencia te reprocha por haber sido perezoso y te dice que la «historia» de seis u ocho o (oh, qué espantoso) 12 meses es algo que le debes a tu esperanzado y airado corresponsal.

Aún no tienes tu respuesta: Qué va a hacer el Beagle, ¿quieres decírmelo o no?

Filósofo, no te sulfures, ten paciencia y te lo diré todo.

Mañana nos haremos a la mar hacia Maldonado. Ahí permaneceremos hasta mediados del mes y después regresaremos a Montevideo para permanecer ahí tranquilos, si es posible, hasta fines del mes. Trataré por todos los medios de partir del Río de la Plata en la primera semana de noviembre, pero hay mucho que hacer y no me sorprendería que se nos detuviera hasta mediados de noviembre. Sin embargo, el clima tiene mucha importancia y cada largo día que le ganemos contará mucho, por lo que espero y trataré con todas mis fuerzas de partir a principios de noviembre[82], así que no demores tu llegada aquí más que para los primerísimos días de noviembre, cuando mucho.

Nada dices acerca del «Diario de la expedición que remonta el Río Negro» ni me has mandado el mapa de la provincia de Buenos Aires. Te pido que hagas esto último, con urgencia, e inquieras acerca del primero con el señor Gore así como con el otro hombre del que olvidé el nombre (señor… don… o coronel Algo o Alguien), pero al escribirle al señor Gore lo mencioné, así que él debe saberlo[83]. Quisiera comparar el mapa con nuestras cartas de navegar, antes de enviarlas, con el fin de «disimular» un poco, como dice tu amigo el señor Bathurst.

Roberts[84] (del Liebre) pasó por nuestra proa esta mañana a bordo del Paz, con destino al Río Negro, con una carga de tabaco. No nos hizo el honor de visitarnos ni preguntó por Chico: en cuanto a lo primero, fue algo descortés y para lo último más bien prudente, creo yo.

Adiós, filósofo. Tu siempre fiel, Robert FitzRoy

De Susan Darwin 15 de octubre de 1833

Shrewsbury

Octubre 15 / 1833

Mi querido Charles:

El 11 de octubre recibimos tu linda carta fechada en Maldonado el 14 de julio y dos días después llegó tu Diario, del que sólo he leído unas cuantas páginas hasta ahora, pero esperamos leerlo en voz alta cómodamente en las tardes. Pienso que papá disfrutó particularmente de tu última carta y desea que te diga con todo afecto por parte de él que está sumamente contento de que hayas tomado un sirviente, ya que está seguro de que será para tu conveniencia y sólo lamenta que no lo hayas tenido antes. La próxima vez ¿podrás contarnos qué clase de hombre del campo es? Si fuera un negro, seguramente que nos lo habrías dicho cuando nos elogiabas su carácter. Extraje lo que dices acerca de la mala conducta del hombre nombrado para impedir el desembarco de esclavos en Río y se lo mostraré a la tía Sarah, que seguramente lo tendrá en cuenta. Le hemos enviado tu carta a Erasmus, que atenderá tus encargos de Londres y te enviaremos los dos libros que se encuentran aquí[85] con los zapatos de Howell. Estaremos muy al tanto de que hayas recibido bien tus cosas y el capitán Beaufort es tan gentil que no tengo duda de que se encargará de ello. Aborrezco mucho por consideración a ti todo este tedioso invierno viajando por este lado de América, pues parece serte tan poco interesante que acaba siendo una pérdida de tiempo para ti, pero quizá esto hará que disfrutes aún más los climas cálidos, si esto es posible.

Sarah, que ahora está en Eaton, recibió tu carta la semana pasada y no puedo decirte lo contenta y sorprendida que estaba al recibirla. Creo que ha mejorado bastante y todos dicen que está volviéndose «extremadamente vigorosa». Ella y el señor Williams parecen muy felices y que se acomodan uno al otro perfectamente. El señor Owen estuvo ayer por aquí con aire muy festivo y deseó que te preguntara si recibiste su segunda carta. Catherine me ruega que te mencione que su última carta fue dirigida a Montevideo y teme que no la hayas recibido. Mandaremos tu mensaje para Charlotte. Hemos pasado unos días en Onnibury, la parroquia del señor Langton, y nunca había visto un campo tan encantador para vivir en él, con paseos solitarios por la orilla del río Onny. Parece que el señor Langton está muy contento y se ha encontrado con excelentes amigos entre sus parroquianos, por lo que deseo que tú te establezcas de la misma manera, mi querido Charley, y estoy segura de que plantaré mi tienda muy cerca de ti en ese caso. Dentro de dos días papá, Harry, Edward y yo nos lanzaremos a un pequeño paseo arquitectónico para ver las catedrales de Gloster, Winchester y Salisbury, y terminaremos pasando unos días en el Hill, donde Harry se encontrará con Jessie. Es lamentable que haya transcurrido el año y estemos ya a 20 de octubre, pero los negocios de Harry impidieron que nos fuéramos antes. Pensamos en llevar una baraja y jugar whist con dumby[86], con el fin de ir pasándola en las largas tardes en las posadas.

Acabo de leer un relato sobre Ceilán en algo así como una novela intitulada Cinnamon & pearls[87]. La descripción de la vegetación es tan bella que no me maravilla que tengas tantos deseos de ir ahí, aunque desde luego habrás leído historias más de fiar en Humboldt. Tengo muchos más deseos de visitar algún país tropical que los viejos lugares comunes de Francia e Italia, y me maravilla que la gente no viaje más a Madeira y siga apegada a Europa. Te alegrará tanto como a nosotros que la esclavitud haya sido abolida, pero es una pena que el aprendizaje no empiece hasta el próximo agosto, ya que esto representa mucho tiempo para los esclavos a merced de los plantadores, pues pienso que los tratarán peor que nunca. Me fastidian mucho los 20 millones de compensación, pero quizá nunca se habría estatuido sin esta suma[88]. Las leyes de los pobres en Irlanda serán seguramente el gran tema de interés en las próximas sesiones. He leído algunos panfletos que me hacen estar en contra del sistema.

Con el paquete que te está dirigido creo que mis dos hermanas te escribirán pequeñas notas y aprovecharán la oportunidad de mandarte una pequeña bolsa que he estado tejiendo. Es más bien de las pequeñas y espero que las monedas extranjeras no sean muy grandes. Sé que en los viejos tiempos siempre acostumbrabas anudar tu bolsa si tenía el largo común.

Cuando regreses encontrarás a Fanny Biddulph tan encantadora como siempre, aunque de apariencia más delicada. He ido dos veces en cortas visitas a Chirk Castle en este otoño mientras la vieja señora y la señorita Biddulph estaban ausentes y puedes suponer que estuvimos de muy buen humor en el viejo castillo sin ellas. Fanny estaba muy ocupada arreglando unas habitaciones que va a disponer para su uso propio y tan diligente y ansiosa al respecto que realmente se puso de rodillas para clavar la alfombra mientras el carpintero salía por su comida. Tiene un lindo carro para ponis con dos bellos ponis grises y acostumbró llevarme en paseos deliciosos cerca de Llangollen, que sólo está a seis millas de distancia de Chirk. Caroline y William Owen estuvieron conmigo ahí, y William siempre habla mucho de ti. Se ha convertido en un gran pescador y viste un abrigo de marino de lo más absurdo, pues carece de colas.

Los grandes amigos actuales de los Owen son la familia Boughey, que vinieron a vivir a Bicton, cerca de aquí. Las niñas son de buena figura y de belleza fuera de lo común y sencillas muy como del género de los Owen. Anastasia es una muy bella muchacha.

Cuán afortunados hemos sido en que nunca se pierda ninguna de tus cartas y espero en el futuro que no tengamos unas brechas como tuvimos en este verano. Nancy y Edward comparten la excitación por la llegada de carta tuya y tu ausencia no hace que seas menos amado, puedo prometértelo, por cada uno de nosotros y todos los que te conocen: Dios te bendiga, queridísimo mío, y créeme siempre tu muy afectuosa Granny / Susan Darwin

Papá y todos te mandan su más acendrado cariño. Me pregunto cómo habremos de hablar de todo cuando regreses. Le leímos tu carta al tío Jos y observó que «claramente el capitán FitzRoy considera valiosas tus colecciones o no podría escribir al Almirantazgo para que te dejaran llevar tu sirviente a bordo».

Es maravilloso que tus empeños en la historia natural respondan tan bien que deben ser una fuente de placer infinita.

De Sarah Williams 21 de octubre de 1833
Eaton
Lunes 21 de octubre / 1833
No puedo decirte, mi querido Charles, cuánto me alegré de ver tu escritura de nuevo. Tu larga y linda carta me llegó hace unos 10 días y dos o tres días antes de que tu familia recibiera cualquiera de tus mensajes. Me sentí muy orgullosa de poder asegurarles, siendo condescendiente, que su hermano estaba muy bien y que me había escrito. ¡Cuánto tardó mi carta para viajar hasta ti! Ese correo de Valparaíso es realmente muy lento, y aunque como ves no pierdo tiempo en contestar tu carta, ¡cuántos meses deben pasar antes de que te llegue! No quiero pensar en la distancia que hay entre tú y nosotros, sino que sólo veo hacia tu regreso, lo cual, de acuerdo con tus promesas y mis cálculos, no puede tardar más de dos años a partir de ahora, y alrededor de diciembre de 1835 espero que un golpe en la puerta del número 1 de Belgrave Street nos entregará al célebre Viajero y Naturalista Sudamericano, y que se permitirá quedarse a cenar, y entonces acompañará a los pobres nativos ignorantes al teatro. Eres muy amable en inquirir acerca de mi salud, pues la constitución de los Owen por fin ha hecho buena su antigua reputación y ahora ya estoy de nuevo bien, pero en los últimos tres meses nunca supe lo que era estar sana. Finalmente he dado vuelta a la página y espero no recaer en mis viejas dolencias de nuevo. Quisiera decir lo mismo de Fanny, que está muy lejos de recuperarse. Sufre seriamente de dolores de cabeza, que ya le duran muchos meses, pero puesto que ahora está en manos de tu padre, no tengo dudas de que pronto podrá estar en pie de nuevo. Ahora está en Chirk, donde lleva una vida melancólica con su vieja suegra. Nosotros nos quedamos en Londres en este año hasta principios de septiembre y ahora estamos cómodamente instalados en Eaton hasta (espero) fines de enero. Emma se quedó conmigo en Londres todo el año; ahora está convertida en una joven dama, plenamente embarnecida, pues ha crecido y embellecido tanto que no la reconocerías. Cierto es que Woodhouse es un lugar que ha cambiado mucho, aunque Caroline actúa maravillosamente y sus ánimos se han acrecentado desde que le correspondió el título. Francis todavía

permanece en casa, esperando una comisión, y Charles y Henry en la escuela con el señor Burd. Baby ya es una niña crecida y la mano derecha del patrón. No sé qué sería de él sin su ayuda, pues ella maneja a toda la familia, aunque es maravillosamente buena y no presume de su influencia. Seguro que Susan y Cath te han escrito un relato circunstanciado de su expedición a Londres en esta primavera con el señor y la señora Harry Wedgwood. La pasión de Catherine por la pasta sigue en pleno y, como dijo Harry Wedgwood, acordaron actuar según el principio intensamente egoísta y cada uno se fue por su lado. No creo que hayan pasado más de dos tardes en casa durante su estancia en la ciudad, y gozaron de todo y por todo extremadamente. ¿Te hizo Susan conocedor de alguno de sus secretos acerca del señor Panting, a quien desde luego conoces? Se comportó muy cruelmente con él, a pesar de todo lo que nos aventuramos a decirle, ya que pensamos que era una muy buena persona y no tengo dudas de que ella habría sido muy feliz, pero ahora parece que todo terminó y «olvidemos lo pasado». Si Susan no te ha contado nada, por favor no le menciones que yo lo hice, pero no pude resistirme de contártelo, ya que como recordarás hemos sostenido muchas conversaciones confidenciales juntos, en nuestros paseos por el Forest, y los rayones en las bardas. Pienso muy a menudo en ti y los alegres días que pasamos juntos y, cuando regreses, encontrarás que Sarah Owen no ha cambiado, te lo aseguro, aunque Catherine dice que «es maravilloso lo excelentes esposas en que nos convertimos las Owen». Soy tan feliz como es posible y convencida de que tanto como dure mi vida nunca tendré razones para arrepentirme del paso precipitado que tomé el 22 de noviembre de 1831, hace ya cerca de dos años. Tengo una «cierta buena influencia» (de la que hablamos en ocasiones), aunque creo que me oirías con mayor razón pronunciar Shrewsbury[89] como en la e de shrew [temperamental], el cual convinimos en que iba a ser el criterio de mi buena influencia, y yo misma no estoy mostrando el espíritu de los Owen en este momento. Seguro que habrás sabido de la boda de Louisa Leighton, ante la que el grupo de Quarry Place parece muy complacido por el hecho, pero como sabes nunca admiré a ninguno de «esos apasionados Hope», y creo que Louisa es mejor que el Cazador de Escarabajos. La feliz pareja está pasando el invierno en Italia y supe de una muy buena y verdadera historia de ellos el otro día. Iban viajando por Alemania y llegaron a una ciudad que recorrieron durante todo el día y por fin se sentaron a cenar en el Table d'Hôte. En el transcurso de la conversación, el señor Hope observó a su vecino más cercano que «esperaba llegar a Heidelberg al siguiente día», cuando su amigo exclamó con asombro: «Pero si estás en Heidelberg ahora» y parece que habían inspeccionado toda la ciudad sin descubrir dónde andaban. Esto no dice mucho de la agudeza de los Hope. Clare está floreciente, pero no he oído que tenga pareja. Esa «estrella naciente de Ton», Matty Cotton, asombrará al condado con su aparición en la cacería. En la actualidad estamos sacando los cuchillos con ella, ya que últimamente ha decidido denostarnos indignamente y cuenta historias espantosas. Creo que nunca terminará la enemistad, aunque el doctor Darwin recomienda firmemente una tregua que habría de establecerse por dos años. No he cabalgado mucho últimamente, pero poseo un lindo caballo propio. Me he dedicado furiosamente a la jardinería y trabajo muy duro en el jardín de aquí, que ha mejorado mucho y se ve muy bello. Espero que me escribas de nuevo, mi querido Charles. Estoy segura de que lo harías a vuelta de correo si supieras el placer que me da saber de ti. Siempre dirige las cartas a Belgrave Street, pues, aunque no esté yo ahí, la carta se me reenviará. Si capturas cualquier cotorra u otro pájaro o bestia, puedes mandármelos, incluso el mono más pequeño será recibido con agrado, pero supongo que desprecias cosas tan comunes y no las admites en el museo de Darwin. Me reí mucho con tu descripción de tu larga barba, etc., pero veo que estás bastante bien acomodado y espero y deseo que nunca te arrepientas de tu viaje o de vivir en la tierra de tus padres. Voy a enviarle esta obtusa efusión a Catherine para que la incluya en un paquete que me dijo que iba a despachar mañana. Me hubiera gustado mandarte una carta más entretenida, pero qué puedes esperar de una tonta y vieja mujer casada como yo. Viviré con la esperanza de saber de nuevo de ti. Edward me dice que te envíe sus mejores recuerdos y se pregunta qué puedo contarte como para hacer tan larga carta. Dios te bendiga, mi querido Charles. Espero que ésta te encuentre tan bien y feliz como me deja a mí. Créeme siempre tu afectuosa vieja amiga / Sarah

Escribiré siempre que encuentre una oportunidad, y espero que tú hagas lo mismo.

De Fanny Owen [c. 21 de octubre de 1833]
[Chirk Castle]
Mi querido Charles:
Catherine me escribe para decirme que te va a enviar un paquete, así que no puedo perder la oportunidad de añadir estos garabatos. Me halaga que no me hayas olvidado del todo, aunque me estoy convirtiendo en una vieja y boba matrona prudente. Los alegres tiempos que pasábamos juntos en el Forest en aquellas buenas épocas pasadas de la Sirvienta y el Postillón no podré olvidarlos fácilmente, y por prudente y aburrida que me sienta, te aseguro que todavía preveo tiempos placenteros contigo de nuevo, ¡¡cuando estés curado de tu errante viaje y te establezcas tranquilamente con tu linda esposa en tu linda parroquia!! Pocas novedades tengo para contarte, pues recibes innumerables cartas de plumas más capaces que la mía. He estado en cama desde hace cinco meses con una enfermedad tras otra, lo que me ha abatido mucho. Tu buen padre piensa que ya casi me ha levantado, ya que he estado mucho mejor en este último mes y espero que pronto pueda estar en la lista de los inválidos, lo cual no me sienta para nada. Mi hijita (qué raro suena) tiene seis meses de edad y es una linda criatura. Cómo me gustaría tenerte cerca, mi querido Charles. Deseo tanto tu regreso y espero que el año próximo te traiga realmente a nosotros. No he visto ninguna de tus cartas y sé poco o nada de lo que llevas a cabo. Me hablan de una u otra forma acerca de dónde andas, pero nunca puedo recoger ninguna particularidad de tus aventuras. Susan me ha visitado dos veces y estuvimos muy pero muy contentas, pero ahora mi suegra y mi hermana política tomaron posesión para el invierno y como son más bien de mente seria o mortal para la alegría, pusieron un alto a nuestras reuniones festivas. Me gusta mucho este lugar y está a una grata distancia del viejo Forest. A menudo le hago una visita temprana. Emma es ahora una joven lista para su promoción y Matty Cotton se ha desatado como un meteoro en llamas. Clare Leighton, ahora la señorita Leighton, es la misma que tú conociste. Creo que hay poco de divertido o nuevo en Shropshire. Francis acaba de recibir la dignidad de abanderado en el 63 Regimiento, que está de camino a Madrás, pero creo que él irá al depósito militar de Irlanda durante los primeros uno o dos años, y como el regimiento no permanecerá mucho tiempo en el extranjero, sólo pasará un corto tiempo en la India. A Arthur le va muy bien allá.

Qué tediosa soy, mi querido Charles. Estoy realmente avergonzada de mandarte esta pequeña y aburrida efusión de la que estoy más que medio inclinada a arrojarla al fuego, pero mi esperanza es que, cuando la leas, la tomarás como lo hecho por lo deseado, lo cual me alienta a dejarla ir. Me encantará saber de ti, pero no lo espero, pues sé que tienes mucho que hacer sin necesidad de escribirme.

Adieu, mi querido Charles. Créeme siempre / tu muy afectuosa / F. Myddelton Biddulph

A Caroline Darwin 23 [de octubre de 1833]
Buenos Aires
Septiembre 23[90]
Mi querida Caroline:
Un barco partirá en unas horas a Liverpool y me pongo a escribir lo más que pueda. Acabo de regresar de un aventurado viaje. Creo que mencioné mi intención de adentrarme hacia las partes norteñas de esta provincia. Tuve la oportunidad de contratar a un peón del capitán Head y llegué tras una rápida galopada a Santa Fe, a unas 300 millas al norte. Fue una cabalgada interesante y una buena oportunidad de ver las oceánicas Pampas. Me puse bastante mal, por desgracia, en Santa Fe, así que ya no pude cabalgar. Crucé por la Bajada a la capital de Entre Ríos y me quedé varios días, pero todo ese tiempo perdido me obligó a embarcarme en un barco que descendía por el Paraná. Este río inmenso, con sus islas llenas

de tigres y carpinchos[91], es tan grande que sólo parece un lago oblongo. Cuando llegamos cerca de Buenos Aires dejé el barco con la intención de cabalgar hasta la ciudad. En cuanto bajé del barco, prácticamente me convertí en prisionero, ya que la ciudad está copada por un bloqueo de un conjunto de furiosos y crueles rebeldes. Cabalgando de un lado a otro (con gastos ruinosos), de un general a otro, por fin obtuve que me dejaran proseguir a pie hacia la ciudad sin pasaporte. Por lo tanto, tuve que dejar atrás a mi peón y a mi equipaje, pero debo agradecer a la generosa Providencia que esté yo aquí entero, sin el menor daño. Todo este cúmulo de desgracias que me sucedieron en este mes nunca le habían pasado a ningún pobre mortal. Mi sirviente (de nombre Covington, al que encontré invaluable) fue enviado a la estancia de los comerciantes, en cuya casa vivo. El otro día por poco pierde la vida en unas arenas movedizas y ahí quedó mi pistola.

Aquí, la casa fue saqueada (¡y probablemente le robaron la ropa!). La comunicación con el campo está totalmente cortada, él no puede llegar a la ciudad y al Beagle antes de que parta hacia el sur. He aquí toda una serie de desgracias, además de cantidad de otras más pequeñas que llenan los huecos.

Hace un mes que libré una letra de cambio por 80 libras. Lamento decir que me vi obligado por todas esas desgracias inesperadas a librar otra. Después de que mi padre termine con su primer gruñido, debe recordar que pasaremos ocho meses hacia el sur, donde no podré ni gastar ni sacar dinero como antes. Tal es la única seguridad que puedo dar y que debe creérseme.

Independientemente de todas estas mortificaciones poco comunes y de mi enfermedad en Santa Fe antes de mi regreso por el río Uruguay, atravesando un campo geológicamente muy interesante, el viaje tuvo buenos resultados. Es magnífico, si considero que he cabalgado casi 800 millas en una u otra dirección norte o sur y la mayor parte a través de un país al que se conoce de manera muy imperfecta.

Tenemos una buena posición en esta ciudad. Nada les duele pensar en cortarles el cuello a 30 prisioneros que lograron atrapar el otro día. Y tienen razón, para lo que importa matar tranquilamente a todas las mujeres indias de más de 20 años o menores si son feas. ¡Oh! Estos criollos son un conjunto de hombres sin principios y detestables y ruines como espero que en este mundo no haya semejantes. Literalmente sólo hay un caballero en Buenos Aires, el ministro inglés. Ha escrito para que pueda llegar el Beagle, pero deberíamos navegar bajo tales instrucciones que no sé si el capitán podrá llegar. Si lo logra, todo estará bien acerca de Covington. De otro modo me veré obligado a enviar algún barquito o bote para sacarlo de algún lugar de la costa[92].

De hecho estoy en una linda situación. Desearía que los caballeros revolucionarios, a los que Dios confunda, como gatos de Kilkenny[93], peleen hasta que queden sólo sus colas. Alguna buena gente espera que la ciudad sea saqueada, lo cual sería un episodio muy divertido para mí.

Querida Caroline, tuyo, Charles Darwin

Escribiré de nuevo.

Mandé a casa, por medio del capitán Beaufort, hace como dos o tres meses, algo más de mi diario. Denme noticias de él y en más de una carta.

A William Darwin Fox 25 de octubre de 1833

Buenos Aires

Octubre 25, 1833

Mi querido Fox:

En menos de dos semanas estaremos en nuestro camino hacia Tierra del Fuego. Todo este verano nos enterraremos con vida entre los bárbaros. Te envío ésta para desearte buenas noches. No recibiré ni escribiré cartas durante los próximos seis u ocho meses. Espero que en Valparaíso (nuestra dirección futura) encuentre una tuya. En los últimos tiempos he sido un gran vagabundo. Cuando el Beagle estaba en el Río Negro lo abandoné y cruzando el Colorado me dirigí a Bahía Blanca, y de ahí, siempre por tierra, a esta ciudad. Es una cabalgada larga y muy fatigosa y que no se había realizado hasta hace muy poco. El gobierno local mandó un gran ejército contra los indios y en su ruta dejó a largos intervalos una tropa de cinco hombres y sus caballos que formaron una línea de postas para mantener cierto tipo de comunicación con la capital. Obtuve una orden por estos caballos y desde luego que me sentí muy satisfecho de poder aprovechar tan buena fortuna: fue una labor muy dura la de vivir nada más que de avestruces y ciervos y dormir en el campo abierto. Cuando el clima es bueno nada puede ser más placentero que la manera de viajar de los gauchos: durante el día andar de cacería y cuando se pone el sol amarrar tus caballos y con las vestiduras del recón[94] hacer tu propia cama.

Falkner, el viejo jesuita que vivió tantos años entre los indios, dio el relato más acucioso de este país. Una de las partes más interesantes de esta cabalgada fue el ascenso de la Sierra Ventana (o Casuahati de Falkner), una montaña que se levanta en el campo como una isla en el mar, hasta una altura de 3000 o 4000 pies. En la mayor parte del camino, la novedad y el carácter salvaje eran los principales encantos, ya que una legua no difiere ni una jota de la otra.

Después de llegar aquí, dentro de la siguiente semana me fui a Santa Fe. Este país es comparativamente civilizado y la verdadera Pampa con todos sus rasgos característicos, cardos, etc., etc. Mi objeto con todas estas galopadas fue comprender la geología de estos lechos tan notablemente abundantes en huesos de grandes cuadrúpedos extintos. En parte lo logré, pero el país es difícil de descifrar. Todo en América es a tan gran escala que las mismas formaciones se extienden por 500 o 600 millas sin el menor cambio. Para una geología así necesitaríamos botas de seis leguas. Agradezco a la Providencia regresar entero, pues tanto los indios como los mal llamados cristianos tienen buenas facultades de cortadores de gargantas. En una semana partiremos para siempre del fangoso estuario del Plata y podrá decirse que empezará el viaje. Espero que me escribas y, tal como lo hago yo (pero con más detalle), me cuentes la historia de ti mismo. Excepto mi propia familia, tengo pocos corresponsales y poco sé de mis amigos. Ni siquiera una vez me ha escrito Henslow, por ejemplo[95]. He enviado varios cargamentos de especímenes y no sé siquiera si alguno ha llegado bien, lo que es mortificante para mí. Si has oído algo por casualidad acerca de su llegada a Cambridge, házmelo saber. Es muy descorazonador trabajar con celo y ni siquiera saber si voy por el buen camino. ¿Cómo está la familia de Henslow y qué hace él? Me encantaría recibir aunque sea una corta carta de él, pero la paciencia es una buena virtud y no faltan oportunidades de practicarla. Dales mis recuerdos a todos en Osmaston… quizá en unos cinco años volveré a encontrarme ahí.

Espero saber que estás restablecido en tu curato y con una vida a lo White en Selborne[96]. Adiós, mi querido Fox. Como dice el español, Dios te proteja muchos años./ Con todo mi afecto / Charles Darwin

De Caroline Darwin 28 de octubre [de 1833]
[Shrewsbury] Octubre 28
Mi querido Charles:
He estado leyendo con el mayor interés tu diario y lo encontré muy entretenido e interesante, pues tu escritura a la vez presta tal realidad a tus descripciones y a cada pequeño incidente ante uno con tal fuerza como ningún otro relato puede lograr. Tengo muchas dudas acerca de que no sea petulante por mi parte criticar utilizando sólo mi propio juicio, ya que nadie de la familia ha leído esta última parte, pero te diré justamente lo que pienso… y me refiero a tu estilo. Pienso que en la primera parte (de este último diario) has adquirido, probablemente por haber leído tanto a Humboldt, su fraseología y en ocasiones utilizas su tipo de expresiones floridas a la francesa que él usa, en vez de tu propio estilo directo y mucho más agradable. No tengo dudas de que sin darte cuenta has incorporado tus ideas dentro de su lenguaje poético y, pues se trata de un extranjero, en él no suena falto de naturalidad. Recuerda que esta crítica sólo se aplica a determinadas partes de tu diario, pues en la mayor parte me ha gustado extremadamente y no le encuentro falta y de todo él siento

el mayor placer en leerlo.

Me atrevo a decir que Susan te cuenta, en su carta a Valparaíso fechada el 18 de octubre, de la alegría del señor Howel de recibir una orden de zapatos para ti y esta carta los acompaña, así como con los libros, etc., que Erasmus manda. Te envío unos cuantos libritos de los que todos hablan en la actualidad, escritos por la señorita Martineau, de quien pienso que prácticamente nadie conocía antes de que dejaras Inglaterra. Ahora es todo un personaje en Londres, en buena parte patrocinada por Lord Brougham, que la ha puesto a escribir historias sobre las leyes de los pobres[97]. Erasmus la conoce y es su gran admirador y todos leen sus libritos, por lo que si tienes una hora de aburrimiento puedes leerlos y después lanzarlos por la borda para que no ocupen lugar en tu preciosa habitación. Estoy muy contenta de que ahora tengas más espacio que antes y sobre todo que tengas un sirviente por la comodidad que representa. También te envié las Scripture revelations de Whately (arzobispo de Dublín[98]). Me gusta mucho y a menudo pienso que nos gusta el mismo tipo de libros.

Los periódicos están repletos del feliz regreso del capitán Ross[99], y parece estar plenamente satisfecho con encontrar que no hay paso al sur del 74, pero yo pensaría que es una muy pobre satisfacción ante los sufrimientos e infortunio por los que pasó. Catty y yo hemos pasado una semana muy tranquila juntas mientras que papá, Susan y Harry andan a la caza de catedrales. Papá lo ha gozado mucho, según cuenta Susan en su carta, y mañana los esperamos de nuevo en casa. Desearía pensar en más acontecimientos caseros. Seguramente Cath te contó acerca de los chismes de los Owen y he estado tan ocupada en el último mes poniendo en obra mi nueva escuela para infantes que sólo podría contarte del progreso de los niños en ba-be-bi. Me alegra saber que cuanto más sabes de los negros mejor piensas de ellos y es maravilloso pensar que en unos años dejaremos de tener esclavos. Esto solo es suficiente para darle un valor apropiado a este Parlamento. En el próximo mes es mi turno de escribirte y como en el ínterin iré a Maer, mi próxima carta será una de Wedgwood. Temo a ese tiempo futuro que contemplas con tanta vehemencia, por cuanto una vez en los mares del Sur se pondrá fin a una correspondencia regular y me gustaría que contemplaras la felicidad que una carta tuya nos proporciona a todos. Queridísimo Charles, adiós. Tu afectuosa C. D.

De Catherine Darwin 29 de octubre de 1833
Shrewsbury
Octubre 29 / 1833
Mi muy querido Charles:

Tu última carta fue muy interesante y nos encantó recibirla, así como tu diario. Me congratulo por este paquete, ya que le da a Caroline la oportunidad de enviarte ciertos libritos que posiblemente te gusten. No puedo pensar en nada que enviarte, excepto una cadenita, que quizá te pueda ser útil para colgar algún instrumento de ella y va con la bolsa de Susan. También incluimos una carta de la señora Williams, que sabemos que te encantará más que cualquier otra cosa. La carta que le escribiste es muy linda y nos la mandó para que la leyéramos. Todas tus cartas nos vuelven melancólicos por un solo aspecto: el tiempo enorme que según parece te mantendrá lejos de nosotros. Ya han pasado los dos años de un principio, y le pediría al cielo que el capitán FitzRoy fuera más estricto a la hora de limitar el tiempo. Vamos a leerle en voz alta tu diario a papá, lo cual será magnífico para pasar las noches de invierno.

Hasta estos momentos me parece que ha sido maravillosa la regularidad de nuestra correspondencia. No creo que se haya perdido ninguna carta de abril, pues por el orden en el que te escribimos, creo que la carta de abril debe de haberse enviado a fines de marzo[100]. No tengo nada más que contarte, así que aquí me detengo. Bendito seas, querido Charley, tu siempre afectuosa / E. Catherine Darwin

De Henry Stephen Fox[101] 31 de octubre de 1833

Río de Janeiro
Octubre 31, 1833
Querido señor:

Acabo de saber que el paquebote Cockatrice se encontrará con el Beagle todavía ya sea en Montevideo o cerca de él. Mi objetivo con esta carta, en caso de que no lo haya hecho ya, es que visite la pequeña isla de Flores[102], en la que está el faro. Verá que es una curiosidad geológica y que merece su atención. Toda la isla es una formación de diorita, diferente de todo lo que se ve a lo largo del continente cercano, pero semejante (hasta donde puedo recordar) a los especímenes que he visto traídos del cabo de Hornos por el capitán FitzRoy en su último viaje. La formación es aún más notable pues la isla de Flores, aunque aparentemente esté en medio del mar a medida que se le acerca desde Montevideo, de hecho está dentro de la línea general de la costa. Encontrará usted arrecifes y acantilados de diorita a lo largo del lado sureste o del mar abierto de la isla, muy desgastada por el agua y sumamente difícil y dura para romperla. Toda esta historia sería de todos modos superflua si ya hubiera usted visitado el lugar. No pude visitar la isla de Lobos. Encontré que las islas de Martín García, de las Dos Hermanas y otras islas más pequeñas en medio del canal del río Uruguay, arriba de su confluencia con el Paraná, son pequeñas cumbres de granito, aunque rodeadas, a ambos lados del río, por interminables llanuras aluviales, que parece que no tienen roca alguna que las penetre.

Me tomé la libertad de enviarle, por medio del señor Rees del Cockatrice, varios especímenes de rocas de Porto Alegre[103]. La roca fundamental de ese país es un granito de notable color blanco, pues contiene una superabundancia de cuarzo. Sobre el granito encontré grandes formaciones, que forman parte de grupos de altas colinas, de la roca (espécimen núm. 1) y quizá tenga usted la amabilidad de explicarme qué son. También encontré grandes cantidades, alrededor del mismo lugar, de pórfido volcánico (espécimen núm. 2), no exactamente in situ sino formando líneas de masas desmembradas, apiladas a lo largo de las cimas de varias colinas. Esta roca se parece a muchas de las antiguas rocas volcánicas del norte de Italia. De nuevo encontré grandes cantidades de diorita, no in situ, sino en bloques sueltos, tanto en la isla de Santa Catarina como en la isla de San Sebastián, pero ninguna en la costa del continente opuesta a estas islas. Sólo en un lugar, en el lado poniente de la isla de San Sebastián, encontré venas de diorita, de una textura que se asemeja a la del basalto, en el granito. La roca principal a lo largo de la costa, desde Río Grande hasta este lugar, es el granito. Pensé que le gustaría conocer todas estas particularidades de la geología del sur del Brasil. Creo que la provincia de Río Grande aportaría un gran interés para un geólogo.

Todavía no desempaco la mayoría de mis especímenes, pero si le interesa que le proporcione más especímenes de las rocas de Porto Alegre, o de las dioritas que le mencioné, tendría el mayor gusto en enviárselos, con la localización del lugar, etc., que mi poco conocimiento me haga capaz de darle.

Me imagino que su lugar de parada para el próximo invierno será Valparaíso. Quizá usted pueda a cambio complacerme enviándome uno o dos especímenes de las rocas comunes (no de los minerales raros) de las costas de los estrechos de Magallanes y de Chile que usted visitará. Cuando tuve el gusto de que nos viéramos en Buenos Aires, usted tenía la esperanza de descubrir una formación volcánica en los alrededores de Bahía Blanca.

Le pido que tenga la bondad de darle mis saludos al capitán FitzRoy y créame / su fiel y humilde servidor / H. S. Fox

A Frederick William Hope 1.º de noviembre de 1833
Buenos Aires
Noviembre 1.º, 1833
Mi querido Hope:

Muchas veces, después de dejar Inglaterra, intenté escribirle, pero otras tantas veces lo diferí. Creo que la causa principal fue que la conciencia no estaba libre de vergüenza. No soy el valioso destructor de suficientes hecatombes como para aventurarme a escribir a mi viejo instructor. Cuando lo vi por última vez en Londres, mis promesas eran grandes y mis logros, me apesadumbra decirlo, no los igualan. Durante el último año, el Beagle ha andado navegando ya sea entre las islas de Tierra del Fuego o en la estéril costa de la Patagonia. Ambas regiones son singularmente desfavorables para el mundo de los insectos. En Tierra del Fuego capturé varios escarabajos alpinos Carabidous y un Carabus, y en los desiertos arenosos del último país encontré muchos de los Heteromeri. Pero éstos, en números absolutos, no pueden compararse con el botín de alguna de sus escaramuzas al estilo de Aquiles. Antes de venir a esas regiones inhospitalarias del sur tanto para los entomólogos como para los insectos, me fue bastante bien con los Coleoptera. A menudo pensé en usted, cuando al barrer la rica vegetación de los trópicos capturé pequeños Coleoptera a cientos. Si, como creo que me contó, los gabinetes europeos contienen pocos escarabajos diminutos de los países tropicales, llevaré a casa un mayor número de especies jamás descritas tanto del Brasil como del Río de la Plata. Será un temor tonto, pero a menudo me pregunto si alguien aparecerá que pueda describir tantos insectos diminutos. Este temor está en menoscabo de mis colecciones. Excepto los Coleoptera, pudet pigetque mihi, apenas si he logrado algo más. El impedimento de una caja y un mosquitero no es poca cosa, cuando tengo que cargar herramientas geológicas, armas, botellas de alcohol para reptiles, etc., etc. Sin embargo, espero mejorar y ser más diligente a este respecto. En Río de Janeiro obtuve muchos escarabajos acuáticos, sobre todo pequeñísimos Hydropori, Hyphidri, Hydrobii, etc., etc. También una linda especie de ese género curiosamente esculpido (del que olvidé el nombre) que vive bajo las piedras en el agua corriente. Encontrarlo fue de gran interés para mí, pues no dejó de recordarme vívidamente algunas de nuestras caminatas en Netley, y de una forma semejante cazar níveas Cicindela entre las colinas de are< na> ardiente me recordó los Hybri< > de Barmouth. A juzgar por el panfleto que me proporcionó y que me ha sido muy útil, los insectos del Río de la Plata son tolerablemente bien conocidos[104], lo cual hace que lamente menos el no haber trabajado más duro.

El otro día capturé unos buenos Leionotus.

Si usted lo considera así, me encantaría tener noticias suyas, pues no sé nada del mundo científico de Londres. Lo último que oí acerca de usted fue hace siglos, cuando usted iba de camino a Alemania y Eyton no pudo acompañarlo. ¿Qué hace Eyton? Para este momento, debe ser un naturalista famoso: dele mis recuerdos cariñosos. Esperaba que para esta época él estaría recorriendo cierta Terra incognita. Mi dirección es H. M. S. Beagle en Valparaíso, si condesciende usted en escribir a un entomólogo apóstata, lo cual me dejará muy reconocido. Deles mis saludos a los pocos amigos que tengo entre los naturalistas y créame, mi querido Hope, que soy su discípulo más reconocido./ Charles Darwin

Dele mis saludos más afectuosos a toda su familia y mis congratulaciones (aunque lleguen más bien tarde) a su hermano.

Floreat entomologia.

Me encantaría cierto parloteo científico-entomológico. Un nuevo adiós.

De Thomas Campbell Eyton 12 de noviembre de 1833
Shrewsbury
Noviembre 12, 1833
Querido Darwin:

Te he escrito desde tiempo atrás y habiendo sabido por tu hermana cuál era tu dirección, me puse ahora a trabajar con buen ánimo para escribirte. Hope ha estado muy enfermo, pero está mucho mejor, aunque pienso que se imagina que está mucho peor que en la realidad. No ha hecho mucho en el área de los insectos desde que regresó de Alemania ni yo tampoco, aunque he estado trabajando muy duro en los pájaros tanto ingleses como de fuera de Inglaterra. Creo que tengo una de las mejores colecciones de este país. También he hecho grandes progresos en la anatomía, particularmente de peces, aves y animales. De los dos últimos tengo casi 100 esqueletos, algunos realmente valiosos. Tuve carta de Yarrell el otro día y me daba un recuento de algunos nuevos pájaros descubiertos en Inglaterra, como el vencejo de pecho blanco o alpino, el cuco carolina de Latham[105] y el halcón de patas rojas, Falco rufipes, del que yo fui bastante afortunado como para obtener un par junto con otras varias aves raras entre las cuales está el búho nival y el búho real de las Órcadas. Sir Rowland Hill está juntando una colección de aves y animales tanto vivos como muertos en Hawkstone y, como no se fija en gastos, pienso que debe tener una buena colección. Tengo varias tráqueas y músculos fónicos nuevos y no descritos de aves de las que uno de estos días publicaré un corto informe[106]. Todavía no sale la obra de Jennings sobre vertebrados y no se espera que salga antes del año próximo. Será mucho más amplia de lo que se había pensado y se le llamará manual[107]. Selby va a publicar ¡una nueva obra sobre aves[108]! según el orden de Vigors[109]. Está saliendo una espléndida obra de Gould sobre las aves de Europa con láminas en folio coloreadas[110]. También ha publicado una excelente monografía sobre los tucanes[111] con una lámina en folio de cada especie, cuya obra he comprado a pesar de su costo, pero se me han ofrecido a algo más del precio de costo por ellas por estar del lado correcto. Vi, como creo que ya te había dicho, a tus hermanas y a tu padre en esta mañana, y este último tuvo cierto ataque de gota, pero se ha recobrado y todos ellos se ven con buena salud. No sé si hay muchos chismes por ahí excepto que John Hill se casará con la señorita Kenyon de Pradoe y creo que ya todo está arreglado o casi. Desearía de todo corazón estar contigo y haber estado contigo todo el tiempo, pero lo mismo deseo verte aquí en Inglaterra de nuevo, pues quisiera tener a alguien con quien charlar acerca de la naturaleza, alguien que tenga interés en ella, pues muy pocos de los que profesan hacerlo conocen o les preocupa en sus corazones ni tanto así. He entrenado unos halcones peregrinos para capturar aves, lo cual es muy divertido. No te pido que me escribas porque pienso que debes estar ocupado de una mejor manera, pero si te sobran unos minutos pienso que no necesito decirte que me sentiría feliz de saber de ti y si reúnes algunas pieles además de los insectos, mándalas al cuidado de alguien que las aprecie y abra las cajas, de otra manera tendrás pocas posibilidades de encontrar que quedan sólo unas plumas y picos y patas cuando regreses. Sé de dos o tres colecciones que han sido enviadas desde la India de las que tal ha sido el destino. Deseándote toda la salud y felicidad, quedo a tus reales órdenes/Thomas C. Eyton

A John Stevens Henslow[112] 12 de noviembre de 1833
Montevideo
Noviembre 12, 1833
Mi querido Henslow:
Por el mismo paquebote en que va ésta envío un cargamento de especímenes. Son dos cajas y un tonel. Una de las primeras está forrada de hojalata y contiene casi 200 pieles de aves y animales: entre otros una buena colección de los ratones de Sudamérica. La otra caja contiene botellas con alcohol y sólo requerirá una mirada para ver cómo subsiste el alcohol. Pero las pieles de aves, si quiere tomarse la molestia, estarán mucho mejor con un poco de aire. El tonel está dividido en compartimientos y el superior contiene unas cuantas pieles; el otro un tarro de peces, y estoy muy ansioso por saber cómo el alcohol soporta la evaporación; una caja de insectos, que también requerirá airearse; una pequeña caja de piedras, que puede dejarse in statu quo; un atado con semillas[113], las cuales envío como una apología humilde por mi ociosidad en botánica. Fueron recolectadas en Porto Alegre y en este país: la temperatura del primero debe ser como la de un invernadero, e incluso las plantas de este país requerirán cierta protección (el olivo y el naranjo producen fruta aquí). También va una bolsa con las barreduras de un granero: será un problema botánico saber a qué país pertenecen las hierbas. Será curioso observar si las hierbas europeas sufren algún cambio con su residencia en este país. Si son como los hombres, respondería que no han mejorado mucho. También envío a cargo del doctor Armstrong en Plymouth una inmensa caja de huesos y especímenes geológicos. Hago esto para evitar el largo camino terrestre, y como no necesitan cuidado alguno no tiene mayor importancia en qué lugar se conserven.

Otra razón es que no conozco el valor real de estos huesos respecto de los que le envié antes. Tengo un esqueleto mutilado del animal del que le envié una mandíbula con cuatro pequeños dientes[114].

Desde mi última carta a usted (a mediados de julio, cuando envié algunos especímenes) me he convertido, como dicen aquí, en un gran galopeador. Dejé el Beagle en el Río Negro y crucé por tierra hasta Buenos Aires. Está llevándose a cabo una guerra sangrienta de exterminio contra los indios, gracias a la cual pude hacer este recorrido, pero es suficientemente peligroso en el mejor de los casos y hasta ahora poco transitado. Es la llanura más salvaje y monótona imaginable, sin que haya un solo habitante establecido o cabeza de ganado. Hay postas militares, a grandes intervalos, gracias a las cuales viajé. La mayoría de los días vivíamos de avestruces y ciervos y teníamos que dormir a cielo abierto. Me encanta la vida del gaucho: mi equipaje constaba de martillo, pistola y camisa y el recado (la silla de montar) hace de cama. Donde el caballo se cansa, ahí tienes tu casa y hogar. Tuve la satisfacción de ascender a la Sierra de la Ventana, una cadena de entre 3000 y 4000 pies de altura, cuya mera existencia apenas se conoce más allá del Río de la Plata. Después de descansar una semana en Buenos Aires, me dirigí a Santa Fe < > en el camino fue interesante la geología. Encont< ré> dos grandes grupos de huesos inmensos, pero tan blandos q< ue> fue imposible removerlos. Creo por un fragmento de uno de los dientes que pertenecían al Mastodon. En el río Carcarañá obtuve un diente que incluso confunde mis conjeturas, pues parece un enorme diente mordedor[115]. En Santa Fe, al no sentirme bien, embarqué y tuve una buena navegación de 300 millas descendiendo ese principesco río, el Paraná. Cuando regresé a Buenos Aires encontré el país de cabeza por las revoluciones, lo que me causó bastantes dolores de cabeza. Voy a emprender una galopada más a Uruguay y entonces partiremos a Tierra del Fuego.

En el futuro andaremos mucho entre rocas volcánicas y obtendré un conocimiento geológico mayor. ¿Puede usted mandarme algún libro que, con sus instrucciones, me permita utilizar mi goniómetro reflejante? Si sabe de alguno, me haría un gran favor mandándoselo al capitán Beaufort, que me lo hará llegar. Estoy muy ansioso por saber de usted y quizá ésta sea la mejor manera de enviarme una carta. Quiero saber igualmente de su familia, L. Jenyns, sus lecturas y excursiones y partidas, etc., respecto de lo cual tengo recuerdos tan placenteros que no puedo soportar saber más al respecto. Pasaremos por el estrecho de Magallanes en el otoño y espero permanecer un tiempo en las partes meridionales de Chile.

Hay dos volcanes dentro de 60 millas por Concepción. Me arriesgaré a ser comido vivo para ver dos verdaderos volcanes en llamas. ¡Oh, los cielos azules y los plátanos de los trópicos! La vida no vale la pena en estos miserables climas después de una ojeada a esas mágicas longitudes. Créame, mi querido Henslow, que soy su más reconocido / Charles Darwin

¿¿No sería un buen plan enviar algas en alcohol, habiendo anotado primero su color según Werner??[116]

A Caroline Darwin 13 de noviembre de 1833
Montevideo
Noviembre 13, 1833
Mi querida Caroline:
Debo agradecerte por tu última fechada en septiembre 1.º y una de Susan de julio 22. Desde que escribí desde Buenos Aires he sufrido toda una multitud de maltratos, pero finalmente todo ha terminado venturosamente. Con muchos trabajos y cohechos pude hacer que regresara mi sirviente a la ciudad y entonces regresar a este lugar, casi esperando que el Beagle ya hubiera partido. Encuentro para mi asombro que permanecerá tres semanas más en el río. Y de ahí viene el sentido propio de esta carta: anunciar más extravagancias. Realmente me la he pasado ahora esforzándome durante toda una semana, ya que hay una formación geológica muy interesante sobre la costa de Uruguay y cada día me entero de más datos al respecto. Cuando pienso que ya no estaré nunca más de nuevo en este país, no

puedo permitirme dejar de ver una de las piezas más curiosas de la geología. Desearía que cualquiera de ustedes pudiera penetrar en mis sentimientos de placer excesivo que proporciona la geología, tan pronto como uno comprende en parte la naturaleza de un país. He girado una letra de cambio por 50 libras. Sé que, considerando mi equipo, he gastado en este año más de lo que debía. Me sentiría muy contento si mi padre hiciera unas cuentas reales contra mi persona, como dice a menudo bromeando. Espero que no piense que digo esto por impertinente. La clase de interés que he ido tomando en este viaje es un sentimiento tan distinto a cualquier otro que haya conocido que, como en este preciso momento, hice arreglos para quedarme, aunque sabiendo todo el tiempo que no tengo mayores negocios que llevar a cabo. Desearía que este mismo sentimiento no actuara con tanta fuerza con el capitán. Se está labrando un enorme hoyo en su capital con el fin de avanzar en todos los objetivos del viaje. Él ha pagado de su bolsillo el bergantín, que con tanta propiedad nos proporciona seguridad.

Acabo de empacar un cargamento de especímenes. Envié casi 200 pieles de aves y de pequeños cuadrúpedos y un buen conjunto de huesos fósiles. Hay un esqueleto de un animal, bastante mutilado, del que no creo que exista en la actualidad ningún informe en toda la tierra[117]. Vivo ahora en tierra en la casa de un comerciante inglés; como están muy ocupados a bordo trazando mapas, no tendrán nada que decirme hasta que este paquebote parta. Toda la costa de Patagonia ha sido inspeccionada y, con permiso de la Providencia, creemos que a fines del otoño diremos lo mismo de Tierra del Fuego. El pobre de Earle no se ha sentido bien desde que partimos de Inglaterra y ahora su salud ha empeorado tanto que va a dejarnos. Un señor Martens, discípulo del capitán Fielding[118] y excelente paisajista, se nos une. Es una persona agradable y, como todos los pájaros de su clase, lleno hasta las narices de entusiasmo.

Todos empezamos a desear el «agua azul» y tengan por seguro que yo también, aunque sea para dejar de gastar más dinero. Mi plan actual no es muy amplio. Voy a Colonia del Sacramento, después subo por la costa de Uruguay hasta el Río Negro, a la ciudad de Mercedes; de ahí regreso en línea recta a Montevideo o quizá a las caleras de Paysandú[119], 25 leguas arriba por el Uruguay. Toda la vuelta sumará unas 400 millas y todo el país carece de habitantes. Ya se ha hecho la paz en Buenos Aires, de modo que he perdido bien poco de mis propiedades. ¿Oyeron hablar ustedes acerca de estas revoluciones en Inglaterra, consideradas tan importantes en este pobre país? Ya es tarde. Ya no tengo más humor para escribir, así que les deseo buenas noches.

Dales mi amor a todos y las gracias por todas sus largas y muy lindas cartas. Escribiré de nuevo antes de navegar. Tuyo con todo afecto / Charles Darwin

Mi amor para Nancy.

De Edward Lumb 13 de noviembre de 1833
Buenos Aires
Noviembre 13, 1833
Querido señor:

Recibí a su tiempo su carta del 5 y me alegra ver que su estancia en Montevideo se ha alargado más de lo que había previsto. Recibirá usted por Rosa todos sus bienes y cosas y asimismo el anuncio de nuestra reconstrucción, pues todo está ahora tranquilo.

No pude mandarle ni las municiones ni la pólvora, pues está prohibido por la ley y bajo las actuales circunstancias es imposible obtener el permiso. La carta de navegar que algunos de sus oficiales vieron en Bahía Blanca fue el original o una copia de una proporcionada por el capitán FitzRoy al gobierno y que se me prestó para uso del capitán del Dolores. No se ha publicado y creo que el gobierno no tiene la intención de hacerlo. Al recibir sus bienes, creo que se preguntará cómo predije sus deseos, ya que están empacados como usted lo requirió. Espero que no se pierda nada de ellos pues los encargué particularmente al capitán y al dueño que estaba igualmente a bordo.

Como el bergantín Dolores navegó a Bahía Blanca antes de que usted partiera, ya no me fue posible obtener más información acerca del pez capturado a la vista del cabo Corrientes que la que me dio en este día Stewart, el dueño, o sea que tenía a bordo cierto número de peces, unos pescados en New Bay, otros en la bahía de Belgrano y a la vista del cabo Corrientes, en uno u otro banco y no tenía en mente más particularidades, pues si estuvo ahí, no esperaría yo que me lo expusiera pues se propone mandar al bergantín a pescar ahí. Su información acerca del río Chupat[120] será de mucho interés y si hay en él nutrias deme por favor la latitud y la longitud correctas y cualesquier otros «pormenores[121]». Como se ha molestado usted en expresarse de manera tan amable acerca de mis pobres servicios hacia usted durante su estancia aquí, permítame asegurarle que independientemente de sus méritos privados, que considero intrínsecos, no considero haber hecho más de lo que cualquier inglés hubiera hecho por la promoción de cualquier fin científico que haya de buscar el engrandecimiento de su país y estaré feliz por cualquier periodo futuro si puedo emplearme por cualquier medio a mi alcance para servirle o promover sus puntos de vista científicos. Escríbame por favor cuando llegue a Chile y también a Inglaterra en un tiempo futuro, pues quizá pueda procurarle algún espécimen que pueda ser interesante. La señora L. y familia están bien y se me unen para desearle lo mejor. Si va a Mercedes, tiene usted mi carta a Keen, quien satisfará cualquier propósito. Se habría usted divertido de ver los regimientos andrajosos en número de 7000 hombres que se dice alarmaron a la ciudad por un día o dos./ Estoy, querido señor, enteramente a sus órdenes / Edward Lumb

Tenemos a un barco norteamericano de 18 cañones proveniente de Valparaíso cuyo destino era Buenos Aires; llegó ayer.

De Catherine Darwin 27 de noviembre de 1833
Shrewsbury
Noviembre 27, 1833
Mi querido Charles:

Creo que tu paquete no ha salido de Londres, pero nos parece más seguro escribirte también por el paquebote, por temor a que no te llegue el paquete. Hay varias cartas para ti en él, de las señoras Williams y Biddulph y de Caroline, para que las extraigas. También Tom Eyton te ha escrito en este mes; pasó por aquí el otro día y preguntó mucho por ti. Llegó tu carta a William Fox y supimos de ellos no hace mucho, en la isla de Wight, adonde fueron de nuevo para pasar el invierno debido a la salud de William, quien ha estado mejor últimamente. Dos de tus cartas al profesor Henslow nos fueron remitidas para que las leyéramos; una estaba fechada en mayo de este año en el mar y la otra en julio. Ahora estamos gozando mucho de tu diario, y se lo leemos en voz alta a papá en las tardes con gran éxito, pues todos lo declaran muy entretenido. Tu narración acerca de la gente de Brasil de las vendas patriarcales y de la pequeña y graciosa bailarina Teresa nos interesó mucho[122]. Nunca haces comentarios de tus compañeros de a bordo, pero supongo que esto no debe ser seguro y no entra dentro del plan de tu diario. No sé si conociste de vista al capitán Justice, un pariente de los Clive, hombre de mar; resulta que cenó con nosotros ayer y le leímos tu diario con el fin de entretenerlo. Nos fue muy útil para explicarnos ciertos términos náuticos y se mostró encantado con tu diario y apenas si nos dejaba que paráramos de leerlo. Pensó que te habías convertido en todo un marino por tu lenguaje.

La carta de Caroline que va en el paquete debe haberte contado que el desafortunado paseo de papá por las catedrales de Winchester y Salisbury se echó a perder debido a la gota; lo pilló algo en las posadas, pero no tanto como para impedirle ir al Hill, en Monmouthshire (la casa de John Wedgwood), donde se quedó durante 17 días con el más severo ataque de gota de toda su vida. Él y Susan regresaron a casa hace unas dos semanas, cuando ya pudo viajar, y ahora ya se le ha quitado y está de nuevo tan bien como es posible. Puedes imaginarte cuánto le molestó estar tan enfermo y por tanto tiempo, lejos de casa. En otros aspectos el paseo le satisfizo plenamente: admiró mucho las bellezas arquitectónicas y gozó con la compañía de Harry, como compañero anticuario. Espero que se le hagan costumbre estos paseos ya que le hacen mucho bien.

Casi no tengo noticias de los Owen para ti, excepto que Francis ha logrado ser abanderado en el 63, cuyo cuartel está en Madrás, donde está Arthur. No sé cuándo partirá Francis, pero me atrevería a decir que deberías ver a los dos hermanos si paran en Madrás. La desdichada de Fanny Biddulph sigue bastante enferma, se la ve miserablemente alterada, muy pálida y delgada. Nunca se ha recuperado de su mal parto. Por otra parte parecería estar muy feliz y el señor Biddulph muy devoto de ella. La señora Williams mantiene su casa lo más alegre posible en Eaton, con bailes y fiestas todo el tiempo.

Todos estamos consternados en la actualidad por una noticia que Erasmus nos hizo llegar por escrito hace un día o dos: que Hensleigh Wedgwood ha determinado renunciar a su magistratura en la policía, que le implicaba 800 libras al año, por ciertos escrúpulos acerca del sistema de toma de juramentos, que no puede reconciliar con su conciencia. Él, su mujer y su bebé sólo contarán con la fortuna propia de Hensleigh de 400 libras al año para vivir, y Erasmus se sintió horrorizado ante el sacrificio que representa para Fanny Hensleigh y la pérdida para él de su compañía. No puedo imaginar qué harán si Hensleigh persiste, que seguramente lo hará, aunque ha consentido en discutirlo con el doctor Holland y con Sir Edward Alderson. Me temo que es poca la oportunidad de debilitar sus escrúpulos, pues los tuvo siempre en mente durante varios meses. Es muy desafortunado, desde luego, ya que serán horriblemente pobres, y Hensleigh ya había rechazado antes una beca de Cambridge, al < > no suscribir los 39 artículos. Los Wedg< wood> de Maer tomarán estos asuntos tan calmadamente como cualquier < fa> milia. Últimamente he parado en < M> aer, que sigue siendo una casa muy agradable a pesar de todos sus cambios. La pobre tía Bessy es un espectáculo melancólico, pues está desvalida y no puede moverse para nada debido a un dolor en la pierna que la deja sin fuerzas. Sus ataques son mucho más frecuentes que antes y ha quedado muy alterada desde su peligrosa enfermedad de este verano, por lo que se podía suponer que no duraría mucho. Conocí a Bessy Holland en Maer, la hermana del doctor Holland, quien habló mucho de ti y sabía más que yo acerca de ti; todo lo sabe gracias a su amigo C. Whitley, que tiene gran interés en ti. No puedo concebir cómo el señor Whitley sabe tanto sobre tus planes, tus movimientos, tus descubrimientos, etc., porque no creo que te escribas con él. Whitley dice que han pasado por sus manos dos cartas tuyas a otra gente (no para él) y que se sintió tentado a romper el sello, cosa que no hizo. Oí que tu teoría de la tierra es supuestamente la misma que contiene el tercer volumen de Lyell[123]. Algunos de tus amigos o amigos del señor Whitley pensaban mandarte ese tercer volumen: ¿lo recibiste? Bessy Holland me informó también que enviaste una serie de piedras a Cambridge. ¿Será cierto? También dice ella que tienes la intención de regresar antes que el Beagle; ¡cómo me complacería que fuera cierto, mi muy querido Charles! ¡Qué felicidad verte de nuevo después de una ausencia tan larga! Papá desea que te envíe su cariño más grande y está muy contento de que seas tan feliz y afortunado. También desea que te diga cuánto disfruta de tu diario. Adiós, queridísimo Charles. Con todo nuestro amor, créeme / siempre tu afectuosa / E. Catherine Darwin

Por favor, cuídate mucho y no corras riesgos, y piensa en tu salud.

20. Puerto Deseado, diciembre de 1833. © Cambridge University Library.

21. Indios patagones, enero de 1834. © Cambridge University Library.

A Susan Darwin 3 de diciembre [de 1833]
Montevideo
Diciembre 3
Mi querida Susan:

¿Puedes decirle a mi padre que me vi obligado a extender una letra de cambio por 17 libras? Esto suma 217 en siete meses. No puedo dar ninguna excusa, pero el capitán cree que en vez de pasar el verano en Tierra del Fuego pasemos el invierno ahí. No creo que nada pudo hacer que viera yo hacia delante con una perspectiva tan mísera con alegría. Lo hago porque entonces podré hacer alguna excursión gloriosa a los Andes con una mejor conciencia de las últimas que hice. Mañana partimos, primero por el río arriba en busca de agua potable y después a Puerto Deseado y la costa de Patagonia. Después de esto, por la entrada oriental de los estrechos de Magallanes, donde los ventarrones decidirán cuál será nuestra siguiente labor. Será muy interesante, pero me temo que algo doloroso ver a Jemmy Button y a los demás. Espero encontrarlos desnudos y hambrientos, si no es que han sido devorados durante el pasado invierno. Mi jornada a caballo por el Uruguay fue muy placentera. Fui a Colonia del Sacramento y remontando la costa hasta el Río Negro. Me quedé en una [estancia] a muchas leguas río arriba y de ahí regresé en línea recta a Montevideo. El calor solar hace que la fatiga del montar a caballo sea excesiva. Por esta razón no pude ir tan lejos como pretendía. Además, el país en muchos distritos está tapado por tantos lechos de cardos. Estos cardos tienen entre ocho y 10 pies de alto y forman una masa impenetrable. Pero la geología me resultó muy interesante. Hubiera lamentado mucho no visitar esta parte de la provincia. Obtuve muchos fragmentos de huesos fósiles y una parte de una cabeza, que los gauchos por desgracia habían mutilado, pero aun así muy valiosa ante mis ojos. En los últimos cuatro meses no he dormido más de una noche en el Beagle; hoy subí mis cosas a bordo con el fin de quedarme. Pero escribo esto en tierra y ¿cuál crees que es la razón? Proh pudor. Mal de mar. ¡Oh, los próximos 10 días serán encantadores! Y cómo extrañaré la verde llanura y sus caballos galopantes. Pero éste es el camino real al Pacífico, así que no debo quejarme. Estamos en buena disposición para enfrentar el mar: almacenamiento para 12 meses a bordo y el bergantín con buena tripulación. La causa de nuestro largo retraso sólo se ha debido a que las cartas de navegar no quedaban completas para enviarlas a casa. El capitán se ha esforzado hasta un grado que según creo ningún ser humano sería capaz. La gran importancia de estos largos días en el sur fue desde luego un estimulante suficiente. El almirante, en Río, escribió para informarnos que en dos meses iba a enviar un barco a las islas Falkland con un oficial y una partida de soldados para actuar como gobernador. Ante esta oportunidad quizá recibamos nuestras cartas y podamos responder a ellas, lo cual es una gran suerte. Con la excepción de esta oportunidad, pasará seguramente un año antes de que oigan de nuevo de mí. Y ésta es una especie de carta tonta para ser la última que envío, pero estoy cansado de pelear a bordo contra el mareo y con un enjambre de mosquitos en este preciso momento. Quiero agradecerles ahora apenas lo bastante por escribirme con tanta regularidad. Nadie en el Beagle ha recibido una serie de cartas tan constante. Regresaré a Shropshire muy au fait con las últimas noticias. Puesto que ya vamos de camino (aunque no por el más corto) a Inglaterra, puedo mirar hacia adelante y contar los días entre este y el glorioso momento de lanzar el ancla en la sonda de Plymouth. Hasta entonces y que Dios los bendiga para siempre. Nadie nunca tuvo un conjunto mejor o más querido al que decirle hasta luego. Tuyo, etc./ Charles Darwin

De Caroline Darwin 30 de diciembre [de 1833]-3 de enero de 1834
[Shrewsbury]
Diciembre 30
Mi querido Charles:
Tu última carta fue fechada el 20 de septiembre en Buenos Aires y fue una agradable sorpresa puesto que pensábamos que ya habías empezado tu interminable viaje al sur. La narración de tu cabalgada desenfrenada fue extremadamente interesante. ¡Cuán extraño es pensar en ti llevando una vida de gaucho! Me temo que un galope tranquilo por el camino de Oswestry debe parecerte insípido, aunque seguramente depende, mi querido Charles, porque si no estoy imposibilitada cuando tú regreses, habrá muchos alegres paseos a caballo contigo. Erasmus se ha convertido en todo un gran hombre. Tiene un cabriolé y unas semanas atrás mi padre le regaló un bello caballo gris, un caballo de caza criado por el señor Wynne, y nos comunicó que se encuentra como en su casa por las calles de Londres, como si hubiera llevado una vida de ciudad desde siempre. Creo que casi ni conocerías a Eras, pues tiene un

carácter tan relajado y es una persona tan feliz que siempre anda con buen ánimo y goza con andar de visita y conocer y agradar a mucha más gente de lo que acostumbraba. Hensleigh determinó hace un tiempo renunciar a su magistratura en la policía por un escrúpulo de conciencia. Pensó que el mandamiento del Señor de «no jurarás» era tal que había que tomarlo literalmente y que un juramento judicial era por lo tanto ilícito. No comprendo muy bien las razones del porqué lo clasificó entre los mandamientos que deben tomarse literalmente y no de manera laxa. Sin embargo, el tío Jos y sus otros amigos lo persuadieron de tomarse un tiempo y estudiar el tema mejor antes de decidirse, lo que ha hecho, y los argumentos de algunos de sus amigos le han hecho pensar de manera distinta, pero esto no es demasiado seguro, pues no habla para nada del asunto. Hubiera sido muy triste ver su feliz hogar roto y no conocemos ningún empleo que Hensleigh hubiera aceptado, pues en todos jurar es una formalidad necesaria para ser aceptado. Estaba yo en Maer cuando sucedió toda esta agitación e hizo que el tío Jos y los demás se sintieran muy angustiados. La tía Bessy ha cambiado tristemente desde que te fuiste: su mente se ha debilitado mucho y, por un dolor en la pierna, no puede estar parada o moverse para nada. Permanece sentada o se acuesta en la gran sala de arriba, que ahora ha sido habilitada como sala de recibir y va siendo tolerablemente cómoda. Se interesan mucho por ti. ¿Puedes imaginar algo que toda la familia pudiera gozar más que verse transportada a las orillas del río Carcarañá (creo que así lo llamas), cuyas orillas describes llenas de huesos y restos fósiles? Tengo gran curiosidad por saber el resultado de tu expedición por ese río. Charlotte y el señor Langton estuvieron en Maer durante el invierno y también Fanny Allen, así que todos juntos formamos un buen grupo, pero el viejo querido Maer no es lo que era y nunca lo volverá a ser.

1834, enero 3. Te deseo, mi querido Charles, un feliz año nuevo y que te dé muchas satisfacciones y me alegraré mucho cuando pueda desearte lo mismo en persona. Recibí anteayer tu carta del 23 de octubre de Buenos Aires, con la narración del desastroso fin de tu cabalgada. Veo por los periódicos que el 28 de octubre se permitió que continuara el comercio, así que espero que pronto te habrás visto liberado de tu situación tan desagradable en esa ciudad odiosa. ¡Qué gente más villana parece ser! Estamos ansiosos por recibir tu próxima carta y mi padre, como puedes comprender, se compadece y siente mucho todos tus infortunios y me temo que los grandes peligros por los que pasaste cuando escribiste no han terminado. Desearía que salieras de esa ciudad y te encontraras a salvo en el Beagle. Mi padre no ha tenido noticias del banco acerca de las 80 libras que dices que sacaste hace un mes, pero serán pagadas cuando se le pidan. La segunda parte de tu diario llegó sin problemas y lo leímos en voz alta entre todos. Es extremadamente interesante y me siento impaciente por leer la tercera parte.

Los Cotton permanecieron con nosotros en esta semana con Mattie, que ha crecido y es una linda y alegre niña. Tiene algo del espíritu de los Owen. También Robert Clive estuvo aquí y está sumamente feliz de estar en Inglaterra de nuevo y para siempre, sin que el pensamiento de regresar a la India entibie su placer. Me gusta mucho, pues es muy alegre y el más seductor de todos los Clive y muy divertido. Parece muy encariñado con Mattie y si ella estuviera más cerca en edad creo que no tardaría mucho en buscar su oportunidad con ella. William Clive y esposa tuvieron una triste desilusión al nacer muerta su criatura. Marianne Clive está bien ahora, pero su vida ha estado en gran peligro por el parto y fue un muy triste final a su satisfacción por esperar un bebé. Se piensa que la desdichada de Eliza Tollet tiene tisis, pues ha estado con tos desde hace nueve meses y gradualmente ha ido debilitándose. Frank Leighton ha sido nombrado subdirector del Magdalen College, con lo que los Leighton están muy complacidos.

La próxima semana vamos a ir a una obra de teatro en Eaton y seremos un inmenso grupo en la casa: 23. Los Biddulph y los Owen ahí estarán. Fanny Biddulph sigue algo delicada; está tan cambiada de cómo antes se la veía, pero creo que ahora es más bella que antes. Francis Owen se va a la India el próximo febrero y tienen muy buenas noticias de Arthur.

Creo que mi padre se ve muy bien y mucho mejor después de la gota que tuvo durante su paseo con Susan. Como está dejando su consulta en gran medida, aunque no del todo, esto le ha hecho mucho bien, dándole cierta ocupación y sin fatiga. Creo que cuando llegues te divertirá ver en el invernadero su banano, con sus dos hojas que todos admiramos y creemos muy hermosas. No puedo decir que lo admire yo ahora, ya que ha crecido tanto que el vidrio impide que las pocas hojas que tiene se vean como en su forma natural.

No hemos visto mucho de Marianne Parker últimamente. Está educando a sus cuatro pequeños con mucho esmero, creo yo, y son muy felices y tratables. El doctor Parker y Marian empiezan a agitarse y a preguntarse por una escuela para Parky. Susan está muy contenta en esta semana aunque inquieta. Está sentada en este momento en la mesa en la que yo estoy escribiendo, con un largo libro contable e innumerables cuentas. Catherine es ahora la persona de los festines en esta casa, muy dispuesta a bailes y a visitas de todo tipo. Pincher y Nina están bien. Me pregunto si Pincher se alegrará de verte de nuevo. Joseph sigue teniendo tu caballo gris. Esta mañana pienso montarlo. La pobre vieja niñera Tante está obligada a usar lentes, según nos dicen. Nunca aparece con ellos puestos, y cuando está sola no los resiste. Se interesa profundamente por ti y siempre le contamos las noticias que nos das en tus cartas, aunque supongo que las ideas que capta deben ser muy vagas. Debes tomar la realidad por la buena voluntad y no considerar mi escritura con cartas tan y tan aburridas. Si uno vive tranquilamente en casa es muy difícil encontrar sobre qué escribir, pero una carta para decir que todo está bien en casa debes recibirla cada mes hasta que veamos tu vieja y querida cara de nuevo. Mi padre, Susan y Cath te mandan su más cariñoso amor. Tu muy afectuosa, querido Charles,/ Caroline Darwin

Abrí mi carta para mi padre, quien dice que espera que haya yo expresado todo su afecto por ti. Lo hice antes y reitero su amor.

1834

De Frederick William Hope 15 de enero de 1834
37 Upper Seymour St./ Londres
Enero 15, 1834
Querido Darwin:
Su carta del 1.º de noviembre acaba de llegar a mis manos y me alegra comprobar que el viejo adagio es cierto: Caelum non animum mutant qui trans mare curraent[1]. Ansiosamente esperé noticias suyas el año pasado, en particular después de que según supe Eyton recibió una carta suya: mejor tarde que nunca me parece suficiente. Esperaba su descripción de Tierra del Fuego respecto de la entomología alpina. Sin embargo, sigo pensando que debe tener ciertas peculiaridades y particularmente si los volcanes están en estado activo. Me parece que los extremos de norte y sur deben proporcionarnos formas semejantes, pues el mayor número de familias del mundo de los insectos se guía más por la vegetación que por la situación geológica. Queremos hechos que nos guíen respecto de las temperaturas; no he encontrado una regla segura de la simple atención a la distribución geográfica, por lo menos propensa a las excepciones. Sí se sostiene respecto de la altitud, que es variable en muchos lugares. En algunos lugares, en las montañas con cierta altura, se encuentran los mismos géneros, pero de nuevo no podemos dejar de observar discrepancias. Tomemos el ejemplo de dos montañas separadas una de otra por 10 millas, a la misma altura y temperatura podrán encontrarse formas que difieren considerablemente y a menudo in toto si la vegetación es distinta. Sin embargo, debe observarse siempre en qué lado de la montaña captura uno los insectos, ya que el lado meridional tiene vegetación que difiere por lo general de la austral. Es probable también que los estratos tengan mucho que ver con referencia a algunas familias, pues algunas rocas retienen el calor más tiempo que otras y empujan a los insectos a los llanos en busca de humedad. Muchas familias gozan de las arenas ardientes, testigo las Cicindelidæ. Las colinas basálticas (si hay tales) de la Tierra del Fuego estarán desprovistas de insectos, como lo están todas las regiones basálticas hasta donde he sabido. Si puede usted enviar hechos acerca de los insectos en la vecindad de los volcanes, me sentiré muy

agradecido. Varios géneros gustan de las situaciones volcánicas y muchos otros huyen de ellas. Encontrará géneros que se extienden longitudinalmente por 3000 millas o más y en cuanto a la latitud varían considerablemente. En una palabra, querido amigo, si no lo cansó todo lo anterior, deseo que usted obtenga y aun trace un mapa geográfico de los géneros en tanto esté dentro de sus posibilidades, y como usted es un geólogo y botánico, puede iluminar nuestra ignorancia prestando atención a la vegetación y a la distribución geológica de los insectos.

Le complacerá saber que hemos fundado una sociedad entomológica. Nos reunimos el primer lunes de cada mes y hasta ahora hemos tenido dos reuniones y ya juntamos a 110 miembros; sin los miembros honorarios del extranjero, el número se limita a 10. El señor Children es el presidente y Vigors, Horsefield, Stephens y Hope los vicepresidentes, secretario del exterior es Spence, tesorero Hope, secretario Gray, curador Waterhouse[2]. Los objetivos de la sociedad son extender la ciencia entomológica y la formación de un gabinete y biblioteca para asistir a los estudiantes, etc. Le pido que tenga en cuenta las larvas y recolecte Hymenoptera del Brasil, etc., todos los cuales son valiosos, en particular los Chalcididæ, o sea insectos de las agallas de los árboles, matorrales, etc. También se busca mucho a los Diptera, por lo que no deje de recolectarlos a brazadas. Le prometo toda la asistencia que esté dentro de mis posibilidades y espero que cuando llegue a Inglaterra ya estén establecidos los comités para cada orden.

Mi visita al continente me permitió juzgar el estado de la ciencia en Alemania, Francia y Holanda. En nuestro empeño favorito, podemos tomar la cabeza. Nuestros gabinetes son muy ricos, pero por desgracia no todos son tan asiduos como un Darwin o un Stephens. En general, los ingleses dejan que los extranjeros describan para ellos lo que pueden ser capaces de hacer por sí mismos. También los insectos parásitos son muy apreciados. Le ruego que no tema recolectar por miedo a que no haya quien describa sus capturas y considere lo que dije antes y estoy seguro de que podré encontrar alguien de nuestra sociedad que de buena voluntad quiera describir los Hymenoptera. En cuanto a los Coleoptera trataré de realizar mi mejor esfuerzo. En los otros órdenes hay personas apasionadas que lo asistirán, por lo que nil desperandum. Antes de que dejara usted Londres, Rennie pirateó la obra de Stephens, por lo que fueron a juicio y la cuestión fue puesta en arbitraje y terminó como sucede en estos casos, que cada quien tuvo que pagar sus gastos. Los de Stephens suman 400 libras y ha habido una suscripción para él en Londres que en la actualidad llega a las 80 libras. Se abrió otra en Cambridge que da más o menos lo mismo y se cerrará el próximo septiembre y espero que para esas fechas la suma alcance alrededor de las 400 libras.

En cuanto a la geología, con su envío de los tan deseados huesos de Megatherium, su nombre podrá llegar a inmortalizarse en la junta de Cambridge de naturalistas. Su nombre está en todas las bocas y Buckland le aplaudió como usted se merece. Olvidaba decir que la obra de Stephens, que había sido detenida, ahora sigue adelante. Casi acabamos con los Coleoptera, y sólo faltan unos pocos Staphilinidæ por describir. Existe la posibilidad, cuando terminemos con éstos, de que se detenga. Espero, sin embargo, que el mundo científico público lo apoye. En cuanto a la ciencia en general, y en particular la zoológica, nunca ha habido un periodo en Inglaterra con tanta gente de primera en todas las ramas como en la actualidad. Owen, del College of Surgeons, ha publicado algunas anatomías internas de estructuras animales espléndidas[3]. Su amigo el doctor Grant trabaja en los Mollusca e Infusoria y publica constantemente. Dio una serie de conferencias sobre el reino animal, pero no edujo mucha materia nueva. Como conferencista creo que es demasiado severo y algo pedante, demasiado dado a acuñar frases oscuras, aunque a veces es elocuente y animado, por lo general es verborreico y extenso. Sin embargo, lo que es más valioso, es un hombre muy amable y estrictamente concienzudo.

Querido amigo, deseándole todo el éxito en la recolección y salud para gozar de ello y un regreso sano y salvo a la vieja Inglaterra con 1 000 000 000 de insectos, soy siempre su verdadero y sincero F. W. Hope

PD: Después de consultar a Eyton, me tomé la libertad de poner su nombre como miembro de la Entomological Society.

De Catherine Darwin 27-30 de enero de 1834
Shrewsbury
Enero 27 / 1834
Mi querido Charles:
Creo que Catherine te escribió después de recibir tu carta del 23 de octubre desde Buenos Aires, cuando te sentiste alarmado ante la posibilidad de perder tu equipaje y a tu sirviente. Lamentamos saber de la desafortunada pérdida de tu pistola, y todos los que supieron del hecho están de acuerdo en que se trata de una pérdida irreparable en el país en que te encuentras. Estamos muy ansiosos de que nos cuentes en tu próxima carta que ya estás a salvo a bordo después de tus aventuras, y de tus arriesgadas correrías y esfuerzos. Puedo comprender el gran interés que se puede sentir en llevar una vida al estilo gaucho, y sólo deseo sentirme tranquila respecto de sus riesgos entre gente tan malvada.

Tu diario ha quedado bien guardado y empacado, ahora que ya lo hemos leído todos. Es una muy buena costumbre la de mandarnos las cartas por medio de los paquebotes de Liverpool, pues nos llegan mucho más pronto que cuando iban a Londres. Estoy segura de que hay cierto retraso por parte del Almirantazgo para mandárnoslas, ya que conocemos las noticias de Sudamérica una semana antes de que se nos lleguen tus cartas.

Papá está muy bien y se las arregla para estar ocupado con la poca práctica que mantiene, aunque ya casi la ha dejado por completo. Te desea todo su amor y que te diga cuán contento está siempre de oír de ti. Esta vez tengo muy pocas noticias que contarte: la principal es que Caroline tuvo una carta no hace mucho de William Fox desde la isla de Wight que anuncia su posible boda en el verano con una señorita Harriet Fletcher, la hija de un Sir Richard Fletcher que fue muerto en el sitio de Zaragoza en la guerra peninsular y que reside cerca de donde están los Fox, en la isla de Wight. Parece estar muy enamorado de ella, por lo que podemos darnos cuenta por su carta, y una prueba de ello es que parece que su mala salud fue en parte causada por su angustia acerca del éxito de su galanteo; éste ha quedado concluido y espero que se fortalezca y pueda reasumir su curato. Espera encontrar una parroquia en el sur de Inglaterra, donde el clima lo ayude mucho más. De todos modos es ya capaz de retomar sus deberes, aunque supongo que no estará lo suficientemente fuerte para que esto suceda en este verano. Es una gran cosa que un hombre tan bueno pueda restaurar su felicidad y se sienta útil de nuevo, y espero que la señorita Fletcher demuestre ser una persona tan agradable como se merece él; de todas maneras, seguro que es mejor que esa tonta de Bessy Galton. Se ha anunciado otro casamiento, aunque éste no creo que te interese, lo cual se debe a que es desesperadamente melancólico. El doctor Holland se casará en segundas nupcias con la hija de Sydney Smith[4]; ella es vieja y necia en todos sentidos, de modo que no es un matrimonio que sus amigos aprueben. No sé lo que opine su gran amigo Erasmus, ya que no nos ha escrito últimamente. Erasmus parece llevar una vida de intercambio de visitas en Londres: frecuenta el círculo de Clapham (Hensleigh Wedgwood y familia), al doctor Holland, a Lady Gifford y a la señora Marsh[5].

El pobre del tío Jos tiene que ir a Londres la próxima semana y será un fastidio dejar la familia y Maer, al que quiere tanto, e ir a Londres, del que abomina. La tía Bessy sigue en el mismo estado, muy desvalida, pero de otro modo bastante tranquila. ¿Te dijo Caroline que cuando Robert Clive estuvo aquí, no hace mucho, contó que había estado disparando contigo, en Maer, la última vez que te vio? Es un hombre de buen natural, alegre y divertido. Creo que es el más agradable de los Clive. Los tres solteros: Henry, Edward y Robert Clive, viven juntos en Styche con toda comodidad. Te entristecerá saber que Fanny Biddulph sigue muy enferma, pues parece el fantasma de sí misma y papá piensa que su enfermedad es muy seria, pues ha continuado por tanto tiempo a partir de su parto en el mayo pasado. Hablan de venir en la próxima semana si no se siente mejor, y el señor Biddulph sigue tan atento como es posible con ella. Tu otra qu< erida> amiga, Sarah Williams, ha llevado < la> vida más alegre y más bulliciosa en este invierno; nunca hubo una casa más desordenada como

Eaton ni una tan alegre. Durante cerca de dos meses se ha reunido ahí toda una partida de gente, alrededor de 20 en la casa, y enloquecieron con su teatro privado. Con su escenario y sus vestidos listos, han actuado como en tres obras en diferentes tiempos.

Jueves 30. Tengo una pequeña noticia que contarte y que habrá de interesarte: el nacimiento de la señorita Louisa Jane Wedgwood[6], la primera hija y la mayor de Harry y Jessie. Nació el pasado martes 28 y la madre y la hija estaban muy bien cuando Harry nos escribió: cuando regreses te encontrarás toda una nueva generación floreciente. Éste ha sido uno de los inviernos más lluviosos que se recuerde: no tuvimos ni heladas ni nieve, pero cayeron constantes diluvios. Tuvimos tres inundaciones del río Severn, número ciertamente poco común. Creo que fue un invierno bastante desagradable, pero la gente en general agradeció que no fuera muy duro. Quisiera mandarte alguna noticia política, pero me temo que no puedo. Ha habido rumores constantes de que Lord Grey intenta renunciar debido a su salud, pero esperemos que no haya ni pizca de verdad en ello[7]. Es maravilloso las mejorías que se han tratado en la última larga sesión, siendo la gran hazaña la emancipación de los esclavos, y en general fue tan satisfactoria como se puede desear. Los esclavos de las Indias Occidentales han tomado el hecho de su libertad con gran tranquilidad y espero que continúen con su aprendizaje con el mismo ánimo sosegado[8].

Adiós, mi muy querido Charles. Ansiosos esperamos saber de ti de nuevo y más aún a través de tu primera carta desde Valparaíso. Cómo gozarás de los climas cálidos de nuevo, y todo lo que te pido es que te cuides y no te apresures por ningún motivo. Con todo nuestro amor y afecto, créeme, mi querido y muy querido viejo Charley, tu muy afectuosa hermana Catherine

Papá me pide de nuevo que te envíe su amor y pienses todo lo bueno de él.

De Susan Darwin 12[-28] de febrero de 1834
Shrewsbury
Febrero 12 / 1834
Mi querido Charles:

Es tu cumpleaños, así que debo empezar mi carta deseándote alegría y muchas satisfacciones en tu día (pero no en el extranjero), considéralo.

Papá, que nunca olvida los cumpleaños, en este día lo recordó en el desayuno y te manda su amor y bendiciones por llegar a los 25 años. La pobre nana Nancy no paró mientras me vestía esta mañana de lamentarse por tu ausencia en este día, cuando deberías estar comiendo tu budín de pasas con nosotros, y todos en el servicio dicen que no ha cesado de recordarles tu existencia; así que, como ya te dije antes, de ninguna manera ninguno de nosotros te olvida.

Estamos ansiosos de que en tu próxima carta nos cuentes cómo escapaste de Buenos Aires y qué sucedió con tu equipaje, pero espero recibir noticias tuyas antes de que termine el mes. Mis hermanas ya te han expresado lo mucho que gozamos de tu diario y qué lindo y divertido libro de viajes sería si se publicara, pero hay una parte de tu diario que, como tu Granny, tomaría en mis manos, que sería la de corregir pequeños errores ortográficos de los que te envío una lista por mis lecturas de la que puedes sacar provecho a través del mundo que nos separa. Ahí va:

equivocado bien según el sentido loose. lanscape. higest lose. landscape. highest
profil. cannabal profile. cannibal
peacible. quarrell peacable. quarrel

Creo que estos errores son el resultado de las prisas, pero como tu Granny tengo el deber de señalártelos.

Hemos tenido el más sorprendente y suave invierno conocido en mucho tiempo o por lo menos que yo pueda recordar: ningún día de dura helada o ni siquiera nieve. Lo único que lamento es que la hielera estuviera vacía. En consecuencia, nuestras flores del verano están en plena floración en febrero, pero no nos da placer alguno que hayan salido tan temprano.

Se acaba de reunir el Parlamento y leemos en voz alta los debates en la tarde. El señor

176

O'Connell[9] mantiene su superioridad hablando y aburriendo a la Cámara con los males de Irlanda hasta que uno se enferma de él y de su país. Supongo que las leyes sobre la Iglesia y el trigo serán los acontecimientos de esta sesión.

No hemos sabido de Erasmus en el último mes. Le ha agarrado un feo capricho y nada puede hacerlo escribir. Las tres le hemos escrito por turno para reprochárselo en vano. Cierta vez el año pasado le dio por lo mismo y después confesó que se mantuvo en silencio a propósito, porque esperaba que creyéramos que se había ido de viaje al extranjero. Ahora se ha vuelto un caballero ilustre con su cabriolé y su caballo. Esperamos de Londres un día de éstos un faetón nuevo, ya que el carro se ha vuelto incapaz de navegar.

Tuvimos un alegre día ayer, pues seis Owen llegaron para ver a un famoso encantador actuar en el Fox Inn, lo que tentó al señor Owen de traer al bebé, y todos nos divertimos mucho: su hazaña mayor fue mostrarnos cómo uno puede ¡sentarse en el aire!, lo que desde luego sería un talento muy útil.

Francis Owen se embarca en este verano hacia las Indias Orientales. Seguramente Arthur estará muy contento de verlo.

La próxima vez que tengamos la oportunidad de enviarte libros, con toda seguridad te enviaré Peter Simple, la mejor novela publicada en mucho tiempo, y te vendrá de perlas porque la escribió un oficial de la Marina, el capitán Marryat[10]: y los términos marinos que tanto nos confundieron tú los entenderás y saborearás. Hace como dos semanas fui a Acton Burnell[11], donde me quedé tres días para encontrarme con los Owen. Gocé mucho de mi visita, ya que nunca había estado ahí antes y dimos buenas caminatas por el parque, de una gran belleza. Emma Owen y yo fuimos a una misa muy temprano por la mañana y nunca vi nada como la mojiganga que realizó el predicador y uno de los lacayos de librea, del cual supongo que actuaba como clérigo. Uno de los curas pareció extremadamente cautivado por Emma, se le presentó y estoy segura de que espera convertirla. Le mandó un par de pantuflas que él mismo hizo. No hemos visto a Fanny Biddulph por un tiempo, y lo último que supimos de ella fue que mandó al pobre Bijou, su perro de lanas, a Irlanda con un capitán White que se lo pidió encarecidamente. El pobre perro había estado encerrado en Chirk Castle, así que se trata de un cambio feliz para él.

Ayer Robert Wedgwood vino a vernos de camino hacia Welsh Pool para ver un beneficio que William Clive le ofreció concederle, pero como sólo monta 120 libras al año no estaría mejor que en Maer, con sus dos curatos, así que supongo que no lo aceptará. Acabamos de regresar de pasar tres días en Ness, donde vive el capitán Cotton[12], uno de los hermanos Cotton. Es un capitán de la Marina que acaba de regresar después de cinco años de ausencia y lo escuchamos hablar a la manera de los marinos. Es muy apuesto y agradable y nos recordó que una vez vio al capitán FitzRoy como guardiamarina.

Es en vano que trate de alargar mi carta ante la probabilidad de recibir carta tuya, ya que me temo que navegas hacia Valparaíso sin haber podido escribir desde Buenos Aires, así que adiós, mi muy querido Charley, de tu muy afectuosa Susan Darwin

A John Stevens Henslow[13] Marzo de 1834
Isla Falkland Oriental
Marzo, 1834
Mi querido Henslow:

Al llegar a este lugar me encantó recibir su carta fechada el 31 de agosto. Nada por mucho tiempo me ha dado tanto placer, pero independientemente de este placer, su anuncio de la llegada con bien de mi segundo cargamento y que algunos de los especímenes eran interesantes ha sido, como usted puede suponer, lo más satisfactorio para mí.

22. Cañada de Puerto Deseado, diciembre de 1833• © Cambridge University Library.

Me asombra que unos fragmentos tan miserables de Megatherium hayan valido todas las molestias que el señor Clift se ha tomado. Me alarmó la expresión acerca de limpiar todos los huesos, ya que me temo que podrían perderse los números impresos en ellos: y la razón de que esté tan ansioso por que pudiera suceder tal cosa es que una parte se encontraron en un arenal junto con conchas recientes y otros en un lecho muy distinto. Que estos últimos fueran huesos de un agutí, un género de animales que creo peculiar de América y que sería curioso demostrar que alguno del mismo género coexistiera con los Megatherium... tales y muchos otros puntos dependían enteramente de que se conservaran sus números. Mi completa ignorancia de la anatomía comparada me hizo que dependiera de los números, así que ya ve usted que mis notas geológicas serán inútiles sin que sepa yo a qué especímenes me refiero. Desde que recibió estos especímenes ya debe haber recibido otros dos cargamentos, enviados desde el Plata en julio y noviembre de 1833. Con este último iba una pesada caja con restos fósiles, la cual supongo ya en Plymouth. Seguí este plan porque no me gusta darle tantas molestias: contiene otra cabeza imperfecta de Megatherium y parte de un esqueleto de un animal, del cual había mandado antes la quijada, la cual tenía cuatro dientes en cada lado en esta forma: Me entra la curiosidad de saber a qué pertenecen[14].

Poco antes de dejar Montevideo compré muy adentro del país por dos chelines una cabeza de Megatherium que cuando fue hallada debía estar perfecta. Sin embargo, los gauchos rompieron los dientes y perdieron la mandíbula inferior, pero las partes inferiores e internas estaban bastante bien. Espero que ahora esté en el océano siguiéndome. Es muy alentador encontrar a gente, como el señor Clift, que se tome tanto interés en lo que envío.

Me causa sumo placer que las plantas que le envié le causen gozo; le aseguro que estaba tan avergonzado de ellas que me pasó por la mente deshacerme de ellas, pero, si le complacen, esto me obliga y me empeñaré en recolectarlas cuando estemos en lugares que no hayan sido visitados por barcos y recolectores. Lo hice con todas las plantas que floreaban en la costa de Patagonia, en Puerto Deseado y San Julián; también en las partes orientales de Tierra del Fuego, donde el clima y los rasgos de Tierra del Fuego y Patagonia se unen. Con ellos van tantas semillas como pude recoger (será mejor que siembre toda la basura que le envié, ya que algunas de las semillas eran muy pequeñas). El suelo de Patagonia es muy seco, arenoso y ligero; en el este de Tierra del Fuego, es arenoso, turboso y húmedo. Desde que dejamos el Río de la Plata, tuve algunas oportunidades de examinar la gran formación de la Patagonia meridional. Obtuve muchas conchas y, por lo poco que sé del tema, debe ser una formación terciaria por algunas de las conchas y (¿coralinas?) que hay hoy en el mar. Otras, no lo creo. Este lecho, que caractericé sobre todo por un gran ostión, está cubierto por un muy curioso lecho de guijas de pórfido, que he rastreado por más de 700 millas, pero el hecho más curioso es que toda la costa oriental de la parte sur de Sudamérica haya sido elevada del océano desde un periodo durante el cual los mejillones no han perdido su color azul. En el puerto de San Julián encontré huesos perfectos de otro gran animal, que me parece un Mastodon[15]. Los huesos de una extremidad trasera están en perfecto estado y sólidos. Es interesante que la latitud sea entre 49° y 50° y que el lugar esté tan lejos de las grandes Pampas, donde los huesos de un mastodonte de colmillos cortos se encuentran con frecuencia. De paso, no dudo de que este Mastodon y el Megatherium fueran coetáneos en las antiguas llanuras, pues reliquias del Megatherium las encontré apartadas a una distancia de casi 600 millas en una línea norte-sur.

En Tierra del Fuego me pareció interesante encontrar cierta clase de amonitas (que me parece que también el capitán King encontró) en las pizarras cercanas a Puerto del Hambre y sobre la costa oriental hay ciertas curiosas llanuras aluviales por cuya causa debe contarse claramente la existencia de ciertos cuadrúpedos en las islas. Hay arenisca con la impresión de hojas de haya común, también conchas modernas, etc., etc. Sobre la superficie de su meseta hay, como es común, mejillones con su color azul, etc. ¡Éste es mi informe de mi sección geológica! Para usted, mi presidente y maestro. Estoy encantado con la geología, pero como el animal prudente entre dos haces de heno no sé qué saborear más, si el grupo cristalino de rocas o los suaves lechos fosilíferos. Cuando me enredo acerca de la estratificación, etc., me siento inclinado a dar poca importancia a esos grandes ostiones y a esos más grandes Megatherium de usted. Pero cuando extraigo algunos bellos huesos, me pregunto cómo tantos hombres pueden cansar sus brazos martillando granito. Por cierto que no tengo una idea clara acerca de hendiduras, estratificación, líneas de levantamiento. No tengo libros que me ilustren y lo que dicen no lo puedo aplicar a lo que veo. En consecuencia, saco mis propias conclusiones y de seguro que son absolutamente ridículas. A veces imagino que puedo persuadirme a mí mismo de que no existen cosas como las montañas, lo que sería un descubrimiento muy original para Tierra del Fuego. ¿Puede dar alguna luz a mi mente diciéndome qué relación mantienen entre sí las hendiduras y los planos de deposición?

Y ahora para mi segunda sección, la zoología. Me he estado ocupando en prepararme para los mares del Sur, examinando los pólipos de las más pequeñas coralinas en esas latitudes. Por sí mismas muchas son curiosas y pienso que nunca descritas. Hay una aterradora, aliada con una Flustra, de la que puedo decir que la mencioné como hallada en el lado norte, donde las celdas tienen un órgano móvil (como la cabeza de un buitre y un pico dilatable) fijado en el borde. Pero lo que es de un interés más general es la incuestionable existencia (o así me lo parece) de otra especie de avestruz, además de la Strutio rhea. Todos los gauchos e indios afirman que tal es el caso, y dan la mayor fe a sus observaciones. Tengo la cabeza, el cuello, una pieza de piel, plumas y patas de una. Las diferencias son principalmente en el color de las plumas y las escamas de las patas, que tenga plumas debajo de las rodillas, la nidificación y la distribución geográfica[16].

Hasta aquí lo que he hecho últimamente y las perspectivas que se me presentan están llenas de amaneceres: buen clima, gloriosos paisajes, la geología de los Andes; llanuras abundantes en restos orgánicos (lo que quizá tenga la buena fortuna de captarlos en el mismo acto del movimiento), y finalmente un océano cuyas orillas tienen abundancia de vida. Así que, si no sucede nada inesperado, seguiré viajando, aunque, por lo que veo, esto puede alargarse hasta que regresemos como todo un conjunto de ancianos de cabeza blanca.

23. HMS Beagle y el Adventure, al salir de Puerto Deseado, Navidad de 1833. © Kerry Stokes Collection, Perth.

24. Isla Wollaston, Tierra del Fuego, julio de 1834. © Kerry Stokes Collection, Perth.

Debo agradecerle muy cordialmente el envío de los libros[17]. Estoy leyendo ahora el Informe de Oxford[18]. Todo el recuento que hace usted en sus actas es digno de alabanza: usted, desde Inglaterra, no puede imaginar lo tremendamente interesantes que encuentro sus informes; estoy seguro, desde mis sensaciones más vivas, cuando los leo, que no pueden tener más que un efecto excelente sobre quienes residen en las distantes colonias y tienen pocas oportunidades de ver los periódicos. Mi martillo golpea con redoblada fuerza sobre los bloques malhadados, y tal como voy pensando en la elocuencia del presidente de Cambridge[19], doy golpes más y más fuertes. Espero, para reservar la fuerza de mi brazo para las Cordilleras, que me envíe por el capitán Beaufort un ejemplar del Informe de Cambridge[20].

25. Fueguinos en su canoa, 1834. © Kerry Stokes Collection, Perth.

Olvidé mencionar que por un tiempo en el pasado, y para el futuro, pondré una cruz con lápiz en los pastilleros que contienen insectos, ya que éstos son los únicos que requieren que se les mantenga secos, lo cual seguramente le ahorrará problemas.

No sé cuándo saldrá esta carta, pues este pequeño lugar de discordias se ha visto envuelto en una horrible escena de muertes y en la actualidad hay más prisioneros que habitantes[21]. Si un barco mercante va destinado a Río enviaré algunos especímenes (en especial mis plantas y semillas).

Deles mis recuerdos a todos mis amigos de Cambridge. Estimo y atesoro cada recuerdo del querido viejo Cambridge.

Le estoy muy reconocido por agregar mi nombre al monumento del desdichado Rams< ay>. No pienso en él sin la más cálida admiración. Hasta luego, mi querido Henslow. Créame que soy su amigo más agradecido y afectuoso. Charles Darwin

N. B. Lo que dije acerca de los números pegados a los fósiles también se aplica a todas las partes de mis colecciones. Videlicet: los colores de todos los peces, las costumbres de las aves, etc., etc.

No hay la oportunidad de enviarle un cargamento. Sólo envío ésta con las semillas, de algunas de las cuales espero que crezcan y muestren la naturaleza de las plantas mucho mejor que mi herbario. Van por medio del capitán Beaufort. Dele al señor Whewell mis gracias más sentidas por mandarme su limpio ensayo[22]: todos a bordo se interesaron mucho en él. Deles mis recuerdos cariñosos a la señora Henslow y a Leonard Jenyns.

La caja de restos fósiles a la que aludí permanece con el doctor Armstrong, en Plymouth. Si usted cree que vale la pena, puede escribirle (simplemente dándole las razones) y estará de acuerdo (incluso muy contento) de enviarla. El capitán FitzRoy mencionará en una carta la posibilidad de que usted escriba pidiendo la caja. Sencillamente puede ser enviada por agua a Londres y de ahí ya sea por tierra o por agua a Cambridge./ Una vez más, querido Henslow, hasta luego.

De Caroline Darwin 9-28 de marzo [de 1834]
[Shrewsbury]
Marzo 9
Mi querido Charles:
El mismo día en que Susan envió su carta (27 de febrero) al correo llegó la tuya desde Montevideo del 13 de noviembre. Estábamos ansiosos deseando tu relato de que tus dificultades habían terminado y estoy extremadamente contenta de ver que el informe periodístico de la paz viene confirmado por tu carta. Mi padre te manda todo su amor para ti y me pide que te diga que ni gruñó ni refunfuñó por las últimas 50 libras que dices que sacaste, y dice que no debes afligirte acerca del dinero, sino que seas tan bueno y prudente como puedas. Mi padre no supone que puedas hacer mucho, pero desea que para las próximas cajas y cargamentos que envíes a Inglaterra te enteres o inquieras un poco acerca de los cargos por su transporte, ya que mi padre piensa que le hacen pagar demasiado, aunque quizá sea el transporte en Inglaterra a Cambridge lo que es tan caro. No hemos sabido nada del profesor Henslow por Erasmus de la llegada con bien del último cargamento de especímenes, pieles de aves, etc., pero el periódico Times dice que «varios paquetes de especímenes de fósiles, pieles de aves y cuadrúpedos y especímenes geológicos han sido recolectados por el naturalista señor Dawson y enviados al profesor Hindon a Cambridge con el último paquebote», así que con esta nota disparatada podemos presumir que llegaron a salvo, y te congratulo, pues debe ser muy duro que se perdieran después de todo tu celo y diligencia. Empiezo a desear oír de tu jornada de 300 millas que ibas a emprender cuando nos escribiste por última vez. Charlotte dice en su última carta, y debo decir que con toda razón, que supone que no tenemos la menor idea del interés y deleite que producen tus viajes arriesgados en comparación con nuestras andanzas al trote. Creo que la jornada más aventurada que habré emprendido fue la que hicimos contigo por las colinas a Bala[23] y me temo que ahora tú no te estremecerías ante nuestros peligros de vientos y agua. Pobre viejo, cómo desearía que después de tus fatigas tuvieras la cálida salita que encontramos esa noche y el té y los panecillos para darte vigor. Pero seriamente, espero con toda mi alma que no te encuentres ante ningún peligro y que antes de que se vaya esta carta podamos saber de tu regreso a salvo a Montevideo. Mi padre está muy bien; fuimos en la última semana por tres noches a Camp Hill y tuvimos una visita muy agradable con la tía Sarah una mañana que llegamos a Keel y vimos a toda la familia de John Wedgwood reunida ahí y la siguiente mañana la pasó en Maer. El tío Jos no estaba en ese momento atendiendo sus deberes en el Parlamento, de lo cual creo que se está hartando. La gente dice que el poder del Partido Radical va ganando en fuerza y que si este ministerio puede salir de todos los rumores que se han producido y se disuelve el Parlamento, hay muchos temores de que un fuerte cuerpo de radicales sea admitido. Eres muy amable en recordar en tus cartas a Nancy y estaba tan complacida por los buenos deseos que le enviaste en tu última carta que creo que realmente cuenta los meses, etc., para tu regreso con tanto anhelo como nosotros.

Viernes Santo. Marzo 28. Debo decirte que Erasmus te escribirá él mismo, pero por temor a que no lo haga te copio una frase de su última carta que me dirigió. «Fui a ver al señor Clift, curador del museo del College of Surgeons, para leerle el párrafo de la carta de Charles acerca de los huesos, y nunca habrás visto a un hombrecito tan ilusionado. Así que escribí a Plymouth para que los enviaran por mar y espero que el colegio pague por el envío. Ha estado trabajando cada hora libre que tiene durante los últimos dos meses y realmente parece una extraña coincidencia que el colegio posea la parte frontal de una cabeza y que Charles envíe lo que resta de ella, lo que le permitirá completar el dibujo aunque no el esqueleto por entero.»[24] Te congratulo, mi querido Charles, por haber encontrado estos huesos que tanto complacen a los entendidos y no dudo que tendrás largas cartas del profesor Henslow o de alguien más que te contará todos los detalles. Tom Eyton estuvo con nosotros durante dos días en la semana anterior y nos preguntó encarecidamente acerca de ti y deseó estar contigo. Dijo que irá a Cambridge para escuchar lo que la gente dice acerca de los especímenes que has enviado y te escribirá. Dijo que tenía muchas cosas que contarte que seguramente te interesarían. Le pedimos que se quedara otro día para que fuera con nosotros a una fiesta con la señora Leighton pero dijo que no, que no podía, que era imposible y finalmente nos dijo la razón: que estaba esperando por la diligencia en estos días un camaleón y debía ir a su encuentro y darle algunas moscas a comer. Mi padre estaba muy satisfecho por lo que vio en él y pensó que poseía una información cabal sobre muchos temas. Debo contarte de dos bodas que tuvieron lugar en este mes. William Fox se casó con la señorita Fletch< er> de la que te hablamos y ha puesto casa en la isla de Wight. Julia dice que se le ve muy feliz y bien, pero su pec< ho> no está muy fuerte todavía para emprender sus deberes.

También el doctor Holland se casó con una hija de Sydney Smith. Fue una gran boda y los casó el arzobispo de York[25]. Erasmus todavía no la conoce, así que no sabemos si será muy popular entre su pequeño grupo de Londres.

Acabamos de oír un muy excelente sermón del señor Harding[26]. Cuán feliz sería, querido Charles, si pudiera estar segura de que un Viernes Santo pudiera oírte, o desde luego que estaría muy contenta si en este momento pudiera decir en dónde estás y saber que estás bien y a salvo y feliz.

El profesor Sedgwick ha publicado un discurso muy bien escrito sobre los estudios de la Universidad[27]. No tenía ni idea de que fuera un hombre de tan altas miras religiosas, y de su libro se infiere que tiene un sentimiento religioso muy fuerte.

Mi padre está muy bien y satisfecho tanto en cuerpo como en espíritu. La vida metódica que lleva ahora le acomoda en todos los aspectos mucho mejor que el andar de un lado a otro como lo hacía cuando te fuiste. A menudo miro hacia atrás por el temor que sentía yo por cuando dejara sus labores, pensando que se abatiría y aburriría. No sé de más noticias de Shrewsbury, excepto que el pobre de Mary Burton murió hace unos días después de una penosa enfermedad. También la señorita Kynaston[28] de Hardwick ha muerto. Susan va a Woodhouse el próximo miércoles para quedarse con Caroline hasta que vaya a Londres, adonde se irá pronto y Francis con ella para visitar a Sarah antes de que se vaya de Inglaterra. Cree que el barco que los llevará a la India partirá a mediados de abril, así que le queda poco tiempo. Tienen muy buenas noticias de Arthur. Fanny Biddulph está mejor, pero se la ve tan delgada y pálida que pensarías que ha tristemente cambiado. Teme mucho ir a Londres, pues con el esfuerzo puede debilitarse. Marianne vendrá la próxima semana. No te ha escrito pero siempre le mandamos todas las noticias tuyas inmediatamente. Mi padre está en la habitación y te desea su cariño más afectuoso. Me pregunta si te dije acerca de tu fama y del cráneo, lo que ya hice. También el amor de Susan y créeme, mi muy querido Charles, que soy tu afectuosa, y que Dios te bendiga, Caroline Darwin

De John Maurice Herbert [28 de marzo de] 1834
Oxford & Cambridge University Club / St. James Square
Viernes Santo de 1834

Mi querido Darwin:

Ha pasado tanto tiempo desde que recibí tu amable carta que me temo que pensarás que con mi silencio ya no tengo derecho a reclamar ninguna más. Creo que fue en octubre cuando llegó tu carta y ya estamos a fines de marzo. Mi retraso es imperdonable, pero no voy a agravar la falta con una apología fraudulenta. Cambridge ha estado lleno de bullicio durante el último año. Desde luego que te habrá contado Henslow acerca de la reunión de la British Association, de cómo los filósofos hablaron y comieron y volvieron a hablar; de cuántos de ellos aparecieron por la Pot-Fair[29] en vez de la reunión nocturna en la Senate House, la conducta desagradable del preboste del Kings al cerrar las puertas del Colegio ante una inmensa multitud, después de haber permitido el uso de las piezas del Kings para la exhibición de los fuegos artificiales en la Terraza, alegando como causa de su conducta la multitud en el exterior, que constaba de Lord Fitzwilliam y compañía, Sir John Herschel y compañía, Airy y compañía, etc., y todas las élites; de cómo él (Henslow) fue derribado por el portero cuando intentó tomar la llave, y después lo encerró vilmente[30]. Te habría emocionado ver cómo expresó Sedgwick su disgusto por el Colegio y su miserable preboste. Yo estuve ocupado casi todo el tiempo de la reunión en el Comissariats Department, de modo que poco me enteré de lo que pasaba; en verdad casi ni me preocupé por enterarme pues habría olvidado todo el poco conocimiento científico que poseía (no con la intención de desatender sino por mera pereza), pues apenas comprendía dos frases consecutivas pronunciadas. Oí que ciertos especímenes geológicos que tú enviaste eran considerados como extremadamente valiosos, pues proporcionaban cierto deseado eslabón de la cadena, y que llegaste con tu parte debida de?? d??. Qué gran tipo es el joven Lowe, me refiero al albino. Apenas fracasó en obtener un doble primero en Oxford, pues sólo consiguió un segundo en matemáticas[31]. Estuvimos juntos durante casi toda la reunión y nos comprendimos de inmediato. En la reunión de los bachilleres en artes del año pasado en Oxford hubo una discusión sobre la causa del color rosado en los ojos de los albinos en su presencia. Después de esta filosofía, vino una serie de excelentes conciertos, con la diva Malibrán y De Bériot[32] como las principales atracciones. Para asegurar los gastos se hizo un fondo de garantía que constaba sobre todo de miembros de la Universidad; por desgracia la mayoría de los nombres eran de liberales y en consecuencia las familias conservadoras del condado declinaron apoyar un concierto bajo su supervisión. El pobre fondo tuvo que pagar más de 450 libras para cubrir las deficiencias. Desde entonces la Universidad tuvo que mantenerse ante un ataque sobre ellos del temible Beverley, que a su vez fue demolido por Sedgwick[33]. Los cargos de Beverley de juego, etc., contra la Universidad llevaron a ciertas investigaciones sobre las «profanas orgías nocturnas» que terminaron con la expulsión de Lord J. Murray y otro más que se habían jugado hasta la cantidad de 1200 libras en una noche[34]. El viejo Chafy[35], el otro día, fue procesado por un juicio contra él de un colega de los Comunes del Jesus [College] y un abogado por falso encarcelamiento al confinarlos dentro de los muros de Sidney, al no querer decir sus nombres, 25 libras por daños. En este momento todos hablan y los periódicos de Londres van llenos de una petición de todos los hombres de verdad en Cambridge en favor de que los disidentes sean admitidos en la Universidad[36]. El conservadurismo se sostiene apenas en sus piernas traseras y es divertido ver sus fatigosos esfuerzos aunque abortivos; son como cerdos: nadando contra la ola boyante de la sofistería. Se están cortando sus propios cuellos con sus toscas maniobras a destiempo. La Universidad de Oxford acaba de nombrar al duque de Wellington (que no es de su propio cuerpo) como canciller en lugar del perfecto Lord Grenville, con lo que completaron la tríada de mariscales de campo y cancilleres de las tres universidades: ¡Cumberland! ¡¡Glouster!! ¡¡¡Wellington!!![37] (Ve a la primera página.)[38]

Lord Grey, al presentar la petición de Cambridge, hizo un excelente llamado a favor de los reclamos de los disidentes, a lo que Wellington intentó contestar. Habló de los disidentes como ¿¿ateos?? y señaló nuestros artículos, los artículos de la fe cristiana, con lo que quería imputar de infidelidad a quien declinara suscribirlos. ¿Puedes imaginar una actitud más vacua? Ya habían mostrado por su pusilanimidad previa que se viera a los disidentes con sospecha, como miembros de una iglesia seudotolerante. ¿Puede olvidarse jamás un insulto o injuria[39]? Cumberland hizo un intento insignificante y Gloucester, nuestro sabio canciller, andaba demasiado indispuesto para ocupar su lugar; Higgins no pudo forzarlo a acordar el punto.

Me quedé en Cambridge hasta fines de julio, viviendo casi todo el tiempo con Cameron, ese camarada bobo, complaciente y divertido. Nunca vi un caso más patético que el suyo, salvo quizá el de Matthew. Viven peor que en la ociosidad: dos hombres que con poco esfuerzo podrían haber logrado un nada mediano papel en el mundo. Cameron se mantiene bastante sosegado, pero me temo que Matthew sigue determinado a entregarse a Circe. Empezó una traducción deVirgilio para los estudiantes (ya que de paso debo decir que es un excelente tutor[40]) y ha logrado llegar al final de la segunda línea, cuando Heaviside tiró por desgracia el manuscrito al fuego y desde entonces el pobre de Matthew nunca ha podido volver a embestir. Vi a Watkins hace unas seis semanas en Chester, adonde había ido para que se le examinara y tomar las órdenes, pero he oído después que su título[41] no fue bueno. Whitley está en Durham como lector de filosofía natural en el New College. Intentó el profesorado en matemáticas, pero fue derrotado por Carr[42], que ya murió. Espero que Whitley se sienta seguro ahora de lograrlo. La elección se celebrará en julio. Está muy enojado contigo porque nunca le has escrito. Habla con furia del matrimonio. No tengo ni idea de quién puede ser la dama. Tu amigo Marindin[43] se acaba de casar con la hermana de Colville. Va a entrar en la Iglesia. En el verano pasado estuve tres semanas en Dolgellau, que es según creo un lugar más elegante que Barmouth, excepto que ahí no hay asociaciones amenas como las de este último lugar. Un día partí en el bote de Pen-Maen para visitar el viejo Barmouth, festejando de antemano la alegre bienvenida que recibiría de Squinney y mis otros viejos conocidos. Sin embargo, me miró fríamente y me pidió que tomara sus alojamientos. John Robert me ha olvidado; el día se llenó de una lluvia furiosa; Barnett me dio una mala cena y el bote no regresó esa noche a Pen-Maen. Así que en un rapto de amarga mortificación me determiné en medio de la lluvia a caminar hasta Dolgellau. Al bajar por la colina de Llan… (olvidé el nombre del lugar a unas dos millas de Dolgellau[44]) pisé un guijarro con mi pie bueno y me torcí el tobillo tan seriamente que me quedé tumbado en mi sofá por 15 días. Hay desde luego cierta fatalidad en mi conexión con Merionethshire. Justo al pensar en mi cojera, cuando descendí por la ladera hace cinco años contigo y con Butler, y al congratularme por mi condición alterada, sucedió este accidente desgraciado y tuve una vez más que arrastrarme hasta Dolgellau, aunque ahora solo y sin amigos. En este verano me iré a ffestiniog.

Dejé Chester y me establecí en Londres. El cambio no deja de ser miserable, pues había hecho amigos muy agradables en Chester. Aquí uno se encuentra solo entre una multitud innumerable. Debí convertirme en entomólogo si la ley de la asociación mutua se sostuviera en tales casos, ya que cierta especie del género Cimex ha tomado tanto aprecio por mí que no me deja a lo largo de toda la noche. Temo que la conciencia de haberte tratado mal me ha hecho más estúpido que de ordinario. Cuando recibas esta carta se habrá cumplido la mitad de tu peregrinaje. Sigue y prospera. Contemplo con placentera expectación el intonso quarto. Cómo gozaré tus estallidos de honrado entusiasmo. Dios te bendiga. Todos los que aquí te conocen suficientemente para apreciar tu valor te desean el éxito más feliz, pero no más que tu afectuoso amigo/J. M. Herbert

Escribe cuando estés de ocioso.

A Edward Lumb[45] 30 de marzo de 1834
HMS Beagle, Isla Falkland Oriental
Marzo 30, 1834
Mi querido Lumb:

Hay un ballenero francés anclado aquí que hoy parte para Montevideo y tomo esta oportunidad para escribirle. Estoy muy angustiado de que no vaya a perderse la cabeza de Megatherium que el señor Keen me consiguió[46]. Estoy seguro de que se alegrará de saber que las reliquias fósiles de tiempos pasados que encontré en Bahía Blanca han sido de interés primordial para quienes se preocupan en Inglaterra por estas cosas. El profesor Henslow y otros me piden que colecte todo fragmento de los huesos de la cabeza del gran monstruo; por esta razón, los especímenes que el señor Keen intenta enviar desde el Río Negro son muy valiosos. Quiero pensar que usted ya se los envió al almirante en Río. Me sentiré muy obligado ante usted si me envía unas líneas a Valparaíso para decirme la fecha y el barco por el que se enviaron, de modo que, si no llegan, pueda escribirle a Sir Michael Seymour[47].

Desde que el Beagle dejó el Plata hemos tenido una travesía agradable. Estuvimos cierto tiempo por la costa de Patagonia, donde el país hierve de guanacos y matamos varios, pero, aparte de éstos, vimos pocas criaturas vivas. Por mi parte, encontré cierta labor interesante para el martillo geológico. Creo que, con lo que vi al norte, podré dibujar un esquema tolerable de la geología del lado oriental de Sudamérica. Más tarde entramos en los estrechos y pasamos por Puerto del Hambre y regresamos para reseguir la costa de Tierra del Fuego. Encontramos que la entrada a los estrechos es mucho más angosta de como está trazada en las cartas. Después de terminar con la costa navegamos hasta cerca del cabo de Hornos y regresamos para batir el canal del Beagle hasta el país de J. Button. El pobre de Jemmy estaba bien desnudo, excepto por un andrajo alrededor de su pecho. Sin embargo, estaba muy contento y no deseaba regresar a Inglaterra; no había olvidado su inglés y finalmente, lo que no es menor cosa, se casó con una joven que, para un fueguino, era una bella esposa. De ahí volamos hasta esta isla: sede de discordia de los elementos al igual que de los asuntos humanos. Habrá oído de la muerte del desdichado Brisbane[48], etc., etc. Tales escenas de fiera venganza, traición a sangre fría y villanía en todo aspecto han sido ejecutadas aquí como en pocos lados.

Me entra curiosidad por saber qué dice el sabio gobi< er> no de Buenos Aires sobre la ocasión. Supongo que «una revuelta justa», «sus pobres súbditos suspirando bajo la tiranía de Inglaterra», etc., etc. Cuando me escriba debe contarme todo el chisme. ¿Cómo va el señor Griffith y su nuevo ministro[49]? ¿Qué acontece con los indios contra el césar Rosas? No debe olvidar escribirme a cargo del cónsul británico en Valparaíso. Salúdeme con cariño a la señora Lumb y con mis gracias más sinceras por todas sus amabilidades./ Créame que soy su / Charles Darwin

Pronto navegaremos al río de la Santa Cruz que, según los indios, es inmenso. Mantendré mis ojos abiertos en busca de nutrias. Supongo que lo que escribí acerca del Chupat hizo añicos el esquema de usted[50]. No olvide dar mis recuerdos cariñosos al señor y la señora Keen. No olvidaré los días placenteros que pasé en su estancia.

A Catherine Darwin 6 de abril de 1834
Isla Falkland Oriental
Abril 6, 1834
Mi querida Catherine:

No sé cuándo te llegará esta carta, pero probablemente algún buque de guerra anclará aquí antes y según lo que suceda tendré otra oportunidad de escribir. Recibí tu carta fechada el 27 de septiembre de 1833 y la de Caroline antes de esto. Desde que dejé el Plata hemos tenido muy buen clima y una travesía muy agradable. Los ventarrones no han sido ni la mitad de malévolos o furiosos en este año como en el anterior. Llegamos a Puerto Deseado sin que soplara ninguno y ahí permanecimos unas tres semanas. También fuimos al puerto de San Julián. Me alegré mucho de tener estas oportunidades de ver la Patagonia: es un país miserable, con grandes llanuras estériles con abundante sal y habitadas apenas por otro animal que no sean los guanacos. Tuve mucha suerte y logré matar un par de estos animales, uno de los cuales nos proporcionó carne fresca para la cena de Navidad. La geología de este distrito presenta gran interés, pues puede demostrarse que se elevó recientemente todo este lado de Sudamérica. En el puerto de San Julián tuve la buena fortuna de encontrar algunos huesos perfectos de lo que creo que debió ser cierta especie de mastodonte o elefante.

No hay nada como la geología. El placer de los primeros días del tiro a la perdiz o los primeros días de cacería no pueden compararse con encontrar un espléndido grupo de huesos fósiles, que pueden contarte su historia de viejos tiempos con casi una lengua viva. Después de entrar al estrecho de Magallanes tuvimos una muy interesante entrevista con los patagones, aquellos gigantes de los más antiguos navegantes[51]; son un buen conjunto de hombres y con sus grandes mantos de piel de guanaco y largo cabello flotante tienen una apariencia imponente. Sin embargo, muy pocos tienen más de seis pies de alto, pero en proporción con anchos hombros. Tienen tanto intercambio con balleneros y foqueros que están medio civilizados: uno de ellos, que cenó con nosotros, comió con su tenedor y su cuchillo tan bien como un caballero. Muchos de ellos hablan un poco de español. Navegamos a Puerto del Hambre, así llamado por los terribles sufrimientos de la colonia de Sarmiento[52], para hacer ciertas observaciones. No queda ningún vestigio de tal colonia; todo está cubierto por un enredado y profundo bosque de hayas. Regresamos a la costa exterior y completamos la carta del lado oriental. Cuando terminamos esto, después de visitar algunas de las islas meridionales, volamos a través del magnífico escenario del canal del Beagle al país de Jemmy Button. Apenas si pudimos reconocer al pobre de Jemmy; en vez del ser limpio, bien vestido y vigoroso que dejamos, encontramos en él a un escuálido, flaco y desnudo salvaje. York y Fuegia se habían ido a su propio país unos meses antes, y el primero le había robado toda la ropa a Jemmy. Ahora ya no tiene nada, excepto un pedazo de sábana alrededor de su pecho. El pobre de Jemmy se alegró mucho de vernos y con su habitual buen modo trajo algunos regalos (pieles de nutria que son muy valiosas para ellos) para sus viejos amigos. El capitán le ofreció llevarlo de regreso a Inglaterra, pero para nuestra sorpresa rehusó en seguida: en la tarde su joven esposa llegó a su lado y nos mostró las razones: estaba muy complacido. El año pasado, en el colmo de su indignación, dijo: «La gente de este país no sabe [53] nada, tontos condenados", pero ahora eran buena gente, con mucho de que alimentarse y todos los lujos de la vida.

Jemmy y su esposa se alejaron remando en su canoa repleta de regalos y muy contentos. La cosa más curiosa es que Jemmy, en lugar de recuperar su propia lengua, ha enseñado a todos sus amigos algo de inglés: «J. Button's canoe & Jemmy's wife come» [«Vinieron la canoa de J. Button y la mujer de Jemmy»], «give me knife» [«dame cuchillo»], etc., dijeron varios de ellos. Y entonces nos alejamos de esta isla, de este pequeño y miserable lugar de discordia. Encontramos que los gauchos, con el pretexto de la revolución, habían asesinado y saqueado a todos los ingleses que pudieron capturar y a algunos de sus propios compatriotas. Toda la economía interna hace que se desestime a los movimientos de Inglaterra en el extranjero: ¡cuán diferente de la vieja España! Nosotros, de una manera egoísta, tomamos una isla y dejamos la bandera para que la proteja, por lo que desde luego el poseedor acaba muerto. Entonces mandamos a un teniente con cuatro marinos, sin autoridad ni instrucciones. Pero un buque de guerra arriesga dejar una partida de marinos y gracias a su ayuda y a la traición de algunos, todos los asesinos son encarcelados, por lo que hay más prisioneros que habitantes.

26. HMS Beagle, con la Cordillera de Las Lomas y el monte Sarmiento a la distancia, 1834.
© Cambridge University Library.

27. El monte Sarmiento, febrero de 1834. © Cambridge University Library.
Esta isla se convertirá algún día en un muy importante puerto de abrigo en el mar más turbulento del mundo. Está a medio camino entre Inglaterra y Australia y el mar del Sur, entre Chile, Perú, etc., etc., y el Río de la Plata y Río de Janeiro. Tiene puertos espléndidos, pletóricos de agua potable y buena carne. Sin duda puede producir los vegetales más comunes. En otros aspectos es un lugar horrible. Poco tiempo pasó desde que me adentré en la isla y regresé, en cuatro días: mi excursión hubiera sido más larga, pero durante todo este tiempo sopló un ventarrón con granizo y nieve. No hay madera mayor que brezos y todo el país es más o menos un pantano elástico. Dormir de noche al descampado era un ejercicio

miserable como para soportar por todas las rocas de Sudamérica.

Dejamos esta escena de iniquidad en dos o tres días y nos fuimos al río de Santa Cruz: uno de los objetivos era observar el fondo del barco, pues golpeamos una roca desconocida con fuerza, a la vista de Puerto Deseado, y se desgarró parte de la lámina de cobre. Después de repararlo, el capitán tiene un plan glorioso: remontar este río hasta su nacimiento, es decir casi hasta los Andes. Es casi desconocido. Los indios nos dijeron que tiene entre 200 y 300 yardas de ancho ¡y que los caballos no pueden vadearlo en parte alguna! No puedo imaginar nada más interesante. Nuestros planes, pues, son ir a Puerto del Hambre y ahí encontrarnos con el Adventure, que está ocupado levantando la carta de las islas Falkland. Esto será en medio del invierno, así que veré Tierra del Fuego con su cubierta blanca. Dejaremos los estrechos para entrar al Pacífico por el canal Bárbara, muy poco conocido y que pasa cerca de los pies del monte Sarmiento (la montaña más alta del sur, con excepción del monte ¡¡Darwin!!)[54]. Entonces volaremos hacia Concepción en Chile. Creo que el barco de nuevo deberá dirigirse hacia el sur, pero si alguien me encuentra por ahí de nuevo le daré permiso para que me cuelgue como espantapájaros de todos los naturalistas futuros.

Deseo ponerme a trabajar en la Cordillera, pues la geología de este lado, que ya conozco bastante bien, está íntimamente conectada con los periodos de violencia de esa gran cadena de montañas. Desde luego que el futuro se me presenta como una perspectiva brillante: me dices que su brillo te asusta, pero realmente soy muy cuidadoso. Como prueba, puedo mencionar que, en todas mis correrías, nunca he tenido un accidente o raspadura.

Y ahora unas preguntas. ¿Recibieron ustedes una pequeña caja cuadrada de madera con parte de mi diario, enviada desde el Plata en julio de 1833 (por medio del capitán Beaufort)? Acusen recibo en más de una carta: recuerden qué alboroto[55] hice acerca del otro paquete. Recibí una caja con algunos libros maravillosos y una carta de Henslow: ¿la mandó Erasmus? Ni siquiera llevaba una lista de los libros y no sé a quién agradecerle. Hay un honorable coronel Walpole, cónsul general en Santiago de Chile[56]. ¿No supe de una persona tal en Walcot? ¿Qué tipo de gente es?

No recuerdo nada más que decir, si no tengo que mandar mensajes apologéticos acerca del dinero, lo que es un rasgo tan particular en mis cartas como lo < fue> en las de Dick Musgrove[57]. Me temo que será, hasta que crucemos el Pacífico, una sola excepción.

Envíen mis recuerdos afectuosos a todos los Owen y dile a la querida Fanny que no sé cómo agradecerle, a esta distancia, por recordarme. Continúa con tu buena costumbre de escribirme con todos los chismes, pues me encanta saber todo de todas las cosas. Dales mis recuerdos cariñosos al tío Jos y a todos los Wedgwood. Dile a Charlotte (sus nombres de casada suenan francamente poco naturales) que me hubiera gustado escribirle, para decirle lo bien que le va todo, pero sólo habría sido una transcripción de esta carta y tengo toda una multitud de animales en este momento que me rodean y todos necesitan embalsamarse y numerarse.

No he olvidado el aliento que recibí ese día en Maer, cuando mi mente era como un péndulo balanceándose. Dale mi mejor cariño a mi padre. Espero que olvide mis extravagancias, pero no como cristiano, porque entonces dejaría de mandarme dinero.

Adiós, mi querida Katty, a ti y a todas mis buenas hermanas./Tu hermano que te envía su afecto / Charles Darwin

Mi cariño para Nancy. Dile que si me viera ahora con mi gran barba pensaría que era algún ilustre Salomón que llegaba a vender sus dijes.

Incluí una carta de mi sirviente. ¿Pagarías el porte y la enviarías? Al convertirse en mi sirviente perdió el privilegio del coste y sus amigos no pueden proporcionarle los 3s'6d[58].

De William Owen Sr. 10 de abril-1.º de mayo de 1834
Woodhouse
Abril 10, 1834
Mi querido Charles:
Excúsame esta forma familiar. Me dolería si no pasara lo mismo contigo y usaras

cualquier otra expresión, por lo que hasta aquí de apologías. Aunque no escribo con frecuencia (ésta sería la tercera carta nada más desde que te fuiste) y aunque no he tenido noticias directas tuyas, no he dejado de preguntar acerca de ti a tus hermanas y hasta ahora, como espero que seguirá siendo, he tenido gratamente los informes más satisfactorios, aunque tus viajes no han dejado de tener peligros y penalidades, lo cual, si te conozco bien, pienso que no por ello te han sido menos agradables, incluso en esos momentos, y todos podemos alegrarnos ante el recuerdo de los peligros y dificultades cuando han sido superados, por poco que nos hayan gustado cuando tienen lugar o por mal que los hayamos soportado. Por lo tanto, todavía te faltan por venir satisfacciones que espero compartir en cierto grado, al conocer el relato de algunas de tus aventuras. Y puesto que ya entramos en el tercer año desde que dejaste Inglaterra, pronto empezaré a contar, como un escolar ante los días de fiesta, cuánto tiempo pasará antes de que pueda compartir estas satisfacciones. Y, querido mío, realmente pienso que hasta ahora te has entregado a esa propensión viajera tanto como es razonable o bueno para cualquier hombre moderado y espero ansiosamente escuchar que piensas regresar al hogar, aunque no se ha dicho ni media palabra al respecto. La costumbre es una segunda naturaleza y me temo que si sigues en el mar y en una expedición tan divertida (por lo menos para ti), adquirirás una pasión demasiado grande por el vagabundeo y nunca más te contentarás con sentarte entre tus vecinos de tu país y sentirte satisfecho con el deporte doméstico de disparar a faisanes y perdices, que me tomo esta oportunidad para decirte que de ninguna manera ha mejorado, por lo menos en los dominios de Woodhouse, desde que partiste. La alteración en la ley de caza por la cual se permite ahora venderse públicamente no ha respondido a las expectativas que se formaron en la prevención de la caza furtiva, sino que al contrario me temo que tiende a promoverla. Además de esto, creo que he tenido un bribón como guardián y en consecuencia quedó muy poca caza en la última estación. Por fortuna, no he tenido a muchos deportistas conmigo, pues William ha estado ausente todo el invierno, ya sea con su regimiento en Dorchester o en la caza en Warwickshire y Leicestershire, por lo que me temo que su pasión va en aumento. El pobre de Francis se ha quedado aquí solo, aunque gracias a sus amigos ha gozado de muchos días de tiro y de caza, y a lo mejor se cruza contigo, ya que al fin se le ha comisionado en el 63 Regimiento estacionado en Madrás, adonde ha de dirigirse de inmediato para unirse a él. Y puesto que su hermano está ahí, esto lo hace más aceptable que si hubiera sido de otro modo. Te complacerá saber que seguimos recibiendo las noticias más satisfactorias de Arthur, aunque no escribe con tanta frecuencia o tan pormenorizadamente como nos gustaría. De todos modos, todo lo que escribe está bien, al igual que su salud, y no tiene ningún tipo de quejas y parece plenamente satisfecho con su situación y el país, del que en una carta dice que sería perfecto si no estuviera tan lejos de Inglaterra. Me parece que ésta es una objeción bien pequeña ya que pudo desempeñarse bien y tal que nos hubiera dolido si no lo hubiera logrado. Me imagino que será cordial y agradable el encuentro entre él y Francis y si tú pudieras juntártele sería seguramente más completo. Cuando supimos de él por última vez, que no es hace mucho, estaba en Cuddalore, una muy saludable estación a unas 100 millas al sureste de Madrás, según parece, cerca de la costa y muy cerca de Pondicherry. Uno de los Cunliffe, que ahora regresó a Inglaterra, estuvo estacionado ahí durante varios años y habla muy bien del lugar, y entre otras cosas dice que proporciona muy buena caza del jabalí, lo cual como sabes no es poca recomendación a los ojos de Arthur. Por cierto que me entristeció oír por tu hermana que perdiste tu arma, la que me temo que debe ser difícil de remplazar por donde andas. Sin embargo, si puedes llegar a Cuddalore no tengo dudas de que podrás encontrar una buena arma y que podrán compartir una buena sesión de tiro. Qué no daría yo por compartir una partida así, pero ya no es tiempo. Me cuesta todo más trabajo y a menos que vengas pronto me temo que ya nunca tendré el placer de que de nuevo disparemos o nos retemos. Veo muy bien a tu padre y de hecho está muy bien, pero como todos se está haciendo viejo y mucho peor de sus piernas que cuando nos dejaste, lo que es la única diferencia que noto en él. Pero desde luego que tus hermanas te cuentan todo lo que se relaciona con tu familia mejor y con más frecuencia de lo que yo pueda hacerlo. Debo decir que igualmente tu familia, y las damas son excelentes para ello (y debo agregar que tus hermanas lo son en muchos sentidos), debe entretenerte con relatos constantes de todo acontecimiento que sucede en este país, y también el periódico, el cual seguramente será un gran festín, de cuando en cuando te introduce en todos los secretos de Inglaterra que vale la pena conocer. Nuestros amigos los ministros no se comportan como me gustaría que lo hicieran; es decir, no creo que hagan lo suficiente y Lord Grey y el señor Stanley[59] piensan demasiado en su clase. Hubo un buen alboroto por todo el país, como seguramente supiste, cuando las elecciones tuvieron lugar, y en este condado conservador fue muy bueno contar con un miembro que por lo menos se llama a sí mismo liberal[60]. Voté en su contra porque dudé de sus declaraciones. Tuvimos también una aguda contienda por Denbighshire, donde Biddulph acabó por vencer al hijo de Lord Kenyon en un medio galope. Me desagrada decir que todo esto no sucedió sin que hubiera sangrías, lo que pienso que a estas fechas se está enfriando considerablemente. Pero debe ser una historia que conocerás de sobra. Desde luego que no sé hacia dónde volver la cabeza sin estar absolutamente seguro de que tus hermanas se me han anticipado, pero debo sentirme satisfecho, aunque mi carta sea común y aburrida, si tiende a mostrarte mis buenas intenciones y que no me olvido de ti, y de esto por lo menos sé que no se requiere mucho para que estés convencido. Desde que partiste ha habido entre los vecinos una gran mortandad, empezando por la pobre señora Matthew, a quien siguieron dos de las señoritas Sparling, la señorita Letitia Kynaston, la señora Bourke, el joven Edwards de Ness y finalmente J. Mytton Esq. Los dos últimos en el transcurso de la última semana. Edwards porque fue decayendo y Mytton acabado por excesos de todo tipo: los restos miserables de una vida malgastada, y realmente es una buena cosa tanto para sí mismo como para sus amigos que haya partido, ya que era impensable cualquier esperanza de un cambio para bien y llevó una existencia miserable y desgraciada, primero en una cárcel y luego en otra, y rara vez lo bastante sobrio para decir que conservaba sus cinco sentidos. A pesar de esto, hay unos pocos que pretenden lamentar su muerte y que pensarían de mí que carezco de sentimientos por todo lo que he dicho de él. Me alegra saber que su pobre esposa tiene una amplia fortuna y que sus hijos estarán bien provistos, aunque no gracias a él, pues así se estableció desde la boda o no habrían recibido ni un chelín y muchas de sus deudas, según he oído, nunca serían pagadas. No puedo recordar ninguna boda reciente, excepto la de la señorita Charlotte Kenyon con J. Hill, que debo decir que ya te habrá sido reportada. Sarah y Fanny ya son a estas alturas dos viejas esposas asentadas, y ambas, como te alegrará saber, creo que se cuentan entre las esposas más felices de Inglaterra. Sarah tuvo lo que se llama un desliz hace mucho tiempo y por lo que veo no habrá otro. Pero la pobre Fan ha tenido que guardar cama después de tener una niña en la primavera pasada y después ha sufrido tan severamente que se ha encontrado en un estado muy precario, pero creo que, gracias a la ciencia y los cuidados de tu padre, se está recuperando rápidamente. La señora O. y mis dos hijas, ya que Emma está ahora en lo que se conoce como debutante, han estado dos veces en casa de tu padre en ocasión de dos bail< es>, siendo el último el baile de caridad para la enfermería, cuyos fondos son muy escasos. No estuve en el grupo, pero he sabido entre otras cosas que se encontraron con tu amigo el joven Eyton y les cayó muy bien. Me encontré con él hace un tiempo en casa del coronel Leighton y me pareció muy agradable, pero supongo que siendo uno de tus corresponsales debo dejar que él hable por sí mismo.

Voy como es común con frecuencia a mi pequeño Forest, pero soy más bien un accesorio más y he quedado algo fuera al verme obligado a llevar a Francis a la ciudad para equiparlo y despedirlo a la India, lo que sucederá en una semana más o menos, ya que casi tengo comprometido su pasaje para que embarque en Gravesend a fines de este mes. Cómo desearía que te encontraras con él por ahí. Me alegra decir que ha mejorado mucho y es más estable, y sé que tú podrías darle algunos buenos consejos si te topas con él. No veo que tenga más cosas que contarte que me justifiquen el que siga aburriéndote con una carta más larga, ni que lo que llevo escrito pueda compensarte por la lectura, excepto en la medida en que se cumpla mi objetivo asegurándote que nada me dará más placer que verte de nuevo bajo este techo, y que sigo siendo con todo afecto y sinceramente tuyo/William Owen

Olvidé lo que seguramente no necesito expresar: los mejores deseos y más ansiosos de todas mis mujeres, viejas y jóvenes, por tu bienestar y feliz regreso.

1° de mayo. Todos estamos bien en casa, así que no te escribo en este mes. Afectuosamente C. Darwin[61]

De Edward Lumb a John Stevens Henslow 2 de mayo de 1834
Buenos Aires
Mayo 2, 18 /34
Señor mío:

Le incluyo una nota de embarque de una caja de especímenes de historia natural que le remito por instrucciones del señor Charles Darwin, por medio del bergantín Basenthwaite de Mitchinson Martin para Liverpool. Esta caja contiene parte de la cabeza de un Megatherium[62]. Lamento que durante el transcurso del descenso del río se haya roto, y previamente a este accidente el hocico o nariz medía entre 1 ½ o dos pies más que en la actualidad. No se trata de los huesos a los que se refiere la carta aquí incluida[63]. Espero que me lleguen pronto y me sentiré orgulloso de enviárselos. Permítame esta oportunidad para ofrecerle mis servicios y asegurarle que me sentiré muy agradecido por cualquier información o especímenes que pueda obtener en este país y que contribuyan al avance de la ciencia en mi patria.

La última carta que recibí del señor Darwin provenía de las islas Falkland del 30 de marzo, época en la que todo iba bien./Tengo el honor de ser su muy seguro servidor / Edward Lumb

De Edward Lumb 8 de mayo de 1834
Buenos Aires
Mayo 8, 1834
Estimado señor:

He diferido escribirle hasta ahora con el fin de darle tantas noticias como me fuera posible desde este lado de los Andes. A su debido tiempo recibí su atenta del 30 de marzo desde las islas Falkland, que sirvió para corroborar sin detalles un asunto infortunado del que habíamos recibido informes vagos desde Río unos días antes: recuentos que recibimos de un colono llamado Helsby, que dejó las Falkland en el Challenger, eran todos los datos que recibimos. Este asunto queda clasificado aquí en su verdadera luz y no se le considera como de ninguna tendencia política. Esa infortunada provincia está destinada a carecer de tranquilidad para siempre. Hasta aquí es muy probable que nuestro actual gobierno habrá dejado órdenes que lleven a sus renuncias; no agradan a los restauradores o a esos caballeros que lo detuvieron a usted en su ruta desde Santa Fe cuando usted estuvo por aquí. Rosas regresó de su gloriosa campaña y ahora está en el Monte, pues todavía no ha hecho su entrada a la ciudad: puso fuera de combate a 3500 indios, según sus cuentas oficiales, y una inmensa cantidad de buenas y malas tierras obtenidas a cambio de un gasto de nueve millones de nuestros volátiles.

Tomo nota de lo que dice acerca de los huesos. Por la goleta Basenthwaite de Mitchinson Martin vía Liverpool envié los huesos y especímenes recibidos del señor Keen, cuidadosamente empacados y dirigidos al reverendo profesor Henslow, a quien envié igualmente una nota de embarque junto con su carta y unas líneas agregadas por mí mismo, y le enviaré un duplicado con el paquebote. Espero que el señor Hooker[64] regrese de sus tierras, lo cual será pronto, y que me traiga una buena colección, la cual será por lo mismo debidamente enviada. Preferí mandar la caja por un barco mercantil a su plan de enviarla a Río, pues el gasto es sólo de 10/por el flete a pagar en Inglaterra. Si no hubiera entremetido mis servicios ante el reverendo profesor, le habría pedido a mi agente en Liverpool que enviara la caja, pero decidí que él tendrá algún amigo a quien le encomendará el cuidado de la caja. Me alegra mucho que las reliquias de Bahía Blanca hayan complacido a sus amigos de nuestro país y, ya que usted parecía tan ansioso por la seguridad de la cabeza, creo que aplaudirá mi plan de enviarla por un barco mercantil en vez de un buque de guerra por Río, donde probablemente se habría perdido en el trasbordo.

No ha llegado todavía nuestro nuevo ministro. Se vio al bergantín Sparrowhawk hace unos días al noroeste de Río y se informó que iba a bordo de este barco y probablemente hará su aparición pronto. El señor Gore está tan harto de nosotros que rara vez lo vemos por las calles ahora; antes lo vi ponerle caras diariamente a la esposa de un [maestro] inglés, pero al no tener éxito creo que le ha dado por desagradarle nuestra compañía. Debe saber que el señor Griffith es como si no existiera para la mayoría de sus compatriotas, pues ya rara vez se oye hablar de él, pues se ha encerrado por completo. El general Quiroga[65], de cuyas hazañas presumo que usted habrá oído hablar, está aquí ahora: con el dinero que trajo ha comprado un millón y medio de nuestros recién creados «seis por cientos». Es muy rico y anda por aquí envuelto en un poncho. Si no ha sabido de él, pregunte por su carácter en Chile. Las últimas noticias de Londres carecen de interés. Portugal y España van de mal en peor. La revuelta de los carlistas en España no ha sido detenida, aunque dicen que se han peleado varias batallas en diferentes partes del país. Cierto número de frailes han sido ejecutados y otros andan en los campos con pistola al cinto y cajas de cartuchos sobre sus hombros. Los escuadrones inglés y francés en el Mediterráneo han sido retirados pues Rusia ha dado cuentas satisfactorias de sus miras respecto de Turquía. Un número inmenso de embarques se han perdido en las costas de Inglaterra y Francia en los meses de diciembre y enero debido a toda una serie de vientos del oeste. En ciertas partes de Rusia se ha producido una hambruna que ha dejado grandes aflicciones. No debe olvidar de escribirme y pedirme todo lo que yo pueda serle de utilidad. Cuando Hooker llegue enviaré los huesos y le encargué al señor Keen que se agencie aquellos de los que tenga noticia y yo mismo haré averiguaciones continuamente, por lo que es probable que pueda enviar algunos que puedan verse como interesantes. [Zurillos] ha andado por aquí y me prometió agenciarse algunos del Carcarañá.

Como nunca estamos bien establecidos aquí, unos tipos llegaron a la ciudad el 29 último y dispararon a la casa del canonizado [sic] Vidal[66], a quien usted recordará que durante la administración de Balcarce[67] fue a Santa Fe a persuadir a López[68] para que viniera a esta provincia con un ejército. También dispararon a la casa del ministro García[69] y mataron a un pobre hombre que preguntó de qué se trataba. La ciudad despertó alarmada, pues eran sólo las ocho de la mañana cuando esto sucedió. Rivadavia[70] llegó el 28 último de Francia, pero se le ordenó subir a bordo tres horas después de desembarcar con el fin de prevenir disturbios y el gobierno consultó a la Sala sobre el tema. Sigue en la rada. Han llegado de Montevideo dos o tres barcos con esclavos o colonizadores africanos, como los llaman, y en representación del señor Gore un barco bien provisto ha sido detenido. Unas crías de dromedarios han sido introducidas en la Banda Oriental provenientes de las islas Canarias y se supone que se darán bien. Rivadavia ha traído una cantidad de moreras y gusanos de seda con la intención de propagar su cría en este país. Este caballero dice que ha sido acusado de intentar convertir las repúblicas de Sudamérica en monarquías y que no dejará el país hasta que no se le encuentre inocente o culpable. Ha habido muchas discusiones en las prensas públicas en relación con el procedimiento inconstitucional del gobierno ordenándole dejar el país.

Ha habido muchas quiebras últimamente en Estados Unidos debido a la remoción de los depósitos bancarios que pertenecen al gobierno y muchas discusiones agrias han tenido lugar en el Senado y el Congreso sobre el tema. La determinación del presidente ha causado mucha inquietud mercantil y esto habrá al final de afectar seriamente a la comunidad yanqui. Los indios derrotados por Rosas por todas partes han hecho últimamente su aparición en las fronteras de Córdoba y San Luis y han causado estragos, así que no han sido aniquilados por completo como algunos presumían. Debe usted perdonar esta heterogénea masa de materias que espero que le entretengan. Envíeme noticias suyas cuando le parezca y con los mejores deseos para su éxito y felicidad, y los recuerdos amables de la señora L. y familia, créame /

mi querido señor / que estoy a sus órdenes / Edward Lumb

PD: ¿A quién pagó usted mi pequeña cuenta en Montevideo? J. G[ilegible] no me ha [ilegible] de ello. L.

Deles mis recuerdos a Chaffers y a todos los que pregunten. Lumb

De Susan Darwin [23 de] mayo de 1834
Shrewsbury
Mayo, 1834
Mi querido Charles:

Catherine con toda intención dejó su turno de escribir en el mes de abril e insertó unas palabras en una carta del señor Owen que éste nos envió para que te la dirigiéramos. No tenía nada que decir y así sólo te mencionó que todos estábamos bien y que pensaba que eso era suficiente, lo que supongo que habrás comprendido y no habrás pensado que se había perdido alguna carta. Me temo que pasará mucho tiempo antes de que sepamos de ti (excepto que nos diste esperanzas desde las islas Falkland). Es muy irritante que las fastidiosas cartas de navegar te retengan en una parte del mundo tan odiosa para ti por tanto tiempo. Debes sentir que es una pérdida de tiempo y de vida. Le envié tu última carta a Erasmus, de modo que no puedo referirme a ella porque no la tengo conmigo, pero sé que estaba fechada en algún día de noviembre. Desde luego que Caroline ya te contó lo contento que estaba el Museo Británico por que hubieras encontrado parte del cráneo de uno de los animales desconocidos[71]. Ciertamente fue una extraordinaria suerte que los huesos encajaran. Hace que uno piense que pertenecieron al mismo animal. Acabamos de leer un libro muy inteligente del famoso cirujano Sir Charles Bell «sobre la mano» y en él lamenta mucho que a todas las bestias antediluvianas se les den nombres tan poco comunes que ninguno de nosotros los ignorantes puede recordar o pronunciar[72]. Papá hablaba desde hace tiempo de ir a ver el camaleón de Tom Eyton, pero desgraciadamente se le murió hace dos semanas. Sin embargo, fue a Eyton y encontró solo al viejo en casa, quien le mostró una serie de aves acuáticas curiosas y pudo inspeccionar la habitación de T. Eyton, llena de toda una masa de esqueletos. Tom estaba con el mayor Bayley, quien siempre, con toda seguridad, pregunta con cariño por ti. Papá estuvo encantado con su visita y encontró que el señor Eyton era muy agradable, aunque un muy fuerte conservador, a medida que hablaban sobre alguno de los planes ministeriales con respecto a las leyes de los pobres.

Erasmus se ha comportado indignamente en esta primavera y no nos hizo su acostumbrada visita de Pascua. Medio vive con los Hensleigh y la señora H. acaba de tener otro hijo: un niño[73]. ¡¡Cómo se multiplican los Wedgwood!! La próxima semana iré a quedarme con Jessie y Harry en Keel, donde se me presentará su nueva casa así como a su bebé. Acabo de llegar de Overton y no puedes imaginar qué lindos son tus cuatro sobrinos. Marianne pensó seriamente en mandar a Parky a la escuela en este verano, ya que cumplirá nueve el próximo septiembre. Sin embargo, ha conseguido que un maestro vaya a Overton y lo atiborre de latín cada día, lo cual me parece muy bien, ya que está tan feliz y bien en casa que sentiría mucho que se le enviara a la escuela. Papá y Caroline se han ido en un corto paseo a Gales, sobre todo para ver el castillo Penrhyn y el clima es tan agradable que estoy segura de que lo gozarán plenamente.

Hemos vendido nuestro loco carro por cinco libras y conseguimos en Londres un pequeño y ligero faetón que podemos manejar a gusto, de modo que espero que haremos un buen uso de él en el verano.

El pobre de Francis Owen parte a la India el próximo martes. Vino para despedirse con lágrimas en los ojos y tan deprimido que casi no podía hablar. Es una gran pena que no haya podido obtener una comisión cuando partió Arthur, ya que en ese momento lo deseaba, pero ahora era tan feliz en Woodhouse que no puede soportar «las indias negras», como siempre las llamaba. Creo que estaba enamorado de Harriet Boughey y por ello la partida se le hizo más penosa. El señor Owen ha ido a Londres para verlo partir en el Broxbournebury.

Me alegra decir que el señor Mytton murió finalmente en la cárcel y le hicieron un absurdo y pomposo funeral, que puso furioso a papá.

Robert Wedgwood dejará Maer para tomar el curato de Mucklestone, cerca de Drayton, lo cual sorprendió a todos porque tendrá que convivir en la casa con el bueno para nada del viejo señor Crewe, lo cual le será muy desagradable y sólo obtendrá 20 libras más al año con el cambio. Catty y yo vivimos a nuestras anchas en la sala principal y con todos los caballos y sirvientes bajo nuestro mando, así que nos divertimos desde la mañana hasta la noche. Cómo me gustaría, mi querido viejo, que estuvieras aquí para hacer el terceto. A veces me da un deseo violento de verte de nuevo, pero espero y deseo que tendremos un feliz reencuentro en dos años más y hasta entonces adiós y Dios te bendiga, mi querido C.

Siempre tu afectuosa / Susan Darwin

A Catherine Darwin 20-29 de julio de 1834
Cien millas al sur de Valparaíso
Domingo. Julio 20, 1834
Mi querida Catherine:

En medio del mar y con un buen clima, empezaré una carta que habré de terminar cuando llegue a puerto. Recibí toda la serie de cartas hasta la tuya de noviembre de 1833. Escribí la última desde las islas Falkland (donde el Conway nos dejó una bolsa postal): en ésta menciono que recibí una caja que debe provenir de Henslow. El próximo buque de guerra que venga dando la vuelta al cabo de Hornos me traerá la tuya. Dejamos la isla de Chiloé hace una semana, desde donde una sucesión de ventarrones nos obligó a resistir. Nos quedamos ahí por unos días con el fin de que nuestros hombres recobraran fuerzas. Los cerdos y las papas abundan tanto como en Irlanda. Con la excepción de esta buena ventaja, Chiloé, por su clima, es un miserable agujero. Olvidé si estabas en casa cuando mi amigo, el señor Proctor[74], estuvo ahí y nos habló de un lugar donde su tío dice que nunca deja de llover. Estoy seguro de que debía tratarse de Chiloé.

Si consideramos el conjunto de los seis meses que han pasado desde que dejamos el Plata, ha sido una travesía fructífera. Por mucho que deteste las latitudes meridionales, pude durante este periodo adelantar mucho en geología e historia natural, tanto que miro hacia Tierra del Fuego con sentimientos de gratitud y casi de afecto. Me preguntas por los especímenes que envié a Cambridge: colecto toda criatura viva que puedo capturar y conservar así como también algunas plantas. Entre los animales, en principio me determiné últimamente a trabajar sobre todo entre los zoófitos o corales: es una enorme rama del mundo organizado, muy poco conocido u ordenado y que abunda con las formas de estructuras más curiosas aunque simples.

Pero para seguir con nuestra historia, cuando escribí de las Falkland estábamos a punto de salir para Santa Cruz, en la costa de Patagonia. Ahí vimos el fondo del Beagle, y su zapata de quilla había sido arrancada, pero no había más daño. Cuando quedó arreglado, el capitán y 25 brazos en tres botes procedieron a seguir el curso del río de Santa Cruz. La expedición duró tres semanas y por necesidad de provisiones no alcanzamos a subir tanto como esperábamos, pero nos adentramos unas 20 millas en las montañas nevadas de la Cordillera: un panorama que jamás había sido visto por ojos europeos[75]. El río es un buen cuerpo de agua y atraviesa llanuras desoladas y salvajes casi deshabitadas excepto por los guanacos. Vimos en cierto lugar humo y huellas de caballos de una partida de indios. Lamento no haberlos visto, pues de seguro eran caballeros extremadamente salvajes. En junio, entrado el invierno, nos batimos atravesando los estrechos de Magallanes: la gran cadena de montañas entre las que se levanta el Sarmiento presenta un espectáculo sublime de enormes rimeros de nieve. Sin embargo, el escenario no es suficiente para que un hombre disfrute de un clima así. Pasamos por el canal Magdalena al otro lado, una salida poco frecuentada y poco conocida. Mientras atravesábamos, antes de que nos dirigiéramos a Chiloé, murió el señor Rowlett, el sobrecargo, después de hundirse gradualmente en una complicación por sus males.

28. Cerca del río Santa Cruz, abril de 1834. © Cambridge University Library.

29. De caza en el río Santa Cruz. © National Maritime Museum, Greenwich, Londres.
Hasta aquí del pasado. Nuestros planes futuros son hasta ahora bastante inciertos.
Después de Valparaíso, iremos a Coquimbo para reparar el barco. Aquí el clima es benigno,
pero no todo lo demás: podríamos decir que el desierto del Perú se extiende hasta bien al
sur, donde el hombre sólo puede vivir de los más ricos metales. El próximo verano habrá
que hacer buena cantidad de trabajo detrás y alrededor de Chiloé. No sé todavía cuán lejos
acompañaré a los barcos.

Entre todo lo que tú y Susan me han contado en las últimas cartas, nunca mencionaste a
Erasmus. Espero que el buen viejo ocioso caballero viva: dile que me gustaría mucho tener
otra carta de él. Quizá la caja me traiga una. Si quiere escribirme cuatro cartas durante todo el
viaje no refunfuñaré. En cuanto a ustedes, son las mejores corresponsales que un hermano
nunca tuvo a 3000 millas de distancia. Deseo que puedan inspirar a Erasmus con un poco
del excedente de sus virtudes. Me temo que piense que las provisiones de ustedes sean
suficientes para toda la familia. Estoy muy complacido de saber que a mi padre le gusta mi
diario, pues como puede verse fácilmente le he puesto poco esfuerzo. He puesto mucho más
cuidado en mis notas geológicas y descripciones de animales: conociendo como conocía tan
poco de la historia natural cuando dejé Inglaterra, constantemente me asalta la duda de que
tengan algún valor. Sin embargo, he encontrado que la geología de estos países es tan distinta
de lo que leí sobre Europa y en consecuencia, cuando las comparo, tan instructiva para mí,
que no puedo más que esperar que incluso mis imperfectas descripciones pueden ser de
utilidad general.

De una cosa estoy seguro: que tales trabajos son fuente de los más altos placeres que
pueda yo gozar. También dile a mi padre cuán agradecido estoy por la forma cariñosa con
que habla de haberme agenciado un sirviente. Ha hecho una gran diferencia para mi
comodidad. En el barco hay una orden permanente de que nadie, excepto en los puertos
civilizados, puede dejar el barco solo. Al tener un compañero así, me he vuelto mucho más
independiente en esa que es la más dependiente de las vidas, la vida a bordo. Mi sirviente es
un tipo bastante raro que no me gusta mucho, pero que, con todas sus rarezas, se adapta
muy bien a todos mis propósitos.

Julio 29. Valparaíso. Debo de nuevo agradecerles a todas por ser tan buenas hermanas.
Acabo de recibir tres cartas, una de cada una de ustedes, y siguiendo el orden debido la
última es de Susan, del 12 de febrero. También la caja de libros, con diversas notas y cartas.
Agradezco mucho tu cadena, de la que cuelgo alrededor de mi cuello la caja de lápices de
Caroline. Gracias a Granny por su bolsa. Díganle que me siento culpable ante algunas de sus
[dos palabras tachadas], pero las otras son ciertamente sólo errores accidentales. Es más, me
siento muy agradecido por las críticas de Caroline (¡vean cuán bien me comporto!). Son
perfectamente justas e incluso me doy cuenta de las faltas que apunta cuando escribo mi
diario[76]. Los libritos políticos son muy apreciados a bordo, aunque no he tenido todavía
tiempo de leer ninguno de ellos. Todo venía sin problema en la caja; los zapatos son
invaluables y díganle a Erasmus que es un muy buen viejo caballero por llevar a cabo todos
mis encargos, pero que sería mejor si me escribiera de nuevo. Cuatro cartas son demasiadas,
se asustará ante el hecho, así que cambiaré mi pedido a dos, las que pueden ser tan cortas
como desee, pero que realmente provengan de él. Otro mensaje y acabo: es para mi padre,
pues he sacado otra letra de cambio por 80 libras. Ahora debo sostenerme con esta única
perspectiva económica, mientras cruzamos los mares del Sur. Espero que esto sea
considerado como una pequeña «treta del mar del Sur»[77].

30. Río Santa Cruz, 120 millas río arriba, abril de 1834. © Cambridge University Library.
Valparaíso es una especie de Londres o de París respecto de cualquier lado en el que
hayamos estado. Es muy desagradable verse uno obligado a vestirse decentemente y a
afeitarse. Estaremos aquí durante dos meses, en vez de dirigirnos al norte, y durante este

tiempo acondicionaremos el barco y todos los hombres restaurarán fuerzas. No puedes imaginar cómo gozamos del clima todos, tan seco, cálido y placentero. Aquí no es como en Tierra del Fuego, donde un día bueno hace temer que el siguiente será doblemente malo. El panorama es tan distinto: puedo sentarme en las colinas y observar cómo la puesta de sol brilla en los Andes, tal como en Barmouth acostumbrábamos ver hacia Cader-Idris. Esta época del año es desafortunada para mí, pues es invierno y no tiene sentido penetrar la Cordillera. Cerca de aquí hay una montaña, en Quillota, de 4700 pies de altura. En unos días intentaré la ascensión, pero me temo que la nieve será demasiado espesa. R. Corfield vive aquí y no puedo decirte cuán atento y servicial es conmigo[78]. Tiene una muy linda casa y dentro de poco bajaré a tierra para visitarlo. Me presiona afablemente para que haga de su casa mi cuartel general.

31. Carta de Charles Darwin a su hermana Catherine, 20 de julio de 1834. © English Heritage.

32. Mapa geológico de Sudamérica, coloreado a mano. CUL DAR 44: 13.

Realicé algunos largos y placenteros paseos por el campo, aunque me temo que no es un muy buen lugar para la historia natural. Después de mi primera cabalgada sabré más de él. Recibí dos cartas de Henslow y me dice que mis tesoros llegaron con bien y me encantó lo que dice acerca de su valor. ¡Qué trabajos tendré, cuando regrese! Habrá una masa gloriosa de lo que Wickham llamaba diabluras brutalmente c----s. Aunque Wickham siempre se ponía a gruñir por llevar yo más basura a bordo que 10 hombres, ha sido una gran pérdida para mí en el Beagle[79]. Por mucho es el ser a bordo con quien más se podía mantener una conversación, y no quiero decir el que habla más, ya que en este aspecto Sulivan se lleva la palma. Nuestro nuevo artista, que se nos juntó en Montevideo, es una persona apacible, aunque en él haya demasiado de un maestro de dibujo. De ninguna manera tiene el carácter excéntrico de Earle.

Todos ponemos el hombro juntos y no hay peleas a bordo, lo que ya es mucho decir. El capitán lo mantiene todo como una seda buscando pleito sólo con uno a la vez, lo cual desde luego que tiene el derecho de hacerlo, como el guardia de caza disparar a las perdices el 1.º de septiembre[80]. Cuando empecé esta larga y dispersa carta, tuve la intención de enviarla al Almirantazgo, pero ahora debo enviarla por Liverpool, así que deberé pagar doble porte. Agradezco con todo afecto a estas queridas señoras, Sarah W. y Fanny B. Me entristece haber perdido la segunda de las cartas del señor Owen. Den mis recuerdos a Maer, Woodhouse, y creo que estas dos casas incluyen a todos los que aprecio cuando regrese. ¡Cómo se habrá alterado todo en esa época! Viendo las cosas a la distancia, parecería que las cosas suceden con más prisa que cuando uno convive con todos. ¿Se casará Erasmus? Todas esas alegres andanzas con carruajes y caballos anuncian algún acontecimiento. ¿Puede construir un castillo en el aire en el que no se pelee con su mujer durante la primera semana? Si ha llegado a tal punto, sé bien que lo encontraré como un marido sojuzgado y bien domado.

Dales mi cariño más acendrado a mi padre, a Erasmus y a cada una de mis hermanas. Querida Katty, soy tu hermano más afectuoso / Charles Darwin

Hay varias gentes muy queridas a las que me gustaría escribirles, pero en la actualidad carezco del tiempo necesario. Gracias a Fanny por su linda y cariñosa nota. Acabo de volverla a leer. La vista de su escritura es suficiente para desear que este viaje llegue a su fin.

De John Stevens Henslow 22 de julio de 1834
Cholsey, Wallingford
22 de julio de 1834
Mi querido Darwin:

Hace ya unos meses que recibí tu última carta, con la intención de contestarla tan pronto como pudiera darte un recuento de la llegada a salvo de tu embarque de pieles, etc. Se retrasó en casa del doctor Armstrong en la época en que dejé Cambridge y apenas acabo de saber que lo había finalmente despachado. Sin embargo, me dice que todo está en orden y que tomó la precaución de abrir las cajas y airear todo según instrucciones tuyas. Le recomendé que todos los fósiles le fueran enviados al señor Clift al Surgeons' Hall, que amablemente se ofreció a repararlos y prepararlos de modo que se pudieran conservar sin daño. A juzgar por lo que habías mandado antes, no dudé en hacer esto pues bien valían el costo de mandarlos a Londres y no pueden estar en mejores manos que en las de Clift. Lamento que no obtuviera yo las barreduras del granero antes de dejar Cambridge, ya que temo que la demora eche a perder la mayoría de las semillas que ya no podrán sembrarse antes de la próxima primavera. Ruega por que no olvide por entero secar las plantas. Las que enviaste son todas de gran interés. Manda todas las cosas pequeñas, tales como el pequeño ranúnculo, y las hierbas y gramas comunes, sin que olvides los arbustos en floración, de los que mandaste algunas buenas especies de berberís, etc[81]. No tengo conmigo tu carta para contestar tus preguntas formalmente, pero recuerdo tu pedido de un goniómetro. No te aconsejo que te preocupes por tener uno. Es un instrumento que no tiene uso en el campo y de importancia sólo en manos de un mineralogista experto en su gabinete. El libro de Phillips[82] sería realmente lo que necesitarías para la detección de los pocos ingredientes que conforman las rocas. Todas aquellas que no puedas dilucidar bien debes describirlas condicionalmente y nosotros lo rectificaríamos de aquí a 10 años cuando regreses. Fox y su esposa se quedaron un día con nosotros por la graduación. Me dice que estás muy enojado por no haber tenido noticias mías, lo cual no lo acabo de comprender, pues pensaría que debes haber recibido dos cartas mías por lo menos para la época en que tuvo noticias tuyas. Que no haya escrito con la frecuencia que debería puedo admitirlo, ya que nunca hago lo que debería hacer, pero realmente y de verdad te he escrito y espero que tengas las pruebas ante ti ahora. No sé si tengo noticias locales que contarte que tengan cierto interés. Habrás visto por los periódicos que hemos tenido diversos tipos de agua hirviendo[83], en las que sin embargo puedo sentirme feliz de poder decir que escapé de escaldar mis dedos, aunque me temo que el resultado ha causado algunas quemaduras y cortes entre algunos miembros de la Universidad que deberían evitar tales males. Supongo que sabes que tu director[84] se casó y si todo va bien pronto será padre. Mi propia familia consta de tres hombres y una mujer, y si tu regreso tarda mucho más seré igualmente afortunado como lo he sido hasta ahora y llegarás a tiempo para ser el padrino de otro hijo. En la actualidad ando de rústico por las vacaciones en mi parroquia y gozo sumamente del cambio de vida de la ciudad al campo. No tengo vecinos inmediatos ni me vienen a molestar las visitas matutinas. Mi parroquia abunda en pequeños y pobres granjeros que le dejan todo al párroco sin intentar ayudarlo. Sin embargo, estoy muy contento con mi visita, siendo la única dificultad la larga distancia que hay para traer a mi familia: cerca de 100 millas. Me iré poniendo más ansioso a medida que se acerca la hora de tu regreso, saber de ti y ver hacia el futuro con la perspectiva de la gran satisfacción que nos producirá confabularnos juntos. El capitán W. Ramsay está a punto de iniciarse como comandante de una fragata a vapor camino de las Indias Occidentales y si yo hubiera sido soltero o un hombre independiente con toda seguridad me habría unido a él en una travesía de unos pocos meses. ¡Cómo te habría sorprendido verme caminando por el muelle de Montevideo!

Con los mejores recuerdos de toda mi familia y los más buenos deseos de corazón de tu servidor y, créeme,/ tu amigo afectuoso / J. S. Henslow

A Charles Whitley 23 de julio de 1834
Valparaíso
Julio 23, 1834
Mi querido Whitley:

Desde hace tiempo que intento escribirte sólo para meterte en la cabeza que existe cierto cazador de escarabajos y triturador de rocas que todavía vive. Por qué no lo he hecho antes, no lo sé, y me merezco que me hayas olvidado. Hace mucho que no tengo noticias de

Cambridge. Tampoco sé si vives o qué haces. Vi tu nombre como uno de los infatigables guardianes de los 1800 filósofos[85]. Me encantó verlo, ya que cuando dejamos Cambridge tú andabas en discordia con la pobre ciencia, pues pensabas que era una prostituta pública en busca de popularidad. Si tus opiniones siguen siendo las mismas, estarías de acuerdo con el capitán FitzRoy, para quien el objeto de más devoto aborrecimiento es uno de los c---s científicos liberales; ya que los capitanes de la marina de guerra son los mejores hombres, mucho mejores que los reyes o los maestros, me veo obligado a decirle todo en mi favor. A menudo he dicho que una vez tuve un muy buen amigo absolutamente conservador con el que me llevaba bastante bien. Pero que se siente inclinado a dudar de que alguna vez haya tenido yo este honor. En la actualidad, ninguno de los dos tenemos muchas noticias de la política, lo que nos libra de grandes problemas, ya que ambos seguimos empeñados en nuestras antiguas opiniones más obstinadamente que nunca y pocas razones podemos dar para ello.

Espero que me escribas (me encontrarás en «HMS Beagle, S. American Station»). Me complacerá mucho saber en qué estado estás, tanto de cuerpo como de mente. ¿Quién sabe?, como dice la gente de por aquí (y Dios sabe que así debe ser, porque saben bien poco), si no eres un hombre casado y andarás criando, como dice la señorita Austen, pequeñas ramas de olivo y pequeñas promesas de afecto mutuo. Vaya, vaya, esto me recuerda viejas visiones, vislumbres de futuro, en las que me parece recordar el retiro, verdes casas de campo y blancas enaguas. No sé qué será de mí en adelante. Me siento como un hombre arruinado que no ve o le importa poco cómo salir del apuro. Mi razón me dice que este viaje llegará a su conclusión, pero por otro lado no le veo el fin. Es imposible dejar de sentir amargura por los amigos y otras fuentes de placer cuando se deja Inglaterra; en su lugar, hay un gozo sólido, presente pero sobre todo anticipado, cuando las ideas obtenidas durante el viaje pueden compararse con otras más recientes. Encuentro en la geología un interés que no desfallece y, como ha sido observado, crea las más grandes ideas acerca de este mundo de las que la astronomía para el universo. Hemos observado grandes escenarios, los de los trópicos con toda su gloria y exuberancia, cuya descripción incluso sobrepasa el lenguaje de Humboldt. Sólo un escritor persa podría hacerle justicia y, si lo lograra, en Inglaterra sería llamado el «abuelo de todos los mentirosos».

Pero no he visto nada que me haya asombrado más que la primera vista de un salvaje. Era un fueguino desnudo, con el largo cabello al viento y su cara embadurnada de pintura. En su semblante se ve una expresión que sería inconcebiblemente salvaje para quienes no lo han tenido a la vista. Parado en una roca, gesticulaba y profería sonidos que en comparación los chillidos de los animales son más inteligibles.

Cuando regrese a Inglaterra, deberás llevarme de la mano con respecto a las bellas artes. Todavía viene a mi memoria que hubo un hombre llamado Raffaelle Sanctus. Qué maravilla ver de nuevo en el FitzWilliam la Venus del Tiziano. Cuánto más que delicioso ir a algún buen concierto o a la ópera. Estos recuerdos no llevan a nada. Mañana no seré capaz de tomar las entrañas de algún pequeño animal con la mitad de mi placer usual. Te ruego que me des alguna noticia de Cameron, Watkins, Marindin, los dos Thompson de Trinity[86], Lowe, Heaviside, Matthew; de Herbert sí he tenido noticias. ¿Cómo va Henslow? Y todos los buenos amigos del querido Cambridge. Muy a menudo pienso en esas horas del pasado, de las que tantas pasé en tu compañía. No van a regresar, pero su recuerdo nunca perecerá.

Dios te bendiga, mi querido Whitley. Créeme tu más / sincero amigo / Charles Darwin

A John Stevens Henslow[87] 24 de julio-7 de noviembre de 1834
Valparaíso
Julio 24, 1834
Mi querido Henslow:
Acaba de llegar una caja en la que van dos de sus amables y afectuosas cartas, no sabe lo feliz que me han hecho. Una está fechada el 12 de diciembre de 1833 y la otra ¡el 15 de enero del mismo año[88]! Por qué fatalidad no llegaron antes está fuera de mis alcances y lo

lamento, ya que contienen información que tanto necesitaba acerca de la forma de empacar, etc., etc., raíces, con especímenes de plantas, etc., etc. Supongo que ésta fue escrita después de recibir mi primer cargamento de especímenes. Al no haber recibido noticias hasta marzo de este año, realmente empecé a pensar que mis colecciones eran tan pobres que usted no sabía qué decirme. El caso es ahora totalmente el opuesto, ya que es usted culpable de excitar todos mis sentimientos vanos hasta un alto grado de bienestar. Si para estar a tono con estos sentimientos es necesario un duro trabajo, juro que no lo evitaré.

Es bastante tarde, pero quiero aludir a algunas observaciones de la carta de enero. Me aconseja que envíe duplicados de mis notas y me doy cuenta de la ventaja de hacerlo así, pero en el mar hasta este mismo día estoy invariablemente enfermo, excepto en los días de mar tranquila: en los cuales, rodeado de animales pelágicos, nunca puedo ponerme a la tarea. En tierra, la persona más prudente apenas puede hacer un sacrificio tal del tiempo.

33. Planta de zueco, Elízabeth Island, 1834. Un espécimen recolectado por Darwin en el viaje que fue el primero descrito cíentijicamente; la planta se llama Calceolaria darwinii en su honor.
© Cambridge University Líbrary.

Mis notas van haciéndose voluminosas: Tengo alrededor de 600 pequeñas páginas en quarto llenas y como la mitad son de geología y la otra de descripciones imperfectas de animales. Con la última me impuse la norma de describir sólo aquellas partes o hechos que no pueden verse en los especímenes guardados en alcohol. Mantengo además mi diario privado que es diferente de los anteriores[89]. (NB. Esta carta es bastante desaliñada, pero mi mente está desaliñada pero alegre, lo cual es falta suya, así que debe aguantar las consecuencias). Con respecto a las Planariæ de tierra[90]: sin duda no son animales Molluscus. Leí sus cartas anoche y en esta mañana di un pequeño paseo. Por una curiosa coincidencia encontré una nueva especie blanca de Planaria y un (nuevo para mí) Vaginilus (tercera especie que encuentro en Sudamérica) según Cuvier. Supongo que éste es el animal al que alude Leonard Jenyns. El verdadero Oncidium de Cuvier[91] sí lo conozco. Entre los moluscos marinos he visto muchos géneros y en Río encontré uno totalmente nuevo. Respecto de la carta de diciembre, me da mucho gusto saber que los cuatro toneles llegaron bien, y desde entonces habrá recibido usted un nuevo cargamento con las pieles de aves, acerca del cual usted no me comprendió. ¿Alguna de las semillas de Buenos Aires ha producido plantas?

Desde las Falkland acusé recibo de una caja y una carta suyas; con la carta iban algunas semillas de Patagonia [sic]. En la actualidad, tengo tantos especímenes como para mandar un gran cargamento, pero esperaré tanto tiempo como sea posible, ya que las oportunidades no son tan buenas como antes. ¡Estoy tras la pista de unos huesos fósiles de un mamut! No sé qué será, pero si el oro o la voluntad galopante los obtienen, serán míos. Me dice que quiere saber cómo me va y qué hago y bien puede usted imaginar cuánto gozo hablando con alguien acerca de temas en los que siempre pienso pero de los que no tengo a nadie con quién hablar.

Después de dejar las Falkland nos dirigimos al río Santa Cruz y seguimos río arriba hasta 20 millas de las Cordilleras. Por desgracia, la necesidad de provisiones nos hizo regresar. Esta expedición era muy importante para mí, ya que se trataba de una sección transversal de la gran formación patagónica. Conjeturo (y un examen cuidadoso de los fósiles quizá logre determinar el punto) que el lecho principal es más o menos cercano al periodo miocénico (utilizando la expresión del señor Lyell[92]). Juzgo por lo que he visto de las actuales conchas de Patagonia. Este lecho contiene un enorme campo de lava, lo cual es de gran interés, ya que se trata de una aproximación burda a la parte volcánica de la gran Cordillera de los Andes. Mucho antes de esto constaba de una línea de colinas de pizarra y porfídicas. He recogido una tolerable cantidad de información respecto del periodo (incluso números) y formas de las elevaciones de estas llanuras. Espero que le interesen al señor Lyell. He dejado la lectura de su tercer volumen hasta mi regreso, pero puede adivinar el placer que me produce: algunos de sus grabados vienen tanto al caso que sólo necesito referirme a ellos en vez de volver a dibujar algunos semejantes. Tenía mi barómetro conmigo y sólo deseo haberlo usado más en estas llanuras.

El valle de Santa Cruz me parece muy curioso y al principio me dejó todo confuso. Creo que puedo mostrar buenas razones para suponer que antiguamente fue un estrecho septentrional como el de Magallanes. Cuando regrese a Inglaterra, tendrá usted mucho trabajo escudriñando mi geología. De esta curiosa manera he aprendido lo poco que sé, por lo que a menudo pienso que tengo dudas acerca del número de granos, pero sea que sea el número que resulte, he gozado extremadamente en su recolección.

En Tierra del Fuego recolecté y examiné algunas coralinas y observé un hecho que me sorprendió. Se trata de que en el género Sertularia (tomado en su forma más estricta como por Lamouroux[93]) y en dos especies más, excluyendo expresiones comparativas, me encuentro con grandes dificultades para describirlas como distintas. Los Polypi difieren mucho y esencialmente en todas sus partes más importantes y evidentes de la estructura. Ya he visto bastante para estar convencido de que las actuales familias de coralinas, tal como fueron ordenadas por Lamarck, Cuvier, etc., resultan muy artificiales. Me parece que permanecen en el mismo estado que tenían las conchas cuando Linneo dejó que Cuvier las reordenara.

Hubiera deseado tener mejor mano para disecar, pues encuentro que poco puedo hacer con las partes más pequeñas de la estructura y me veo obligado a tomar un examen muy tosco acerca del tipo para las distintas clases de estructura.

Es extraordinario que no pueda ver en ninguna parte de mis libros una sola descripción de los pólipos de ningún coral (excepto Lobularia alcyonium de Savigny[94]). Encontré una pequeña Cellaria (un nuevo género) muy curiosa, con cada celda provista de largas cerdas dentadas, capaces de diversos y rápidos movimientos. Este movimiento es a la vez simultáneo y puede producirse por irritación. Este hecho, hasta donde puedo verlo, está bien aislado en la historia (excepto por los Flustra con órgano como la cabeza de buitres) de los zoófitos. Muestra una relación mucho más íntima entre los Polypi de lo que Lamarck permite suponer. Olvidé mencionar haber visto algo de su forma de propagación en esa muy ambigua familia de las coralinas: estoy convencido que, si no son plantas, no son zoófitos[95]: las «gémulas» de una Halimeda contenían varias articulaciones unidas y prestas a deshacerse de su cubierta y quedar unidas a cierta base. Creo que en los zoófitos la gémula universalmente produce un solo pólipo, que después o al mismo tiempo crece con su célula o sola articulación. El Beagle dejó el estrecho de Magallanes en medio del invierno y encontró su camino de salida por un salvaje canal no frecuentado. Bien puede Sir J. Narborough llamar a la costa oeste la Desolación del Sur «ya que es una tierra tan desolada de considerar»[96]. Fuimos llevados a Chiloé por un tiempo muy malo. Un inglés me dio tres especímenes de ese lindo insecto lucanoidal que se describe en las Cambridge Philosophical Transactions: dos machos y una hembra[97]. Vi que Chiloé se compone de lavas y depósitos recientes. Las lavas son muy curiosas, pues abundan o más bien en partes están compuestas de pechstein[98]. Si vamos a Chiloé en el verano recogeré una buena cosecha entomológica. Supongo que tanto ahí como en Chile la botánica es bien conocida.

Me olvidaba de señalar que en los cuatro cargamentos de especímenes han ido cuatro cajas cuadradas que cada una contiene cuatro botellas de vidrio. Menciono esto en caso de que sean almacenadas bajo especímenes geológicos y que no lo haya notado usted y quizá necesiten más alcohol en ellas. Si llega una caja de Buenos Aires, con una cabeza de Megatherium y otros especímenes sin numeración, sea tan amable de notificármelo. Temo mucho por su seguridad.

34. Mapa de la Cordillera y consejos de viaje de Alexander Caldcleugh, agosto o septiembre de 1834. © Cambridge University Library.

Llegamos aquí anteayer. La vista de las distantes montañas es sublime y el clima delicioso. Después de tan larga travesía por los húmedos y sombríos climas del sur, respirar un aire claro y seco y sentir un sol cálido y leal y comerse un buen rosbif fresco debe ser el summum bonum de la vida humana. No me gusta el aspecto de las rocas tanto como la carne porque están llenas de insípidos ingredientes tales como mica, cuarzo y feldespato. No han sido decididos nuestros planes. Hay mucho trabajo al sur de Valparaíso y una cantidad indefinida hacia el norte. Veo a todos lados con interés. En esta carta le mando cierta dosis de egoísmo, pero debe recordar que lo considero como padre mío en la historia natural y un hijo debe hablar de sí mismo a su padre. En su capacidad paterna como procensor, ¡cuántos problemas no ha enfrentado, según parece! Cambridge se ha vuelto turbulento. Antes de esta época habrá logrado de nuevo su tranquilidad. Tengo un deseo casi de escolar de estar ahí y disfrutar de los días de fiesta. Es una reflexión muy agradable para mí que un barco hecho de madera y hierro no puede durar para siempre y que por lo tanto este viaje tendrá un fin.

Octubre 28. Esta carta ha permanecido en mi portafolio desde julio. No la envié porque no pensé que valiera sus portes. Debe ir ahora en una caja de especímenes. Poco después de llegar aquí combiné una excursión geológica y anduve placenteramente por la base de los Andes. Todo el campo parece compuesto de brechas (y me supongo que pizarras) que en todas partes han sido modificadas y a menudo completamente alteradas por la acción del fuego. Las variedades de pórfido que así se produjeron son infinitas, pero no me he topado en ningún lado con rocas que hayan fluido en una corriente, y los diques de diorita son muy numerosos. La acción volcánica moderna desapareció en las partes más centrales (lo que no puede haberse producido por la nieve) de las Cordilleras. Hacia el sur del río Maypó examiné las llanuras terciarias ya descritas parcialmente por el señor Gay[99]. Las conchas fósiles me parecen mucho más distintas de las recientes que en las grandes formaciones patagónicas. Sería curioso que pudiera demostrarse que un eoceno y un mioceno (recientes y en abundancia) existen en Sudamérica al igual que en Europa. Me ha interesado mucho encontrar tanta abundancia de conchas recientes a una altura de 1300 pies; el campo en muchos lugares está cubierto de conchas, pero todas son de litoral. Así supongo yo que la elevación de 1300 pies ha de deberse a una sucesión de pequeñas elevaciones como en 1822. Con estas pruebas ciertas de la residencia reciente del océano sobre todas las partes bajas de Chile, la línea panorámica y la forma de cada valle poseen un alto interés. ¿Habrá la acción del flujo del agua o del mar formado esta hondonada profunda? Ésta fue una pregunta que me planteé con frecuencia y que por lo general se me respondió al encontrar un lecho de conchas recientes en el fondo. No tengo suficientes argumentos, pero no creo que más que una pequeña fracción de la altura de los Andes se haya formado dentro del periodo terciario.

La conclusión de mi excursión fue muy desafortunada. Me enfermé y apenas pude llegar a este lugar. He estado en cama todo este último mes, pero ya me estoy reponiendo rápidamente. Durante todo este tiempo esperaba tener una buena colección de insectos pero me fue imposible. Lo siento menos porque Chile hierve de recolectores: hay más naturalistas en el campo que carpinteros y zapateros o cualquier otro oficio honorable.

En mi carta de las islas Falkland decía que temía por una caja con un Megatherium. Desde entonces he tenido noticias de Buenos Aires de que partió para Liverpool en el bergantín Basingwaithe. Si no la ha recibido, creo que vale la pena hacer un esfuerzo. En octubre dos toneles y una tinaja se enviaron por el HMS Samarang vía Portsmouth. No tengo dudas de que ya los habrá recibido. Con esta carta envío una buena cantidad de pieles de aves y, en la misma caja, va un paquete de papel que contiene pastilleros con insectos; los otros pastilleros no requieren de especial cuidado. Verá en dos de estas cajitas algunas Planariæ terrestres desecadas, el único método que he encontrado de preservarlas (son excesivamente quebradizas). Al examinar las especies blancas comprendí algo de su estructura interna. Van dos pequeños paquetes de semillas. Son de algunas plantas que creo que podrán interesarle o por lo menos las de Patagonia, donde recolecté todas las que estaban floreciendo. Va una botella, burdamente aunque creo que bien asegurada con un corcho, que contiene agua y gas de los balnearios calientes de Cauquenes, establecidos al pie de los Andes y celebrados por sus propiedades medicinales. Me tomó un buen esfuerzo llenar y asegurar el agua y el gas. Si encuentra a alguien que quiera analizarlos, pienso que valdría la pena el esfuerzo. En la actualidad no tengo tiempo para copiar mis pocas observaciones acerca de la localidad, etc., etc., de estos manantiales. Dígame usted cómo llegaron preservadas las Arachnidæ que mandé, por ejemplo las de Río. Me entraron dudas acerca de si vale la pena recolectarlas, al tiempo que lo iba haciendo.

Chiloé, julio de 1834. © Cambridge University Library.

Punta Arenas, Chiloé, julio de 1834. © Cambridge University Library.
Partiremos un día después de pasado mañana: nuestros planes se han finalmente limitado y definido. Me encanta decir que hemos dado un adiós eterno a Tierra del Fuego. El Beagle no procederá ahora más al sur que del cabo Tres Montes. De ahí iremos examinando la costa hacia el norte. El archipiélago de Chonos es maravillosamente desconocido, y unas buenas ensenadas profundas que se internan hacia las Cordilleras, donde podemos gobernarnos por la luz de un volcán. No sé qué parte del viaje ofrece ahora más atractivos. Ahí va una carta vergonzosamente desordenada pero usted me perdonará y me creerá / mi querido Henslow / su muy agradecido / Charles Darwin Noviembre 7

De Henry Stephen Fox 25 de julio de 1834
Río de Janeiro
Julio 25, 1834
Estimado señor:
Aprovecho la oportunidad de que el Satellite parte mañana para el Pacífico para agradecerle muy sinceramente su obsequiosa carta del 5 de abril, desde la isla Falkland Oriental, que se me entregó en el Dublin hace unos días, junto con especímenes muy interesantes que la acompañaban. No tenía idea alguna de que esas islas o la costa de Patagonia tuvieran tanto interés para un geólogo, y usted tuvo la gran satisfacción de visitar regiones totalmente desconocidas para el resto del mundo. No puedo dejar de responder a las preguntas que contiene su carta respecto de la geología de Río Grande y otras partes meridionales de Brasil que examiné, por lo menos hasta donde me lo permite mi limitado conocimiento del tema. Sin embargo, no me queda mucho tiempo hoy para hacerlo. El doctor Sellow, un naturalista prusiano, conocedor de todos los departamentos de la historia natural, pasó según parece dos años explorando Río Grande y São Paulo y obtuvo extensas colecciones[100]. Murió más tarde en el interior de Brasil e ignoro si dejó algún diario o notas de sus viajes y observaciones. Oí hablar con frecuencia de él en ese país, al igual que del señor Auguste St. Hilaire, viajero francés, pero cuyas investigaciones se limitaban a la botánica[101]. La flora del sur del Brasil es poco conocida y extraordinariamente bella, y como un gran número de las plantas se podrán cultivar en Europa mucho más que las de las regiones tropicales, es una gran pena que la Horticultural Society no envíara recolectores, y más todavía cuando el país es habitable y hospitalario y de fácil acceso para el viajero. Desde luego, en el momento en que usted pasa del territorio oriental al brasileño, pasa de inmediato de una región salvaje a una civilizada. Un viajero naturalista inglés, el señor Andrew Mathews[102], pero cuyos objetivos según parece son principalmente la entomología y la botánica, está a punto de iniciar una jornada aventurada, directamente a través de este continente, de Lima a Río de Janeiro. Obtuve el pasaporte y recomendaciones para él de su gobierno y le escribí al coronel Wilson[103], a Lima, para que le insistieran en que, si era posible, no dejara de recolectar algunos especímenes de rocas en el transcurso de su viaje. Seguramente habrá dejado Perú cuando usted llegue a ese país. Desde luego que en Santiago de Chile habrá conocido al señor Caldcleugh[104], que reside ahí, y en quien puede encontrar usted un muy completo químico y mineralogista, así como una persona muy agradable, bien informada y servicial. Espero que siga con su amabilidad de enviarme unos cuantos fragmentos de los Andes y de cualquiera de las islas que visite.
Nuestras últimas noticias de Europa nos hablan de que por fin cayó Dom Miguel, quien, con su amigo Don Carlos de España, embarcaron para Inglaterra el 30 de mayo. Obtuvimos

este conocimiento desde Lisboa, pues el paquebote inglés June todavía no llega. Supongo que esta carta encontrará al Beagle en algún lugar de la costa de Chile o Perú.

Mi querido señor, sigo siendo su fiel y obediente servidor / H. S. Fox

A Caroline Darwin 9-12 de agosto de 1834
[Valparaíso]
Agosto 9, 1834
Mi querida Caroline:

Un barco parte para Liverpool mañana. Trataré de pergeñar esta hoja completa y si lo logro te la mando. Recibí tu carta del 9 de marzo anteayer y una larga del señor Owen. Dale las gracias por escribirme con tal cariño y ya me buscaré una oportunidad lo más temprana posible de contestarle. Me siento muy contento por lo que me cuentas respecto de los huesos fósiles. Antes no llegué a comprender de qué modo la cabeza del Megatherium podía ser vista con tal interés. Presumo que la gran caja de la que Erasmus iba a mandar por ella a Plymouth es una que ordené que se dejara con el doctor Armstrong (para ahorrar transporte). Tengo grandes temores de que el señor Clift arranque los números o marcadores pegados a todos los especímenes. Pídele a Erasmus que le hable al señor Clift y le anuncie lo muy ansioso que estoy respecto de este punto. Todo el interés que yo tengo por estos fósiles es su conexión con la geología de las Pampas y ésta descansa en la seguridad de los números. Otro punto debe explicarse claramente al señor Clift y es con referencia al College of Surgeons que paga los gastos del acarreo. El último destino de todas mis colecciones será desde luego aquel que demuestre dar un mejor servicio a la historia natural. Pero cæteris paribus el Museo Británico tiene la prioridad, debido a mi embarque en un buque del rey. El señor Clift debe comprender que en la actualidad no puedo decir que ninguno de los huesos fósiles habrá de ir a algún museo en particular. Debes creerlo, estoy encantado por haber tenido tan buena fortuna (a pesar de las muchas mofas acerca de los huesos de foca y ballena) como para encontrar restos fósiles que interesan a gente como el señor Clift.

Una pequeña caja ha sido enviada desde Buenos Aires a Liverpool para Henslow, con parte de una cabeza, que pienso que será más útil que todo lo que mandé antes. Respecto de los gastos del acarreo dependen enteramente de Inglaterra, pues hasta ahora todo se ha enviado por mar «Al Servicio de Su Majestad». Pero son pesados y voluminosos.

Dale a mi padre mi mejor cariño y las gracias por todas sus amabilidades acerca del dinero, y dile que puedo decir con toda seriedad que desde que dejé Inglaterra no he gastado nada que no sea por el progreso de la historia natural, y lo menos posible de modo que mi tiempo no se vea malgastado. Vivo ahora con Corfield. Es muy hospitalario y amable en la realidad, como el español lo es en sus ofrecimientos, y ya no diré más al respecto. Es muy agradable encontrarse con un hombre honrado, totalmente inglés como lo es Corfield, en estos países salvajes. Ha hecho que su hogar sea tan agradable para mí que he hecho menos en los últimos 15 días que en cualquier tiempo desde que dejé Inglaterra.

Dentro de tres días iniciaré una excursión geológica. ¿No suena terriblemente extravagante cuando digo que voy a comprar un pequeño hato de caballos?; con ellos podré viajar por una ruta en círculo hasta Santiago, la alegre capital de Chile. Ahí me encontraré con Corfield, que irá a admirar las bellezas de la naturaleza en forma de «señoritas», mientras que yo aspiro a admirarlas en los Andes. Deseo tanto tener una vista más cercana de esta extraordinaria y gran cadena de montañas. Sin embargo, en esta época del año no será posible ascender a ninguna altura debido a la nieve.

Ésta es una tonta carta para enviártela, pero muchas veces me has dicho que preferías una carta corta que ninguna. Así que atente a las consecuencias. Dale mi cariño más sentido a Marianne, pues ambos no nos escribimos por una misma razón: estamos demasiado ocupados con nuestros hijos. Ella con el mayor, Robert, y Henry, etc. Yo con el mayor Megatherium y el Mastodon. Si tengo una buena oportunidad, enviaré a casa una parte más de mi diario, que les dará una narración de mi galopar por las Pampas. Me avergüenza mandar una carta así, pero tómala con buena voluntad y créeme, mi muy querida Caroline,/

que soy tu muy afectuoso / Charles Darwin
Mi amor a todos los de la casa.
Agosto 12

A Robert FitzRoy [28 de agosto de 1834]
Mi dirección es Fonda Inglesa / Santiago
Jueves
Mi querido FitzRoy:
Llegué a esta alegre ciudad la noche pasada y ahora estoy cómodamente instalado en un hotel inglés. Mi pequeño circuito por Quellota[105] y el Aconcagua fue maravilloso. La dificultad para ascender al Campana se exagera de manera absurda. Cabalgamos hasta 5/6 de la altura hasta una fuente llamada Agua del Guanaco y ahí plantamos el vivac durante dos noches en una bella pequeña enramada de bambúes. Pasé un día entero en la cumbre, aunque la vista no es tan pintoresca como más bien interesante ya que da un excelente plano de todo el país desde los Andes hasta el mar. No creo que goce de otro día de vagabundeo. De Quellota fui a unas minas de cobre más allá del Aconcagua, situadas en una hondonada de las Cordilleras. El mayordomo es un buen minero de Cornwall, de buen corazón. A Sulivan le iría bien oír su constante exclamación: «En cuanto a Londres, ¿qué es Londres? En mi país sí pueden hacerlo todo». Gocé de escalar montañas para alegrar mi corazón, pero la nieve impide alcanzar las alturas. El lunes mi amigo el de Cornwall y yo nos libramos por poco de vernos cubiertos por la nieve. Nos vimos metidos en una multitud de escollos de nieve y unas horas después hubo una dura ventisca que pudo habernos confundido por completo. A la mañana siguiente me encaminé a este lugar. Nunca vi nada tan gloriosamente bello como la vista de las montañas con su capa fresca y brillante de nieve. Al mismo tiempo, me satisface el campo chileno. Los chilenos del campo no me parecen una raza realmente interesante. Han perdido su carácter individual en un intento de aproximación a la civilización. Mi paseo a caballo me permitió comprender algo de la geología, que no tiene nada de particular interés. Todas las rocas se han revuelto, fundido y dado al diablo de todas las maneras posibles. Pero también aquí «dos detestables franceses» han estado trabajando. Un señor Gay me dio un ejemplar de una ponencia con algunos detalles interesantes acerca de la geología de esta provincia publicados por él mismo en los Annales des Sciences[106]. He estado muy ocupado todo el día y visto a un montón de gente. Busqué al coronel Walpole, pero estaba en cama o eso es lo que dijo. Corfield me llevó a cenar con un señor Kennedy, que habla mucho del Adventure y el Beagle. Dice que te vio en Chiloé. Vi también a un extraño genio, un mayor Sutcliffe[107]. Me dijo que, en cuanto supo que había dos barcos de investigación ingleses en Valparaíso, envió un libro de antiguos viajes por los estrechos de Magallanes al señor Caldcleugh para que lo enviara al oficial al mando como de posible utilidad. No sabe si el señor Caldcleugh te envió el libro a ti. Le dije que mencionaría el caso cuando te escribiera. El mayor tiende a ser muy afable, pero no sé cómo tratarlo. Está lleno de maravillosas historias y para sorpresa de todos de cuando en cuando alguna parece ser cierta. Mi cabeza está llena de planes. No permaneceré por mucho tiempo aquí, aunque para lo poco que he visto hasta ahora me siento inclinado a que me guste. La situación de la ciudad es muy bella y sorprendente. Me senté por una hora observándolo todo a mi alrededor, desde el pequeño cerro de Santa Lucía. Me gustaría que vinieras para admirar de nuevo la gloriosa perspectiva. No puedo de ninguna manera proporcionarte cualquier tipo de mapa. Me sentiría muy obligado contigo si permitieras que King trazara a partir de Miers[108] un pequeño trozo del país desde Valparaíso hasta un grado al sur del río Rapel, sin las montañas. No creo que sea un trabajo de más de media hora. Tengo la intención de regresar a Valparaíso por el río Rapel. Si me lo enviaras pronto con media docena de líneas mencionando lo que sepas de los movimientos del Samarang, me ayudarías mucho en mis planes.
Adiós, querido FitzRoy / tu fiel filósofo / C. D.

De Caroline Darwin 30 de septiembre de 1834

[Shrewsbury]

1834 / 30 de septiembre

Mi querido Charles:

Nos encantó recibir tu carta la semana antepasada fechada el 6 de abril desde las islas Falkland. Tu narración sobre esas islas desoladas y de Patagonia fue muy interesante. Los Wedgwood se sorprendieron ante la exageración de los relatos anteriores sobre la altura de los patagones, pero mi sorpresa fue sobre tan buena raza de hombres, pues dices que muchos superan los seis pies. Espero que para estas fechas hayas recibido nuestras cartas en que te notificábamos que habíamos recibido tu diario, pero ante el temor de que se hayan perdido, repito aquí que recibimos la parte del diario que termina en julio de 1833, enviado desde la Plata. He estado releyendo con gran placer las dos partes y me encantará recibir una tercera parte. Mi padre no sabe quién es ese coronel Walpole que mencionas, pero no puede ser nadie de quien hayas oído hablar en Walcot. El tío Jos y Elizabeth estaban con nosotros cuando llegó tu carta y la leyeron y vieron tu afectuoso mensaje y tu remembranza de ellos. Y lo mismo Charlotte que estaba aquí con el señor Langton. Me duele decir que está muy delicado con tos y un pecho delicado, tanto así que piensan en invernar en la isla de Wight. La pobre de Charlotte está muy angustiada por él. Parecen ser muy felices y muy apegados el uno al otro. El tío Jos franqueó la carta de tu sirviente a la señora Hewston.

No encuentro nada que decirte que haya sucedido durante el último mes, pero la falta de noticias no debe impedir que se te envíe una carta a fines de cada mes para decirte que mi padre está bien. No recuerdo haberlo visto más contento que cuando recibió tu última carta feliz y satisfactoria, repitiendo una y otra vez cuán contento estaba de haber tenido noticias tuyas y que estuvieras bien y a salvo. Fue un gran alivio saber que siempre eres prudente y lo bastante afortunado para no meterte en dificultades en tus muchas aventuras. Recemos, mi querido Charles, que no porque hayas escapado hasta ahora te vuelvas descuidado y osado de ahora en adelante. Sarah Williams cenó aquí anteayer y el matrimonio no la ha hecho cambiar: sigue siendo la criatura amistosa y cordial que siempre fue. Cuando supo que habías dejado atrás Tierra del Fuego y anunciaste que ya no volverías ahí nunca más, se puso furiosa: «¡Qué vergüenza! Y él me prometió que me enviaría una carta fechada en Tierra del Fuego». Te deseó lo mejor y espera que recibas su carta dirigida a Valparaíso.

Los Biddulph regresaron de su viaje a Suiza. Fanny se veía excesivamente delgada, pero igualmente bella. Charles Owen fue a Rugby y Henry, a quien dejaste siendo un buen niño, ahora pretende ser un joven dandy, ¡con su saco de terciopelo, guante blanco y bastón! William Owen está empezando a recuperarse de su accidente, se para por unos momentos cada día y hay grandes esperanzas de que no le quede la articulación rígida.

Mis hermanas se quedaron durante dos semanas en Monmouthshire con los John Wedgwood, pero no sé nada que valga la pena de su visita pues estuve unos días en Overton. Durante el último mes ésas fueron las únicas salidas. Marianne está muy bien, pero siempre con nervios ante la perspectiva de perder a Parky, cuyo destino se ha determinado finalmente e irá a la escuela para la próxima Pascua. Cené en Onslow no hace mucho y me encontré ahí a la señora Murchison: por lo menos puedo recordar el nombre, pero tú debes conocerla, siendo la esposa del mineralogista de Cambridge[109]. Estaba sumamente interesada en el destino de Jemmy Button y Fuegia, pues los conoció y convivió < mucho> con la última. Me da gusto que hayas podido ver al desdichado Jemmy de nuevo y que esté feliz aunque haya recaído en sus viejas costumbres nada civilizadas. Frederick Hope, que sie< mpre> está metiendo la pata, nos dijo que el Almirantazgo ordenó que el Beagle regresara, pero esto no puede tener ni sombra de verdad o nosotros habríamos ciertamente sabido por alguno de tus amigos si se contemplara tal cosa. Te felicito de todo corazón por los nuevos animales que has encontrado. Erasmus y Susan te dijeron en su última carta del 30 de agosto[110] cuán encantado está el señor Clift con tus anteriores especímenes y que pensaba que las últimas cajas que han llegado contenían restos de gran valor.

Cuando le dije a Nancy cómo había crecido tu barba y le di tu mensaje cordial de que lo tomarías por un viejo judío, se puso a llorar. Realmente pienso que la pobre Nancy mira hacia el futuro con tanto placer por verte de nuevo como mi padre y todos nosotros.

Saqué a dar la vuelta a Pincher y a Nina por los campos de Berwick y Pincher sigue recordando muy bien tu entrenamiento, pues aunque brincó una liebre justo ante nosotros y tenía el aire de que hubiera dado el mundo por seguirla, obedeció y caminó cerca de mí sin intentar perseguir la caza.

Tuvimos trabajadores sin parar en este verano techando con pizarra, etc., y después deshaciendo y volviendo a construir el invernadero en una escala mayor que antes. La madera estaba tan mal que ya no era segura, de modo que podíamos haber tenido una gran rotura de cristales cualquier día. El laboratorio se ha convertido en lavandería, pues es la otra alteración. Erasmus, cuando vino a casa en el verano, se encontró que todo estaba de cabeza, la gente planchando en su laboratorio y un bebé en su recámara, pues los niños Hensleigh habían tomado posesión de su habitación, ya que no esperábamos que llegara tan pronto.

Éstas son todas las tristes sandeces que surcan a través del mundo, pero deben excusarse, ya que un día pasa tan parecido al otro que no hay nada que te pueda contar. Así que adiós, mi querido Charles. Dios te bendiga y espero que podamos tener tiempo para ver < hacia> atrás cuando tengamos la esperanza de verte. Siempre tu af< > Caroline Darwin

El car< iño> de mi padre < y> de mis hermanas.

A John Stevens Henslow 4 de octubre de 1834[111]
Valparaíso
Octubre 4, 1834
Mi querido Henslow:
Me he sentido mal y todavía no salgo de la cama. Le escribo para decirle que el capitán FitzRoy envió hace una semana, en el HMS Samarang por Portsmouth, dos toneles que contienen huesos y piedras y una caja con seis pequeñas botellas con especímenes muy valiosos. Además de estos dos toneles va también una gran tinaja.

Escribiré pronto de nuevo cuando me sienta bien. Querido Henslow / Con mi afecto / Charles Darwin
Valparaíso

A Caroline Darwin 13 de octubre de 1834
Valparaíso
Octubre 13, 1834
Mi querida Caroline:
He estado enfermo y en cama por los últimos 15 días y ya puedo sentarme ahora por un corto tiempo. Como necesito ocuparme en algo trataré de completar esta carta. Al regreso de mi excursión por el campo me quedé unos días en ciertas minas de oro y mientras estaba ahí bebí chichi, un vino débil y agrio recién hecho. Medio me envenenó y, como podía tenerme en pie, pensé que estaba bien, pero mi primera cabalgada, que fue larga, desordenó de nuevo mi estómago y ya no pude sentirme bien. Perdí el apetito y me fui debilitando. Tenía mucha distancia que viajar y sufrí mucho. Finalmente llegué aquí exhausto. Pero Bynoe con buena dosis de calomel y descanso casi me ha puesto bien de nuevo y ahora sólo me siento un poco débil. Me considero muy afortunado por haber llegado a este lugar y si no lo hubiera intentado no habría considerado que fuera posible; un hombre tiene mucha más fuerza en él cuando no está bien de lo que está consciente. Si no hubiera sido por este accidente, mi paseo habría sido muy agradable. Di toda una vuelta a partir de Santiago. Me interné por el valle del Aconcagua, e hice algunas buenas ascensiones por las montañas. Dormí dos noches cerca de la cumbre del Bell de Quillota. Se trata de la montaña más alta fuera de la Cordillera de los Andes, alcanza los 4700 pies de altura[112]. La vista es muy interesante ya que proporciona un mapa completo de las Cordilleras y de Chile. De ahí visitamos a un minero de Cornwall que trabaja varias minas en una hondonada de los propios Andes. Anduve placenteramente por ahí con el martillo en la mano, por los pies de estos gigantes de manera

tan independiente como si fueran los montes de Gales. Llegué a la nieve pero me fue imposible penetrar más arriba. Ahora voy hacia el sur, al alcance de Santiago, la alegre capital de Chile. Pasé una semana muy agradable ahí, donde recibí una hospitalidad sin límites de los pocos comerciantes ingleses que ahí residen. También estaba Corfield y vivimos juntos en una posada. Santiago se levanta en una llanura, la cuenca de un antiguo mar interno. El perfecto nivel de esta llanura contrasta de una manera extraña y pintoresca con las grandes montañas cubiertas de nieve que la rodean. De Santiago procedí a San Fernando, unas 40 leguas al sur. Todos en la ciudad hablaban tanto de ladrones y asesinos que me convencí de tomar a otro hombre conmigo, lo cual agregó un buen pico a los gastos, y ahora ya no pienso que fuera necesario. Al mismo tiempo ha sido la excursión más cara que haya hecho y en cambio apenas si he visto lo suficiente de la geología para que valiera la pena. Sin embargo, tuve la suerte de obtener una buena cantidad de conchas fósiles de la moderna formación de Chile.

40. Carta de Charles Darwin a su hermana Caroline, Valparaíso, 13 de octubre de 1834.
© English Heritage.
En mi camino a San Fernando pude usar mi martillo de nuevo en los Andes, ya que me quedé unos días en los manantiales de agua caliente de Cauquenes, situados en uno de los valles. De San Fernando atravesé el país hacia la costa y regresé, como ya dije, en estado miserable a la casa de Corfield aquí en Valparaíso. Lamentarás saber que la goleta Adventure fue vendida, pues el capitán no obtuvo ningún apoyo del Almirantazgo y vio que el gasto < de> un bote tan grande era tan inmenso que determinó de pronto < deshacer> se de él[113]. Ahora estamos tal como salimos de Inglaterra, con Wickham como primer teniente, lo que de todos modos es una buena cosa, aunque acomodarnos en tan poco espacio no es fácil y tengo bastantes molestias para almacenar mis colecciones. Se trata desde todo punto de vista de un asunto grave en nuestro pequeño mundo; un triste contratiempo para algunos de los oficiales, desde el primer teniente de la goleta hasta la camada de los pobres guardiamarinas, y muchas degradaciones semejantes. Fue necesario también dejar que nuestro pequeño pintor, Martens, saliera a vagar por el mundo[114]. Sin embargo, gracias al cielo, el capitán afirmó que este cambio no prolongará el viaje y que en menos de dos años estaremos en Nueva Gales del Sur.

Veo que enfermarse del estómago nos lleva también a sentir añoranza. En unas dos semanas el Beagle seguirá la costa hacia el sur, tocará Concepción y Valdivia y se pondrá a trabajar por Chiloé. Sospecho que tendremos otra visita a Tierra del Fuego, pero que nos libre el Señor de ello. Se mantiene en secreto, pues los hombres podrían desertar; todos odian ese país que el Señor confunda. Nuestro viaje parece mucho más delicioso en las instrucciones de lo que realmente es. De hecho, es una investigación de Sudamérica y de regreso por el cabo de Buena Esperanza en vez del cabo de Hornos. Nada veremos de otros países más que Sudamérica, pero no debo gruñir, ya que el viaje, por esta misma razón, se acomoda mejor a mis esfuerzos, aunque no sea un viaje de placer. Escribiré de nuevo antes de partir, pues estoy en deuda con las cartas. Recibí hace poco una larga carta del señor Owen, a la que respondí brevemente. Escribir cartas es una tarea que me desagrada, y no me refiero a escribir a casa, sino a todos los demás, ya que realmente después de un intervalo así no tengo nada que contar más que mi propia historia, lo cual es muy tedioso.

Me agencié de un extraño corresponsal; se trata del señor Fox, ministro en Río (es el mismo señor Fox que en una de las cartas de Lord Byron se dice que estaba tan alterado después de una enfermedad que ni sus viejos acreedores lo reconocían).

Olvidé agradecer a Susan por su carta de mayo y a Catherine por su pequeño mensaje: «Nosotros no escribimos» porque lo hace el señor Owen. Antes debí dar cuenta de tu larga carta del mes que corre.

Todos estamos muy ansiosos por conocer las noticias políticas. Un barco llegó de Liverpool justo después de la renuncia de Lord Grey, pero no podemos adivinar quién lo sucedió[115].

Dales mi mejor cariño a mi padre y a todos ustedes y créeme, mi querida Caroline, que soy tu afectuoso / Charles Darwin

De Catherine Darwin 29 de octubre de 1834
Shrewsbury
Octubre 29, 1834
Mi querido Charles:

La última carta que recibimos de ti estaba fechada el 6 de abril de este año, desde las islas Falkland. Caroline te escribió el mes pasado. Ya llevamos un largo tiempo escribiéndote, con dirección a Valparaíso. Me encantará saber de ti desde ese lugar. Me interesó mucho tu relato de Jemmy Button y de su joven esposa; me parece que es mejor para él olvidar sus costumbres inglesas si ha de permanecer en su tierra. Caroline recibió una carta de William Fox hace poco, quien deseaba saber dónde dirigirse a ti, ya que pensaba escribirte de nuevo y está muy ansioso por tener noticias tuyas. Dijo que en julio escuchó algunas cosas muy halagadoras de tus hazañas en la historia natural de parte del profesor Henslow, que entonces se lamentaba de que una bolsa de semillas, que había llegado a Londres desde hacía ya tiempo, no había llegado a Cambridge. William Fox dice que pareces haber agregado mucho a nuestros restos fósiles gigantes. William Fox y su esposa están ahora viviendo en Osmaston; tenían que visitarnos en este verano, pero su esposa se puso enferma y esto se los impidió. La única gran noticia que puedo contarte es que los Langton intentan pasar el invierno, ya sea en Madeira o en las Indias Occidentales, ya que la salud del señor Langton ha decaído y tienen el temor de que llegue a la consunción, por lo que se cree que un clima cálido puede serle de utilidad. ¡Quién hubiera creído hace cuatro años que tú andarías por Sudamérica y Charlotte en las Indias Occidentales! No se ha decidido nada, pero con toda seguridad irán a alguna parte, ya que han partido con sus sirvientes y obtuvieron del obispo el permiso para ausentarse durante dos años de su parroquia. Y seguramente todo terminará en las Indias Occidentales, ya que el señor Langton las prefiere a Madeira. No pensaron en ello hasta tan tarde en el otoño que tuvieron que hacer los preparativos a toda prisa. Desde luego, regresarán en el próximo verano, ya que supongo que nadie permanece en el verano en esos climas tórridos, quiero decir ningún inválido. No hay más noticias de los Wedgwood; tuvimos a Harry y a Jessie por un tiempo con nosotros, con su linda bebé, que es toda una belleza por nombre señorita Louisa. El tío Jos goza de su vacación del Parlamento y la tía Bessy sigue más o menos en el mismo estado. Su mente se ha debilitado mucho y está desvalida por su cojera, pero de otro modo está bien y muy alegre. Supongo que habrás visto por los periódicos el relato del incendio total de los edificios del Parlamento, que se debió por entero a un descuido[116]. Por poco escapó Westminster Hall, pero por fortuna no hubo daños y se salvaron la mayoría de los papeles valiosos. Debido a que la obra de madera era muy vieja, se quemó con inusitada rapidez. Erasmus no nos ha dicho para nada si estuvo entre la multitud que lo observó; debe de haber sido una vista espléndida. Los Owen siguen como siempre; sin noticias de ellos: el pobre de William Owen anda cojeando en muletas y ahora ya puede doblar su rodilla siete pulgadas, lo cual se considera un gran triunfo. Vendió todos sus podencos y va a encargar un carro tirado por ponis para el invierno. Hace ya cuatro meses desde su accidente y sigue dudoso que vuelva a reponerse por completo. Los Biddulph regresaron de Suiza y Fanny está muy bien ahora. Le di al señor Owen tu mensaje la última vez que lo vi; siempre habla de ti. ¿Recuerdas a Lloyd Kenyon, el hijo mayor del señor Kenyon de Pradoe? Supongo que te contamos que se volvió loco en la primavera y trató de matar a un hombre. Se recuperó después de este ataque, anda por ahí y su familia niega su locura, pero hace como 15 días volvió a su locura y, después de grandes dificultades, fue arrestado y confinado en Liverpool. Nunca podrá considerársele seguro después de este segundo ataque. Susan y yo regresamos ayer de pasar dos días con tu amigo el señor Slaney en su nueva gran casa de Walford. Es una casa muy grande, pero no distinguida, ya que él quiso ser su propio arquitecto. El señor Slaney me pidió particularmente que te saludara y me hizo muchas preguntas sobre ti. Ahí estaba, desde luego, Tom Eyton, con su amor[117];

se casarán en febrero y vivirán con el viejo señor Eyton. Mucho se ha dispuesto y agregado a la casa en Eyton para recibir a la novia. Tom Eyton parece estar muy entregado. Creo que tendrá a una muy linda esposa y sin duda una muy bella, y se acoplan tan bien por tener ambos ambiciones tranquilas. Creo que encontrarás que es una muy linda pareja con la que compartir cuando regreses. Estoy segura de que Tom Eyton te aprecia mucho, pues te ha escrito ya tres veces a Valparaíso y volverá a escribirte de nuevo. Ha reunido unos gansos chinos, que son unas aves muy curiosas, y toda una variedad de otras criaturas y aves en Eyton, de lo que estoy segura de que ya te lo describió. Debes escribir y felicitarlo por su próxima boda, pues estoy segura de que está orgulloso de su elección.

Nancy me ha estado pidiendo que te diga cuánto desea volverte a ver y cuánto piensa en ti.

Adiós, mi viejo Charley querido. Cómo deseo ver tu querida vieja facha de nuevo. Papá y todos nosotros te mandamos nuestro amor./ Siempre tuya / Catherine Darwin

De William Darwin Fox 1.º de noviembre de 1834
Osmaston
Noviembre 1.º, 1834
Mi querido Darwin:

Ha pasado tanto tiempo desde que tuve noticias tuyas que pensé que tú realmente estabas en los mares del Sur, esa tierra prometida tuya por tanto tiempo, y por eso deseé escribirte con el fin de mostrarte que no te he olvidado. Dudé en hacerlo pensando que una carta dirigida a Sudamérica no te iba a llegar. Sin embargo, le escribí a tu hermana Caroline pidiéndole instrucciones y, habiendo tenido hoy noticias suyas, me dice que te escriba a Valparaíso y que de seguro la recibirás, por lo que me senté determinado a que de inmediato navegue hacia ti. Me temo que mis cartas serán todas de una prosa triste, pero dijiste (y lo creo de ti siguiendo mis propios sentimientos) que realmente quieres saber de mí, y por lo tanto te escribo. Empezaré por contarte, ya que puede ser la última información que tengas cuando recibas ésta, que el doctor Erasmus y tus hermanas están muy bien, sobre todo el doctor, pues goza de la jardinería más que nunca. Lamentarás saber que el señor Langton está tan mal que él y su esposa piensan en dejar Inglaterra durante los dos próximos inviernos: viajarían a Madeira o a las Indias Occidentales. Tu viejo amigo Eyton se va a casar con la señorita Slaney. ¿No será un amor por la historia natural el que media entre esta pareja, ya que Slaney es a su vez conocido como ornitólogo? Es lo primero que he sabido de Eyton desde que contigo y su padre fuimos para actuar como entomólogos y ver su Cygnus bewickii.

Ahora debo hablarte de nuestro grupo familiar. Todos seguimos tal como cuando andabas por aquí. Mi abuela, padre, madre y hermanas con la misma salud y siguiendo con las mismas ocupaciones de entonces. Desde luego todo en Osmaston va tal como siempre año con año. Nuestro propietario, Sir Robert Wilmot, murió después de unas semanas de enfermedad en julio y a pedido de la familia yo lo enterré: el primer caso de mis deberes que he realizado en dos años. Seguramente lo recuerdas bien. No creo que su muerte haga ninguna diferencia en cuanto a nuestra vida, o debo decir la de mis padres, en Osmaston, ya que su actual dueño, el profesor Wilmot Horton, es el gobernador de Ceilán y tan endeudado que con toda seguridad querrá permanecer donde está[118]. Te escribí hace unos cuatro meses y dirigí la carta a Valparaíso, por lo que supongo que la recibiste aunque debo decir que no vale mucho. Siempre me alienta escribir cartas al extranjero y pagar el porte. Creo que te escribí desde el vecindario de Doncaster, donde me quedé con la hermana de mi mujer y su marido. Después vine aquí y me quedé unas semanas hasta que decidimos dar un pequeño paseo a Yorkshire, donde nos movimos por el vecindario de Harrogate, York y Ripon hasta mediados de septiembre. La mayor parte del tiempo fuimos huéspedes de diferentes amigos y parientes. Entre otros, estuvimos varios días con Robert Pulleine, a quien debes recordar de Cambridge. Vive en una bella y romántica parte de Wensleydale[119], en una casa parroquial muy cómoda, rodeado de perros, cerdos y gallinas.

Nunca estuve con un amigo tan hospitalario y cariñoso. Nos alimentó de carne de venado y de caza del páramo y quiso que nos quedáramos más bien semanas y no los días que fueron. Entre muchos de nuestros viejos amigos de otros tiempos Charles Darwin no ha sido olvidado y hablamos de ti extensamente. Hubiera deseado que estuvieras con nosotros. Fue justo a comienzos de la cacería del faisán, que en este vecindario es excelente, y por medio de los amigos de Harriet hubiera podido disparar todo lo que hubiera deseado y, aunque nunca disparé un tiro desde que entré en la Iglesia, hubiera gozado tanto caminar por todo ese hermoso campo con mi tan valorado y viejo amigo Darwin, y a menos que hayas cambiado mucho, y hayas llegado a despreciar tan minúscula caza desde que te dedicaste a los avestruces, también yo lo habría disfrutado. Espero de todos modos que lo disfrutemos juntos todavía y que cuando levante tu faisán o tu perdiz puedas contarme prodigiosas historias de tu partida de caza en otros climas.

En este verano viajamos 1100 millas en un pequeño carruaje, el cual, con todo nuestro equipaje, fue halado por un robusto poni. En toda esa distancia sólo tuvimos un accidente, que no tuvo mayores consecuencias ya que muy pronto pudimos componer nuestro carruaje y ya no hubo ningún otro evento. No puedo decirte lo mucho que lo gocé, aunque no estoy seguro de que nuestro gozo no podría haber sido igualmente grande si nos hubiéramos quedado tranquilos en nuestra pequeña parroquia, ya que mi esposa es tan hogareña en sus gustos y esfuerzos como tu humilde servidor.

Hace ya unas seis semanas que llegamos aquí, pues intentamos llegar a Ryde el mes pasado en nuestro pequeño carruaje y pasar ahí el invierno, y esperaba que un invierno ahí junto con los dos últimos me capacitaría para tomar un curato en el sur en la primavera, ya que, aunque he mejorado de mis pulmones, sigo imposibilitado de hacerlos trabajar demasiado. Sin embargo, las cosas han sido de otra manera: hace tres semanas que mi mujer tuvo una súbita enfermedad con inflamación del peritoneo. Por suerte tuvimos ayuda médica a la mano de inmediato y después del sangrado, etc., ha vuelto a ser la misma, aunque requiere de extremo cuidado, ya que hay una gran tendencia a recaer. Tan sólo esto hubiera sido suficiente para que hubiera sido extremadamente azaroso para ella esa larga jornada, pero además espera andar de parto a fines de diciembre o a principios del siguiente mes, y las dos cosas juntas hacen imposible para ella pensar en tal cosa. Por lo tanto, ahora pensamos en quedarnos en Osmaston todo el invierno y en la primavera espero que seamos ya un trío en vez de un dueto.

Empiezo a pensar que tu predicción temprana, cuando te embarcaste, de que yo iba a tener una familia con hijos antes de tu regreso, podría realizarse, ya que ante todo, a menos que suceda algo no previsto, existe esa gran posibilidad de un hijo. No debo puntualizarte las muchas ventajas del matrimonio, ya que tú fuiste siempre un filogenista y proponías entrar en este estado tan pronto como pudieras. Sólo te diré que, por mi actual experiencia, te lo recomiendo calurosamente y todo lo bueno además. Adoro a mi pequeña esposa más todavía hoy si es posible que cuando nos casamos y tengo todas las razones para esperar que pasemos juntos por la vida, cada uno agregando más y más al ánimo del otro. Pero estarás diciendo que estoy escribiendo un pretencioso montón de disparates y eso es lo que hago, pero la verdad es que siempre habré de escribirte tal como si habláramos. Y espero que hagas lo mismo. Hace tanto ya desde que vi tu escritura por última vez que no puedo decirte el placer que me causa. Pero siento que tu tiempo es muy valioso y el mío no vale nada, lo que hace una diferencia enorme.

Mis tíos Darwin[120] de Elston están ahora pasando una semana con nosotros. Me divirtió mucho hace un día o dos que mi tío dijera: «Que estaba muy seguro de que ninguno de sus hijos vivirá para heredar Elston. Que ambos morirán y que entonces la propiedad recaerá en Erasmus, quien, según tiene entendido, jamás se casará. Que tú acabarás ahogado en tu viaje actual, y entonces pasará a los hijos de Sir Francis Darwin». ¿Recuerdas que yo fui quien te informó que Elston sería legado a Erasmus y a ti tras los hijos de mis tíos? Su hijo mayor es un terrible inválido con su mal del corazón, aunque es un muchacho muy bien dispuesto. Ha tenido hasta ahora esos ataques por tanto tiempo y siempre sale de ellos que pienso que puede reanimarse, pero siempre será un inválido. Su otro hijo es un buen muchacho sano y siempre lo ha sido, de manera que no pienso que tú o Erasmus tengan una buena oportunidad, pero ya han sucedido cosas más improbables aún[121].

Supe hace unos días que la salud de Sir Francis Darwin no es muy buena. Se imagina que tiene una enfermedad mortal y él mismo se receta. Ha utilizado medicinas fuertes que lo han postrado en gran medida o ha decaído su ánimo. No va a ninguna parte para ver a sus viejos amigos y está muy desconsolado acerca de sí mismo. Está esperando que su familia se incremente por parte de Lady Darwin, que según yo ya cesó desde hace tiempo de tener tales esperanzas. Había arreglado todo para aceptar una muy amable invitación de Shrewsbury en este verano para ir y pasar algún tiempo en casa de tu padre, pero el tiempo se desliza tan rápidamente mientras nos movíamos por el campo que por fin nos vimos obligados a abandonar la idea, por el temor de no poder llegar a la isla de Wight antes de que llegue el invierno.

Desearía saber por dónde andas en esta época. Por Caroline supe que tu última carta fue la de abril desde las islas Falkland y menciona algo de un tal Jemmy Button, pensando que sé algo sobre él, pero me ha dejado desconcertado ya que nunca me lo mencionaste. Espero que hayas encontrado en el mar del Sur tanto placer como anticipabas. Si no estás ya en camino cuando esta carta llegue a Valparaíso, seguramente estás en el punto de partir a esa tierra largamente prometida.

Ruego que no creas, mi querido Darwin, por esta tan sosa carta, que mis sentimientos de amistad hacia ti estén embotados de igual manera. Ni un solo día has estado ausente de mis pensamientos y creo que pocos de tus amigos te recibirán cuando regreses de nuevo con tanta alegría como yo para darte la bienvenida de todo corazón a Inglaterra. Pero me temo que encuentres en mí a un extraño ser melancólico. Todos se unen aquí para mandarte su cariño y los mejores deseos en todos los sentidos y créeme que sigo siendo / siempre tu fiel amigo/William Darwin Fox

A Catherine Darwin 8 de noviembre de 1834
Valparaíso
Noviembre 8, 1834
Mi querida Catherine:

Mi última carta fue más bien sombría, ya que no me sentía muy bien cuando la escribí. Ahora todo brilla como el sol. Ya estoy del todo repuesto, después de quedarme en cama por segunda vez por 15 días. El capitán FitzRoy, generosamente, ha demorado la partida del barco 10 días por aprecio a mi persona y sin que me dijera en ese momento el porqué. Tenemos ciertos procedimientos extraños a bordo del Beagle, pero que se han finiquitado admirablemente para todos. El capitán FitzRoy ha estado trabajando con extremada dureza en los dos últimos meses y al mismo tiempo se ha visto continuamente fastidiado por las interrupciones de los oficiales de otros barcos: la venta de la goleta y sus consecuencias fueron muy enfadosas: la conducta fría con que lo ha tratado el Almirantazgo (creo que tan sólo porque es conservador) y otras mil más, etc., etc., han hecho que adelgace y se sienta indispuesto. Esto se vio acompañado por una mórbida depresión del ánimo y una pérdida de toda decisión y resolución. El capitán temió un desarreglo mental (consciente como estaba de su predisposición hereditaria). Todo lo que le pudo decir Bynoe fue que era consecuencia de su salud corporal exhausta después de aplicarse tanto, pero nada de ello le valió. Se sintió inválido y Wickham tomó el mando. Por las instrucciones, Wickham sólo podía terminar el deslinde de la parte meridional y se le obligaba entonces a regresar directamente a Inglaterra. La pena a bordo del Beagle por la decisión del capitán fue universal y profunda. Una de las grandes fuentes de este malestar fue el sentimiento de que era imposible cumplir por completo las instrucciones; por su estado mental, nunca se le ocurrió que las instrucciones le ordenaban cumplir con la mayor parte de la costa occidental si había tiempo para ello y entonces proceder atravesando el Pacífico. Wickham (desinteresadamente y dejando de lado su propia promoción) le urgió con toda elocuencia, afirmando que cuando tomó el mando nada le inducía a ir a Tierra del Fuego de nuevo, y entonces le preguntó al capitán qué se ganaba con su renuncia, por qué no hacer la parte más útil y regresar, como se le ordenaba, por el Pacífico. Finalmente el capitán, para contento de todos, consintió y retiró su renuncia.

41. San Carlos, Chiloé, julio de 1834. © Cambridge University Library.

¡Viva, viva! Se estableció que el Beagle no iría una milla más al sur del cabo Tres Montes (unas 200 millas al sur de Chiloé) y de este punto hasta Valparaíso terminaríamos en seis meses. Examinaremos el archipiélago de Chonos, totalmente desconocido, y el curioso mar interno detrás de Chiloé. Para mí es fantástico, ya que el cabo Tres Montes es el punto más meridional donde radica gran parte del interés geológico, pues ahí terminan los lechos modernos. El capitán habló entonces de cruzar el Pacífico, pero creo que lo persuadiremos de terminar la costa del Perú, donde el clima es delicioso y el campo horriblemente estéril pero del mayor interés para un geólogo. Por primera vez desde que dejamos Inglaterra veo claro y ya no una tan distante perspectiva de regresar junto a ustedes: cruzar el Pacífico y de Sidney a casa no debe tomar mucho tiempo.

Tan pronto como el capitán se sintió inválido, determiné dejar el Beagle, aunque era absurdo que esta revolución de cinco minutos afectara todos mis sentimientos. Por mucho tiempo me afligía y apesadumbraba el tiempo interminable del viaje (aunque nunca lo habría abandonado), pero ese momento pasó y no pude determinarme a regresar. No podía abandonar todos los castillos geológicos en el aire que había estado construyendo durante estos dos años. Toda una noche la pasé pensando en el placer de volver a ver Shrewsbury, pero las llanuras desoladas del Perú alcanzaron la victoria. Me hice el siguiente plan (sé que me denostarán y quizá si lo hubiera puesto en ejecución mi padre me hubiera mandado un apercibimiento): examinar las Cordilleras de Chile durante el verano y en el invierno ir de puerto en puerto por la costa del Perú hasta Lima y regresar en un año a Valparaíso, cruzar las Cordilleras hasta Buenos Aires y tomar un barco a Inglaterra. ¿No habría sido ésta una buena excursión y en 16 meses hubiera estado de vuelta con ustedes? Haber aguantado Tierra del Fuego y no ver el Pacífico hubiera sido digno de lástima. Tal como están las cosas en la actualidad, todo es perfecto: la intención de completar las pequeñas partes de la investigación de la costa suroeste no habría tenido mayor interés y la costa es de hecho absolutamente peligrosa y el clima peor que el de las cercanías del cabo de Hornos. Cuando estemos mar adentro estoy seguro de que el capitán volverá a sentirse bien. En realidad, ya ha recuperado sus modos inflexibles y fríos que había perdido.

42. Bosque de Chiloé, julio de 1834. © Cambridge University Library.

43. Valparaíso, agosto de 1834. © Cambridge University Library.

Mañana subo a bordo. He permanecido durante las últimas seis semanas en casa de Corfield. No puedes imaginar lo buen amigo que he encontrado en él. Tanto los nativos como los extranjeros lo quieren y respetan. Varias señoritas chilenas están bastante ansiosas de convertirse en las señoras de esta casa. Dile a mi padre que he mantenido la promesa de ser extravagante en Chile. Saqué una letra por 100 libras (¿no hubiera sido mejor notificarle al señor Robarts y compañía?)[122]. 50 libras van para el capitán por el año que viene y 30 las tomo mientras navegamos por los pequeños puertos, de modo que bona fide no he llegado a gastar 180 libras durante los últimos cuatro meses. Y espero no sacar más dinero en los próximos seis meses. Todos estos detalles fueron establecidos apenas ayer: me ha hecho mucho más buen efecto que una pinta de medicinas y no me he sentido más feliz en todo el año pasado. Si no hubiera sido por mi enfermedad, estos cuatro meses en Chile habrían sido muy agradables, pues sólo hubiera tenido la mala suerte de un pequeño terremoto. Estaba en cama y había todo un grupo cenando en la casa; de pronto oí un alboroto en el comedor. Sin que se cruzara una palabra, que el diablo se tome por la cola y a ver quién llega a salir primero. En ese momento sentí que mi cama vibraba levemente en dirección lateral. Todos los del grupo eran experimentados y oyeron el ruido que siempre precede a un choque y

210

ningún hombre sabio ve a un terremoto con ojos filosóficos.

Hasta que diga otra cosa, sigan dirigiéndose a Valparaíso. Sin embargo, si puede arreglarse, el modo mejor y más económico es que alguien vaya a Liverpool y reciba las cartas y las envíe en el primer barco que salga de ese puerto. Entonces las recibiré seguramente dos meses antes que por el correo regular. En este caso deben dirigirlas al cuidado de R. Corfield Esq.

Le escribí a Erasmus (al Whyndam Club) para pedirle que me hiciera un favor. Si no está en Londres, supongo que Hensleigh Wedgwood puede tener la bondad de encargarse, tomar la carta en el Club para leerla.

Adiós a todos, pues ya no tendrán otra carta mía por un tiempo[123]. Mi querida Catherine, tu siempre afectuoso / Charles Darwin

Mi mayor cariño para mi padre y todos ustedes. Cariño para Nancy.

A John Stevens Henslow 8 de noviembre de 1834
Beagle. Valparaíso
Noviembre 8, 1834
Mi querido Henslow:

Esta carta va meramente para informarle que mandé con el HMS Challenger dos cajas con especímenes. No partirá de este puerto hasta enero y no llegará a Inglaterra por lo menos hasta cuatro meses después[124]. Esta carta va con el Challenger a Inglaterra. En una de las cajas le doy un recuento de todos nuestros procedimientos y perspectivas para el futuro, etc., etc. También incluí parte de mi diario. ¿Sería usted tan amable de enviarlo por alguna diligencia a la siguiente dirección: Dr. Darwin, Shrewsbury? No pensé en mandarlo más que cinco minutos antes de cerrar la caja, de otra manera le habría puesto la dirección. Desde luego que si siente interés puede ver lo que desee de mi trivial diario epistolar. Van tres pequeños paquetes de semillas, y las de la caja oblonga las he rotulado como provenientes de Tierra del Fuego. Proviene de Chiloé (su clima, etc., etc., es como el de Tierra del Fuego, pero considerablemente más cálido). No espero en realidad que ninguna de las semillas prospere.

Siga dirigiendo las cartas a Valparaíso. Si usted conoce a alguna persona de Liverpool que depositara sus cartas para mí en alguno de los numerosos barcos de este puerto, podría yo recibirlas un par de meses antes. En este caso, debe dirigirlas al cuidado de R. Corfield Esq. Su muy agradecido / Charles Darwin

De Susan Darwin [24 de] noviembre de 1834[125]
[Shrewsbury] Noviembre de 1834
Mi querido Charles:

Te sorprenderá saber que el mismo paquebote que te lleva ésta desde Falmouth, al mismo tiempo, conduce a los Langton a Madeira, donde han resuelto pasar el invierno por la salud del señor Langton, ya que ha tenido un ataque en el pecho que naturalmente los alarma, pues nueve hermanos y hermanas murieron de consunción. Parece una gran pena que deban dejar Onnibury justo cuando estaban tan atareados y felices con la ampliación de la casa y la preparación del jardín, etc., pero ya que él tiene 33 años, es muy posible que si logra pasar otro invierno ya no haya más angustias para él, así que es muy sabio que hayan hecho este sacrificio. Dudaron mucho tiempo entre Madeira y las Indias Occidentales, y ambos preferían las últimas por la novedad y la belleza de un clima tropical, pero el tío Jos decidió el problema recordándoles que con toda probabilidad las Indias Occidentales estarán en una situación inestable en este primer año tras la libertad de los esclavos. Estaban ansiosos por encontrar un buen texto sobre Madeira y Charlotte, que investigó en tu favorito Humboldt, se sintió decepcionada porque nada dice de la isla. Sin embargo, obtuvieron cartas de recomendación para el cónsul y el capellán[126], así que no se sintieron tan abandonados. El Pandora surca el 5 de diciembre. Es un paquebote nuevo, construido según un nuevo y mejorado plan que lo hace más seguro (según Charlotte), pero yo no sería la primera en probar nuevos experimentos si fuera ellos. Debo decir que de todos modos seguirán hacia las Indias Occidentales, ya que el señor Langton tiene grandes deseos de ir a ellas y cuando esté a medio camino no creo que llegue a regresarse. Es una pena que no puedas encontrarte con ellos, ya que creo que gozarías charlar sobre escenas tropicales en un tiempo futuro. No puede haber una dama mejor para lanzarse a tal viaje que Charlotte, ya que no es de composición nerviosa y sí independiente e indiferente a las comodidades personales. No van a tomar ningún sirviente con ellos, lo que me parece muy temerario considerando el peligro de enfermedad en el caso del señor Langton.

La última carta de Erasmus la escribió con espíritu alborotado[127]. Estuvo cinco días en Cambridge con los Hensleigh, que disfrutaron prodigiosamente pasando la mayor parte de su tiempo con los profesores Whewell y Sedgwick, y el día que más disfrutaron fue el domingo. Después de oír el sermón universitario a los reyes, fueron a Trinity, donde después de que el culto terminó oyeron el más bello concierto. Sedgwick los llevó a sus habitaciones en la tarde y Whewell se les unió. Eras dice que Whewell se apoderó de la conversación y que le dio un giro religioso, y Eras dice que «de desespera que no pueda redactar lo que dijo porque era realmente súper humano». Y en otra parte de su carta dice: «da brillantez y celeridad de la conversación de Whewell con Fanny fue tal como nunca me la habría imaginado. Los dos profesores armon< izaron> perfectamente: la simplicidad de Sedgwick y la buena fe en todo lo que dice y su forma pintoresca de conversación daban realce a la de Whewell, que es toda especulación y generalización, siempre brillante y tan perfectamente elegante que pienso que sería imposible cambiarle una sola palabra». Este extracto de su carta es suficiente para darte una idea de lo amena que habrá sido su visita a Cambridge. Habrías ansiado estar con ellos. Acaban de nombrar a Sedgwick canónigo de Norwich. El país está en un estado extraño en la actualidad, ya que inesperadamente el rey ha destituido a todos los ministros liberales y nombrado premier al duque de Wellington y es muy dudoso cómo se mantendrá esta situación, ya que buscan lograr la disolución del Parlamento con la esperanza de obtener más poder sobre la Cámara de los Comunes, y mucha gente dice que el cambio será para peor y que se elegirían más radicales y no conservadores.

La noticia más reciente que debo darte es muy triste. El pobre coronel Leighton estaba cabalgando el miércoles pasado 19 con Clare, los dos solos, pues no llevaban sirviente, cuando súbitamente él cayó de su caballo en Coton Hill por una apoplejía y no dijo ni media palabra y expiró instantáneamente. El señor Wynne[128] se dirigió rápidamente al lugar pero fue demasiado tarde. Vino galopando a casa y le pidió a papá que fuera y le diera la noticia a la señora Leighton, que se mostró muy abatida, pues acababa de hablar con él perfectamente bien y con buen ánimo. Por fortuna Louisa Hope ya había tenido el bebé, un lindo niño, así que no hubo mayor peligro en contárselo y tanto ella como Clare se esforzaron mucho en consolar a la señora Leighton. El pobre de Frank estaba en Oxford y llegó a la noche siguiente, así que ahora están todos juntos y el funeral tendrá lugar mañana. Parece que todo el mundo lo siente pues era muy respetado por quienes lo conocían: era un hombre consciente y bondadoso en todos sentidos. Papá lo sintió mucho ya que era uno de sus verdaderos amigos. Mis hermanas se han ido a Maer a despedir a los Langton, de otro modo se unirían a papá y a mí para expresarte su cariño, querido Charley. Tu siempre afectuosa / Susan Darwin

La vieja nana Tanty y yo murmuramos acerca de ti por cerca de una hora la otra noche. Nuestro tema principal fue preguntarnos cuándo realmente acabarás por regresar.

De Caroline Darwin 29 de diciembre [de 1834]
24 Regent
Diciembre 29
Mi querido Charles:
Tus dos cartas fueron una agradable sorpresa para nosotros y te agradecemos por ello. La primera estaba fechada el 29 de julio para Cath desde Valparaíso y la otra para mí del 9 de agosto. Se le escribió al señor Clift con todas las instrucciones que deseabas. Erasmus dice

que una caja con huesos llegó a Inglaterra vía Liverpool en agosto y cree que viene de Buenos Aires. Una nota que acaba de recibir del profesor Henslow, fechada el 22 de diciembre, dice que debido a un error no recibió tus huesos hasta ahora. Los encontró en buen estado y los ha guardado en un lugar seco. También dice que te escribirá con el primer paquete que se te dirija. Erasmus dice que no sabe a qué huesos se refiere Henslow en la nota que cito. El pobre de Erasmus ha estado enfermo, pero gracias a Dios se ha recuperado y ya está bien de nuevo. Hace unas tres semanas sufrió de un dolor súbito en su costado que desapareció en una noche, pero que resultó ser el principio de una fiebre y de inflamación del pecho. Por unos días estuvo muy enfermo y reducido a una debilidad tal que por muchos días [sic] no pudo moverse de la cama. Por fortuna los Hensleigh se enteraron por casualidad de la enfermedad y lo cuidaron con ternura y cariño. También el doctor Holland ha sido muy cariñoso. Susan llegó el domingo hace 15 días. Por desgracia yo estaba en Overton y no me enteré de su enfermedad a tiempo para ir con ella, pero la seguí a los pocos días y felizmente encontré que el peligro había pasado y nada tuve que hacer más que la alegría de verlo comer, dormir y ganar peso. Ahora ya se sienta todo el día tan contento y descocado como siempre. Regreso a casa mañana y Susan se va con él a Clapham por unas semanas antes de que vuelvan a Shrewsbury. El pobre de mi querido papá tuvo un ataque de gota tan fuerte que fue incapaz de viajar a Londres, pero ahora ya está muy contento. Eras te manda su cariño y te escribirá con el paquete, que espera poder enviártelo antes de poco. Por lo que pude entender, la demora se debe a que parte de uno de los libros que debía ir en el paquete no ha sido impreso todavía. Erasmus parece haber gozado en extremo de una pequeña visita de cinco días a Cambridge, adonde fue con los Hensleigh. Dijo que fue como si anduviera en sueños, caminando por los jardines y haciendo de enfermera de Snow, la mayor de las dos hijas de Hensleigh y la más querida por Erasmus. Es una cosita muy entretenida. Eras llamó al profesor Henslow, quien se excusó por no invitarlo haciendo hincapié en el estado de salud de su esposa, etc., lo que finalmente Eras vio que significaba que la señora Henslow estaba a punto de dar a luz. Fue una tarde y tomó el té en la posada con los Hensleigh y Eras. También Sedgwick y Whewell fueron una tarde y la pasaron muy bien. Hace tres semanas que los Langton partieron a Madeira. El señor Langton estaba muy bien, sin nuevos escalofríos y con mucho ánimo. Desea con fervor ir a Río y no cree que Charlotte lo objete, pero es muy dudoso que pongan este plan en ejecución. Si van, no puedo imaginar nada más provocador que el que su visita hubiera coincidido cuando tú estabas ahí. ¡Qué extraño parece la sola posibilidad de encontrarte en Río con Charlotte!

Hemos sabido de un informe sobre el capitán FitzRoy de que ha sido promovido y que regresas a casa por el Pacífico. Me temo que son demasiado buenas noticias para ser creídas y espero que tú incluso te contentarías con ver las islas del mar del Sur. Serán muy buenas noticias cuando estemos seguros de que llegará el tiempo de contemplar el futuro y ver de nuevo tu querido rostro. Mi padre está muy bien, aunque temeroso de la gota, lo cual es más bien algo bueno para él. Deseándote, queridísimo Charles, un feliz año nuevo, créeme siempre tu afectuosa / Caroline Darwin

Regreso a casa por la diligencia postal en esta tarde y tendré la noche más fría que nadie haya padecido por un tiempo.

1835

De Caroline y Catherine Darwin 28 de enero [de 1835]
Shrewsbury
Enero 28
Mi queridísimo Charles:
Caroline recibió tu carta de Valparaíso del 13 de octubre hace como una semana. No puedo expresarte lo que sentimos al saber que habías estado enfermo, mi querido Charley. Debe haber sido tan penoso para ti estar enfermo cuando estás en una expedición, y estoy segura de que sufriste mucho al obligarte a viajar mientras carecías de las condiciones.

Tenemos la esperanza de saber de ti pronto de nuevo, ya que estamos doblemente ansiosas de tus noticias. Papá me pide que te dé un mensaje de su parte: desea que te urja a que abandones el Beagle y regreses a casa, y que veas esa grave enfermedad como una advertencia. Papá dice que si tu salud empieza a fallar una vez, habrás de sentir doblemente el efecto de cualquier clima insalubre, y que está muy inquieto por ti y muy temeroso de las fiebres que te pueden afectar en esos países. Papá está muy pero muy ansioso y desea que te ruegue que recuerdes que pronto hará cuatro años desde que nos dejaste, lo que con toda seguridad es una larga parte de tu vida para dedicarla a la historia natural. Si esperas hasta que el Beagle regrese, serán otros tantos años de nuevo; el tiempo de su viaje se va alargando y alargando cada vez que tenemos noticias de él. Estamos desesperados al respecto. Piensa en lo que dice papá, mi querido Charles. Su consejo es siempre tan juicioso en el largo plazo, y sé prudente a tiempo y regresa antes de que tu salud se arruine; si la pierdes por una vez, nunca podrás recuperarla por entero. Desearía que fuera posible que todo lo que podamos decir tenga cierto efecto en ti; no te guíes por los que están contigo, que desde luego desean mantenerte y seguirán deseándolo hasta el final, sino que pienses con seriedad en el firme consejo y opinión de papá. Caroline te escribió el mes pasado desde Londres, cuando el pobre Erasmus se recobraba de una fiebre peligrosa. Ha permanecido con nosotros por unas dos semanas y está mejor y más fuerte cada día, y confío en que pronto será el mismo. No se quedará mucho más tiempo con nosotros, sino que regresará a Londres la próxima semana. Te envía su mejor cariño y te escribirá él mismo cuando llegue de regreso a Londres con unos libros que se te enviarán desde Cambridge. Eras te escribió algo en una de las cartas de Susan que ya habrás recibido antes que ésta. Eras es un viejo compañero lánguido e indolente, así que debes perdonarle que no te escriba más a menudo. Qué bueno que hayas recibido ya las cartas del señor Owen y espero que pronto reciba tu respuesta. ¿Le has escrito a William Fox después de su boda? Te apenará saber que su señora tuvo un bebé muerto, lo que ha sido un gran dolor para ellos, y estuvo muy enferma de peligro poco después por inflamación del pecho. La vieja señora de William Darwin, la madre de la señora Fox, ha muerto a la edad de 90 años. No sé si alguna vez llegaste a conocerla o supiste siquiera de su existencia. Se dice que dejarán Osmaston pronto. Puedo creer fácilmente lo difícil y desagradable que puede ser para ti escribir a tus amigos a los que no has visto por tanto tiempo y estoy segura de que cada carta que escribes debe corresponder a tres que recibes, pero de todos modos debes tratar de escribir de cuando en cuando una carta a tus demás corresponsales además de las nuestras, o dejarán de escribirte. Nos alegra mucho que tengas un amigo tan atento y beneficioso para ti como el señor Corfield: un amigo en Sudamérica debe ser invaluable. Tengo sólo una noticia extraordinaria más para ti, de la que en un principio te reirás pero después te apenará. Supongo que te enteraste de que Robert Wedgwood ha estado viviendo desde hace seis meses como beneficiado en Muxton, en la vieja casa del señor Crewe, quien es el viejo más desatento y horrible, y su hijo, el señor John Crewe, es igualmente un hombre deshonroso y desterrado de Shropshire[1]. Toda la familia de John Wedgwood se sentía vejada de que Robert tuviera que vivir en esa casa deshonrada y lo está más todavía cuando se supo que Robert se había enamorado perdidamente de la señorita Crewe, que tiene 50 años de edad y es tuerta. En vano trataron John Wedgwood y familia de romper este desafortunado compromiso, pero todo fue en vano. Es una mujer lista y debe de haberlo atrapado con algún artificio, pues tiene los restos de una gran belleza. Se dice también que tiene un temperamento violento, lo que es otro punto en esta malhadada alianza. Robert anda por los 28 o 29, así que hay una diferencia de 21 o 22 años entre ellos. Creo que es un caso normal de asalto en la cuna. John Wedgwood y familia están con nosotros ahora y la tía Jane te desea todo su amor. Los días parlamentarios del tío Jos terminaron. No intenta volver a postularse en esta última elección y si lo hubiera intentado seguramente no lo habrían elegido. Shropshire ha elegido en realidad a 12 miembros del partido conservador, a los que se conoce como los 12 apóstoles de Lord Powis[2]. El conservadurismo crece en Shropshire más que nunca y ciertamente ha habido una reacción en todo el país a favor de los conservadores, aunque por lo general los reformadores son mucho más fuertes y harán, según espero, que se eche a Sir Robert Peel y a su odioso ministerio[3]. Edward Holland ha regresado como miembro por East Worcestershire. Todavía no te he dicho qué lindas notas hemos recibido de los Langton. Llegaron a Madeira el 16 de diciembre, después de navegar tan sólo 10 días, de los que Charlotte dice que gozó mucho y escribe además con gran admiración de la belleza del clima, que es caliente para el ejercicio (en diciembre) y que en el exterior las flores de nuestro invernadero están en plena floración, lo cual a ti no te sonará tan maravilloso. El señor Langton va muy bien, según dice Charlotte en su carta, y no tiene dolencias del pecho.

Ya te he contado todo, mi querido viejo Charley. Cómo desearía que tu próxima carta nos traiga las alegres noticias de tu regreso; cuán felices nos harías. Papá te manda su gran cariño; está muy bien. Bendito seas, mi querido viejo, y cuídate, por lo menos. Siempre tuya / Catherine Darwin

Mi querido Charles, me apenó saber de tu enfermedad y de tu frustración por el regreso a la Patagonia. Espero y deseo que seriamente considerarás el hecho de que sería prudente que dejaras el Beagle y regresaras a casa. Has estado hasta ahora mucho más tiempo del que habías pensado originalmente y no dañarás tu honor en lo más mínimo si no sigues tanto como lo haga el Beagle. Mi padre y todos nosotros estaremos muy felices de volverte a ver y piensa, respecto de tu propia felicidad y salud, si no sería mejor que regresaras a nosotros./ Queridísimo Charles, adiós y Dios te bendiga. Estamos ansiosos de recibir tu próxima carta./ Caroline Darwin

De Charles Whitley 5 de febrero de 1835
College, Durham
Febrero 5, 1835
Mi querido Darwin:
Finalmente tengo una oportunidad para contestar tu bienvenida carta, y como una hoja tiene límites y muy pronto podemos llegar a ellos, debo empezar mi respuesta con un relato sistemático de mis propios actos. Creo que supiste que fui candidato al cargo de profesor de matemáticas de la Universidad que se proyectó en este lugar más o menos cuando dejaste Inglaterra. Quizá no, pero démoslo por hecho, aunque tuviste bastante de qué pensar justo en esos momentos sin que te llenaras la cabeza con universidades en embrión. No logré mi propósito, pero al abrirse la Universidad a principios de 1833 se creó una cátedra subordinada para mi acomodo. A esto se agregó una tutoría en matemáticas del único College erigido dentro de la Universidad, que, junto con uno o dos cargos más, ya que soy un pluralista espantoso, causa que mi estado pecuniario sea bastante cómodo (aunque estoy lejos de ser rico) incluso en nuestra naciente situación. El profesor de matemáticas murió y veo ansiosamente la posibilidad de sucederlo. Si tal fuera mi fortuna, supongo que me estableceré en Durham por el resto de mis días, y por lo que veo en el presente —y he estado aquí durante un año—, no veo razón para pelearme con mi lugar. No me he casado todavía, pero desearía hacerlo o incluso comprometerme para entrar en el estado deseable, pero si obtengo este profesorado creo que no pasará mucho tiempo sin que lo haga. Hay todo un buen corrillo de damiselas en esta ciudad del que un hombre puede escoger una compañera para sí. Así que quizá antes de que regreses a casa podría yo estar «establecido» y en condición de ofrecerte un lugar cómodo, una bienvenida de corazón y una cálida chimenea, de lo que estoy seguro que nadie te lo podría ofrecer con más espontaneidad o con un deseo más fervoroso de que se le acepte que en tu caso. Y espero también que mi nueva Alma Máter se haya establecido firmemente para entonces y gozando de todos los derechos y privilegios por los que está ahora lidiando. Tenemos ya un Acta del Parlamento y esperamos que pronto tengamos además la Cédula, de modo que podamos ya conferir grados. En la actualidad nuestros números son bastante pequeños, 60 pasantes y seis tutores, de los que uno es Peile de Trinity. Cultivamos las ramas ornamentales, tales como la química, etc., un poco, pero para alentar esto hay conferencistas designados que no tienen nombramiento en el College y que por lo tanto son considerados como «potencias aliadas»

más que como verdaderos miembros del claustro. Y esto puede servir para que te des una idea de mi posición real. Mis libros y grabados han sido transportados aquí ya y puede considerarse que mis dioses lares han tomado aquí su casa y hogar. No he estado en Cambridge desde el otoño, cuando dejé a Heaviside floreciente. Ahora es tutor de Sidney. El otro día supe de Cameron, que ahora vive en Cambridge, en medio de la sobriedad por severa mala fortuna. ¿Supiste que había muerto su padre y en circunstancias nada notables? Creo que su madre vive ahora con él en una pequeña casa en Downing Terrace. Habla de tomar las órdenes muy pronto, si puede obtener un beneficiado. Marindin se casó y claudicó. De Matthew no sé nada. No estuvo en Cambridge en todo el verano cuando yo andaba por ahí. Watkins se ordenó y obtuvo el beneficiado de Clyro en Gales del Sur. Es la parroquia que el padre de Venables sostiene. Venables a su vez se casó con una duquesa rusa y tiene un beneficio en Herefordshire. Watkins parece contento e incluso feliz con su humilde ocupación. Tuve una larga carta suya el otro día que contenía cantidad de desatinos, algo más con sentido y una buena cantidad de entretenimiento. Estoy seguro de que haría «gran ostentación» de una carta tuya. Por cierto, que estoy enojado más que a medias contigo por no haberme escrito antes. Si no regresas pronto, haz que piense bien de ti de nuevo dándome un recuento más reciente de ti, y si es posible a vuelta de correo. Supongo que piensas a menudo y mucho de los amigos que dejaste atrás, pero si todo lo que tus amigos dicen y piensan de ti, colectivamente, hubiera que ponerlo en el otro platillo, mi creencia en la fuerza de la multiplicación me convence de que la balanza se inclinaría en tu contra. No necesito decirte mucho de Herbert ya que le has escrito y tenido noticias suyas. Todavía está en Londres y no pasará mucho tiempo sin que se le llame a la barra, donde, salvo el ocio, seguramente brillará. Gasté parte de mis vacaciones de Navidad, ya que el Alma Máter dunelmense tiene, como sus hermanos mayores, tres vacaciones, en Nottinghamshire, de este modo: cuatro días con Tom Butler, a quien como habrás ya tenido noticias le concedió un beneficiado[4] el ex Lord Canciller[5], y tres con los Lowe, cuya casa está sólo a cuatro millas de distancia de la rectoría de Tom. La primera fue por lo general una visita agradable y no necesito decirte a ti cuán agradable fue la segunda. Si hay algo de verdad en las viejas consejas, tus oídos deben de haber ardido durante todo el tiempo. Por desgracia, Henry no estaba, por sus viajes, pero sabía previamente de mi visita a Bingham y envió la petición especial de que me uniera a su hermano Robert en la escritura de una carta para él, lo que hice de buena gana, y si esto le causó tanta diversión en Burdeos como nos causó a nosotros en el Vale of Belvoir, pienso que sus costados le habrán dolido como me sucedió a mí por toda una semana. No necesito por lo demás detallarte las noticias públicas. La despedida de los liberales, el acceso de Sir R. Peel y las elecciones pueden encontrarse desde luego en los periódicos incluso en tu remota parte del mundo. En la actualidad estamos boquiabiertos con el tema de la reforma de la Iglesia, para cuyo seguimiento se ha nombrado justamente una comisión real[6]. Pienso ordenarme pronto y por lo tanto estoy muy interesado en el tema. Y espero que la integridad de las propiedades de la Iglesia se conserve. También como cuerpo nos preocupa la distribución de los fondos eclesiásticos de la diócesis, especialmente del Capítulo, ya que nos interesamos en una rebanada de esos fondos, naturalmente. Vi a la señorita Holland en Newcastle el otro día. Quiere que todos hablen de ti y averigüen sobre ti. Sabrás que perdió su puesto en Brook Street, al casarse su hermano con una hija de Sydney Smith, el reseñista[7], hace unos 10 meses, y tuvieron una niña en estos últimos 10 días. Y el mundo sigue rodando. Poco sé de Henslow, salvo que el mundo prospera para él desde que obtuvo un beneficiado. Mucho hay para ti de nuevo que ver y que oír en el caso de la música y la pintura. He logrado algunas adiciones soberbias a mi familia de grabados y también se le han agregado ciertos tesoros gloriosos a la National Gallery. Así que déjanos observar los placeres intelectuales que vendrán. No tengo más noticias que darte, excepto que John Roberts de Barmouth se ahogó en el mar en el Wellington. Por suerte para tu amigo Rhys Jones se habían peleado antes y John tenía otro socio, que compartió su suerte. O. Gore ha regresado a North Shropshire en lugar de Cotes, jubilado[8].

¡Dios te bendiga y te conceda salud y éxitos! / Siempre tuyo, afectuosamente / Charles

Whitley

De Susan Darwin 16 de febrero de 1835[9]
[Shrewsbury]
Febrero 16, 1835
Mi querido Charles:
Todos esperamos con toda el alma antes de que esta carta parta que tengamos de nuevo noticias tuyas, y que no nos sentimos muy tranquilos y aliviados acerca de ti, mi querido Charley, hasta que sepamos que has vuelto a recuperar tus fuerzas en la medida en que las poseías antes de tu enfermedad y tememos que tengas una recaída del mismo ataque. Conocer que estabas enfermo a tan gran distancia es muy desagradable y desearía con todo mi corazón que tuvieras una añoranza tal como para dejar de seguir en esta expedición sin fin. Ayer nos encontramos al capitán Harding, que acaba de traer a su novia, la señorita Dona Dallas, de Santa Helena, y se ve tan bella como hace ocho años cuando era vecina nuestra. El capitán H. preguntó por ti y dijo que el capitán FitzRoy había sido promovido a poscapitán[10], pero que no esperaba que eso implicara ningún cambio en sus planes o que lo trajeran de regreso a Inglaterra, lo cual me entristeció, ya que me ilusionó pensar que dejaría en este caso el bergantín Beagle por un barco mayor. Fue una triste injusticia que el capitán F. se viera obligado a abandonar el pequeño barco que compró para acompañar al Beagle, pues además de correr más riesgos tuviste que volver a esa situación atestada y de apreturas.

No pudimos retener a Eras más de dos semanas aquí y una semana en Maer antes de que decidiera regresar a su querido Londres. Sin embargo, nos escribió con buen ánimo y parece que no se ha agripado en su viaje, de modo que espero que pronto esté tan fuerte como antes de su enfermedad, aunque esto no es como para jactarse. Si es tan díscolo y perezoso como para no escribirte, estoy segura de que no ha perdido su amor por ti, ya que lee tus cartas a menudo y siempre habla con el mayor interés acerca de ti, y afirma calurosamente las bondades de tu expedición como si agregara mucho a tu propia felicidad. Aunque he hablado de su pereza, sé que tiene la intención de escribirte muy pronto, y espero que hayas recibido esa carta mía en la que te escribió el pasado agosto o septiembre. El otro día estuvo por aquí Tom Eyton y mencionó que tuvo una carta tuya cuando estabas en Valparaíso, pero dijo que te ha escrito tres cartas a ese lugar y que ni siquiera has dado cuenta de la primera.

Esperamos todos los días tener noticia de su boda con la señorita Slaney, pues iba a tener lugar en este mes. Creo que no se ha terminado su casa, lo cual sería causa de la demora, y tampoco se ha sentido muy bien. Todos queremos mucho a la señorita Slaney y admiramos su belleza tanto como lo hacías tú en los viejos tiempos de Barmouth. El señor Slaney fue derrotado en la última elección por el señor Pelham, lo que lo desazonó mucho.

Catherine te habrá contado en su última carta de la intención de Robert Wedgwood de casarse con la señorita Crewe de Muxton, ¡con una diferencia de edad de 20 años! Robert vino hace como 15 días para ver a la tía Jane, que ahora vive con nosotros, y habló del asunto, de que han dado ellos su consentimiento a pesar de estar en contra de su inclinación, ya que desde luego les disgusta una boda tan absurda, además de que su familia es gente muy buena para nada. Le aconsejé a Robert que se case y se vaya al extranjero, ya que éste sería el mejor modo de que terminaran las habladurías, y pareció bien dispuesto a seguir mi consejo. La gente dice que ella tiene mal genio y que es imposible que cambie ya que se volverá muy celosa de su joven marido. Realmente no debería permitirse a los Wedgwood que escogieran ellos mismos, después de los ejemplares que Frank y Robert han escogido por esposas.

Caroline recibió una muy linda carta de Charlotte escrita desde Madeira, donde pienso que se siente algo desilusionada de que en un futuro goces hablando de los escenarios tropicales con ella. El señor Langton parece tener un gran antojo de Río de Janeiro, de modo que yo diría que proseguirán su viaje a esa ciudad. Qué pena que no haya sido un año antes para que tú los recibieras.

Acabo de regresar de una corta visita a Woodhouse, adonde fui sobre todo para ver al pobre Owen después de su accidente. Me sorprendió mucho lo bien que puede mover su pierna: camina mucho, pero se ve obligado a sostenerla con tirantes de modo que no doble la rodilla demasiado. Fanny y el señor Biddulph estaban ahí y la encontré a ella tan encantadora como siempre. La vi mucho más bella que nunca antes, y en parte se debe a su aspecto tan delicado. Mientras caminábamos por la huerta, se puso a reír diciendo que no podía dejar de pensar cómo tú y ella en los viejos tiempos se atracaron en los lechos de fresas y a partir de ahí habló muy cariñosamente de ti y dijo cuánto se alegrará de verte de nuevo, querido viejo, lo cual es un deseo que con seguridad todos anhelamos y así que hasta pronto y bendito seas / mi querido viejo compañero. Tu siempre afectuosa / Susan E. Darwin

Papá está muy bien y muy ansioso de tener noticias tuyas. Todos te mandan su afectuoso amor.

De Charles D. Douglas[11] 24 de febrero de 1835
Señor Charles Darwin / Estimado señor:
Le he mandado una docena de los escarabajos más grandes de que le hablé haber visto en Chiloé y de los que creo que carece su colección. Los encontré en la horquilla de un árbol átenihue, a 30 pies del suelo, en un colchón de musgo. Llegué a ese punto después de seguir a uno de ellos mañana y tarde durante varios días y siempre lo perdía de vista cerca de este árbol, que está situado a unas 200 yardas de la iglesia de Caucahué. Por fin, en la mañana del 15 del corriente, con alguna dificultad, trepé por el árbol y los encontré en la horquilla, como dije antes. Los maté con calor en un plato de arcilla y los puse en la caja una vez fríos.

Febrero 20 a las 11 horas 33 minutos de la mañana. La isla de Caucahué fue visitada por un terremoto que duró siete minutos y cuarenta segundos. No fue precedido ni seguido por ningún ruido subterráneo y el movimiento fue horizontal de noreste a suroeste, lento, no fuerte, como el movimiento de un barco mecido por el gentil vaivén del océano. Los árboles fueron violentamente agitados, pero pocos fueron los que cayeron. La agitación en el canal no golpeó la orilla más de dos pies en su altura perpendicular.

Hay un bloque de granito de grano fino en la bahía de Aucar, opuesta a la punta noroeste de Caucahué, que mide de norte a sur 18' 3", altura en el lado este 9' 4", circunferencia a 4' de la superficie 54' 10". La medida a través de la mitad de la roca de lado a lado fue, de norte a sur, de 31' 3" y de este a oeste de 26' 1". Hay un bloque de granito de grano grueso en la punta Lobos de Caucahué, y su elevación estimada de 200 pies sobre el nivel del mar. Largo de 9 pies, espesor perpendicular 4', espesor horizontal 6'. He visto muchos bloques de granito sobre la superficie del suelo en diferentes lugares y también en la playa, pero nunca incrustados en los acantilados, excepto en un lugar, en la punta Chouan, de un largo estimado norte a sur de siete pies, grueso perpendicular 4', grueso horizontal desconocido, altura estimada sobre el nivel del mar 80 pies.

He tenido noticias de un bloque de granito situado en el Potrero de los Reycaquines, ocho millas al oeste de Lluco, del que se dice que es la piedra más grande de Chiloé y un hombre en su cima puede ver los bosques a una gran distancia. No sé si esta circunstancia se debe a la altura de la piedra o a la elevación del terreno donde está situada. Espero que el potrero pueda ser examinado pronto y si se me envía en la comisión mediré la piedra y enviaré a usted el resultado[12].

Esta mañana partí a Caylin y regresaré a examinar las tierras de los indios hasta tan lejos como Rouca, lo cual me llevará dos meses. Si veo algo que considere útil, el próximo verano se lo haré saber. El señor Robert Burr se encargará de enviar ésta y la caja./ Charles D. Douglas Delcahué, febrero 24, 1835

A William Darwin Fox [7-11 de] marzo de 1835
Valparaíso

Marzo de 1835

Mi querido Fox:

Parecería que nuestra correspondencia hubiera muerto de muerte natural o más bien diría yo de muerte innatural. Creo que fui el último en escribir, pero esto fue antes de saber las noticias de tu boda. Tienes mis más sinceras congratulaciones, mezcladas no obstante con cierta pequeña envidia. Espero que estés recuperado de tu salud y así estoy seguro de que serás tan feliz como mereces. ¡Cuán cambiado estará todo y estarán todos cuando regrese! Ave María, tú un clérigo casado, qué raro suena a mis oídos. Me pregunto cuándo te veré. Si sigues viviendo en la isla de Wight, quizá pueda ser en Portsmouth. Si un sucio barquichuelo, con su viejo aparejo hecho pedazos, llega al puerto en septiembre de 1836, sabrás que es el Beagle. Nos contemplarás como un conjunto de viejos venerables, con apenas una capa sobre los hombros. Pero este regreso a la querida vieja Inglaterra es una perspectiva que sabe a gloria. Desearía que estuviera cerca, pero lo es para que valga por mil molestias. Cinco años son, tristemente, un periodo demasiado largo para dejar a los parientes y a los amigos, se pierden todas las ideas comunes y vuelve uno convertido en un extraño, cuando lo que menos desea uno o espera es serlo. Por lo menos espero que no pase entre tú y yo. Creo que los recuerdos de desayunos bien puestos y los agradables paseos por Cambridge harán recordarnos el uno al otro. Tú eres una de las causas indirectas de venir a este viaje, cuando me convertiste en tu perro en la gran cacería del cruxmajor. Me convertiste en entomólogo y me presentaste a Henslow. Estoy muy contento de haber venido a esta expedición, pero como marinero he aprendido a gruñir por todos los detalles. ¿Qué será de mí en el futuro? Quién sabe. Pero mirar hacia el futuro no es de marineros y así lo he hecho.

Dejaremos para siempre las costas de América a principios de septiembre y nuestra ruta toca las Galápagos, las Marquesas, las islas de la Sociedad, las islas de la Amistad [Tonga], Nueva Zelanda (?), y a Sydney. Espero que poco después de recibir ésta me escribas a este último lugar. Nada he sabido acerca de ti por mucho tiempo, excepto esa gran cosa que es el matrimonio, lo cual desde luego constituye una multitud por sí solo, pero me gustaría saber más detalles, qué haces, dónde vives y el futuro. ¿Puedes brindar con Hope por la Entomologia floreat? En una de tus cartas me decías que estabas colectando Pselaphidæ. En los bosques húmedos de Chiloé y el archipiélago de Chonos, tuve la satisfacción de capturar muchos de los pequeños géneros ingleses; entre ellos Pselaphus, Corticari, diminutos Staphylini, Phalacrus, Atomaria y Anaspis (recuerda los Fungi en Osmaston), etc., etc., y Elmis bajo una piedra en un arroyo.

Sin embargo, he prestado más atención a la geología incluso para dejar de lado la zoología marina. Ahora estamos atravesando desde Concepción. Probablemente habrás visto en los periódicos el relato de un terrible terremoto[13]. En ese momento estábamos en Valdivia y ahí el golpe no fue tan duro, pero lo bastante para ser muy interesante. Las ruinas de Concepción son el espectáculo más terrible de desolación. No hay una sola casa en pie. Así que en esta travesía he tenido la satisfacción de ver varios volcanes y sentir sus más terribles efectos. Ciertamente es uno de los más grandes fenómenos a los que está sujeto este globo.

Tan pronto como el Beagle llegue a Valparaíso, intentaré bajar a tierra y residir ahí hasta el 1.º de junio, cuando el Beagle me recogerá en su camino a Guayaquil. En este momento estoy lleno de esperanzas de cruzar las Cordilleras y ver las Pampas de Mendoza. Estoy muy ansioso por conectar la geología de este país bajo de Chile con la principal Cordillera de los Andes. Mantendré abierta esta carta con la esperanza de recibir una tuya. Habría escrito antes cuando surcábamos en nuestra última travesía hacia el sur, pero estuve muy enfermo durante seis semanas y encontré que toda labor, incluyendo escribir, me cansaba mucho. Hasta luego, querido Fox. Dios te bendiga. Espero que ambos estén bien y felices./Tu amigo afectuoso / C. Darwin

A Caroline Darwin 10-13 de marzo de 1835

[Afueras de Valparaíso]
Marzo 10 / 1835
Mi querida Caroline:

Estamos ahora con calma unas leguas fuera de Valparaíso y en vez de gemir más por nuestra mala fortuna, empezaré esta carta para ti. La primera y la mejor de las noticias que debo contarte es que nuestro viaje por fin tiene un fin definido y cierto ya fijado. Empezaba a sentirme bastante desdichado y me había determinado a dar el paso si el capitán no hubiera decidido su conclusión. Carece de importancia saber qué sucede. Sé de cierto que estamos camino de Inglaterra, aunque ese camino no sea el más corto. El 1° de junio el Beagle parte de Valparaíso para Lima, y sólo toca un puerto intermedio, y de Lima directo a Guayaquil, a las Galápagos y las Marquesas de modo de llegar a Otaheite a mediados de noviembre y a Sydney a fines de enero del año próximo.

Esta carta será enviada por tierra de modo que llegue pronto a Inglaterra. Después de recibir ésta deben dirigirlas hasta mediados de noviembre a Sydney, y después hasta mediados de junio al Cabo de Buena Esperanza. Esperamos llegar a Inglaterra en septiembre de 1836. Las cartas dirigidas a Sudamérica no se perderán, ya que el capitán escribirá al Almirantazgo para que las remitan a Sydney. Anhelo tanto verlos de nuevo. Empiezo a planear qué diligencias podrán llevarme a Shrewsbury en el menor tiempo posible. El viaje ha sido demasiado largo y penoso y apenas si nos conoceremos; independientemente de estas consecuencias, sigo sufriendo tanto del mal de mar que nada, ni siquiera la geología, puede compensar el sufrimiento y el enfado del espíritu. Pero ahora que sé que los veré de nuevo en el glorioso mes de septiembre, no me importa ya nada; los meros pensamientos de ese placer harán que el mal de mar y los demonios del mar azul desaparezcan.

Ahora estamos en nuestro camino desde Concepción. Los periódicos les habrán contado acerca del gran terremoto del 20 de febrero. Supongo que es ciertamente el peor experimentado en Chile. No tiene caso intentar describir las ruinas, pues es el más terrible espectáculo que nunca vi. La ciudad de Concepción es ahora tan sólo montones y rastros de ladrillos, tejas y maderos. Es absolutamente cierto que no hay casa habitable: algunas pequeñas cabañas construidas con palos y carrizos en las afueras de la ciudad no han sido derruidas y ahora son alquiladas por los más ricos. La fuerza del choque ha de haber sido inmensa, pues el suelo está atravesado por cuarteaduras, las rocas sólidas se han convertido en fragmentos, contrafuertes de 6-10 pies de ancho han sido hechos pedazos como si fueran bizcochos. Cuán afortunados que haya sucedido en esa hora del día en que muchos estaban fuera de sus casas y diligentes. Si la ciudad se hubiera hundido durante la noche, pocos habrían escapado para contar la historia. Estábamos en Valdivia en el momento del choque, y fue considerado muy violento, pero no hizo daños debido a que las casas han sido construidas de madera. Me complace que hayamos llegado a Concepción tan poco tiempo después, ya que es uno de los tres espectáculos más interesantes que experimenté desde que dejé Inglaterra; un salvaje fueguino, la vegetación tropical y las ruinas de Concepción. Es maravilloso ser testigo de tanta desolación producida en tres minutos. Escribí una corta misiva desde Chiloé[14], pero me olvidé de la fecha. Tuvimos una notable y placentera expedición en bote a lo largo de la costa oriental. Me temo que sea el último trayecto de este tipo. No puedes imaginar qué labor más alegre representa una jornada de vagabundeo como ésta; en la madrugada no sabíamos jamás en dónde íbamos a dormir en la noche. Llevando como el caracol nuestras casas a cuestas siempre éramos independientes; cuando termina el día nos sentamos alrededor de nuestra fogata y pobres de ustedes que permanecen encerrados en sus casas. Me uní al barco en la extremidad sur y procedí con él por las islas Chonos y Tres Montes. Hubo un buen tiempo de aguas revueltas y la geología no fue muy interesante, pero con todo esta travesía llegó a ser propicia. He visto por completo a Chiloé, ya que lo rodeé y lo crucé a lomo de caballo en dos direcciones. Estoy cansado de los bosques impenetrables y sombríos del sur y gozaré del campo abierto de Chile y Perú. Valdivia es un pueblo tranquilo, al igual que los de Chiloé. Tuvimos la oportunidad de ver a muchos indios araucanos de esa famosa tribu. Los únicos hombres en América que resistieron con éxito durante siglos a las armas conquistadoras de los europeos.

Durante esta travesía tuvimos la desgracia de perder cuatro anclas, lo cual es la causa de que ahora regresemos a Valparaíso: con una sola ancla en la proa no sería seguro reconocer la costa. El Beagle regresará de inmediato a Concepción, desde ahí reasumirá el reconocimiento y lo continuará hasta Coquimbo. De ahí regresará a Valparaíso, tomará provisiones y partirá para Lima. Dejaré el barco por ahora y no lo retomaré hasta principios de junio. El capitán amablemente se ha ofrecido en llegar a Coquimbo para recogerme en su camino hacia Lima. Confío en que no será demasiado tarde para cruzar las Cordilleras: aparte del interés de una jornada de este tipo, estoy ansioso por ver una sección geológica de esta gran sierra. Dos días después de llegar al puerto, partiré para Santiago y cruzaré los Andes por el paso malo, veré Mendoza y regresaré por el más transitado[15]. Tengo mucho temor por este clima nublado, pues si cae la nieve temprano ¡puedo verme detenido como prisionero del otro lado! Me veré obligado a gastar una buena cantidad de dinero, pero puedo decir con toda conciencia que nunca gasté un dólar sin pensar que valía la pena. Estoy seguro de que mi padre no rezongará por un poco más de dinero de lo habitual, ya que es la última jornada que podré hacer por tierra, por lo menos antes de llegar a Sydney. ¡Cómo me avergüenzo del precioso dinero gastado en Cambridge!

44. Vista de Valparaíso, con el HMS Beagle a la distancia, agosto de 1834.
© Cambridge University Library.

45. San Francisco, Valparaíso, 1834. © Cambridge University Library.

Estoy muy contento por esta alternativa en tierra; mi estómago, en parte por el mal de mar y en parte por mi enfermedad en Valparaíso, no está muy fuerte. Espero que unas buenas cabalgadas me convertirán en otro hombre, y ahora nuestro viaje por muchos meses será en el lindo clima cálido y con vientos decentes. Veré de nuevo palmeras y comeré plátanos y consideraré placentero el mero zumbido de los mosquitos. El capitán vuelve a ser él mismo y gracias al cielo tan ansioso por llegar a la vieja Inglaterra como el resto de nosotros. El intervalo ya carece de importancia. Ya casi puedo imaginar que estamos entrando por la abertura del canal y el vigía acaba de anunciar: «Luces de Lizard a la vista, señor»[16]. Habrá más hombres arriba ese día que en la cubierta.

Valparaíso, 13. Estoy en plena desesperación por iniciar la marcha. Mañana en la mañana a las cuatro partiré para Santiago. Tengo mis dudas acerca de los Andes, pero espero lo mejor: ¡Será una cosa bonita si la nieve cae mientras estoy en Mendoza! En ese caso tendré que emprender el camino rumbo a Potosí. Estoy en la casa de Corfield, que se muestra tan hospitalario y gentil como siempre. Dile a mi padre que saqué una letra por 60 libras. Cuando llegamos anteayer sólo recibí dos cartas (ambas llenas de noticias de interés) de Katty, de septiembre, y de Caroline, de octubre. Se han perdido las de junio, julio y agosto. Sin embargo, espero que estén en los barcos comandados por comodoros y los comodoros tienen el privilegio de olvidar por completo todas las preocupaciones de los bergantines de 10 cañones. Hay otros que sufren conmigo. Me apena todo esto porque realmente supongo que Erasmus me escribió y sería realmente duro que se hubiera perdido su carta. También parece que el pobre de William Owen se lastimó seriamente la pierna. Desearía que no hubieran encontrado este destino. Aludes a ciertos huesos fósiles que tienen gran valor y esto desde luego son las mejores noticias para mí que pueda oír. Mira cuán obligado estoy con todos ustedes por la fiel realización de la promesa de las cartas mensuales. Habría estado más de un año sin noticias y ahora son 10 meses. Dios las bendiga a todas, por las mejores hermanas que uno pueda tener.

Ya no puedo escribir más ya que los aparejos de los caballos, los estribos, las pistolas y las espuelas me rodean por todas partes. Dale mi más afectuoso amor a mi querido padre./ Hasta pronto. Charles Darwin

A John Stevens Henslow[17] [10-]13 de marzo de 1835

Valparaíso

Marzo de 1835

Mi querido Henslow:

Estamos en plena calma frente a Valparaíso y me aprovecharé de esta oportunidad para escribirle unas líneas. Por fin se ha decidido la terminación de nuestro viaje. Dejaremos las costas de América a principios de septiembre y esperamos llegar a Inglaterra en el mismo mes de 1836. Me congratulo por ello ya que nada me induciría a quedarme más tiempo. Como van las cosas, casi hemos llegado a un transporte de siete años, pero ahora que veo claramente a Inglaterra en la distancia ya no me importa nada, ni siquiera el mal de mar. Quizá en octubre estaré ya en Cambridge y quién sabe si dando un paseo por el parque público de Shelford. No podría usted entender cómo anhelo verlo así como a todos mis amigos, y ahora ya sólo se necesita un año y medio para ello. En este intervalo veremos un montón de lugares, pero me temo que habrá pocas oportunidades para la historia natural. Ahora estamos de travesía desde Concepción. Habrá usted tenido noticias del terrible terremoto del 20 de febrero. Hubiera querido que alguno de los geólogos que piensan que los terremotos de esta época son mera curiosidad pudieran ver cómo se hace pedazos la sólida roca. En la ciudad no hay una sola casa habitable y las ruinas me recuerdan los dibujos de las desoladas ciudades orientales. En ese momento estábamos en Valdivia y sentimos la sacudida con gran fuerza. La sensación era más bien la de esquiar sobre un hielo muy delgado y las distintas ondulaciones eran perceptibles. Toda la escena de Concepción y Talcahuano es uno de los espectáculos más interesantes que hemos experimentado desde que dejamos Inglaterra.

Desde que dejamos Valparaíso durante esta travesía, poco he hecho más que geología. En los estratos terciarios modernos examiné cuatro bandas de perturbación, que me recordaron en pequeña escala el famoso erial de la isla de Wight[18]. En un punto observé bellos ejemplos de tres diferentes formas de levantamientos. En dos casos creo que puedo mostrar que la inclinación se debe a la presencia de un sistema de venas paralelas que atraviesa la pizarra inferior de mica. Toda la costa desde Chiloé hasta el extremo sur de la península de Tres Montes está compuesta por esta roca; la atraviesan numerosas venas cuya naturaleza mineralógica debe ser muy curiosa, según sospecho. Examiné una gran cadena transversal de granito que evidentemente brotó a través de la pizarra superficial. En Tres Montes hubo un viejo foco volcánico que corresponde a otro de la parte norte de Chiloé. Me complació en Chiloé encontrarme con un grueso lecho de conchas de ostión recientes, etc., cubriendo la llanura terciaria de la que crecieron bosques de grandes árboles. Ahora puedo demostrar que ambos lados de los Andes surgieron en un periodo reciente a una considerable altura. Aquí las conchas estaban a 350 pies sobre el nivel del mar.

46. Recogiendo leña, isla de Chiloé, julio de 1834. © Cambridge University Library.

47. El HMS Beagle y el Adventure frente a la costa de Chiloé, julio de 1834. © Cambridge University Library.

En zoología he hecho muy poco, excepto una gran colección de diminutos Diptera e Hymenoptera de Chiloé. En un solo día capturé Pselaphus, Anaspis, Latridious, Leiodes, Cercyon y Elmis y dos bellos verdaderos Carabi. Casi me imaginé recolectando en Inglaterra. Un nuevo y bello género de molusco nudibranquio que no puede trepar por una superficie plana, y un género de la familia Balanidæ, que no tiene una verdadera cubierta, sino que vive en pequeñas cavidades de las conchas de Concholepas[19], son casi las únicas novedades. Usted se sorprendió de oír hablar de Planariæ terrestres; se sorprendería igualmente cuando vea sanguijuelas que viven por entero fuera del agua en los bos< ques> de Chiloé y Valdivia. Antes de que el Beagle parta para Lima me veré en la obligación de enviar una caja más, que será la última con la que lo molestaré. Me temo que tantas cajas han sido demasiadas a su cargo. Espero que hayan valido su almacenamiento. Escribiré de nuevo cuando se envíe este último cargamento. Hará un mes que debe haber recibido dos cajas por el HMS Challenger y antes dos toneles y una tinaja por el HMS Samarang. ¿Me escribirá a la dirección de Sydney poco después de recibir esta carta? Soy poco razonable en pedirle tantas cartas, pero sopórteme un año más. Si algo llega dirigido a mí entre tanto a Sudamérica, me lo reenviarán a Sydney por el Almirantazgo.

Valparaíso, marzo 13. Estoy a punto de iniciar mi experimento a través de las Cordilleras, pero tengo mis dudas respecto del resultado. Se han perdido las cartas por lo menos de tres meses, pero espero que aparezcan. Quizá entre ellas había una carta suya. Estoy ansioso por saber si las pieles de aves del Río de la Plata en una caja de hojalata llegaron bien. Creo que es una buena colección ya que me tomé muchas molestias por ella. Estoy con gran prisa, así que excuse esta tonta y desharrapada carta. ¡Oh, el gran mes de septiembre de 1836! Pensar que de nuevo podré vivir tranquilamente en Cambridge. Es una perspectiva realmente buena que va a echarme a perder las Cordilleras.

Así que, mi querido Henslow, buenas noches.

Su muy obligado y afectuoso amigo

Charles Darwin

De Caroline Darwin 30 de marzo de 1835

Shrewsbury

Marzo 30 / 1835

Mi querido Charles:

Tu última carta fue dirigida a Cath y fechada el 8 de noviembre y extremadamente interesante. Qué amable ha sido el señor Corfield y qué habría sido de ti si hubieras sido incapaz de regresar a su casa antes de que te pusieras enfermo, pobre querido Charles. Es melancólico pensar en ti enfermo y sufriendo por todo un mes y me temo que por desgracia pasará mucho tiempo antes de que vuelvas a ser fuerte y capaz de soportar el clima y los peligros como hasta ahora. No podemos dejar de sentirnos tristes por tu determinación de permanecer en el Beagle hasta que termine la expedición y desde luego que no se trata sólo de un deseo egoísta de verte de nuevo. Simplemente piensa en si es juicioso ir al encuentro del peligro y el riesgo, en particular ahora que ya no cuentan con la goleta. No dudo de que el gozo sea extremado, pero no puedo pensar que los días de interés y placer puedan igualar a los de incomodidad, peligro y separación de todos tus amigos. Si existiera un periodo ya determinado para el fin del viaje sería distinto, pero el tiempo pasa alargándose y alargándose y terminará con que gastaste los mejores años de tu vida a bordo de un barco. Que la salud y el ánimo del capitán FitzRoy no sean buenos contribuyen a nuestra inquietud y te puedo asegurar que ningún amigo que hayas encontrado ahí es suficiente razón para continuar con el Beagle un día más de lo que desees para tu propio placer. Has logrado ya grandes colecciones y has hecho mucho y será un día muy feliz cuando estés de nuevo en Inglaterra para darles seguimiento. Ya no te importunaré más, querido Charles, pero no decidas nada sin volver a reflexionar.

El señor Owen recibió tu carta el día 9 y se mostró del todo contento con ella. Escribió una nota a mi padre desbordando afecto y en cuanto a papá se sintió tan afectado con el pensamiento de tu enfermedad y desamparo que casi ni podíamos mencionar tu nombre en todo el día. Te manda su más afectuoso cariño y desearía yo que hubieras podido oír todo lo que papá dijo un día en que hablábamos de ti. Le escribió al señor Corfield a Pitchford para decirle lo muy agradecido que se sentía por la amabilidad de su hijo hacia ti. Tuve otra carta de Charlotte y ya quedó arreglado que ella y el señor Langton viajarán a Río a fines de abril, donde permanecerán de cinco a seis meses y después el invierno en una de las islas de las Indias Occidentales. Estoy seguro de que Charlotte te agradecerá infinitamente si le escribes unas líneas a Río. Siempre pregunta y se muestra muy interesada en ti. Me temo que la pobre no está entusiasmada en ir a Río en vez de regresar a Maer y ver a la tía Bessy. Todos en Maer están muy bien. La mente de la tía Bessy está fallando con rapidez, p< ero> su salud es tal como siempre. Elizabeth ha < estado> residiendo por el último mes en Clapham con los Hensleigh. Erasmus es muy devoto de Snow (la mayor de las hijas de los Hensleigh) y habla muy seriamente de ir a Suiza en este verano, pero estoy segura de que no será capaz de dejar a su querida mimada. Supe de William Fox la semana pasada y habla de pasar el verano en Barmouth o Beaumaris y visitarnos de camino. Su pobre esposa ha estado muy enferma todo el invierno, pues tuvo un hijo muerto y nunca recuperó las fuerzas. Qué lástima que en esta familia enfermiza la señora de W. Fox acabe siendo más delicada que todos ellos. Él preguntó muy amablemente por ti.

Cath está en Overton con el fin de confortar a Marianne por la cercana separación de Parky, que se va por Pascua a la escuela en Oswestry. No tengo más noticias familiares que contarte. Robert todavía no se casa con la señorita Crewe y nadie sabe exactamente qué es lo que están esperando. Ella lisonjea y engatusa a sus hermanos, haciendo chalecos de franela y comprándole pan de jengibre a Allen y presionando a Tom para que se quede en Muxton. Cuando viste a Robert por última vez poco podías pensar que lo verías casado a tu regreso con una mujer tan vieja como para ser su madre y en una familia de tan mala fama para entrar en ella y con una mujer que tiene la reputación de un mal temperamento. Sus modos son tan dulces y artificiales que creo plenamente en que no es lo que aparenta, y me duele por el pobre Robert.

Vi por el periódico que el profesor Henslow tuvo un hijo[20]. Esperaba contarte algunas noticias políticas pero el debate sigue sobre la Iglesia irlandesa, según el cual Sir R. Peel sostiene que se mantendrá o caerá[21].

Adiós, mi muy querido Charles: todo nuestro más cariñoso amor. Eres un excelente corresponsal y puedes creer que todos valoramos tus cartas por completo./ Una vez más, bendito seas y adiós

A John Stevens Henslow[22] 18 de abril de 1835
Valparaíso
Abril 18, 1835
Mi querido Henslow:

Acabo de regresar de Mendoza, habiendo cruzado las Cordilleras por dos pasos distintos. Esta excursión ha agregado mucho a mi conocimiento de la geología del país[23]. Algunos de los hechos, de la verdad de los cuales mi mente está plenamente convencida, le parecerán absurdos e increíbles. Le daré un corto esbozo de la estructura de estas grandes montañas. En el paso del Portillo (el más meridional) los viajeros describieron las Cordilleras como de una doble cadena de una altura casi igual, separadas por una considerable distancia. Así es y la misma estructura se extiende hacia el norte por Uspallata. La poca elevación de la línea oriental (que no supera los 6000 o 7000 pies) ha causado que casi haya sido pasada por alto. Para empezar por la cadena occidental y principal: Donde se ven mejor las secciones tenemos una enorme masa de conglomerado porfídico que descansa sobre granito. Esta última roca parece formar el núcleo de toda la masa y podemos verla en los profundos valles laterales, inyectada, levantada, subvertida del más extraordinario modo en los estratos superiores. En los lados desnudos de las montañas, las complicadas venas y cuñas de rocas de variados colores se ven atravesando en toda forma posible las mismas formaciones, que por sus intersecciones demuestran toda una sucesión de violencias. La estratificación en todas las montañas es bellamente distinta y de una variedad de color que puede verse a grandes distancias. No puedo imaginar ninguna parte del mundo que presente una escena más extraordinaria del rompimiento de la corteza terrestre que los meros picos centrales de los Andes. El levantamiento tuvo lugar por un gran número de líneas (casi) de norte a sur, lo que en muchos casos ha formado muchas hondonadas anticlinales y sinclinales. Los estratos de las cimas más altas están casi universalmente inclinados en un ángulo de 70 a 80 grados.

No puedo decirle cómo me entusiasmé con algunas de estas vistas. Vale la pena venir desde Inglaterra una vez para sentir este placer tan intenso. A una elevación de 10 000 a 12 000 pies hay una transparencia en el aire y una confusión de distancias y una especie de quietud que da la sensación de estar en otro mundo, y cuando todo esto se junta, el cuadro que saca uno tan llanamente de las grandes épocas de violencia causa en la mente una extraña composición de ideas.

La formación que yo llamo de pórfido-conglomerados es la más importante y la más desarrollada en Chile; de un gran número de secciones, encontré un verdadero conglomerado grueso o brecha, que paso a paso en una lenta gradación pasa a un pórfido fino arcilolítico; los guijarros y el cemento se van volviendo porfídicos hasta que al final todo se mezcla en una roca compacta. Los pórfidos son extremadamente abundantes en esta cadena. Estoy seguro de que por los menos los 4/5 de ellos han sido producidos por lechos sedimentarios in situ. Hay pórfidos que han sido inyectados desde abajo entre los estratos y otros eyectados que fluyeron en aluviones: es notable que pueda mostrar especímenes de esta roca producidos según estos tres métodos y que no pueden distinguirse entre sí. Es un gran error considerar las Cordilleras (aquí) como compuestas de rocas que hayan fluido en aluvión. En esta Cordillera en ninguna parte vi un fragmento que se haya originado de esta manera, aunque el camino pasa a no gran distancia de volcanes activos.

Los pórfidos, conglomerados, areniscas y areniscas cuarzosas, calizas, alternan y pasan de una a otra muchas veces (cubriendo, donde no está quebrada por el granito, la pizarra arcillosa). En las partes más altas las areniscas empiezan a alternar con yeso, hasta que encontramos esta sustancia con un grosor asombroso. Creo realmente que la formación en algunos lugares (varía mucho) llegue a un grueso de 2000 pies. A menudo aparece con una arenisca silícea (¿epidota?) y con mármol blanco como la nieve. Se parece al que encontramos en los Alpes porque contiene grandes concreciones de mármol cristalino de un color verde negruzco. Los lechos superiores, que forman algunas de las más altas cimas, constan de lechos de yeso blanco nevoso y arenisca roja compacta, desde el grueso del papel hasta unos cuantos pies, alternando en un giro sin fin. La roca aparenta haber sido curiosamente pintada.

En el paso de Peuquenes, en esta formación, donde sin embargo una roca negra, como pizarra arcillosa, sin muchas laminæ que aparezcan con una piedra caliza, ha remplazado a la arenisca roja. Encontré abundantes impresiones de conchas. La elevación debe andar entre los 12 000 y los 13 000 pies. Una concha que creo es una Gryphæa es la más abundante, con Ostræa, Turritella, Ammonites, pequeños bivalvos, Terebratula (?). Quizá algún concólogo será capaz de dar una conjetura acerca de a qué gran división de las formaciones europeas se parecen más estos restos orgánicos[24]. Son pocos y muy imperfectos. Las grifitas son más perfectas. Era ya muy tarde en la estación y la situación particularmente peligrosa por las tormentas de nieve. No pude entretenerme más o una gran cosecha podría haberse obtenido.

Esto en cuanto a la línea occidental. En el paso del Portillo, hacia el este, nos encontramos con una inmensa masa de un conglomerado que yace hacia el poniente 45° , que descansa sobre areniscas micáceas, etc., etc., levantada, convertida en roca de cuarzo, penetrada por venas, de la misma gran masa de protógina[25] (grandes cristales de cuarzo, feldespato rojo y poca clorita ocasional). Este conglomerado, que descansa sobre y se adentra de la protógina < 45° , consta de rocas peculiares de las descritas en la primera cadena, guijarros de la roca negra con conchas, arenisca verde, etc., etc. De ahí que sea manifiesto que el levantamiento (y la deposición por lo menos en parte) de la gran cadena oriental sea por completo posterior a la occidental. Al norte del paso de Uspallata tenemos también un hecho del mismo tipo. Conserve esto en la mente, ayudará a entender lo que sigue.

Dije que la cadena de Uspallata es, aunque sólo alcanza 6000-7000 pies, una continuación de la gran cadena oriental. Tiene su núcleo de granito, que consiste en grandes lechos de diversas rocas cristalinas, que no tengo duda de que son lavas subacuáticas alternadas con arenisca, conglomerados y lechos aluminosos blancos (como feldespato descompuesto) con muchas otras variedades curiosas de depósitos sedimentarios. Estas lavas y areniscas alternan muchas veces y son muy proporcionadas unas con otras. Durante dos días de cuidadoso examen me dije por lo menos 50 veces cómo se comparan exactamente, aunque algo más duros, estos lechos con los de los estratos terciarios superiores de Patagonia, Chiloé, Concepción, sin que su posible identidad nunca se me hubiera ocurrido.

Finalmente no hubo modo de rechazar la conclusión. No podía esperar conchas porque en esta formación nunca aparecen, pero sí debía encontrar lignito o esquisto carbonáceo. Antes me había extrañado mucho encontrar en la arenisca finas capas (de unas cuantas pulgadas de grueso) de un pechstein brechado. Sospecho firmemente que la alteración del granito subyacente ha convertido estos lechos en este pechstein. La madera silicificada (particularmente característica) no aparecía todavía. Pero la convicción de que me encontraba en los estratos terciarios era tan fuerte para ese momento en mi mente que al tercer día, en medio de las lavas y agregados de granito, empecé mi cacería aparentemente olvidada.

¿Qué éxito cree usted que tuve? En un escarpado de compacta arenisca verdosa encontré un pequeño bosque de árboles petrificados en posición vertical o más bien los estratos estaban inclinados 20-30° en un punto y los árboles 70° del lado opuesto, o sea que antes de la inclinación estaban en una posición vertical real. La arenisca consta de muchas capas y está marcada por las líneas concéntricas de la corteza (tengo especímenes[26]). Once están perfectamente silicificados y parecen el bosque dicotiledóneo que encontré en Chiloé y Concepción; los otros 30-40 sé que son árboles por la analogía de forma y posición: son columnas blancas nivosas como la mujer de Lot de cristal tosco: carbonato cálcico. El socavón más largo es de siete pies. Todos están juntos dentro de 100 yardas y casi en el mismo nivel; no pude encontrar en otra parte. No puede dudarse de que las capas de arenisca fina se fueron depositando tranquilamente entre un grupo de árboles, fijos por sus raíces. La arenisca descansa sobre lavas y está cubierta por un gran lecho, parece que de unos 1000 pies de grueso, de lavas augíticas negras y, sobre éstas, hay por lo menos cinco grandes alteraciones de tales rocas y depósitos sedimentarios acuosos, que en total suman un grueso de varios miles de pies. Me temo que la única conclusión que puedo extraer de este hecho, según parece, es que debe haber habido una depresión en la superficie de la tierra por esa cantidad. Pero olvidándonos de esa consideración, fue un apoyo muy satisfactorio a mi presunción de la época terciaria de esta cadena oriental (por terciario quiero decir que las conchas del periodo son estrechamente afines o casi idénticas a las que ahora viven en los lechos inferiores de la Patagonia).

Una gran parte de la prueba quedará en mi ipse dixit, de una semejanza mineralógica, con esos lechos de los que conocemos la edad, y el carácter de cuya semejanza está sujeto a infinitas variaciones, pasando de una variedad a otras por una estructura concrecionaria. No espero que me crea, cuando es una consecuencia de esta vista que el granito que forma los picos de una altura probable de 14 000 pies fue fluido en el periodo terciario, que los estratos de ese periodo fueron alterados por su calor y están atravesados por diques de la masa. Que estos estratos sufrieron probablemente también una inmensa depresión, y que ahora están inclinados en fuertes ángulos y forman líneas anticlinales regulares o complicadas. Para completar el clímax y sellar su incredulidad, estos mismos estratos sedimentarios y lavas están atravesados por muy numerosas venas metálicas de hierro, cobre, arsénico, plata y oro, y que pueden rastrearse hasta el granito subyacente. Una mina de oro se está trabajando cerca del grupo de árboles silicificados.

Si, cuando vea mis especímenes, secciones y recuento, llega usted a pensar que hay una fuerte evidencia presuntiva de los hechos anteriores, parece muy importante que, por la estructura y tamaño de esta cadena, se haga la comparación con otras del mundo. Y que todo esto se haya producido en un periodo tan reciente es desde luego maravilloso. En mi mente estoy convencido de la realidad de todo esto. De todos modos puedo decir conscientemente que ninguna conjetura formada anteriormente puede torcer mi juicio. Como lo describí, tal observé yo los hechos. Pero es hora de que se me otorgue clemencia y termine este largo recuento de mi viaje geológico.

En algunas de las grandes manchas de nieve perpetua encontré la famosa nieve roja de los países del Ártico. Envío con esta carta mis observaciones y un pedazo de papel en el que traté de secar algunos especímenes. Si el hecho es nuevo y usted decide que vale la pena, usted mismo examínelos o mándeselos a quien haya descrito los especímenes del norte y publique una nota en los periódicos. También envío una botella con dos lagartos: uno de ellos es vivíparo, como puede ver por la nota que lo acompaña. Un señor Gay, naturalista francés, ya publicó en uno de los periódicos de su país una afirmación semejante y probablemente ha hecho llegar a París cierto recuento[27]: como el hecho parece singular, ¿no sería bueno mientras tanto enviar los especímenes a un buen lagartólogo y anatomista comparado para publicar un recuento de su estructura interna? Haga usted lo que considere idóneo[28].

Esta carta irá con un cargamento de especímenes desde Coquimbo. Le escribiré para decirle cuándo fueron enviados. En la caja hay dos bolsas de semillas, una rotulada: Valles de las Cordilleras a 5000-10 000 pies de altura, el suelo y el clima extremadamente secos, tierra muy ligera y pedregosa, extremos en la temperatura; la otra sobre todo de la seca y arenosa traversia de Mendoza, a 3000 pies más o menos. Si alguno de los arbustos crece pero no está saludable trate una ligera aspersión de sal y salitre. La llanura es salífera. Todas las flores de las Cordilleras parecen ser flores otoñales. Todas estaban floreadas y con semilla, muchas de ellas muy bellas. Las recogí mientras cabalgaba por las laderas de las colinas; si logran brotar, no tengo duda de que serán grandes rarezas. En la bolsa de Mendoza hay semillas o bayas de lo que parece ser una pequeña planta de papa con una flor blanquecina. Crecían a muchas leguas de donde pudo haber habido cualquier lugar habitado, debido a la ausencia de agua. Entre las plantas secas de Chonos, verá usted un buen espécimen de papa silvestre que crece en un clima tan opuesto y sin ninguna duda es una papa silvestre. Debe ser una especie distinta de la de las Cordilleras bajas. Quizá, como con el banano, especies distintas no deben distinguirse ahora según sus variedades, producidas por el cultivo. El Beagle no está en Valparaíso, así que no puedo copiarle las notas sobre la papa de Chonos[29]. Con los especímenes hay un atado de viejos papeles y libretas de notas. Tómelas a su cuidado, pues en caso de que yo pierda mis notas pueden ser útiles. No envío ningún insecto porque le causarían molestias y ahora ya queda tan poco por hacer del viaje que bien puedo hacerme cargo de ellos.

En dos o tres días partiré a Coquimbo por tierra, donde el Beagle me recogerá a principios de junio, así que tengo seis semanas más para practicar como geólogo por las curiosas montañas de Chile. En la actualidad hay una revolución sangrienta en el Perú: el comodoro se fue a esas tierras y en la prisa se llevó nuestras cartas con él; quizá entre ellas haya una suya. Desearía que el viejo comodoro estuviera aquí para excitarle cierta consideración por los demás en su viejo cuerpo. De Coquimbo seguramente tendrá más noticias mías. Hasta entonces, adiós, mi querido Henslow. Suyo de corazón, C. Darwin

Nuestros planes se han alterado. Tengo una vacación de 10 semanas y espero llegar tan lejos como Copiapó y examinar ese país preeminentemente curioso abundante en minas.

No le escribiré hasta que alcancemos [en blanco] excepto media docena de líneas, sólo para informarle cuándo los especímenes abandonan este puerto. Me da gusto decir que creo que éste será el último cargamento con el que le moleste.

A Susan Darwin 23 de abril de 1835
Valparaíso
Abril 23, 1835
Mi querida Susan:
Recibí hace unos días tu carta de noviembre; las tres cartas que mencioné antes siguen perdidas, pero no dudo de que aparecerán. Regresé hace una semana de mi excursión atravesando los Andes a Mendoza. Desde que dejé Inglaterra nunca hice una jornada tan exitosa, aunque muy costosa. Estoy seguro de que mi padre no lo lamentaría si pudiera saber lo mucho que la disfruté. Fue mucho más que goce; no puedo expresar el placer que sentí ante tal desenlace de toda mi geología en Sudamérica. Literalmente apenas si podía dormir en las noches sólo pensando en mis días de trabajo. El panorama era tan nuevo y tan majestuoso: todo a una altura de 12 000 pies posee un aspecto tan distinto que en un campo bajo. He visto muchos panoramas más bellos, pero ninguno con un carácter tan marcado.

Igualmente para un geólogo hay tantas pruebas manifiestas de una violencia excesiva y los estratos de las altas cimas han sido sacudidos tal como la costra de una tarta rota en pedazos. Crucé el paso del Portillo, que en esta época del año puede ser peligroso, por lo que no pude detenerme en él. Después de quedarme un día en la sosa ciudad de Mendoza empecé mi regreso por Uspallata, que realicé con toda calma. Todo mi viaje no duró más que 22 días. Viajé con una comodidad poco común para mí, ¡ya que llevaba una cama! Mi partida constaba de dos peones y 10 mulas, dos de las cuales cargaban el equipaje y la comida para el caso de que nos nevara. Sin embargo, todo me favoreció y en el camino no cayó ni una pizca de nieve.

Supongo que ninguna de ustedes puede estar interesada en los detalles geológicos, pero mencionaré mis resultados principales: aparte de comprender hasta cierto punto la descripción y modos de la fuerza que elevó esta gran cadena de montañas, puedo demostrar claramente que una parte de la doble línea tiene una edad muy posterior a la otra. En la línea más antigua, que es la verdadera cadena de los Andes, puedo describir el tipo y el orden de las rocas que la componen. Sobre todo son notables por contener una capa de yeso de casi 2000 pies de grueso: una cantidad de esa sustancia que pienso que no tiene paralelo en el mundo. Y lo que es de mayor importancia, me agencié conchas fósiles (a una altura de 12 000 pies), de las que creo que un examen dará una edad aproximada de estas montañas en comparación con los estratos europeos. En la otra línea de las Cordilleras hay la fuerte presunción (en mi propia mente, convicción) de que la enorme masa de montañas, cuyos picos se elevan a 13 000 y 14 000 pies, son muy modernas, como para ser contemporáneas de las llanuras de la Patagonia (o como los estratos superiores de la isla de Wight): Si este resultado fuera considerado como se demuestra, sería un hecho muy importante para la teoría de la formación del mundo, puesto que si estos maravillosos cambios han tenido lugar tan recientemente en la costra del globo, entonces no hay razón para suponer épocas anteriores de excesiva violencia. Estos estratos modernos son muy notables por estar enhebrados con venas metálicas de plata, oro, cobre, etc. Hasta ahora se había considerado que éstas pertenecían a formaciones más antiguas. En estos mismos lechos (y cerca de una mina de oro) encontré un grupo de árboles petrificados todavía derechos, con las capas de arenisca fina depositadas a su alrededor, conservando la impresión de su corteza. Estos árboles están cubiertos por otras areniscas y corrientes de lava hasta un grosor de varios miles de pies. Estas rocas fueron depositadas en lo hondo de las aguas, aunque claramente el punto en que crecieron los árboles ha de haber estado en algún momento por encima del nivel del agua, de manera que se demuestra que la tierra habrá sido deprimida por al menos tantos miles de pies como gruesos son los depósitos subacuáticos que yacen encima. Pero me temo que me dirán que soy prosaico con mis descripciones y teorías geológicas.

48. Valparaíso. © Cambridge University Library.
Se darán cuenta de que las plantas de las regiones árticas se encuentran con frecuencia en bajas latitudes, a una elevación que produce un grado igual de frío. Encontré una ilustración más bien curiosa de esta ley al encontrar en las zonas de nieve perpetua la famosa nieve roja de los navegantes del norte. Le voy a mandar a Henslow una descripción de este pequeño liquen para él por si piensa que vale la pena publicarlo en alguno de los periódicos.

Estoy dejando listo mi último cargamento de especímenes para ser enviado a Inglaterra. Este último envío agrega como media carga de una mula, ya que sin la prueba plena no espero que se crea una sola palabra de lo que acabo de escribir. Llegué a este lugar hace una semana y como antes estoy viviendo con Corfield. Encontré en él un amigo tan amable y de buen carácter como el buen hombre que es. Me quedé también una semana en Santiago para descansar después de las Cordilleras, pues lo necesitaba, y me quedé en casa del señor Caldcleugh (el autor de algunos malos viajes por Sudamérica): es una persona muy agradable que se ha tomado infinitas molestias por mí. Es sorprendente lo amables y hospitalarios que han sido conmigo los mercaderes ingleses. Díganle al señor Corfield de Pitchford lo muy obligado que estoy con su hijo. Entre las varias noticias, de las que tu carta está llena, siento mucho la de que el pobre coronel Leighton muriera, y puedo sentir realmente lo mucho que debe ser extrañado. Es una reflexión amarga cuando pienso en qué cambios habrán tenido lugar antes de que yo regrese. Pido al cielo que a mi regreso los encuentre a todos ustedes.

Cuando escriban a las Indias Occidentales o Madeira, denle mis recuerdos afectuosos a Charlotte. Espero que sea feliz en esos lugares. Cuando gozaba de charlar con ella acerca de mis proyectos, poco esperaba ella andar tan pronto bajo un sol vertical y una atmósfera resplandeciente. Me sorprende que el marido que sea quiera llevar a su esposa a un país de éstos.

El Beagle, después de dejarme aquí, regresó a Concepción. El capitán FitzRoy ha investigado con admirable precisión el nivel relativo de tierra y agua desde el gran terremoto. La subida no tuvo igual y partes de la costa están ahora descansando por debajo de nuevo, y probablemente a cada pequeño temblor seguirá siendo lo mismo. La isla de Santa María se elevó 10 pies y el capitán FitzRoy encontró una cama de mejillones con peces pudriéndose a esos mismos pies por encima de la marca de la marea alta. El Beagle pasó por este puerto ayer. Alquilé un bote y me subí a él. El capitán está muy bien y fui el primero en comunicarle su promoción. Está determinado plenamente a que nada le inducirá a demorar el viaje por un mes: si el tiempo se pierde en un lugar, algo más debe sacrificarse. Nuestro viaje ahora sólo consistirá en seguir la cadena de longitudes entre posiciones importantes[30].

Mis vacaciones se extienden hasta mediados de julio, así que tengo 10 semanas ante mí y el Beagle me recogerá en el puerto que yo escoja. Pasado mañana saldré a Coquimbo. Tengo tres caballos y una mula de carga, así como un peón en el que puedo confiar, pues hasta ahora me ha acompañado en todas las excursiones. La gente, cuanto más al norte, tiene un carácter más inclinado a la honradez, o sea que no son cortadores de gargantas. La temperatura no será muy alta y nunca llueve. Extenderé mi jornada hasta Copiapó: es una gran distancia, pero estoy seguro de que obtendré mi recompensa por ello. Todo lo que puede interesar a un geólogo se encuentra en esos distritos: minas de sal mineral, yeso, salitre, azufre, rocas atravesadas por venas metálicas, viejas playas marinas, valles de formación curiosa, conchas petrificadas, volcanes y panoramas extraños. Geológicamente el país se desconoce por entero (como la totalidad del sur de Sudamérica) y en consecuencia veré la totalidad de Chile desde el desierto de Atacama hasta la punta extrema de Chiloé. Todo esto es muy brillante, pero ahora viene la parte negra y triste de esta perspectiva: ese horrible fantasma que es el dinero. El país al que voy está muy poco habitado y sería imposible sacar letras de cambio, por lo que me veo obligado a sacar el dinero aquí y mandarlo allá. Es más, es necesario ir preparado para los accidentes: el robo de caballos; que me roben, que se enferme el peón, una linda situación si estoy a 400 o 500 millas de donde pueda ordenar dinero. En suma, he sacado una letra por 100 libras, y esto tan poco después de las 60 que saqué para cruzar los Andes. En septiembre dejaremos la costa de América y mi padre ha de creer que no sacaré dinero mientras cruzo el Pacífico, porque no podré. Ciertamente creo que podría gastarse dinero en la misma luna. Mis gastos de viaje son mínimos, pero cuando llego a un lugar como Coquimbo y, mientras descansan mis caballos, oigo hablar de algo maravilloso que está a 100 millas… Un mulero ofrece llevarme por tantos más cuantos dólares y no puedo o más bien nunca he resistido a la tentación.

La paciencia de mi padre debe haber llegado a su límite; debe ser la paciencia que sonríe a su hijo y nada de aflicción. Escribí esto como un buen chiste, pero por mi honor que no lo considero así. Corfield hace efectiva la letra y se la manda a su padre, quien la entregará al viejo banco, donde supongo que se le puede dar curso.

Recibí una larga y afectuosa carta de Fox y alude a una carta que nunca recibí. Le escribiré desde Lima, pues en la actualidad estoy totalmente ocupado. Qué extraño suena oírle hablar acerca de «su querida mujercita». Gracias a la Providencia que no se casó con la simple y encantadora Bessy. Siento curiosidad por conocer el veredicto respecto de los méritos de la dama. ¡Cómo da vueltas el mundo! ¡Eyton casado! Espero que enseñe a su mujer a sentarse derecha. Ya le escribí, y estoy seguro de que merece ser feliz. ¿Qué hacen los dos hermanos menores? Creo que, por lo que vi en Cambridge, Tom vale por los dos.

Tu relato acerca de Erasmus (¿vive Erasmus con los Hensleigh, pues durante el último año sus nombres jamás se han visto separados en carta alguna?) de visita en Cambridge ha hecho que anhele estar ahí. No puedo imaginar nada más ameno que su vuelta dominical por el King, el Trinity y con esos gigantes de la charla: Whewell y Sedgwick, Espero que tus gustos musicales sigan con la debida fuerza. Siento hambre de pianoforte. ¿Recuerdas, querida Granny, cómo acostumbraba atormentar tu alma tranquila en cada atardecer? Todavía no he decidido si irme a dormir al Lion la primera noche, cuando llegue por el Wonder, o perturbarlos a todos al final de la noche: todo lo demás sería absolutamente planeado. Todo lo que respecta a Shrewsbury se agranda en mi mente y embellece. Estoy seguro de que la acacia y el haya de hojas cobrizas son ya dos árboles soberbios. Reconoceré cada matorral y les suplicaré a todas ustedes, queridas damitas, que cuando cada una de ustedes corte su árbol dejen unos cuantos. En cuanto al panorama tras la casa, no he visto nada parecido. Lo mismo pasa con Gales del Norte. Snowden según mi recuerdo parece más alto y más bello que cualquier pico de las Cordilleras. Así que ustedes dirán, ante mis facultades descarriadas, que es tiempo de regresar, y así es, y ansío estar con ustedes. Sean cuales sean los árboles, sé que las encontraré a todas ustedes. Estoy diciendo tonterías, así que hasta luego. Mi más afectuoso amor para todos y pidiéndole perdón a mi padre. Tuyo con todo afecto / Charles Darwin

Mandaste mis cartas a Marianne, así que no envío mi cariño en particular para ella. Supongo que sus jóvenes caballeros serán ya una tropa de granaderos cuando regrese. ¡Qué pandilla de pequeños han visto la luz desde que dejé Inglaterra!

A Catherine Darwin 31 de mayo [de 1835]
Coquimbo
Mayo 31
Mi querida Catherine:
Poco es lo que tengo que escribir, pero ya que no habrá otra oportunidad por cierto tiempo para enviar una carta, te daré un recuento de mis actos desde que dejé Valparaíso. Mi camino hasta aquí fue más bien tedioso: me vi obligado a viajar muy lentamente, pues mis animales debían conservarse en buenas condiciones por el resto de mi viaje. El país es una desgracia, tan consumido y seco que las montañas están tan desnudas como transitados caminos de peaje, con la excepción de los grandes cactus llenos de espinas. Visité muchas minas y, puesto que ya estaba aquí, hice una excursión remontando el valle para ver algunas famosas de plata. Llegué al pie de las Cordilleras. La geología se benefició con ello; antes de que deje Chile tendré una muy buena idea general de su estructura.

Pasado mañana saldré a Copiapó, pasando por Huasco, y el 5 de julio el Beagle pasará por mí a ese lugar, y de ahí a Iquique y Lima. Esta última parte de mi viaje será aún menos interesante que la anterior, pues entiendo que casi todo el camino es desierto. Hay una travesía de un día y medio sin una gota de agua. Me alegraré mucho cuando de nuevo me establezca a bordo del Beagle. Ya me cansé de este eterno vagabundear sin descanso alguno. ¡Oh, qué maravillosa reflexión la de que estemos ahora de camino hacia Inglaterra! Mi método de viaje es muy independiente y a este respecto lo mejor posible. Tomo mi cama y una tetera, y una taza, un plato y una jofaina. Compramos comida y nos cocinamos nosotros mismos, siempre de vivac al aire libre, a alguna distancia de una casa, donde compramos maíz o herbaje para los caballos. Es imposible dormir en las casas debido a las pulgas. Antes de que me diera cuenta de esto, me levantaba en la mañana con toda mi camisa llena de puntos de pequeñas manchas de sangre, con la piel de mi cuerpo pecosa de sus mordidas. Nunca antes pude tener ni la menor idea de qué tormento pueden ser estos miserables y voraces pequeños en un clima seco y cálido.

Pero gracias a Dios un mes más y adiós para siempre a Chile, y en dos meses adiós Sudamérica. Últimamente he estado leyendo acerca de los mares del Sur. Empiezo a sospechar que no habrá mucho que ver, hablo de con posterioridad visitar un grupo cualquiera con sus habitantes. Sin embargo, todos debemos sentir cierta curiosidad por contemplar Otaheite. Soy afortunado en estar plenamente ocupado mientras navegamos, tanto en escribir mi diario como con las notas geológicas. Ya llevo dos libros de toscas notas.

El Beagle ya está en el puerto, refaccionándose para nuestro largo viaje. Todos vivimos en tierra en tiendas de campaña. Todo ha sido sacado fuera del barco, incluso el balasto. En una semana partirá a Valparaíso para aprovisionarse por nueve meses. Espero que venga algún barco de la Marina de guerra antes de que navegue. Si no, ya no recibiré más cartas de ustedes durante los próximos nueve meses, o sea hasta que lleguemos a Sydney. Desde Valparaíso envié un gran cargamento de especímenes a Henslow, y será el último, ya que el resto podré llevarlo yo, sobre todo si consideramos que cada mes mi equipaje hace menos bulto. Para cuando llegue a Inglaterra, apenas tendré un abrigo sobre mis espaldas. En la actualidad, como puedes ver, ni siquiera tengo alguna idea en mi cabeza. Así que…

Hasta pronto/Tu afectuoso hermano / Charles Darwin

De Robert Edward Alison[31] 25 de junio de 1835
Valparaíso
25 de junio de 1835
Charles Darwin Esq.
Querido Darwin:
Con la llegada del Beagle, el día 14, recibí al instante su muy apreciada carta del 29 de mayo, por la que supe con gusto que llegó usted con bien a Coquimbo, pero lamenté saber que su estómago rebelde lo estaba molestando de nuevo. Me encantó averiguar que tiene usted nuevas evidencias del levantamiento de la tierra de Chile. Así lo pensé desde hace tiempo, de que tal era el caso, pero como soy un simple principiante en temas científicos, me avergonzaba mencionar el asunto sin que fuera confirmado por una observación más cuidadosa y por una persona más capaz.

Hace unos días recorrí la costa desde Playa Ancha hacia Laguna y en una hondonada casi paralela a la de la Quebrada Verde y a unas 300 yardas del mar observé que se intersecaban varios estratos de conchas que quedaban expuestas a la derecha e izquierda en ambos lados de la hondonada: en un lado continuaban toda una serie de escalones u orillas que formaban una pequeña colina de unos 80 pies de alto desde el margen de la hondonada y a unos 350 pies sobre el nivel del mar.

La cara de la colina estaba cubierta de matorrales, de modo que sólo arrancándolos y removiendo la tierra podían encontrarse esas conchas y los escalones no estaban muy bien definidos. El fondo de la hondonada y las piedras sueltas en él eran de gneis de un tipo muy compacto con venas de feldespato; al excavar un hoyo en uno de los lados de la hondonada a unos tres pies del borde encontré la pelvis de un cuadrúpedo en estado bastante ruinoso y era demasiado pequeño para ser un caballo. Lo saqué para mostrarle el estado del hueso, pero no creo que valga la pena mandárselo. Las conchas eran de grandes Concholepus, Patella de varios tamaños, algunos demasiado pequeños como para servir de alimento, algunos Turbo y los Metillus en pedazos, pero no fui capaz de encontrar alguno de los Concholepus pequeños. Le mandé algunos para su examen.

La situación es casi inaccesible desde el mar, por lo que no es posible que hayan sido llevados a ese lugar con propósitos alimenticios y tampoco a través del tiempo por los españoles con el fin de hacer cal, ya que no los habrían colocado alrededor de los lados de una colina[32].

Debo mencionar que las conchas de más arriba estaban más arruinadas que las de más abajo, como si el levantamiento que tuvo lugar hubiera sido per gradus y no per saltum.

No sé si usted examinó los acantilados hacia Viña del Mar, un poco por debajo de la aldea del Barón, donde se pueden observar rocas de unos 14 pies por encima de la marea con numerosas perforaciones en forma de embudo, causadas sin duda por Lithophagi, y en una roca puntiaguda a la que sólo se puede trepar utilizando pies y manos, algunos Balani están adheridos a la superficie al remover el estiércol de las gaviotas con el que están cubiertos. En el mismo nivel en el que se encuentran las perforaciones en forma de embudos, y donde la roca está muy descompuesta, los cactus de tuna y otras plantas que requieren poco suelo y humedad crecen abundantemente, señal de que siempre están por encima del nivel superior de las mareas. Me dirá usted que el mar puede haberse retirado como sucedió en el Almendral, por el detritus de las colinas que lo rodean, pero el fondo es totalmente rocoso y el agua profunda cerca de la orilla, como puedo juzgar porque con frecuencia me he bañado ahí. Seguramente estoy describiendo un lugar que usted observó con ojos más inquisitivos que los míos, ya que creo que usted mencionó que estuvo por las rocas bajo el castillo del Barón. Si es así, me alegro.

Posiblemente se habrá dado cuenta de que hay una opinión general entre los nativos de que el mar se abatió, debido a la gran diferencia que ha tenido lugar en la profundidad de la bahía en los últimos 50 años, y cuando necesite usted obtener cualquier información de ellos sobre este punto, habrá usted de ceder ante la opinión o pensarán que usted está loco si les pregunta si no será que la tierra está levantándose.

Como hasta ahora no tenemos datos para proseguir, es difícil saber si hay levantamientos paroxísticos o un impulso crónico. Sin embargo, en Centroamérica una elevada cadena de colinas se ha levantado en el transcurso de cuatro años, desde 1824 a 1828, y un pueblo que estaba en una llanura se vio rodeado por un lado por altas colinas.

El pedazo de madera fósil al que usted se refiere y que le envié fue hallado en una hondonada más allá de Playa Ancha, hacia la Quebrada Verde, pero no lo encontré in situ sino en el agua entre las rocas. Los lados de la hondonada eran de un conglomerado arenoso con piezas redondeadas de arcilla endurecida similares a las del camino al Alto del Puerto. El fondo de la hondonada parecía ser de un tipo de roca grünsteínica.

Me pregunta cuál es mi opinión respecto de la dirección de los sonidos que acompañan a los terremotos. Por mi propia observación he pensado que vienen en la dirección de la línea del movimiento, pero estoy lejos de estar cierto de que mi opinión sea correcta, ya que algunos pensaron que el sonido era en una dirección y yo pensaba que en la opuesta.

Las sacudidas proceden generalmente del norte y el gran terremoto que sucedió en noviembre de 1822 vino de esa parte, y el mar fluyó tan «negro como la tinta y las anclas y cadenas de los barcos anclados a barlovento golpearon terriblemente antes de sentirse el choque». Menciono esto sólo por haberlo oído de quienes estaban aquí en ese momento sin preguntarles por la verdad del asunto, pero creo que no hay duda de que el agua llega muy negra desde el norte. El barómetro en nuestra tienda es un tubo doblado de 49 pulgadas de largo, 19 de las cuales son de la parte extrema, enterrado hasta la parte graduada, igual a 20 pulgadas inglesas, anterior al terremoto de 1822. Sea cual sea la estación del año a unas lluvias sigue un fuerte terremoto, y el de noviembre de 1822 fue seguido por lluvias torrenciales. Los nativos dicen que cuando los volcanes están activos no hay peligro de terremotos, pero que cuando están tranquilos por un largo periodo pueden esperarse fuertes sacudidas. Después de un terremoto, por lo general vuelven a entrar en actividad. La gente del país reconoce varias señales que anuncian las sacudidas, tales como que las estrellas resplandecen, las ratas hacen ruido, pero no hay el menor signo de verdad en todo ello. Cuando el ruido que precede a la sacudida tiene lugar, todos los animales parecen alarmarse, el caballo se sobrecoge y empieza a resollar y las gallinas cacarean y los perros ladran.

Desearía conocer su informe respecto de las islas del Pacífico y sería curioso que encontrara que la tierra se hunde ahí y se levanta aquí[33].

Sinceramente espero que nos encontremos en el viejo mundo y en todo momento me dará un gran placer tener noticias suyas y, con todos los deseos por su buena salud y bienestar,/ soy,/ querido Darwin,/ suyo sinceramente./ Robert Edward Alison

De Richard Henry Corfield 26-27 de junio de 1835
Valparaíso
Junio 26, 1835
Mi querido Darwin:

Me dio infinito placer recibir tu muy deseada carta, que me trajo el Beagle. Como estaba muy ansioso de saber de tu llegada a Coquimbo y aunque estoy muy contento de saber que estabas bien a la fecha de tu carta, me dio pena saber que mis temores se hicieron realidad en cuanto a tus sufrimientos a lo largo del camino, ya que estaba convencido de que habías abandonado este lugar demasiado pronto, mientras que si hubieras esperado una semana más podrías haberte recuperado como para no verte sujeto a una recaída. Sin embargo, espero y deseo que no sufras por el clima que estamos experimentando durante los dos días pasados, sobre todo que sufrimos un norte severo y una pesada lluvia, sin que se perdiera ningún barco, aunque si no hubiera sido por la asistencia del Beagle algunos podrían haber encallado. Te ruego que tengas cuidado de ti mismo y mándame unas líneas a tu llegada a Lima sólo para decirme cómo estás. Con unas pocas palabras me sentiré satisfecho, pues no puedo expresarte lo que sentí desde tu llegada a la costa. No pretendo lisonjearte o como diría el irlandés darte por tu lado, pero debo decir con toda franqueza que no recuerdo haber experimentado mayor placer desde que llegué a este país que la de tu corta estancia conmigo, placer que siempre recordaré con satisfacción y que me trajo a la mente asociaciones de otros días, lo cual incrementó sumamente mi deseo de regresar a Inglaterra, donde espero que nos volvamos a encontrar. No creo que se te dificulte mucho en hacer que acuerde contigo que Shropshire es, en algunos aspectos, mejor que este país. Sin embargo, para mí Shropshire tiene pocos atractivos, ya que me conocen muy poco ahí y nunca me atrajo vivir en él; de todos modos, como condado donde nací tiene cierto encanto, y espero que lo disfrutes por mucho tiempo. Tengo la esperanza de estar en Inglaterra antes de que pasen dos años y hacer lo posible para establecerme ahí y dedicarme a algún negocio que no me haga regresar aquí de nuevo, aunque hay países mucho peores que éste a pesar de su desnudez. No puedo dejar de reírme de tu idea de ver que una granja en Shropshire sea regada por una lluvia del cielo en vez de las corrientes artificiales y nada naturales de este país, pero es una forma muy útil de regar y ¿no crees que muy original? Sin embargo, prefiero mi propio país y espero en Dios que pueda establecerme en él. Aquí todos nos movemos como de costumbre. El viejo White y su mujer y nieto partieron en el Conway. Ya que todos los barcos te interesan, Wickham te lo contará y no dudo de que te sorprenderá verlo convertido en capitán del Beagle hasta que el capitán FitzRoy se una contigo en Lima[34]. Tu carta dirigida a Inglaterra la envié por el Conway, siendo ésta la primera oportunidad. Tu carta para Chiloé también se despachará, aunque por ahora no hay ningún barco en el anclaje[35].

Incluyo una lista de tu ropa que dejaste para lavarla, por lo que pagué 3$2 y el resto da 5$3 que le pagué a Covington, quien pagó tres centavos por acarrear tus cosas hasta el muelle, así que de los 8$5 que me dejaste él te dará cuenta por cinco dólares.

No envié la carta que me pediste para Arica porque parece que el barco no parará ahí, sino que irá a Iquique, para cuyo lugar tienes una carta para el señor Smith, que vive ahí, y pienso que poco recibirías de una introducción a la casa de Gilman, en Lagua.

Alison te escribirá por medio del Beagle. Cené con el capitán FitzRoy a bordo el otro día y pasé una agradable tarde, ajustados a su pequeño camarote. Tuvimos encendida la estufa en nuestra sala de estar y realmente es muy útil y placentero sentarse a su alrededor en una noche lluviosa. Caldcleugh está por aquí y Wickham cenó conmigo hace unos días. No pude prestarles mucha atención a los oficiales del Beagle, pues andan muy ocupados y también yo en la actualidad ando atareado preparándolo todo para los barcos que parten a Inglaterra y estando ya al final del medio año, cuando siempre hay que dejar listas las cuentas. Son pocas las noticias locales y probablemente sabrás más por Wickham de lo que yo te pueda decir. Todos los días esperamos algún barco de Liverpool. Si me llegan los periódicos de Salop te los haré llegar con el capitán FitzRoy cuando retome el Beagle en Callao y entonces te escribiré de nuevo.

Debo concluir esta sosa carta y esperar que te encuentre en buena salud antes del largo viaje que tienes en perspectiva, que espero que sea placentero y próspero y, con el mejor deseo de tu felicidad y bienestar,/ créeme, mi muy querido amigo, que mi amistad es sincera

/ R. H. Corfield

Sábado, junio 27, 1835

Simplemente agrego unas líneas para pedirte que me excuses ante el señor Stokes, a quien me hubiera gustado ver más a menudo mientras andaba por aquí pero el mal clima intervino y me vi obligado a dejarlo para más tarde, lo que resultó inconveniente para mí a cuenta de varias pequeñeces, etc., que me obligaron a dejarlo ir sin verlo.

Un barco llegó esta mañana en 90 días desde Burdeos. Todo tranquilo según parece < > Cambiaron al ministro francés < > Soult[36] es el nuevo primer min< istro>. Murió el emperador de Austria. El señor Abercromby[37] es el nuevo vocero de la < Cámara> de los Comunes y el señor Charles Sutton[38] se me dice que fue hecho par del reino.

Dos barcos salieron de Liverpool con este destino el 1.º de marzo, así que podré enviarte noticias nuevas pronto.

Hasta luego, cuídate./Tu afectísimo / R. H. Corfield

De Charles San Lambert[39] [c. julio de 1835]

Viaje remontando la seca hondonada [San Andrés] durante unas tres millas, donde termina, y en la cima de la colina que forma su límite encontrará usted grandes lechos superficiales de azufre y de sulfato de alúmina. En la hondonada hay dispersos fragmentos de piedra pómez, lavas calcinadas, granito y pórfido y otros productos volcánicos. La formación de todo el país desde San Andrés es por lo general de granito y pórfido cubiertos por erupciones volcánicas. Estas sustancias presentan por lo general una apariencia rojiza, mientras que la formación de granito y pórfido en el que descansan es negra. Hay muchos puntos en los que podrá ver levantarse las colinas graníticas en medio de la formación volcánica, ya que la lava no fluyó en suficiente cantidad para cubrirlas. Todas las hondonadas se formaron después de las erupciones de lava. Esta formación volcánica se extiende desde Copiapó hasta Atacama, formando en algunos lugares llanuras basálticas elevadas, las cuales detienen las aguas que fluyen del lado occidental de las Cordilleras y causan esos lagos salados donde los habitantes de Copiapó y Atacama se aprovisionan de este artículo.

De Richard Henry Corfield 14-18 de julio de 1835

Valparaíso

Julio 14, 1835

Mi querido Darwin:

El Blonde con el capitán FitzRoy a bordo a punto de partir, sólo escribo unas líneas con el simple propósito de preguntarte cómo estás y expresarte la esperanza de que no hayas sufrido mucho por las fatigas del viaje, pero espero que esta carta te encuentre en Lima con buena salud y buen ánimo. Estoy ansioso por saber de ti tan pronto como llegues a Lima. Aquí vamos como siempre, aunque en este momento la gente está ocupada preparando la carga para tres barcos que están a punto de dejar el puerto hacia Inglaterra. Ante esta situación, espero que me perdones esta breve carta, y desde luego, para decirte la verdad, no estoy muy de humor para escribir cartas, pues ando con la cabeza más bien pesada por ciertos desagradables y perturbadores temas relacionados con el negocio, que en este preciso momento me están fastidiando. Sin embargo, poco hay de noticias locales que pueda interesarte y oirás por el capitán FitzRoy los particulares del naufragio del Challenger, así como otras noticias relacionadas con la Marina y los embarques. Hemos tenido varias llegadas, con el bergantín de la Marina Sparrow Hawk proveniente de Río de Janeiro y dos barcos de Liverpool, con la noticia de que hay otro que partió antes pero que todavía no ha llegado. Hemos sabido hacia fines de marzo, por un barco belga que hizo 82 días desde Falmouth, a cuyo puerto llegó en su camino por el canal, que los conservadores perdieron y lo siento. Recibí ciertos periódicos de Shrewsbury y pienso que te pueden interesar, por lo que en esta oportunidad te mando algunos, aunque no los he leído y no puedo contarte su contenido, pues pueden ser de más interés para ti que para mí, ya que mi relación con la gente de Shropshire es mínima y lo será más todavía según parece, aunque me dará mucho gusto apretar tus manos de nuevo, ya que no sé que haya experimentado mayor placer que cuando estuviste aquí.

En el transcurso de unos días espero que se haya decidido si regresaré a Inglaterra antes que tú o, con toda probabilidad, nunca, ya que hace dos días que llegó un barco de Liverpool con una nueva organización, cuyo socio está facultado para proponerme que me una a la sociedad y, si acepto, me imagino que estaré ligado por los artículos a permanecer aquí probablemente 10 años, en cuyo caso estaré más dispuesto a elegir una señorita, como tú las llamas, y permanecer aquí los dos juntos, ya que creo que un pobre diablo como yo pasará una vida más feliz o, sea lo que fuere, tan agradable como en Inglaterra, ya que creo que hay países mucho peores que éste. Sin embargo, espero que no sea éste el caso y en la actualidad no estoy muy inclinado a aceptar los términos, sean cuales fueren, y si me determino a ello, partiré a Inglaterra antes de esta época del próximo año. Sea como sea, si nos volvemos a encontrar o no, siempre consideraré que ha sido uno de los periodos más felices de mi vida el poco tiempo que pasaste conmigo.

Deseándote por lo tanto salud y felicidad, un viaje seguro y placentero y un encuentro grato con tus amigos de Inglaterra / créeme que soy/mi querido Darwin / sinceramente tu servidor / R. H. Corfield

Julio 18

Desde que escribí lo anterior han llegado de Liverpool varios barcos más, uno que hizo 91 días trae las noticias de que el ministerio conservador ha sido despedido, pues obtuvieron dos minorías de 33 y 27 sobre la cuestión del diezmo irlandés, pero sabrás mejor las noticias por el capitán FitzRoy. Te envié varios periódicos y uno, el Morning Herald del 21 de febrero, contiene cierta correspondencia entre un señor Beaumont y un señor Townsend que vale la pena leer[40], pero Alison deseó por todos los medios que te los mandara, ya que también contienen algo relativo a Cuvier que ha de ser de interés para los filósofos[41]. Desea que te mande sus saludos y que si tiene tiempo te escribirá.

No me siento dispuesto a unirme a la casa que te mencioné porque por otro lado no me caen bien ni tampoco sus procedimientos. Así que espero concederte la reunión en Inglaterra.

Excusa esta corta y sonsa carta, pero créeme que soy, con todos los buenos deseos,/ tuyo para siempre / R. H. C.

A Caroline Darwin [19 de] julio[-12 de agosto] de 1835[42]

Lima

Julio de 1835

Mi querida Caroline:

Mi última carta era de Coquimbo. Te escribo ahora contento desde Perú. Recibí las tres cartas mensuales que andaban perdidas y sé que en unos días recibiré otras más. Mientras tanto, les escribo un esbozo de nuestro proceder desde la última carta. De Coquimbo cabalgué a Huasco, en cuyo valle permanecí unos días; de ahí a Copiapó, donde el desierto lo rodea todo por dos y medio días de viaje, durante los cuales los pobres caballos no tienen ni un solo bocado para alimentarse. El valle de Copiapó es una estrecha franja de vegetación entre distritos totalmente estériles. Así es, pienso que todo Chile al norte de Coquimbo rivaliza con Arabia en su apariencia desierta. Desde el valle de Copiapó realicé dos jornadas a las Cordilleras y alcancé la divisoria de las aguas; eran agudamente frías esas elevadas regiones, pero con un cielo sin nubes, de las cuales no cae lluvia más que una vez en varios años, que se veía brillante y alegre.

Es una labor dura y tediosa cabalgar tanto por países como Chile y me alegré cuando mi viaje llegó a su fin. Aparte del interés que radica en la geología, este viajar y viajar podría compararse con el martirio. Pero con ese tema en tu mente, hay alimento en los grandiosos escenarios que te rodean para una constante meditación. Cuando llegué al puerto de Copiapó encontré al Beagle en él, pero con Wickham como capitán temporal. Poco después de que el Beagle arribó a Valparaíso, llegaron las noticias de que el HMS Challenger se había perdido en Arauco y que el capitán Seymour, un gran amigo de FitzRoy, y su tripulación la estaban pasando muy mal entre los indios. El viejo comodoro del Blonde era muy tardo en sus movimientos, y temeroso de tales costas expuestas en el invierno, por lo que el capitán FitzRoy se lanzó a insultarlo y finalmente a ofrecerse como piloto. Supimos que tuvieron éxito en salvar a casi todos los hombres, pero que el capitán y el comodoro tuvieron un pleito tremendo, cuando el primero insinuó algo acerca de una corte marcial para el viejo comodoro por su lentitud. Sospechamos que un hombre tan derecho como el capitán FitzRoy abrió los ojos de todos de popa a proa en el Blonde de la manera más sorpresiva. Esperamos que el Blonde llegue en unos días y todos estamos con gran curiosidad para saber las nuevas. Ningún cambio en la política estatal causó en su círculo una conversación más animada de lo que esta maravillosa pelea entre el capitán y el comodoro ha tenido entre nosotros.

El Beagle, después de dejar el puerto de Coquimbo, tocó en Iquique, ya en Perú, un lugar famoso por la exportación de nitrato de sodio. Aquí el país es totalmente desierto durante un día entero de cabalgar. Después de dejar la bahía sólo vi una producción vegetal y fue un diminuto liquen amarillo que se pega a los viejos huesos. Los habitantes recorren 40 millas por agua y leña, y sus provisiones vienen de gran distancia. De Iquique vinimos directamente a este lugar, donde hemos estado durante la última semana. El país está en tal estado de anarquía que me recomendaron no hacer ninguna excursión. No me gusta lo poco que he visto de este país; el clima, ahora en la estación invernal, es de un nublado constante y húmedo, aunque nunca llueve. Hay una abundancia de lo que la gente llama rocío peruano, pero que en realidad es una fina llovizna. Estoy ansioso por las islas Galápagos, pues creo que tanto la geología como la zoología serán sin duda muy interesantes. Con respecto a Otaheite, ese paraíso caído, no creo que haya mucho que ver en él. En resumen, poco será lo que valga mucho la pena de ver durante lo que queda de este viaje, excepto la última y gloriosa vista de Inglaterra.

Probablemente ésta sea la última carta que escriba desde Sudamérica y también les escribí a Owen y a Fox. Con las tres cartas de ustedes había dos de Fox, las más afectuosas y afables que podían ser escritas. Me da una larga nota sobre su esposa. Espero que sea una linda mujercita tal como él lo cree y seguramente lo merece. Cuán extraño será encontrar así a todos mis amigos casados tiempo ha y con familia.

Julio [agosto] 12. Recibí tres cartas más que completan la cadena desde Inglaterra a febrero de 1835. El capitán FitzRoy llegó con buen ánimo y en poco tiempo zarparemos hacia las Galápagos. Acaba de anunciar hace cinco minutos desde el alcázar que para esta época del año estaremos cerca de Inglaterra. Estoy a la vez complacido y apesadumbrado por todos los afectuosos mensajes de ustedes que desean que regrese a casa. Si piensan ustedes que no deseo verlos a ustedes, están ustedes espoleando a un caballo deseoso, pero pueden incursionar en mis sentimientos de profunda mortificación, pues si no por otra causa, la mala salud me habría compelido a dejar el Beagle. Digo que debería, ya que estarán de acuerdo conmigo en que por lo que es ahora carecería de valor pensar en un paso así. Denle mis más afectuosos saludos al pobre viejo de Erasmus. Estoy muy contento de que la misma carta que me trajo las noticias de su enfermedad también me hablara de su recuperación. Durante toda mi estancia en Plymouth sólo tuve un recuerdo placentero y fue su visita. Desde luego, no sé a qué periodo de mi vida volverme sin que tales pensamientos vengan a mi mente. Recibí su media carta y me duele que no reciba la carta y la caja que me envía hasta que lleguemos al Cabo de Buena Esperanza. Qué buen nombre el de este cabo y desde luego que será uno de buena esperanza cuando el Beagle pase por su punta escarpada.

No sabrán de mí por más de 10 meses ni yo de ustedes, y en ese tiempo que Dios los bendiga a todos por ser unos parientes tan queridos y amables para mí. Hasta pronto. Tu hermano afectuoso / Charles Darwin

NB. Si no alcanzan a entender mis anteriores direcciones acerca de la correspondencia, mejor inclúyanselas al capitán Beaufort. Recuerden que una carta de más (o sea retrasada) es mejor que una de menos.

NB 2.ª: Díganle a mi padre que saqué una letra por 30 libras para llevarme dinero a las islas.

A William Darwin Fox [9-12 de agosto de] 1835
Lima
Julio[43], 1835
Mi querido Fox:
Últimamente he recibido dos de tus cartas, una fechada en junio[44] y la otra en noviembre de 1834. (Sin embargo, me llegaron en orden inverso). Me sentí muy contento de recibir la historia de éste, el más importante año de tu vida. Antes había tenido noticias acerca del simple hecho de que te habías casado. Eres un verdadero cristiano y devuelves el bien por el mal, enviando esas dos cartas a un corresponsal tan malo como yo he sido. Dios te bendiga por escribir tan cariñosa y afectuosamente: si ya es un placer tener amigos en Inglaterra, lo es doblado pensar y saber que no se nos olvida por estar ausente.

Este viaje ha sido terriblemente largo. Deseo tan vehementemente regresar, pero no me permito mirar hacia el futuro, ya que no sé qué será de mí. Tu situación está por encima de la envidia y no me aventuro siquiera a enmarcar tales visiones felices. Para una persona lista para tomar las órdenes, la vida de un clérigo tipifica todo lo que es respetable y afortunado, y si es un naturalista y tiene el «escarabajo diamante»[45], ¡ave María! No sé qué decir. Me tientas hablando de tu chimenea, cuando es un tipo de escena que jamás debo tener en mente. El otro día vi un barco que navegaba hacia Inglaterra y era un gran peligro saberlo, por lo fácil que era convertirme en desertor. En cuanto a una dama inglesa, ya casi he olvidado cómo es, algo muy angélico y bondadoso. En cuanto a las mujeres de estos países, visten gorros y enaguas y pocas tienen lindas caras y ya está dicho todo.

Pero si no nos estrellamos contra algún infeliz escollo, me sentaré en esa misma chimenea en el Vale Cottage y contaré algunas de mis maravillosas historias que tú pareces anticipar y presumo que no estás muy dispuesto a creer. Gracias a Dios, la perspectiva de una época así es más cercana que antes.

De esta desventurada «ciudad de los reyes» navegaremos en unos 15 días, de ahí a Guayaquil, Galápagos, Marquesas, islas de la Sociedad, etc., etc[46]. Me concentro en las Galápagos con más interés que en otras partes del viaje. Tienen abundancia de volcanes activos[47] y supongo que contendrán estratos terciarios. Me alegra que te asalten pensamientos de empezar la geología. Espero que lo hagas, ya que en ella hay mucho más campo para la opinión que en otras ramas de la historia natural. Me estoy convirtiendo en un discípulo celoso de los puntos de vista del señor Lyell tal como se conocen por su admirable libro. Hacer de geólogo en Sudamérica hace que me sienta tentado a llevar adelante algunas partes a una amplitud mayor incluso de la que él contempla. La geología es una ciencia capital para empezar, ya que no requiere más que un poco de lecturas, de pensar y de martillar. Tengo reunido un considerable cuerpo de notas, pero es un tema constante de complejidad para mí si tienen el valor suficiente para haber utilizado tanto tiempo en ellas, o si no serían los animales los que habrían tenido un valor más certero.

Últimamente cabalgué largo de Valparaíso a Copiapó. En la mitad norte del país existe un desierto espantoso cuya única fuente de interés es la geología. La escasez de conchas fósiles es muy inconveniente, pues hace que cualquier comparación de las formaciones con las europeas sea prácticamente imposible. Los Andes, en el periodo en que vivían las amonitas (que corresponde con las rocas secundarias), deben de haber sido una cadena de islas volcánicas, de las que copiosas corrientes de lava fluyeron y más tarde fueron cubiertas por conglomerados. Tales lechos forman las Cordilleras de Chile.

En los últimos meses he olvidado vergonzosamente todas las ramas de la zoología. Espero reparar algo de ello en el Pacífico, pero todas nuestras visitas futuras serán por fuerza rápidas. El capitán habla de llegar a Inglaterra de septiembre en un año. Dudo que sea posible, pero quiera el cielo que no sea mucho después. Si quieres escribirme de nuevo después de recibir ésta, dirígela al Cabo de Buena Esperanza y en respuesta me verás a mí en persona. Hasta que ese feliz día llegue te deseo una feliz despedida. Desde luego que me dará un gran placer verte de nuevo y decirte cuán agradecido estoy por tu amistad sostenida. Dios te bendiga, mi muy querido Fox. Créeme que soy tu afectuoso / Charles Darwin

A John Stevens Henslow[48] 12 [de agosto de] 1835
Lima
Julio[49] 12, 1835
Mi querido Henslow:
Ésta es la última carta que le escribiré desde las costas de América y por ello la envío. En unos días el Beagle partirá a las islas Galápagos. Lo veo con alegría e interés, tanto por ser algo más cercano a Inglaterra como por la razón de echar una buena mirada a un volcán activo. Aunque hemos visto lava en abundancia, nunca hasta ahora he contemplado un cráter. Por el HMS Conway mandé dos grandes cajas de especímenes. El Conway partió a fines de junio. Con ellas iban cartas para usted. Desde entonces he viajado por tierra desde Valparaíso hasta Copiapó y visto algo más de las Cordilleras. Algunos de mis puntos de vista geológicos se han visto alterados a partir de la última carta. Creo que la masa superior de los estratos no es tan moderna como suponía. Esta última jornada me ha explicado mucho de la historia antigua de las Cordilleras. Estoy ahora seguro de que antiguamente formaron parte de una cadena de volcanes de los que enormes corrientes de lava fluyeron en el fondo del mar. Esto alternó con lechos sedimentarios hasta un espesor amplio: en un periodo subsecuente estos volcanes deben de haber formado islas, por lo cual se produjeron estratos de varios miles de pies de espesor de grueso conglomerado. Estas islas se vieron cubiertas de buenos árboles: en el conglomerado encontré uno de 15 pies de circunferencia, perfectamente silicificado hasta el mismo centro. Las alternaciones de rocas cristalinas compactas (no dudo de que sean lavas subacuáticas) y lechos sedimentarios, ahora levantados, fracturados y endurecidos, forman la principal Cordillera de los Andes. La formación se produjo en un tiempo en que las Ammonites, varias Terebratulæ, Gryphaeas, ostiones, Pecten, Mytili, etc., etc., vivían[50].

En las partes centrales de Chile, la estructura de los lechos inferiores se vuelve muy oscura por la acción metamórfica, que ha convertido incluso a los conglomerados más gruesos en pórfido. Las Cordilleras de los Andes son motivo de admiración por la grandeza de sus dimensiones, que les dan una dignidad mayor cuando se considera que desde el periodo de las Ammonites han formado un rasgo marcado de la geografía del globo. La geología de estas montañas me complació en un aspecto: al leer a Lyell siempre me asombraba que si la corteza terrestre va cambiando en un círculo, deben de haberse descubierto en algún lugar formaciones que, con la edad de los grandes lechos secundarios europeos, posean la estructura de las rocas terciarias, o esas formadas entre las islas y en cuencas limitadas. Ahora bien, las alternancias de la lava y del sedimento grueso que forman la parte superior de los Andes corresponden exactamente a lo que se habría acumulado en tales circunstancias. A consecuencia de ello, sólo puedo separar gruesamente en tres divisiones los variados estratos (quizá de 8000 pies de espesor) que componen estas montañas. Me temo que me dirá usted que me aprenda el ABC, y que distinga el cuarzo del feldespato, antes de que me meta a tales especulaciones. Hace poco pude tener en mis manos < > informe sobre las labores del señor Dessalines d'Orbigny en Sudamérica. Experimenté un grado humillante de vejación al encontrar que ha descrito la geología de las Pampas y que anduve penosamente a caballo por nada. Sin embargo, fue muy satisfactorio que mis conclusiones sean las mismas, hasta donde puedo colegir, que sus resultados[51]. También es capital que la totalidad de Bolivia sea descrita. Espero ser capaz de conectar su geología de ese país con la mía de Chile. Después de dejar Copiapó, nos detuvimos en Iquique. Visité, aunque no pude comprender su posición, los lechos de nitrato de sodio. Aquí en Perú, en tal estado de anarquía, no pude realizar ninguna expedición.

Me dijeron los de mi casa que mi hermano me va a mandar una caja con libros y una carta suya. Es una desgracia que no pueda recibirlos antes de llegar a Sydney, si es que llegarán a salvo tan lejos. No tendré otra oportunidad durante muchos meses de escribirle. ¿Sería usted tan amable de enviarme una carta más (tan pronto como ésta le llegue) dirigida al Cabo de Buena Esperanza? Sus cartas, además de proporcionarme un gran gusto, siempre me dan un estímulo fresco para nuevos esfuerzos. Perdone esta geológico-prosaica carta y hasta luego, hasta que usted tenga noticias mías de Sydney y me vea en el otoño de 1836. Créame, querido Henslow, su agradecido y afectuoso / Charles Darwin

A Henry Stephen Fox 15 de agosto de 1835
Lima
Agosto 15, 1835
Estimado señor:
El Beagle partirá en unos días de Callao. Antes de dejar las costas de Sudamérica me siento tentado de mandarle a usted los especímenes incluidos. Tienen poco valor por sí mismos, pero espero que usted estará más dispuesto a creer que el mero olvido no es la causa de la poca cantidad de ellos. Hablando en general, en toda la línea de la costa de Chile, donde el Beagle ha estado ocupado durante 12 meses, las rocas son graníticas. Sólo en el interior están las formaciones cristalinas inferiores cubiertas por los pórfidos y las brechas y sólo en las Cordilleras principales, donde de nuevo las cubren los yesos, la arenisca, las calizas y las antiguas lavas. Lo que afirmé en su momento acerca de mi forma de viajar y conseguir una colección de especímenes suficientes, o duplicarlos, hace que sea extremadamente fatigoso.

En los últimos días de marzo tuve la satisfacción de cruzar las Cordilleras hasta Mendoza y regresar por una ruta diferente. Es imposible imaginar escenas más ilustrativas de violencia subterránea que las que presentan estas inmensas montañas. Los estratos, hendidos y fisurados por innumerables diques, han sido dispersados como el hielo en una fuerte corriente; sin embargo, existe un grado de burdo paralelismo en las líneas de perturbación. En sí el escenario es en tan gran escala y la atmósfera tan clara y brillante que el conjunto fue para mí como entrar en un nuevo planeta. Después de regresar a Valparaíso viajé por tierra a Copiapó, mientras el Beagle examinaba la costa. Fue una jornada fatigante por los desiertos que se extienden al norte de Coquimbo, pues no hay más interés que por la geología. Espero que ahora sea capaz de dar cierto trazo de la superposición de los estratos y la estructura de las montañas de Chile. La verdad es que la idea general de que las Cordilleras están compuestas tan sólo de rocas volcánicas es del todo incorrecta. Existe un punto de la geología de Sudamérica en el que estoy muy interesado y es la reciente elevación de la tierra. Que esto tuvo lugar y de manera considerable en esta costa tengo abundantes ejemplos. ¿Notó usted alguna vez en la tierra elevada entre 30 y 200 pies sobre el nivel del mar cualquier gran lecho de conchas marinas que no aparenten haber sido llevadas por el hombre? Pienso probable que tal pueda haber sucedido en Río Grande o el sur del Brasil y, si usted tiene cualquier información sobre este juicio, le agradecería mucho que me haga llegar su comunicación[52]. Mi dirección en Inglaterra es Shrewsbury o desde luego el cabo de Buena Esperanza de camino hacia allá. Me temo que crea que soy un corresponsal molesto. Sólo deseo que pueda yo mandarle, en vez de preguntas y detalles geológicos, algunos especímenes que sean apreciados por usted.

El Beagle se encamina ahora directamente a las Galápagos y de ahí cruzará el Pacífico hasta Sydney, el cabo de Buena Esperanza hasta Inglaterra. Le confieso que estoy tan poco acostumbrado a estas largas expediciones que contemplo esta última etapa con más interés que con la totalidad del viaje. Tengo el placer de seguir siendo su seguro y obediente servidor / Charles Darwin

A Alexander Burns Usborne[53] [c. 1.º-5 de septiembre de 1835]
Los lechos de conchas que descansan sobre la superficie de la tierra muestran la reciente elevación de la tierra por encima del nivel del mar. A menudo hay dificultades en distinguir entre los que han sido dejados por el mar y los que llevó el hombre en cierto periodo

remoto. Donde las conchas o sus fragmentos están en gran número, apretadas en capas, ya sea con o sin tierra, y formando una masa nivelada, la primera causa puede asumirse como la verdadera. Tales conchas son quebradizas y arruinadas y su color se ha perdido parcialmente. Si entre ellas hay muchas de tamaño muy pequeño y si la situación es remota respecto del mar o inaccesible desde la bahía inmediata, si no se encuentra agua en los alrededores, desde luego que hay una probabilidad de que no hayan sido llevadas ahí por ningún residente anterior. Si viejos bálanos, coralinas diminutas, Serpulæ se encuentran adheridos a la superficie interior de las conchas (lo cual sucede sobre todo entre los univalvos espirales tales como los caracoles de mar, etc.) es manifiesto que muertos han sido depositados ahí (y por lo tanto no utilizados como alimento) por cierto tiempo en el fondo del mar. Con frecuencia he encontrado tales conchas en la costa de Chile a una altura de 20 a 400 pies. Si se encuentra usted con conchas así colocadas en cualquier parte de su deslinde y especialmente al norte de Lima, me sentiré muy agradecido si marcara en un papel el nombre del lugar y estimara cuidadosamente la altura. Sería bueno siempre establecer cuánta convicción (y las razones) siente usted respecto de su origen. Cuando suceda, en especial si la elevación es fuerte, la observación servirá mucho más si puede tomarse el ángulo de la elevación. Si con frecuencia puede usted observar y registrar esta clase de hechos en diferentes lugares, cuánto mejor, ya que la evidencia respecto de la elevación de la tierra se vuelve acumulativa. Puedo mencionar que las capas o lechos de conchas, o las que están dispersas en la superficie, a veces se encuentran por escalones, como las playas de guijarros, o en terrazas con forma de escalones.

Si tal es el caso, debe mencionarse. Igualmente, el estado de las conchas, si son de apariencia muy vieja y rotas, ya sea en descomposición en un polvo blanco, sea que sean de una o de varias clases. También la extensión, la amplitud y la profundidad del lecho. De nuevo sería bueno, donde la altura de la localidad sea considerable, colectar unos cuantos especímenes de las distintas clases.

Los lugares cuya posibilidad es mayor de encontrar tales conchas son los puntos planos cerca de la costa o en una isla.

Pequeños especímenes de las rocas que prevalecen (no fragmentos dispersos), envueltos en papel con etiquetas pegadas con la localidad, de cualquier parte de la costa, serán de considerable interés. Se puede dejar de lado Cobija, Iquique (pero no deben excluirse los pequeños puertos cercanos), Arica, Islay y Callao, de todos los cuales tengo especímenes.

No puedo subrayar lo suficiente el valor de todas las conchas, sean petrificadas o no, extraídas de los acantilados estratificados de arena, arcilla o piedra. Marcando bien sus localidades y la naturaleza de la piedra en que están incrustados.

La primera clase de las observaciones es menos problemática y para mí de más interés y valor.

A Susan Darwin 3 [de septiembre] de 1835
Lima
Mayo 3, 1835[54]
Mi querida Susan:
Te escribo de nuevo sobre todo para decirle a mi padre que saqué 50 libras en vez de 30 como había mencionado en mi última carta. Así que debe notificársele al banco, de otra manera se sentirá sorprendido de ver una letra de 50 libras. Nuestra prolongada estancia en este lugar me ha obligado a sacar ese dinero extra. Esta demora ha sido una pérdida de tiempo gravosa para mí, pero el capitán descubrió en Lima algunos viejos mapas y papeles que considera de la mayor importancia. Dos de los guardiamarinas, los señores Usborne y Forsyth, serán puestos al mando de una pequeña goleta para reconocer las costas de Perú[55]; después regresarán en un barco mercante a Inglaterra. Hubiera deseado que el último mes lo hubiéramos pasado en Guayaquil o las Galápagos, pero como dicen los españoles: no hay remedio. En una nota que me mandó el capitán hoy desde Lima me dice:

«No refunfuñes. La deriva habrá de acabarse. El bien que se ha hecho no iba acompañado por el mal, ergo estoy más feliz que nunca». Así que me alegra decir que todo este tiempo no habrá podado el periodo de nuestro regreso.

Iremos alrededor del mundo, como el Holandés Errante y sin duda, si éste fuera el tercero en vez del quinto año, la travesía hubiera sido fantástica. Llegaremos a Sydney justo en el tiempo debido del año; el capitán intenta atravesar por el interior de los arrecifes por el estrecho de Iona. Nos enteramos de un famoso relato de este pasaje: aguas suaves, anclaje todas las noches, bellos escenarios y un clima espléndido. Estoy impaciente por llegar a un clima cálido y resplandeciente. Suena muy extraño oír a una persona en la latitud de 12° que desee el calor, pero realmente el lugar en donde estamos es muy incómodo por friolento y húmedo con un cielo siempre nublado. Cuando lleguemos a las Galápagos, el sol caerá verticalmente sobre nuestras cabezas y sospecho que mis deseos se cumplirán en exceso. La vida tranquila de a bordo del barco y las buenas cenas me han vuelto el doble de gordo y feliz de como era hace unos meses. Creo y deseo que en este mismo mes del año entrante estemos muy cerca si no ya en Inglaterra. Es tan maravilloso pensar que veré caer las hojas y oiré cantar al petirrojo el próximo otoño en Shrewsbury. Mis sentimientos son los de un escolar hasta en el punto más nimio: dudo que un escolar anhele tanto sus días de fiesta como yo anhelo verlos a ustedes de nuevo. Incluso en la actualidad, cuando casi la mitad del mundo está entre mi casa y yo, empiezo a disponer lo que haré tiempo después de haber llegado. Mis notas geológicas han llegado a un buen grosor y antes de que puedan ser útiles requieren mucho examen y revisión. Pero ya es suficiente por este día hablar de lo malo: estaremos en Inglaterra el próximo septiembre y esto es suficiente para mí.

Dos barcos de guerra han llegado últimamente de Río, pero no traían cartas para el Beagle, así que el Almirantazgo las está destinando a Sydney. Todos a bordo estamos viendo hacia Sydney como hacia una pequeña Inglaterra: realmente será interesante ver la colonia que será la emperatriz del sur. El capitán King tiene una gran finca 200 millas tierra adentro. Desde luego que tomaré un caballo y partiré, aunque me temo que no hay gauchos que comprendan el verdadero arte del viajero.

Apenas si he descendido del barco por los últimos 15 días; el país está en un estado tan miserable de desgobierno que nada puede excederlo. El presidente, todos los días, dispara y mata a todo el que se opone a sus órdenes. Una de ellas es que toda propiedad debe estar a disposición del Estado y otra que todo hombre de 15 a 40 años debe enrolarse de inmediato y convertirse en soldado suyo. Ayer, varios jóvenes fueron muertos por olvidarse de decir sus nombres. ¿No es éste un costoso estado de cosas?

Adiós, hasta que escriba de nuevo desde Sydney. Denle mi más afectuoso amor a mi padre y a todos en casa. Mi querida vieja Granny, tu hermano amoroso / Charles Darwin
Dale también mi cariño a Nancy.

De Catherine Darwin 30 de octubre de 1835
Shrewsbury
Octubre 30 / 1835
Mi querido Charles:
Estamos muy ansiosos por saber de ti de nuevo, después de tu segunda expedición por tierra, que parece muy peligrosa y tremendamente fatigosa, y estaremos encantados de saber que estás de nuevo a salvo a bordo del Beagle. Espero que seas cuidadoso y no te sobrefatigues, pues tememos que te vuelva una fiebre peligrosa en esos países cálidos. ¡Qué amigo invaluable ha sido para ti el señor Corfield! Todos le estamos realmente agradecidos, te lo aseguro. Me alegra mucho poder decirte que Erasmus ha recibido tu diario salvo y sano en los últimos dos días y también dos cajas muy valiosas, y también están en Plymouth seis grandes cajas que no sabe de dónde vienen. Erasmus había perdido toda esperanza de recibirlas, después del naufragio del Challenger y de no tener noticias del capitán Beaufort acerca de ellas, pero su carta de hoy la escribe con gran alegría porque han llegado con bien. Será muy interesante leer tu diario y espero que pronto lo tengamos aquí. Erasmus dice que,

a partir de la corte marcial, parece que el Challenger naufragó debido a una alteración de la proporción de las corrientes, según lo afirma el capitán Beaufort, producida por el último terremoto, de lo cual nos proporciona el relato[56]. No creo haberte escrito, mi querido Charles, desde que tuvimos la fantástica noticia de tu regreso en el próximo septiembre. Es una tal bendición que se haya fijado la época en ese futuro y tal que ahora ya no parece tan lejos. Me temo que apenas hay noticias que contarte desde que Caroline te escribió. Los Hensleigh tuvieron otro niño (tienen tres hijos ya, una niña y dos niños) y como Erasmus adopta a esos niños enteramente, debes interesarte de manera apropiada en tener otro sobrino. ¿Te das cuenta de que realmente tendrás una sobrina, una señorita Parker nacida el próximo enero? Si se trata de la aparición de un quinto Parker, deberá ser estrangulado, lo que será la única cosa que podamos hacer[57]. Supongo que viste el cometa en un mes distinto que nosotros en Inglaterra. Mediados de octubre fue la mejor época para verlo entre nosotros, pero fue tan nuboso todo el mes que no pudo ser visto de verdad en todo ese tiempo. Erasmus fue con el doctor Holland para verlo por medio del gran telescopio de Sir James South[58], pero había una niebla tan espesa que no pudo verse mejor que con el puro ojo desnudo. No hace mucho que tuvimos a tu amigo el mayor Bayley a cenar con nosotros y salió al frío conmigo para ver el cometa por medio de un telescopio. Finalmente pude verlo bien, pero él no. El mayor Bayley hizo muchas preguntas a tu respecto y habló mucho de ti. También Frank Leighton mandó un mensaje para ti hace poco; pide que recuerdes tu pueblo natal y conserves duplicados de las curiosidades, o especímenes, para el Museo de Historia Natural que se inauguró en este verano en Shrewsbury. Se ha formado una Sociedad de Historia Natural[59] y hay mucha gente interesada en él. Me temo que veas los especímenes que posee de arriba abajo con un desprecio soberano. No hace mucho que vi a tu amiga Sarah Williams y deseó que te recordara especialmente tu compromiso de cenar e ir al teatro con ella en tu primera tarde que estés en Londres. Sarah teme que no hayas recibido su última carta. La envió con otras nuestras y me temo que estará entre las que no recibiste en Valparaíso. Creo recordar que dijiste que te serán reenviadas con el transcurso del tiempo. No tenemos noticias de la familia Owen que podamos contarte. William Owen ha partido para unirse a su regimiento en Irlanda, aunque todavía tiene una rodilla rígida y se teme que la tenga siempre así. La pobre pequeña Biddulph sigue acostada sobre su espalda, aunque dicen que está mejor. Es la niña más encantadora que haya visto, tan encantadora como su madre. La tía Sarah vive con nosotros por ahora y desea que te envíe su amor. Nancy también me ruega que te diga que está contando los meses hasta tu regreso. En una nota que recibimos el otro día, Charlotte Langton nos dice lo agradable que es pensar que ya se ha fijado una fecha para tu regreso. Papá y Caroline desean lo mejor para ti con su amor, mi queridísimo viejo Charley./ Dios te bendiga./Tu siempre afectuosa / E. Catherine Darwin
Susan está en Overton.

De Susan Darwin 22 de noviembre de 1835
Shrewsbury
Noviembre 22 / 1835
Mi querido Charles:
Me alegra poderte decir que tu diario llegó sano y salvo, pues hubo cierta alarma, ya que tú nos dijiste que el Challenger estaba en camino y naufragó debido a ciertas corrientes provocadas por el último terremoto. No sé qué barco llegó, pero tu corazón se habría roto si se hubiera perdido. Eras recibió el diario en Londres y lo prestó a los Hensleigh para que lo leyeran, y les encantó y piensan que haría un muy interesante libro de viajes cuando lo publicaras. Lo estamos leyendo nosotros en voz alta y papá lo goza extremadamente excepto por los peligros a los que te expones, que lo hacen estremecerse. Desde luego que pienso que es providencial la forma en que has escapado de los distintos peligros. Nunca leímos nada tan chocante como la guerra asesina contra los pobres indios, y casi no se puede creer algo tan perverso en la actualidad como la conducta del general Rosas. ¿Es español? No puedo creer cómo te las arreglas para escribir tal reunión de notas de tus viajes cuando vas al galope

tantas millas por día. Cuando le haya corregido las faltas, será perfecto: por ejemplo Ton, no Tun, lose en vez de loose. Ya ves que sigo siendo tu Granny. Ya empezada ésta, Eras me escribe que tu diario debe de haber venido en el barco que trajo la tripulación del Challenger, así que fue toda una suerte maravillosa que no se haya perdido. Eras también dice que algunas de tus cartas se leyeron en la Geological Society de Londres y que se las consideró muy interesantes[60], y ahora voy a copiarte otra bonne bouche para ti: El doctor Butler le envió a papá un extracto de una carta que le envió el profesor Sedgwick y que dice lo siguiente de ti: «Lo está haciendo admirablemente en Sudamérica y ya ha enviado toda una colección que vale oro. Es la mejor cosa en el mundo que podía pasarle, ir en ese viaje de descubrimiento. Había cierto peligro de que se volviera un hombre ocioso, pero ahora su carácter se ha fijado y, si Dios le conserva la vida, se hará un nombre entre los naturalistas de Europa». Pienso que este párrafo deberíamos copiarlo en cada carta que vaya a Sydney por si ésta se pierde. Mi querido Charley, estoy tan contenta de que se te considere así después de tus esfuerzos y empeños excesivos. A veces apenas si puedo imaginar que sea de mi hermano de quien leo que se mete en empresas tan azarosas. Espero saber que estás bien ya fuera de Sudamérica, ya que entonces podré considerar que estás comparativamente a salvo. Catherine supo por ti la semana pasada por tu carta fechada en Coquimbo el 31 de mayo y que ibas a tomarte un mes de camino por tierra. Lamento que tu inclinación por las islas de los mares del Sur se haya evaporado.

Te sorprenderá saber que Erasmus se está volviendo un hombre ocupado. El gobierno ha nombrado comisionados para examinar todas las caridades públicas a lo largo de Inglaterra y uno de ellos es Robert Mackintosh, quien necesitaba un secretario. Erasmus ha tomado el empleo y gana 150 anuales. No espero que el señor Eras se mantenga en ese puesto por mucho tiempo, por lo menos si requiere mucho trabajo, y cómo se las arreglará si no tiene el menor conocimiento de la ley es un misterio[61]. Saldrá el próximo miércoles para tomar por su cuenta Berkshire. Por desgracia, Shropshire ya fue examinado o si no lo habríamos tenido con nosotros, lo que habría sido muy buena cosa.

Marianne ha sufrido mucho de ansiedad en este mes, debido a que Parky tuvo la escarlatina en su escuela de Oswestry y fue tan severa que no se le podía mover. Marianne se trasladó a la escuela para cuidarlo y después de varias noches sin poder dormir quedó extenuada. Espera que en enero vaya de parto, por lo que no estaba en un estado idóneo para tanto esfuerzo. Sin embargo, no se contagió de la fiebre y ahora le quedan tres semanas, por lo que esperamos que haya salido con bien. Parky está ahora en Overton y Caroline se fue con ellos, al tiempo que nosotros tenemos a los tres más jóvenes con nosotros y son los pequeños mejores y más lindos que hayas visto y a menudo hablan del tío Charles con asombro y reverencia.

La familia de John Wedgwood está muy ocupada, pues se trasplantarán de nuevo desde Monmouthshire a Staffordshire, pues han tomado una casa a cerca de cuatro millas de Maer con el fin de estar cerca de Jessie y también de Allen[62]. Así pues ahora tienen tres hijos viviendo en Staffordshire, ya que el señor y la señora Robert viven en Muxton. En este otoño me visitaron y apenas podía yo recordar que eran esposos, pues más bien parecían madre e hijo.

Espero, mi querido Charles, que tengamos otra carta tuya cuando llegues a Lima, ya que nos alegrará mucho que hayas terminado con esa odiosa Sudamérica. Mi padre, Catherine y yo te mandamos nuestro cariño más afectuoso y que Dios esté contigo. Siempre tuya Susan E. Darwin

Nancy me pide decirte que ahora cuenta los meses con alegría.

A Caroline Darwin 27 de diciembre de 1835
Bay of Islands. Nueva Zelanda
Diciembre 27, 1835
Mi querida Caroline:
Escribí mi última carta desde las Galápagos[63], y a partir de entonces no tuve

oportunidad de enviar otra carta. Un barco ballenero va ahora directo a Londres y con gusto me tomé la contingencia de una tarde lluviosa de domingo para contarte cómo va todo. Verás que pasamos el meridiano de las antípodas y estamos ahora en el lado derecho del mundo. Durante el último año he deseado regresar y he expresado mis deseos con no muy suaves murmullos, pero ahora me siento inclinado a mantener un gruñido continuo desde la mañana hasta la noche. Cuento y recuento cada etapa del viaje hacia el hogar y una hora perdida cuenta más que antes una semana. Ya no hay más geología, sino mucho mal de mar; los placeres y las penas han adquirido un equilibrio, aunque de las últimas sigue habiendo en abundancia y los placeres se han lanzado hacia el futuro y han alcanzado Shrewsbury casi ocho meses antes de tiempo.

49. Isla Carlos, Galápagos, 1835. © United Kingdom Hydrographic Office, Taunton, Somerset.

Si puedo refunfuñar en este estilo, ahora que estoy sentado tranquilamente en mi camarote después de una cena muy agradable de puerco fresco y papas, piensa qué tan amistoso estaré cuando el barco en un día sombrío eche sus anclas en un mar de olas contrarias. Piénsalo y compadéceme. Pero todo es tolerable cuando me doy cuenta de que de este día en ocho meses probablemente estaré sentado frente a tu chimenea. Después de dejar las Galápagos, esa tierra de cráteres, gozamos de la perspectiva, que algunos quisieron llamar sublime, de un océano sin límites durante 25 días completos. En Tahití estuvimos 10 días y admiramos todos los encantos de esta casi clásica isla. Las maneras amables y sencillas de los nativos medio civilizados están en armonía con el panorama bello y salvaje.

Hice una pequeña excursión de tres días a las montañas centrales. Una noche dormí bajo un techo hecho por mis compañeros con las hojas de un banano silvestre. Los bosques no pueden compararse desde luego con los de Brasil, pero su belleza emparentada fue suficiente para despertar aquellas impresiones tan vívidas que me quedaron de las primeras partes del viaje. No cambiaría la memoria de los primeros seis meses ni por cinco veces la amplitud de los placeres anticipados.

Espero y deseo que Charlotte se entusiasme con el panorama tropical como lo gozaré yo cuando escuche de sus propios labios todos sus viajes. No me quedó claro por tus últimas cartas si realmente se fue a Río o sólo intentaba hacerlo.

Pero debo regresar a Tahití: por más que es encantador en realidad es soso cuando pienso en todos ustedes. El capitán y todos los de a bordo (cuyas opiniones son valiosas) han llegado a una conclusión decisiva sobre el gran mérito de los misioneros. No tengo dudas de que 10 días son muy poco tiempo para observar cualquier hecho con cuidado, pero estoy seguro de que hemos visto todo lo que se ha realizado y nadie pretenderá que se haya hecho algún daño. Fue algo sorprendente contemplar a mis guías en la montaña, pues antes de acostarse a dormir cayeron sobre sus rodillas y pronunciaron una plegaria con evidente sinceridad en su lengua nativa. En todo respecto estuvimos encantados con Tahití y nos sumamos como uno más de los admiradores de la reina de las islas.

De nuevo, consumimos tres largas semanas en cruzar el mar a Nueva Zelanda, donde estaremos unos 10 días. Nueva Zelanda me desilusionó, tanto por el país como por sus habitantes. Después de los tahitianos, los nativos parecen salvajes. Los misioneros han logrado mucho para mejorar su carácter moral y todavía más en enseñarles las artes de la civilización. Es algo que hay que proclamar que los europeos pueden caminar con tanta seguridad como en Inglaterra entre gente que no hace mucho era considerada como los salvajes más feroces sobre la faz de la tierra. Estábamos muy indignados por el libro de Earle: además de extremada injusticia muestra ingratitud[64]. Me consta que estos mismos misioneros acusados de frialdad lo trataron sin duda con mucha mayor civilidad de lo que su propia licenciosa actitud puede haber dado razones para ello. Caminé a una misión del campo a 15 millas de distancia y pasé una tarde tan alegre y placentera con estos hombres austeros como nunca en mi vida[65].

Me he extendido tanto sobre estos misioneros porque pensé que sería un tema que les interesaría a ustedes. Miro hacia adelante con más placer para contemplar Sydney que cualquier otra parte del viaje. Nuestra estancia ahí será muy corta, sólo de 15 días. Sin embargo, espero poder andar un poco a caballo por el país. Desde Sydney procederemos a la King George Sound y en adelante como se había planeado. Asegúrate de poner una carta en Plymouth el 1.º de agosto o mejor antes.

50. Tahití, 1835. © Cambridge University Library.

51. Planta de tano, Tahití. © Cambridge University Library.

52. Puerto de Papeiti, Tahití, 1835. © Cambridge University Library.
Se me acaba la luz del día, así que te deseo que Dios esté contigo. Qué extraño es pensar que quizá en este mismo segundo Nancy está haciendo vanos esfuerzos para levantarlos a todos de sus sueños en una mañana fría y helada. Cuán contento estaré cuando pueda decir, como ese buen viejo del intendente, quien, al entrar al canal en una mañana sombría de noviembre, exclamó: «¡Ah! Nada de esos condenados cielos azules».
Olvidé mencionar que, por toda una sucesión de casualidades extraordinarias, el día anterior a nuestra partida de las Galápagos recibí tu carta de marzo. Casi temo que, en Sydney, estaremos demasiado pronto como para que recibamos cartas según instrucciones previas.
Dales mi más cariñoso amor a mi padre, a Erasmus, a Marianne y a todas ustedes. Adiós, mi querida Caroline/Tuyo
C. Darwin
Le escribí a Charlotte. Incluyo también una carta para Fanny; por favor envíasela, pues no conozco su actual dirección. También le escribí a Sarah.

De Robert Waring Darwin a John Stevens Henslow 28 de diciembre de 1835
Shrewsbury
28 de diciembre de 1835
Querido señor:
Le doy muchas gracias por la deferencia de su carta, por los términos halagadores en los que se refiere a mi hijo y por su amable atención al mandarme copias de los extractos de sus cartas[66].
Todos estamos conscientes de lo mucho que Charles le debe por sus éxitos y la gran ventaja que representa su amistad para con él. Así lo siente y así habla de ella.
Pensé que el viaje era azaroso para su felicidad pero parece quedar demostrado que ha sido lo contrario y es muy gratificante para mí pensar que se le da crédito a su sentido de la observación y a su esfuerzo.
Hay una energía natural y de buen humor en sus cartas tal como es él. Querido señor, soy su muy fiel / y agradecido / R. W. Darwin
Profesor Henslow

De Caroline Darwin 29 de diciembre [de 1835]
[Shrewsbury]
Mi querido Charles:
Recibí ayer tu querida y muy afectuosa carta desde Lima, fechada en julio 17[67]. Es maravilloso pensar en que muy pronto te tendremos en casa de nuevo y que ahora existe la posibilidad de que sólo seis u ocho meses pasarán para que estés en Inglaterra de nuevo. De todo corazón puedo decir que estamos muy contentos de que termine tu viaje a tu entera satisfacción y todos agradecemos que no te hayas visto obligado a dejarlo por tu mala salud. Ahora sentirás cómo se extiende tu fama. A mi padre le llegó una nota en Navidad del profesor Henslow en la que habla muy cariñosamente de ti y alegrándose de tu pronto regreso «para recoger la recompensa de tu perseverancia y tomar tu lugar entre los primeros

naturalistas del día», y con la nota le envió a mi padre unos ejemplares de extractos de las cartas que le dirigiste, impresas para su distribución privada «entre los miembros de la Cambridge Philosophical Society, como consecuencia del interés que ha surgido por algunas de las noticias geológicas que contienen, y que se leyeron en una reunión de la Sociedad el 16 de noviembre de 1835». Mi padre no se movió del sillón hasta que hubo leído cada una de las palabras de tu libro y se sintió altamente satisfecho. Le gusta mucho la forma sencilla y clara con que proporcionas la información. Tu forma franca y nada ampulosa de escribir le es particularmente agradable. ¡Cuán interesante, infinitamente más, que tus antiguas experiencias, ha de ser la geología! El relato de tus andanzas a caballo por el interior, sobre todo aquella en que encuentras el bosque de árboles petrificados, es extremadamente interesante. No te había escrito desde que recibimos tu diario, pero Susan te habrá dicho el buen éxito con que se encontró. No he leído nada que me complaciera más desde hace mucho, pero ante ello con todo corazón me alegro de que ya no debas realizar tan arriesgadas excursiones. Mi padre ha regalado algunos ejemplares de los extractos a aquellos amigos que todo ese tiempo han mostrado más interés por ti, y primero, después de Maer, el señor Owen, Fox, Eyton, los Leighton y el mayor Bayley, a quien vimos hace unos días con muy buen aspecto.

No tengo noticias de casa, pues todos están bien y continúan como de costumbre. Tus pequeños sobrinos, que están convirtiéndose en hombrecitos espigados, están de regreso en Overton y el próximo mes espero que una sobrinita pueda agregarse al linaje. Parky está bien y recuperado de la fiebre escarlatina sin que nadie se haya contagiado. Erasmus ya dejó su empleo y dice que la gente, sea la que sea, estará de acuerdo en que el ocio literario es mejor que trabajar. Sólo duró tres semanas con Robert y creo que a fin de cuentas disfrutó esa época, pues el señor Grant es un hombre agradable al igual que sus colegas en particular. Se vio obligado a renunciar porque encontró que era necesario el conocimiento de las leyes para desempeñarlo. Habla de tomar una casa desamueblada y en su última carta dice que está determinado a tomar una con un lindo jardín y un balcón para fumar sus cigarros, pero olvida decirnos en qué parte de Londres está situada. ¡Qué feliz encuentro será el de ustedes dos en el próximo verano! ¿Tuviste algún mensaje de Sarah Williams pidiéndote que recuerdes tu viejo compromiso con ella? Tiene la misma naturaleza amistosa y cordial de siempre. Estuvimos en su fiesta anual este año con la obra de teatro y el baile que se desarrollaron muy bien. El doctor Butler abandona las escuelas y se retira el próximo verano. Intentó seguir por otros dos años, pero la mala salud de la señora Butler lo ha obligado a renunciar. Vivirán en el Hall con la señora Floyd y su familia. La hermana del señor Corfield, la señora Servais (cuyo marido murió en la India), regresó a Pitchford la semana pasada. El señor Corfield habló mucho de ti y una y otra vez dijimos lo agradecidos que estábamos con su hijo por sus cuidados y amabilidades contigo mientras estuviste enfermo. Creo que nada sucede en Maer. Elizabeth y los Langton viven aquí ahora. El señor Langton es un hombre muy amable pero tan inferior a Charlotte en juicio y capacidad.

Mi padre me ha dicho dos veces que no me olvide de enviarte su cariño más afectuoso y que te da la enhorabuena con todo su corazón por todos tus laureles. Mi padre estaba leyendo el Athenæum —un periódico mensual— y se encontró con la siguiente frase: «El profesor Sedgwick leyó después extractos de las cartas dirigidas por el señor Darwin al profesor Henslow. Se referían principalmente a las observaciones del escritor sobre la formación terciaria de la Patagonia y Chile y sobre los cambios de nivel entre la tierra y el mar que observó en estos países. Las cartas también contienen un recuento de su descubrimiento de los restos de Megatherium sobre un distrito de 600 millas de extensión al sur de Buenos Aires y una descripción altamente importante de la estructura geológica del paso de Uspallata, en los Andes, donde descubrió alternaciones de vastas formaciones terciarias e ígneas y la existencia en las primeras de venas de granito genuino y de oro y de otros metales»[68]. Y ahora creo que debo detenerme. Me alegra mucho que les hayas escrito al señor Owen y a Fox. La semana pasada tuve una carta tan agradable del primero[69] en la que me preguntaba tantas cosas acerca de ti… Espera ser padre el próximo mes.

Adiós, mi querido Charles: aquí todos se unen en mandarte su amor más afectuoso / C. S. Darwin

Diciembre 29

Mi querido Charles: Pedí que se me reservara una esquina para expresar por mí mismo mi cariño y decirte cuánto entusiasmo y alegría me causa la perspectiva comparativamente cercana de tu regreso. Parece una gran cosa dar la vuelta a la esquina de los últimos 12 meses de tu ausencia y esperar que ya tuviste bastante de vagabundeos para que te establezcas en toda una vida que tienes por delante, excepto por lo menos esas pequeñas ausencias que carecen de importancia. Espero con gran placer la lectura de tus diarios. Dios te bendiga. Tu afectuoso / amigo C. Langton

1836

De Charles D. Douglas[1] 5 de enero de 1836
San Carlos [Chiloé]
5 de enero de 1836
Querido señor:

Recibí su amable carta del 27 de julio del año pasado, y viendo que usted me pide que dirija mis cartas a Inglaterra, me tomé el tiempo prudente para investigar las cuestiones de las que usted necesita información antes de dar mi respuesta, la cual espero que llegue a Inglaterra tan pronto como el Beagle. He estado en la mayor parte de la provincia desde febrero pasado y mi información fue de palabra adquirida en el lugar donde las observaciones se hicieron y es la siguiente:

Hubo tres sacudidas que se sintieron en San Carlos, la primera el 20 de febrero a los 10 m después de las 11 h a. m., tan débil que no todos la sintieron y no se observó ningún cambio en el mar ni en los volcanes. Es notable resaltar que el volcán de Osorno mantuvo una erupción moderada por lo menos 48 horas antes y el Renihue[2] en acción moderada, la cual dura desde hace 30 años, mientras que el Corcovado ha estado inactivo en estos 12 meses pasados.

La segunda sacudida horizontal empezó a las 11 h y media, según el tiempo de la ciudad de San Carlos, y se dice que duró siete minutos y medio. Se describió aquí y en todo otro lugar de esta isla tal como yo la sentí en Caucahué y menos en Calbuco que aquí y para nada en las Cordilleras. La gente que trabajaba en los astilleros[3] de Mellipulli y Coyhuin ni se dieron cuenta y cuando se enteraron por la gente que lo sintió en la playa, recordaron que no fueron capaces de manejar bien el hacha por un tiempo, algunos echaron a perder una tabla, etc., al dar el golpe demasiado profundo al desbastarla. El efecto en el mar fue instantáneo en su puerto, ya que no hubo marea baja, cayó 10 pulgadas durante la sacudida e inmediatamente después empezó a crecer con violencia hasta las 2 p m., cuando menguó con más rapidez de lo que había fluido. Media hora después era marea baja; entonces fluyó con menos violencia que antes hasta las siete y media, habiéndose entonces alcanzado cuatro pies más de altura que por lo común. Al oeste, en Punta Arenas, los cascos en seco se vieron alcanzados por el agua y aquí afirman algunos que las mareas no fueron regulares en el siguiente día. Le adjunto el relato escrito por el señor Garrao[4]: contiene menos información de la que yo esperaba. La última sacudida empezó a las siete y cuarto p. m., fue más perpendicular y duró cinco segundos y quizá ayudó a levantar la marea tan alto. Los calbucanos que estaban en la bahía cerca de la entrada del río Coyhuin sintieron la sacudida de en medio y directamente después de que pasó vieron que el mar avanzaba sobre las amplias partes planas, formando tres olas y con gran ruido a medida que se acercaban; fluyó tres millas arriba del río y detuvo la corriente hasta el primer rápido; entonces menguó con tal fuerza que ningún bote pudo oponerse a la corriente, hasta que dejó los llanos secos en toda la distancia, que es casi de cuatro millas; fluyó de nuevo en la tarde tan alta como para detener la corriente en el cuarto rápido, que es el fin de la navegación en bote. No se sabe cuán alta subió después de esto, ya que se hizo de noche y no había almadías navegando.

Obsérvese que hay 12 rápidos entre la bahía y el camino que lleva al astillero. En los dilatados bajíos de Chayhuao, frente a la isla Cailín, las olas y marejadas fueron más violentas de lo común todo el atardecer. El efecto sobre las mareas sólo se observó en Caucahué, en San Carlos y Coyhuin, aunque debe haber sido general por todo el archipiélago.

Grandes números de los pobres habitantes de esta provincia, que dependían de la bahía para su alimentación diaria, andaban recogiendo moluscos cuando sucedió el golpe y volvieron a la bahía en la tarde sin haber observado ninguna irregularidad en las mareas. ¿Qué información puede esperarse de esta gente?

Los volcanes se vieron tan afectados por la sacudida de en medio como el mar, pues el Osorno lanzó una espesa columna de humo azul oscuro durante el golpe y una vez que pasó se vio un gran cráter abriéndose en el lado SSE de la montaña, hirvió con la lava derretida y lanzó piedras ardientes a cierta altura, pero al haber cedido el humo todo volvió a la oscuridad en la montaña. Y cuando unos días después volvió a verse, mostró algo de humo en el día, pero ambos cráteres continuaron mostrando una continua y clara llama de noche, hasta el día de mi información, 20 de septiembre.

La acción del Renihue fue similar a la del Osorno: dos columnas de humo blanco se vieron durante toda la mañana y durante la sacudida numerosas chimeneas parecían echar humo en el gran cráter, con lava y piedras ardientes lanzadas de un cráter más pequeño en el lado SO de la montaña, justo por encima del límite de la nieve.

El tronador Corcovado no mostró el menor signo de actividad, ni tampoco se oyó después de que la neblina llegó a las Cordilleras. Hasta ahí la información: lo que sigue se basa en las notas de mis propias observaciones, escritas en espacios limpios de mi libreta de bolsillo aunque poco esperé que fueran de utilidad. Debo observar aquí que en ese momento no tenía ni idea de que el terremoto se hubiera sentido más allá de esta provincia e igualmente que, cuando le escribí esa apresurada nota desde Dalcahué[5], unas 20 personas estaban en la habitación discutiendo a todo pulmón temas distintos de interés privado; así que, puesto que no recuerdo su contenido, seguiré con mis observaciones como si no las hubiera ya dado por escrito.

Caucahué. Viernes 20 de febrero, reloj puesto en la hora verdadera a la salida del sol en esta mañana. A las 11 h 33 m a. m. sentí un terremoto, movimiento horizontal y lento, similar al de un barco en el mar antes de la marea alta normal, con tres a cinco sacudidas en un minuto algo más fuertes que el movimiento continuo general, dirección de NE a SO. Los árboles del bosque casi tocaban el suelo en esas direcciones, pero ninguno cayó a nuestro alrededor; colocada la brújula a nivel sobre el suelo, la punta N marcando la línea de fe, observé que vibraba dos puntos hacia el oeste y sólo medio punto hacia el este durante las sacudidas violentas y se mantuvo al N cuando el movimiento era menos violento y el mar en el canal muy manso. 11 h 34 m: el oleaje producido por el retroceso de la marea en el centro del canal desapareció (habría que calcular en tranquilidad si era marea baja o no). 11 h 37 m 10 s: una sacudida más violenta que cualquiera de las precedentes, una pequeña ola avanzando en las dos orillas y directamente después del oleaje en el centro del canal se vio que se convertía en corriente. La brújula vibró al igual que en las sacudidas más débiles. 11 h 40 m 40 s: otra sacudida violenta, dos olas más pequeñas que las anteriores. La brújula vibró como antes con el movimiento de esta hora, y poco a poco se hizo menos notable. 11 h 40 m 45 s: el movimiento cesó por entero. Varias personas vecinas imaginaron que lo siguieron sintiendo dos minutos más. Después de esperar unos minutos para asegurarme de que el terremoto ya había pasado, un fuerte viento sopló al NE, lo que inició un oleaje en el canal y reasumimos nuestras ocupaciones. 3 h 40 m p. m.: marea a medias menguante marcada a la izquierda por el flujo en la bahía, un pie más alta que la marea del día anterior. Considero esta marea contraria al orden regular de la naturaleza (recordar de preguntar si fue general en todo el archipiélago). 4 h 10 m: bote en el largo sintió la marea alta muy fuerte. Viento fresco del NNE y clima nuboso, no se ven las Cordilleras. A las 9 h 50 m p. m., llegada a Tenaun, marea baja acaba de crecer. Febrero 21: llegada a Delcahué. El señor Robert Barr pensó que la dirección del terremoto era de NO a SE, cuya opinión fue después confirmada por

248

observadores de San Carlos, Castro y Quinched[6], pero no observó el efecto en las mareas.

Quinched. Febrero 27. Vi los volcanes por primera vez desde el terremoto. Renihue lanzó cuatro columnas de humo blanco y había desaparecido el cráter pequeño que se formó fuera de la montaña. El Corcovado estaba silencioso pero la nieve se había derretido alrededor del cráter NO. El Osorno no se ve desde aquí. En la montaña de siete picos al sur del Corcovado había tres grandes zonas negras entre la nieve que tenían todo el aspecto de cráteres volcánicos. No observé estas manchas cuando iba dirección sur en los botes. Quinched. Febrero 28. Tres columnas de humo que proceden del Renihue y toda la parte superior de la montaña aparece desde el agua como una mesa y vista desde esta elevación parecen ser el filo de un gran cráter volcánico, andando por una hondonada hacia el NO y el humo procede de unos cerros en forma de pan de azúcar situados en el interior de ésta y sus cimas se ven encima al amanecer; durante la noche cinco pequeñas flamas rojas se ven en una línea, bajas al NO y más elevadas al SE; son equidistantes y muestran una luz continua y parecen como la calle iluminada de un pueblo. Quinched. 1.º de marzo. El Renihue ha mostrado gradualmente menos actividad desde el 28 último y hoy sólo puedo distinguir una pequeña columna de humo y se me dice que nunca está del todo inactivo.

Frangui, 16 de marzo. Una buena vista del Corcovado en esta mañana desde la punta NE de esta isla, llamada Guechupicun; la loma curvada de su lado E está oculta desde este punto, y la montaña aparece como un cono bien formado con dos grandes cráteres, uno abierto al NO y el otro al SO y sólo separados por una gran roca que se hincha al N y al S conforme se alza y forma como una corona de la montaña. La nieve parece cubrir 1/5 de su altura perpendicular.

Marzo 26 a las 8 h 13 m p. m.: el bote pasa entre la isla Lemuy y la aldea de Conchi, siento una sacudida perpendicular aguda que duró 10 segundos por lo que pude colegir, ya que antes de que pudiera prender un cigarro y ver con su luz mi reloj, la sacudida había pasado. Cinco fuegos rojos se ven en el Renihue durante la noche. El Corcovado está silencioso.

Abril 8. Punta NE de la isla Quegui, llamada Peldén. El sol sale bellísimo de detrás del monte Renihue, entre dos altas columnas de humo rizadas. Vi las puntas de 15 cerros cónicos dentro del gran cráter y durante la siguiente noche vi nueve fuegos continuos rojos, siete en una línea y dos dispersos. Un viejo indio en cuya casa me alojé me dijo que el Renihue era anteriormente una elevada montaña con tres picos y que, dos años antes de su boda, la cima completa se hundió durante un terremoto y se convirtió en volcán: nunca vio fuego en él antes de eso, pero que desde entonces ha estado en constante actividad.

Abril 25. El bote pasa entre el Chengues y Quicavi. A las 10 p m. vi el volcán Osorno por primera vez desde el 20 de febrero. El cráter bajo es más grande que el alto y ambos muestran una llama blanca continua. A las 11 h vi llamas momentáneas surgir de un lado de la montaña, entre los dos cráteres; estas llamas primero flotaban a la redonda en un gran círculo, como si un nuevo cráter se estuviera formando, pero finalmente se extendieron en una línea recta revoloteando arriba y abajo por el lado de la montaña entre los dos cráteres; estas llamas momentáneas distantes una de otra y por lo menos 30 en número, dan una idea de la gran distancia entre los cráteres, y también de que esta inmensa montaña, siendo hueca, sólo tiene una delgada concha que las llamas pueden penetrar a placer, y que algún terremoto futuro puede hundir como al Renihue.

San Carlos. Noviembre 11. Fuertes ventarrones del NO y lluvia pesada continua. La marea subió hoy 18 pulgadas más que en las entradas normales; durante la noche los volcanes de Osorno y el Corcovado estuvieron con acción violenta lanzando piedras a gran altura en el aire y se oía con claridad el estruendo de los dos volcanes. El Renihue no se distingue desde aquí. Noviembre 20: recién llegados de Calbuco afirman que el humo azul oscuro que exhaló el Osorno durante los días 11 y 12 en un momento era en tal cantidad como para amenazar con oscurecer el día. Diciembre 1.º: quienes llegaron de la costa de sotavento afirman que el día 11 al instante Talcahuano sufrió una segunda destrucción peor que la primera.

Caucahué. Diciembre 5 a las 10 p m.: al salir de pronto de un bosquecillo, por el que iba mi camino, vi mi atención atraída por el mayor espectáculo volcánico jamás visto por mí: el lado SSE de la montaña Osorno se derrumbó y unió los dos cráteres y apareció como un inmenso río de fuego; desde la cima surgió una inmensa columna de humo azul oscuro, cenizas y lava, que el fuerte viento del SO llevó en un arco al NE y cayó tras la montaña; una nube densa negra se mantuvo encima y descargó rayos ahorquillados sobre él, de tres a siete rayos en un minuto. A las 10 h 15 m una larga columna abundante de materia ardiendo fue lanzada arriba de la cima de la montaña y una gran chispa de rayos desde la nube la golpeó y detuvo su ascenso, formó por sí misma un redondo globo y estalló, lanzando sus fragmentos en todas direcciones, algunos de los cuales fueron alcanzados por rayos de la nube y estallaron como antes. Otras masas más pequeñas fueron lanzadas sucesivamente, muchas de las cuales fueron golpeadas por los rayos y estallaron como las primeras. Parecía ser una trágica representación de la batalla de los ángeles tal como se describe en El paraíso perdido de Milton. A las 10 h 35 m un vapor lanzado por el viento avanzó desde el sur y ocultó el magnífico espectáculo de mi vista. Me detuve hasta las doce y media esperando que se levantara el telón como en el teatro, pero estaba equivocado, ya que el vapor siguió espesándose en una densa nube negra que permaneció estacionaria toda la noche y el día siguiente, aunque el viento siguió fresco hacia el SO.

Chacao. Diciembre 19. El volcán Osorno en violenta acción y el humo azul oscuro que eructó se asentó sobre el golfo y durante varios días apareció como una nueva parte de las Cordilleras que casi ni sufrió cambio de forma o de situación.

San Carlos. 23 de diciembre: día señalado por el más fuerte ventarrón que se sintió en este año. Empezó a las 8 p m. NNE y viró gradualmente al NNO y fue en incremento hasta las 12, y continuó con calmas y rachas violentas hasta las 2 a m. del 24, cuando su violencia se abatió y para las 5 se volvió moderado; la lluvia fue inusualmente fuerte durante toda la noche. A la una y media a. m., cierta persona tímida dio la alarma de que el mar se nos venía encima y había destruido varias casas de la bahía: el pánico se hizo general en unos minutos y siguió una gran confusión. Viejos y jóvenes, hombres y mujeres, saltaron de sus cálidas camas y pronto se vieron empapados por la lluvia de media noche. Muchos fueron arrastrados por la violencia del viento y rodaron por el barro o se magullaron contra las piedras y se vieron obligados a buscar refugio en la primera casa que pudieron alcanzar, donde esperaron con terrible ansiedad. Forcé mi camino calle abajo con cierta dificultad y encontré que las aguas habían subido sólo 14 pulgadas más que en las entradas más extremas.

Antes de reunir estas notas en forma de carta intenté llamar su atención hacia varias observaciones y cuestiones de geología, astronomía, hidráulica, etc., pero considerando el tamaño del paquete, estas observaciones hubieran llenado mi carta con un gasto probable de portes, por lo que las suprimí: considerando más adecuadas que todas mis observaciones, y muchas otras de las que no tengo ni idea, las que deben de haber formado parte de sus propias observaciones y que lo que son problemas inexplicables para mí son tan simples como el alfabeto para un hombre con sus amplios conocimientos.

Sólo lo molestaré con una observación más: excavando en el acantilado de la isla de Caucahué vi protuberancias en la arena endurecida que tenían la apariencia de las conchas que usted encontró insertadas en la roca. Después de muchos intentos infructuosos, logré sacar una entera que tenía la apariencia de una gruesa concha de almeja, medio gastada por el golpeo en la bahía, pero tan suave que sólo podía manejarse con sumo cuidado, y rompiéndola con cuidado tenía ciertas señales de una fractura concoidal, la sustancia era como de greda seca y se pulverizó en un polvo impalpable entre los dedos, siendo el acantilado como de 200 pies sobre el nivel actual del mar. No me atrevo a determinar si era una concha o no hasta que encuentre ejemplos más perfectos en otros lugares. Intento escribirle al capitán FitzRoy durante el próximo invierno, cuando habré completado mis observaciones sobre la población india y española./ Su humilde y obediente servidor / Charles D. Douglas

A Philip Parker King [21 de enero de 1836]
[Bathurst, Nueva Gales del Sur[7]]
Mi querido señor:
Llegué aquí ayer en la tarde, y llegué con vida, pero ciertamente asado por el intenso calor. Si no me fallan mis caballos, querría llegar a Dunheved[8] el domingo en la tarde y, si está usted en su casa, tendría mucho placer en pasar con usted el día siguiente. No he visto nada notable en cuanto a geología o puedo añadir desde luego que tampoco en otras cosas. Me parece muy singular la uniformidad del carácter del paisaje en tantas millas a la vista del país. Estuve un día en la granja del señor Walker y fui a la caza del canguro, pero ni siquiera tuve la fortuna de ver uno solo. Sin embargo, al atardecer fuimos armados en busca del Platypi y pude matar uno. Considero una gran hazaña ser testigo de la muerte de un animal tan maravilloso. Quiero aprovecharme de su nota de introducción para el señor Hughes y quedarme a dormir en su casa mañana por la noche, y si puedo enterarme de algo notable acerca de las rocas de las montañas vecinas podría quedarme un día, en cuyo caso llegaría a Dunheved hasta la tarde del lunes.
Créame, querido señor, sinceramente a sus órdenes / Charles Darwin

A Susan Darwin 28 de enero de 1836
Sydney
Enero 28, 1836
Mi querida Susan:
Pasado mañana partiremos de este lugar, pero antes quiero contarte nuestro proceso y terminaré hablando de negocios. ¿Quieres decirle a mi padre que saqué una letra por 100 libras, de las que 50 fueron para pagar el rancho de este año y del pasado? Las otras 50 serán para gastos corrientes, o más bien debo lamentar que fueron para tales gastos, ya que casi todo ha volado. Éste es un vilmente querido lugar, y resultó que necesité muchos artículos. Habrás recibido mi carta de hace un tiempo desde Nueva Zelanda. Llegamos aquí el 12 de este mes. Al entrar al puerto nos asombró con toda la vista de las afueras de la ciudad: numerosos molinos de viento, fortificaciones, grandes casas blancas de piedra, villas soberbias, etc., etc. Al anclar estaba yo lleno de grandes expectativas, pero pronto cayó un balde de agua fría sobre la escena cuando nos enteramos de que no había siquiera una carta para el Beagle. Ninguno de ustedes en casa puede imaginar qué doloroso es. Nada sirve de consuelo. No esperábamos llegar tan pronto, así que adiós cartas. El mismo destino nos esperará en el cabo de Buena Esperanza y probablemente cuando lleguemos a Inglaterra no habré recibido ninguna carta fechada en los últimos 18 meses. Y ahora que he contado mi triste historia, me siento inclinado a sentarme y soltar el llanto.
Dos días después de llegar me puse en camino a Bathurst, un lugar como a 130 millas en el interior y cuyas aguas fluyen en un vasto territorio desconocido. Mi objetivo era en parte la geología, pero sobre todo hacerme una idea del estado de la colonia y ver el campo. Las grandes ciudades son semejantes en todo el mundo y sólo con tales excursiones pueden percibirse los rasgos característicos. Se trata realmente de una maravillosa colonia: la antigua Roma, con todo su esplendor imperial, no se habría avergonzado de tal descendencia. Cuando mi abuelo escribió las líneas de «Visita de Hope a la ensenada de Sydney» acerca del medallón del señor Wedgwood, profetizaba con toda verdad[9]. ¿Puede darse una mejor prueba de la prosperidad extraordinaria de este país que el hecho de que los 7/8 de un acre de tierra en la ciudad se vendan mediante subasta por 12 000 libras esterlinas? Hay hombres que viven aquí y que vinieron como convictos (y uno de ellos fue azotado y arrastrado por una carreta por toda la ciudad) de los que se dice que poseen sin ninguna duda un ingreso de 12 000 a 15 000 libras al año. Pero, con todo esto, no creo que esta colonia llegue a ser como Norteamérica, pues nunca podrá ser un país agrícola. El clima es tan seco y el suelo tan ligero que el aspecto inclusive de las mejores partes no deja de ser miserable. El panorama es singular por su uniformidad: por todas partes extensas tierras boscosas, en las que los árboles

tienen el mismo estilo de crecimiento y sus hojas son del mismo matiz. Es un país admirable para hacerte rico: vuélvete ovejero y creo que, con los cuidados necesarios, te harás rico. Antes tenía ciertas ideas utópicas respecto de él, pero el estado de la sociedad de las clases bajas, por su origen de convictos, es tan repugnante que esto y el carácter monótono y estéril del panorama han llevado a la utopía y a Australia a estar en lugares opuestos del mundo.

Al regreso de mi viaje a caballo pasé una noche con el capitán King, que vive a unas 30 millas de Sydney. Con él visité a algunos de sus parientes, una familia MacArthur, que vive en una bella y gran casa de campo. Cuando llegamos pienso que había como 20 personas sentadas para almorzar. Había toda una bandada de lindas muchachas australianas y todo el grupo era tan deliciosamente inglés que podríamos habernos hecho la ilusión de que estábamos en Inglaterra. De Sydney iremos a Hobart Town y de ahí a King George Sound y después adiós Australia. Al agregar Hobart Town en nuestra lista de lugares pienso que no llegaremos a Inglaterra antes de septiembre. Pero demos gracias a Dios de que el capitán está tan añorado como yo y espero que se le recrudezca y no todo lo contrario[10]. Está ocupado en la redacción de su relato del viaje para dejarlo listo para publicación. A partir de las partes que he podido ver creo que está bien escrito, pero para mi gusto le falta energía o viveza en la descripción. En los últimos 12 meses he estado en muy buenos términos con él. Es un hombre extraordinario y de noble carácter, aunque por desgracia afectado por ciertas peculiaridades de su temperamento, de lo cual nadie se da tanta cuenta como él mismo, lo cual se demuestra por sus intentos de controlarlo. A menudo dudo de cuál sea su fin: bajo muchas circunstancias estoy seguro de que será brillante, pero por otras me temo que no será feliz.

De King George Sound a Isle of France [Mauricio], Cabo de Buena Esperanza, Santa Helena, Ascensión y, dejando de lado Cabo Verde por tratarse de una estación insalubre, a las Azores y de ahí a Inglaterra. En esta última etapa cuento las horas futuras con un placer más y más intenso. Trato de meterle a mi tonta cabeza máximas de paciencia y sentido común, pero esa cabeza está demasiado llena de afecto por todos ustedes como para que entren en ella tan aburridos personajes. Denle mi máximo amor a mi padre. Dios los bendiga a todos. Mi querida vieja Granny, soy tu más afectuoso hermano / Charles Darwin

Dile a mi padre que realmente temo que me veré obligado a sacar una pequeña cantidad en Hobart. Sé que mi padre dirá que una sugerencia mía en tal tema vale tanta atención como si fuera presagiada por una revelación sacra. Pero no me siento como un oráculo acerca de este tema. He sido extravagante y comprado dos esbozos en acuarela, uno del río Santa Cruz y otro en Tierra del Fuego, a tres guineas cada uno, de Martens, que se ha establecido como artista en este lugar[11]. No los habría comprado si me hubiera dado cuenta de lo cara que sería mi cabalgata a Bathurst.

A John Stevens Henslow [28-29 de] enero de 1836
Sydney
Enero de 1836
Mi querido Henslow:
Ésta es la última oportunidad de comunicarme con usted antes de ese alegre día en que llegaré a Cambridge. Tengo muy poco que decir: pero debo escribirle aunque sea para expresarle mi alegría de que haya concluido el último año y que el actual, con el retorno del Beagle, se va deslizando progresivamente. Todos nos desilusionamos porque aquí no nos recibió una sola carta, aunque es cierto que llegamos antes del tiempo esperado, pues de otro modo estoy seguro de que podría haber visto su escritura. Debo satisfacerme con el futuro y es ilimitada la satisfacción de que con certeza en ocho meses estaré residiendo de nuevo con toda tranquilidad en Cambridge. Ciertamente que nunca busqué ser un viajero y que mis pensamientos siempre vagabundean sobre escenas pasadas o futuras. No puedo gozar de la felicidad del momento cuando se anticipa el futuro, lo que es tan absurdo como aquel perro que abandonó un hueso verdadero por su sombra.

Como ve, hemos llegado a Australia: el nuevo continente es realmente un lugar maravilloso. La antigua Roma se habría jactado de una colonia como ésta, pues merece que se le dé categoría de una de las 100 maravillas del mundo que manifiesta la fuerza de gigante de su madre patria. Viajé a Bathurst, un lugar que está a 130 millas en el interior y por lo tanto vi algo del campo. El sistema de comunicación se mantiene con un admirable estilo: los caminos son excelentes y bajo el principio de Macadam y para abrirlos se tuvieron que extraer grandes cantidades de roca. Pienso que los siguientes hechos mostrarán realmente con qué rapidez y de manera extraordinaria se ha incrementado la riqueza. Una fracción (parece que 7/8) de acre de terreno en Sydney puesta en almoneda: 12 000 libras y el incremento del ingreso público durante el último año fue de 68 000 libras. Es bien sabido que hay hombres que llegaron como convictos que ahora tienen un ingreso anual de 15 000 libras. ¿No es todo esto maravilloso? Aun así, no creo que este país pueda llegar a la altura de una segunda Norteamérica. El aspecto estéril de la tierra proclama a primera vista que la agricultura nunca llegará lejos. Lana, lana, se repite y seguirá repitiéndose de un extremo del país al otro. El panorama, por la extraordinaria uniformidad de su carácter, es muy peculiar. Por todas partes árboles de la misma clase y apariencia están dispersos aquí y allá, con sus troncos bien derechos sobre llanuras áridas. Sucede por casualidad que en algunos lugares el fuego ha sido bastante reciente y los tocones están negros, mientras que en otros lados casi han recuperado su color natural. En conjunto, no me gusta Gales del Sur: sin duda es un lugar admirable para acumular libras y chelines, pero el cielo no permita que haya de vivir nunca en un lugar en el que con toda seguridad uno de cada dos hombres será algo entre bribonzuelo y sanguinario villano.

53. Secciones de una isla coralífera por Darwin. © Cambridge University Library.

54. Notas ornitológicas de Darwin en las Galápagos, que incluyen las palabras «tales hechos sacudirán la estabilidad de las especies». © Cambridge University Library.

En poco tiempo navegaremos a Hobart Town, después a King George Sound, Isle of France, Cabo de Buena Esperanza, etc., etc., etc., Inglaterra.

Le escribí por última vez desde Lima, desde esa época poco he hecho por la historia natural, o más bien debería decir desde las islas Galápagos, donde sí trabajé duro. Entre otras cosas, recolecté toda planta que pude ver en flor y, como era la estación florida, espero que mi colección pueda ser de interés para usted. Siento curiosidad por saber si la flora pertenece a América o es peculiar de las islas[12]. También presté mucha atención a las aves, de las que sospecho que son muy singulares[13]. Para mí, personalmente, la geología fue muy instructiva y divertida: cráteres de todos los tamaños y formas se esparcían en todas las direcciones: algunos eran tan minúsculos que podrían llamarse cráteres de muestra. Sin embargo, hay algunos hechos de interés con respecto a las capas de barro o arenisca volcánica, que habrán fluido como corrientes de lava. Lo mismo puede decirse de las grandes extensiones de lava traquítica. La traquita contiene grandes cristales de feldespato vítreo fracturados y las corrientes están desnudas, al descubierto, y su superficie es rugosa, como si hubiera fluido hace una semana. Me encantó examinar un tipo de lava de la que creo que en épocas recientes no ha fluido en Europa. En nuestra travesía por el Pacífico sólo tocamos en Tahití y Nueva Zelanda: en ninguno de estos lugares o en el mar tuve mucha oportunidad de trabajar. Tahití es un lugar encantador. Todo aquello que los viejos navegantes dijeron es verdad: «Una nueva Citerea ha surgido del océano»[14]. Panoramas, clima, modos de la gente amables, todo en armonía. Es igualmente admirable darse cuenta de lo que los misioneros lograron aquí y en Nueva Zelanda. Firmemente creo que son gente buena que trabaja por una buena causa. Sospecho que quienes injurian o se mofan de los misioneros son tales que por lo general no están muy contentos por encontrarse con que los nativos son seres inteligentes y morales. Durante lo que queda de nuestro viaje sólo visitaremos lugares que por lo general se consideran civilizados y casi todos bajo la bandera inglesa. Serán un campo magro para la historia natural y sin ello he descubierto últimamente que el placer de ver nuevos lugares equivale a nada. Debo regresar a mi viejo recurso y pensar en el futuro, pero en tal caso para no volverme más prosaico, digo hasta pronto, cuando llegue el día en que pueda ver a mi maestro de historia natural y pueda decirle cuán agradecido me siento por su amistad y amabilidades.

Créame, querido Henslow, que soy su fiel servidor / Charles Darwin

De Catherine Darwin 29 de enero de 1836
Shrewsbury
29 / Enero / 1836
Mi querido Charles:

Tu última carta fue desde Lima, en la que mencionabas haber sacado 50 en vez de 30 libras, y por un extraño error estaba fechada en mayo 3, pero sabemos que debes haber pensado en escribir «septiembre 3», ya que la carta anterior, también desde Lima, estaba fechada el 20 de julio[15]. Es maravilloso pensar que te tendremos en casa realmente el próximo otoño. Anhelamos verte de nuevo y tener la felicidad de que llegues a casa sano y salvo, tanto como tú deseas vernos a nosotros de nuevo. Es universal el placer que das a todos tus amigos de que sea tan pronto el momento de espera, y espero y confío en que realmente puedas mantener ese periodo, ya que el capitán FitzRoy parece tener la misma premura como el resto del barco con el fin de ser lo más expeditivo posible. Papá estaba en una tarde pasada decidiendo qué recámara tendrías cuando llegues, y me dará mucho gusto salirme de tu habitación para dejársela a su querido antiguo propietario. El señor Owen nos envió una carta tuya de lo más agradable para que la leyéramos, fechada también el 20 de julio desde Lima. Se sintió muy halagado por ella y no paró de hablar de ti cuando estuve hace poco en Woodhouse. Te encontrarás con pocos cambios para mal, espero, cuando regreses, excepto la muerte de la pobre de Fanny Wedgwood; muchas nuevas bodas y toda una parvada de niños habrá surgido, pero (con aquella sola excepción) nada más desde un punto de vista triste. Papá está muy bien y de manera sorprendente vuelve a ir a caminar a la ciudad. El carruaje lo deja en la ciudad y ahí camina por ella bastante y el carruaje va a recogerlo de nuevo. Espero poder ser capaz de contarte del nacimiento de una sobrina, ya que Marianne todos los días espera ir de parto, y Caroline se ha ido a Overton para estar con ella, pero como todavía no ha sucedido, me temo que deberé enviarte ésta antes de que te pueda contar si es una pequeña o, con poca fortuna, un quinto niño Parker.

Tuvimos la visita por una semana de Parky por sus vacaciones de Navidad. Es un muchacho grande, alto, lindo y de buen espíritu a sus 10 años, que lo goza todo al máximo, especialmente ir con Mark en el pescante del carruaje de su abuelo —que es su gran alegría—, con la esperanza de que le suelten las riendas por unos minutos. Llegó aquí cabalgando su poni y es todo un jinete.

Me siento feliz de contarte que William Fox tuvo por fin una pequeña[16]. Nos escribió para contarnos del parto feliz de la señora Fox a principios de este mes. Están pasando el invierno en Ryde, en la isla de Wight. Estoy segura de que te gustaría más a ti su señora que a nosotras, por una razón: andaba mal de salud cuando la vimos, que podemos decir que era un motivo más que suficiente para su mal humor. Le enviamos a Fox uno de los libritos con extractos de tus cartas. Todos los que los han visto se sienten muy complacidos. El profesor Henslow le mandó una media docena al doctor Butler y nosotros también le mandamos uno a Tom Eyton. Dice que te escribió a Sydney, así que podrás tener su opinión directa acerca del tomito.

Harry y Jessie están parando con nosotros ahora y ambos se mantienen ocupados leyendo tu diario, al que encuentran muy entretenido, especialmente tus descripciones del escenario tropical. Queridísimo Charley, estamos tan contentos de conocer por tu última carta que has engordado al doble por vivir tranquilo en el barco. Ten cuidado de ti mismo en esos climas con el sol, que cae vertical sobre tu cabeza. Cuídate, mi querido viejo Charley, y regresa a nosotros con buena salud. Este año nuevo será el más feliz por mucho tiempo si te trae de regreso. Apenas puedo imaginar que estés con nosotros de nuevo, y será maravilloso cuando realmente suceda.

Erasmus está ocupado con sus cuidados caseros en la actualidad. Ocupó una casa que pertenece a un abogado en Marlborough St., Argyll Place, y está muy ocupado amueblándola y estableciéndose ya. Encuentra que los gastos y los cuidados del hogar y de amueblarlo son mucho mayores de lo que esperaba.

No sé si conociste a un señor Panting, de esta ciudad. Lo conocemos bien y lo vimos en cierta época con gran frecuencia[17]. Murió esta semana de una fiebre maligna. Papá se alarmó por su salud apenas tres días antes de su muerte, tan violenta fue la fiebre y rápida, y es en muchos aspectos una muerte muy triste. Hemos estado leyendo el naufragio del Challenger[18], y es un corto relato interesante de su salvamento. No se menciona quién lo escribió. Cuán generoso y cuán valiente y activo debe ser el capitán FitzRoy al ir en su ayuda. Cuánto lo admiramos por ello.

Adiós, queridísimo Charley. El amor de papá y de Susan, los cuales me piden que te diga que anhelan que llegue septiembre./Tuya siempre / Catherine / Darwin

De Susan Darwin 12 de febrero de 1836
Shrewsbury
Febrero 12, 1836
Mi querido Charles:
Siempre es mi destino desearte alegría en tu cumpleaños, pero gracias a Dios ésta será la última vez en que lo haga hacia tierras lejanas. Hoy cumples 27 y espero que el resto de tu vida puedas vivirla felizmente entre nosotros. A menudo especulamos si habrá sido suficiente viajar así para toda tu vida, y pienso que los síes a eso conducen por lo general. Nuestras dos últimas cartas han estado llenas de tu fama y gloria, así que no diremos nada excepto que me siento encantada como cualquiera por tu éxito y perspectivas futuras de distinguirte en geología. El otro día leía parte de tu primer diario justo antes de que dejaras Plymouth, cuando te marcaste un bosquejo de cómo creías que debías emplear tu tiempo[19], y entre tus estudios no encontré ninguna mención de la geología, pero algo debo de haber pasado por alto, porque justamente después de tus andanzas con el profesor Sedgwick habrás sentido fervor acerca de ese tema.

Sé que te alegrarás mucho al saber que Marianne tuvo a una pequeña niña el 31 de enero, lo cual la ha hecho extremadamente feliz. Es una cosita muy linda, según dicen, y se llamará Mary Susan. Parky está creciendo como un muchacho muy hermoso y le va estupendamente en la escuela, pues es el primero de su clase. Dice que lo único que recuerda de su tío Charles es que le enseñó a decir: «Oh berry». También Tom Eyton se ha vuelto autor y, como reconocimiento a tu trabajo geológico, que le enviamos, él a su vez nos envió dos números de la continuación de los pájaros de Bewick, que quiere continuar. También tiene historias, pero son inferiores a las de Bewick. No tenía ni idea de que pudiera dibujar, pero las aves en su mayoría están muy bien hechas[20].

Erasmus dejó sus ruidosos alojamientos en Regent St., y ha tomado una casa con muchas habitaciones en Marlborough St. y se ha dedicado al hogar con pasión, aunque falta por demostrar si no se verá chasqueado. Sin embargo, es muy agradable para sus amigos, ya que ahora podemos visitarlo cómodamente cuando así lo deseemos y también tú lo encontrarás probablemente muy útil al tener unas habitaciones siempre listas en la ciudad. El pasado invierno, cuando estuve en Eaton, Sarah Williams deseó que te recordara con su cariño tu viejo compromiso de llegar y celebrar tu primera cena con ella en Belgrave St. Lo repito pues lo prometí, pero no dejaremos que vayas a ninguna parte antes de que llegues con nosotros a Shrewsbury. Mi querido Charles, qué maravilloso será verte. A menudo sueño contigo, además de pensar en ti continuamente, y te considero en medio de esos tormentosos y horrendos ventarrones equinocciales. Espero que no explores demasiado intrépidamente por New Holland, pues creo que los peligros terrestres son más temibles que los marinos y siento saber que piensas visitar al capitán King, pues vive lejos de Sydney.

Los problemas de Eras acerca del trabajo hogareño son bastante patéticos, sobre todo porque estaba demasiado preocupado por cómo permitir que una vieja mujer llegara a su casa sin muebles o los muebles a su casa sin una vieja mujer, y después de resolver esta dificultad tuvo que contratar 13 carros para trasladar sus botellas de vidrio, etc., desde su laboratorio. Así y todo, cada carta está llena de «fastidios eternos», como los llama, y ahora estamos ocupados negociando un caballo para enviárselo a Londres, ya que su bello caballo pardo murió, aunque supongo que vivió y murió desde tus tiempos.

Papá y nosotras a menudo meditamos junto al fuego acerca de qué harás cuando regreses, pues me temo que hay pocas esperanzas de que todavía pienses entrar en la Iglesia. Pienso que debes convertirte en profesor de Cambridge y casarte con una señorita Jenner, si es que todavía hay alguna.

La vieja Nancy está muy satisfecha por la mención que le dedicas en tus cartas y me ruega que te diga que no pasa día sin que piense en tu regreso, lo cual creo plenamente de su pobre alma de anciana.

Deseo que podamos esperar tu escritura antes de mayo. Ansío tu relato sobre las Galápagos, ya que nunca he leído nada acerca de esas islas que te derriten por el calor. Dios te bendiga, mi querido Charley, y que pueda ver tu querido rostro en seis meses. Créeme / tu muy afectuosa / Granny / S. E. Darwin

A Catherine Darwin 14 de febrero de 1836
Hobart Town, Van Diemen's Land
Febrero 14, 1836
Mi querida Catherine:

Estoy determinado a empezar esta carta para ti aunque estoy tristemente confundido, como puedes ver por lo largo del encabezado, acerca de qué escribirte. Presumo que habrás recibido, unos días antes que ésta, mi carta desde Sydney. Llegamos aquí después de una travesía de seis días y ya llevamos 10 días aquí. Mañana en la mañana navegaremos hacia King George Sound: 1800 millas del mar más tormentoso. El cielo proteja y fortifique mi pobre estómago. Todos a bordo aprecian más este lugar que Sydney: las partes no cultivadas tienen el mismo aspecto en uno u otro lado, pero como el clima es más húmedo, los jardines llenos de vegetales exuberantes y los campos de trigo hacen que parezca gratamente Inglaterra.

Para una persona que no está ligada particularmente a ningún tipo de sociedad (tales como literarias, científicas, etc.) y trae a su familia, es un lugar admirable para emigrar. Con cuidado y un pequeño capital, puede estar seguro de ganar muy pronto lo suficiente y, si le parece, puede morir rico. No hay duda de que en Nueva Gales del Sur un hombre puede alcanzar muy pronto un ingreso de miles al año, aunque no creo que obtenga una ganancia en comodidades. La sociedad de aquí es de una mejor clase. No hay convictos que conduzcan su propio carruaje y hagan ostentación de su riqueza.

55. Puerto de Sydney, 1836. © State Library of New South Wales.

Realmente, el sistema migratorio es excelente para los caballeros pobres. Te sorprendería saber qué sociedad más agradable hay aquí. Ayer cené en casa del procurador general, donde, además de un pequeño grupo de sus amigos más íntimos, arregló un excelente concierto de música italiana de primera clase. La casa es grande, bellamente amueblada; la cena muy elegante ¡con sirvientes respetables! (aunque desde luego todos convictos). Poco tiempo antes hubo un baile elegante en el que estaban presentes 113 personas. En otra casa muy agradable, donde cené, me dijeron que en su último baile reunieron a 96 personas. ¿No es asombroso en un lugar del mundo tan apartado?

Es necesario dejar Inglaterra y visitar las lejanas colonias de diversas naciones para darse uno cuenta de la maravillosa gente que son los ingleses. Es un interesante rasgo de nuestro viaje ver muchas de las colonias inglesas distantes. Las islas Falkland (abajo en la escala), tres partes de Australia, la Isle of France, el Cabo, Santa Helena y Ascensión. La razón me dice que debería gozar de todo esto, pero confieso que nunca vi un barco mercante partir hacia Inglaterra sin una peligrosa inclinación a caer como un rayo. Es un hecho verdadero, y muy penoso, que los últimos cuatro meses me han parecido tan largos como los dos años anteriores, y a este paso todavía me quedarían cuatro años más. Nunca hubo un barco tan lleno de héroes añorados como el Beagle. Todos deberíamos estar avergonzados de nosotros mismos: ¿Qué son cinco años comparados con los que pasan soldados y civiles, a los que con todo mi corazón compadezco, que viven en la India? Si una persona está obligada a dejar a los amigos y a su país, más vale que se venga a estos países y se haga granjero. No habrá de regresar a casa, a media paga y con cara pálida. Algunos de nuestros oficiales están considerando el tema a todas luces importante, y que se divulga de un extremo de la colonia al otro, de la lana.

Mi padre se alegrará de saber que mi advertencia profética de mi última carta ha demostrado ser falsa. Al no llevar a cabo ninguna expedición, no he necesitado dinero.

Dale mi cariño a mi querido padre. A menudo pienso en su amabilidad conmigo al permitirme venir a este viaje: así es, en qué parte de mi vida puedo pensar de otro modo.

Adiós, mi querida Katty. No tengo nada más que escribir que valga la pena, como puedes ver. Gracias al cielo, es un hecho indudable que los meses, semanas y días pasarán rápido, aunque viajen como los haraganes más consumados. Si todos vivimos, nos veremos en el otoño./Tu afectuoso hermano / Charles Darwin

A William Darwin Fox 15 de febrero de 1836
Hobart Town. Van Diemen's Land
Febrero 15, 1836
Mi querido Fox:
En nuestra llegada a Sydney todos a bordo del Beagle nos sentimos desilusionados al no encontrarnos con ninguna carta. Por primera vez, el Beagle llegó antes del día programado y de ahí la causa de nuestra tristeza. Me imagino que de otro modo habría recibido carta tuya. Hace mucho que no he tenido noticias de ningún tipo. La última fue de mi casa acerca de la mala salud de la señora Fox. Mucho has tenido que soportar con el sufrimiento de tu propio cuerpo y si a esto se le agrega el infortunio de un origen más profundo, seguramente que la carga que has debido soportar habrá sido pesada. Pero sinceramente espero, mi querido Fox, que estoy presagiando calamidades que ya han pasado y que ya eres tan feliz como debes serlo por el brillante cuadro que me pintaste en tu última carta.

Supongo que habrás tenido noticias mías desde Lima; desde ese periodo el tiempo se me ha vuelto sumamente pesado. No es que en la actualidad sea especialmente desagradable, pero no puedo contenerme de pensar en el futuro. Estoy seguro de que, si un largo viaje puede despertar tendencias perjudiciales en el carácter de una persona, la buena tendencia es que le ha enseñado a apreciar y querer entrañablemente a sus amigos y familiares.

Ahora que el objetivo de nuestro viaje se ha reducido simplemente a mediciones cronométricas, una gran parte de nuestro tiempo se dedica a andar de un lado a otro. Para mí, se trata de gran parte de la existencia borrada de la página de la vida. Odio cada ola del océano, con un fervor que tú, que sólo has conocido las aguas verdosas de la orilla, nunca podrás comprender. Me parece que no soy el único en este odio, pues creo que son pocos los marineros que están contentos. Eran jóvenes cuando los metieron en el barco y por obligación antes de que les llegaran los años de prudencia. Los que navegan suspiran por las delicias de la tierra firme y quienes están en ésta se quejan por haber sido olvidados y desdeñados. Todos creen que han sido utilizados en exceso, que no se les promoverá pronto, y yo doy gracias a las estrellas de que no nací marinero. Me cuidaré mucho de que nadie me persuada de nuevo a prestarme voluntariamente como filósofo (mi título de costumbre), incluso para el vaivén de un barco de guerra. No es que no esté muy contento de haber venido en esta expedición, sino que incluso estoy más contento de que llegue a su fin. Hace ya cierto tiempo que no he tenido la menor oportunidad de hacer nada dentro de la historia natural. Dibujé esbozos muy imperfectos de la geología de todos los lugares a los que visitamos raudamente, pero no serán muy útiles[21]. Al dejar América, toda la serie interconectada e interesante de observaciones ha llegado a su fin. Miro hacia delante con una mezcla cómica de temor y satisfacción por la cantidad de trabajo que en consecuencia habré de realizar en Inglaterra. Supongo que mi principal < lugar> de residencia será en principio Cambridge y después Londres. Me temo que esta última se convertirá de todo a todo en la más conveniente. Me duele pensar así, ya que una buena caminata por el verdadero campo causa el mayor de los placeres que pueda imaginar. Encontraré que las distintas sociedades me serán muy útiles: a juzgar por las ocasionales miradas a sus informes periódicos, etc., parece haber un agudo interés cada vez mayor por la historia natural. F. Hope me informa que ha puesto mi nombre como miembro de la Entomological Society. No sé si tú también lo eres. Antiguamente, cuando recolectabas en Cambridge, cuán útil habría sido una sociedad central para nosotros los cazadores de escarabajos. Las orillas del Cam, los sauces, Panagæus crux-major y Badister, que no era Cephalotes, todos forman un solo cuadro en mi mente. Hasta hoy Panagæus sigue siendo un género sagrado para mí. Considero que la cruz naranja [o sea el crux-major] podría ser el emblema de la nobleza entomológica. En Sydney capturé una hermosa especie que estuve observando por largo tiempo, comparándola con cualquier otro insecto. El pobre de Albert Way… me pregunto qué habrá sido de él. Desearía poder pensar que le fue bien.

No me queda claro dónde estás residiendo ahora, pues en las últimas cartas de casa (que fueron de hace varios meses) nada se menciona. Probablemente no reciba otra carta más antes de llegar a Inglaterra y, si es así, habrá habido un espacio de 18 meses[22], entre los acontecimientos de los que estoy absolutamente a ciegas. Espero en Dios que no sean noticias infortunadas. Creo que fue en una noche de septiembre cuando cruzamos por primera vez las luces de Lizard. En tal ocasión sentí que sería muy necesario llevar a cabo alguna locura o extravagancia fuera de lo común. Los escolares tienen toda la razón en romper la encuadernación de sus libros al final de su curso y a la manera de los hombres de la Marina de guerra, cuando lanzan guineas al mar o encienden su pipa con billetes de a libra para demostrar su alegría. Queda tan poco tiempo antes de que nos encontremos que siento totalmente inútil describir de manera imperfecta aquello de lo que tendremos la oportunidad de conversar. Visitar Australia, que un día se convertirá en la Emperatriz del Sur, fue interesante. Me dio la idea grandiosa del poder y la eficiencia de la nación inglesa. Ver a las colonias cuya edad proporcional se convierte de decenas de años a cientos, con lo cual superan en civilización a las de América del Sur, es realmente asombroso. Aunque maravillado y lleno de admiración ante este espectáculo, de ninguna manera estaría dispuesto a emigrar. El estado moral de las clases más bajas es desde luego detestable; la sociedad de las más altas se divide malévolamente por los sentimientos de partido y el propio país no acaba de gustarme. Pero con respecto a la manera de hacer dinero, es el verdadero paraíso de los adoradores de Mammón. Es un hecho indiscutible que hay emancipadores que viven con ¡15 000 libras al año!

Después de tocar en King George Sound procedimos hacia la Isle of France. Claramente sería necesario conseguir cierta pequeña cantidad de sentimientos para la ocasión: imagina qué oportunidad de escribir cartas de amor. ¡Oh, si tuviera una Virginia para enviarle una epístola inspirada[23]! Una persona que no está enamorada no tiene derecho a vagar entre las brillantes escenas de encantamiento. Estoy escribiendo tonterías gloriosas, así que mejor te deseo una buena noche, aunque en este preciso momento probablemente estás apenas despertando en una mañana fría y congelada. Estamos en lados opuestos del mundo y todo está de cabeza. Pero agradezco al cielo que mi memoria esté en su lugar y pueda traer a mi lado los rostros de muchos de mis amigos.

Hasta pronto, mi querido Fox, hasta que el día llegue cuando realmente podremos de nuevo darnos la mano. Dios te bendiga./Tu amigo afectuoso / Charles Darwin

De Caroline Darwin 28 de marzo de 1836
[Shrewsbury]
1836 / Marzo 28
Mi querido Charles:

Susan y Cath te escribieron desde que tuvimos tu última carta de Lima del 4 de agosto, pero te lo menciono sólo por temor a accidentes. Apenas puedo creer lo cerca de casa que estarás cuando recibas ésta y que esos largos largos cinco años habrán llegado a su fin. Muchas son las horas que gastamos hablando de ti y compadeciéndote por la sensación de confinamiento que te parecerá nuestro pequeño lugar de casa y jardín cuando te encuentres entre nosotros. Será como si despertaras de un sueño cuando veas todas las cosas y a todos tal como los dejaste, excepto nosotros seis que tendremos mucha más edad, incluyendo a Pincher y a Nina. Vimos a uno de tus amigos hace unos días y nos hizo muchas preguntas. Era el señor Herbert, que está haciendo el circuito de Oxford y se encontró a Cath en el baile y al día siguiente vino. Su pelo está completamente gris. No sé si es resultado de estos cinco años o si ya lo tenía gris cuando lo viste por última vez, pero le da una apariencia venerable. Sir E. Alderson también completó el circuito este año y tuvimos una visita de media hora por su parte, la cual podría haber sido alegre y placentera si no hubiera sido porque traía consigo a su hermano el juez, por lo que fue bastante horrible tener que entretener a dos jueces a la vez. Mi padre no los vio, ya que tuvo un ligero ataque de gota en la mano que lo obligó a quedarse en cama por unos días. Sin embargo, ya está bien de nuevo y no le quedaron malas consecuencias, aunque su mano sigue hinchada. Todavía habla de ir en mayo a un pequeño viaje para ver de nuevo Edimburgo con Catherine y Harry.

Esperamos a Erasmus para la próxima semana, si es que estos vientos fríos desaparecen, y se llevará a Susan para que conozca su nueva casa. Así que encontrarás la comodidad y el placer de que tenga una casa para recibirte en vez de los antiguos alojamientos, y esta casa tiene tantas habitaciones libres que tendrás espacio para algunas de tus numerosas cajas, etc. Te doy de una vez su dirección, ya que podrías dejar de recibir nuestras cartas posteriores: 43 Gt Marlborough St. También es dudoso que recibas ésta, pero ya te mandaré unas líneas para decirte que todo está bien. Susan ha ido a quedarse a Woodhouse. Fanny Biddulph estuvo aquí ayer con su pequeña. Todavía se ve obligada a guardar cama y se la ve más bien peor que mejor. La pobrecita tiene unas lindas maneras tan agraciadas y su mamá está tan enamorada por ello. Ella (me refiero a la señora Biddulph, no a la niña) se ve terriblemente enferma y delgada, tanto que apenas la reconocerías, pues está muy desmejorada y distinta de la muchacha robusta que era anteriormente. Hace unos días hubo cartas de Francis y Arthur Owen desde la India y ambos están bien y con buen ánimo. El señor Owen cenó y durmió aquí la semana pasada. Me encantó su mirada cuando hablábamos de ti, tan llena de afecto y de sentimiento. Hablábamos de lo que nos encantaba que tú y tu capitán continuaran siendo tan buenos amigos después de tan largo viaje, y el señor Owen dijo: «Sí, aunque ¿quién puede pelearse con Charles?». Quizá las palabras no digan mucho, pero su mirada sí, el querido viejo. No creo que ninguno de tus amigos te quiera menos por la separación y ésta no durará mucho más. Catherine pasó unos días en Maer y la visita fue muy agradable, lo cual es sorprendente considerando lo alterada que está esa casa. La pobre de la tía Bessy ha perdido la memoria y está confinada al sofá y Charlotte, que era quien sostenía su conversación en los viejos tiempos, ya no está. Me temo que no la encontrarás mejorada por su matrimonio, pues se ha vuelto grave y muy silenciosa.

Como tengo pocas esperanzas de que recibas esta carta, terminaré con el amor de todos nosotros para ti, queridísimo Charles. El de mi padre en particular. Adiós y Dios te bendiga. Pronto llegará agosto. Tu siempre afectuosa C. S. Darwin

A Caroline Darwin 29 de abril de 1836
Port Lewis, Mauricio
Abril 29, 1836
Mi querida Caroline:
Llegamos aquí esta mañana. Puesto que un barco parte para Inglaterra mañana, no quiero dejar escapar esta oportunidad de escribir. Pero como a la vez estoy cansado y entontecido, mi carta será igualmente aburrida. Escribí desde Sydney y desde Hobart Town y, después de dejar este último lugar, navegamos hacia King George Sound. No sentí ningún

afecto en particular por esta parte de Australia y ciertamente nada pudo adaptarse mejor que nuestra última visita para darle un último golpe a tales sentimientos.

De ahí navegamos a las islas Keeling[24]. Se trata de islas bajas con laguna central a unas 300 millas de Sumatra. Me encantó que nos detuviéramos en ellas ya que era la única oportunidad de ver uno de esos bellos productos de los Polypi coralíferos. El tema de la formación coralina ha sido durante el último semestre un punto de particular interés para mí. Espero ser capaz de poner algunos de los hechos desde un punto de vista más simple y coordinado que ése en el que hasta ahora ha sido considerado. La idea de una isla alrededor de una laguna de 30 millas de diámetro que se basa en un cráter submarino de las mismas dimensiones[25] siempre me ha parecido a mí una hipótesis monstruosa.

De las islas Keeling llegamos directamente a este lugar. Todo lo que hemos visto hasta ahora es muy agradable. El panorama no puede jactarse de los encantos de Tahití y mucho menos de la gran exuberancia de Brasil, pero en conjunto forma un cuadro muy bello y completo. Pero no hay país que en este momento nos atraiga sin que se le vea desde la popa y cuanto más distante y vago mejor. Todos estamos terriblemente añorados. Estoy seguro de que hay una gran diferencia entre dejar la patria para residir durante cinco años en un país extranjero y andar vagando durante el mismo tiempo. No hay nada que haya anhelado tanto como la vista de cualquier lugar u objeto que haya visto antes y que pueda decir que lo veré de nuevo. Nuestras cabezas están aturdidas ante tan constantes remolinos. El capitán sigue empujando con la rienda suelta y su talón armado de espolones. Gracias al cielo no se ha perdido ni una hora últimamente o se perderá de nuevo.

Es probable que podamos escapar de los fuertes ventarrones frente al Cabo y alcanzar Inglaterra en ocho semanas después de que recibas esta carta. Nuestro curso más allá del cabo y Santa Helena no es seguro. Creo que acabaremos tocando Bahía en la costa de Brasil. ¡Cuán distintas sensaciones despertará esa escena espléndida que la vez anterior! Pues entonces pensaba que una hora de tal existencia podría comprarse mucho más barata que un año de vida ordinaria, pero ahora una sola mirada a mi querido hogar será mejor que todos los reinos unidos de todos los gloriosos trópicos. Mientras estamos en el mar y el clima es benigno mi tiempo pasa como una seda, ya que sigo muy ocupado. Mi ocupación consiste en reacomodar mis viejas notas geológicas y este reacomodo consiste en volverlas a escribir por completo. Justo ahora estoy empezando a descubrir la dificultad de expresar las propias ideas en el papel. Si sólo consiste en describir, esto es muy fácil, pero cuando el razonamiento entra en juego, hacer las conexiones apropiadas, una fluidez clara y moderada es para mí, como ya lo dije, una dificultad de la que no tenía ni idea.

Mi espíritu se levanta con mi geología e incluso aspiro a pensar que mis observaciones serán consideradas de alguna utilidad por los verdaderos geólogos. Veo con toda claridad que será necesario vivir en Londres durante un año, en cuyo tiempo de arduo trabajo, según confío, la mayor parte de mis materiales podrán ser analizados exhaustivamente. ¿Puedes pedirle a Erasmus que anote mi nombre en el club Whyndam o en cualquier otro? Si más tarde puede ser conveniente no entrar en él, nada se ha perdido. El capitán tiene un primo en el Whyndam del que piensa que podría introducirme en él. Dile a Erasmus que vaya pensando en algún alojamiento con buenas y grandes habitaciones en alguna parte común de Londres. Ahora que estoy planeando acerca de Inglaterra, creo realmente que no está a una distancia imposible. Dile a mi padre que saqué una letra por 30 libras. El capitán se está convirtiendo día a día en un hombre más feliz, pues ahora mira hacia el futuro con buen humor ante el trabajo que le espera. Como yo, él está ocupado todo el día escribiendo, pero en vez de cosas geológicas se trata de todo el relato del viaje. A veces temo que su «libro» sea más bien difuso, pero en muchos respectos será un buen libro: su estilo es muy sencillo y excelente. Me ha propuesto que me una a él para publicar el relato, o sea que él disponga y arregle mi diario y que lo mezcle con el suyo. Desde luego que le dije que estaba absolutamente de acuerdo si quiere materiales, o a lo mejor piensa que vale la pena publicar los detalles de parloteo de mi diario. Ha leído la parte que tengo a bordo y le ha gustado.

Estaré ansioso por oír tus opiniones, ya que es una tarea bastante peligrosa, en estos días, publicar recuentos de partes del mundo que han sido visitadas con tanta frecuencia. Es toda una suerte de buena fortuna para mí que, de los muchos viajeros (por el mar) naturalistas, haya habido pocos o ningún geólogo. Yo estaré en el campo que carece de oposición. Te aseguro que miro con no poca ansiedad el tiempo en que Henslow, poniéndose serio, decida sobre los méritos de mis notas. Si mueve la cabeza en actitud desaprobadora, sabré entonces que mejor dejo por la paz la ciencia, ya que la ciencia me habrá dejado a mí por la paz, pues he trabajado con cada grano de energía que poseo. Pero qué horrible carta más egoísta estoy escribiendo. Estoy tan cansado que nada que no sea el placentero estímulo de la vanidad y escribir sobre el propio y querido yo puede ser suficiente. Tengo la excusa de que, si escribo sobre mí mismo, el cielo sabe que pienso mucho en ustedes.

Dejaremos esta isla en seis días. Si hay cualquier oportunidad, escribiré desde el Cabo de Buena Esperanza y esa carta posiblemente sea la última que reciban antes de verme llegar convertido en un anciano caballero de piel morena. En el instante en que el barco suelte su ancla en el barro de la vieja Inglaterra, me dirigiré a < Shr> ewsbury. Espero que encontremos cartas < en> el Cabo, pero tengo muchos temores, pues la fecha de la última carta que recibí fue de hace 13 meses. Es un periodo serio para no haber sabido enteramente nada, sobre todo de aquellos por quienes uno se preocupa más. Es probable que lleguemos a < princ> ipios de septiembre y entonces tendrás en mente la posibilidad < de> que al no recibir cartas durante 18 meses podrás volverme a contar las cosas importantes. Si no llego para el 14 de septiembre, escribe de nuevo a la oficina de correos de Plymouth, de modo que al dirigirme a casa pueda viajar con determinadas cosas en mente.

Dios los bendiga a todos y que te encuentres bien y contenta. Perdona esta carta, pero estoy seguro de que prefieres tenerla a estar con las manos vacías. Así que de nuevo que Dios los acompañe a todos. Dales mi más caluroso amor a mi padre y a todos / Mi muy querida Caroline/Tu hermano afectuoso / Charles Darwin

A Catherine Darwin 3 de junio de 1836
Cabo de Buena Esperanza
Junio 3, 1836
Mi querida Catherine:
Llegamos aquí anteayer. La primera parte de nuestra travesía desde Mauricio fue muy favorable, pero la última fue execrable. Nos encontramos con un fuerte ventarrón que me recordó los viejos días cerca del cabo de Hornos. Es una suerte para mí que el viaje esté llegando a su fin, ya que positivamente sufro más por los mareos que tres años atrás. Todos, desengañados por la falta de cartas en Sydney y Mauricio, llegamos a pensar que encontraríamos una gran pila en este lugar. Pero, ay, la montaña de cartas ha degenerado en un pequeño paquete de cerca de una docena: entre ellas tuve la buena fortuna de recibir la tuya de ¡enero de 1836! Cartas de nueve meses andan vagando por el ancho océano, las cuales no recibiremos hasta que pase cierto tiempo después de llegar a Inglaterra. Pero si supieran ustedes la alegría gloriosa e indecible que sentí al saber con certeza que mi padre y todas ustedes estaban bien tan sólo hace cuatro meses, no se quejarían por un trabajo perdido al mantener su serie regular de cartas, pues sólo gracias a este orden pude recibir esta última carta.

Cuando escribí desde Mauricio, les pedía que la carta a Plymouth contuviera un corto resumen de los últimos 18 meses; ahora necesita solamente volver atrás a partir de enero. No se desilusionen acerca de esto, ya que de otro modo sería desconsoladora en mi viaje en vez de gozosa la vista del país más glorioso y más bello. Creo que en casa tengo un portamanteo, un gran abrigo y mallas tejidas. Si es así, ¿pueden hacer que se manden hacia el 1.º de septiembre dirigidas a «Tte. Sulivan, al cuidado del señor Elliot, Royal Hotel, Devonport (para guardarse hasta que llegue el HMS Beagle)»? De aquí vamos a Santa Helena, entre cuyo lugar e Inglaterra no se han determinado las paradas.

El Beagle está ahora anclado en Simons Bay, a más de 10 millas de Ciudad del Cabo, que es donde estoy. Ésta es una ciudad bella y singular: se extiende al pie de una enorme pared (el monte Table), que llega a las nubes y representa una imponente barrera. Ciudad del Cabo es una gran posada sobre la gran carretera del este: un extraordinario número de casas han sido convertidas en casas de huéspedes, en una de las cuales estoy aposentado. El primer día caí en medio de un conjunto de nababs, pobre gente, que todos juntos no habrían podido producir un tan buen hígado como el héroe de Beppo[26]. Son de una pesada conversación insulsa. Me perdí entre Cawnpoor [Kanpur] y tantos «poor[27]» y con las huidas de Calcuta a Bombay, ida y vuelta, sin esperanza. Realicé una retirada precipitada y para el futuro decidí librarme de nababs.

Mañana en la mañana iré a visitar con el capitán FR a Sir J. Herschel. Ya he pasado frente a la casa que ha comprado: está a seis millas de la ciudad y en una situación retirada encantadora. He oído mucho sobre sus maneras excéntricas pero muy amistosas y tengo gran curiosidad por ver al gran hombre.

Pasado mañana espero realizar una breve excursión a caballo de tres o cuatro días para obtener algún vislumbre del paisaje africano, o más bien debo decir del desierto africano. Habiendo visto tanto de este tipo de campo en Patagonia, Chile y Perú, me considero hasta cierto punto como un conocedor del desierto y estoy ansioso por conocer éste. Cada país tiene su propio carácter peculiar y cada país vale la pena verlo. Pero ¡oh, el país de países! ¡Los bellos campos verdes ondulantes y las veredas sombreadas! ¡Oh, si ustedes, jóvenes señoras, han echado abajo muchos de los árboles (y los recuerdo a todos, uno por uno), nunca se los perdonaré!

Me encantó la idea de que Erasmus se haya convertido en propietario de casa. Espero que pueda yo lograr alojamientos a no gran distancia y entonces Londres se convertirá en un lugar muy agradable. Sin embargo, a menudo pienso que Cambridge sería mejor. No puedo pensar en mí tan cockney como para dejar de lado la idea de tranquilos paseos en una mañana de otoño en el verdadero campo.

Me sentí realmente horrorizado por una oración de tu carta en la que hablas de «los libritos con extractos de tus cartas». Sólo puedo suponer que se refieren a unos cuantos detalles geológicos, pero siempre le escribí a Henslow en la misma forma descuidada que a ustedes, e imprimir lo que ha sido escrito sin cuidado y exactitud es desde luego jugar con herramientas filosas[28]. Pero, como dijo el español: «No hay remedio».

Hasta pronto y Dios los bendiga a todos. Tengo la fuerte sospecha de que mi padre oirá de mí de nuevo antes de la hora de embarcar, lo cual sucederá en unos 10 días. Dale mi amor a la joven señorita Parker, ya que espero que tenga ya una pequeña sobrina en vez del quinto sobrino. Mi querida Catherine/Tu hermano lleno de afecto. C. D.

NB. Me vi obligado a sacar una letra por 30 libras de inmediato. No es que esté seguro de utilizar el dinero aquí, pero si a mi regreso del campo fallan mis fondos, en ese instante no sabré qué hacer.

Al South African Christian Recorder[29] 28 de junio de 1836
En resumen, sopesando todo lo que hemos oído y todo lo que nosotros hemos visto respecto de los misioneros en el Pacífico, estamos muy satisfechos de que ellos merezcan todo nuestro cálido apoyo, no sólo de los individuos, sino también del gobierno británico.
Robert FitzRoy
Charles Darwin
En el mar, 28 de junio de 1836

A John Stevens Henslow 9 de julio de 1836
Santa Helena
Julio 9, 1836
Mi querido Henslow:
Voy a pedirle que me haga un favor. Estoy muy ansioso por entrar a la Geological Society. No sé, aunque lo supongo, si es necesario que un tiempo antes de ser votado alguien

haga la propuesta; si tal es el caso, ¿sería usted tan amable de tomar los pasos preparatorios apropiados? El profesor Sedgwick se ofreció muy amablemente a proponerme antes de dejar Inglaterra, por lo que, si sucede que está en Londres, también él podría hacerlo[30]. Tengo poco que contarle. No hemos visto, hecho o tenido noticias de nada en particular por un tiempo largo, y en la actualidad, realmente, si las maravillas de otro planeta se nos pusieran por delante, creo que unánimemente exclamaríamos: ¡cómo joroban! Ningún escolar cantó nunca la melodía medio sentimental y medio jovial del «Dulce domum» con más fervor de lo que todos nos inclinamos a hacer. Pero todo el placer del dulce domum y la alegría de ver a los amigos son muy peligrosos, pues infaliblemente hacen que uno se vuelva prosaico o vocinglero. ¡Oh, hasta qué grado deseo vivir de nuevo con toda tranquilidad, con un solo nuevo objeto junto a mí! Nadie puede imaginarlo hasta que ha dado la vuelta al mundo durante cinco largos años en una goleta de 10 cañones.

En este momento vivo en una pequeña casa (entre las nubes) en el centro de la isla y a tiro de piedra de la tumba de Napoleón. Está soplando el viento con fuerza, con lluvia intensa y condenadamente fría. Si el fantasma de Napoleón ronda su lúgubre lugar de confinamiento, ésta podría ser una excelente noche para que los espíritus vagaran.

Si el tiempo me lo permite, espero ver algo de la geología de esta isla (tan parcialmente descrita las más de las veces). Sospecho que, a diferencia de las islas volcánicas, su estructura debe ser más bien complicada. Parece extraño que este pequeño centro de una distinta creación, como se afirma, tenga señales de una elevación reciente.

El Beagle seguirá camino de este lugar hacia Ascensión y después a Cabo Verde (¡qué lugares más miserables!), a las Azores, a Plymouth y después a casa. Sin embargo, ése, el más glorioso de todos los días de mi vida, no llegará hasta mediados de octubre. En algún momento de ese mes me verá usted en Cambridge, cuando debo presentarme ante usted para informarle como mi primer Lord del Almirantazgo. En el Cabo de Buena Esperanza todos a bordo sufrimos un amargo desengaño, pues perdimos nueve meses de cartas que nos persiguen de un lugar del globo a otro. Estoy seguro de que debe haber una carta suya entre ellas. Hace mucho que vi por última vez su letra manuscrita, pero pronto lo veré en persona, lo que es mucho mejor. Como discípulo suyo, estará obligado a tomarse la tarea de criticarme y regañarme por todas las cosas mal hechas o que hayan dejado de hacerse, lo cual me temo que realmente lo necesito, pero espero lo mejor y estoy seguro de que tendré un buen, aunque no muy fácil, director de deberes.

En el Cabo, el capitán FitzRoy y yo gozamos de la buena fortuna de encontrarnos con Sir J. Herschel. Cenamos en su casa y lo vimos varias veces después. De muy buen natural, sus maneras nos parecieron en un principio más bien horrendas. Vive en una muy cómoda casa en el campo, rodeada de abetos y encinos, la cual, en el campo abierto, da una sensación de tranquilidad y comodidad. Según parece encuentra tiempo para todo: nos mostró un lindo jardín lleno de bulbos del Cabo que él mismo recolectó y observé que todo era obra de sus propias manos. Qué linda gente muestra ser Lady Herschel. Para acabar pronto, estuvimos encantados con todo y con la casa. Hay mucha gente agradable en el Cabo. El señor Maclear[31], el astrónomo, fue muy amable y hospitalario. También conocí al doctor A. Smith, que acababa de regresar de una expedición más allá del Trópico de Capricornio. Es una persona brillante y un observador infatigable. Trajo consigo una inmensa colección y entre otras cosas una nueva especie de Rhinoceros[32]. Si lo hubiera usted oído describir su sistema para viajar y su modo de defensa, habría recordado los días de entusiasmo de los que usted me habló y que sintió al leer a Le Vaillant[33]. El doctor Smith irá pronto a Inglaterra, para regresar al poco tiempo y reanudar sus viajes y ya sea que logre internarse muy al interior o, como él dice, dejar sus huesos en África[34].

Soy muy torpe y no tengo nada más que decir. El viento silva con tales lamentos sobre los expuestos montes que me iré a la cama y soñaré con Inglaterra. Buenas noches, mi querido Henslow / Su muy agradecido / y afectuoso / Charles Darwin

A Caroline Darwin 18 de julio de 1836

[A bordo del Beagle, destino Ascensión]

Julio 18, 1836

Mi querida Caroline:

En el presente estamos impulsándonos gracias a un viento alisio maravilloso hacia Ascensión. Estoy determinado a pagar la deuda de la tan excelente correspondencia de ustedes, para finalmente escribirles a todas ustedes tan frecuentemente como pueda. Dejaré esta carta en Ascensión y espero que encuentre la oportunidad de ser remitida. Antes de intentar decir cualquier otra cosa, debo desembarazar mi mente de las malas noticias acerca de que nuestra llegada a Inglaterra se va retrasando a medida que avanzamos. A los mejores jueces del barco les quedan pocas esperanzas de que ello suceda antes de fines de octubre. Los próximos tres meses aparecen como infinitamente tediosos y largos, y me atrevo a decir que las últimas tres semanas serán peores, mientras que los tres más cercanos días, por la misma regla, habrán de ser intolerables. Me siento inclinado a no escribir de nada más, y contarte una y otra vez cómo ansío estar tranquilamente sentado entre ustedes. Qué bello se verá Shropshire si podemos cruzar el ancho Atlántico antes de fines de octubre. No puedes imaginar cuánta curiosidad me despierta contemplar algunos de los viejos panoramas y comparar las viejas impresiones con las nuevas. Estoy determinado y me siento seguro de que el panorama de Inglaterra es 10 veces más bello que cualquiera que hayamos visto. ¿Qué persona razonable puede desear montañas mal proporcionadas de dos o tres millas de altura? No, no; denme el Brythen o alguna otra colina compacta. Y entonces, en cuanto a sus llanuras sin fin y bosques impenetrables, ¿quién osará compararlos con los verdes campos y los bosques de robles de Inglaterra? La gente se encanta hablando del cielo siempre sonriente de los trópicos, ¿no es éste un sinsentido altivo? ¿Quién admira la cara de una dama que siempre está sonriendo? Inglaterra no es una de esas bellezas insípidas: puede llorar y fruncir el ceño y sonreír, cada cosa a su tiempo. En breve, estoy convencido de que es la cosa más ridícula dar la vuelta al mundo cuando quedándose tranquilo el mundo girará contigo.

Pero debo regresar al pasado, ya que si miro hacia delante pierdo los sesos y hablo tonterías. El Beagle se quedó en Santa Helena durante cinco días, durante los cuales viví entre las nubes del centro de la isla. En sí es un curioso pequeño mundo y la parte habitable está rodeada de una banda ancha de rocas desoladas, como si la amplia barrera del océano no fuera suficiente para guardar ese punto precioso. Desde mi posición central anduve a pie casi por toda la isla. Gocé de sus senderos más de lo que había gozado durante largo tiempo. La estructura de la isla es complicada y su historia geológica más bien curiosa. He descubierto un monstruoso error que ha sido copiado de uno a otro libro sin más análisis. Se ha dicho que las conchas marinas se encuentran en la superficie de la tierra a una elevación de algo menos de 2000 pies y que por lo tanto esta isla, pues posee una flora única, debe haber surgido de las profundidades del océano en un periodo tardío. ¡Esas conchas resultan ser conchas terrestres! Pero lo que es muy singular es que ya no existen, vivas, en la isla[35].

He oído mucho acerca del general Dallas y de sus hijas[36]. La gente habla muy bien de él (como de un viejo inocente bien intencionado). Se tomó mucho trabajo para mejorar los caminos y otras obras públicas, y era muy hospitalario, magnificente y popular. Las jóvenes eran la alegría de la alegría. Finalmente fue el último de los gobernadores de la East Indian Company, con un ingreso que cuadruplicaba el actual. De ahí quizá los lamentos por su partida.

Desde Santa Helena escribí a Erasmus una larga y pesada carta sobre mí mismo y la dirigí al Wyndham Club[37]. Espero de verdad que Erasmus no ande vagando por el continente en el momento del regreso del Beagle. Me encanta que haya tomado una casa, ya que con toda probabilidad esto lo asentará. Realmente tengo tanto que decir que me temo que dejaría de lado a algunos de mis amigos. Me pondré en tus manos y te dejaré la tarea de regañarme, como en aquellos años que ya han pasado, y civilizarme. ¡Oh por los tiempos en que podremos cabalgar juntos por el camino de Oswestry!

Mi querida Caroline, ansío verte y a todas las demás y a mi querido padre. Dios los bendiga a todos. Tu más afectuoso / hermano: Charles Darwin

264

PD: Dejé esta oreja abierta en caso de que reciba alguna carta mañana al llegar a Ascensión.

[Escrito con lápiz en la oreja externa del sobre:] Hay un barco en la ensenada y debo enviar ésta. Hay cartas, pero no han abierto todavía el paquete.

A Susan Darwin 4 de agosto [de 1836]
Bahía, Brasil
Agosto 4
Mi querida Susan:

Me pongo a escribir unas líneas sólo para explicarte la causa de que esta carta haya sido remitida desde la costa de Sudamérica. Ciertos desacuerdos singulares acerca de las longitudes hicieron que el capitán FR se sintiera ansioso por completar el círculo en el hemisferio sur y así volver sobre nuestros pasos por la antigua ruta a Inglaterra. Esta forma zigzagueante de proceder es muy lastimosa; le ha dado el último golpe a mis sentimientos. Odio y aborrezco el mar y a todos los barcos que lo navegan. Pero aún sigo creyendo que podemos llegar a Inglaterra en la última quincena de octubre. En Ascensión recibí la carta de Catherine de octubre y la tuya de noviembre: la carta que recibí en el Cabo era de fecha más tardía, pero todas las cartas sean de cuando sean son tesoros inestimables y les agradezco a ambas por ellas.

Las desiertas rocas volcánicas y el mar alebrestado de Ascensión, tan pronto como me enteré de que había noticias de casa, de pronto adquirieron un aspecto agradable, y me puse a la obra, con buena voluntad, de mi viejo trabajo geológico. Te sorprendería saber cómo el placer de llegar a un nuevo lugar depende enteramente de las cartas. Sólo nos quedamos cuatro días en Ascensión y entonces tuvimos una buena travesía a Bahía. Poco pensé que volvería a poner mis pies en la costa de Sudamérica de nuevo. Fue casi penoso darme cuenta de cuánto del viejo entusiasmo se había evaporado en estos cuatro años. Ahora pude caminar juiciosamente por una selva brasileña, y no es que no sea exquisitamente bella, pero ahora, en vez de buscar los contrastes espléndidos, me veo comparando los augustos árboles de mango con los castaños de Indias de Inglaterra. Aunque este zigzag nos ha hecho perder por lo menos una quincena, en cierto sentido me alegro de ello. Creo que podré llevarme un cuadro vivo del panorama intertropical. De aquí nos iremos a Cabo Verde, esto es, si los vientos o las calmas ecuatoriales nos lo permiten. Tengo cierta débil esperanza de que algún mal viento sostenido induzca al capitán a seguir directamente a las Azores. Ruego de todo corazón por este acontecimiento adverso.

Ambas cartas de ustedes estaban llenas de buenas noticias, sobre todo las expresiones que según ustedes me cuentan que el profesor Sedgwick utilizó acerca de mis colecciones. Confieso que me llenan de satisfacción. Espero que una parte por lo menos se haga realidad y que pueda yo actuar, como pienso ahora: que un hombre que se atreve a malgastar una hora de su tiempo es que no ha descubierto el valor de la vida. Al mencionar mi nombre, el profesor Sedgwick me proporciona todo tipo de esperanzas de que me asistirá con su consejo, el cual necesito mucho en muchas de las cuestiones geológicas. Es inútil que te diga, a partir del estado lamentable de este pobre escrito, que estoy escribiendo contra el tiempo, pues estuve fuera toda la mañana y ahora hay ciertos extraños a bordo por quienes debo bajar y a quienes debo recibir caballerosamente. Es más, como esta carta va por un barco extranjero, es dudoso que te llegue nunca. Hasta pronto, mi querida Susan y todos ustedes...
Adiós / C. Darwin

A Josiah Wedgwood II [5 de octubre de 1836]
[Shrewsbury]
Mi querido tío:

El Beagle llegó a Falmouth el domingo en la tarde y llegué a casa a última hora de la noche pasada. Mi cabeza está en total confusión ante tanta alegría, pero no puedo permitir que sean mis hermanas las que te den la noticia primero de cuán feliz me siento de ver a todos mis queridos amigos de nuevo. Me veré obligado a regresar a Londres en tres o cuatro días, adonde el Beagle será despachado y después podré dedicar una visita más prolongada a Shrewsbury. Estoy con muchas ganas de ver de nuevo Maer y a todos sus habitantes, de modo que en el transcurso de dos o tres semanas espero agradecerte en persona, pues eres mi primer Lord del Almirantazgo. Estoy tan feliz que apenas si sé lo que estoy escribiendo.

Créeme tu más afectuoso sobrino

Charles Darwin

Dales mis más atentos saludos a la tía Bessy y a todos en el querido Maer.

Caroline Darwin a Sarah Elizabeth (Elizabeth) Wedgwood
[5 de octubre de 1836]
[Shrewsbury]
Miércoles
Mi querida Elizabeth:

Charles ha llegado a casa, tan poco alterado en sus facciones respecto de hace cinco años como en su persona. Desembarcó en Falmouth el domingo en la tarde y viajó noche y día hasta que llegó a Shrewsbury la noche pasada, pero no supimos de él hasta esta mañana cuando entró justo antes del desayuno. Tuvimos la mañana más feliz, con el pobre Charles tan lleno de afecto y alegría al ver que mi padre tenía tan buen aspecto y por estar de nuevo entre nosotros. Su odio del mar es tan intenso como podríamos desearlo nosotros, pues llegó a su clímax con una tormenta en la bahía de Vizcaya. Se le ve muy delgado[38], pero bien. Estaba tan complacido al recibir las amables notas de bienvenida que Charlotte y tú le enviaron. Me dará mucho gusto, mi querida Eliz, de acompañarlo a Maer. Qué feliz se sentirá de verlos a todos de nuevo. Cuando empecé esta carta no sabía que estaba tan tranquilo como para escribirles él mismo, pero dijo que debía ser el primero en contarle al tío Jos que había llegado. Se siente tan agradecido con el tío Jos y con todos ustedes, por quienes ha estado preguntando… Debe ir a Londres para poder estar presente en el lugar cuando desembarquen del Beagle sus cosas, así que me temo que se habrá ido antes de que la tía Sarah llegue, de lo cual me conduelo. Ahora que realmente lo tenemos de nuevo en casa, empiezo a intentar llenarme de alegría por su ida a esta expedición, pues ahora puedo darme cuenta de que ha logrado felicidad e interés para el resto de su vida.

Adiós, mi querida Eliz. Es un placer escribir a quienes simpatizan tan enteramente con nosotros. Tu afectuosa C. S. D.

De William Owen Sr. 5 de octubre [de 1836]
Mi querido Charles:

No puedo expresarte el placer que me ha proporcionado tu nota, que recibí hace unas horas, y con toda sinceridad te congratulo al igual que a tu familia por tu regreso a salvo, después de una ausencia tan prolongada, a tu querido hogar. Estoy seguro de que tu padre y desde luego toda tu familia se habrán sentido abrumados de placer y espero, no, estoy seguro de que me permitirán participar de él, pero las palabras son cosas fatuas y lo mismo adulan que decepcionan como para expresar los sentimientos honrados de nuestros corazones, por lo que no lo voy a intentar, pero lo largo y lo corto, como se dice en este país, es que debo verte lo más pronto posible, y si no tuviera la mala suerte de que me comprometí a ver a un sujeto que me citó mañana mismo desde luego que me reuniría contigo en el desayuno. Por desgracia, tengo el mismo compromiso para el viernes. Quizá podrías venir el sábado y si puedes y nos quieres entregar tu compañía tanto como puedas, no puedo decirte lo contentos que nos harás tanto a mí como a mi esposa, pero te ruego que traigas tu escopeta contigo, ya que no he olvidado la diversión que compartíamos y estoy ansioso por ver si con tus viajes has mejorado o si deberé ser de nuevo tu instructor.

Esperamos a unos amigos el lunes, que se quedarán unos días, y espero que puedas ser de la partida, y si alguna de tus hermanas quiere venir contigo aún estaremos más complacidos. Sé que es en vano que invite a tu padre. Pero hablas de venir a caballo: si quieres decir con ello visitarme y ni siquiera una noche puedo tenerte conmigo y, por lo tanto, si no te es conveniente venir y quedarte unos días, mándame unas líneas de vuelta por el correo y trataré de ir el domingo en la mañana sólo para saludarte de mano y así darme cuenta de que eres el mismo Charles Darwin que conocí y tanto aprecié. No soy un adulador sino que en verdad y sinceramente te aseguro que siento el mismo tipo de placer y alegría por tu regreso que sentiría al ver a uno de mis pobres hijos de regreso de la India, de los cuales por cierto acabamos de recibir muy buenas noticias./Tuyo sinceramente/Wm. Owen

Woodhouse

Miércoles noche / Octubre 5.

A Robert FitzRoy 6 de octubre [de 1836]

Jueves, de mañana. Octubre 6

Mi querido FitzRoy:

Llegué ayer por la mañana, a la hora del desayuno y, gracias a Dios, encontré a todas mis queridas hermanas y a mi padre con buena salud. Mi padre parece más alegre y muy poco más viejo que cuando lo dejé. Mis hermanas me aseguran que no me veo de ningún modo distinto y puedo de veras regresar el cumplido. Cierto es que toda Inglaterra parece cambiada, excepto la vieja ciudad de Shrewsbury y sus habitantes, quienes, por todo lo que he podido ver, bien al contrario, podrían llegar tal como son hoy hasta el día del juicio final. Desearía de todo corazón estarte escribiendo entre tus amigos en vez de ese horrendo Plymouth. Pero pronto llegará el día y serás tan feliz como yo en este momento. Te aseguro que soy un gran hombre en casa: los cinco años de viaje me han engrandecido en un cien por ciento y me temo que tanta grandeza habrá de experimentar una caída.

Estoy del todo avergonzado de mí mismo por el estado de mala muerte en que consumí los últimos pocos días a bordo; mi única excusa es que ciertamente me sentía mal. El primer día en la diligencia me cansó, pero conforme me acercaba a Shrewsbury todo se veía más bello y alegre. Al pasar por Gloucestershire y Worcestershire deseé que tú pudieras admirar los campos, los bosques y los huertos. La tonta gente que viajaba conmigo no parecía pensar de los campos que fueran mejores de lo común, pero estoy seguro que habríamos estado todos de acuerdo en que el ancho mundo no contiene una perspectiva más feliz que los campos cultivados de Inglaterra.

Espero que no olvides de enviarme una nota diciéndome cómo te va. Desde luego que espero que todas tus molestias y enfados con respecto a nuestro viaje, del cual sabemos ahora que tenía un fin, han llegado a su término. Si no recibes compensaciones suficientes por toda la energía mental y corporal que desplegaste al servicio de Su Majestad, serás tratado con demasiado rigor. Puse a mis radicales hermanas en una conmoción por algunos de los prudentes (si no fueran honrados liberales, hubiera dicho míseros) procedimientos de nuestro gobierno. Por cierto que debo decirte, en honor y gloria de la familia, que mi padre tiene un gran grabado del rey Jorge IV en su salita de descanso. Pero no soy un renegado y, en la época en que nos encontremos, mi política será tan firme y fundada sabiamente como siempre.

Cuando empecé esta carta pensé que te convencería acerca de en qué condición mental más asentada y sensata me encontraba, pero veo que estoy escribiendo lindos sinsentidos. Dos o tres de nuestros trabajadores se pusieron a trabajar ayer de inmediato y acabaron con una gran borrachera en honor de la llegada de su amo Charles. ¿Quién pues puede negar que el propio amo Charles escogió hacer mofa de sí mismo?

Ve con Dios y que él te bendiga. Espero que seas tan feliz pero mucho más juicioso que tu muy sincero pero indigno filósofo./ Charles Darwin

Shrewsbury.

A John Stevens Henslow 6 de octubre [de 1836]

Shrewsbury

Octubre 6

Mi querido Henslow:

Estoy seguro de que me congratulará por el placer de estar de nuevo en casa. El Beagle llegó a Falmouth el domingo en la tarde y me presenté en Shrewsbury ayer por la mañana. Estoy extremadamente ansioso de verlo y tal como están las cosas serán necesarios de cuatro a cinco días para regresar a Londres con el fin de recuperar mis bienes y demás cosas del Beagle, por lo que me parece a mí que el mejor plan es pasar por Cambridge. Necesito su consejo en muchos puntos, pues estoy entre las nubes y ni sé qué hacer ni tampoco dónde ir. Mi principal duda es acerca de los especímenes geológicos, pues ¿quién será tan caritativo como para describir su naturaleza mineralógica? ¿Sería usted tan amable de escribirme unas líneas a vuelta de correo diciéndome si está usted ahora en Cambridge? Hasta que tenga noticias del capitán FR, seguiré en la duda de si no estaré obligado a partir antes de que me llegue su respuesta, pero le pido que lo haga de todos modos. Mi querido Henslow, anhelo verlo, pues ha sido el más generoso amigo que cualquier hombre haya tenido. No puedo escribirle más porque estoy aturdido por el gozo y la confusión. Hasta pronto./ Su muy agradecido / Charles Darwin Jueves en la mañana.

UBICACIÓN DE LAS CARTAS

Los editores agradecen la cooperación y el apoyo de todas las instituciones e individuos que han proporcionado copias de las cartas para su transcripción y publicación. Las versiones originales de todas las cartas publicadas en este volumen y enlistadas se encuentran en las siguientes ubicaciones. El acceso al material en DAR 223, anteriormente en Down House, Downe, Kent, Inglaterra, fue cortesía de English Heritage.

American Philosophical Society, Filadelfia, Pennsylvania, E. U.: carta a J. M. Herbert, [1° -6 de] junio de 1832, 2 de junio de 1833; carta a C. Whitley, [9 de septiembre de 1831]

Armando Braun Menéndez, Buenos Aires, Argentina: carta a E. Lumb, 30 de marzo de 1834

Bathurst Distr ict Histor ical Society, Bathurst, N. S. W., Australia: carta a P. P. King, [21 de enero de 1836]

Bodleian Library, Oxford, Inglaterra: carta a H. S. Fox, 15 de agosto de 1835 (MS. Eng. lett. c, 235-228)

T. H. W. Bower (colección privada): carta a C. Whitley, 15 de noviembre [de 1831]

Cambridge University Library (Darwin Collection [DAR]), Cambridge, Inglaterra: cartas de R. E. Alison, 25 de junio de 1835 (36: 427-427A); de F. Owen, [c. 21 de octubre de 1833] (204: 56); a J. Coldstream, 13 de septiembre de 1831 (204: 64); de R. H. Corfield, 26-27 de junio de 1835 (204: 130), 14-18 de julio de 1835 (204: 29); de C. S. Darwin, 12[-29 de] marzo [de 1832] (204: 71), 12-28 de junio [de 1832] (204: 72), 12[-18 de] septiembre de 1832 (204: 73), 13 de enero de 1833 (204: 74), 7 de marzo [de 1833] (204: 75), 1.ª-4 de mayo de 1833 (204: 76), 1.º de septiembre de 1833 (204: 77), 28 de octubre [de 1833] (204: 78), 30 de diciembre [de 1833]-3 de enero de 1834 (204: 79), 9-28 de marzo [de 1834] (204: 80), 30 de septiembre de 1834 (204: 81), 29 de diciembre [de 1834] (204: 82), 30 de marzo de 1835 (97: B20-21), 29 de diciembre [de 1835] (97: B26-27), 28 de marzo de 1836 (97: B3233); a C. S. Darwin, [28 de abril de 1831] (154: 30), [¿31? de] octubre [de 1831] (154: 3), 12 de noviembre [de 1831] (154: 32), 2-6 de abril de 1832 (223: 10), 25-26 de abril [de 1832] (204: 11), 24 de octubre-24 de noviembre [de 1832] (223: 15), 30 de marzo-12 de abril de 1833 (223: 16), 20 de septiembre [de 1833] (223: 18), 23 [de octubre de 1833] (223: 19), 13 de noviembre de 1833 (223: 20), 9-12 de agosto de 1834 (223: 23), 13 de octubre de 1834 (223-24), 10-13 de marzo de 1835 (223: 26), [19 de] julio [-12 de agosto de] 1835 (223: 29), 27 de diciembre de 1835 (223: 31), 29 de abril de 1836 (223: 34), 18 de julio de 1836 (223: 36); de C. S. Darwin a S. E. Darwin, [5 de octubre de 1836] (185: 55); de C. S. Darwin y E. C. Darwin, 28 de enero [de 1835] (97: B16-17); de C. S. Darwin, E. C. Darwin y S. E. Darwin, 28-31 de diciembre [de 1831] (204: 70); de E. A. Darwin, 18 de agosto [de 1832] (204: 93); de E. C. Darwin, 8 de enero-4 de febrero de 1832 (204: 83), 26-27 de abril [de 1832] (204: 84), 25 de julio[-3 de agosto de] 1832 (204: 85), 14 de octubre [de 1832] (204: 86), 29 de mayo de 1833 (204: 87), 27 de septiembre de 1833 (204: 88), 29 de octubre de 1833 (204: 89), 27 de noviembre de 1833 (204: 90), 27-30 de enero de 1834 (204: 91), 29 de octubre de 1834 (204: 124), 30 de octubre de 1835 (97: B22-23), 29 de enero de 1836 (97: B28-29); a E. C. Darwin, mayo-junio [de 1832] (223: 12), 5 de julio [de 1832] (223: 13), 14 de octubre [de 1832] (204: 86), 22 de mayo-14 de julio de 1833 (223: 17), 6 de abr il de 1834 (223: 21), 20-29 de julio de 1834 (223: 22), 8 de noviembre de 1834 (223: 25), 31 de mayo [de 1835] (223: 28), 14 de febrero de 1836 (223: 33), 3 de junio de 1836 (223: 35); de R. W. Darwin, 7 de marzo de 1833 (204: 94); a R. W. Darwin, 31 de agosto [de 1831] (223: 1 y 97: B10), 8 de febrero-1.º de marzo [de 1832] (223: 8), 10 de febrero de 1832 (223: 9); de R. W. Darwin a J. Wedgwood II, 1.º de septiembre de 1831; de S. E. Darwin, 12 de febrero[-3 de marzo] de 1832 (204: 115), 12 de mayo[-2 de junio] de 1832 (204: 96), 15[-18] de agosto de 1832 (204: 97), 12-18 de noviembre de 1832 (204: 98), 3-6 de marzo de 1833 (204: 99), 2231 de julio de 1833 (204: 100), 15 de octubre de 1833 (204: 101), 12[-28] de febrero de 1834 (204: 102), [23 de] mayo de 1834 (204: 103), [24 de] noviembre de 1834 (204: 104), 16 de febrero de 1835 (97: B18-20), 22 de noviembre de 1835 (97: B24-25), 12 de febrero de 1836 (97: B30-31); a S. E. Darwin, [4 de septiembre de 1831] (223: 2), [5 de septiembre de 1831] (223: 3), [6 de septiembre de 1831] (223: 4), [9 de septiembre de 1831] (223: 5), [14 de septiembre de 1[831] (223: 6), 17 [de septiembre de 1831] (223: 7), 14 de julio-7 de agosto [de 1832] (223: 14), 3 de diciembre [de 1833] (154: 80), 23 de abril de 1835 (223: 27), 3 [de septiembre de] 1835 (223: 30), 28 de enero de 1836 (223: 32), 4 de agosto [de 1836]; de C. D. Douglas, 24 de febrero de 1835 (35: 329-330), 5 de enero de 1836 (30: 5-6A); de T. C. Eyton, 12 de noviembre de 1833 (204: 118); de R. FitzRoy, 23 de septiembre de 1831 (204: 105), 24 [de agosto de 1833] (204: 117), 4 de octubre de 1833 (204: 120); a R. FitzRoy, [19 de septiembre de 1831] (144: 112), [4 u 11 de octubre de 1831] (144: 113), [10 de octubre de 1831] (144: 114), [28 de agosto de 1834] (144: 115), 6 de octubre [de 1836] (144: 114); de H. S. Fox, 31 de octubre de 1833 (39: 1-4), 25 de julio de 1834 (204: 123); de W. D. Fox, 30 de junio de 1832 (204: 106), 29 de agosto-28 de septiembre de 1832 (204: 107), 23 de enero de 1833 (204: 121), 1.º de noviembre de 1834 (204: 124); de J. S. Henslow, 24 de agosto de 1831 (97: B4-5), 25 de octubre de 1831 (204: 108), 30 [de octubre de 1831] (204: 108), 20 de noviembre de 1831 (204: 109), 6 de febrero de 1832 (204: 110), 15-21 de enero de 1833 (204: 111), 31 de agosto de 1833 (97: B14-15), 22 de julio de 1834 (204: 125); de J. M. Herbert, [principios de mayo de 1831] (204: 35), 15[-17] de abril de 1832 (204: 10), 1º [-4] de diciembre de 1832 (204: 112), [28 de marzo de] 1834 (204: 126); de F. W. Hope, 15 de enero de 1834 (204: 127); de C. S. Lambert, [c. julio de 1835] (37: 648); de C. Langton, 27 [de septiembre de] 1832 (204: 114); de E. Lumb, 13 de noviembre de 1833 (204: 122), 8 de mayo de 1834 (204: 128); de H. Matthew, [2 de febrero de 1831] (204: 37), [14 de febrero de 1831] (204: 38), [marzo o abril de 1831] (204: 39); de F. Owen, [8 de abril de 1831] (204: 50), [22 de septiembre-2 de octubre de 1831] (204: 51), [26 de septiembre de 1831] (204: 52), [6 de octubre de 1831] (204: 53), 2 [de diciembre de 1831] (204: 54), 1.º de marzo de 1832 (204: 55), [c. 21 de octubre de 1833] (204: 56); de S. Owen, [27-30 de septiembre de 1831] (204: 61); de W. M. Owen Sr., 1.º de marzo de 1832 (204: 115), 10 de abril-1.º de mayo de 1834 (204: 129), 5 de octubre [de 1836] (204: 138); de G. Peacock, [c. 26 de agosto de 1831] (97: B1113); de G. Peacock a J. S. Henslow, [6 o 13 de agosto de 1831] (97: B1-2), de A. Sedgwick, 4 de septiembre de 1831 (204: 65), 18 de septiembre de 1831 (204: 66), de G. Simpson, [26 de] enero [de 1831] (204: 41); a A. B. Usborne, [1.º-5 de septiembre de 1835] (207: 14), de F. Watkins, [18 de septiembre de 1831] (204: 67); a F. Watkins, 18 de agosto de 1832 (148: 292); de C. Wedgwood, 22 de septiembre [de 1831] (204: 68), 12 de enero-1.º de febrero de 1832 (204: 116); a J. Wedgwood II, [5 de octubre de 1836] (185: 54-55); de J. Wedgwood II a R. W. Darwin, 31 de agosto de 1831 (97: B6-9); de C. Whitley, 13 de septiembre de 1831 (204: 69), 5 de febrero de 1835 (204: 132); a C. Whitley, 23 [de septiembre de 1831] (270); de S. Williams, 26[-31] de agosto de 1832 (204: 117), 21 de octubre de 1833 (204: 62).

Christ's College Library, Christ's College, Cambridge, Inglaterra: cartas a W. D. Fox, [23 de enero de 1831], [9 de febrero de 1831], [15 de febrero de 1831], [7 de abril de 1831], [11 de mayo de 1831], [9 de julio de 1831], 1.º de agosto [de 1831], 6 [de septiembre de 1831], 19 [de septiembre de 1831], 17 [de noviembre de 1831], mayo de 1832, 30 de junio de 1832, [12-13 de] noviembre de 1832, 23 de mayo de 1833, 25 de octubre de 1833, [7-11 de] marzo de 1835, [9-12 de] agosto de 1835, 15 de febrero de 1836

Hope Entomological Collections, University Museum, Oxford: carta a F. W. Hope, 1.º de noviembre de 1833

Hydrographer of the Navy, Ministry of Defence, Taunton, Somerset, Inglaterra: carta de F. Beaufort a R. FitzRoy, 1.º de septiembre [de 1831]

Keele University Library: carta de R. W. Darwin a Josiah Wedgwood II, 30-31 de agosto [de 1831]

Archives of the Royal Botanic Gardens, Kew, Richmond, Surrey, Inglaterra: carta de E. A. Darwin a J. S. Henslow, 23 de enero [de 1833]; carta de R. W. Darwin a J. S. Henslow, 28 de diciembre [de 1835]; carta de R. W. Darwin y las señor itas Darwin a J. S. Henslow, 1.º de febrero de 1833; cartas a J. S. Henslow, [11 de julio de 1831], 30 [de agosto de 1831], [2 de septiembre de 1831], [5 de septiembre de 1831], 9 [de septiembre de 1831], 17 [de septiembre de 1831], 28 [de septiembre de 1831], [4 u 11 de octubre de 1831], 30 [de octubre de 1831], 15 [de noviembre de 1831], 3 de diciembre [de 1831], 18 de mayo-16 de junio de 1832, [23 de julio-15 de agosto [de 1832], [c. 26 de octubre-]24 de noviembre [de 1832], 11 de abril de 1833, [20-27 de] septiembre de 1833, 12 de noviembre de 1833, marzo de 1834, 24 de julio-7 de noviembre de 1834, 4 de octubre de 1834, 8 de noviembre de 1834, [10-]13 de marzo de 1835, 18 de abril de 1835, 12 [de agosto de] 1835, [28-29 de] enero de 1836, 9 de julio de 1836, 6 de octubre [de 1836]; E. Lumb a J. S. Henslow, 2 de mayo de 1834

National Archives of the United Kingdom, Kew: carta a Francis Beaufort, 1.º de septiembre [de 1831] (Adm 1/4541 pro d 262)

National Library of Australia, Canberra, Australia: carta a C. Whitley, 23 de julio de 1834 (MS 4260)

Shrewsbury School, Shrewsbury, Inglaterra: carta a C. T. Whitley, [19 de julio de 1831 South African Christian Recorder 21 836: 221-238

ACERCA DE LAS IMÁGENES

Todas las ilustraciones de este volumen son reproducciones de los dibujos originales o de los manuscritos, y con la excepción del retrato de Darwin y el esbozo de Philip Gidley King, son contemporáneos del viaje. La mayoría de los dibujos han sido tomados de los cuadernos de Conrad Martens, el artista del Beagle, quien estuvo a bordo con Darwin de julio de 1833 hasta julio de 1834. Martens se separó para visitar Tahití y Australia, como iba a hacer el propio Darwin unos meses después. Dos de los cuadernos de apuntes de Martens están ahora en el Darwin Archive de la Cambridge University Library (CUL MS. Add. 7983 y 7984), y sus dibujos se reproducen con permiso de los síndicos de la Cambridge University Library. Agradecemos a los propietarios de todas las imágenes reproducidas aquí por su generosa asistencia. Todas las reproducciones han sido autorizadas.

1. Philip Gidley King: esbozo de la cubierta de popa y plano del camarote de la toldilla del HMS Beagle, 1891. John Murray Archive, National Library of Scotland. Reproducido con permiso de los Trustees of the National Library of Scotland.

2. W. Mason: Puerta del Christ's College, Cambridge, núm. 9 de «Watercolour views of the Colleges, etc.», 1823. Reproducción con permiso de los Syndics of the Fitzwilliam Museum, Cambridge.

3. Albert Way: «Darwin on his Hobby» y «Go it Charlie!» CUL DAR 204: 29.

4. George Richmond: Charles Darwin. Esbozo a lápiz de 1839. Reproducido con permiso de los Syndics of Cambridge University Library.

5. Robert FitzRoy. 1835. Dibujo litográfico. Wellcome Library, Londres.

6. Plano del camarote de popa del HMS Beagle. CUL DAR 44: 16.

7. Valparaíso. CUL MS. Add. 7984: 37r.

8. Conrad Martens: Cacería en el río Santa Cruz. National Maritime Museum, Greenwich, Londres. [Por tradición familiar, la figura más cercana es la de Charles Darwin.]

9. Conrad Martens: São Thiago. Acuarela. Richard Keynes (colección privada).

10.   Conrad Martens: Fueguinos en su canoa. Kerry Stokes Collection, Perth.

11.   Indios patagones, bahía de San Gregorio. CUL MS. Add. 7983: 31.

12.   Montevideo cerca de la Puerta Inglesa. CUL MS. Add. 7983: 16v.

13.   [La costa cerca de Montevideo]. CUL MS. Add. 7983: 19.

14.   Bahía de Botafogo, Río de Janeiro. CUL MS. Add. 7983: 3.

15.   Flor de zueco [Lady's Slipper], Elizabeth Island, estrecho de Magallanes. CUL MS. Add. 7984: 2r.

16.   Montevideo desde el lugar de anclaje del HMS Beagle. CUL MS. Add. 7983: 21v-22.

17.   Conrad Martens: Fueguinos flechando peces en la orilla del agua. Cortesía de Kerry Stokes Collection, Perth.

18.   Secciones de la isla coralífera. 1830 y tantos. CUL DAR 44: 24.

19.   Afuera de los muros de Montevideo. CUL MS. Add. 7983: 17v.

20.   Notas ornitológicas. 1830 y tantos. CUL DAR 29.2: 74.

21.   El Aguada, cerca de Montevideo. CUL MS. Add. 7983: 12.

22.   Gaucho y caballos. CUL MS. Add. 7983: 21.

23.   Despellejando a un mono, Puerto Deseado. CUL MS. Add. 7983: 27.

24.   Puerto Deseado, costa de Patagonia. CUL MS. Add. 7983: 28.

25.   El monte Sarmiento visto desde Puerto del Hambre con el telescopio. CUL MS. Add. 7983: 30.

26.   Conrad Martens: Port Louis, Falkland Oriental. Kerry Stokes Collection, Perth.

27.   Mapa geológico de Sudamérica, coloreado a mano. CUL DAR 44: 13.

28.   Cañada en Puerto Deseado. CUL MS. Add. 7983: 26.

29.   HMS Beagle, Las Lomas y el monte Sarmiento. CUL MS. Add. 7983: 32v.

30.   Carta de Charles Darwin a Catherine Darwin, 20 de julio de 1834. CUL DAR 223: 22. Reproducida con permiso de English Heritage.

31.   Bosque de Chiloé. CUL MS. Add. 7984: 29.

32.   Valparaíso. CUL MS. Add. 7984: 38.

33.   Isla Wollaston, Tierra del Fuego. Cortesía de Kerry Stokes Collection, Perth.

34.   Muchacha de Chiloé. CUL MS. Add. 7984: 21.

35.   En Chiloé. CUL MS. Add. 7984: 18a.

36.   María Mercedes y don Manuel de Chiloé. CUL MS. Add. 7984: 22.

37.   Vista de Valparaíso. CUL MS. Add. 7984: 35v-36r.

38.   HMS Beagle y el Adventure, ante la costa de Chiloé. CUL MS. Add. 7984: 19.

39.   Mujer fueguina. State Library of New South Wales.

40.   Jemmy Button, State Library of New South Wales.

41.   Carta de Charles Darwin a Caroline Darwin, 13 de octubre de 1834. CUL DAR 223: 24. Reproducida con permiso de English Heritage.

42.   San Francisco, Valparaíso. CUL MS. Add. 7984: 34.

43.   Conrad Martens: Isla de Jemmy Button. Kerry Stokes Collection, Perth.

44.   Recogiendo leña, isla de Chiloé. CUL MS. Add. 7984: 28.

45.   Mapa de las Cordilleras y aviso de viaje. [Alexander Caldcleugh] [28 de agosto-5 de septiembre de 1834]. CUL DAR 35.2: 405.

46.   Philip Gidley King: Isla Carlos, Galápagos. United Kingdom Hydrographic Office, Taunton, Somerset.

47.   Tahití. CUL MS. Add. 7984: 61.

48.   San Carlos, Chiloé. CUL MS. Add. 7984: 25.

49.   Punta Arenas, Chiloé. CUL MS. Add. 7984: 32.

50.   Punta Arenas. CUL MS. Add. 7984: 33.

51.   Cerca del río Santa Cruz. CUL MS. Add. 7984: 4.
52.   Río Santa Cruz, 120 millas tierra adentro. CUL MS. Add. 7984: 9.
53.   Conrad Martens: Sydney desde el norte. State Library of New South Wales.
54.   Puerto de Papeiti, Tahití. CUL MS. Add. 7984: 62r.
Planta de tano, Tahití. CUL MS. Add. 7984: 64.

BREVES BIOGRAFÍAS

Las fechas de las cartas de los corresponsales o dirigidas a ellos aparecen por orden cronológico. Las fechas de las cartas del corresponsal están en cursivas; las que están dirigidas al corresponsal están en redondas.

ABERCROMBY, JAMES (1776-1858). Político. Miembro del Parlamento por Edimburgo, 1832-1839. Presidente de la Cámara de los Comunes, 1835-1839. Fue nombrado Barón Dunfermline en 1839.

AIRY, GEORGE BIDDELL (1801-1892). Profesor de astronomía y director del Observatorio, Cambridge University, 1828-1835. Astrónomo Real, 1835-1881. Miembro de la Royal Society 1836.

ALDERSON, EDWARD HALL (1787-1857). Juez de la Corte de lo Común, 1830-1834. Barón del Tesoro Público, 1834-1857.

ALDERSON, GEORGINA. Véase Drewe, Georgina.

ALISON, ROBERT EDWARD. Residente inglés en Valparaíso que escribía sobre asuntos sudamericanos. Ayudó a CD con sus observaciones geológicas.
[¿Junio? de 1834]; 25 de junio de 1835

ALLEN, BAUGH. Véase Allen, Lancelot Baugh.

ALLEN, CAROLINE (1768-1835). Hija de John Bartlett Allen. Casó con Edward Drewe, rector de Willand, Devon, en 1793.

ALLEN, CATHERINE (1765-1830). Hija de John Bartlett Allen. Casó con James Mackintosh en 1798.

ALLEN, FRANCES (Fanny) (1781-1875). Hija de John Bartlett Allen.

ALLEN, JESSIE (1777-1853). Hija de John Bartlett Allen. Casó con Jean Charles Léonard Simonde de Sismondi en 1819.

ALLEN, JOHN BARTLETT (1733-1803). De Cresselly, Pembrokeshire.

ALLEN, LANCELOT BAUGH (1774-1845). Custodio del Dulwich College, 1805-1811; director, 1811-1820. Magistrado de la policía, 1819-1825. Oficial de la Cancillería, 1825-1842. Hijo de John Bartlett Allen.

ALLEN, LOUISA JANE. Véase Wedgwood, Louisa Jane.

ALTHORP, LORD. Véase Spencer, John Charles.

ANSON, GEORGE (1697-1762). Dio la vuelta al mundo, 1740-1744. Primer Lord del Almirantazgo, 1751-1756, 1757-1762. Almirante de la Flota, 1761.

ARMSTRONG, JOHN (1784-1829). Médico de la London Fever Institution, 1819-1824. Dio clases de medicina en escuelas médicas privadas de Londres desde 1821.

ASH, EDWARD JOHN (m. 1851). Bachiller en artes, Christ's College, Cambridge, 1819; miembro, 1819; bedel, 1829. Administrador del Christ's College en 1831. Rector de Brisley, Norfolk, 1838-1851.

ASKEW, HENRY WILLIAM (1808-1890). Bachiller en artes, Emmanuel College, Cambridge, 1832. Juez de paz por Cumberland, Lancashire y Argyll.

ASPULL, GEORGE (1813-1832). Pianista y compositor.

AUBUISSON DE VOISINS, JEAN FRANÇOIS D' (1769-1841). Geólogo, mineralogista e ingeniero de minas francés.

AUDUBON, JOHN JAMES (1785-1851). Ornitólogo e ilustrador estadunidense.

AUSTEN, JANE (1775-1817). Novelista.

AUSTRIA, EMPERADOR DE. Véase Francisco II.

BABBAGE, CHARLES (1791-1871). Matemático e iniciador del diseño de computadoras mecánicas. Miembro de la Royal Society 1816.

BABINGTON, CHARLES CARDALE (1808-1895). Botánico y arqueólogo. Bachiller en artes, St. John's College, Cambridge, 1830. Profesor de botánica, Cambridge, 1861-1895. Experto en taxonomía. Miembro de la Royal Society 1851.

BAKEWELL, ROBERT (1768-1843). Geólogo y mineralogista.

BALCARCE, JUAN RAMÓN GONZÁLEZ. Véase González Balcarce, Juan Ramón.

BANKS, JOSEPH (1743-1820). Naturalista, patrón de la ciencia y presidente de la Royal Society, 1778-1820. Acompañó a Cook, como naturalista, en la circunnavegación del globo, 1768-1771. Miembro de la Royal Society 1766.

BARROW, JOHN (1764-1848). Geógrafo, viajero y naturalista. Fundador de la Royal Geographical Society. Secretario del Almirantazgo, 1804-1845.

BASKET, FUEGIA (¿1821-1883?). Fueguina de la tribu yahgan. Su nombre original era Yokcushlu. Llevada a Inglaterra en 1830 por Robert FitzRoy; devuelta a Tierra del Fuego en el Beagle en 1833. Casada con York Minster.

BAYLEY, THOMAS (m. 1844). Oficial del ejército. Mayor en el regimiento de Shropshire de la milicia regular. Residió en Black Birches, Myddle, Shropshire. Amigo de la familia en la juventud de CD (conocido como «el mayor Bayley»).

BEADON, RICHARD A'COURT (1809-1890). Bachiller en artes, St. John's College, Cambridge, 1832. Clérigo.

BEAUFORT, FRANCIS (1774-1857). Oficial de la Marina; retirado como contralmirante en 1846. Hidrógrafo del Almirantazgo, 1832-1855. Uno de los fundadores de la Royal Astronomical Society y de la Royal Geographical Society. Miembro de la Royal Society 1814.

1.º de septiembre [de 1831], 1.º de septiembre [de 1831]

BEAUMONT, THOMAS WENTWORTH (1792-1848). Miembro del Parlamento por Northumberland, 1818-1826 y 1830-1837. Fundador de la Westminster Review, 1824.

BEECHEY, FREDERICK WILLIAM (1796-1856). Oficial de la Marina y geógrafo. Participó en viajes de exploración y estudio al Ártico, África, Sudamérica e Irlanda. Presidente de la Royal Geographical Society, 1855.

BELL, CHARLES (1774-1842). Anatomista que investigó el sistema nervioso humano y la expresión de las emociones. Copropietario y principal conferencista de la Great Windmill Street School of Anatomy, 1812-1825. Cirujano del Middlesex Hospital, 1812. Profesor de cirugía en la Edinburgh University, 1836. Miembro de la Royal Society 1826.

BELL, THOMAS (1792-1880). Cirujano dentista del Guy's Hospital, 1817-1861. Profesor de zoología en el King's College, Londres, 1836. Presidente de la Linnean Society, 1853-1861. Describió los reptiles del viaje del Beagle. Miembro de la Royal Society 1828.

BÉRIOT, CHARLES AUGUSTE DE (1802-1870).Violinista y compositor belga. Segundo marido de María Malibrán. (Grove 1980).

BERKELEY, MILES JOSEPH (1803-1889). Clérigo y botánico. Bachiller en artes, Christ's College, Cambridge, 1825. Experto en hongos de la Gran Bretaña. Miembro de la Royal Society 1879.

BEVERLEY, ROBERT MACKENZIE (m. 1868). Matriculado en el Trinity College, Cambridge, 1816; bachiller en leyes, 1821. Cobró notoriedad por la publicación en 1833 de un panfleto sobre el estado corrupto de la Universidad. Autor de otras obras controvertidas.

BEWICK, THOMAS (1753-1828). Grabador en madera y naturalista que produjo e ilustró muchos libros de historia natural.

BIDDULPH, CHARLOTTE MYDDELTON. Madre de Robert Myddelton Biddulph.

BIDDULPH, CHARLOTTE ELIZABETH MYDDELTON (m. 1871). Hermana de Robert Myddelton Biddulph.

BIDDULPH, FANNY MYDDELTON. Véase Owen, Fanny Mostyn.

BIDDULPH, FANNY CHARLOTTE MYDDELTON (1833-1900). Hija mayor de

Fanny y Robert Myddelton Biddulph.

BIDDULPH, ROBERT MYDDELTON (1805-1872). Miembro del Parlamento por Denbighshire, 1832-1835 y 1852-1868. Coronel de la milicia de Denbighshire, 1840-1872. Lugarteniente de Denbighshire, 1841-1872. Ayuda de campo de la reina, 1869-1872. Casó con Fanny Owen en 1832.

BISCOE, JOHN (1794-1843). Capitán de navío con la empresa de captura de ballenas y focas de Enderby. Circunnavegó el continente antártico, 1830-1832.

BLAINVILLE, HENRI MARIE DUCROTAY DE (1777-1850). Anatomista y zoólogo francés. Profesor de anatomía comparada, Muséum d'Histoire Naturelle, 1832.

BLANE, ROBERT (1809-1871). Bachiller en artes, Trinity College, Cambridge, 1831. Oficial del ejército.

BLYTH, EDWARD (1810-1873). Naturalista. Curador del Museum of the Royal Asiatic Society de Bengala, Calcuta, 1841-1862.

BOAT MEMORY (m. 1830). Fueguino llevado a Inglaterra en 1830 por Robert FitzRoy. Murió de viruela en el Plymouth Naval Hospital poco después de llegar.

BOHN, HENRY GEORGE (1796-1884). Librero y editor londinense.

BORINGDON, LORD. Véase Parker, Edmund.

BORY DE SAINT-VINCENT, JEAN-BAPTISTE GEORGES MARIE (1778-1846). Oficial del ejército francés y naturalista. Editor del Dictionnaire classique d'histoire naturelle, 1822-1831. Condujo varias expediciones botánicas y contribuyó al conocimiento de las faunas isleñas, la zoogeografía de los mares y la clasificación del hombre.

BOUGHEY, ANASTASIA ELIZABETH (m. 1893). Hermana de Thomas Fletcher Fenton Boughey y de Anne Henrietta Boughey. Casó con Edward Joseph Smythe Jr. en 1840.

BOUGHEY, ANNE HENRIETTA (m. 1879). Hermana de Thomas Fletcher Fenton Boughey. Casó con Everard Robert Bruce Feilding en 1832.

BOUGHEY, THOMAS FLETCHER FENTON, tercer baronet (1809-1880). Comisionado real de Staffordshire, 1832.

BRADLEY, RICHARD (m. 1732). Profesor de botánica en Cambridge University, 1724. Publicó obras de horticultura. Miembro de la Royal Society 1712.

BRERETON, THOMAS (1782-1832). Oficial del ejército. Se le instruyó corte marcial por negligencia e inacción durante los disturbios por la Reforma en Bristol en 1831. Cometió suicidio antes de que concluyera el juicio.

BREWSTER, DAVID (1781-1868). Médico escocés que se especializó en óptica. Inventó el caleidoscopio, 1816. Ayudó en la organización de la British Association for the Advancement of Science, 1831. Miembro de la Royal Society 1815.

BRIGGS, MARK. Cochero de la familia Darwin en The Mount, Shrewsbury.

BRISBANE, MATTHEW (m. 1833). Primer residente británico en las islas Falkland o Malvinas. Muerto el 23 de agosto de 1833 en un levantamiento de trabajadores traídos de Sudamérica en Port Louis.

BRISTOWE, ANNA MARIA (1826-1862). Hija de Mary Ann y Samuel Ellis Bristowe. Sobrina de William Darwin Fox.

BRISTOWE, MARY ANN (1800-1829). Hermana de William Darwin Fox. Casada con Samuel Ellis Bristowe en 1821.

BRISTOWE, SAMUEL ELLIS (1800-1855). De Beesthorpe, Nottinghamshire. Juez de paz.

BRONGNIART, ALEXANDRE (1770-1847). Geólogo y zoólogo francés. Director de la fábrica de porcelana de Sèvres, 1800-1847. Profesor de mineralogía en el Muséum d'Histoire Naturelle desde 1822.

BROUGHAM, HENRY PETER, barón Brougham y Vaux (1778-1868). Reformista. Fundador de la Edinburgh Review, 1802. Lord Canciller, 1830-1834. Miembro de la Royal Society 1803.

BROWN, ROBERT (1773-1858). Botánico. Bibliotecario de Joseph Banks, 1810-1820.

Mantenedor de las colecciones botánicas, Museo Británico, 1827-1858. Miembro de la Royal Society 1810.

BUCH, CHRISTIAN LEOPOLD VON (1774-1853). Geólogo alemán y gran viajero.

Buckland, William (1784-1856). Lector en geología en la Oxford University, 1818-1849. Presidente de la Geological Society, 1824-1825 y 1840-1841. Deán de Westminster desde 1845. Autor del tratado de Bridgewater sobre geología.

BULKELEY OWEN, THOMAS BULKELEY. Véase Owen, Thomas Bulkeley Bulkeley.

BULWER-LYTTON, EDWARD GEORGE EARLE LYTTON, primer barón Lytton (1803-1873). Novelista popular y figura política.

BURCHELL, WILLIAM JOHN (1781-1863). Explorador y naturalista. Colectó plantas en Santa Helena, Sudáfrica y Brasil.

BURNETT, JAMES, LORD MONBODDO (1714-1799). Juez y hombre de letras escocés. Burnett, William (1779-1861). Médico-general de la Marina, 1824?-1841.

BURNEY, JAMES (1750-1821). Oficial de la Marina. Navegó con Cook en su segundo (1772-1775) y tercer (1776-1780) viajes. Se retiró como contralmirante. Escribió notas de sus viajes de descubrimiento.

BURTON, HENRY (1755-1831). Clérigo. Vicario de Atcham, Shropshire, 1799-1831. Burton, Mary («Ma'am»). Esposa de Henry Burton.

BUTLER, FANNY. Véase Kemble, Frances Anne.

BUTLER, PIERCE (m. 1867). De Germantown, Pennsylvania. Heredó una gran plantación en Georgia. Su boda, en 1834, con Fanny Kemble acabó en divorcio, 1849.

BUTLER, RICHARD, segundo conde de Glengall (1794-1858). Político irlandés y autor de obras de teatro cómicas.

BUTLER, SAMUEL (1774-1839). Educador y clérigo. Director de la Shrewsbury School, 1798-1836. Obispo de Lichfield y Coventry, 1836-1839.

BUTLER, THOMAS (1806-1886). Clérigo. Hijo de Samuel Butler. Asistió a la Shrewsbury School, 1815-1825. Director auxiliar, 1829-1834. Rector de Langarcum Barnstone, Nottinghamshire, 1834-1876.

BUTTON, JEMMY (m. 1861). Fueguino de la tribu yahgan. Su nombre de nacimiento era Orundellico. Llevado a Inglaterra por Robert FitzRoy en 1830 y regresado a Tierra del Fuego en 1833.

BYNOE, BENJAMIN (1804-1865). Cirujano naval, 1825-1863. Cirujano auxiliar en el Beagle, 1832-1837; cirujano, 1837-1843. Miembro del Royal College of Surgeons 1844.

BYRON, GEORGE GORDON, sexto Lord (1788-1824). Poeta.

CALDCLEUGH, ALEXANDER (m. 1858). Hombre de negocios y recolector de plantas en Sudamérica. Miembro de la Royal Society 1831.
[28 de agosto-5 de septiembre de 1834]

CALDWELL, MARGARET EMMA (Emma) (m. 1830). Casó con Henry Holland en 1822. Cameron, Jonathan Henry Lovett (1807-1888). Compañero de escuela de CD en Shrewsbury. Bachiller en artes, Trinity College, Cambridge, 1831. Rector de Shoreham, Kent, 1860-1888.

CANDOLLE, AUGUSTIN-PYRAMUS DE (1778-1841). Botánico suizo. Profesor de historia natural, Academia de Ginebra, 1816-1835.

CARLOS, DON (1778-1855). Segundo hijo sobreviviente de Carlos IV y pretendiente del trono de España. Escapó a Inglaterra con Dom Miguel en 1834 después de la guerra civil en Portugal.

CARLYLE, THOMAS (1795-1881). Ensayista e historiador.

CAROLINE AMELIA ELIZABETH, DE BRUNSWICK-WOLFENBÜTTEL (1768-1821). Reina con Jorge IV.

CARR, JOHN (1785-1833). Bachiller en artes, Trinity College, Cambridge, 1807. Director de la Durham School, 1812-1833. Profesor de matemáticas en Durham University, 1833.Vicario de Brantingham, Yorkshire, 1818-1833.

CAVENDISH, GEORGE HENRY (1810-1880). Matriculado en Trinity College, Cambridge, 1829. Miembro del Parlamento por North Derbyshire, 1834-1880.

CAVENDISH, THOMAS (1560-1592). Circunnavegó el globo, 1586-1588.

CECIL, BROWNLOW, segundo marqués de Exeter (1795-1867). Sucedió a su padre como marqués en 1804. Se matriculó en el St. John's College, Cambridge, 1812; maestro en artes, 1814. Lord lugarteniente de Northamptonshire, 1842-1867.

CHAFFERS, EDWARD MAIN (1807-1845). Patrón del Beagle.

CHAFY, WILLIAM (1779-1843). Director del Sidney Sussex College, Cambridge, 1813-1843.

CHANTREY, FRANCIS LEGATT (1781-1841). Escultor y pintor. Notable escultor retratista desde 1811. Miembro de la Royal Society 1818.

CHESTER, HARRY (1806-1868). Funcionario de la Privy Council Office, 1826-1858. Hijo de Sir Robert Chester.

CHESTER, ROBERT (1768-1848). Magistrado y lugarteniente suplente por Hertfordshire.

CHEVALLIER, TEMPLE (1794-1873). Miembro y tutor del St. Catherine's College, Cambridge, 1820. Rector de St. Andrews the Great, Cambridge, 1821-1834. Profesor de matemáticas, University of Durham, 1835-1871; profesor de astronomía, 1841-1871; secretario registrador, 1835-1872.

CHILDREN, JOHN GEORGE (1777-1852). Mineralogista. Mantenedor de las colecciones zoológicas, Museo Británico, 1823-1840. Presidente de la Entomological Society 1834-1835. Miembro de la Royal Society 1807.

CLARK, WILLIAM (1788-1869). Anatomista y clérigo. Profesor de anatomía en Cambridge University, 1817-1866. Miembro de la Royal Society 1836. Clegg, Anne. Véase Hill, Anne.

CLIFT, WILLIAM (1775-1849). Naturalista. Curador del Hunterian Museum en el Royal College of Surgeons, 1793-1844. Miembro de la Royal Society 1823.

CLIVE, EDWARD, primer conde de Powis (1754-1839). Hijo mayor del barón Robert Clive. Miembro del Parlamento por Ludlow, 1774-1794. Gobernador de Madrás, 1798-1803. Lord lugarteniente de Shropshire, 1804-1839.

CLIVE, EDWARD (1799-1877). Cuarto hijo de William Clive de Styche. Capitán en el ejército. Primo de Edward Clive, primer conde de Powis.

CLIVE, HENRY BAYLEY (1800-1870). Quinto hijo de William Clive de Styche. Educado en Eton y en el St. John's College, Cambridge. Miembro del Parlamento por Ludlow, 1847-1852. Primo de Edward Clive, primer conde de Powis.

CLIVE, MARIANNE. Véase Tollet, Marianne.

CLIVE, RICHARD. Hijo mayor de William Clive de Styche. Sirvió en el Servicio Civil de la India. Secretario mayor del gobierno en Madrás en 1831. Murió en la India. Primo de Edward Clive, primer conde de Powis.

CLIVE, ROBERT, barón (1725-1774). Jefe militar y administrador en la India, 1747-1760. Gobernador de Bengala, 1757-1760, 1765-1766. Miembro del Parlamento por Shrewsbury, 1760-1774. Padre de Edward Clive, primer conde de Powis.

CLIVE, ROBERT HENRY (1789-1854). Segundo hijo de Edward Clive, primer conde de Powis. Miembro del Parlamento por Ludlow, 1818-1832; South Shropshire, 18321854.

CLIVE, ROBERT HERBERT (1796-1867).Tercer hijo de William Clive de Styche. Sirvió en el Servicio Civil de Bengala. Secretario militar en Madrás en 1831. Primo de Edward Clive, primer conde de Powis.

CLIVE, WILLIAM (1745-1825). De Styche, Shropshire. Hermano del barón Robert Clive.

CLIVE, WILLIAM (1795-1883). Segundo hijo de William Clive de Styche. Vicario de Welshpool, Montgomeryshire, 1819-1865; vicario de Montford, Shropshire, 1831-1835. Primo de Edward Clive, primer conde de Powis. Casó con Marianne Tollet en 1829. Clutton, Ralph (m. 1886). Clérigo. Bachiller en artes, Emmanuel College, Cambridge, 1826; miembro,

1828-1844.

COBBETT, WILLIAM (1763-1835). Ensayista, político y agricultor.

CODDINGTON, HENRY (m. 1845). Matemático y clérigo. Tutor en el Trinity College, Cambridge, 1822-1833. Escribió sobre óptica. Miembro de la Royal Society 1829. Colbeck, William Royle (m. 1885). Bachiller en artes, Emmanuel College, Cambridge, 1827; miembro, 1829. Clérigo.

COLDSTREAM, JOHN (1806-1863). Médico. Doctor en medicina, Edimburgo, 1827. Practicante en Leith, 1829-1847. Amigo de CD en la Edinburgh University.

13 de septiembre de 1831

COMPSON, JAMES EDWARD (1793-1834).Vicario de St. Chad's, Shrewsbury, 1826-1834.

CONSTABLE, ARCHIBALD (1774-1827). Editor de Edimburgo.

CONYBEARE, WILLIAM DANIEL (1787-1857). Geólogo y clérigo. Amplió y mejoró grandemente la compilación de William Phillips de la estratigrafía inglesa. Miembro de la Royal Society 1832.

COOK, JAMES (1728-1779). Comandó varios viajes de exploración. Circunnavegó el globo, 1772-1775. Miembro de la Royal Society 1776.

COOKESLEY, HENRY PARKER (m. 1887). Bachiller en artes, Trinity College, Cambridge, 1831. Clérigo.

COOPER, JAMES FENIMORE (1789-1851). Novelista estadunidense.

CORBET, DRYDEN ROBERT (1805-1859). De Sundorne Castle, Shropshire.

CORFIELD, RICHARD (1781-1865). Rector de Pitchford, Shropshire, 1812-1865.

CORFIELD, RICHARD HENRY (1804-1897). Hijo de Richard Corfield. Asistió a la escuela de Shrewsbury, 1816-1819. CD paró en su casa de Valparaíso en 1834 y 1835.

26-27 de junio de 1835; 14-18 de julio de 1835

COTES, JOHN (1799-1874). Miembro del Parlamento por North Shropshire, 1832-1834.

COTTON, ELOISA (m. 1872). Hermana de William Mostyn Owen Sr. Casó con Henry Calveley Cotton en 1815.Tía de Fanny y Sarah Owen.

COTTON, FRANCIS VERE (1799-1884). Oficial de la Marina. Capitán 1841; almirante 1875. Hermano de Henry Calveley Cotton.

COTTON, HENRY CALVELEY (1789-1850).Vicario de Great Ness, Shropshire.

COTTON, MATILDA ELOISA (Mattie) (m. 1892). Hija de Eloisa y Henry Calveley Cotton. Prima de Fanny y Sarah Owen.

COVINGTON, SYMS (1816?-1861). Se convirtió en el sirviente de CD en el Beagle en 1833 y permaneció con él como asistente, secretario y sirviente hasta 1839, cuando emigró a Australia.

CRAVEN, WILLIAM, segundo conde de Craven (1809-1866). Lord lugarteniente de Warwickshire, 1854-1856.

CREWE, FRANCES (m. 1845). Casó con Robert Wedgwood en 1835.

CREWE, WILLOUGHBY (1797-1850). Rector de Mucklestone, Shropshire, y de Astbury, Cheshire.

CUMBERLAND, DUQUE DE. Véase Ernest Augustus.

CUMMING, JAMES (1777-1861). Profesor de química en la Cambridge University, 1815-1860. Considerado excelente maestro. Miembro de la Royal Society 1816.

CUVIER, GEORGES (1769-1832). Sistemático, anatomista comparativo, paleontólogo y administrador francés.

DALLAS, CHARLES (m. 1855). Gobernador de Santa Helena, 1828-1836.

DALLAS, DAVIDONA ELEANOR. Hija del general Charles Dallas. Casó con Francis Harding en 1833.

DALTON, JOHN (1766-1844). Químico y filósofo natural. Originador de la teoría atómica química.

DALYELL, JOHN GRAHAM (1775-1851). Anticuario y naturalista.

DANIELL, JOHN FREDERIC (1790-1845). Meteorólogo, químico y físico. Profesor de química, King's College, Londres, 1831-1845. Miembro de la Royal Society 1813.

DARLINGTON, CONDE DE. Véase Vane, Henry.

DARNELL, DANIEL (m. 1897). Bachiller en artes, Trinity College, Cambridge, 1834. Clérigo.

DARWIN, CAROLINE SARAH (1800-1888). Hermana de CD. Casó con Josiah Wedgwood III en 1837.

[28 de abril de 1831]; [¿31? de] octubre [de 1831]; 12 de noviembre [de 1831]; 20-31 de diciembre [de 1831]; 12[-29] de marzo [de 1832]; 2-6 de abril de 1832; 25-26 de abril [de 1832]; 12-28 de junio [de 1832]; 12[-18] de septiembre de 1832; 24 de octubre-24 de noviembre [de 1832]; 13 de enero de 1833; 7 de marzo [de 1833]; 30 de marzo-12 de abril de 1833; 1.º-4 de mayo de 1833; 1.º de septiembre de 1833; 20 de septiembre [de 1833]; 23 [de octubre de 1833]; 28 de octubre [de 1833]; 13 de noviembre de 1833; 30 de diciembre [de 1833]; 9-28 de marzo [de 1834]; 9-12 de agosto de 1834; 30 de septiembre de 1834; 13 de octubre de 1834; 29 de diciembre [de 1834]; 28 de enero [de 1835]; 10-13 de marzo de 1835; 30 de marzo de 1835; [19 de] julio[-12 de agosto] de 1835; 27 de diciembre de 1835; 29 de diciembre [de 1835]; 28 de marzo de 1836; 29 de abril de 1836; 24 de octubre [de 1836]; 18 de julio de 1836; [9 de noviembre de 1836]; [7 de diciembre de 1836]

DARWIN, CATHERINE. Véase Darwin, Emily Catherine.

DARWIN, CATTY. Véase Darwin, Emily Catherine.

DARWIN, CHARLOTTE MARIA COOPER (1827-1885). Hija de William Brown Darwin. Prima de William Darwin Fox.

DARWIN, ELIZABETH COLLIER (1747-1832). Viuda del coronel Edward Sacheverel Pole. Segunda esposa de Erasmus Darwin en 1781.

DARWIN, EMILY CATHERINE (1810-1866). Hermana de CD. Segunda esposa de Charles Langton en 1863.

20-31 de diciembre [de 1831]; 8 de enero-4 de febrero de 1832; 26-27 de abril [de 1832]; [mayo-junio de 1832]; 5 de julio [de 1832]; 25 de julio[-3 de agosto] de 1832; 14 de octubre [de 1832]; 22 de mayo-14 de julio de 1833; 29 de mayo de 1833; 27 de septiembre de 1833; 29 de octubre de 1833; 27 de noviembre de 1833; 27-30 de enero de 1834; 6 de abril de 1834; 20-29 de julio de 1834; 29 de octubre de 1834; 8 de noviembre de 1834; 28 de enero de [de 1835]; 31 de mayo [de 1835]; 30 de octubre de 1835; 29 de enero de 1836; 14 de febrero de 1836; 3 de junio [de 1836]; 27 [de diciembre de 1836]

DARWIN, EMMA. Véase Wedgwood, Emma.

DARWIN, ERASMUS (1731-1802). Médico, botánico y poeta. Abuelo de CD. Adelantó una teoría evolucionista similar a la que expuso más tarde Lamarck. Miembro de la Royal Society 1761.

DARWIN, ERASMUS ALVEY (1804-1881). Hermano de CD. Estudió en la Shrewsbury School, 1815-1822. Matriculado en Christ's College, Cambridge, 1822; bachiller en medicina, 1828. En la Edinburgh University, 1825-1826. Calificó en medicina, pero no la practicó nunca. Vivió en Londres de 1829 a su muerte. Amigo cercano de Hensleigh Wedgwood y Thomas Carlyle.

18 de agosto [de 1832]; 23 de enero [de 1833]

DARWIN, FRANCES ANNE VIOLETTA. Véase Galton, Frances Anne Violetta.

DARWIN, FRANCIS (1848-1925). Hijo de CD. Bachiller en artes, Trinity College, Cambridge, 1870. Colaboró con CD en varios proyectos botánicos, 1875-1882. Conferencista en botánica, Cambridge University, 1884; lector, 1888-1904. Editó las cartas de CD. Miembro de la Royal Society 1882.

DARWIN, FRANCIS SACHEVEREL (1786-1859). Hijo de Erasmus y Elizabeth Collier Darwin. Juez de paz y lugarteniente suplente de Derbyshire. Armado caballero en 1820.

DARWIN, GEORGE HOWARD (1845-1912). Hijo de CD. Bachiller en artes, Trinity College, Cambridge, 1868. Profesor de astronomía y de filosofía experimental, Cambridge

University, 1883-1912. Miembro de la Royal Society 1879.

DARWIN, HENRIETTA EMMA (1843-1927). Hija de CD.

DARWIN, JANE (1746-1835). Casó con William Alvey Darwin en 1772. Madre de Ann Fox.

DARWIN, JANE HARRIETT (1794-1866). Casó con Francis Sacheverel Darwin en 1815.

DARWIN, LADY. Véase Darwin, Jane Harriett.

DARWIN, MARIANNE. Véase Parker, Marianne.

DARWIN, SEÑORA. Véase Darwin, Elizabeth Collier.

DARWIN, ROBERT ALVEY (1826-1847). De Elston Hall, Nottinghamshire.

DARWIN, ROBERT WARING (1766-1848). Médico; doctor en medicina, Leiden, 1785.Tuvo una larga práctica en Shrewsbury y residió en The Mount, el cual construyó c. 1796-1798. Tercer hijo de Erasmus Darwin y de su primera esposa, Mary Howard. Casó con Susannah, hija de Josiah Wedgwood I, en 1796. Padre de CD. Miembro de la Royal Society 1788.

30-31 de agosto de 1831; 31 de agosto de 1831; 31 de agosto [de 1831]; 1.º de septiembre de 1831; 8 de febrero-1.º de marzo de 1832; 10 de febrero de 1832; 1.º de febrero de 1833; 7 de marzo de 1833; 28 de diciembre de 1835

DARWIN, SUSAN ELIZABETH (1803-1866). Hermana de CD. Vivió en The Mount, Shrewsbury, hasta su muerte.

[4 de septiembre de 1831]; [5 de septiembre de 1831]; [6 de septiembre de 1831]; [9 de septiembre de 1831]; [14 de septiembre de 1831]; 17 [de septiembre de 1831]; 20-31 de diciembre [de 1831]; 12 de febrero[-3 de marzo] de 1832; 12 de mayo [-2 de junio] de 1832; 14 de julio-7 de agosto [de 1832]; 15[-18] de agosto de 1832; 12-18 de noviembre de 1832; 3-6 de marzo de 1833; 22-31 de julio de 1833; 15 de octubre de 1833; 3 de diciembre [de 1833]; 12[-28] de febrero de 1834; [23 de] mayo de 1834; [24 de] noviembre de 1834; 16 de febrero de 1835; 23 de abril de 1835; 3 [de septiembre de] 1835; 22 de noviembre de 1835; 28 de enero de 1836; 12 de febrero de 1836; 4 de agosto [de 1836]

DARWIN, SUSANNAH (1765-1817). Hija de Josiah Wedgwood I. Casó con Robert Waring Darwin en 1796. Madre de CD.

DARWIN, VIOLETTA. Véase Galton, Frances Anne Violetta.

DARWIN, WILLIAM ALVEY (1726-1783). Hermano de Erasmus Darwin. Padre de Ann Fox.

DARWIN, WILLIAM BROWN (1774-1841). Abogado litigante. Hijo de William Alvey Darwin y hermano de Ann Fox. Casó con Elizabeth de St. Croix (1790-1868).

DAUBENY, CHARLES GILES BRIDLE (1795-1867). Profesor de química en Oxford University, 1822-1855; profesor de botánica, 1834, de economía rural, 1840. Miembro de la Royal Society 1822.

DAVY, HUMPHRY (1778-1829). Profesor de química en la Royal Institution, 1802-1813. Presidente de la Royal Society, 1820-1827. Miembro de la Royal Society 1803.

DAWES, RICHARD (1793-1867). Bachiller en artes, Trinity College, Cambridge, 1817. Tutor en matemáticas y tesorero de Downing College, 1818. Vicario de Tadlow, Cambridgeshire, 1820-1840. Deán de Hereford, 1850-1867.

DENMAN, THOMAS, primer barón (1779-1854). Abogado y político. Redactó un primer esbozo de la Ley de Reforma, 1831. Juez de la Suprema Corte, 1832-1850.

DERBISHIRE, ALEXANDER. Oficial del Beagle, dejó el barco en Río de Janeiro en 1832.

DIXON, MANLEY (m. 1837). Almirante. Comandante en jefe en Plymouth, 1830-1833. Douglas, Charles D. Agrimensor. Residente en Chiloé.

24 de febrero de 1835; 5 de enero de 1836

DOWNES, JOHN (m. 1890). Bachiller en artes, Christ's College, Cambridge, 1833. Clérigo.

DREWE, CAROLINE. Véase Allen, Caroline.

DREWE, GEORGINA. Hija de Caroline Allen y Edward Drewe. Casó con Edward Hall Alderson en 1823.

DREWE, MARIANNE (179?-1822). Hija de Caroline Allen y Edward Drewe. Casó con Algernon Langton en 1820.

DUGARD, THOMAS (1777-1840). Médico de la Shropshire Infirmary, 1811-1840. Miembro honorario de la Geological Society of London, 1807.

DUNCAN, ADAM (1812-1867). Matriculado en Trinity College, Cambridge, 1829; maestro en artes, 1834. Miembro del Parlamento por Southampton, 1837-1841; Bath, 1841-1852; Forfarshire, 1854-1859. Lord del Tesoro, 1855-1858. Nombrado vizconde Duncan desde 1831, cuando a su padre se le concedió el título de conde de Camperdown. Le sucedió como conde en 1859.

EARLE, AUGUSTUS (1793-1838). Artista y viajero. Artista en el Beagle, 1831-1832.

EDWARD. Sirviente de la familia Darwin en The Mount, Shrewsbury.

ERNEST AUGUSTUS, duque de Cumberland y rey de Hanover (1771-1851). Quinto hijo de Jorge III. Canciller del Trinity College, Dublín, 1805. Mariscal de campo en el ejército británico, 1813.

EVANS, GEORGE. De Portrane. Miembro del Parlamento por el condado de Dublín, 1832-1841.

EVANS, GEORGE DE LACY (1787-1870). Oficial del ejército y político. Miembro del Parlamento por Rye, 1830-1831;Westminster, 1833-1841 y 1846-1865.

EXETER, MARQUÉS DE. Véase Cecil, Brownlow.

EYTON, CHARLES JAMES (1812-1854). Admitido como pensionado en St. John's College, Cambridge, 1829. Hermano de Thomas Campbell Eyton.

EYTON, THOMAS (1777-1855). Abogado. Magistrado de Wenlock. Comisionado real en Shropshire, 1840. Padre de Thomas Campbell Eyton.

EYTON, THOMAS CAMPBELL (1809-1880). Naturalista y colector de pieles y esqueletos de aves de Shropshire. Amigo y contemporáneo de CD en Cambridge.

12 de noviembre de 1833

EYTON, WILLIAM ARCHIBALD (1813-1869). Admitido como pensionado en St. John's College, Cambridge, 1829. Capitán del ejército. Hermano de Thomas Campbell Eyton.

FALKNER, THOMAS (1707-1784). Misionero jesuita en Sudamérica, 1740-1768.

FEILDING, EVERARD ROBERT BRUCE (1799-1854). Rector de Stapleton, Shropshire, 1824-1854.

FIELDING, ANTONYVANDYKE COPLEY (1787-1855).Acuarelista y maestro de dibujo a la moda.

FIELDING, E. R. B. Véase Feilding, Everard Robert Bruce.

FIELDING, HENRY (1707-1754). Novelista, periodista y abogado litigante.

FITZGERALD, EDWARD (1809-1883). Bachiller en artes, Trinity College, Cambridge, 1830. Poeta y traductor.

FITZROY, GEORGE HENRY, cuarto duque de Grafton (1760-1844). Miembro del Parlamento por la Cambridge University, 1784-1811. Lord lugarteniente de Suffolk, 1790. Tío de Robert FitzRoy.

FITZROY, ROBERT (1805-1865). Oficial de la Marina, hidrógrafo y meteorólogo. Comandante del Beagle, 1828-1836. Autor de una narración de los viajes de investigación del Adventure y del Beagle, 1839. Miembro del Parlamento por Durham, 1841-1843. Gobernador de Nueva Zelanda, 1843-1845. Jefe del departamento meteorológico de la cámara de comercio, 1854. Vicealmirante, 1863. Miembro de la Royal Society 1851.

1.º de septiembre [de 1831]; [19 de septiembre de 1831]; 23 de septiembre de 1831; [4 u 11 de octubre de 1831]; [10 de octubre de 1831]; [1833?]; 24 [de agosto de 1833]; 4 de octubre de 1833; [28 de agosto de 1834]; 6 de octubre [de 1836]; [19-20 de octubre [de 1836]; 30 de diciembre de 1836

FITZWILLIAM, CHARLES WILLIAM WENTWORTH, tercer conde (1786-1857).

Miembro del Parlamento por Yorkshire, 1807-1830; Northamptonshire, 1831-1833. Miembro de la Royal Society 1811.

FLEMING, JOHN (1785-1857). Zoólogo y geólogo. Profesor de filosofía natural en el King's College, Aberdeen, 1834. Profesor de ciencias naturales en el New College (Free Church), Edimburgo, 1845-1857.

FLETCHER, HARRIET (1799-1842). Hija de Richard Fletcher. Casó con William Darwin Fox en 1834.

FLETCHER, RICHARD (1768-1813). Sirvió con los Ingenieros Reales durante la guerra peninsular. Hecho baronet en 1811.

FLOURENS, MARIE-JEAN-PIERRE (1794-1867). Fisiólogo francés e historiador de la ciencia. Secretario permanente de la Academia de Ciencias, 1833.

FOGGO, JOHN. Autor de ensayos sobre entomología y meteorología.

FORBES, EDWARD (1815-1854). Zoólogo, botánico y paleontólogo de invertebrados. Profesor de botánica, King's College, Londres, 1842. Paleontólogo con el Geological Survey, 1844-1854. Profesor de historia natural, Edinburgh University, 1854. Miembro de la Royal Society 1845.

FORESTER, ISABELLA ELIZABETH ANNABELLA (m. 1858). Hermana de John George Weld Forester. Casó con el mayor-general George Anson, sobrino de George Anson (1769-1849), en 1830.

FORESTER, JOHN GEORGE WELD, segundo barón (1801-1874). De Willey Park, Shropshire. Miembro del Parlamento por Wenlock, 1826-1828. Sucedió a la baronía en 1828.

FORSYTH, CHARLES. Guardamarina en el Beagle.

FOX, ANN (1777-1859). Segunda esposa de Samuel Fox de Thurston Grange, cerca de Derby. Madre de William Darwin Fox.

FOX, ELIZA (1801-1886). Hermana de William Darwin Fox.

FOX, ELIZA ANN (1836-1874). Hija mayor de Harriet y William Darwin Fox.

FOX, EMMA (1803-1885). Hermana de William Darwin Fox.

FOX, FRANCES JANE (n. 1806). Hermana de William Darwin Fox. Fox, Harriet. Véase Fletcher, Harriet.

FOX, HENRY STEPHEN (1791-1846). Diplomático británico. Ministro plenipotenciario, Buenos Aires, 1831-1832; Río de Janeiro, 1833-1836; Washington, D. C., 1836-1844.

31 de octubre de 1833; 25 de julio de 1834; 15 de agosto de 1835

FOX, JULIA (n. 1809). Hermana de William Darwin Fox.

FOX, SAMUEL (1765-1851). De Thurston Grange, cerca de Derby. Juez de paz. Padre de William Darwin Fox.

FOX, WILLIAM DARWIN (1805-1880). Clérigo. Matriculado en Christ's College, Cambridge, 1824; bachiller en artes, 1829. Primo segundo de CD. Amigo cercano en Cambridge que compartía el entusiasmo de CD por la entomología. Mantuvo un interés activo por la historia natural durante toda su vida y proporcionó a CD mucha información. Rector de Delamere, Cheshire, 1838-1873. Pasó los últimos años de su vida en Sandown, isla de Wight.

[23 de enero de 1831]; [9 de febrero de 1831]; [15 de febrero de 1831]; 7 de abril de 1831]; [11 de mayo de 1831]; [9 de julio de 1831]; 1.º de agosto [de 1831]; 6 [de septiembre de 1831]; 19 [de septiembre de 1831]; 17 [de noviembre de 1831]; mayo [de 1832]; 30 de junio de 1832; 29 de agosto-28 de septiembre de 1832; [12-13 de] noviembre de 1832; 23 de enero de 1833; 23 de mayo de 1833; 25 de octubre de 1833; 1.º de noviembre de 1834; [7-11 de] marzo de 1835; [9-12 de agosto de] 1835; 15 de febrero de 1836; 6 de noviembre [de 1836]; 15 de diciembre [de 1836]

FOX, WILLIAM JOHNSON (1786-1864). Predicador, político y autor.

FRANCISCO II (1768-1835). Último emperador romano y, como Francisco I, primer emperador de Austria.

FRERE, MARY (1781-1864). Esposa de William Frere. Notable por su bella voz.

Estableció un salón en el Master's Lodge, Downing College, Cambridge, y organizó funciones de teatro privadas en la sala del College.

FRERE, WILLIAM (1775-1836). Abogado litigante. Director del Downing College, Cambridge, 1812-1836.Vicecanciller de la Cambridge University, 1819.

GALTON, BESSY. Véase Galton, Elizabeth Ann.

GALTON, ELIZABETH ANN (1808-1906). Hija de Samuel Tertius y Violetta Galton. Prima de CD.

GALTON, ERASMUS (1815-1909). Hijo de Samuel Tertius y Violetta Galton. Primo de CD.

GALTON, FRANCES ANNE VIOLETTA (Violetta) (1783-1874). Hija de Erasmus y Elizabeth Collier Darwin. Casó con Samuel Tertius Galton en 1807.

GALTON, LUCY HARRIOT (1809-1848). Hija de Samuel Tertius y Violetta Galton. Casó con James Moilliet de Choney Court, Hereford, en 1832.

GALTON, SAMUEL JOHN (1753-1832). De Duddeston House, Warwickshire. Padre de Samuel Tertius Galton.

GALTON, SAMUEL TERTIUS (1783-1844). Lugarteniente suplente de Warwickshire. Casó con Frances Anne Violetta Darwin en 1807.

GALTON, VIOLETTA. Véase Galton, Frances Anne Violetta.

GARCÍA, MANUEL JOSÉ (1784-1848). Jurisconsulto, administrador y diplomático argentino. Ministro de Hacienda con Rosas.

GAY, CLAUDE (1800-1873). Naturalista y viajero francés que investigó la flora y la fauna de Chile. Profesor de física y química en el Colegio de Santiago, 1828-1842.

GIFFARD, CAROLINE MALLET (1802-1841). Casó en segundas nupcias con John Mytton en 1821.

GIFFARD, LOUISA PAULINA CHARLOTTE (1807-1879). Hermana de Caroline Mallet Giffard. Casó con Thomas Fletcher Fenton Boughey en 1832.

GIFFORD, HARRIET MARIA (m. 1857). Hija de Caroline y Edward Drewe. Casó con Robert, primer barón Gifford, en 1816.

GIFFORD, ROBERT, primer barón (1779-1826). Abogado litigante y político. Fiscal general, 1819-1824. Lord juez de la Suprema Corte de lo Común, 1824.

GLASSPOOLE, FREDERICK BREAM. Doctor en medicina, Edimburgo, 1827. Médico en Hereford.

GLOUCESTER, DUQUE DE. Véase William Frederick.

GMELIN, JOHANN GEORG (1709-1755). Naturalista y explorador. Profesor de química y de historia natural en la Academia de Ciencias, San Petersburgo, 1731-1747. Profesor de medicina, botánica y química en la Universidad de Tubinga, 1749.

GOLDIE, GEORGE (1784-1853). Doctor en medicina, Edimburgo, 1808. Practicó en York, 1815-1849. Médico del hospital del condado de York, 1822-1833. A cargo del hospital del cólera, York, durante la epidemia de 1831.

GONZÁLEZ BALCARCE, JUAN RAMÓN (1773-1836). Militar argentino. Ministro de Guerra y Marina bajo Juan Manuel de Rosas. Elegido gobernador de Buenos Aires en 1832 pero echado por los seguidores de Rosas.

GOOCH, WILLIAM (1769-1851). Coronel. Suegro de William Venables Vernon Harcourt.

GORDON, HENRY PERCY (1806-1876). Abogado litigante. Bachiller en artes, Peterhouse, Cambridge, 1827. Lugarteniente suplente por la isla de Wight. Miembro de la Royal Society 1830.

GORE, PHILIP YORKE. Encargado de negocios en Buenos Aires, 1832-1834.

GORE, WILLIAM ORMSBY. Véase Ormsby-Gore, William.

GOULBURN, HENRY (1784-1856). Miembro del Parlamento por la Cambridge University, 1831-1856. Canciller del Tesoro, 1828-1834; 1841-1846. Ministro del Interior bajo Peel, 1834-1835.

GOULD, JOHN (1804-1881). Ornitólogo y artista autodidacta. Taxidermista para la

Zoological Society de Londres, 1826-1881. Describió los pájaros colectados en las expediciones del Beagle y del Sulphur. Miembro de la Royal Society 1843.

GRAFTON, DUQUE DE. Véase FitzRoy, George Henry.

GRAHAM, JOHN (1794-1865). Tutor de CD en el Christ's College, Cambridge. Director del College, 1830-1848. Vicecanciller de la Universidad, 1831 y 1840. Obispo de Chester, 1848-1865.

GRANT, ROBERT EDMOND (1793-1874). Médico y zoólogo escocés. Hizo amistad con CD en Edimburgo. Profesor de anatomía comparada y zoología, University College, Londres, 1827-1874. Miembro de la Royal Society 1836.

GRAY, GEORGE ROBERT (1808-1872). Zoólogo experto en insectos y aves. Asistente en el Departamento de Zoología del Museo Británico, 1831-1872. Miembro de la Royal Society 1865.

GREIG, SAMUEL (1778-1807). Comisionado de la Marina rusa y cónsul general de Rusia en Gran Bretaña. Primer marido de Mary Fairfax Greig Somerville.

GRENVILLE, WILLIAM WYNDHAM, barón (1759-1834). Estadista. Canciller de la Oxford University, 1809-1834.

GREY, CHARLES, segundo conde (1764-1845). Estadista. Primer ministro del gobierno liberal, 1831-1834.

GREY, WILLIAM SCURFIELD (1808-1876). Bachiller en artes, St. John's College, Cambridge, 1831. Abogado litigante. Comisionado real de Durham, 1867.

GRIFFITH, CHARLES. Cónsul británico en Buenos Aires, 1834. Guilding, Lansdown (1797-1831). Botánico y zoólogo. Capellán colonial, St. Vincent.

GUILLERMO IV (1765-1837). Rey de Gran Bretaña e Irlanda, 1830-1837.

HADDINGTON, LORD. Véase Hamilton, Thomas.

HALL, JEFFRY BROCK (1807-1886). Bachiller en artes, Christ's College, Cambridge, 1830.

HAMILTON, EDWARD WILLIAM TERRICK (1809-1898). Bachiller en artes, Trinity College, Cambridge, 1832; miembro, 1834-1842. Residente de Nueva Gales del Sur, 1840-1855, y gobernador de la Australian Agricultural Company, 1857-1898. Miembro del Parlamento por Salisbury, 1865-1869.

HAMILTON, CHARLES JAMES (1779-1856). Ministro plenipotenciario en Buenos Aires, 1834-1836; Río de Janeiro, 1836-1846.

HAMILTON, THOMAS, noveno conde de Haddington (1780-1858). Político. Lord lugarteniente de Irlanda, 1834-1835. Primer Lord del Almirantazgo, 1841-1846, y Lord del Sello Privado, 1846.

HAMILTON, WILLIAM (1788-1856). Metafísico y lógico escocés. Profesor de lógica y metafísica en la Edinburgh University, 1836-1856.

HAMILTON, WILLIAM ROWAN (1805-1865). Matemático. Astrónomo real de Irlanda y profesor de astronomía en el Trinity College, Dublín, 1827.

HAMOND, ROBERT NICOLAS (1809-1883). Oficial de la Marina, teniente, 1827. Casó con Sophia Caroline Musters, hermana de Charles Musters, en 1836. Su hermano mayor, Anthony, se había casado con Mary Ann Musters, hermana de Charles Musters, en 1828.

HÄNDEL, GEORGE FRIDERIC (Georg Friedrich) (1685-1759). Compositor (naturalizado) inglés de origen alemán.

HARCOURT, EDWARD VERNON (1757-1847). Arzobispo de York desde 1808. Harcourt, William Venables Vernon (1789-1871). Hijo de Edward Harcourt, arzobispo de York. Rector de Wheldrake, Yorkshire, 1824-1837. Secretario general del primer encuentro de la British Association for the Advancement of Science en York, 1831. Casó con Matilda Mary Gooch en 1824. Miembro de la Royal Society 1824.

HARDING, FRANCIS (1799-1875). Entró en la Marina en 1812. Sirvió en el HMS Warspite en la estación sudamericana hasta 1833. Capitán, 1841. Se retiró como vicealmirante, 1867.

HARDING, JOHN (m. 1866).Titular de St. George's, Shrewsbury, 1832-1866.

HARRIS, JAMES (1709-1780). Filósofo y filólogo.

HARRIS, JAMES. Comerciante británico en Río Negro, Patagonia, a quien Robert FitzRoy alquiló dos botes para investigar partes de la costa demasiado poco profundas para el Beagle.

HARRIS, WILLIAM SNOW (1791-1867). Electricista e inventor. Hizo mejoras a los pararrayos. Miembro de la Royal Society 1831.

HARROWBY, LORD. Véase Ryder, Dudley.

HAYCOCK, EDWARD (1791-1870). Notable arquitecto de Shropshire. Supervisor del condado, 1834-1866. Amigo de Robert Waring Darwin.

HAYCOCK, SEÑORA, esposa de John Hiram (nacida Elizabeth Trevitt). Madre de Edward Haycock.

HAYDN, (FRANZ) JOSEPH (1732-1809). Compositor austriaco.

HEAD, FRANCIS BOND (1793-1875). Gobernador colonial y autor. Viajó por Sudamérica como gerente de la Rio Plata Mining Association, 1825-1826.

HEAVISIDE, JAMES WILLIAM LUCAS (1808-1897). Bachiller en artes, Sidney Sussex College, Cambridge, 1830; miembro, 1832; tutor, 1833-1838. Profesor de matemáticas en el East India Company College, Haileybury, 1838-1857. Canónigo de Norwich, 1860-1897.

HEBER, REGINALD (1783-1826). Obispo de Calcuta, 1822-1826. Escribió sobre sus extensos viajes por la India.

HENRY, WILLIAM (1774-1836). Químico de Manchester. Miembro de la Royal Society 1808.

HENRY, WILLIAM CHARLES. Hijo de William Henry. Estudió medicina en la Edinburgh University y química con Justus von Liebig en Alemania. Conocido sobre todo por su biografía de John Dalton.

HENSLOW, GEORGE (1835-1925). Clérigo y maestro. Conferencista sobre botánica en la St. Bartholomew's Medical School, 1886-1890. Hijo menor de John Stevens Henslow.

HENSLOW, HARRIET. Véase Jenyns, Harriet.

HENSLOW, JOHN PRENTIS. Abogado procurador. Padre de John Stevens Henslow.

HENSLOW, JOHN STEVENS (1796-1861). Clérigo, botánico y mineralogista. Profesor de mineralogía en la Cambridge University, 1822-1827; profesor de botánica. Amplió y remodeló el Cambridge Botanic Garden. Cura de Little St. Mary's Church, Cambridge, 1824-1832; vicario de Cholsey-cum-Moulsford, Berkshire, 1832-1837; rector de Hitcham, Suffolk, 1837-1861. Maestro y amigo de CD.

[11 de julio de 1831]; [6 o 13 de agosto de 1831]; 24 de agosto de 1831; 30 [de agosto de 1831]; [2 de septiembre de 1831]; [5 de septiembre de 1831]; 9 [de septiembre de 1831]; 17 [de septiembre de 1831]; 28 [de septiembre de 1831]; [4 u 11 de octubre de 1831]; 25 de octubre de 1831; 30 [de octubre de 1831]; 15 [de noviembre de 1831]; 20 de noviembre de 1831; 3 de diciembre [de 1831]; 6 de febrero de 1832; 18 de mayo-16 de junio de 1832; [23 de julio-]15 de agosto [de 1832]; [c. 26 de octubre-]24 de noviembre de 1832; 15-21 de enero de 1833; 23 de enero [de 1833]; 1.º de febrero de 1833; 11 de abril de 1833; 18 de julio de 1833; 31 de agosto de 1833; [20-27 de] septiembre de 1833; 12 de noviembre de 1833; 1.º de marzo de 1834; 2 de mayo de 1834; 22 de julio de 1834; 24 de julio-7 de noviembre de 1834; 4 de octubre de 1834; 8 de noviembre de 1834; [10-]13 de marzo de 1835; 18 de abril de 1835; 12 [de agosto de] 1835; [28-29 de] enero de 1836; 9 de julio de 1836; 6 de octubre [de 1836]

HENSLOW, LEONARD RAMSAY (1831-1915). Clérigo. Hijo mayor de John Stevens Henslow.

HENSLOW, SEÑORA. Véase Jenyns, Harriet.

HERAPATH, JOHN (1790-1868). Matemático y periodista.

HERBERT, JOHN MAURICE (1808-1882). Bachiller en artes, St. John's College, Cambridge, 1830; miembro, 1832-1840. Abogado procesal, 1835. Juez de la corte del condado, Gales del Sur, 1847-1882.

[Principios de mayo de 1831]; 15-17 de abril de 1832; [1.º-6 de] junio de 1832; 1.º[-4 de] diciembre de 1832; 2 de junio de 1833; [28 de marzo de] 1834; [19 de noviembre de 1836]

HERSCHEL, JOHN FREDERICK WILLIAM (1792-1871). Astrónomo, matemático, químico y filósofo. Miembro de muchas sociedades académicas. Llevó a cabo observaciones astronómicas en el Cabo de Buena Esperanza, 1834-1838. Director de la Casa de Moneda, 1850-1855. Miembro de la Royal Society 1813.

HEWITSON, WILLIAM CHAPMAN (1806-1878). Entomólogo y ovólogo.

HILDYARD, FREDERICK (1803-1891). Estudió en la Shrewsbury School, 1814-1821. Bachiller en artes, Trinity College, Cambridge, 1825. Clérigo. Director asistente de la Shrewsbury School, 1825-1826.

HILL, ANNE (1815-1891). Casó con Rowland Hill en 1831.

HILL, JOHN (1802-1891). Bachiller en artes, Oriel College, Oxford, 1824. Rector de Great Bolas, Shropshire, 1831-1877. Hermano de Rowland Hill. Casó con Charlotte Kenyon en 1833.

HILL, ROWLAND, segundo vizconde (1800-1875). Miembro del Parlamento por Shropshire, 1821-1832; North Shropshire, 1832-1842. Lord lugarteniente de Shropshire, 1845-1875.

HOBHOUSE, JOHN CAM, barón Broughton de Gyfford (1786-1869). Estadista y autor. Miembro del Parlamento por Westminster, 1820-1833; Nottingham, 1834-1847; Harwich, 1848-1851. Miembro de la Royal Society 1814.

HODGSON, NATHANIEL THOMAS LUMLEY (1808-1886). Bachiller en artes, Christ's College, Cambridge, 1832.

HOLLAND, BESSY. Hermana de Henry Holland.

HOLLAND, CHARLOTTE (1808-1878). Prima segunda de CD. Hermana de Edward Holland. Casó con John Isaac en 1833.

HOLLAND, EDWARD (1806-1875). Primo segundo de CD. Bachiller en artes, Trinity College, Cambridge, 1829. Miembro del Parlamento por East Worcestershire, 1835-1837; Evesham, 1855-1868. Presidente de la Royal Agricultural Society.

HOLLAND, EMMA. Véase Caldwell, Margaret Emma.

HOLLAND, HENRY (1788-1873). Médico. Primo lejano de los Darwin y de los Wedgwood. Médico en servicio de la reina Victoria, 1852. Presidente de la Royal Institution. Miembro de la Royal Society 1816.

HOLLAND, SOPHIA. Esposa de Edward. Véase Isaac, Sophia.

HOLLAND, SABA (1802-1866). Hermana de Sydney Smith. Segunda esposa de Henry Holland, 1834. Publicó una biografía de su padre, 1855.

HOOD, THOMAS SAMUEL. Cónsul general británico en Montevideo.

HOOKER, JOSEPH DALTON (1817-1911). Botánico. Director asistente de los Royal Botanic Gardens, Kew, 1855-1865; director, 1865-1885. Trabajó sobre todo en taxonomía y en geografía vegetal. Hijo de William Jackson Hooker. Amigo y confidente de CD. Miembro de la Royal Society 1847.

HOOKER, SEÑOR. Propietario rural de Uruguay.

HOOKER, WILLIAM JACKSON (1785-1865). Botánico. Profesor de botánica, Universidad de Glasgow, 1820. Estableció los Royal Botanic Gardens en Kew, 1841, y fue su primer director. Padre de Joseph Dalton Hooker. Miembro de la Royal Society 1812.

HOPE, FREDERICK WILLIAM (1797-1862). Entomólogo y clérigo. Donó su colección de insectos a la Oxford University y fundó un profesorado de zoología, 1849.

1.º de noviembre de 1833; 15 de enero de 1834

HOPE, HENRY. Véase Hope, Thomas Henry.

HOPE, LOUISA. Véase Leighton, Louisa.

HOPE, THOMAS HENRY (1794-1871). Comisionado real de Gloucestershire, 1837. Hermano de Frederick William Hope. Casó con Louisa Leighton en 1833.

HORSFIELD, THOMAS (1773-1859). Naturalista. Mantenedor del museo de la East

India Company, Londres, 1820-1859.

HORTON, ROBERT JOHN WILMOT (1784-1841). Político. Gobernador de Ceilán, 1831-1837.

HUGHES, CHARLES. Estudió en la Shrewsbury School, 1818-1819. Residente en Buenos Aires, 1832-1833.

2 de noviembre [de 1832]

HUMBOLDT, FRIEDRICH WILHELM HEINRICH ALEXANDER VON (1769-1859). Eminente naturalista y viajero alemán. Exploró Sudamérica y visitó Nueva España y Estados Unidos, 1799-1804.

HUMMEL, JOHAN NEPOMUKA (1778-1837). Pianista, director y compositor húngaro.

HUNT, THOMAS (m. 1859). Rector de Wentnor y West Felton, Shropshire, 1817-1859.

HUSTLER, WILLIAM (1787-1832). Bachiller en artes, Jesus College, Cambridge, 1811; miembro, 1811-1832. Registrador de la Universidad, 1816-1832.

HUTTON, JAMES (1726-1797). Filósofo natural y geólogo escocés. Propuso un punto de vista uniformitario de la historia geológica en su Theory of the earth (1795).

ISAAC, JOHN (1807/1808-1884). Banquero. Hermano de Sophia Isaac.

ISAAC, SOPHIA (m. 1851). Casó con Edward Holland en 1832.

JAMESON, ROBERT (1774-1854). Geólogo y mineralogista. Profesor de historia natural y mantenedor del museo de la Edinburgh University, 1804-1854. Editor del Edinburgh Philosophical Journal, 1824-1854.

JENYNS, GEORGE LEONARD (1763-1848). Vicario de Swaffham Prior, Cambridgeshire, 1787-1848; canónigo prebendado de Ely, 1802-1848. Heredó Bottisham Hall, Cambridgeshire, de su primo segundo en 1787.

JENYNS, HARRIET (1797-1857). Hija de George Leonard Jenyns y hermana de Leonard Jenyns. Casó con John Stevens Henslow en 1823.

JENYNS, LEONARD (1800-1893). Naturalista y clérigo. Hijo de George Leonard Jenyns. Vicario de Swaffham Bulbeck, Cambridgeshire, 1828-1849. Miembro de muchas sociedades científicas. Describió los peces que colectó el Beagle. Adoptó el nombre de Blomefield en 1871. Amigo de CD en Cambridge.

JOHNSON, HENRY. Médico. Estudió en la Shrewsbury School. Doctor en medicina, Edimburgo, 1829. Médico principal, Shropshire Infirmary.

JOHNSON, SAMUEL (1709-1784). Escritor y lexicógrafo.

JONES, JOHN EDWARD (1806-1862). Escultor.

JORGE IV (1762-1830). Rey de la Gran Bretaña, 1820-1830.

KEATS, JOHN (1795-1821). Poeta.

KEEN, SEÑOR. Propietario rural en Uruguay.

KEMBLE, FRANCES ANNE (FANNY) (1809-1893). Actriz y autora. Casó con Pierce Butler en 1834.

KENYON, CHARLOTTE (1813-1884). Hija de Thomas Kenyon de Pradoe. Casó con John Hill en 1833.

KENYON, GEORGE, segundo barón (1776-1855). Abogado litigante.

KENYON, LLOYD (1804-1836). Capitán de los Royal Horse Guards. Hijo de Thomas Kenyon de Pradoe.

KENYON, LLOYD, tercer barón (1805-1869). Miembro del Parlamento por St. Michael's, Cornwall, 1830-1832.

KENYON, LOUISA CHARLOTTE. Esposa de Thomas Kenyon de Pradoe.

KENYON, THOMAS (1780-1851). De Pradoe, Shropshire. Hermano de George Kenyon.

KING, PHILIP GIDLEY (1817-1904). Hijo mayor de Phillip Parker King. Guardiamarina en el Beagle, 1831-1836.Vivió en Australia desde 1836.

KING, PHILLIP PARKER (1793-1856). Oficial de la Marina e hidrógrafo.

Comandante del Adventure y del Beagle en la primera expedición de reconocimiento a Sudamérica 1826-1830. Se estableció en Australia. Contralmirante, 1855. Miembro de la Royal Society 1824.

[21 de enero de 1836]

KYNASTON, JOHN ROGER (1797-1866). Capitán de la North Shropshire Yeomanry Cavalry, 1831-1850. En 1839 se convirtió en el tercer baronet. Hermano de Letitia Kynaston.

KYNASTON, LETITIA (m. 1834). De Hardwick, Shropshire.

LACORDAIRE, JEAN THÉODORE (1801-1870).Viajero y naturalista francés. Profesor de zoología, Université de Liège, Bélgica, 1835.

LAFFER, JOHN ATHANASIUS HERRING (m. 1861). Estudió en la Shrewsbury School. Bachiller en artes, Christ's College, Cambridge, 1833. Vicario de St. Gennys, Cornwall, 1834-1861.

LAMARCK, JEAN BAPTISTE PIERRE ANTOINE DE MONET DE (1744-1829). Naturalista francés. Ocupó diversos cargos en el Jardin du Roi, 1788-1793. Profesor de zoología, Muséum d'Histoire Naturelle, 1793. Creía en la generación espontánea y el desarrollo progresivo de los tipos animales y propuso una teoría de la trasmutación.

LAMB, HENRY WILLIAM, segundo vizconde Melbourne (1779-1848). Estadista. Secretario del Interior, 1830-1834. Primer ministro, 1835-1841.

LAMBERT, CHARLES SAN (CARLOS) (1793-1876). Minero e industrial en Coquimbo, Chile.

[c. julio de 1835]

LAMOUROUX, JEAN VINCENT FÉLIX (1776-1825). Naturalista francés. Profesor de historia natural, Caén, 1810. Contribuyó con muchos artículos al Dictionnaire classique d'histoire naturelle.

LANGTON, ALGERNON (1781-1829). Oficial del ejército; mayor, 1817. Bachiller en artes, Downing College, Cambridge, 1828. Ordenado sacerdote, 1824.Tío de Charles Langton. Casó con Marianne Drewe en 1820.

LANGTON, BENNET (n. 1822). Hijo de Algernon Langton.

LANGTON, CHARLES (1801-1886). Bachiller en artes, Trinity College, Oxford, 1824. Rector de Onnibury, Shropshire, 1832-1840. Casó con Charlotte Wedgwood en 1832. Después de la muerte de ésta, casó con Catherine Darwin, hermana de CD, en 1863.

LANGTON, CHARLOTTE. Véase Wedgwood, Charlotte.

LAPLACE, PIERRE-SIMON, marqués de (1749-1827). Matemático, físico y cosmólogo francés.

LARDNER, DIONYSIUS (1793-1859). Profesor de filosofía natural y astronomía, London University, 1827. Editó la Cabinet cyclopaedia, 1829-1849. Miembro de la Royal Society 1828.

LATHAM, ANNE. Lavandera en The Mount, Shrewsbury. Casó con Mark Briggs en 1832.

LATHAM, JOHN (1740-1837). Médico y ornitólogo. Miembro de la Royal Society 1775.

LAY, GEORGE TRADESCANT (fl. 1830-1845). Naturalista en el viaje del HMS Blossom, 1825-1828.

LEIGHTON, BALDWIN, séptimo baronet (1805-1871). Miembro del Parlamento por South Shropshire, 1859-1865. Casó con Mary Parker de Sweeney Hall, Shropshire, en 1832.

LEIGHTON, CLARE. Hija de Louisa Lane y Francis Knyvett Leighton Sr.

LEIGHTON, coronel. Véase Leighton, Francis Knyvett Sr.

LEIGHTON, FRANCIS (1801-1870). Matriculado en Trinity College, Cambridge, 1821; bachiller en artes, 1827. Ordenado diácono, 1826. Rector de Cardeston, Shropshire, 1828-1870.

LEIGHTON, FRANCIS KNYVETT (1807-1881). Bachiller en artes, Oxford, 1828; miembro del All Souls' College, 1829-1843.Vicecanciller de la Oxford University, 1866-1870. Canónigo de Westminster, 1868-1881.

LEIGHTON, FRANCIS KNYVETT SR. (1772-1834). Oficial del ejército. Padre de Francis Knyvett, Clare y Louisa Leighton.

LEIGHTON, LOUISA. Hermana de Francis Knyvett Leighton. Casó con Henry Hope en 1833.

LEIGHTON, LOUISA ANNE. Hija de St. Leger Aldworth, primer vizconde Doneraile. Casó con Francis Knyvett Leighton Sr. en 1805.

LEIGHTON, MARY (1799-1864). De Sweeney Hall, Shropshire. Casó con Sir Baldwin Leighton en 1832.

LENNON, PATRICK. Comerciante de Río de Janeiro.

LENNOX, CHARLES GORDON, quinto duque de Richmond (1791-1860). Oficial del ejército y político. Director general de correos, 1830-1834. Presidente de la Royal Agricultural Society, 1845-1860.

LESLIE, JOHN (1766-1832). Matemático y filósofo naturalista. Profesor de filosofía natural en la Edinburgh University, 1819.

LEVAILLANT (Le Vaillant), François (1753-1824). Explorador y naturalista francés.

LINNEO (Carl von Linné) (1707-1778). Botánico y zoólogo sueco. Enunció los principios para definir las especies y los géneros y propuso un sistema de clasificación del mundo natural que sentó las bases para el estudio científico de los organismos vivos.

LISTON, JOHN (1776?-1846). Actor cómico.

LITCHFIELD, HENRIETTA EMMA. Véase Darwin, Henrietta Emma.

LLOYD, HENRY JAMES (1794-1853). Quinto hijo de Francis Lloyd de Leaton Knolls, Shropshire. Clérigo. Casó con Elizabeth Miles de Leigh Court, Somerset, en 1832.

LOCKE, JOHN (1632-1704). Filósofo.

LONDONDERRY, LORD. Véase Stewart, Charles William.

LONSDALE, WILLIAM (1794-1871). Geólogo. Sirvió en la Geological Society desde 1829 hasta 1842, primero como curador y bibliotecario, y después de 1838 como secretario asistente y bibliotecario.

LÓPEZ, ESTANISLAO (1786-1838). Caudillo de la provincia de Santa Fe, Argentina, 1818-1838.

LORRAIN, CLAUDE (1600-1682). Pintor paisajista francés.

LOWE, HENRY PORTER (1810-1887). Bachiller en artes, Trinity Hall, Cambridge, 1833. Comisionado real de Nottinghamshire, 1859. Adoptó el nombre de Sherbrooke en 1847.

LOWE, RICHARD THOMAS (1802-1874). Clérigo y botánico que vivió en Madeira, 1832-1852.

LOWE, ROBERT, primer vizconde Sherbrooke (1811-1892). Hermano menor de Henry Porter Lowe. Bachiller en artes, University College, Oxford, 1833. Político, abogado y colonialista. Vivió en Australia, 1842-1850. Escritor renombrado con The Times, 1850-1868. Miembro del Parlamento, 1850-1880. Miembro de la Royal Society 1829.

LOWTH, ROBERT (1710-1787). Clérigo. Profesor de poesía en la Oxford University, 1741-1750. Obispo de Londres, 1777.

LUBBOCK, JOHN WILLIAM, tercer baronet (1803-1865). Astrónomo, matemático y banquero. Primer vicecanciller de la London University, 1837-1842.Vecino de CD en Down. Miembro de la Royal Society 1829.

LUMB, EDWARD. Comerciante británico en Buenos Aires.

13 de noviembre de 1833; 30 de marzo de 1834; 2 de mayo de 1834; 8 de mayo de 1834

LYELL, CHARLES (1797-1875). Geólogo uniformitario. Profesor de geología, King's College, Londres, 1831-1833. Presidente de la Geological Society, 1834-1836 y 1849-1850. Mentor científico y amigo de CD. Miembro de la Royal Society 1826.

26 de diciembre de 1836

MACAULAY, THOMAS BABINGTON, primer barón (1800-1859). Historiador y político. Colaborador regular de la Edinburgh Review.

MCCORMICK, ROBERT (1800-1890). Cirujano de la Marina, explorador y naturalista.

Escribió relatos de sus viajes. Cirujano en el Beagle, 1831-1832.

MACKINTOSH, CATHERINE. Véase Allen, Catherine.

MACKINTOSH, FRANCES (FANNY). Véase Wedgwood, Frances Mackintosh.

MACKINTOSH, JAMES (1765-1832). Filósofo e historiador. Profesor de derecho y de política general en el East India Company College, Haileybury, 1818-1824. Casado con Catherine Allen en 1798.

MACKINTOSH, ROBERT (1806-1864). Hijo de James y Catherine Allen Mackintosh. Hermano de Frances Mackintosh Wedgwood.

MACLEAR, THOMAS (1794-1879). Astrónomo y médico. Astrónomo real en el Cabo de Buena Esperanza, 1834-1870. Miembro de la Royal Society 1831.

MACLEAY, WILLIAM SHARP (1792-1865). Zoólogo y diplomático. Emigró a Nueva Gales del Sur en 1839. Originador del sistema quinario de taxonomía.

MAGALLANES, FERNANDO DE (1480-1521?). Primer circunnavegante de la Tierra.

MAINWARING, CHARLES KYNASTON (1803-1861). De Oteley Park, Shropshire. Comisionado real de Shropshire, 1829. Casó con Frances Salusbury de Galltfaenan, Denbighshire, en 1832.

MAINWARING, JULIA (m. 1851). Su hermana mayor, Sarah, sucedió a su tío en Whitmore Hall, Staffordshire, en 1825.

MALIBRÁN, MARÍA FELICIA GARCÍA (1808-1836). Mezzosoprano española.

MALING, HARRIOT (1790-1825). Hija menor de Erasmus y Elizabeth Collier Darwin. Casó con Thomas James Maling en 1811. Murió en Valparaíso, Chile.

MALING, THOMAS JAMES (1778-1849). Oficial de la Marina. Sirvió en la estación sudamericana, 1823-1827.Vicealmirante, 1841.

MANNERS-SUTTON, CHARLES, primer vizconde Canterbury (1780-1845). Abogado litigante y político. Presidente de la Cámara de los Comunes, 1817-1835. Elegido miembro del Parlamento por la Cambridge University en diciembre de 1832. Nombrado barón Bottesford y vizconde Canterbury en 1835.

MARINDIN, SAMUEL (1807-1852). Estudió en la Shrewsbury School, 1821-1825. Bachiller en artes, Trinity College, Cambridge, 1829. Oficial y capellán del ejército. Casó con Isabella Colville de Ochiltree y Craigflower, Ayrshire, en 1834.

MARRYAT, FREDERICK (1792-1848). Oficial de la Marina, novelista y editor.

MARSH, ANNE. Véase Marsh-Caldwell, Anne.

MARSH-CALDWELL, ANNE (1791-1874). Novelista. Casó con Arthur Cuthbert Marsh (m. 1849) en 1817. Hermana de Emma Holland. Agregó Caldwell a su apellido en 1858.

MARTENS, CONRAD (1801-1878). Pintor paisajista. Remplazó a Augustus Earle como artista en el Beagle, 1833-1834. Se estableció en Australia en 1835.

MARTINEAU, HARRIET (1802-1876). Autora, reformista y viajera.

MATHEWS, ANDREW (m. 1841). Jardinero de la Horticultural Society de Londres en Chiswick. Colectó plantas en Perú y Chile, 1830-1841.

MATTHEW, HENRY (1807-1861). Bachiller en artes, Sidney Sussex College, Cambridge, 1832. Presidente de la Cambridge Union Society, 1830. Clérigo desde 1837. [2 de febrero de 1831]; [14 de febrero de 1831]; [marzo o abril de 1831]

MATTHEW, JOHN (m. 1837). Rector de Kilve-cum-Stringston, Somerset, 1797-1837. Padre de Henry Matthew.

MATTHEWS, RICHARD (1811-1893). Misionero a bordo del Beagle, con el fin de establecer una misión en Tierra del Fuego. Abandonó esta meta en 1833 y se unió al Beagle de nuevo. Misionero en Nueva Zelanda desde 1835.

MELBOURNE, VIZCONDE. Véase Lamb, Henry William.

MIERS, JOHN (1789-1879). Botánico e ingeniero. Viajó y trabajó en Sudamérica, 1819-1838. Miembro de la Royal Society 1843.

MIGUEL, DOM MARIA EVARIST (1802-1866). Rey de Portugal destronado en 1834, cuando escapó a Inglaterra con don Carlos de España.

MILL, JOHN STUART (1806-1873). Filósofo y economista político. Su Lógica (1843) fue una obra que influyó en la filosofía de la ciencia.

MILLER, WILLIAM HALLOWES (1801-1880). Mineralogista y cristalógrafo. Profesor de mineralogía en la Cambridge University, 1832-1880. Miembro de la Royal Society 1838.

MILTON, JOHN (1608-1674). Poeta.

MOGG, CHARLES WILLIAM CUMBERLAND (1804-1892). Médico. Bachiller en medicina, Caius College, Cambridge, 1833. Practicó en Londres y Derbyshire. Delegado de salud, North London, 1849.

MONBODDO, LORD. Véase Burnett, James.

MONTAGU, JOHN WILLIAM, séptimo conde de Sandwich (1811-1884). Admitido en Trinity College, Cambridge, 1827. Capitán de la milicia de Huntingdon, 1831. Abanderado de los Grenadier Guards, 1832-1835.

MORENO, MANUEL (1790-1857). Médico, político y diplomático argentino. Primer profesor de química, Universidad de Buenos Aires, 1822-1828. Ministro de Argentina en Inglaterra, 1828-1835.

MORLEY, LORD. Véase Parker, John.

MORRIS, JOHN (1810-1886). Geólogo. Originalmente farmacéutico en Kensington. Profesor de geología, University College, Londres, 1854-1877.

MOSLEY, FRANCES. Véase Wedgwood, Frances Mosley.

MOSLEY, JOHN PEPLOE (1766-1834). Rector de Rolleston, Staffordshire, 1799-1834. Padre de Frances y de Peploe Paget Mosley.

MOSLEY, PEPLOE PAGET (1793-1868). Hermano de Frances Mosley Wedgwood. Sucedió a su padre, John Peploe Mosley, como rector de Rolleston, Staffordshire, 1834-1868.

MULGRAVE, LORD. Véase Phipps, Constantine John.

MÜNCHAUSEN, HIERONYMUS VON (1720-1797). Soldado conocido por narrar extravagantes y arriesgadas aventuras.

MURCHISON, CHARLOTTE (m. 1869). Casó con Roderick Impey Murchison en 1815.

MURCHISON, RODERICK IMPEY (1792-1871). Geólogo notable por su obra sobre el sistema siluriano. Figura destacada de la Geological Society, la British Association for the Advancement of Science y la Royal Geographical Society. Miembro de la Royal Society 1826.

MURRAY, GEORGE AUGUSTUS FREDERICK JOHN (1814-1864).Admitido como noble en el Trinity College, Cambridge, 1832. Expulsado por jugador, 1834. Oficial del ejército. Sucedió a su padre como Lord Glenlyon, 1837, y a su tío como sexto duque de Atholl, 1846.

MURRAY, JOHN (1808-1892). Editor y autor de guías. Editor de CD después de 1845.

MURRAY, LINDLEY (1745-1826). Gramático.

MUSTERS, CHARLES (m. 1832). Cuarto hijo de John Musters de Colwick Hall, Nottinghamshire. Voluntario de primera clase en el Beagle. Muere de fiebres en Río de Janeiro.

MUSTERS, MARY ANNE (m. 1832). Madre de Charles Musters.

MYTTON, CAROLINE MALLET. Véase Giffard, Caroline Mallet.

MYTTON, JOHN (Jack) (1796-1834). Deportista y excéntrico. Sirvió en el ejército, 1816-1817. Miembro del Parlamento por Shrewsbury, 1818-1820. Comisionado real de Shropshire y Merionethshire. Disipó una fortuna y murió de delirium tremens en la cárcel de King's Bench en 1834. Primo de Fanny y Sarah Owen.

MYTTON, CAROLINE. Véase Giffard, Caroline Mallet.

NANCY. Nana de la niñez de CD que se quedó como sirvienta de la familia Darwin en The Mount, Shrewsbury.

NARBROUGH, JOHN (1640-1688). Almirante. Comisario de la Marina, 1680-1687. Newman, Edward (1801-1876). Naturalista. Fundador de la Entomological Society, 1826. Redactor de historia natural del Field, 1858-1876.

NORTHUMBERLAND, DUQUE DE. Véase Percy, Hugh. Oakeley, William (1806-1851). De Oakeley, Shropshire.

O'CONNELL, DANIEL (1775-1847). Abogado y político irlandés. Líder del movimiento por la emancipación católica.

ORBIGNY, ALCIDE CHARLES VICTOR DESSALINES D' (1802-1857). Paleontólogo francés que viajó extensamente por Sudamérica, 1826-1834. Profesor de paleontología, Muséum d'Histoire Naturelle, 1853.

ORMSBY-GORE, WILLIAM (1779-1860). Miembro conservador del Parlamento por North Shropshire, 1835-1857. Disputó sin éxito el escaño de North Shropshire en 1832.

OWEN, ARTHUR MOSTYN (1813-1896). Hijo de William Mostyn Owen Sr. de Wood-house. Estudió en la Shrewsbury School y en el East India Company College, Haileybury, 1829-1831. Sirvió en el Servicio Civil de la India, 1832-1848. Comisionado real de Shropshire, 1876.

OWEN, CAROLINE MOSTYN (m. 1897). Tercera hija de William Mostyn Owen Sr. de Woodhouse.

OWEN, CHARLES MOSTYN (1818-1894). Hijo de William Mostyn Owen Sr. de Woodhouse. Bachiller en artes, Trinity College, Oxford, 1842. Oficial del ejército. Sirvió en Sudáfrica durante la guerra kaffir, 1845-1847. Jefe de policía de Oxfordshire.

OWEN, EMMA MOSTYN (m. 1888). Cuarta hija de William Mostyn Owen Sr. de Woodhouse.

OWEN, FANNY (Frances) Mostyn. Segunda hija de William Mostyn Owen Sr. de Woodhouse. Casó con Robert Myddelton Biddulph en 1832. Amiga cercana de CD y su vecina antes del viaje del Beagle.
[8 de abril de 1831]; [22 de septiembre-2 de octubre de 1831]; [26 de septiembre de 1831]; [6 de octubre de 1831]; 2 de diciembre de 1831; 1.º de marzo de 1832; [c. 21 de octubre de 1833]

OWEN, FRANCIS MOSTYN (n. 1815). Hijo de William Mostyn Owen Sr. de Woodhouse. Estudió en la Shrewsbury School, 1829-1831. Oficial del ejército; capitán, 1845.

OWEN, HARRIET ELIZABETH MOSTYN. Esposa de William Mostyn Owen Sr.

OWEN, HENRY MOSTYN (1820-1843). Hijo de William Mostyn Owen Sr. de Woodhouse.

OWEN, RICHARD (1804-1892). Anatomista comparado. Conservador-asistente del Hunterian Museum, Royal College of Surgeons, 1827; profesor del museo, 1836-1856. Superintendente del Departamento de Historia Natural, Museo Británico, 1856-1884. Describió los especímenes fósiles de mamíferos del Beagle. Miembro de la Royal Society 1834. 19 de diciembre [de 1836]

OWEN, SARAH HARRIET MOSTYN. Hija mayor de William Mostyn Owen Sr. de Woodhouse. Casó en primeras nupcias con Edward Hosier Williams (m. 1844) en 1831 y en segundas nupcias con Thomas Chandler Haliburton en 1856. Amiga cercana y vecina de CD antes del viaje del Beagle.
[27-30 de septiembre de 1831]; 26[-31] de agosto de 1832; 21 de octubre de 1833

OWEN, SOBIESKI MOSTYN (m. 1890). Hija menor de William Mostyn Owen Sr. de Woodhouse.

OWEN, THOMAS BULKELEY BULKELEY (1790-1867). De Tedsmore Hall, Shropshire.

OWEN, WILLIAM MOSTYN (1806-1868). Hijo mayor de William Mostyn Owen Sr. de Woodhouse. Mayor, Royal Dragoons.

OWEN, WILLIAM MOSTYN, SR. Teniente, Royal Dragoons. Terrateniente de Woodhouse, Shropshire.
1.º de marzo de 1832; 10 de abril-1.º de mayo de 1834; 5 de octubre [de 1836]; 19 de diciembre de 1836

PAGANINI, NICOLÒ (1782-1840).Violinista y compositor italiano. Dio una serie de conciertos en Gran Bretaña de mayo de 1831 a septiembre de 1832.

PALEY, WILLIAM (1743-1805). Clérigo anglicano y filósofo que propuso un sistema elegante y popular de teología natural.

PALMERSTON, LORD. Véase Temple, Henry John.

PANTING, THOMAS (m. 1836). Procurador, Shrewsbury. Amigo de la familia Darwin.

PARISH, WOODBINE (1796-1882). Diplomático. Encargado de negocios en Buenos Aires, 1825-1832. Miembro de la Royal Society 1824.

PARKER, CHARLES (n. 1831). Cuarto hijo de Henry y Marianne Parker. Sobrino de CD.

PARKER, EDMUND, vizconde Boringdon (1810-1864). Hijo de John Parker, primer conde de Morley. Noble al servicio de la reina Victoria, 1846.

PARKER, FRANCIS (1829-1871). Tercer hijo de Henry y Marianne Parker. Sobrino de CD. Procurador en Chester.

PARKER, HENRY (1788-1856). Doctor en medicina, Edimburgo, 1814. Médico de la Shropshire Infirmary. Casó con Marianne Darwin en 1824.

PARKER, HENRY, JR. (1827-1892). Segundo hijo de Henry y Marianne Parker. Sobrino de CD. Miembro del Oriel College, Oxford, 1851-1885.

PARKER, JOHN, primer conde de Morley (1772-1840). Par del reino en 1788. Orador habitual de la Cámara de los Lores y después de 1827 partidario activo de la reforma parlamentaria. Miembro de la Royal Society 1795.

PARKER, MARIANNE (1798-1858). Hermana mayor de CD. Casó con Henry Parker en 1824.

12[-29] de marzo [de 1832]

PARKER, MARY SUSAN (1836-1893). Hija de Henry y Marianne Parker. Sobrina de CD.

PARKER, SEÑORITA. Véase Leighton, Mary.

PARKER, ROBERT (n. 1825). Hijo mayor de Henry y Marianne Parker. Sobrino de CD.

PEACOCK, GEORGE (1791-1858).Tutor en matemáticas en el Trinity College, Cambridge, 1823-1839. Profesor de geometría y astronomía en la Cambridge University, 1837. Deán de Ely, 1839-1858. Miembro de la Royal Society 1818.

[6 o 13 de agosto de 1831]; [c. 26 de agosto de 1831]

PEEL, ROBERT, segundo baronet (1788-1850). Primer ministro, 1834-1835 y 1841-1846.

PEILE, THOMAS WILLIAMSON (1806-1882). Clérigo y maestro. Estudió en la Shrewsbury School, 1821-1824. Bachiller en artes, Trinity College, Cambridge, 1828. Director asistente de la Shrewsbury School, 1828-1829.Tutor en la Universidad de Durham, 1834-1841.

PELHAM, JOHN CRESSETT (m. 1838). Miembro del Parlamento por Shropshire, 1822-1832; Shrewsbury, 1835-1837. Se postuló sin éxito por Shrewsbury en 1832.

PENNANT, THOMAS (1726-1798).Viajero y naturalista. Miembro de la Royal Society 1767.

PERCY, HUGH, tercer duque de Northumberland (1785-1847). Político y diplomático. Alto comisionado en la Cambridge University; canciller, 1840-1847.

PHILLIPS, THOMAS (1770-1845). Pintor retratista. Profesor de pintura, Royal Academy, 1825-1832.

PHILLIPS, WILLIAM (1775-1828). Mineralogista y geólogo. Impresor y librero de Londres. Miembro de la Royal Society 1827.

PHILPOTT, HENRY (1807-1892). Bachiller en artes, St. Catherine's College, Cambridge, 1829; miembro, 1829-1845; director, 1845-1860. Obispo de Worcester, 1860-1890.

PHIPPS, CONSTANTINE HENRY, primer marqués de Normanby (1797-1863). Estadista. En su juventud fue un novelista popular.

PHIPPS, CONSTANTINE JOHN, segundo barón Mulgrave (1744-1792). Oficial de la

Marina y político. Lord del Almirantazgo, 1777.

PLACE, FRANCIS (1771-1854). Reformista radical.

PLAYFAIR, JOHN (1748-1819). Matemático y geólogo. Profesor de matemáticas en la Edinburgh University, 1785-1805; profesor de filosofía natural, 1805. Expuso las teorías geológicas de James Hutton en forma clara y resumida, 1802. Miembro de la Royal Society 1807.

POOLE, JOHN (1786?-1872). Dramaturgo y autor misceláneo.

POWELL, JOHN ALLAN (m. 1859). Procurador en Lincoln's Inn desde 1806. Abogado de Jorge IV en el juicio de la reina Carolina en 1820.

POWIS, CONDE DE. Véase Clive, Edward.

PRICE, JOHN (1803-1887). Erudito, naturalista y maestro de escuela galés. Estudió en la Shrewsbury School. Bachiller en artes, St. John's College, Cambridge, 1826. Director asistente de la Shrewsbury School, 1826-1827. Tutor privado en Chester.

PROCTOR, GEORGE (m. 1858). Bachiller en artes, Christ's College, Cambridge, 1831. Clérigo.

PROCTOR, ROBERT. Viajero por Sudamérica. Escribió un relato de sus viajes por Perú. Tío de George Proctor.

PULLEINE, ROBERT (1806-1868). Bachiller en artes, Emmanuel College, Cambridge, 1829. Cura de Spennithorne, Yorkshire, 1830-1845; rector de Kirkby-Wiske, 1845-1868.

PURCELL, HENRY (1659-1695). Organista y compositor.

QUIROGA, JUAN FACUNDO (1788-1835). Controló las provincias del norte de Argentina. Llegó a Buenos Aires en 1832 con el objeto de hacer de Argentina una república federal. Asesinado en 1835.

RAM MOHAN ROY (1774-1833). Reformista religioso y social de la India. En Inglaterra como agente del emperador de Delhi, 1830-1833.

RAMSAY, MARMADUKE (m. 1831). Bachiller en artes, Jesus College, Cambridge, 1818; miembro y tutor, 1819-1831.

RAMSAY, WILLIAM (1793-1871). Oficial de la Marina. Comandante del patache Black Joke; capturó el bergantín esclavista español Marinerito en 1831. Regresó a Inglaterra en 1832. Comandante del vapor Dee en las Indias Occidentales, 1834-1837. Hermano de Marmaduke Ramsay.

RASPE, RUDOLF ERICH (1737-1794). Autor de obras geológicas y literarias.

RENNIE, JAMES (1787-1867). Profesor de historia natural en el King's College, Londres, 1830-1834. Emigró a Australia, 1840.

RICHMOND, DUQUE DE. Véase Lennox, Charles Gordon.

RIVADAVIA, BERNARDINO (1780-1845). Estadista argentino. Primer presidente nacional de Argentina, 1826-1827. Renunció debido a la oposición a su política de una Argentina unificada. Vivió en España desde 1829. Intentó regresar a Argentina en 1834, pero no se le permitió desembarcar.

RIVINGTON, JOHN (1720-1792). Editor.

RIVINGTON, JOHN (1779-1841). Editor. Nieto de John Rivington (1720-1792). Rodwell, John Medows (1808-1900). Matriculado en Caius College, Cambridge, 1826; bachiller en artes, 1830. Clérigo y orientalista.

ROMILLY, JOSEPH (1791-1864). Miembro del Trinity College, Cambridge, 1815. Registrador de la Universidad, 1832-1861. Mantuvo un diario de la vida universitaria de 1820 a 1863.

ROSAS, JUAN MANUEL DE (1793-1877). Gobernador de Buenos Aires, 1829-1832 y 1835-1852, que gobernó como dictador a Argentina. Condujo una campaña contra los indios para obtener más territorio, 1833-1835.

ROSS, JOHN (1777-1856). Oficial de la Marina y navegante del Ártico. Buscó el paso del noroeste, 1818 y 1829-1833.

ROSSINI, GIOACCHINO (ANTONIO) (1792-1868). Compositor italiano.

ROUSSIN, ALBIN REINE, barón (1781-1854). Oficial naval y diplomático francés.

Investigó la costa de Brasil, 1819. Almirante, 1840.

ROWLETT, GEORGE (m. 1834). Sobrecargo a bordo del Beagle.

ROYSTON, RICHARD (1599-1686). Fundador de la casa editorial del mismo nombre. Librero de Carlos I, Carlos II y Jacobo II.

RUSSELL, JOHN, primer conde (1792-1878). Estadista. Introdujo la Ley de Reforma dos veces en 1831, pero no pasó hasta 1832. Primer ministro, 1846-1852 y 1865-1866.

RYDER, DUDLEY, primer conde de Harrowby (1762-1847). Estadista. Apoyó la reforma parlamentaria.

RYLE, JANE HARRIETT. Véase Darwin, Jane Harriett.

SAINT-HILAIRE, AUGUSTIN FRANÇOIS CÉSAR PROUVENÇAL (AUGUSTE DE) (1779-1853). Naturalista francés. Investigó la flora y la fauna de Brasil, 1816-1822.

SAINT-PIERRE, JACQUES HENRI BERNARDIN DE (1737-1814). Hombre de letras francés.

SALWEY, CHARLOTTE MARGARETTA (m. 1858). Casó con Robert Betton de Overton House, Shropshire, en octubre de 1831.

SANDWICH, LORD. Véase Montagu, John William.

SARMIENTO DE GAMBOA, PEDRO (1532-1608?). Navegante español que investigó el estrecho de Magallanes y estableció una colonia fracasada conocida más tarde como Puerto del Hambre.

SAVIGNY, MARIE-JULES-CÉSAR LELORGNE DE (1777-1851). Zoólogo francés.

SCORESBY, WILLIAM (1789-1857). Patrón de barco, autor y clérigo. Miembro de la Royal Society 1824.

SCOTT, WALTER (1771-1832). Novelista y poeta escocés.

SCROPE, GEORGE JULIUS POULETT (1797-1876). Geólogo y economista político. Miembro del Parlamento por Stroud, Gloucestershire, 1833-1868. Llevó a cabo trabajo pionero en vulcanología. Sus ideas ayudaron a conformar las teorías uniformitarias de Lyell. Miembro de la Royal Society 1826.

SECKER, ISAAC ONSLOW (1799-1861).Abogado litigante. Magistrado de la policía metropolitana en Southwark, 1846-1849; en las cortes de Greenwich y Woolwich, 1849-1860; en Marylebone, 1860-1861.

SEDGWICK, ADAM (1785-1873). Geólogo y clérigo. Profesor de geología en la Cambridge University, 1818-1873. Canónigo de Norwich, 1834-1873. Miembro de la Royal Society 1821.

4 de septiembre de 1831; 18 de septiembre de 1831

SELBY, PRIDEAUX JOHN (1788-1867). Naturalista. Comisionado real en Northumberland, 1823.

SELLOW, FRIEDRICH (1789-1831). Naturalista prusiano que trabajó y viajó por Brasil y Uruguay, 1814-1831.

SELWYN, GEORGE AUGUSTUS (1809-1878). Bachiller en artes, St. John's College, Cambridge, 1831. Obispo de Nueva Zelanda, 1841-1867. Obispo de Lichfield, 1867-1878. El Selwyn College de Cambridge fue erigido en su honor.

SELWYN, WILLIAM (1806-1875). Bachiller en artes, St. John's College, Cambridge, 1828. Clérigo. Profesor de teología en la Cambridge University, 1855-1875. Hermano de George Augustus Selwyn. Miembro de la Royal Society 1866.

SERGEANT, FREDERICK THOMAS (m. 1863). Bachiller en artes, Corpus Christi College, Cambridge, 1827. Ingresó en la abogacía, 1830.

SEYMOUR, MICHAEL (1802-1887). Oficial de la Marina en la estación sudamericana, 1827-1829 y 1833-1835. Capitán del Challenger que naufragó en la costa de Chile en 1835. Almirante, 1864.

SHARPE, EDMUND (1809-1877). Bachiller en artes, St. John's College, Cambridge, 1833. Arquitecto e ingeniero ferroviario.

SHELLEY, PERCY BYSSHE (1792-1822). Poeta.

SHERIDAN, RICHARD BRINSLEY (1751-1816). Dramaturgo y orador

parlamentario.

SIMPSON, GEORGE (m. 1888). Bachiller en artes, Christ's College, Cambridge, 1830. Clérigo.

[26 de] enero [de 1831]

SISMONDI, JEAN CHARLES LÉONARD SIMONDE DE (1773-1842). Historiador suizo. Casó con Jessie Allen en 1819.

SISMONDI, JESSIE. Véase Allen, Jessie.

SLANEY, ELIZABETH FRANCES (m. 1870). Hija mayor y coheredera de Robert Aglionby Slaney. Casó con Thomas Campbell Eyton en 1835.

SLANEY, ROBERT AGLIONBY (1791-1862). Un defensor de la reforma rural y económica. Miembro del Parlamento por Shrewsbury, 1826-1834, 1837-1841, 1847-1862. Comisionado real en Shropshire, 1854.

SMITH, ANDREW (1797-1872). Cirujano del ejército estacionado en Sudáfrica, 1821-1837. Autoridad en zoología sudafricana. Director general del departamento médico del ejército, 1853-1858.

SMITH, CHARLES HAMILTON (1776-1859). Oficial del ejército y naturalista. Smith, Saba. Véase Holland, Saba.

SMITH, SYDNEY (1771-1845). Ensayista y hombre de ingenio. Fundador de la Edinburgh Review, 1802. Canónigo de St. Paul, Londres, 1831.

SMITH, THOMAS. Admitido como becario en el Emmanuel College, 1821; bachiller en teología, 1831.Vicario de Chipping Sodbury, Gloucestershire, 1822-1858.

SMYTH, WILLIAM (1765-1849).Tutor privado del hijo mayor de Richard Brinsley Sheridan, 1793-1806. Profesor de historia moderna en la Cambridge University, 1807-1849.

SMYTHE, EDWARD JOSEPH (1787-1856). Comisionado real en Shropshire, 1831.

SMYTHE, EDWARD JOSEPH JR. (1813-1841). Hijo mayor de Edward Joseph Smythe (1787-1856). Casó con Anastasia Boughey en 1840.

SNYDERS, FRANS (1579-1657). Pintor flamenco.

SOLANDER, DANIEL CARL (1733-1782). Botánico sueco. Bibliotecario asistente, Museo Británico, 1763.Viajó con Joseph Banks a los mares del Sur en el Endeavour, 1768-1771, y a Islandia, 1772. Mantenedor del Departamento de Historia Natural, Museo Británico, 1773.

SOMERVILLE, MARY FAIRFAX GREIG (1780-1872). Escritora sobre ciencia.

SOULT, NICOLAS JEAN DE DIEU, duque de Dalmacia (1769-1851). Mariscal de Francia. Ministro de la guerra bajo Luis Felipe, 1830-1834, 1840-1844.

SOUTH, JAMES (1785-1867). Médico y astrónomo. Miembro de la Royal Society 1821.

SOWERBY, GEORGE BRETTINGHAM (1788-1854). Conquiliólogo y artista. Produjo catálogos de conchas y moluscos.

SOWERBY, GEORGE BRETTINGHAM JR. (1812-1884). Hijo mayor de George Brettingham Sowerby. Conquiliólogo e ilustrador científico.

SPENCE, WILLIAM (1783-1860). Entomólogo. Fundador de la Entomological Society, 1833; presidente, 1847. Miembro de la Royal Society 1834.

SPENCER, JOHN CHARLES, vizconde Althorp y tercer conde Spencer (1782-1845). Político. Canciller del Tesoro, 1830-1834. Portavoz de los liberales en la Cámara de los Comunes, 1830-1834. Sucedió al condado en 1834.

STANLEY, EDWARD GEORGE GEOFFREY SMITH, decimocuarto conde de Derby (1799-1869). Estadista. Miembro del Parlamento por North Lancashire, 1832-1844. Secretario colonial, 1833-1834 y 1841-1844. Primer ministro, 1852, 1858-1859, 1866-1868.

STEBBING, GEORGE JAMES. Hijo de un fabricante de instrumentos matemáticos de Plymouth. Supernumerario a expensas de Robert FitzRoy en el Beagle.

STEPHENS, JAMES FRANCIS (1792-1852). Entomólogo y zoólogo. Empleado en la oficina del Almirantazgo, Somerset House, 1807-1845. Ayudó en arreglar la colección de insectos del Museo Británico.

STERNE, LAURENCE (1713-1768). Clérigo y humorista. Publicó sermones y novelas.

STEWART, CHARLES WILLIAM, tercer marqués de Londonderry (1778-1854). Oficial del ejército, político, diplomático y autor.

STOKES, JOHN LORT (1812-1885). Oficial de la Marina. Sirvió en el Beagle como guardiamarina, 1826-1831; oficial y agrimensor asistente, 1831-1837; teniente, 1837-1841; comandante, 1841-1843. Almirante, 1877.

STOKES, PRINGLE (m. 1828). Comandante del Beagle, 1826-1828. Cometió suicidio durante el primer viaje del Beagle a Sudamérica.

STUART-WORTLEY-MACKENZIE, JAMES ARCHIBALD, primer barón Wharncliffe (1776-1845). Estadista. Se opuso a la reforma parlamentaria, pero apoyó la Ley de Reforma en su segunda lectura por creer que la resistencia era inútil.

SULIVAN, BARTHOLOMEW JAMES (1810-1890). Oficial de la Marina e hidrógrafo. Teniente en el Beagle, 1831-1836. Estudió las islas Falkland, 1838-1846. Almirante, 1877.

[17 de enero-7 de febrero de 1832]

SUTCLIFFE, THOMAS (1790?-1849). Aventurero por Sudamérica que tuvo varios puestos administrativos y militares en Chile, 1822-1838. Nombrado gobernador de la isla de Juan Fernández en 1834, pero obligado a regresar a Inglaterra en 1838.

SWAINSON, WILLIAM (1789-1855). Naturalista y autor. Recolectó minuciosamente en Sicilia y Brasil. Utilizó el sistema quinario de William Sharp Macleay. Emigró a Nueva Zelanda en 1840. Miembro de la Royal Society 1820.

SYME, PATRICK (1774-1845). Pintor de flores. Traductor al inglés de la Nomenclatura de los colores de Werner (1814).

TATE, NAHUM (c. 1652-1715). Poeta, dramaturgo y traductor. Bachiller en artes, Trinity College, Cambridge, 1672. Poeta laureado desde 1692.

TEMPLE, HENRY JOHN, tercer vizconde Palmerston (1784-1865). Estadista. Miembro del Parlamento por la Cambridge University, 1811-1831. Secretario del Exterior, 1830-1841 y 1846-1851. Secretario del Interior, 1852-1855. Primer ministro, 1855-1858 y 1859-1865.

TENNYSON, ALFRED, primer barón (1809-1892). Matriculado en Trinity College, Cambridge, 1828, pero abandonó sus estudios sin obtener ningún grado. Poeta laureado, 1850.

THACKERAY, GEORGE (1777-1850). Decano del King's College, Cambridge, 1814-1850.

THACKERAY, WILLIAM MAKEPEACE (1811-1863). Novelista.

THEAKSTON, JOSEPH (1772-1842). Escultor. Colaboró con Francis Legatt Chantrey, 1818-1842.

THOMPSON, HARRY STEPHEN (más tarde Meysey Thompson) (1809-1874). Bachiller en artes, Trinity College, Cambridge, 1832. Prominente agricultor y fundador de la Royal Agricultural Society, 1838.

THOMPSON, THOMAS CHARLES (1811-1885). Bachiller en artes, Trinity College, Cambridge, 1834. Clérigo. Hermano de Harry Stephen Thompson.

TIZIANO (TIZIANO VECELLIO) (1487?-1576). Pintor italiano.

TOLLET, ELIZA (ELIZABETH). Hija de George Tollet. Hermana mayor de Georgina y Ellen Tollet.

TOLLET, ELLEN HARRIET (m. 1890). Hija de George Tollet y hermana menor de Georgina Tollet. Amiga cercana de la familia Wedgwood.

TOLLET, GEORGE (1767-1855). De Betley Hall, Staffordshire. Reformador agrícola. Amigo cercano de Josiah Wedgwood II.

TOLLET, GEORGINA. Hija de George Tollet. Amiga cercana de la familia Wedgwood.

TOLLET, MARIANNE. Hija de George Tollet. Casó con William Clive en 1829.

TOWNLEY, RICHARD GREAVES (1786-1855). Miembro del Parlamento por Cambridgeshire, 1831-1841 y 1847-1852.

TOWNSEND, GEORGE (1788-1857). Clérigo y autor. Prebendado de Durham, 1825-

1857.

TURNER, JAMES FARLEY (m. 1841). Compañero de escuela de CD en Shrewsbury. Bachiller en artes, Christ's College, Cambridge, 1831. Clérigo.

TURNER, SHARON (1768-1847). Historiador.

USBORNE, ALEXANDER BURNS. Asistente del patrón en el Beagle. Estudió la costa del Perú después de que el Beagle se dirigió a las islas Galápagos, 1835-1836. [c. 1.º-5 de septiembre de 1835]

VANE, HENRY, conde de Darlington (1788-1864). Oficial del ejército y político. Miembro del Parlamento por South Shropshire, 1832-1842.

VENABLES, RICHARD LISTER (1809-1894). Bachiller en artes, Emmanuel College, Cambridge, 1831. Rector de Whitney, Herefordshire, 1834-1843. Casó con Mary Augusta Dalrymple, hija del general A. M. Poltoratzky de Rusia, en 1834.

VIDAL, PEDRO PABLO (1777-1848). Sacerdote argentino. Tuvo cargo de legislador en Buenos Aires, 1830-1834.

VIGORS, NICHOLAS AYLWARD (1785-1840). Zoólogo y político irlandés. Miembro de la Royal Society 1826.

WALKER, FRANCIS (1809-1874). Entomólogo.

WALPOLE, JOHN. Cónsul general y plenipotenciario en Santiago de Chile, 1837-1841; encargado de negocios y cónsul general, 1841-1847.

WATERHOUSE, GEORGE ROBERT (1810-1888). Naturalista. Fundador de la Entomological Society, 1833. Curador, London Zoological Society, 1836-1843. Funcionario del Museo Británico (Historia Natural), 1843-1880. Describió los especímenes entomológicos del viaje del Beagle enviados por CD.

WATERTON, CHARLES (1782-1865). Naturalista y viajero.

WATKINS, FREDERICK (1808-1888). Clérigo. Estudió en la Shrewsbury School, 1823-1826. Admitido en el Christ's College, Cambridge, 1825; matriculado, 1826; cumplió dos términos: admitido en el Emmanuel College, 1827; bachiller en artes, 1830. Archidiácono de York, 1874-1888.
[18 de septiembre de 1831]; 18 de agosto de 1832

WAY, ALBERT (1805-1874). Anticuario y viajero. Bachiller en artes, Trinity College, Cambridge, 1829. Miembro de la Society of Antiquaries, 1839; director, 1842-1846. Fundador del Archaeological Institute, 1845.

WEDGWOOD, ALLEN. Véase Wedgwood John Allen.

WEDGWOOD, BESSY. Véase Wedgwood, Elizabeth (Bessy).

WEDGWOOD, CHARLOTTE (1797-1862). Hija de Bessy y Josiah Wedgwood II. Casó con Charles Langton en 1832.
22 de septiembre [de 1831]; 12 de enero-1.º de febrero de 1832; 27 [de septiembre] de 1832

WEDGWOOD, ELIZA. Véase Wedgwood, Sarah Elizabeth (Eliza).

WEDGWOOD, ELIZABETH. Véase Wedgwood, Sarah Elizabeth (Eliza).

WEDGWOOD, ELIZABETH (BESSY) (1764-1846). Hija mayor de John Bartlett Allen. Casó con Josiah Wedgwood II en 1792.

WEDGWOOD, EMMA (1808-1896). Hija menor de Bessy y Josiah Wedgwood II. Casó con CD, su primo, en 1839.
[24 de octubre de 1836]; [28 de octubre de 1836]; [21 de noviembre de 1836]; 17 de diciembre de 1836

WEDGWOOD, FRANCES (FANNY) (1806-1832). Hija de Bessy y Josiah Wedgwood II.

WEDGWOOD, FRANCES CREWE. Véase Crewe, Frances.

WEDGWOOD, FRANCES JULIA (SNOW) (1833-1913). Escritora. Hija de Hensleigh y Frances Mackintosh Wedgwood.

WEDGWOOD, FRANCES MACKINTOSH (FANNY) (1800-1889). Hija de James y Catherine Mackintosh. Casó con Hensleigh Wedgwood en 1832.

[24 de octubre de 1836]; [28 de octubre de 1836]; [21 de noviembre de 1836]; 17 de diciembre de 1836

WEDGWOOD, FRANCES MOSLEY (m. 1874). Casó con Francis Wedgwood en 1832.

WEDGWOOD, FRANCIS (FRANK) (1800-1888). Maestro ceramista y socio en los obradores de Etruria hasta 1876. Hijo de Bessy y Josiah Wedgwood II. Casó con Frances Mosley en 1832.

WEDGWOOD, GODFREY (1833-1905). Hijo de Francis y Frances Mosley Wedgwood.

WEDGWOOD, HARRY. Véase Wedgwood, Henry Allen.

WEDGWOOD, HENRY ALLEN (HARRY) (1799-1885). Bachiller en artes, Jesus College, Cambridge, 1821. Abogado litigante. Hijo de Bessy y Josiah Wedgwood II. Casó con Jessie Wedgwood en 1830.

WEDGWOOD, HENSLEIGH (1803-1891). Bachiller en artes, Christ's College, Cambridge, 1824; miembro, 1829-1830. Filólogo y abogado litigante. Magistrado de la policía metropolitana de Lambeth, 1832-1837. Registrador de los carruajes metropolitanos, 1838-1849. Hijo de Bessy y Josiah Wedgwood II. Casó con Frances Mackintosh en 1832.

[16 de] noviembre [de 1836]; [20 de diciembre de 1836]

WEDGWOOD, JAMES MACKINTOSH (BRO) (1834-1864). Hijo de Hensleigh y Frances Mackintosh Wedgwood.

WEDGWOOD, JANE. Véase Wedgwood, Louisa Jane.

WEDGWOOD, JESSIE (1804-1872). Hija de John y Louisa Jane Wedgwood. Casó con Henry Allen Wedgwood en 1830.

WEDGWOOD, JOHN (1766-1844). Banquero y horticultor. Fundador de la Horticultural Society de Londres, 1804. Hijo de Sarah y Josiah Wedgwood I. Casó con Louisa Jane Allen en 1794.

WEDGWOOD, JOHN ALLEN (ALLEN) (1796-1882). Hijo de John y Louisa Jane Wedgwood. Vicario de Maer, Staffordshire, 1825-1863.

WEDGWOOD, JOSIAH, I (1730-1795). Maestro ceramista. Fundador de los obrajes de cerámica en Etruria, Staffordshire. Abuelo de CD. Miembro de la Royal Society 1783.

WEDGWOOD, JOSIAH, II (1769-1843). De Maer Hall, Staffordshire. Maestro ceramista de Etruria. Primer miembro del Parlamento por Stoke-on-Trent, 1832-1834. Casó con Elizabeth (Bessy) Allen en 1792.

30-31 de agosto de 1831; 31 de agosto de 1831; 1.º de septiembre de 1831; [5 de octubre de 1836]

WEDGWOOD, JOSIAH, III (1795-1880). De Leith Hill Place, Surrey. Hijo de Bessy y Josiah Wedgwood II. Casó con Caroline Sarah Darwin en 1837.

WEDGWOOD, KITTY. Véase Wedgwood, Catherine.

WEDGWOOD, LOUISA FRANCES (1834-1903). Hija mayor de Henry Allen y Jessie Wedgwood.

WEDGWOOD, LOUISA JANE (JANE) (1771-1836). Hija de John Bartlett Allen. Casó con John Wedgwood en 1794.

WEDGWOOD, ROBERT (1806-1881). Clérigo. Hijo de John y Louisa Jane Wedgwood. Casó con Frances Crewe en 1835.

WEDGWOOD, SARAH ELIZABETH (ELIZA) (1795-1857). Hija mayor de John y Louisa Jane Wedgwood.

WEDGWOOD, SARAH ELIZABETH (ELIZABETH) (1793-1880). Hija mayor de Bessy y Josiah Wedgwood II.

[16 de] noviembre [de 1836]

WEDGWOOD, SARAH ELIZABETH (SARAH) (1778-1856). Hija menor de Sarah y Josiah Wedgwood I. Tía de CD.

23 de diciembre [de 1836]

WEDGWOOD, SNOW. Véase Wedgwood, Frances Julia.

WEDGWOOD, THOMAS JOSIAH (TOM) (1797-1862). Hijo de John y Louisa Jane Wedgwood. Coronel de las Guardias.

WELLESLEY, ARTHUR, primer duque de Wellington (1769-1852). Oficial del ejército y estadista. Mariscal de campo, 1813. Canciller de la Oxford University, 1834-1852.

WELLINGTON, DUQUE DE. Véase Wellesley, Arthur.

WERNER, ABRAHAM GOTTLOB (1749-1817). Mineralogista y geólogo alemán. Enseñó en la Academia de Minería, Freiberg, 1775-1815.

WHARNCLIFFE, LORD. Véase Stuart-Wortley-Mackenzie, James Archibald.

WHATELY, RICHARD (1787-1863). Clérigo, lógico y economista político. Profesor de economía política en la Oxford University, 1829-1831. Arzobispo de Dublín, 1831-1863.

WHEWELL, WILLIAM (1794-1866). Matemático e historiador y filósofo de la ciencia. Tutor en el Trinity College, Cambridge, 1823-1838; director, 1841-1866. Profesor de mineralogía en la Universidad de Cambridge, 1828-1832. Miembro de la Royal Society 1820.

WHITE, ADAM (1817-1879). Naturalista. Empleado en el Departamento de Zoología del Museo Británico, 1835-1863.

WHITE, GILBERT (1720-1793). Naturalista y clérigo. Autor de The natural history and antiquities of Selborne (1789).

WHITLEY, CHARLES THOMAS (1808-1895). Estudió en la Shrewsbury School, 1821-1826. Bachiller en artes, St. John's College, Cambridge, 1830. Lector en filosofía natural y matemáticas en la Durham University, 1833-1855.Vicario de Bedlington, Northumberland, 1854-1895.

[9 de septiembre de 1831]; 13 de septiembre de 1831; 23 [de septiembre de 1831]; 15 de noviembre [de 1831]; 23 de julio de 1834; 5 de febrero de 1835; 24 de octubre [de 1836]

WHITMORE, AINSLIE HENRY (1801-1843). Bachiller en artes, Christ's College, Cambridge, 1830. Clérigo.

WHITMORE, THOMAS (1782-1846). Miembro del Parlamento por Bridgnorth, Shropshire, 1806-1831.

WICKHAM, JOHN CLEMENTS (1798-1864). Oficial de la Marina y magistrado. Primer teniente del Beagle, 1831-1836. Comandante del Beagle, 1837-1841, en la investigación de la costa de Australia. Emigró a Australia en 1842. Magistrado de la policía en Nueva Gales del Sur, 1843-1857; residente del gobierno, 1857.

WILLIAM, FREDERICK, segundo duque de Gloucester (1776-1834). Oficial del ejército. Mariscal de campo, 1816. Canciller de la Cambridge University, 1811-1834.

WILLIAMS, EDWARD HOSIER (m. 1844). De Eaton Mascott, cerca de Shrewsbury. Procurador en sociedad con J. A. Powell y otros en Lincoln's Inn. Casó con Sarah Owen en 1831.

WILLIAMS, RICHARD. Hermano de Edward Hosier Williams.

WILLIAMS, SARAH. Véase Owen, Sarah Harriet Mostyn.

WILLIS, ROBERT (1800-1875). Ingeniero y arqueólogo. Miembro del Caius College, Cambridge, 1826. Profesor de filosofía natural y experimental en la Cambridge University, 1837-1875.

WILMOT, ROBERT, segundo baronet (m. 1834). De Osmaston, Derbyshire. Padre de Robert John Wilmot Horton.

WILMOT HORTON, ROBERT JOHN. Véase Horton, Robert John Wilmot.

WILSON, BEDFORD HINTON (1804-1858). Cónsul general, Lima, Perú, 1832-1837; encargado de negocios y cónsul general, 1837-1841. Cónsul general en Venezuela, 1842-1852.

WINGFIELD, JOHN (1769-1862). De Onslow, Shropshire. Oficial del ejército. Comisionado real de Shropshire, 1814. Alcalde de Shrewsbury, 1833.

WOOD, CHARLES ALEXANDER (n. 1810). Matriculado en Trinity College, Cambridge, 1831. Comisionado de tierras y emigración colonial. Primo de Robert FitzRoy.

WORDSWORTH, WILLIAM (1770-1850). Poeta.

WORSLEY, THOMAS (1797-1885). Miembro clerical de Downing College, Cambridge,

1824-1836; director, 1836-1885. Rector de Scawton, Yorkshire, 1826-1881.

WYNNE, RICE (1777-1846). Apotecario y cirujano. Alcalde de Shrewsbury, 1822.

YARRELL, WILLIAM (1784-1856). Zoólogo. Comerciante como agente de periódicos y librero en Londres. Escribió obras de consulta sobre aves y peces.

YORK MINSTER (fl. 1830). Fueguino del pueblo kawesar. Su nombre de nacimiento era Elleparu. Llevado a Inglaterra en 1830 por Robert FitzRoy; regresado a Tierra del Fuego en el Beagle en 1833.

YORKE, CHARLES PHILIP (1799-1873). Oficial de la Marina y político. Miembro del Parlamento por Cambridgeshire, 1832-1834. Fue cuarto conde de Hardwicke a la muerte de su tío, 1834. Almirante, 1863.

LECTURAS COMPLEMENTARIAS

Beer, Gillian, Open Fields: Science in Cultural Encounter, Clarendon Press, Oxfod, 1996.

Bohis, Elizabeth A., y Ian Duncan (eds.), Travel Writing, 1750-1850: An Anthology, Oxford University Press, Oxford, 2005.

Browne, Janet, Charles Darwin, 2 vols., Knopf, Nueva York, 1995-2003.

Darwin, Charles, The Correspondence of Charles Darwin, ed. de Frederick Burkhardt et al., 20 vols. (a la fecha), Cambridge University Press, Cambridge, 1985-2013.

Desmond, Adrian, y James Moore, Darwin, Michael Joseph, Londres, 1991.

Hazlewood, Nick, Savage: The Life and Times of Jemmy Button, Hodder and Stoughton, Londres, 2000.

Herbert, Sandra, Charles Darwin, Geologist, Cornell University Press, Londres, 2005.

Jardine, N., J. Secord y E. Spary (eds.), Cultures of Natural History, Cambridge University Press, Cambridge, 1996.

Keynes, Richard Darwin (ed.), The «Beagle» Record: Selections from the Original Pictorial Records and Written Accounts of the Voyage of HMS Beagle, Cambridge University Press, Cambridge, 1979.

———, Fossils, Finches and Fuegians: Charles Darwin's Adventures and Discoveries on the Beagle, 1832-1836, HarperCollins, Londres, 2002.

Lack, David, Darwin's Finches, Cambridge University Press, Cambridge, 1983.

Lightman, B. (ed.), Victorian Science in Context, Chicago University Press, Chicago, 1997.

Quammen, David, The Kiwi's Egg: Charles Darwin and Natural Selection, Weidenfeld and Nicolson, Londres, 2007.

Rudwick, Martin J. S., Worlds before Adam: The Reconstruction of Geohistory in the Age of Reform, Chicago University Press, Chicago, 2008.

BIBLIOGRAFÍA

A Diary of the Wreck of His Majesty's Ship Challenger, on the Western Coast of South America, in May, 1835.With an Account of the Subsequent Encampment of the Officers and Crew, during a Period of Seven Weeks, on the South Coast of Chili, Londres, 1836.

Allen, Peter, The Cambridge Apostles, Cambridge University Press, Cambridge, 1978.

Apperley, Charles James, Memoirs of the Life of the Late John Myttron, esq., of Halston, Shropshire... With Notices of his Hunting, Shooting, Driving, Racing, Eccentric and Extravagant Exploits, 2.ª ed., Nimrod, Londres, 1837.

Aubuisson de Voisins, Jean François d', An Account of the Basalts of Saxony, with Observations on the Origin of Basalt in General, traducción y notas de P. Neill, Constable & Company, y Longman, Hurst, Rees, Orme & Brown, Edimburgo/Londres, 1814.

———, Traité de géognosie, 2 vols., Levrault, Estrasburgo/París, 1819.

Audubon, John James, The Birds of America, from Original Drawings, 4 vols., J. J.

Audubon, Londres, 1827-1838.

Babbage, Charles, On the Economy of Machinery and Manufactures, Pall Mall East, Londres, 1832.

Bagshaw, Samuel, History, Gazetteer, and Directory of Shropshire, Bagshaw Sheffield S., 1851.

Bakewell, Robert, An Introduction to Geology, Illustrative of the General Structure of the Earth, Londres, 1813.

Banks, M. R., «A Darwin Manuscript on Hobart Town», Papers and Proceedings of the Royal Society of Tasmania, 105: 5-19, 1971.

Barrett, Paul H., «The Sedgwick-Darwin Geologic Tour of North Wales», Proceedings of the American Philosophical Society, 118: 146-164, 1974.

Barrow, John, The Eventful History of the Mutiny and Piratical Seizure of H. M. S. Bounty: Its Causes and Consequences, Londres, 1831. [Impresa nuevamente con la edición y notas de Stephen W. Roskill, Londres, 1976.]

Basalla, G., «The Voyage of the Beagle without Darwin», Mariner's Mirror, 49: 42-48, 1963.

Beaglehole, John Cawte (comp.), The Endeavour Journal of Joseph Banks, 1768-1771, 2 vols., Trustees of the Public Library of New South Wales in Association with Angus and Robertson, Sydney, 1962.

Beechey, Frederick William, Narrative of a Voyage to the Pacific and Beering's Strait, to Cooperate with the Polar Expeditions: Performed in His Majesty's Ship Blossom... in the Years 1825, 26, 27, 28, t. ii, Londres, 1831.

Bell, Charles, The Hand. Its Mechanism and Vital Endowments as Evincing Design, Londres, 1833. [Cambridge University, Cambridge, 2009.]

Bell, Thomas, «Reptiles», en The Zoology of the Voyage of H. M. S. Beagle, parte V, edición de Charles Darwin, Londres, 1842-1843.

Bewick, Thomas, History of British Birds, 2 vols., Newcastle-upon-Tyne, 1797-1804.

Bigelow, Jacob, Elements of Technology, 2.ª ed., Hilliard, Gray, Little and Wilkins, Boston, 1831.

Blainville, Henri Marie Ducrotay de, «Rapport sur les résultats scientifiques du voyage de M. Alcide d'Orbigny... par MM. De Blainville, Brongniart, Savary, Cordier», Nouvelles Annales du Muséum National d'Histoire Naturelle, 3: 84-115, 1834.

Boase, Frederic, Modern English Biography: Containing Many Thousand Concise Memoirs of Persons Who Have Died since the Year 1850, 3 vols. y un suplemento, Truro, 1892-1921.

Bory de Saint-Vincent, Jean Baptiste Georges Marie (comp.), Dictionnaire classique d'histoire naturelle, 17 vols., París, 1822-1831.

Boswell, James, The Life of Samuel Johnson, 2 vols., Boswell, Londres, 1791. [Versión en español: Vida del doctor Samuel Johnson, doctor en leyes, trad. de Miguel Martínez-Lage, Acantilado, Barcelona, 2007.]

Bradley, Richard, A General Treatise on Husbandry, and Gardening, 2 vols., Bradley, Londres, 1726.

Brewster, David, «Observations on the Mean Temperature of the Globe» [leído el 7 de febrero de 1820], Transactions of the Royal Society of Edinburgh, 9: 201-225, 1823; también en Edinburgh Journal of Science, 5: 300-320, 1831.

———, «Results of the Thermometrical Observations Made at Leith Fort, Every Hour of the Day and Night, During the Whole of the Years 1824 and 1825» [leído el 23 de enero de 1826.], Transactions of the Royal Society of Edinburgh, 10: 362-388, 1826; también en Edinburgh Journal of Science, 5: 18-32, 1831.

Bridges, Esteban Lucas, Uttermost Part of the Earth, Hodder & Stoughton, Londres, 1948.

British Diplomatic Representatives 1789-1852, edición de S. T. Bindoff, E. F. Malcolm Smith y C. K. Webster, Royal Historical Society, Londres, 1934.

Buch, Leopold von, Travels through Norway and Lapland, trad. de John Black, con notas de Robert Jameson, Londres, 1813.

Buckland, William, «On the Fossil Remains of the Megatherium Recently Imported into England from South America», Report of the British Association Meeting in Oxford, 104-107, 1832.

Burchell, William John, Travels in the Interior of Southern Africa, Longman, Hurst, Rees, Orme, and Brown, Paternoster-Row, 2 vols., Londres, 1822-1824.

Burke, H. Farnham, Darwin Pedigree: Pedigree of the Family of Darwin, edición privada, 1888.

Burke's Genealogical and Heraldic History of the Landed Gentry, Londres, 1833-1952 (17 ediciones).

Burke's Peerage, Baronetage, and Knightage, Londres, 1826-1980 (105 ediciones).

Burney, James, A Chronological History of the Discoveries in the South Sea or Pacific Ocean, 5 vols., Luke Hansard and Sons, Londres, 1803-1817.

Burstyn, H. L., «If Darwin Wasn't the Beagle's Naturalist, Why Was He on Board?», British Journal for the History of Science, 8: 62-69, 1975.

Caldcleugh, Alexander, Travels in South America during the Years 1819-1821, 2 vols., John Murray, Londres, 1825.

Cambridge University Calendar, Cambridge University Press, Cambridge, 1796-1950.

Clergy List: The Clergy List... Containing an Alphabetical List of the Clergy, Kelly's Directories, Londres, 1841-1889.

Clift, William, «Some Account of the Remains of the Megatherium Sent to England from Buenos Ayres by Woodbine Parish, Jr.» [leído el 13 de junio de 1832], Transactions of the Geological Society of London, 2.ª serie, 3: 437-450, 1835.

Coddington, Henry, «On the Improvement of the Microscope» [leído el 22 de marzo de 1830], Transactions of the Cambridge Philosophical Society, 3: 421-428, 1830.

Cokayne, G. E., Complete Peerage: The Complete Peerage of England, Scotland, Ireland, Great Britain and the United Kingdom, nueva edición, revisada y ampliada por Vicary Gibbs et al., 12 vols., Londres, 1910-1959.

Coldstream, John, «Account of Some of the Rarer Atmospherical Phenomena Observed at Leith in 1825», Edinburgh Journal of Science, 5: 85-92, 1826.

Conybeare, William Daniel, y William Phillips, Outlines of the Geology of England and Wales, parte I (volumen único publicado), William Phillips, Londres, 1822.

Cuvier, Georges, Mémoires pour servir à l'histoire et à l'anatomie des mollusques, Chez Deterville, París, 1817.

——, Recherches sur les ossements fossiles de quadrupèdes, ou l'on rétablit les caractères de plusieurs espèces d'animaux que les révolutions du globe paroissent avoir détruites, 4 vols., Chez Deterville, París, 1812.

Dalyell, John Graham, Observations on Some Interesting Phenomena in Animal Physiology, Exhibited by Several Species of Planariæ. Illustrated by Coloured Figures of Living Animals, Archibald Constable, Edimburgo, 1814.

Darling, L., «H. M. S. Beagle: Further Research, Over Twenty Years, a-Beagling», Mariners Mirror, 64: 315-325, 1978.

Darwin, Charles, «The Red Notebook of Charles Darwin», edición de Sandra Herbert, Bulletin of the British Museum (Natural History) Historical Series, 7: 1-164, 1980. [Publicado como un volumen separado por Ithaca, Nueva York, 1980.]

——, A Monograph on the Sub-Class Cirripedia with Figures of all the Species, The Lepadidæ, or Pedunculated Cirripedes, vol. 1, Londres, 1851.

——, A Monograph on the sub-class Cirripedia with figures of all the Species, vol. 2, The Balanidæ (or Sessile Cirripedes); the Verrucidæ, etc., Londres, 1854.

——, Charles Darwin and the Voyage of the Beagle, edición de Nora Barlow, Cambridge, 1933. [Versión en español: Diario del viaje de un naturista alrededor del mundo, trad. de Jaume Josa Llorca, Espasa, Madrid, 2003.]

Darwin, Charles, «Darwin's Ornithological Notes», edición de Nora Barlow, Bulletin of the British Museum (Natural History) Historical Series, 2: 201-278, 1963.

———, Geological Observations on South America. Being the Third Part of the Geology of the Voyage of the Beagle, under the Command of Capt. FitzRoy, R. N. During theYears 1832 to 1836, Smith Elder and Co., Londres, 1846.

———, The Collected Papers of Charles Darwin, edición de Paul H. Barrett, Chicago/Londres, 1977.

———, The Correspondence of Charles Darwin, 20 vols. (a la fecha), edición de Frederick Burkhardt et al., cup, Cambridge, 1985-2013.

———, The Life and Letters of Charles Darwin, Including an Autobiographical Chapter, 3 vols., Francis Darwin, Londres, 1887.

———, The Structure and Distribution of Coral Reef. Being the First Part of the Geology of the Voyage of the Beagle under the Command of Capt. FitzRoy, R. N., During the Years 1832 to 1836, Smith, Elder and Company, Londres, 1842.

———, Journal of Researches: Journal of Researches into the Geology and Natural History of the Various Countries Visited by HMS Beagle, under the Command of Captain FitzRoy, R. N., from 1832 to 1836, Harper & Brothers, Londres, 1839.

———, On the Origin of Species by Means of Natural Selection, or the Preservation of Favored Races in the Struggle for Life, John Murray, Londres, 1859.

———, The Autobiography of Charles Darwin, 1809-1882. With the Original Omissions Restored, edición de Nora Barlow, Londres, 1958. [Versiones en español: Autobiografía, trad. Isabel Murillo, Verticales, Barcelona, 2009; Autobiografía, trad. José Luis Gil Aristu, Laetoli, Pamplona, 2008.]

———, y J. Henslow, Darwin and Henslow: The Growth of an Idea. Letters 1831-1860, edición de Nora Barlow, Londres, 1967.

Darwin, Erasmus, «The Economy of Vegetation», en The Botanic Garden, parte I, Londres, 1791.

Darwin, Francis, «FitzRoy and Darwin, 1831-1836», Nature, 88: 547-548, 1912.

Daubeny, Charles Giles Bridle, A Description of Active and Extinct Volcanoe: With Remarks on their Origin, their Chemical Phaenomena, and the Character of their Products, W. Phillips, Londres/Oxford, 1826.

Davy, Humphry, Consolations in Travel, or the Last Days of a Philosopher, edición de John Davy, Londres, 1830.

Dictionary of National Biography, 1912-1990, editado por H. W. C. Davis et al., 9 vols., Londres, 1927-1996.

———, editado por sir Leslie Stephen y sir Sidney Lee, 63 vols. y 2 suplementos (6 vols.), Londres, 1885-1912.

Dod, Charles Roger, Electoral Facts From 1832 to 1853 Impartially Stated... Edited with an Introduction and Bibliographical Guide to Electoral Sources, 1832-1885, by H. J. Hanham, Harvester Press, Brighton, 1972.

Earle, Augustus, A Narrative of a Nine Months Residence in New Zealand, in 1827;Together with a Journal of a Residence in Tristan d'Acunha, Longman, Rees, Orme, Brown, Green, & Longman, Londres, 1832.

Eiseley, L., «Charles Darwin, Edward Blyth, and the Theory of Natural Selection», Proceedings of the American Philosophical Society, 103: 94-158, 1959.

Emma Darwin: A Century of Family Letters, 1792-1896, edición revisada en 2 vols., Henrietta Litchfield, Londres, 1915.

Encyclopædia Britannica, 11.ª ed., 29 vols., Cambridge, 1910-1911.

Eyton, Thomas Campbell, A History of the Rarer British Birds, 2 partes, Longman, Rees, Orme, Brown, Green, & Longman, Londres, 1836.

———, A Monograph on the Anatidae, or Duck Tribe, Longman, Rees, Orme, Brown, Green, & Longman, Londres, 1838.

Falkner, Thomas, A Description of Patagonia, and the Adjoining Parts of South

America, edición facsímil con introducción y notas de Arthur E. S. Neumann, Hereford, Chicago, 1935. [Versión en español: Descripción de la Patagonia y de las partes contiguas de la América del Sur, trad. de Samuel A. Lafone Quevedo, Hachette, Buenos Aires, 1974.]

FitzRoy, Robert, «Extracts from the Diary of an Attempt to Ascend the River Santa Cruz, in Patagonia, with the Boats of H. M. S. Beagle», Journal of the Royal Geographical Society of London, 7: 114-126, 1837.

———, Narrative of the Surviving Voyages of His Majesty's Ships Adventure and Beagle Between the Years 1826 and 1836, 3 vols., Londres, 1839.

Fleming, John, A History of British Animals, Bell & Bradfute, Edimburgo, 1828.

———, The Philosophy of Zoology; or, a General View of the Structure, Functions, and Classification of Animals, 2 vols., Impreso por Archibald Constable & Co. (Londres), y Hurst, Robinson & Co. (Edimburgo), 1822.

Foggo, John, «On the Dew-Point Hygrometer Formerly Described in this Journal, vol. 4», Edinburgh Journal of Science 7: 36-44, 1827.

———, «Results of a Meteorological Journal Kept at Seringapatam during the Years 1814 and 1816», Edinburgh Journal of Science 5: 249-258, 1826.

Foster, Joseph, Alumni Oxonienses: The Members of the University of Oxford, 1715-1886, 4 vols., Oxford, 1888.

Freeman, Richard Broke, Charles Darwin: A Companion, Folkestone, Hamden (Conn.), 1978.

Gay, Claude, «Aperçu sur les recherches d'histoire naturelle faites dans l'Amérique du Sud, et principalement dans le Chili, pendant les années 1830 et 1831», Annales des Sciences Naturelles, 28: 369-393, 1833.

———, «Extrait d'une lettre à M. de Blainville, datée Valdivia, le 5 juillet 1835, concernant les habitudes des sangsues au Chili, et la tendance que montrent les reptiles dans le même pays, à devenir vivipares», Comptes rendus hebdomadaires des séances de l'Académie des sciences, 2: 322, 1836.

Goebel, Julius, The Struggle for the Falkland Islands: A Study in Legal and Diplomatic History, Yale University Press, New Heaven, 1927. [Impresa nuevamente con la edición e introducción de J. C. J. Metford, Port Washington (Nueva York), 1982.]

Gould, John, A Monograph of the Ramphastidae, or Family of Toucans, jari-Companhia Florestal Monte Dourado, Londres, 1834.

———, The Birds of Europe, 5 vols., Gould, Londres, 1832-1837.

———, «Birds», en The Zoology of the Voyage of H. M. S. Beagle, parte III, edición de Charles Darwin, Londres, 1838-1841.

Grove, George, The New Grove Dictionary of Music and Musicians, edición de Stanley Sadie, 20 vols., Londres, 1980.

Gruber, J. W., «Who Was the Beagle's Naturalist?», British Journal for the History of Science, 4: 266-282, 1969.

Guilding, Lansdown, «Description of a New Species of Onchidium» [leído el 4 de noviembre de 1823], Transactions of the Linnean Society of London, 14: 322-324, 1825.

Hanham, H. J., véase Charles Roger Dod, op. cit.

Harker, A., «Notes on the Rocks of the Beagle Collection», Geological Magazine, 5.ª serie, 4: 100-106, 1907.

Harris, James, Hermes: Or a Philosophical Inquiry Concerning Language and Universal Grammar, Wingrave, Londres, 1751.

Head, Francis Bond, Rough Notes Taken during Some Rapids Journeys across the Pampas and among the Andes, John Murray, Londres, 1826. [Versión en español: Las Pampas y los Andes, trad. Carlos A. Aldao, Hyspamérica, Buenos Aires, 1986.]

Heber, Reginald, Narrative of a Journey through the Upper Provinces of India from Calcutta to Bombay, 1824-1825. (With Notes upon Ceylan). An Account of a Journey to Madras and the Southern Provinces, 1826, and Letters Written in India, 2 vols., edición de Amelia Heber, Londres, 1828.

Henslow, John Stevens, «Description of Two New Species of Opuntia; with Remarks on the Structure of the Fruit of Rhipsalis», Magazine of Zoology and Botany, 1: 466-499, 1837.

———, Extracts from Letters Addressed to Professor Henslow by C. Darwin, esq. Read at a Meeting of the Cambridge Philosophical Society 16 november 1835, edición privada para la Cambridge Philosophical Society, 1835. [Reimpresa en 1960 y en Collected Papers, 1: 3-16.]

———, «Florula Keelingensis: An Account of the Native Plants of the Keeling Islands», Annals and Magazine of Natural History, 1: 337-347, 1838.

Herschel, John Frederick William, «A Preliminary Discourse on the Study of Natural Philosophy», en D. Lardner, Cabinet Cyclopedia, Londres, 1831.

Hewitson, William Chapman, British Zoology; Being Illustrations of the Eggs of British Birds, with Figures of Each Species, as far as Practicable, Drawn and Coloured from Nature, Accompanied by Descriptions of the Materials and Situation of Their Nests, Number of Eggs, etc., 2 vols. y suplemento, Newcastle-upon-Tyne, 1833-1842.

Hobbs, John L., «The Haycocks Changed the Face of Shrewsbury», Shropshire Magazine, febrero: 17-18, 1960.

Hooker, Joseph Dalton, «Description of Pleuropetalum, a New Genus of Portulaceæ, from the Galapago Islands», London Journal of Botany, 5: 108-109, 1846.

———, «On the Vegetation of the Galapagos Archipelago, as Compared with that of Some Other Tropical Islands and of the Continent of America» [leído el 1° y el 15 de diciembre de 1846], Proceedings of the Linnean Society of London, 1: 314, 1849, también en Transactions of the Linnean Society of London, 10: 235-262, 1851.

———, «Flora Antarctica», en Reeve et al., The Botany of the Antarctic Voyage of HM. Discovery-Ships Erebus and Terror... 1839-1843, under the Command of... Sir James Clark Ross, parte I, 2 vols., Londres, 1844-1847.

Humboldt, Alexander von, «Des lignes isothermes et de la distribution de la chaleur sur le globe», Mémoires de physique et de chimie de la Société d'Arcueil, 3: 462-602, 1817; también en Edinburgh Philosophical Journal 3: 1-20, 256-274, 1820; 4: 23-37, 262-281, 1821; 5: 28-39, 1821.

———, Fragments de géologie et de climatologie asiatiques, 2 vols., Pihan de la Forest, París, 1831. [Versión en español: Cuadros de la naturaleza, trad. de Bernardo Giner de los Ríos, Los Libros de la Catarata, Madrid, 2003.]

———, Personal Narrative of Travels to the Equinoctial Regions of the New Continent during theYears 1799-1804 with Maps, Plans... Written in French by A. de H., and Translated into English by H. M. Williams, 7 vols., Humboldt y A. Bonpland, Londres, 1814-1829. [Versión en español: Viaje a las regiones equinocciales del nuevo continente hecho en 1799, 1800, 1801, 1802, 1803 y 1804, trad. de Lisandro Alvarado, Monte Ávila, Caracas, 1985.]

———, Tableaux de la nature, traducido del alemán por J. B. B. Eyriès, 2.ª ed., 2 vols., París, 1828. [Versión en español: Tablas geográfico-políticas de la Nueva España, estudio introductorio de Gerardo Sánchez Díaz; transcripción y notas de J. Ricardo Aguilar González, Universidad Michoacana/Instituto de Investigaciones Históricas/Gobierno del Estado de Michoacán/Secretaría de Urbanismo y Medio Ambiente, 2005.]

Jenyns, Leonard, A Manual of British Vertebrate Animals, Cambridge University Press, Cambridge/Londres, 1835.

———, Memoir of the Reverend John Stevens Henslow, John Van Voorst, Londres, 1862.

Judd, John Wesley, «Charles Darwin's Earliest Doubts Concerning the Immutability of Species», Nature, 88: 8-12, 1911.

Keevil, John Joyce, «Robert McCormick, R. N., the Stormy Petrel of Naval Medicine», Journal of the Royal Naval Medical Service, 29: 36-62, 1943.

———, Medicine and the Navy, 1220-1900, 4 vols. (vols. 3 y 4 por C. Lloyd y J. L. S. Coulter), Edimburgo / Londres, 1957-1963.

Keynes, Richard Darwin, The «Beagle» Record: Selections from the Original Pictorial Records and Written Accounts of the Voyage of H. M. S. Beagle, Cambridge University Press, Cambridge, 1979.

King-Hele, Desmond, ¡Doctor of Revolution. The Life and Genius of Erasmus Darwin, Faber & Faber, Londres, 1977.

Kirby, William, y William Spence, An Introduction to Entomology: Or Elements of the Natural History of Insects, 5.ª ed., 4 vols., Longman, Rees, Orme, Brown, and Green, Londres, 1828.

Lacordaire, Jean Théodore, «Mémoire sur les habitudes des Coléoptères de l'Amérique méridionale», Annales des Sciences Naturelles, 20: 185-291; 21: 149-194, 1830.

Lamouroux, Jean Vincent Félix, Exposition méthodique des genres de l'ordre des Polypiers, Veuve Agasse, París, 1821.

Latham, John, A General Synopsis of Birds, 3 vols. y 2 suplementos, Benjamin White, Londres, 1781-1802.

Levaillant, François, Voyage dans l'intérieur de l'Afrique par le Cap de Bonne Espérance, dans les années 1780-1785, 2 vols., Chez Leroy, París, 1790.

Levy, Paul, G. E. Moore and the Cambridge Apostles, Papermac, Londres, 1979.

Linneo (Carl von Linné), A System of Vegetables... With their Character and Differences, Translated from the Thirteenth edition... of the Systema Vegetabilium... and from the Supplementum Plantarum... by a Botanical Society at Lichfield, 2 vols., Lichfield / Londres, 1783.

———, Caroli Linnæi... Systema naturæ, sive regna tria naturæ systematice proposita per classes, ordines, genera, et species, 13.ª ed. por J. F. Gmelin, encuadernado en 10 vols., Lyon, 1789-1796.

———, Philosophia botanica, 2.ª ed., Typis Joannis, Viena, 1783.

———, Systema vegetabilium secundum classes, ordines, genera, species, cum characteribus et diffirentiis, 15.ª ed., Stuttgardtiae, Gotinga, 1797.

Lingwood, P., «The Duties of Natural History», Biology Curators' Group Newsletter, 3(9): 531-533, 1984.

Locke, John, An Essay Concerning Human Understanding, Londres, 1690. [Versión en español: Ensayo sobre el entendimiento humano, trad. de Edmundo O'Gorman, Fondo de Cultura Económica, México, 1999.]

Lothrop, Samuel Kirkland, The Indians of Tierra del Fuego, Museum of the American Indian/Heye Foundation, Nueva York, 1928. [Disponible en archive.org/details/indiansoftierrad00loth.]

Lowe, Richard Thomas, «Primitiae Faunae et Florae Maderae et Portus Sancti» [leído el 15 de noviembre de 1830], Transactions of the Cambridge Philosophical Society, 4: 1-70, 1833.

Lowth, Robert, A Short Introduction to English Grammar, with Critical Notes, A. Millar y R. J. Dodsley, Londres, 1762. [Disponible en archive.org/details/shortintroductio-00lowtrich.]

Lubbock, John William, «Researches in Physical Astronomy» [leído el 29 de abril y el 9 de diciembre de 1830; 19 de mayo, 9 de junio y 17 de noviembre de 1831; 9 de febrero, 7 de junio y 21 de junio de 1832], Philosophical Transactions of the Royal Society of London, 120: 327-357; 121: 17-66, 231-282, 283-298; 122: 1-49, 229-236, 361-381, 601-607.

Lyell, Charles, Principles of Geology, Being an Attempt to Explain the Former Changes of the Earth's Surface, by Reference to Causes Now in Operation, 3 vols., John Murray, Londres, 1830-1833. [Versión en español: Elementos de geología, trad. de Joaquín Ezquerra del Bayo, Crítica, Barcelona, 2011.]

Lyell, Katherine (comp.), Life, Letters and Journals of Sir Charles Lyell, 2 vols., John Murray, Londres, 1881.

Mackintosh, James, «The History of England», en la Cabinet Cylopaedia, Londres, 1830-1832 [los 3 volúmenes iniciales; vols. 4-10, continuados por William Wallace y Robert Bell

(1835-1840), una vez fallecido James Mackintosh].

Macleay, William Sharp, «Horæ entomologicæ»; or, Essays on the Annulose Animals, etc., vol. 1, partes I y II (ya no continuó publicándose), S. Bagster, Londres, 1819-1821.

Martin, Arthur Patchett, Life and Letters of the Right Honourable Robert Lowe, Viscount Sherbrooke, 2 vols., Longmans, Green, Londres, 1893.

Martineau, Harriet, «Cinnamon and Pearls», en Illustrations of Political Economy, núm. 20, vol. 5, Londres, 1833. [25 partes, 6 vols., 1832-1834.]

————, Poor Laws and Paupers Illustrated, 4 partes, C. Fox, Londres, 1833-1834.

McCormick, Robert, Voyages of Discovery in the Arctic and Antarctic Seas, and Round the World, 2 vols., S. Low, Marston, Searle, and Rivington, Londres, 1884.

Mellersh, Harold Edward Leslie, FitzRoy of the Beagle, Mason & Lipscomb, Londres, 1968.

Miers, John, Travels in Chile and La Plata, Including Accounts Respecting the Geography, Geology, Statistics, Government, Finances, Agriculture, Manners and Customs, and the Mining Operations in Chile, 2 vols., Baldwin, Cradock, and Joy, Londres, 1826. [Versión en español: Viaje al Plata, 1819-1824, trad. Cristina Correa Morales de Aparicio, Solar / Hachette, Buenos Aires, 1968.]

Morris, John, y Daniel Sharpe, «Description of Eight Species of Brachiopodous Shells from the Palaeozoic Rocks of the Falkland Islands», Annual Journal of the Geological Society of London, 2: 274-278, 1846.

Munsche, P. B., Gentlemen and Poachers: The English Game Laws 1671-1831, Cambridge University Press, Cambridge, 1981.

Murchison, Roderick Impey (comp.), The Silurian System, Founded on Geological Researches in the Counties of Salop, Hereford, Radnor, Montgomery, Caermarthen, Brecon, Pembroke, Monmouth, Gloucester, Worcester, and Stafford; with Descriptions of the Coalfields and Overlying Formations, 2 partes, John Murray, Londres, 1839.

Narbrough, John, An Account of Several Late Voyages and Discoveries to the South and North Towards the Streights of Magellan, the South Seas... Also Towards Nova Zembla, Greenland or Spitsberg, 2 partes, S. Smith y B. Walford, Londres, 1694.

O'Byrne, William R., A Naval Biographical Dictionary: Comprising the Life and Services of Every Living Officer in Her Majesty's Navy, from the Rank of Admiral of the Fleet to that of Lieutenant, Inclusive, John Murray, Londres, 1849.

Orbigny, Alcide Dessalines d', Voyage dans l'Amérique méridionale Le Brésil, la République orientale de l'Uruguay, la République argentine, la Patagonie, la République du Chili, la République de Bolivia, la République du Pérou executé pendant les années 1826... 1833, 9 vols, Pitois-Levrault, París, 1835-1847. [Versión en español: Viaje a la América meridional: Brasil, República de Uruguay, República Argentina, La Patagonia, República de Chile, República de Bolivia, República del Perú: realizado de 1826 a 1833, trad. de Alfredo Cepeda, Plural, La Paz, 2002.]

Owen, Richard Startin, The Life of Richard Owen. With the Scientific Portions, vol. 2, John Murray, Londres, 1894.

Owen, Richard, «Fossil Mammalia», en The Zoology of the Voyage of H. M. S. Beagle, parte I, edición de Charles Darwin, Londres, 1838-1840.

Parish, Woodbine, «An Account of the Discovery of Portions of three Skeletons of the Megatherium in the Province of Buenos Ayres in South America» [leído el 13 de junio de 1832], Proceedings of the Geological Society of London, 1: 403-404, 1834.

————, Buenos Ayres, and the Provinces of the Rio de la Plata: their Present State, Trade, and Debt; With some Account from Original Documents of the Progress of Geographical Discovery in those Parts of South America During the Last SixtyYears, John Murray, Londres, 1838.

Partridge, Eric Roneywood, The Routledge Dictionary of Historical Slang, resumido por J. Simpson, Londres, 1973.

Pennant, Thomas, History of Quadrupeds, 2 vols., B. & J. White, Londres, 1786. [3.ª ed.,

2 vols., B. & J. White, Londres, 1793.]

Phillips, William, Elementary Introduction to the Knowledge of Mineralogy, Collins and Co., Londres, 1816.

———, Elementary Introduction to the Knowledge of Mineralogy, 3.ª ed., Collins and Co., Londres, 1823.

———, Elementary Introduction to the Knowledge of Mineralogy, 4.ª ed. aumentada por R. Allan, Collins and Co., Londres, 1837.

Playfair, John, Illustrations of the Huttonian Theory of the Earth, Edimburgo / Londres, 1802.

Poole, John, «Paul Pry, a Comedy in Three Acts», en Duncombe's Edition of the British Theatre, vol. 1, Londres, 1825.

Porter, D. M., «Charles Darwin's Notes on Plants of the Beagle Voyage», Taxonomy, 31: 503-506, 1982.

———, «Charles Darwin's Plant Collections from the Voyage of the Beagle», Journal of the Society for the Bibliography of Natural History, 9: 515-525, 1980.

———, «Darwin's Missing Notebooks Come to Light», Nature, 291: 13, 1981.

Post-Office Annual Directory... A List of the Principal Merchants, Traders of Eminence, etc... in the Cities of London and Westminster, the Borough of Southwark, and Parts Adjacent... General and Special Information Relating to the Post Office. Post Office London Directory. Londres, 1802-1967.

Proctor, Robert, Narrative of a Journey Across the Cordillera of the Andes, and of a Residence in Lima, and Other Parts of Peru, in the Years 1823 and 1824, Archibald Constable & Co., Londres, 1825.

Ray, Gordon Norton (comp.), The Letters and Private Papers of William Makepeace Thackeray, 4 vols., Oxford University Press, Londres, 1945-1946.

Rennie, James, Alphabet of Insects, W. Orr, Londres, 1832.

Romilly, Joseph, Romilly's Cambridge Diary 1832-1842. Selected Passages from the Diary of the Reverend Joseph Romilly, fellow of Trinity College and registrary of the University of Cambridge, selección, introducción y notas de J. P. T. Bury, Cambridge, 1967.

Scoresby, William, An Account of the Arctic Regions, with a History and Description of the Northern Whale-Fishery, 2 vols., A. Constable & Co., Edimburgo, 1820.

Scrope, George Julius Poulett, Considerations on Volcanoes, the Probable Cause of their Phenomena, the Laws which Determine their March, the Disposition of their Products, and their Connection with the Present State and Past History of the Globe; Leading to the Establishment of a New Theory of the Earth, Londres, 1825.

Sedgwick, Adam, Discourse on the Studies of the University of Cambridge, Deighton, Cambridge/John W. Parker, Londres, 1833.

Selby, Prideaux John, Illustrations of British Ornithology; or, Figures of British Bilds... in their Full Natural Size, Edimburgo, 1818-1834.

Shrewsbury School Register 1734-1908, J. E. Auden, Oswestry, 1909.

Sloan, Phillip R., «Darwin's Invertebrate Program, 1826-1836: Preconditions for Transformism», en The Darwinian Heritage, David Kohn, Princeton, 1985.

Smith, Andrew, Illustrations of the Zoology of South Africa, Consisting Chiefly of Figures and Descriptions of the Objects of Natural History Collected during an Expedition into the Interior of South Africa in theYears 1834-1836; Fitted out by the Cape of Good Hope Association for Exploring Central Africa, 5 vols., Londres, 1838-1849.

———, The Diary of Dr. Andrew Smith, Director of the «Expedition for Exploring Central Africa»", 1834-1836, 2 vols., Percival R. Kirby, Ciudad del Cabo, 1939-1940.

Smith, Sydney, «The Darwin Collection at Cambridge with One Example of Its Use: Charles Darwin and Cirripedes», Actes du XIe Congrès International d'Histoire des Sciences, 5: 96-100, 1968.

Somerville, Martha, Personal Recollections from Early Life to Old Age, of Mary Somerville, with Selections from Her Correspondence. By Her Daughter Martha Somerville,

Londres, 1873.

Stanbury, David, «Loss of His Majesty's Frigate Challenger», Nautical Magazine, 4: 789-796, 1835.

———, «Notes H. M. S. Beagle», Mariner's Mirror, 65: 355-357, 1979.

Stephens, James Francis, «Description of Chiasognathus grantii, a New Lucanideous Insect Forming the Type of an Undescribed Genus, Together with Some Brief Remarks upon Its Structure and Affinities» [leído el 16 de mayo de 1831], Transactions of the Cambridge Philosophical Society, 4: 209-217, 1833.

———, Illustrations of British Entomology; or, a Synopsis of Indigenous Insects, Containing their Generic and Specific Distinctions; with an Account of their Metamorphoses, Times of Appearance, Localities, Food, and Economy, as for as Practicable Embellished with Coloured Figures of the Rarer and More Interesting Species, 2 vols. y suplemento, Londres, 1827-1846.

Stoddart, D. R., «Darwin, Lyell and the Geological Significance of Coral Reefs», British Journal for the History of Science, 9: 199-218, 1976.

———, «Coral Islands, by Charles Darwin, with Introduction, Map and Remarks», Atoll Research Bulletin, (88): 1-20, 1962. [Disponible en sil. si. edu/digitalcollections/atollresearchbulletin/issues/00088.pdf.]

Sulivan, Henry Norton, Life and Letters of the Late Admiral Sir Bartholomew James Sulivan... 1810-1890, John Murray, Londres, 1896.

Sulivan, J. A., «Notes H. M. S. Beagle», Mariner's Mirror, 65: 76, 1979.

Sulloway, F. J., «Darwin and His Finches: the Evolution of a Legend», Journal of the History of Biology, 15: 1-53, 1982.

———, «Darwin's Conversion: the Beagle Voyage and its Aftermath», Journal of the History of Biology, 15: 325-396, 1982.

———, «The Beagle Collections of Darwin's Finches (Geospizinae)», Bulletin of the British Museum (Natural History) Zoology series, 43: 49-94, 1982.

Swainson, William, The Naturalist's Guide for Collecting and Preserving Subjects of Natural History and Botany... Particularly Shells, W. Wood, Londres, 1822.

Syme, Patrick, Werner's Nomenclature of Colours, with Additions, Arranged so as to Render it Highly Useful to the Arts and Sciences, Particularly Zoology, Botany, Chemistry, Mineralogy, and Morbid Anatomy. Annexed to which are Examples Selected from Well-Known Objects in the Animal, Vegetable, and Mineral Kingdoms, Edimburgo, 1814. [2.ª ed., Edimburgo, 1826.]

Tasch, P., «Darwin and the Forgotten Mr. Lonsdale», Geological Magazine 87: 292-296, 1950.

Tennyson, Alfred, Poems, Chiefly Lyrical, Effingham Wilson, Londres, 1830. [Existe una antología en español de sus poemas: La dama de Shalott y otros poemas, edición y traducción de Antonio Rivero Taravillo, Pre-Textos, Valencia, 2002.]

Thackray, A., «Natural Knowledge in Cultural Context: the Manchester Model», American Historical Review, 79: 672-709, 1974.

The Annual Register. A Review of Public Events at Home and Abroad, Rivington, Londres, 1863-1946.

The Annual Register. A View of the History and Politics of the Year, Rivington, Londres, 1839-1863.

The Oxford English Dictionary. Being a Corrected Reissue with an Introduction, Supplement, and Bibliography of A New English Dictionary, James A. H. Murray et al., 12 vols. y un suplemento, Oxford, 1970. Suplemento editado por R. W. Burchfield, 4 vols., Oxford, 1972-1986.

Thomson, K. S., «H. M. S. Beagle, 1820-1870», American Scientist, 63: 664-72, 1975.

Trevelyan, George Macaulay, English Social History: A Survey of Six Centuries, Chaucer to Queen Victoria, Longmans, Green and Co., Londres, 1942.

Turner, Sharan, The Sacred History of the World, as Displayed in the Creation and

Subsequent Events to the Deluge. Attempted to be Philosophically Considered in a Series of Letters to a Son, 3 vols., Longman, Rees, Orme, Brown, Green and Longman, Londres, 1832-1837.

Venn, John, y J. A. Venn (comps.), Alumni Cantabrigienses. A Biographical List of all Known Students, Graduates and Holders at the University of Cambridge, from the Earliest Times to 1900. Part II. From 1752 to 1900, 6 vols., Cambridge, 1940-1954.

Vigors, Nicholas Aylward, «Observations on the Natural Affinities that Connect the Orders and Families of Birds» [leído el 3 de diciembre de 1823], Transactions of the Linnean Society of London, 14: 395-517, 1825.

The Wellesley Index to Victorian Periodicals 1824-1900, 3 vols., edición de Walter E. Houghton, Toronto University Press, Toronto/Londres, 1966-1979.

Wedgwood, Barbara, y Hensleigh, Cecil Wedgwood, The Wedgwood Circle 1730-1897: Four Generations of a Family and their Friends, Studio Vista, Londres, 1980.

Whately, Richard, A View of the Scripture Revelations Concerning a Future State; Laid before his Parishioners, by a Country Pastor, Fellowes, Londres, 1829.

Whewell, William, «Essay Towards a First Approximation to a Map of Cotidal Lines» [leído el 2 de mayo de 1833], Philosophical Transactions of the Royal Society of London, 123: 147-236, 1833.

——, Architectural Notes on German Churches. A New Edition, to Which Is Now Added, Notes Written during an Architectural Tour in Picardy and Normandy, Cambridge, 1835.

White, Gilbert, The Natural History and Antiquities of Selborne, in the County of Southampton, 2 vols., T. Bensley, Londres, 1789.

Wilson, Leonard G., Charles Lyell, the Years to 1841: the Revolution in Geology, Yale University Press, New Haven/Londres, 1972.

Winslow, J. H., «Mr. Lumb and Masters Megatherium: an Unpublished Letter by Charles Darwin from the Falklands», Journal of Historical Geography, 1: 347-360, 1975.

Winstanley, Denys Arthur, Early Victorian Cambridge, Cambridge, 1940.

The Zoology of the Voyage of H. M. S. Beagle, under the Command of Captain FitzRoy, During the Years 1832 to 1836. Published with the Approval of the Lords Commissioners of Her Majesty's Treasury, 5 partes, edición de Charles Darwin, Londres, 1838-1843. [Versión en español: Zoología del viaje del H. M. S. Beagle, Promociones y Ediciones, Madrid, 1995.]

ÍNDICE ANALÍTICO[*]

Biddulph Charlotte Elizabeth Myddelton
Biddulph Charlotte Myddelton
Biddulph Fanny Charlotte Myddelton
Biddulph Fanny Myddelton Véase Owen Fanny Mostyn
Biddulph Robert Myddelton; boda con Fanny Owen; carácter; elegido miembro por Denbighshire
Biscoe John descubre el círculo Antártico
Blainville Henri Marie Ducrotay de
Blane Robert Blyth Edward Boat Memory
Bohn Henry George
Bory de Saint-Vincent Jean Dictionnaire classique botánica; recolecta sólo una fracción de lo encontrado en Brasil; CD encuentra nuevos géneros; colecciones de CD; J. S. Henslow aconseja a CD cómo preparar especímenes; W. J. Hooker y J. S. Henslow identifican los hallazgos botánicos de CD; CD manda desechos de un granero; Galápagos recolecta toda planta en flor; J. D. Hooker describe la mayor parte de la colección de las Galápagos
Boughey Anastasia Elizabeth
Boughey Anne Henrietta
Boughey Harriet
BougheyThomas Fletcher Fenton
Bradley Richard
Brasil; geología; insectos. Véase también Bahía; Río de Janeiro
BreretonThomas juicio contra
Brewster David escritos sobre la temperatura media de la tierra
Bridges E. L.;
BridgesThomas
Briggs Mark (cochero de la familia Darwin)
Brisbane Matthew asesinato de
Bristol manifestaciones de 1
Bristowe Anna Maria
British Association reunión en Oxford (1832); reunión en Cambridge (1833); exhibición del Megatherium de CD
Brongniart Alexandre
Brougham Henry Peter; Ley de Reforma
Brown Robert; aconseja a CD sobre el microscopio
Bruce Robert de rey de Escocia
Buch Christian Leopold von Travels through Norway
BucklandWilliam retrato por T. Phillips; exhibe los fósiles de CD
Buen Suceso bahía del
Buenos Aires; el Beagle ayuda a contener un motín; el Beagle llega a; CD cabalga a través de las Pampas
Bulwer-Lytton Edward editor del New Monthly
Burchell William John; Travels in South Africa
Burnett James Lord Monboddo
Burnett William
Burney James
Burr Robert
Burton Mary muerte de
Butler Richard segundo conde de Glengall
Butler Samuel censuró el interés de CD por la química; A. Sedgwick le envía loas de CD; retiro; la familia Darwin le envía panfleto de las cartas de CD
ButlerThomas
Button James (Jemmy) 233; llevado a Inglaterra por R. FitzRoy; la isla de 232; regresa a su pueblo pero ha olvidado su lengua; CD teme encontrarlo desnudo y hambriento; casado

sin deseos de regresar a Inglaterra; conocido por la señora Murchison

Bynoe Benjamin

Byron George Gordon sexto Lord

Cabo de Buena Esperanza; el Beagle se dirige a; el Beagle para en

Cabo de Hornos el Beagle lo rodea

Cabo Verde; el Beagle para en; el Beagle regresa a. Véase también São Thiago

Caldcleugh Alexander Travels in South America; mapa geológico de los Andes 339; CD vive con él en Santiago

Cambridge elección general 2; Gamlingay lugar de búsqueda entomológica

Cambridge University CD obtiene un grado; Apóstoles; Christ's College 37; Club de los Glotones; recuerdos felices de CD; St. John's College; W. H. Miller profesor de mineralogía; Choral Society; Cambridge Philosophical Society S. Henslow lee fragmentos de las cartas de CD; Anatomy Museum edificio del; King's College; petición para admitir disidentes; A. Sedgwick contesta el ataque de R. M. Beverley; Sidney Sussex College

Cambridgeshire elecciones en el condado 1

Cameron Jonathan Henry Lovett

Canarias islas; CD planea una expedición a las islas al dejar Cambridge; el Beagle planea detenerse en; el Beagle imposibilitado de atracar. Véase también Teneriffe

Candolle Augustin-Pyramus de

Carlos don escapa a Inglaterra

Carolina [reina]

Carr John

Cary George y John fabricantes de instrumentos

Cavendish George Henry

Cavendish Thomas caza ley de sus alteraciones incrementan la caza clandestina

Cecil Brownlow segundo marqués de Exeter

Chaffers Edward Main

Chafy William

Challenger naufragio del

Chambers Robert

Chantrey Francis Leggatt

Chester Harry Chester Robert Chevallier Temple Children John George

Chile Concepción terremoto; CD escala el monte Quillota; geología; San Fernando; CD cruza los Andes; CD cabalga por el desierto; CD deja de lado la zoología por la geología. Véase también Santiago; Valparaíso

Chiloé 341 342 359 361; el Beagle se ve obligado a detenerse por los vendavales; «un miserable agujero» con lluvia incesante; geología; el Beagle explora el mar interior 381; fauna; geología C. D. Douglas envía a CD muestras e informes

Chonos papa de

Christ's College Cambridge; J. Graham director; E. J. Ash tutor y administrador

Ciudad del Cabo

Clark señora de William

Clarke Edward Daniel

Claude Lorrain Véase Lorrain Claude Clegg Anne Véase Hill Anne Clemson (armero de Shrewsbury)

Clift William exhibe los huesos del Megatherium de CD; prepara los fósiles reunidos por CD; CD preocupado de que las etiquetas se pierdan; Erasmus Darwin visita a clinómetros CD los adquiere; J. S. Henslow los ordena

Clive Edward

Clive Edward primer conde de Powis

Clive Henry Bayley

Clive Marianne Véase Tollet Marianne

Clive Richard

Clive Robert Henry

Clive William

Clutton Ralph

Coates John

Cobbett William

Cocos islas; el Beagle se detiene en las

Coddington Henry

Colbeck William Royde

Coldstream John CD busca su artículo sobre observaciones atmosféricas; recomienda que CD lleve redes de arrastre para ostiones y langostas cólera epidemia del 2; llega a Shrewsbury

Colville Isabella cometas

Compson James Edward

Concepción terremoto; el Beagle regresa después de perder cuatro anclas conductores de la luz

Constable Archibald quiebra

ConybeareWilliam Daniel Cook James Cookesley Henry Parker Cooper James Fenimore coral arrecifes de 431 coralinas CD recolecta en Tierra del Fuego

Corbet familia

Corbet Dryden Robert

Cordilleras CD asciende el monte Quillota; mapa geológico 339; CD cruza hasta Mendoza. Véase también Andes

Corfield Richard rector de Pitchford

Corfield Richard Henry; CD vive en su casa en Valparaíso; escribe a CD

Cotes John

Cotton Eloisa

Cotton Francis Vere

Cotton Henry Calveley

Cotton Matilda Eloisa (Mattie)

Cotton Richard

Covington Syms; se convierte en el sirviente de CD; CD le paga por matar y desplumar aves; sobrevive a las arenas movedizas cerca de Buenos Aires pero pierde las armas de CD; CD se hace cargo de que se envíen sus cartas por correo

Craven William segundo duque de Craven provee beneficio a C. Langton

Crewe Frances se casa con R. Wedgwood

Crewe John

Crewe John Offley CreweWilloughby cronómetros crustáceos CD descubre nuevos géneros

Cumberland duque de Véase Ernest Augustus

Cummings James

Curtis & Co.

Cuvier Georges; J. M. Herbert predice que el nombre de CD lo seguirá en la lista; moluscos; descripción del Megatherium Dallas Charles gobernador de Santa Helena

Dallas Davidona Eleanor (Donna)

Dalton John

Dalyell John Graham Planariæ

Daniell John Frederic

Darlington duque de Véase Vane Henry

Darnell Daniel

Darwin Caroline; CD le escribe; escribe a CD 195-198; promete escribir con cada paquebote; las hermanas nunca deben escribir sobre el futuro sino sólo relatar hechos pasados; va a Rhyl con Marianne y sus hijos; sueña a CD feliz en su parroquia; acompaña a su padre a Londres; visita Yorkshire con su padre; critica los pasajes más floridos de CD 328;

se involucra en la nueva escuela infantil; escoge libros para CD; visita Gales con su padre; se queda con Marianne para su quinto parto; le escribe a Sarah Wedgwood

Darwin Catherine; le escribe a CD 299; abandona su prejuicio contra R. Biddulph; CD le escribe 329; va a Rhyl con Marianne y sus hijos; no escribe en el mes «que le corresponde»; visita Londres; se involucra en la nueva escuela infantil; espera que CD regresará a casa desde Valparaíso; prepara con gusto la recámara de CD para su vuelta

Darwin Charles Robert

ACTIVIDADES Y OPINIONES PERSONALES alarmado e impresionado por los salvajes de Tierra del Fuego; rescata a H. Matthew de la cárcel por deudas; asiste a la ópera y a un concierto de música antigua en Londres; planea ver las pinturas de Burghley House; retrato de CD 55; se ofende rápidamente con un comportamiento poco cortés; abominación de la esclavitud; con R. M. Hamond pide los sacramentos en Buenos Aires; admirador de lo breve; hacer lo que se pueda para aumentar el conocimiento general es un propósito en la vida tan respetable como cualquier otro; el viaje ha aumentado su estimación por los negros; ortografía idiosincrática; crítico de la política inglesa de apoderarse de un territorio y luego abandonar ahí a sus representantes; defensa de los misioneros; imposible pelearse con

CARRERA planea expedición a las islas Canarias; regresa de Cambridge a Shrewsbury; aprendiz de entomólogo 52; recibe el ofrecimiento de participar en el viaje del Beagle; inicialmente se niega debido a las objeciones de su padre pero finalmente acepta por el consejo de J. Wedgwood; paseo geológico por Gales con A. Sedgwick; los vagabundeos pueden incapacitarlo para la vida tranquila del campo; considera su futuro en historia natural; planea vivir en Londres a su regreso

EDUCACIÓN se gradúa en Cambridge; dificultades para las matemáticas; interés en la química durante sus años de escolar; abandona el italiano; J. S. Henslow apoya a CD ante la visita a las islas Canarias; estudia español; estudia geología como preparación para la expedición a las islas Canarias; hace un intento por estudiar matemáticas durante el viaje

FINANZAS paga sus deudas de Cambridge; viaje del Beagle; avergonzado por el dinero que gastó en Cambridge

LABORES CIENTÍFICAS microscopios; adquiere un clinómetro; gabinete de especímenes; surgimiento de la hipótesis evolucionaria; exploró la cantera de grava de Shrewsbury; las mediciones en el Beagle a veces son improvisadas y aproximadas. Para las colecciones véase botánica; Darwin Charles Robert VIAJE DEL BEAGLE colecciones; fósiles; Fungi; geología; insectos

PUBLICACIONES
—Autobiography
—Coral Reefs
—Journal of Researches
—Living Cirripedia
—Origin of Species
—Zoology of the Beagle

SALUD mareos y n; obligado a permanecer en su hamaca por la rodilla inflamada; los temores del doctor Darwin por la salud de CD; enfermedad en Santa Fe; enfermo durante un mes en Valparaíso; el doctor Darwin lo insta para que regrese de Chile ya que su salud empieza a decaer; R. FitzRoy apresura el regreso por la mala salud de CD; muy delgado al volver a casa VIAJE DEL BEAGLE acepta el cargo; colecciones; libros a bordo y n; lamenta dejar el trópico; preparativos para zarpar; problemas del alojamiento; libros contables del Almirantazgo y CD; primeras impresiones del Beagle; su camarote 82; disfruta al participar en el manejo del velamen del Beagle en Río; tiempo de sobra para leer; emoción de aventurarse hacia territorios desconocidos; rutina cotidiana; teme que el recolector francés se le adelantará; temeroso por la longitud del viaje; contrata a un sirviente; entusiasmo por el trópico se desvanece después de cuatro años; piensa en el hogar desde los mares del Sur; libre de partir en cualquier momento; alojamientos; armas y municiones; gusto por la vegetación tropical; pretende quedarse hasta el fin; disfruta de la vida del gaucho; invitado a conocer almirantes y otros grandes personajes; cuaderno de actividades; diario 339; «Zoological diary»; marcha sobre las huellas de Cook y Banks; los placeres de la historia natural compensan las incomodidades del viaje; necesita libros y equipo en Valparaíso; pierde su pistola en Buenos Aires; notas incapaz de hacer duplicados; regreso a casa; anhela volver a casa durante el último año del viaje; mareos. Véase bajo salud; y FitzRoy. Véase bajo FitzRoy Robert; y J. S. Henslow. Véase bajo Henslow John Stevens. Véase también finanzas; geología; y los distintos lugares a los bailes; CD la llama «Granny»; visita diversas ciudades de Inglaterra; se ocupa escribiendo; corrige la ortografía dudosa de CD; cuida al convaleciente Erasmus; CD y su pianoforte; visita la nueva casa de Erasmus

Darwin Susannah

Darwin William Brown DarwinWilliam Waring Daubeny Charles Giles Bridle Davy Humphrey Consolations in Travel

Dawes Richard

Denman Thomas primer barón

Derbishire Alexander despedido del Beagle

Dixon Manley

Douglas Charles D. envía a CD escarabajos y rocas de Chiloé; notas sobre las perturbaciones volcánicas

Downes John

Drewe Georgina

Drwe Marianne

Dugard Thomas acusación de demanda por difamación contra la señora Hill

Duncan Adam

Durham University establecimiento de la

Earle Augustus artista a bordo del Beagle y n; se encuentra con CD en Botafogo; narración de los viajes a Nueva Zelanda; abandona el Beagle debido a su mala salud

ecuador cruzar la línea

Edimburgo Universidad de J. Herschel catedrático de filosofía natural

Edinburgh Journal of Science CD busca el número sobre el viaje del Beagle

Edmonstone John

Edward (sirviente de Darwin)

EdwardsW. fabricante de gabinetes

elecciones generales (1831); (1832) y n; (1835) y n

entomología contribución con la recolección de conchas y otros productos de historia natural. Véase también insectos

Entomological Magazine primer número

Entomological Society fundación de la; CD miembro in absentia

Ernest Augustus duque de Cumberland

esclavitud CD decepcionado con la actitud de los conservadores en cuanto a; abolición bien recibida por los Darwin; CD presencia el contrabando de esclavos en Botafogo; barco con «colonos africanos» detenido en Montevideo; disturbios en las Indias Occidentales tras la abolición de la esclavitud

Evans George de Portrane Evans George De Lacy exámenes actas de

Exeter marqués de Véase Cecil Brownlow

Eyton Charles James

Eyton Thomas

Eyton Thomas Campbell; colección; CD lo anima a viajar; tiene malas compañías; se casa con Elizabeth Slaney; le escribe a CD; un nuevo acercamiento a la taxonomía; CD le escribe; se hospeda en The Mount; R. W. Darwin inspecciona la colección; R. W. Darwin envía extractos de las cartas de CD; R. W. Darwin le envía panfleto de las cartas de CD a Henslow; continuación de Birds de Bewick y n

Eyton William Archibald

Falkland islas; la bandera inglesa ondea en las; investigación por el Beagle; Port Louis 237; CD encuentra roca fosilífera; oficial que será enviado para hacer las veces de gobernador; la más baja en la escala de las colonias inglesas

Falkner Thomas Description of Patagonia

Faversham disturbios de (1832)

Feilding Everard Robert Bruce

Fernando de Noronha el Beagle se detiene en

Field Naturalist The y n
Fielding Antony Vandyke Copley y n
Fielding E. R. B. Véase Feilding Everard Robert Bruce
Fielding Henry Joseph Andrews
Fitzgerald Edward
Fitz Roy George Henry cuarto duque de Grafton tío de R. FitzRoy
Fitz Roy Robert; personalidad y experiencia; CD primer encuentro con; obsequia a CD el primer volumen de los Principles de Lyell; defensa de los misioneros; llevó a indios fueguinos a recibir educación en Inglaterra por cuenta suya; busca compañía en el Beagle; retrato; inicio de su carrera; CD es libre de volver a casa cuando quiera; insiste en que haya camarotes separados; admiración de CD por; conservadurismo; CD le escribe; elogia a CD frente al Almirantazgo; aconseja a CD estar en los libros contables del Beagle; escribe a CD; no puede llevar a F. Owen como guardiamarina adicional y n; CD le asegura que está intentando reducir su equipaje; Beagle modificaciones al; preocupación por la salud de CD; R. McCormick le es desagradable; CD lamenta su frialdad frente al problema de la esclavitud; ayuda a restaurar el orden tras los motines de las tropas negras; pide a CD pagar por adelantado en Buenos Aires; advierte a CD en contra de ser párroco rural; aconseja a R. Matthews no quedarse en Tierra del Fuego; compra el bergantín Adventure pero se ve obligado a venderlo; islas Falkland investiga las aspiraciones británicas sobre las; compara a los fueguinos con los primeros britones; llama a CD «filósofo»; mantiene al sirviente de CD en los libros; hace arreglos para recoger a CD; explora el río Santa Cruz; bautiza el monte Darwin en honor a CD; sufre de depresión; se le promueve a poscapitán; terremoto en Concepción consecuencias; rescata a la tripulación del Challenger y n; comanda el Blonde; compra segundo bergantín; CD teme que la complejidad de su carácter traiga un mal resultado; prepara la narración del viaje para su publicación; premura para llegar a casa; le gusta el diario de CD; visita a J. F. W. Herschel en Ciudad del Cabo
Fitzwilliam Charles William Wentworth tercer duque
Fleming John Philosophy of Zoology y n
Fletcher Harriet; boda con W. D. Fox; nacimiento de la hija
Fletcher Richard
Flourens Marie Jean-Pierre
Foggo John observaciones meteorológicas y n
Forbes Edward describe las conchas de CD
Forester Isabella
Forsyth Charles
fósforos CD requiere más
fósiles hallazgos de CD; R. Owen los identifica; W. Clift los prepara
Fox Ann
Fox Anna Maria
Fox Eliza
Fox Eliza Ann
Fox Emma
Fox Frances Jane
Fox Harriet Véase Fletcher Harriet
Fox Henry Stephen insiste ante CD para que visite la isla de Flores; responde a las preguntas de geología de CD sobre Brasil; amigo de Byron; CD le envía especímenes
Fox Julia
Fox Samuel
Fox William Darwin; curato en Epperstone; CD le escribe 54; CD liquida la deuda de Cambridge; CD no puede visitarlo porque debe economizar; CD le reclama por la acusación de falsedad y n; mala salud; escribe a CD 227; se preocupa de que CD no lleve registros sistemáticos; le teme al ardor exagerado de CD; coquetea con Bessy Galton; hace de entomólogo en la isla de Wight; introduce a CD con J. S. Henslow; se casa con Harriet

Fletcher; primera hija

Fox William Johnson

Francisco II emperador de Austria muerte de

Frere Mary

Frere William

fueguinos 235 304; R. FitzRoy los lleva a Inglaterra; de vuelta al hogar; CD cree que practican el canibalismo

Fungi

Galápagos islas; colecciones de CD 336; aves 430; el Beagle las visita; volcanes; geología

Gales del Norte viaje de CD con A. Sedgwick y n; A. Sedgwick describe la geología a CD; Gales del Norte notas geológicas de CD; CD añora Snowden (más bello que las Cordilleras)

Galton Elizabeth Ann (Bessy)

Galton Erasmus

Galton Frances Anne Violetta

Galton Lucy Harriot casa con James Moilliet

Galton Samuel John Galton Samuel Tertius García Manuel José gasterópodos CD recolecta en Cabo Verde gauchos 14; CD aprecia la vida de los gauchos; mutilan quijada fósil; asalto y asesinato de ingleses en Tierra del Fuego

Gay Claude explora los Andes

geología CD viaje geológico por el norte de Gales con A. Sedgwick y n; CD estudia para su viaje a las Canarias; Gales del Norte; CD notas geológicas; CD brújula geológica; Cabo Verde; São Thiago Cabo Verde; Shropshire; pasión de CD por la y n; Brasil; Bahía y las formaciones descritas por Humboldt en Colombia; Uruguay; colecciones de CD; J. S. Henslow aconseja a CD cómo empacar los especímenes; J. S. Henslow sugiere que CD anote sus observaciones geológicas con esbozos; islas Falkland; el océano meridional; Patagonia; H. S. Fox envía muestras de CD desde Porto Alegre; CD puede esbozar la geología de Sudamérica oriental; Tierra del Fuego; mapa geológico de Sudamérica 330; Chiloé; Chile; Andes; CD identifica rocas del mioceno; rocas errantes; C. S. Lambert describe las formaciones volcánicas de las Cordilleras; la costa de Perú y n; extractos de las cartas de CD suscitan el interés de los geólogos; islas Galápagos; Susan Darwin encantada ante la perspectiva de que CD sobresalga en la; CD aspira a tener una carrera futura como geólogo; Santa Helena; Ascensión; CD busca ayuda para la descripción de las colecciones. Véase también fósiles

Geological Society A. Sedgwick sugiere que CD compense por el uso de las colecciones obsequiando especímenes; A. Sedgwick intenta proponer a CD como miembro; J. S. Henslow la visita; las colecciones del capitán King; el artículo de CD de 7; extractos de las cartas de CD a J. S. Henslow para ser leídas en la; CD solicita a J. S. Henslow que lo proponga como miembro

Giffard Caroline Mallet

Giffard Louisa Paulina Charlotte y n

Gifford Harriet Maria

Glasspoole Frederick Bream

Glengall duque de Véase Buder Richard Gloucester duque de Véase William Frederick Gmelin Johann Georg

Goldie George llega a practicar como médico a Shrewsbury

goniómetros

González Balcarce Juan Ramón

Gooch William

Gordon Henry Percy

Gore Philip Yorke

Goulburn Henry

Gould John; bautiza la Rhea darwinii

Grafton duque de Véase FitzRoy George Henry Graham John director del Christ's College y n Grant Robert Edmond

Gray George Robert

Greig Samuel primer esposo de Mary Somerville

Grenville William Wyndham barón

Grey Charles segundo conde; debilidad evidente; aprobación de la Ley de Reforma; renuncia; petición para admitir disidentes en Cambridge

Grey William Scurfield

Griffith Charles guanacos CD caza

Guayaquil

Guilding Lansdown

Guillermo IV coronación; renuncia de los ministros; impopularidad después de la aprobación de la Ley de Reforma; nombra primer ministro al duque de Wellington

Haddington Lord Véase HamiltonThomas

Hall Jeffry Brock y n

Halley cometa (1835) y n

Hamilton Edward William Terrick Hamilton Hamilton Charles James HamiltonThomas noveno conde de Haddington

Hamilton William

Hamilton William Rowan

Hamond Robert Nicholas aborda el Beagle en Buenos Aires

Händel George Frideric el coro de Cambridge canta el Te Deum

Harcourt Edward Vernon arzobispo de York

Harcourt William Venables Vernon

Harding Francis; se casa con Donna Dallas

Harding John Harris James Harris James (1790-1780)

Harris William Snow CD lo encuentra en Devonport y n

Harrowby Lord Véase Ryder Dudley

Haycock esposa de John Hiram

Haycock Edward

Haycock John Hiram

Haydn Joseph el coro de Cambridge canta obras de

Head Francis Bond Rough Notes sobre las Pampas y n

Heaviside James William Lucas

Heber Reginald

Henry William Charles sobre la temperatura de los océanos

Henslow George (hermano de J. S. Henslow)

Henslow George (hijo de J. S. Henslow) y n

Henslow Harriet Véase Jenyns Harriet

Henslow J. H.

Henslow John Prentis

Henslow John Stevens y n; las colecciones de CD quedan a su cuidado 395; publica algunos pasajes de las cartas de CD; se pensó en él para unirse a la tripulación del Beagle; le regala a CD la Personal Narrative de Humboldt; mano derecha de Palmerston en la elección de 1; aprecio de CD; anima a CD a llevar a cabo su plan de las islas Canarias; presenta a CD con A. Sedgwick; CD le escribe 166; y la asignación de CD en el Beagle; G. Peacock le lleva la petición de R. FitzRoy; escribe a CD; CD lo visita en Cambridge para planear su salida; CD le envía hongos de Gales; advierte a CD acerca de no considerarse ofendido con comportamientos poco corteses; recuerdo fúnebre de M. Ramsay; advierte a CD del conservadurismo de R. FitzRoy; aconseja a CD abandonar el viaje si los retos resultan excesivos; compra el vol. del Dictionnaire classique para CD; recomienda a CD que lleve los Principles de Lyell al viaje; duda de que CD haya encontrado una Planariæ de tierra adentro; enmienda el recuento de CD en los pasajes en que duda de su exactitud; W. D. Fox presenta a CD con; obtiene un beneficio en Berkshire; sugiere que CD acompañe sus notas con esbozos; familia creciente; envía libros a CD; envía las cartas de CD a su familia; CD pide que envíe libros al Beagle; petición para admitir a los que disienten y n; pide a CD recolectar cualquier porción de Megatherium; CD lo considera su padre en historia natural; anticipa que CD tomará su lugar entre los mejores naturalistas; envía panfleto de las cartas de CD al doctor Darwin; maestro de CD de historia natural; describe parte de la colección de las Galápagos de CD; CD espera la opinión sobre sus notas; CD se horroriza por la publicación de sus cartas; CD pide que se le proponga a la Geological Society

Henslow Leonard Ramsay

Herapath John

Herbert John Maurice; hace a CD el obsequio anónimo de un microscopio Coddington; escribe a CD; CD lo ve en Cambridge antes de partir; las dificultades de CD para las matemáticas; anticipa la fama futura de CD; CD rememora las caminatas felices en Gales; CD le escribe; carrera de leyes

Hereford Journal CD lo recibe de sus hermanas

Herschel John Frederick William; CD lee su Preliminary Discourse y n; St. John's College encarga un retrato de; es nombrado profesor de historia natural en Edimburgo; CD lo visita en Ciudad del Cabo

Hewitson William Chapman British Zoology y n higrómetros y n

Hildyard Frederick

Hill AnneT. Dugard alega que recibió dinero para arreglar su matrimonio

Hill John; pretendiente de Fanny Owen; se casa con Charlotte Kenyon

Hill Rowland segundo vizconde se casa con Anne Clegg; se postula al Parlamento y n; recolecta fauna viva y muerta

Hobart Town visita del Beagle

Hobhouse John Cam

Hodgson Nathaniel Thomas Lumley y n

Holland Bessy

Holland Charlotte se casa con John Isaac

Holland Edward; se casa con Sophia Isaac

Holland Henry; se casa con Saba Smith

Holland Mary

Holland Saba

Homero Himnos

Hood Thomas Samuel

Hooker señor (terrateniente en Uruguay)

Hooker Joseph Dalton describe la mayor parte de la colección de las Galápagos

Hooker William Jackson ayuda a J. S. Henslow a identificar los hallazgos botánicos de CD

Hope Frederick William; CD le escribe; escribe a CD; Entomological Society

Hope Thomas

Hope Thomas Henry se casa con Louisa Leighton

Horsfield Thomas

Horton Robert John Wilmot

Hughes Charles agente en Buenos Aires de Rodger Breed & Co.; se encuentra con CD en Buenos Aires; regresa a Inglaterra

Humboldt Alexander von; CD se inspira en; Personal Narrative y n; CD busca artículo sobre isotermas; J. M. Herbert predice que el nombre de CD será del mismo rango; CD encuentra en Bahía las formaciones descritas por Humboldt en Colombia; Tableaux de la nature; Fragments de géologie; influencia en el estilo de CD

Hummel Johann Nepomuka

Hunt Thomas HustlerWilliam Hutton James

Iglesia reforma de la

Inman James

insectos Brasil; dípteros; CD cree que envía muchas especies no descritas; descripción de las colecciones de CD; CD cree que no hay colecciones de insectos tropicales en los museos de Londres; las colecciones de CD; CD recolecta en Maldonado; Tierra del Fuego; F. W. Hope le hace recomendaciones a CD sobre las colecciones; C. D. Douglas envía a CD escarabajos de Chiloé; CD se acuerda de cuando recolectaba en Cambridge. Véase también entomología

Isaac John; se casa con Charlotte Holland

Isaac Sophia se casa con Edward Holland; disgusta a Erasmus y a Catherine Darwin

Isle of France el Beagle se detiene en la

Jameson Robert

Jenyns George Leonard

Jenyns Harriet; hijos de; CD le envía saludos; estuvo de acuerdo en que su esposo abordara el Beagle pero éste ante su tristeza se arrepintió; pinta una miniatura de M. Ramsay de memoria

Jenyns Leonard; G. Peacock lo sugiere como compañero de FitzRoy pero no puede dejar su parroquia; envía a CD dípteros de regalo; CD busca su punto de vista sobre Planariæ terrestres; describe Gamlingay; publica el Manual of British Vertebrate Animals

Johnson Henry

Johnson Samuel

Jones Charles

Jones John Edward

Jones Rhys

Jorge IV R. W. Darwin compra un retrato de

Keats John

Keeling islas Véase Cocos islas

Keen señor CD consigue un Megatherium del

Kemble Frances Anne

Kenyon Charlotte

Kenyon George segundo barón

Kenyon Lloyd y n; enloquece

Kenyon Louisa Charlotte

King George's Sound el Beagle se detiene en

King Philip Gidley

King Philip Parker; comandante de la exploración de Sudamérica en el Adventure y el Beagle; colecciones; CD lo visita en Nueva Gales del Sur

Kynaston John Roger

Kynaston Letitia

Lacordaire Jean Théodore coleópteros Laffer John Athanasius Herring lagartos

Lamarck Jean Baptiste

Lamb Henry William segundo vizconde de Melbourne

Lambert Charles San formaciones volcánicas de Chile

Lamouroux Jean Vincent Félix Polypiers

Langton Algernon

Langton Bennet

Langton Charles; obtiene beneficio en Onnibury; casamiento con Charlotte Wedgwood; carácter; sufre de debilidad del pecho; inviernos en Madeira y Río

Langton Charlotte Véase Wedgwood Charlotte

Laplace Pierre-Simon marqués de

Lardner Dionysius Cabinet Cyclopaedia

Latham Anne

Latham John

Lay George Tradescant

Leighton Baldwin se casa con Mary Parker; pregunta por CD
Leighton Clare
Leighton Francis Knyvett
Leighton Francis Knyvett Sr. (coronel Leighton)
Leighton Louisa se casa con H. Hope
Leighton Louisa Anne
Leighton Mary
Lennon Patrick
Lennox Charles Gordon-quinto duque de Richmond
Leslie John
Levaillant François y n
Ley de Reforma aprobación y n; CD ansioso de noticias de la
leyes de los pobres
Lima el Beagle se dirige a; CD se reincorpora a la tripulación del Beagle
Linnean Society
Linneo (Carl von Linné); Systema natura
Liston John
Lloyd Henry James
Locke John
Londonderry Lord Véase Stewart Charles William
longitudes se comisiona al Beagle para establecerlas y n; el Beagle regresa a Bahía para corregirlas; el Beagle zigzaguea hacia casa para confirmarlas
LonsdaleWilliam A. Sedgwick recomienda encontrarse con CD antes de zarpar
López Estanislao
Lorrain Claude CD ve escenas más asombrosas que en sus cuadros
Lowe Henry Porter
Lowe Richard Thomas CD espera encontrarlo en Madeira y n; flora y fauna de Madeira; los Langton van a su encuentro
Lowe Robert primer vizconde de Sherbrooke y n
Lowth [Louth] Robert y n y n
Lubbock John William invitado para ocupar la silla de la universidad en el Parlamento y n
Lumb Edward; envía Megatherium que CD compró a J. S. Henslow; envía a CD materiales
Lyell Charles; sus Principles influyen en CD; Principles vol. 3; CD contrario a su teoría de los arrecifes de coral; CD piensa que sus hallazgos pueden interesarle; CD cree que puede ir más allá; deseoso de más detalles de los hallazgos de CD
Macaulay Thomas Babington E. A. Darwin aplaude la carta a los electores de Leeds
Macintosh John
Mackintosh Catherine Véase Allen Catherine
Mackintosh Frances Véase Wedgwood Frances Mackintosh (Fanny)
Mackintosh James estima de CD por; muerte de; opinión sobre los conservadores
Mackintosh Robert y n
MaclearThomas y n
Macleay William Sharp sistema quinario
Maddocks George
Madeira; el Beagle planea detenerse en; el Beagle no puede acercarse debido a la tormenta y n; los Langton pasan el invierno en
Magallanes estrecho de
Magallanes Fernando de
Mainwaring Charles Kynaston
Mainwaring Julia
Maldonado; el Beagle pasa el invierno en

Malibrán María Felicia García
Maling Harriot
Maling Thomas James
Malthus Thomas
Manners-Sutton Charles y n
mar del Sur las islas del CD desea visitarlas
Marindin Samuel
Marquesas islas Marryat Frederick Peter Simple Marsh (Marsh-Caldwell) Anne
Martens Conrad; se incorpora a la tripulación del Beagle como artista; CD le compra dos acuarelas
Martineau Harriet Catherine envía a CD libros sobre las leyes de los pobres
Matthew Henry; CD lo salva de la prisión por deudas; los amigos de Cambridge pierden contacto con
Matthew John
Mathews Andrew
Matthews Richard marinero-misionero; FitzRoy le aconseja no quedarse en Tierra del Fuego
Mauricio isla Véase Isle of France
McCormick Robert; abandona el Beagle en Río; CD crítico de
Megatherium; CD lo encuentra en Bahía Blanca; R. Owen lo describe; espécimen de la Geological Society; el interés de la familia en; se exhibe en el encuentro de la British Association y n; W. Clift lo prepara para su exhibición; CD teme que al limpiarlo se borren los números indicadores; CD busca una segunda cabeza; el Royal College of Surgeons encantado con el
Melbourne vizconde Véase Lamb Henry William
Meynard capitán
Michell familia
microscopios CD recibe uno como regalo anónimo; CD lo lleva a bordo del Beagle; Bancks; CD toma el consejo de R. Brown y n
Miers John y n
Miguel Dom Maria Evarist
Mill John Stuart
Miller William Hallowes; profesor de mineralogía en Cambridge
Milton John Paradise Lost
misioneros; FitzRoy y CD defienden a los
Mogg Charles William Cumberland y n Moilliet James se casa con Lucy Galton
moluscos CD encuentra nuevas especies
Mondboddo Lord Véase Burnett James
Montagu John William séptimo duque de Sandwich
Monte Darwin la montaña más alta de Tierra del Fuego
Montevideo; el Beagle se dirige a; elegancia de las damas; contiene el Beagle una insurrección; el Beagle regresa de las Falkland para reaprovisionarse; CD se reincorpora al Beagle
Moreno Manuel
Morris John
Mosley Frances Véase Wedgwood Frances Mosley
Mosley John Peploe; hija de
Mosley Peploe Paget va detrás de Fanny Owen; presta atención a Fanny Wedgwood
Mulgrave Lord Véase Phipps Constantine John segundo barón Mulgrave
Münchausen Hieronymus von
Murchison Charlotte conoce a Jemmy Button y a Fuegia
Murchison Roderick Impey; hace de geólogo en Shropshire
Murray George Augustus Frederick John

Murray John J. M. Herbert anticipa que será el editor de CD

Murray Lindley English Grammar y n

Museo Británico; CD no desea que sus colecciones vayan al y n; reclamó en principio las colecciones de CD; CD lo visitará si falla en completar el viaje; las colecciones de CD en

Musters Charles; muere por la fiebre en Río

Musters Mary muerte de

Mytton Caroline Véase Giffard Caroline Mallet

Mytton John («Mad Jack»); muerte después de una vida desperdiciada

Nancy (nana de CD); complacida por los recuerdos que le envía CD; anhela el regreso de CD; felicidad cuando llegan las cartas de CD; Erasmus le juega bromas diciendo que CD está perdido; piensa en CD y habla de él; emoción al ver el nombre de FitzRoy en el Museo Británico; CD piensa en ella

Narbrough (Narborough) John

National Political Union

Newman Edward nieve roja

Northumberland duque de Véase Percy Hugh

Nueva Zelanda; CD se decepciona en; misioneros

OakeleyWilliam

Oakley señor halla el Megatherium que se envió a la Geological Society y n

O'Connell Daniel

Oncidium

Orbigny Alcide d'

Ormsby-GoreWilliam y n

Otaheite Véase Tahití

Owen familia; CD hace comentarios sobre los matrimonios apresurados; afecto mutuo con CD; dramatizaciones

Owen Arthur Mostyn se embarca a Madrás 155; prospera en Madrás

Owen Caroline Mostyn

Owen Charles Mostyn

Owen Emma Mostyn

Owen Fanny (Frances) Mostyn; le da a CD una cariñosa despedida; pide a CD comprarle pinturas de óleo; escribe a CD; amistad de infancia con CD; casamiento con R. M. Biddulph; promete a CD encontrar una mujer para su parroquia; CD piensa en ella durante el viaje; parientes difíciles; salud delicada después de su primera hija; más bella que nunca; mejora su salud

Owen Francis Mostyn; FitzRoy no puede aceptarlo como guardiamarina y n; se queda en casa con una incierta carrera; lo hacen abanderado y va a la India

Owen Harriet Elizabeth Mostyn

Owen Henry Mostyn

Owen Richard; describe el Megatherium; identifica Mylodon darwinii y Toxodon platensis

Owen Sarah Harriet Mostyn; regalo de despedida y n; escribe a CD; se casa con E. H. Williams y n; pierde la salud y se hiere en el tobillo; compromete a CD para cenar en Belgrave Street a su vuelta; recupera la salud y el ánimo; sufre un aborto

Owen Sobieski Mostyn

Owen William Mostyn; se lastima la rodilla en un accidente montando a caballo

Owen William Mostyn Sr.; cariño por CD; escribe a CD; cariño por R. W. Darwin; CD aprecia su benevolencia; teme que los andares de CD lo vuelvan incapaz para la vida campestre; da la bienvenida a CD

Paganini Nicolò; Erasmus Darwin encantado con

Paley William

Palmerston Lord Véase Temple Henry John

Panting Thomas Susan Darwin se porta cruel con; muerte de y n pantógrafos y n

Parish Woodbine; confirma la soberanía británica en las Falkland; presenta el Megatherium a la Geological Society

Parker Charles

Parker Edmund vizconde Boringdon y n

Parker Henry

Parker Henry Jr.

Parker John primer duque de Morley y n

Parker Marianne; nacimiento de otro hijo que se llamará Charles; escribe a CD; CD le envía su afecto; esperanzas por una hija

Parker Mary Susan

Parker Robert («Parky»); aprende geografía de los viajes de CD; vacaciones de Navidad en The Mount

Parlamento incendio en el (1834)

Parry Robert

Patagonia; CD conoce a los indios de la Patagonia 289; CD encuentra fósiles; el Beagle explora la costa de; Bahía Blanca; geología; río Chubut y n; Puerto Deseado; San Julián; plantas; río Santa Cruz; el Beagle se detiene por reparaciones después de golpear contra una roca

Peacock George; y la solicitud de R. FitzRoy de un naturalista/compañero en el Beagle y n

Peel Robert; caída del ministerio

Peile Thomas Williamson

Pelham John Cressett y n

Pemberton Tom muerte de

Pennant Thomas History of Quadrupeds y n

Penny Magazine (revistas de a penique)

Percy Hugh tercer duque de Northumberland

Perier Casimir

Perú el Beagle visita; una sangrienta revolución impide la exploración; geología y n

Phillips Thomas retrato de A. Sedgwick PhillipsWilliam Introduction to Mineralogy Philosophical Society de Manchester

Phipps Constantine John segundo barón de Mulgrave expedición polar en 3

pinzones en las Galápagos

Place Francis

Planariæ CD cree haber encontrado bajo piedras secas y n

Playfair John Huttonian theory y n

Plinian Society

Poole John Paul Pry y n

Powell John Allan

Powis duque de Véase Clive Edward

Price John

Price Theresa Proctor George Proctor Robert

Puerto Deseado 289 300

Puerto del Hambre

Pulleine Robert pulpo CD recolecta en Cabo Verde

Purcell Henry Dido and Aeneas

Quiroga Juan Facundo

Ram Mohan Roy y n

Ramsay Marmaduke CD se apunta a la expedición a las Canarias; muerte de; recuerdo fúnebre en su honor

RamsayWilliam

Raspe Rudolph Erich Baron Münchausen

Rennie James Alphabet of Insects
Richmond duque de Véase Lennox Charles Gordon
Río de Janeiro; el Beagle establece la longitud; el Beagle llega a; bahía de Botafogo 147; CD explora la selva; CD conoce a las eminencias locales; partida de caza es atacada por las fiebres; los Langton viajan a
Río de la Plata le desagradan a CD las llanuras pantanosas; el Beagle ha de pasar el invierno en
Río Negro el Beagle lo explora
Rivadavia Bernardino
Rivington John Robarts Curtis & Co. y n Roberts John
Rodwell John Medows
Romilly Joseph compite por el cargo de registrador en Cambridge; diario
Rosas Juan Manuel de y n
Ross John y n
Rossini Gioacchino W. R. Hamilton lo abomina
Roussin Albin Reine barón
Rowlett George sobrecargo en el Beagle muerte de
Royal College of Surgeons colección de W. Parish; W. Clift curador del Hunterian Museum; CD advierte que el Museo Británico tiene derecho de primera opción sobre sus colecciones. Véase también CliftWilliam
Royston Richard
Rudd L. proveedor de insectos y n
Russell John primer conde
Ryder Dudley primer conde de Harrowby
Saint-Hilaire Augustin
Saint-Pierre Jacques Henri Bernardin de Paul et Virginie y n
Salwey Charlotte y n
Sandwich Lord Véase Montagu John William
San Julián (Patagonia) CD encuentra huesos de mastodonte
Santa Cruz río 326; el Beagle se detiene por reparaciones; una expedición viaja río arriba y contempla las Cordilleras 328; CD compra a Martens una acuarela del
Santa CruzTenerife Véase Tenerife
Santa Helena; el Beagle llega a; CD vive cerca de la tumba de Napoleón
Santa María isla
Santiago de Chile CD se queda con A. Caldcleugh; CD cabalga a
São Paulo isla el Beagle se detiene en; CD piensa que puede ser la única isla no volcánica en el Atlántico
São Thiago (Cabo Verde) 127; el Beagle llega a; CD pesca criaturas marinas; CD actúa como geólogo entre rocas volcánicas; vegetación escasa
Sarmiento Pedro
Saturday Magazine
Savigny Marie Jules-César Lelorgne de
Scoresby William Arctic Regions y n
ScottWalter; muerte de
Scrope George Julius Poulett Volcanoes y n
Secker Isaac Onslow
Sedgwick Adam y n; viaje geológico al norte de Gales; J. S. Henslow le presenta a CD; influencia sobre CD; CD se le une en un viaje geológico por Gales; recomienda libros para el viaje a CD; desea postular a CD como miembro de la Geological Society; CD le envía sus saludos; retrato pintado por T. Phillips; visita a la familia Darwin; geólogo por Shropshire; entusiasmo por las colecciones de CD; el Megatherium de CD; presidente de la reunión de la British Association en Cambridge; Discourse on the studies of the University of Cambridge; responde al ataque contra Cambridge de R. M. Beverley; firma petición para admitir a los

disidentes; Erasmus lo encuentra en Cambridge; elogia a CD con el doctor Butler; artículo en Athenaeum sobre extractos de las cartas de CD

Wedgwood Eliza Véase Wedgwood Sarah Elizabeth (Eliza)

Wedgwood Elizabeth (Bessy); pesar por la muerte de su hija; salud debilitada

Wedgwood Elizabeth Véase Wedgwood Sarah Elizabeth (Elizabeth)

Wedgwood Emma; CD anticipa que Erasmus se casará con ella y vivirá enfermo de amor; y la muerte de Fanny; dama de honor de la boda de Charlotte Holland e Isaac; y Erasmus Darwin

Wedgwood Frances (Fanny); cortejada por Paget Mosley; muerte repentina

Wedgwood Frances Julia (Snow); Erasmus le es devoto

Wedgwood Frances Mackintosh (Fanny); casamiento con Hensleigh Wedgwood; cercana a Erasmus Darwin; hijos

Wedgwood Frances Mosley; gorda y fea; casamiento con Frank Wedgwood; hijos

Wedgwood Francis (Frank); casamiento con Frances Mosley; nacimiento de sus hijos

Wedgwood Godfrey

Wedgwood Henry Allen (Harry)

Wedgwood Hensleigh; entusiasta por que CD vaya en el Beagle; casamiento con Fanny Mackintosh; se ve obligado a reconsiderar; en Maer cuando muere su hermana Fanny; se cambia a Clapham; hijos; considera renunciar como magistrado de la policía; amistad de Erasmus Darwin con él

Wedgwood James Mackintosh y n Wedgwood Jane Véase Wedgwood Louisa Jane Wedgwood Jessie

Wedgwood John

Wedgwood John Allen (Allen)

Wedgwood Josiah I y n

Wedgwood Josiah II; aconseja a CD unirse al Beagle; conoce a C. Langton; se queja del empobrecimiento debido a los matrimonios caros; dolor por la muerte de su hija Fanny; miembro del Parlamento por Stoke-on-Trent; ordena a Robert matar sus patos; las colecciones de CD deben ser valiosas o FitzRoy no le permitiría tener un sirviente; persuade a Hensleigh Wedgwood de reconsiderar renunciar; aconseja a los Langton no visitar las Indias Occidentales; CD anuncia su regreso a casa

Wedgwood Louisa Frances

Wedgwood Louisa Jane

Wedgwood Robert; pone una granja de patos; coadjutor de Mucklestone; se casa con Frances Crewe mucho mayor

Wedgwood Sarah Elizabeth (Eliza)

Wedgwood Sarah Elizabeth (Elizabeth); muerte de su hermana Fanny; Caroline Darwin le describe el retorno a casa de CD

Wedgwood Sarah Elizabeth (Sarah)

Wedgwood Susannah Véase Darwin Susannah

Wedgwood Thomas Josiah (Tom)

Wellesley Arthur primer duque de Wellington; es nombrado primer ministro

Wellington duque de Véase Wellesley Arthur

Werner Abraham Gottlob hipótesis neptuniana; nomenclatura de los colores

Westminster Review y n

Wharncliffe Lord Véase Stuart-Wortley-Mackenzie James Archibald

Whately Richard View of the Scriptures y n

Whewell William; renuncia a la cátedra de mineralogía; Architectural Notes on German Churches; mapa de las líneas de mareas coincidentes y n; amenidad de; Erasmus lo encuentra en Cambridge

White Adam

White Gilbert Natural History of Selborne y n Whitley Charles Thomas; CD le escribe; le escribe a CD; miembro del Club de Glotones; aspira a la cátedra de matemáticas en Durham; conservadurismo

Whitmore Ainslie Henry

CHARLES ROBERT DARWIN (12 de febrero de 1809 – 19 de abril de 1882). Naturalista inglés que postuló que todas las especies de seres vivos han evolucionado con el tiempo a partir de un antepasado común mediante un proceso denominado selección natural. La evolución fue aceptada como un hecho por la comunidad científica y por buena parte del público en vida de Darwin, mientras que su teoría de la evolución mediante selección natural no fue considerada como la explicación primaria del proceso evolutivo hasta los años 1930. Actualmente constituye la base de la síntesis evolutiva moderna. Con sus modificaciones, los descubrimientos científicos de Darwin aún siguen siendo el acta fundacional de la biología como ciencia, puesto que constituyen una explicación lógica que unifica las observaciones sobre la diversidad de la vida.

Notas

[*] Harvard University. <<

[*] NOTA BENE: Todos los textos de las cartas que no son traducción se han puesto en cursivas, aun cuando en la edición en inglés no se hizo tal distinción. Esto incluye desde luego las palabras escritas en español, que de otro modo habrían acabado llenando de notas el texto [T.] <<

[*] NOTA BENE Este índice incluye referencia a las imágenes cuyo folio de ocurrencia se indica con cursivas. A excepción de las remisiones al prólogo las subentradas —y los folios que consignan— siguen orden de aparición y no alfabético. <<

[1] CD se refiere aquí a pasar el examen de bachiller. Debido a que entró de residente

sólo a principios del segundo término (Cuaresma) de 1828, oficialmente está en la lista de los bachilleres de 1832. Véase Autobiography, y LL 1: 163. <<

[2] Fox obtuvo el curato de Epperstone, cerca de Nottingham. <<

[3] En inglés the Polls: los estudiantes que leían para obtener o lograr un grado de «pase» (OED). El examen constaba de seis partes: Homero, Virgilio, Euclides, aritmética y álgebra, Paley: Evidences of Christianity y Principles of moral and political philosophy, y Locke: An Essay Concerning Human Understanding (Cambridge University Calendar, 1831). «Al contestar bien las preguntas sobre Paley, llevarla bien con Euclides y no fallar miserablemente en los clásicos, obtuve un buen lugar entre los?? p?????, o la multitud que no busca honores» (Autobiography). CD fue décimo de una lista de 178 que pasaron (Cambridge Chronicle, 2.ª ed., 22 de enero de 1831). <<

[4] El «capitán» era el que encabezaba la lista de los Polls; los últimos 12 de la lista de examinados en matemáticas (Mathematical Tripos) eran llamados «los apóstoles», que no deben confundirse con los famosos Apóstoles o Cambridge Conversazione Society fundada en 1820, de la que el hermano de CD, Erasmus, fue brevemente miembro en 1823 (Levy 1979; Allen 1978). <<

[5] Jonathan Henry Lovett Cameron. En una carta a Francis Darwin, escrita después de la muerte de CD, se refiere al recuerdo «brillante y luminoso» que tenía de CD en la escuela y la universidad: «En Shrewsbury dormimos en la misma habitación por algunos años y a menudo engañábamos la noche con una conversación placentera. Siempre estaba de buen humor y era de buen temperamento y muy querido por sus compañeros de escuela. No era un estudiante que destacara mucho, pero siempre dedicado a colectar escarabajos, mariposas, etc. Muchas tardes empleaba su tiempo con un soplete en la luz de gas de nuestra habitación. En Cambridge me gustaba leerle a Shakespeare ya en sus habitaciones y estas lecturas le eran muy de su gusto. También era muy aficionado a la música, aunque no tocaba, y por lo general le conseguía un pase para las tardes del domingo en la capilla del Kings College» (DAR 112: A14). <<

[6] Gulfed: «La posición de estos candidatos a lograr honores en matemáticas que no lograban obtener un lugar en la lista, pero a los que se otorgaba un grado ordinario» (OED). <<

[7] Ahora llamado Faversham, en Kent. <<

[8] En la Autobiography, CD comenta sobre su debilidad en matemáticas: «Intenté matemáticas e incluso durante el verano de 1828 tuve un tutor privado (un hombre muy obtuso) en Barmouth, pero avanzaba muy lentamente. El trabajo me repelía, sobre todo por no ser capaz de verle ningún sentido a los primeros pasos del álgebra. Esta impaciencia era necia, y con los años me he arrepentido profundamente de no haber ido más lejos para comprender algo de los grandes principios de matemáticas, ya que los hombres dotados para ellas parecen tener un sentido extra». <<

[9] Nathaniel Thomas Lumsley Hodgson. <<

[10] Durante el invierno de 1830 trabajadores del campo de los condados al sur del Támesis se manifestaron y alborotaron por salarios más elevados. Véase Trevelyan 1942. <<

[11] John Graham fue elegido director del Christ's College en 1830. <<

[12] Una editorial fundada por Richard Royston. <<

[13] Henry Parker Cookesley. <<

[14] John Rivington era un editor de teología de primera línea; desde 1760 publicaba para la Society for Promoting Christian Knowledge (DNB). <<

[15] Es posible que sea una referencia a Horacio, Odas IV. iv. 65: «merses profundo pulchrior evenit». La glosa de Delphin dice «si mari demergas». El sentido es «puedes hundirlo en lo profundo, surgirá más bello». <<

[16] Para la dirección de Matthew véase la carta de Henry Matthew [14 de febrero de 1831]. <<

[17] En una carta a Francis Darwin (15 de septiembre de 1882), James William Lucas Heaviside recuerda que CD en el bachillerato estaba «casi fascinado» por Matthew, un

hombre atractivo pero «muy intemperante» (DAR 112: 56). <<

[18] «El espíritu acusador que voló a la cancillería de los cielos con el juramento, se sonrojó al entregarlo; y el ángel que lo registra, al ponerlo por escrito, dejó caer una lágrima sobre la palabra y la borró para siempre» (Laurence Sterne, Tristram Shandy [1759-1767], vol. 6). <<

[19] Posiblemente Edward William Terrick Hamilton. <<

[20] «Adonais», 4.1. <<

[21] La obra a la que se refiere es Tennyson 1830, escrita cuando Tennyson era pasante del Trinity College, Cambridge. La noticia apareció en la Westminster Review, «Tennyson's poems», vol. 14, enero de 1831,El autor anónimo ha sido identificado como William Johnson Fox (Wellesley Index 3: 572). <<

[22] La English Grammar de Lindley Murray fue objeto de muchas ediciones y se utilizaba en las escuelas con exclusión de todas las demás (DNB). Un ejemplar de la Darwin Library-CUL de la edición en dos tomos de 1824 tiene la firma «Robert FitzRoy 1831» en ambas cubiertas y la portada interior. En los márgenes del primer volumen algunos pasajes sobre las reglas de sintaxis y el uso de la coma están débilmente marcados a lápiz. <<

[23] Robert Lowth o Louth escribió una corta introducción a la gramática inglesa (1762) (DNB). <<

[24] Quizá se trata de una referencia a Harris 1751. <<

[25] William Cobbett escribió sobre gramática al igual que sobre política, economía y agricultura en Cobbett's Weekly Political Register desde 1802 hasta su muerte (DNB). <<

[26] John Frederick William Herschel. <<

[27] El Preliminary Discourse on the Study of Natural Philosophy de Herschel fue publicado en 1831 en la Cabinet Cyclopaedia de Dionysius Lardner. Se convirtió en una exposición autorizada de los métodos de la investigación científica, anticipándose a John Stuart Mill en la formulación de los famosos cuatro métodos de la investigación científica. En la Autobiography, CD dice que la Personal Narrative de Humboldt y el Preliminary Discourse «despertaron en mí un ardoroso celo de agregar aunque fuera la más humilde contribución a la noble estructura de las ciencias naturales. Ningún otro libro ni una docena de ellos me influyó tanto como estos dos». El ejemplar del Preliminary Discourse de la Darwin Library-CUL no tiene anotaciones de la mano de CD. Varios pasajes están marcados al margen. Estas marcas aparecen en la sección 19, el criterio de una verdadera afirmación de cualquier ley de la naturaleza; la sección 129 y la sección 130, sobre nombrar y nomenclatura; la sección 384, sobre la superioridad de los residentes sobre los viajeros en la investigación científica, y la sección 385, sobre la importancia de las instituciones y las revistas en la promoción de la difusión de la ciencia. <<

[28] La fecha asignada es sólo probable. Con toda seguridad la carta fue enviada después del 14 de febrero de 1831 (cuando Matthew escribió desde Londres) y está dirigida a Shrewsbury, por lo que Matthew debe haber sabido que CD estaría en el hogar paterno entre un periodo y el siguiente. El periodo de Pascua empezó el 13 de abril de 1831. <<

[29] Seguramente «esposa» (véase Correspondence, vol. 1, carta de Henry Matthew [2 de febrero de 1831]). <<

[30] Lord John Russell introdujo la primera Ley de Reforma el 1.º de marzo de 1831. CD, que era liberal, apoyaba la Reforma. <<

[31] Referencia a la censura «poco curante» de Samuel Butler ante el interés extracurricular de CD por la química cuando estuvo en la escuela de Shrewsbury (véase Autobiography). <<

[32] William Makepeace Thackeray, que fue también amigo de Matthew, lo visitó en julio de 1831 y escribió a Edward Fitzgerald del siguiente modo: «Está mentalmente mejor y de apariencia, ya que no tiene el aspecto de libertino que antes tenía, y se ha enfrentado a una experiencia muy triste y penosa desde que lo vi la última vez» (Ray 1945-1946, 1: 151). En una carta posterior (17-19 de mayo de 1849) se refiere a Matthew como «ese amigo de mi juventud de quien hace 20 años pensaba que era el hombre consumado más fascinante,

ingenioso y ameno. Me encontré con un viejo en una habitación que olía a brandy con agua a las 5 de la tarde… que se había vuelto tosco y añejo, como una pieza que ha estado colgada en un aparador. Tuvo 15 años de una mujer vulgar» (ibid., 2: 541). <<

[33] «El tiempo que se toma un clérigo a quien se le dispensa de participar en un domingo, que por lo común incluye desde un lunes hasta el sábado de la otra semana» (OED). <<

[34] Véase Humboldt 3.ª ed., 1814-1829; también Autobiography, donde CD escribe que había copiado largos párrafos de Humboldt sobre Tenerife. La traducción inglesa de la Personal Narrative está en la biblioteca de Darwin-CUL en seis volúmenes de varias ediciones. Los volúmenes uno y dos, en un solo tomo, 3.ª ed., 1822, tienen la inscripción «De J. S. Henslow a su amigo C. Darwin a su partida de Inglaterra en un viaje alrededor del mundo, 21 de septiembre de 1831». Todos los volúmenes tienen llamadas al margen de ciertos pasajes y comentarios esporádicos. El volumen cinco tiene una lista de páginas sobre la guarda; los volúmenes uno y dos, tres y siete tienen notas de CD pegadas en la última tapa. <<

[35] «Asphaltum se prepara a partir de la sustancia bituminosa de este nombre [asfalto]. Cuando se disuelve en aceite de trementina queda semitransparente y se utiliza como barniz» (Bigelow 1831). <<

[36] Halston Hall, cerca de Oswestry, era el hogar de John «Mad Jack» Mytton, primo de Fanny, notorio por su vida disipada y extremosa (véase Apperley 1837). <<

[37] El copista anotó «Matasellos de Cambridge Abril 28 (?)». El signo de interrogación indica seguramente que la fecha era ilegible. <<

[38] Thomas Josiah Wedgwood. <<

[39] John Stevens Henslow, originalmente un conservador, siguió a Lord Palmerston cuando cambió de partido en 1828. En las elecciones de 1831 Palmerston perdió su curul como miembro del Parlamento por la Universidad de Cambridge debido a su apoyo a la reforma parlamentaria. (Jenyns 1862). <<

[40] Martes, 26 de abril de 1831 (LL 1: 163 n.). <<

[41] En una carta a Herbert del 21 de noviembre de 1872 (APS 425), CD dice: «¿Recuerdas haberme dado de manera anónima un microscopio? No logro traer a la mente ningún acontecimiento en mi vida que me haya sorprendido y satisfecho tanto». <<

[42] Véase la carta a W. D. Fox [11 de mayo de 1831], fuente de la fecha aproximada de esta carta. <<

[43] De los tres microscopios que se exhiben en Down House, uno que lleva el nombre de «Cary» como su constructor corresponde en estructura al descrito por Henry Coddington en una conferencia dada en 1830 en la Cambridge Philosophical Society (Coddington 1830). El profesor Philip Sloan de la Universidad de Notre Dame, que ha examinado el instrumento en conexión con su estudio de la microscopía de CD, concluyó que es el que se menciona en esta carta. Herbert habrá dado el nombre de Coddington al instrumento porque fue construido por George y John Cary, constructores de instrumentos de Londres, según las especificaciones de Coddington; utilizaba una lente mejorada que, aunque no fue inventada por Coddington, por lo común se le atribuía a él. <<

[44] La votación para la elección general tuvo lugar los días 3, 4, 5 y 6 de mayo de 1831, cuando el gobierno liberal recorrió el país en pro de la primera Ley de Reforma. <<

[45] La colección del Marqués de Exeter en Burghley House, Stamford. <<

[46] Escritos en prosa. <<

[47] Leonard Ramsay Henslow. <<

[48] El «Journal» de CD (véase Correspondence vol. 1, apéndice I), que empezó a redactar en 1838, tiene esta entrada retrospectiva para 1831: «En la primavera, Henslow me persuadió de que pensara en la geología y me presentó con Sedgwick». John Medows Rodwell, al escribir sobre CD y sus años juntos en Cambridge, recordaba que hablaban de las lecciones de Sedgwick y que CD decía: «Me sorprende que todo nuestro conocimiento acerca de la estructura de nuestra tierra sea como el que una vieja gallina tendría del campo

de cien acres en una esquina del cual está rascando la tierra». Más tarde, al hablar de la especulación de Sedgwick acerca de la probable antigüedad del mundo, CD exclamó: «¡Qué buena mano tiene Sedgwick para extender grandes cheques contra el Banco del Tiempo!» (J. M. Rodwell a Francis Darwin, 8 de julio de 1882, en DAR 112: A94v.). <<

[49] Marmaduke Ramsay. <<

[50] George y John Cary, fabricantes de instrumentos. <<

[51] John Downes. <<

[52] Fechada por el sello de correos. <<

[53] «El señor D. B.» no ha sido identificado. <<

[54] Henry Porter Lowe y Robert Lowe estaban en Barmouth en agosto de 1831 (Martin 1893, 1: 19-20). <<

[55] William Scurfield Grey y George Henry Cavendish. <<

[56] L. Rudd, Esq., de Marton Lodge, Yorkshire, y George Wailes, Esq., de Newcastle-upon-Tyne, son mencionados con frecuencia como contribuyentes de especímenes en Stephens 1827-1846. <<

[57] Parece que esta frase va en serio. Véase la carta a W. D. Fox del 6 [de septiembre de 1831]. En LL 1: 205, donde aparece impresa una parte de esta carta, Francis Darwin dice en una nota al pie: «[CD] entendió mal una carta de Fox de la que creyó que implicaba un cargo por falsedad». La carta de Fox no ha sido hallada. <<

[58] Hay pruebas de que esta carta fue escrita en un sábado posterior a la muerte de Marmaduke Ramsay, que ocurrió el 31 de julio de 1831. Las cartas de J. S. Henslow del 24 de agosto de 1831 y de George Peacock [c. 26 de agosto de 1831] indican que hubo cierta correspondencia antes de la carta de Henslow del 24 de agosto. <<

[59] Peacock, miembro del Trinity College y lector en matemáticas, conoció los planes para el viaje por Francis Beaufort, hidrógrafo de la Marina. No queda claro por la afirmación de Peacock quién le hizo la oferta. Debe haber sido Beaufort más bien que FitzRoy. Si es así, esto explicaría algunos de los malentendidos que surgieron después acerca de la disponibilidad del puesto para CD (véase la carta a Susan Darwin [5 de septiembre de 1831]). <<

[60] En una carta del 1.º de mayo de 1882 (DAR 112: A67), Jenyns escribió que le tomó un día pensar en la oferta antes de decidir que no podía dejar su parroquia. Él y Henslow pensaron entonces en CD. <<

[61] El sobre está dirigido a «C. Darwin Esqr, Shrewsbury. Reenvíese o ábrase si está ausente». <<

[62] «El alguacil que está a espaldas del deudor o que lo toma por detrás». (OED). <<

[63] Puesto que este dato y la referencia a que Robert FitzRoy quiere un compañero son detalles que no aparecen en la carta de George Peacock a J. S. Henslow [6 o 13 de agosto de 1831], seguramente Henslow tuvo otra carta de Peacock. <<

[64] Se trata de un error por el capitán Phillip Parker King, comandante del viaje de investigación del Adventure y del Beagle por las costas australes de Sudamérica (1826-1830). Robert FitzRoy fue nombrado comandante del Beagle en 1828 para remplazar al capitán Pringle Stokes, que cometió suicidio (Narrative 1: 188). El recuento de King acerca de la primera expedición aparece en el primer volumen de la Narrative. <<

[65] FitzRoy trajo cuatro nativos a Inglaterra. Uno, Boat Memory, murió de viruela poco después de llegar. Los otros fueron bautizados York Minster, James (Jemmy) Button y Fuegia Basket (una muchacha). El plan original de FitzRoy era comprometerse a regresar los fueguinos a su tierra de origen; había ya contratado un pequeño navío para el viaje cuando un tío obtuvo para él la designación de examinar las costas meridionales de Sudamérica. Para el relato de FitzRoy sobre los fueguinos, véase Narrative 2: 1-16. <<

[66] Peacock omitió inadvertidamente el nombre de su corresponsal, que con toda seguridad era Henslow. <<

[67] En todo caso, la designación de CD no era oficial. Aunque CD se pone en la página de título del Journal of Researches como «Naturalista del Beagle» y en la Zoology como

«Naturalista de la expedición», no debe entenderse esto como un título oficial conferido por el Almirantazgo. Las cartas del mes siguiente corroboran la opinión de J. W. Gruber 1969 y Burstyn 1975 de que la situación de CD era la de huésped del capitán FitzRoy, quien buscaba «una persona bien educada y un científico» como compañero (Narrative 2: 18). <<

[68] Salop es el nombre familiar de Shropshire, del anglo-francés «Salopesberia». A su vez Shropshire es una forma compacta de decir «Shrewsburyshire» [T.] <<

[69] Francis Wedgwood, hijo de Josiah Wedgwood II. <<

[70] The Hill, Abergavenny, Gales, era la casa familiar de John Wedgwood. <<

[71] La carta iba incluida con la carta a R. W. Darwin, 31 de agosto [de 1831], de CD. Después del saludo, CD escribió: «Léala al último». El recuento de CD acerca de los acontecimientos hasta el 1.º de septiembre, escrito el 16 de diciembre de 1831, dice así: «De inmediato dije que sí quería ir, pero a la mañana siguiente, viendo que mi padre era tan contrario a todo el plan, le escribí al señor Peacock para rechazar su oferta. El último día de agosto fui a Maer, donde todo apareció de pronto con otras luces. Encontré que todos los miembros de la familia me apoyaban de tal manera que decidí hacer un nuevo esfuerzo. En la tarde redacté una lista de las objeciones de mi padre, ante la cual mi tío Jos escribió su opinión y su respuesta. Todo ello fue enviado a Shrewsbury temprano a la siguiente mañana y me fui a cazar. Como a las 10, el tío Jos me mandó un mensaje para decirme que pensaba ir a Shrewsbury y me ofreció llevarme con él. Cuando llegamos a la casa, todo estaba decidido y mi padre amablemente dio su consentimiento» («Beagle» Diary). <<

[72] Robert Waring Darwin habrá escrito esta nota poco después de recibir las cartas y la puso en el correo antes de que CD y su tío llegaran el mismo día más tarde. <<

[73] CD realizó un viaje geológico por el norte de Gales con Adam Sedgwick del 5 al 20 de agosto de 1831 (véase la carta de Adam Sedgwick del 4 de septiembre de 1831); no obstante, él y Sedgwick estuvieron juntos no más de una semana durante este viaje (véase Barrett 1974). CD regresó a Shrewsbury el 29 (véase la carta a W. D. Fox del 6 [de septiembre de 1831]) después de pasar algunos días con amigos en Barmouth. <<

[74] No se ha encontrado la carta. Seguramente fue escrita en Maer el 31 de agosto para informar a Henslow que CD y su tío iban a tratar de persuadir a su padre para que cambiara de idea. La carta se demoró un día en el correo. (Véase la carta de Charlotte Wedgwood, 22 de septiembre [de 1831].) <<

[75] Las notas geológicas de CD durante el recorrido por el norte de Gales se recogen en DAR 5. Fueron transcritas y anotadas en Barrett 1974, en donde esta carta y la carta de Adam Sedgwick del 18 de septiembre de 1831 también se recogen. Las transcripciones del profesor Barrett de los numerosos nombres galeses que aparecen en las cartas han sido adoptadas con su permiso. Cwm Idwal se describe en las notas de CD, Barrett 1974<<

[76] Ibid.<<

[77] Ibid., pero las cartas de CD no mencionan ningún «acertijo». La afirmación de que «la pizarra parece recubrir la trapa»<<

[78] La carta tiene sello de correos de Londres. Seguramente CD la cargó consigo y la puso el lunes 5 de septiembre. <<

[79] Charles Alexander Wood. <<

[80] Robert FitzRoy tenía 26 años. Wood le habrá dicho a CD que FitzRoy tenía sólo 23 cuando se le dio el mando del Beagle en 1828. <<

[81] En el examen para su promoción a teniente, FitzRoy «ganó la primera medalla… hizo lo que nadie había logrado antes… obtuvo las mayores calificaciones» (Rev. James Inman, director del Royal Naval College, Portsmouth, a Bartholomew James Sulivan, en H. N. Sulivan 1896). <<

[82] Edinburgh Journal of Science, editado por David Brewster y Robert Jameson, 1824-1832. <<

[83] Humboldt 1817. <<

[84] Coldstream 1826; Foggo 1826 y 1827. <<

[85] No queda claro cuándo se hizo esta promesa, pero ni Francis Beaufort ni George

Peacock la conocían cuando decidieron tomar un naturalista. Podría ser que, al hablarle Charles Alexander Wood y Beaufort de CD, Robert FitzRoy tuviera objeciones en compartir sus habitaciones con un absoluto extraño y que entonces invitara a un amigo al que conociera bien y cuya compañía le complaciera. <<

[86] Shakespeare, Julius Caesar, 4. 3. 217 (edición Arden). <<

[87] En la misma tarde Robert FitzRoy escribía sus impresiones sobre CD a Francis Beaufort: «He convivido bastante con el señor Darwin, habiendo compartido casi dos horas de conversación en la mañana y después cenado con él. Me gusta lo que veo y oigo de él, mucho, y le pido ahora que lo contrate para que me acompañe como naturalista. Puedo y haré que se sienta cómodo a bordo, más seguramente de lo que usted o él pensarían, y me las arreglaré para almacenar sus cosas de todo tipo y le daré un lugar de trabajo. Viéndolo todo, confío en que tendrá un más amplio campo para sus esfuerzos de lo que pensé por anticipado el viernes pasado, y si nos sentimos frustrados, y me da los medios de dejarlo en libertad, puede en cualquier momento regresar a Inglaterra o seguir sus propias inclinaciones en Sudamérica o donde le convenga». (El original de esta carta, que se conservaba en la oficina del hidrógrafo del Almirantazgo, se ha perdido. La carta se cita en F. Darwin 1912). <<

[88] Véase la carta a Susan Darwin [5 de septiembre de 1831], n. 1. H. F. Burstyn sugirió que el amigo era Harry Chester, novelista e hijo menor de Sir Robert Chester, que en 1831 era funcionario en el Privy Council Office (Burstyn 1975). Una inscripción del volumen 1 de un ejemplar de Kirby y Spence 1828 en poder de David Kohn parece confirmar esta conjetura. Dice así: «Harry Chester / De su estimado amigo Robert FitzRoy». <<

[89] Para una lista de los libros a disposición de CD a bordo del Beagle, véase Correspondence, vol. 1, apéndice IV. <<

[90] William John Burchell. Sin duda CD quería verlo porque Burchell había estado en Brasil explorando y recolectando de 1825 a 1830. Véase Journal of Researches<<

[91] Véase la carta de [J. M. Herbert] [principios de mayo de 1831], n. 3. Las dimensiones son casi las de la caja del microscopio Cary de Down House (6.2 por 2.8 pulgadas), lo que sugiere que CD habrá llevado este instrumento en su viaje, pero si lo hizo, no fue el único. Otro microscopio, que se guarda también en Down House, lleva la marca de «Bancks and Son, 119 New Bond Street», y, en opinión del profesor Phillip Sloan, que se basa en las mediciones de las longitudes focales, éste es el que utilizó CD principalmente a bordo del Beagle (Phillip Sloan, comunicación personal). Hay más pruebas, en la carta a W. D. Fox, 23 de mayo de 1833, de que CD llevaba el microscopio Bancks a bordo. Véase también la carta a J. S. Henslow, 28 [de septiembre de 1831], n. 1. <<

[92] Swainson 1822 (VIII + 72 pp.) da su descripción, pero no se ha encontrado ningún ejemplar en la biblioteca de CD ni se ha encontrado ninguna mención o de cualquier otra obra sobre taxidermia en sus notas del Beagle. <<

[93] Un memorándum del capitán Beaufort fechado el 11 de noviembre de 1831 contiene detalladas instrucciones acerca de las observaciones cronométricas que debían hacerse durante el viaje del Beagle para establecer las longitudes, tales como las de Río de Janeiro, en las cuales había discrepancia entre las autoridades (Narrative 2: 24-40). En realidad llevaban consigo 22 cronómetros. Véase el apéndice a Narrative, para una lista con la calificación de Robert FitzRoy acerca de su funcionamiento. <<

[94] No se ha encontrado esta declaración, aunque las cartas desde el Beagle aclaran que se sintió libre de partir en cualquier momento de su elección. <<

[95] Véase la carta a W. D. Fox, 1.º de agosto [de 1831], n. 2. <<

[96] La coronación del rey Guillermo IV el 8 de septiembre de 1831. <<

[97] Robert FitzRoy era sobrino de George Henry FitzRoy, 4.º duque de Grafton. Charles Gordon Lennox, 5.º duque de Richmond, era un pariente más lejano. <<

[98] La Ley de Reforma no se promulgó hasta junio de 1832, pero en marzo de 1831 pasó su segunda lectura en la Cámara de los Comunes. Tal fue la ocasión del júbilo general. <<

[99] Armero de Shrewsbury. <<

[100] Philip Gidley King. <<

[101] Simpiesómetro es un tipo de barómetro con gas en vez de un vacío en el tubo sobre el líquido. <<

[102] CD habrá llegado a esta conclusión porque oyó que el Museo Británico dejó sin describir muchos de los especímenes que depositaron en él. Uno de los casos fue el de las muestras botánicas que el capitán Philip Parker King trajo en el primer viaje. <<

[103] Véase la carta a Susan Darwin [4 de septiembre de 1831], n. 6. Susan por lo visto no logró localizar los artículos. <<

[104] Poole 1825, una farsa popular. <<

[105] Syme 1814. La obra contiene láminas de diferentes tintas para identificar los colores de los especímenes recolectados. Un ejemplar de la segunda edición (1821) se encuentra en la Darwin Library-CUL. <<

[106] Los timbres de derechos para un certificado de caza. Véase Munsche 1981. <<

[107] Henry Porter Lowe estaba en Barmouth en agosto de 1831 con su hermano menor Robert Lowe. En cuanto a los recuerdos de Robert Lowe sobre CD en Barmouth, véase Martin 1893, 1: 19-20; citado en Barrett 1974<<

[108] Parece que CD envió los fungi a Henslow (véase carta a J. S. Henslow, 28 [de septiembre de 1831]). Un anuncio impreso de donaciones recibidas por el Botanical Museum and Library de Cambridge, fechadas el 25 de marzo de 1832, menciona «Phallus impudicus, var?... C. Darwin, Esq». Sin embargo, no se ha localizado ningún artículo escrito por Henslow al respecto. <<

[109] Probablemente Richard a'Court Beadon. <<

[110] Se refiere a un párrafo tachado: «Se olvidaron de la llave del microscopio: pero no importa; pronto lo abriremos. Adiós./Amor para todos / Charles Darwin» (véase la carta a Susan Darwin [9 de septiembre de 1831]). <<

[111] La carta iba dirigida a Whitley por la oficina postal de Barmouth. <<

[112] Brewster 1826, 1823. <<

[113] Beechey 1831. Un ejemplar de otra edición (Filadelfia 1832) está en la Darwin Library-CUL. No tiene anotaciones. El ejemplar que utilizó CD durante el viaje del Beagle fue probablemente el de FitzRoy (véase carta de Robert FitzRoy, 23 de septiembre de 1831). <<

[114] John Frederic Daniell. <<

[115] Reginald Heber, quien, como obispo de Calcuta, viajó por toda la India (véase Heber 1828). <<

[116] Para la respuesta de Sedgwick, véase la carta fechada el 18 de septiembre de 1831. <<

[117] Charles Musters, a quien anotó en la lista el capitán FitzRoy como «Voluntario de 1.ª clase» (Narrative 2: 20). <<

[118] Para una descripción detallada del Beagle, véase Darling 1978. <<

[119] El compañero de camarote de CD fue John Lort Stokes, contramaestre y agrimensor asistente. <<

[120] El Louth and Boston Mail llegaba a las dos y media cada madrugada desde Londres; la diligencia del Rising Sun a Birmingham partía a las 6 de la mañana (Cambridge University Calendar, 1831). <<

[121] La Hoop Inn, en Cambridge. <<

[122] Probablemente Sedgwick se refiere a Daubeny 1826 como particularmente relevante para la geología sudamericana. Un ejemplar muy manchado de la Darwin Library-Down puede ser el que CD llevó en el Beagle (véase Correspondence vol. 1, apéndice IV). Un dibujo a lápiz de las islas volcánicas en la sección sobre las Azores y la nota: «ejemplar de Covington» junto a una nota al pie sobre la traquita son características de las que tomó CD más tarde al laborar sobre la geología del viaje. <<

[123] Jean François d'Aubuisson de Voisins. <<

[124] Abraham Gottlob Werner formuló la llamada hipótesis neptuniana de que las rocas de la corteza de la Tierra se formaron a partir de los depósitos de un océano global. No está claro si Sedgwick se refiere a Aubuisson, An Account of the Basalts of Saxony (1814) o a su más general obra geológica en dos volúmenes, el Traité de géognosie (1819), en el que Aubuisson modificó su neptunismo, aunque no su admiración por Werner como fundador de la ciencia de la geología. Ambos están en la Darwin Library-CUL. La página de portada del Traité lleva la inscripción «C. Darwin HMS Beagle» y tiene más anotaciones que el Account. CD se refiere con frecuencia a él en sus notas geológicas del viaje. No hay pruebas de que CD tuviera también el Account a bordo. <<

[125] Bakewell 1813. <<

[126] Para un buen recuento de las contribuciones de William Lonsdale a la geología y sus tempranas ideas evolucionistas, véase Tasch 1950. <<

[127] Geological Society, Londres 1808. <<

[128] Un libro para niños de una sola hoja enmarcada en cuerno para su protección. <<

[129] CD no fue nombrado miembro de la Geological Society hasta 1836.Véase la carta a J. S. Henslow, 9 de julio de 1836, en la que CD recuerda esta frase como una oferta para hacerlo miembro. <<

[130] Sedgwick dio su informe sobre la geología del norte de Gales a la Cambridge Philosophical Society el 11 de marzo de 1833. Un resumen fue publicado en la Philosophical Magazine 2 (1833): 381. Su hallazgo mayor fue que «los estratos de ese distrito se curvan en sillas y depresiones, de las que salen líneas anticlinales y sinclinales alternadamente, y todas son casi paralelas a la "gran línea anticlinal de Merionethshire"». <<

[131] Watkins era miembro del club de comensales de CD en Cambridge, al que se conocía como el Club Gourmet o, según John Maurice Herbert, el Club de los Glotones. En una carta de reminiscencias dirigida a Francis Darwin, Watkins (entonces arcediano de York) describió al club como aquel en que «nos atracábamos de aves y bestias que nunca antes habían conocido los paladares humanos… Creo que el club llegó a un fin prematuro al esforzarse por comerse una vieja lechuza parda» (DAR 112: A113v-114; véase también LL 1: 168-170). Herbert enumera los miembros del club: además de CD, Watkins y él mismo, eran [Charles Thomas] Whitley, [James William Lucas] Heaviside, [Jonathan Henry] Lovett Cameron, [Robert] Blane y H[enry Porter] Lowe (DAR 112: B70-71). <<

[132] Sección del manuscrito que falta debido a una rasgadura del papel. Véase n. 7. <<

[133] Alexandre Brongniart. <<

[134] Augustin-Pyramus de Candolle. <<

[135] George Henry Cavendish. <<

[136] Probablemente Richard Lister Venables, que estudió en Emmanuel, el colegio de Watkins. Ningún Jack o John Venables aparece en las listas en Alum. Cantab. <<

[137] Un rasgón hecho después de una tachadura anterior con fuerte tinta negra. <<

[138] James Farley Turner. <<

[139] Adam Duncan, nombrado vizconde Duncan desde septiembre de 1831, cuando a su padre lo nombraron conde de Camperdown. <<

[140] Posiblemente William Scurfield Grey. <<

[141] William Royde Colbeck y Ralph Clutton, ambos miembros del Emmanuel College. <<

[142] Posiblemente el reverendo Thomas Smith, del Emmanuel College. Era un «hombre de diez años», o sea un «bachiller que entra a la universidad después de haber alcanzado la edad de 24 años y que asegura haberse dedicado por entero al estudio de la teología, al que se le permitía, si había realizado los ejercicios estatutarios y habían pasado 10 años desde la fecha de su primera admisión, graduarse como Bachiller en Teología sin haber pasado un grado previo» (Winstanley 1940). <<

[143] En su firma leemos «Frederic», pero en Alum. Cantab. se le llama «Frederick» y lo mismo hace Francis Darwin. En la firma de Watkins en una carta que le escribió a Francis en

1882 se lee igualmente «Frederick». <<

[144] Robert McCormick fue el médico de a bordo y, como supone CD, era normal que los de este oficio recolectaran muestras durante el viaje. Cuando FitzRoy trató a CD como el naturalista de facto, McCormick, que tenía razones para asumir que ésta era su función, se sintió colocado «en una falsa posición» y dejó el barco en Río de Janeiro para iniciar el viaje de regreso a Inglaterra (véase carta a Caroline Darwin, 25-26 de abril [de 1832] y J. W. Gruber 1969). Para un breve recuento de la tradición naturalista en la Armada Real, véase Keevil 1957-1963, vol. 4. <<

[145] Las colecciones del médico del barco y de los oficiales eran consideradas propiedad del gobierno. Esto quedaba explícito en las instrucciones del Almirantazgo para el primer viaje del Beagle. «Debe aprovechar toda oportunidad de recolectar y preservar especímenes de todos los objetos de historia natural que puedan ser nuevos, raros o interesantes, y debe instruir al capitán Stokes, y a todos los demás oficiales, que sean diligentes en incrementar las colecciones en cada barco: se entenderá que la suma de todo pertenecerá al gobierno» (Narrative 1: XVII). Las instrucciones para el segundo viaje no mencionan la recolección de especímenes. En una carta fechada el 16 de noviembre de 1837, FitzRoy afirma que el segundo viaje del Beagle «fue el primero empleado en explorar y acotar en el que no se ordenó a los oficiales recolectar, y por lo tanto estaban en libertad de conservar las piezas mejores, o más bien todos los especímenes, para sí» (Correspondence, vol. 2). La política del Almirantazgo parece pues variar con cada viaje. En 1825 (dos años antes del primer viaje del Beagle), cuando Frederick William Beechey partió en el Blossom, las órdenes para recolectar decían: «Usted debe comprender que dos especímenes, por lo menos, de cada artículo deben preservarse para los museos públicos y fuera de éstos el naturalista y los oficiales estarán en libertad de recolectar para sí mismos» (Beechey 1831, p. XIv, Instrucciones del Almirantazgo). El naturalista de este viaje era George Tradescant Lay. Su nombramiento oficial se menciona en las instrucciones. <<

[146] William Burnett, jefe del Departamento Médico de la Armada Real. <<

[147] Véase la carta de George Peacock [c. 26 de agosto de 1831], n. 1. <<

[148] El 15 de septiembre de 1831, Robert FitzRoy le escribió a Francis Beaufort (F. Darwin 1912): «Él [Darwin], el capitán King y yo pensamos ahora que sería mejor en todo y por todo que no aparezca en los libros, sino que debe ir en capacidad estrictamente privada. Sin embargo, estoy igualmente dispuesto a recibirlo de uno u otro modo y le recomendé que preguntara cuál es el plan que ustedes aprobarían. PD: Ha visto sus futuras habitaciones y está satisfecho con ellas». Finalmente, CD parece haber decidido que no se le sacara de los libros. Cierto es que durante el viaje CD habla de pagarle a FitzRoy por su rancho (véase la carta a Caroline Darwin [24 de octubre-24 de noviembre de 1832] y la carta a Catherine Darwin, 8 de noviembre de 1834), pero estas afirmaciones se refieren a los pagos extra por encima de las vituallas proporcionadas por el Almirantazgo. En su carta a J. S. Henslow [5 de septiembre de 1831], CD escribe: «El capitán Beaufort dice que debo estar en la nómina y que esto sólo me costará lo mismo que a los demás oficiales». En su carta a Susan Darwin [5 de septiembre de 1831], dice: «Debo pagar por mi comida lo mismo que el propio capitán: 30 libras al año», y FitzRoy efectivamente aparecía en los libros. Más tarde esto sale a relucir en la afirmación de FitzRoy de que «se le hizo una oferta al señor Darwin de que fuera mi huésped a bordo, lo que aceptó bajo ciertas condiciones; se obtuvo el permiso para su embarque y una orden dada por el Almirantazgo de que debe aparecer en los libros del barco por el aprovisionamiento. Las condiciones que el señor Darwin adujo fueron que debería estar en libertad de dejar el Beagle y retirarse de la expedición cuando lo considerara apropiado y que debía pagar una parte justa de los gastos de mi mesa» (Narrative 2: 19). Aunque esto se escribió cuando el viaje ya había terminado, no es cuestión de que FitzRoy olvidara que CD hubiera pedido ser retirado de los libros. <<

[149] Véase la carta a J. S. Henslow [2 de septiembre de 1831]. <<

[150] El capitán Frederick Wentworth, héroe de Persuasion, novela de Jane Austen (1818). <<

[151] Referencia a la coqueta Lydia Bennet, de Pride and prejudice (1813) de Jane Austen. <<

[152] Una débil frase en el reverso parece decir «C. D. Shrewsbury». La conjetura de la fecha se refiere a la visita de despedida que hizo CD a su padre y hermanas. <<

[153] Posiblemente Charles William Cumberland Mogg. <<

[154] Francis Owen, hermano pequeño de Sarah y Fanny Owen. <<

[155] Head 1826. <<

[156] Un higrómetro inventado por John Frederic Daniell en 1820 que posibilitaba mediciones precisas de la humedad de la atmósfera. <<

[157] Error por pantógrafo, un aparato para copiar dibujos a distintas escalas. <<

[158] Sarah, la hermana de Fanny, se casaría al poco tiempo con Edward Hosier Williams (véase carta de Fanny Owen, 2 [de diciembre de 1831]). <<

[159] Charlotte Salwey. <<

[160] Mount Edgcumbe es una mansión del siglo XVI en la península de Cornuailles. <<

[161] El alfiler insertado en la carta se conserva en la Cambridge University Library (DAR 204: 61). <<

[162] La dirección de casada de Sarah. <<

[163] Robert Brown hizo importantes observaciones microscópicas, entre ellas el descubrimiento del movimiento browniano. Véase Autobiography, donde CD relata reminiscencias de Brown. En una carta del 26 de marzo de 1848 a Richard Owen (New York Botanic Garden), CD compara un microscopio que acaba de comprar con «el que usé a bordo del Beagle y que me recomendó R. Brown». Con toda seguridad es el microscopio Bancks que ahora está en la Down House (véase carta a Susan Darwin [6 de septiembre de 1831], n. 1). El de CD es una versión mejorada del propio instrumento de Brown, también fabricado por Bancks, que ahora puede verse en la Linnean Society. <<

[164] Richard Thomas Lowe, que residía en Madeira en esa época, era el autor de una obra sobre la flora y la fauna de esa isla (Lowe 1833, léase el 15 de noviembre de 1830). Tormentas marinas impidieron que el Beagle anclara en Madeira, de modo que CD no se encontró con Lowe. <<

[165] Andrew Smith. <<

[166] Durante esta visita CD fue a Maer a despedirse de los Wedgwood, donde su relato del viaje proyectado provocó dudas, por lo visto. El 29 de septiembre, su primo Hensleigh Wedgwood le escribió a su prometida, Fanny Mackintosh: «Me pregunto por qué Charles no ha perdido su entusiasmo por la expedición. Dice que la Patagonia, a donde se dirigirán primero, tiene el clima más detestable del mundo, que llueve incesantemente y que es un inmenso piélago sin un árbol a la vista. Los nativos se comerán infaliblemente si les da la oportunidad. Tienen algunos patagones amaestrados que llevarán de regreso y que prometieron abandonar el canibalismo, pero no creen ni una palabra de sus promesas. Así que su modo de proceder será anclar cerca de la costa y permanecer ahí dos o tres semanas hasta que hayan estudiado el país y entonces cambiarán de sitio. Es toda una empresa ir a pesar de relatos tan descorazonadores» (B. y H. Wedgwood 1980). <<

[167] John Clements Wickham, primer teniente en el Beagle. <<

[168] Augustus Earle, un artista contratado por FitzRoy como dibujante para el viaje. El 19 de noviembre de 1831, FitzRoy informó a Beaufort: «Los señores Earle y Darwin son los adecuados, entre todos, para su empleo, y le aseguro que Darwin hasta ahora no ha mostrado un solo rasgo por el que no me sienta contento cuando reflexiono acerca de todo el tiempo que habremos de estar juntos» (F. Darwin 1912). <<

[169] CD no llegó a Devonport hasta el 24 de octubre («Beagle» Diary). <<

[170] Tahití. <<

[171] No se ha encontrado ninguna carta de CD a Fanny Owen. <<

[172] CD llevó consigo un conjunto de barómetros aneroides. Las tablas para su uso, con las notas de CD, están en Jones's Companion to the Mountain Barometer & Tables en

DAR 196.2. <<

[173] George Leonard Jenyns. <<

[174] Charles Philip Yorke, conservador, candidato contrario a la Ley de Reforma en las elecciones de Cambridgeshire. Fue derrotado por Richard Greaves Townley de Fulbourn, Cambridgeshire (Cambridge Chronicle, 4 de noviembre de 1831). <<

[175] Seguramente CD se refiere a Robert McCormick, el cirujano de a bordo, aunque no era M. D. Para una apreciación hecha con más simpatía, véase Keevil 1943. <<

[176] Henry William Askew. <<

[177] Daniel Darnell. <<

[178] El copista leyó «octubre 21», pero CD no llegó a Devonport hasta el lunes 24 («Beagle» Diary). <<

[179] Edward John Ash, tutor y administrador del Christ's College. <<

[180] En inglés: raree-show: «Una exhibición dentro de una caja; un peep-show». «Esta palabra [raree-show] está formada a imitación de cómo los extranjeros pronuncian rare show (Johnson)» (OED). <<

[181] George Henslow, segundo hijo de John Prentis Henslow, murió el 1.º de noviembre de 1831 (Gentleman's Magazine [1831], 2). <<

[182] El almirante Sir Manley Dixon. <<

[183] William Snow Harris, conocido como «Rayos y Truenos Harris» por sus experimentos con los conductores de la luz. Para un informe de Robert FitzRoy sobre la eficiencia de la instalación en el Beagle, véase Narrative, apéndice<<

[184] Charles Hamilton Smith. <<

[185] John Parker, primer conde de Morley, y su hijo, Edmund Parker, vizconde Borringdon. <<

[186] Probablemente una referencia al descubrimiento de tierra en el círculo antártico por John Biscoe, en 1831. Biscoe exploró los mares del sur en interés de la cacería de ballenas y focas para la empresa de Enderby de Londres (EB, «Polar regions»). <<

[187] Las modificaciones ordenadas por el capitán FitzRoy aparecen descritas en Narrative 2: 17-18. Para un análisis de la reconstrucción del Beagle con el fin de equiparlo para un viaje de exploración, véase Darling 1978, J. A. Sulivan 1979 y Stanbury 1979; acerca de su servicio activo, véase Thomson 1975. <<

[188] Las instrucciones del Almirantazgo, en un memorando al capitán Beaufort, se reproducen en Narrative 2: 24-40. <<

[189] Los cronómetros (22, no 24 como afirma CD) y las mediciones que se tomaron con ellos durante el viaje se describen en el apéndice a Narrative. Para la supervisión y reparación de los aparatos, FitzRoy contrató, por su cuenta, a George James Stebbing, hijo de un fabricante de instrumentos matemáticos de Portsmouth (Narrative 2: 19 y apéndice). <<

[190] En sus reminiscencias del viaje de estudio por Barmouth en 1828, John Maurice Herbert escribió a Francis Darwin: «Veo que no tiene un interés natural por las matemáticas, ya que dejó su estudio de las matemáticas antes de haberse aprendido la primera parte del álgebra, con una lucha especial con los números irracionales y los teoremas binomiales» (DAR 112: B62). <<

[191] Lowe 1833. Contiene seis láminas: 1-4 de flora por Miles Joseph Berkeley; 5-6 de conchas por George Brettingham Sowerby Jr. <<

[192] La boda de Sarah Owen y Edward Hosier Williams. <<

[193] Fluyó la bebida. [T.] <<

[194] Dryden Robert Corbet de Sundorne Castle, Shropshire. [Dry sería algo así como «seco, o frío, o avariento». T.] <<

[195] Posiblemente en «español» [así], en el original. [T.] <<

[196] El miércoles anterior a Navidad en 1831 fue el 21 de diciembre. <<

[197] Un vendaval obligó al Beagle a regresar a Plymouth el 11 de diciembre. «Sufrí tremendamente; nunca había pasado una noche así, por todas partes sólo malestar» («Beagle»

Diary). <<

[198] La novela sobre el mar de James Fenimore Cooper, The Red Rover, a Tale (1827). <<

[199] Nueva referencia a Persuasion, de Jane Austen. [T.] <<

[200] Debe referirse al lunes 12 de diciembre, ya que el otro lunes (el 19) sucedió antes de que se empezara la carta. <<

[201] Sarah Owen se casó con Edward Hosier Williams, de Eaton Mascott, cerca de Shrewsbury, el 22 de noviembre de 1831.Véase la carta de Fanny Owen, 2 [de diciembre de 1831] y la n. 1. <<

[202] La familia Corbet, de Sundorne Castle, Shropshire (véase el Burke's Landed Gentry 1879) y la familia Corbet de Acton Reynald, Shropshire (véase el Burke's Peerage 1980). <<

[203] Robert de Bruce I, rey de Escocia. <<

[204] Esta frase es una cita errada de una línea del acto 3.º del libreto de Nahum Tate de la ópera de Henry Purcell Dido and Aeneas (1689); el libreto dice: «Levando anclas, desplegando velas». <<

[205] El doctor Thomas Dugard era médico de la Shrewsbury Infirmary (Gentleman's Magazine n. s. 14 [1840]: 556). Sir Rowland Hill y Anne Clegg, «con la que tuvo una gran fortuna que disipó», se casaron el 21 de julio de 1831 (Complete Peerage). Véase también la carta de William Mostyn Owen Sr., 1.º de marzo de 1832. <<

[1] Robert Myddelton Biddulph. <<

[2] Castillo fronterero galés cerca de Denbigh, Gales del norte. La casa paterna de la familia Myddelton Biddulph. <<

[3] Para las intenciones de Hill de proponerle matrimonio a Fanny Owen, véase la carta de Susan Darwin, 12 de febrero[-3 de marzo] de 1832. <<

[4] En 1831 se logró confinar el cólera sobre todo al norte de Inglaterra y a Escocia; sólo en Newcastle hubo 934 casos, de los que 294 fueron fatales. A medida que la epidemia se expandió, el rey lanzó una proclama en el sentido de que el 21 de marzo se observara por todo Inglaterra como un día de ayuno. Para un recuento de la epidemia, véase Annual Register, 1832<<

[5] El teniente coronel Thomas Brereton fue enjuiciado por faltar a su deber de proteger a Bristol durante los disturbios de 1831. El capitán Warrington fue hallado culpable de no dar las órdenes a sus tropas de que salieran contra los alborotadores. (Gentleman's Magazine 102.1 [1832]: 84, 171). <<

[6] Barrow 1831. <<

[7] Richard Matthews, enviado por la Church Missionary Society a acompañar a los fueguinos y establecer una misión en Tierra del Fuego. <<

[8] La residencia de Lady Gifford, de soltera Harriet Drewe, estaba en Roehampton. Era pariente de los Wedgwood, los Mackintosh y los Darwin por su madre, Caroline Allen. <<

[9] La designación de Hensleigh Wedgwood como magistrado de la policía en diciembre de 1831 hizo posible su boda con Fanny Mackintosh (Emma Darwin 1: 242-243). <<

[10] Amigos de Fanny Mackintosh (ibid., 1: 186). <<

[11] Edward Hall Alderson, casado con Georgina Drewe, la hermana de Lady Gifford. <<

[12] Algernon Langton. <<

[13] William, segundo conde de Craven. En diciembre de 1832, Charles Langton obtuvo una parroquia gracias a él como rector de Onnibury, Shropshire (Emma Darwin 1: 254). <<

[14] Cresselly en Pembrokeshire, casa paterna de John Bartlett Allen. <<

[15] Leones son aquellas personas de gran importancia o influencia admiradas como celebridades. [T.] <<

[16] Ram Mohan Roy, un abogado de las reformas sociales y religiosas en la India, fue encumbrado (convertido en león) por los liberales ingleses. <<

[17] En la Universidad de Cambridge, el wrangler era quien obtenía mejores calificaciones en matemáticas dentro de un concurso general que incluía todas las materias dadas. Se consideraba que el ser honorado por las matemáticas era el máximo honor dentro de los distintos colegios. [T.] <<

[18] Una referencia al conservadurismo leal de Robert FitzRoy. <<

[19] Francis Legatt Chantrey. Sin embargo, el medallón de Marmaduke Ramsay fue realizado por Joseph Theakston, quien, además de producir su propia obra, fue empleado por Chantrey. <<

[20] Thomas Worsley. Fue elegido director de Downing en 1836 y sirvió hasta su muerte (Alum. Cantab.). <<

[21] Richard Dawes. <<

[22] Thomas Phillips. <<

[23] William Buckland. <<

[24] William Whewell fue designado profesor de mineralogía en 1828 después de la renuncia de John Stevens Henslow a la cátedra en 1827 (véase Winstanley 1940). <<

[25] William Hallowes Miller sucedió a Whewell como profesor de mineralogía y siguió en la cátedra hasta 1880. <<

[26] En una carta personal desde Bahía del 5 de marzo de 1832 (véase F. Darwin 1912), Robert FitzRoy le escribió a Francis Beaufort al Almirantazgo: «Se enfermó terriblemente hasta que pasamos Tenerife, y a veces dudé de que su fortaleza se mantuviera después de tal principio de campaña. Sin embargo, en cuanto pudo pararse sobre sus piernas se mostró ansioso de ponerse a trabajar, y un niño con un nuevo juguete no habría estado tan encantado como lo estuvo en São Thiago. Fue raro oírle decir cuando partimos de Porto da Praia: "Bien, me alegra que estemos de nuevo tranquilos en el mar, ya que podré arreglar mis colecciones y ponerme a trabajar más metódicamente". Se había sentido muy triste de no poder desembarcar en Tenerife ni ver Madeira, pero no hubo otra alternativa». Para otras reminiscencias del mareo de CD por sus compañeros de navegación John Lort Stokes y Alexander Burns Usborne, véase LL 1: 224. <<

[27] En su informe oficial a Beaufort del 4 de marzo de 1832 (F. Darwin 1912), FitzRoy escribió: «El señor Darwin ha encontrado mucho en qué ocuparse, tanto en el mar como en tierra; ha obtenido cantidad de pequeños habitantes curiosos del océano por medio de una red hecha de tela gruesa, la cual podría llamarse una red de arrastre superficial o flotante, así como buscando por la costa y tierra adentro. Se ha encontrado con labores mucho más interesantes por el lado de la geología en Porto da Praia de lo que había pensado. Por la forma en que se empeña en sus ocupaciones, por su buen sentido, disposición para la investigación y costumbres regulares estoy cierto de que usted sentiría la mayor satisfacción al pensar en que una persona así está a bordo del Beagle y con la certeza de que se toma las mayores molestias para aprovechar al máximo el tiempo y las oportunidades». <<

[28] Francis Sacheverel Darwin casó con Jane Harriet Ryle en 1815; fue nombrado caballero en 1820. La «residencia montañosa» estaba en Sydnope, Derbyshire. <<

[29] La familia de Samuel Tertius Galton. <<

[30] La novela de Henry Fielding (1742). <<

[31] En la terminología de los Darwin «brincarse los párrafos aburridos». [T.] <<

[32] Un lomerío, el más alto del condado, en el Shropshire sudoccidental. <<

[33] CD menciona la mina de grava en la Autobiography, donde recuerda la reacción de Adam Sedgwick al decirle que una concha tropical fue hallada en ella: «Si fue enterrada en ella, esto sería muy desafortunado para la geología, ya que daría al traste con todo lo que sabemos acerca de los depósitos superficiales de los condados de tierra adentro». CD continuó: «Nada me hizo darme cuenta antes... de que la ciencia consiste en agrupar hechos de tal modo que las leyes o conclusiones generales puedan extraerse a partir de ellos». <<

[34] Aqualate Mere es una laguna en el límite occidental de Staffordshire, cerca de la ciudad comercial de Newport. <<

[35] La Cámara de los Comunes votó el acta de Refor ma el 23 de marzo. Se convirtió en

ley el 7 de junio de 1832. <<

[36] Palabra dialectal, scrattle; utilizada por los Darwin tiene el sentido por lo común de mantener las cuentas o ser ahorrador (véase Emma Darwin 1: 139). <<

[37] La frase que sigue después de «islas Pitcairn» fue tachada: «Me temo que no existe la posibilidad de que lo tengas contigo». <<

[38] Onslow, cerca de Shrewsbury, era la casa solariega del coronel John Wingfield (Burke's Landed Gentry 1952). <<

[39] «Ha muerto» fue agregado entre líneas. <<

[40] Henry Peter Brougham, barón de Brougham y Vaux, dio un famoso discurso sobre la segunda lectura de la Ley de Reforma. <<

[41] John Charles Spencer, vizconde de Althorp. Líder de los liberales en los Comunes, organizó la aprobación de la Ley de Reforma en esa cámara. <<

[42] Mongers: Los partidarios de los «distritos despoblados». Unos 200 (cerca de la mitad) de los llamados escaños «nominativos» fueron eliminados por la Ley de Reforma. Los obispos temieron que la reforma resultara en la desestabilidad de la Iglesia. <<

[43] Probablemente una referencia a Frederick William Hope, amigo entomólogo de CD. <<

[44] Charlotte Salwey. <<

[45] Isaac Onslow Secker. <<

[46] Robert Wedgwood. <<

[47] Mark Briggs y Anne Latham se casaron el 31 de marzo de 1832 (registro matrimonial de St. Chad, Shrewsbury). Mark era el cochero de la familia Darwin (Emma Darwin [1904] 2: 13). <<

[48] Los Sneyd de Keele, Staffordshire, eran amigos de la familia Darwin. <<

[49] Quizá CD pensaba en la afirmación de Alexander de Humboldt acerca de que La Guaira, Venezuela, con una temperatura al anochecer de 26.2° «es uno de los lugares más cálidos de la tierra» (Humboldt 1814-1829, 1: 378). <<

[50] Philip Gidley King recordó el hecho muchos años después de la siguiente manera: «Aunque el señor Darwin sabía poco o nada de las cuestiones náuticas, un día ofreció sus servicios al teniente primero. La ocasión fue cuando el barco entró en Río de Janeiro. Se decidió hacer una exhibición de habilidad en acortar las velas ante los numerosos buques de guerra anclados… Se le dijo al señor Darwin que sostuviera un juanete mayor en cada mano y el puño de escota del mastelero de gavia con los dientes. A la orden de "Acortar velas" debía dejarla ir y tomar cualquier cuerda que viera suelta, lo cual hizo y gozó todavía de la diversión mucho después, cuando señaló que "la hazaña no hubiera podido lograrse sin él"» (Notas redactadas para la nueva edición de John Murray [1890] del Journal of Researches. Ejemplar en DAR 107: 16). <<

[51] Patrick Lennon (véase «Beagle» Diary). <<

[52] William Smyth. <<

[53] Mary Somerville. Su adaptación, Mechanism of the Heavens (1831), de la Mécanique céleste de Pierre-Simon, marqués de Laplace, la volvió famosa. <<

[54] William Rowan Hamilton, que aquí se quiere distinguir de William Hamilton, el metafísico y lógico escocés. <<

[55] Mary Frere, esposa de William Frere, director del Downing College. <<

[56] Juego de palabras entre el inglés y el griego, entre poll y?? p?????. [T.] <<

[57] Charles James Eyton y William Archibald Eyton. <<

[58] Un juicio promovido por Thomas Broughton Streye contra John Offley Crewe «por adulterio con la esposa del quejoso» (The Times, 21 de marzo de 1832). <<

[59] La palabra inglesa es ratting: «Desertar de los principios del propio partido» (OED). <<

[60] Lord Monboddo fue el título de cortesía aplicado a James Burnett, juez escocés, que creía que los hombres en su origen tenían colas, las cuales fueron perdiendo por el hábito de sentarse. <<

[61] Bory de Saint-Vincent 1822-1831. El conjunto propiedad de CD se conserva en la Darwin Library-Down. El volumen 17, Atlas. Illustrations des planches, carece de láminas. <<

[62] John Keats, «Ode on a Grecian urn» (1819). <<

[63] Una puesta del Te Deum escrito por Händel para celebrar la victoria de Dettinghen, 26 de junio de 1743 (Grove 1980, 8: 121). <<

[64] Joseph Romilly. <<

[65] Temple Chevallier. <<

[66] William Hustler. <<

[67] Edmund Sharpe. Estudió arquitectura en Francia y Alemania con una Worts Travelling Fellowship (DNB). <<

[68] Whewell 1835. <<

[69] La palabra inglesa es wind, «ahorrar dinero» (OED). <<

[70] La frase en inglés dice: «And I now can take the wall of my Tailor». Y la nota de los editores ingleses concluye con una cita del Romeo y Julieta (1.1.10-11) de Shakespeare: «I will take the wall of any man or maid of Montague's» (edición Arden). La edición de Maucci (Barcelona, 1962) agrupa a los traductores en la página 6 (Marcelino Menéndez Pelayo, L. Fernández Moratín, A. Blanco Prieto y José Arnaldo Márquez), pero una pequeña investigación nos dice que el traductor de Romeo y Julieta fue don Marcelino Menéndez Pelayo, y dice así: «Cuando topo de manos a boca con hembra o varón de la casa de los Montescos, pongo pies en pared». «¡Yo le tomaré la acera a todo criado o doncella de los Montescos!» es la versión de Luis Astrana Marín (Espasa-Calpe, Buenos Aires, 1939). [T.] <<

[71] En español en el original [T.] <<

[72] El primer marido de Mary Somerville, que murió en 1807, fue el capitán Samuel Greig (Somerville 1873). <<

[73] Robert McCormick declaró que sus razones para regresar eran las siguientes: «Habiéndome encontrado en una falsa posición a bordo de un pequeño y muy incómodo barco, y absolutamente decepcionado respecto de mis esperanzas de llevar a cabo mis labores de historia natural, habiéndoseme puesto todos los obstáculos en la forma de desembarcar y hacer mis colectas, obtuve permiso del almirante al mando estacionado en este lugar para ser sustituido y proporcionarme un pasaje de regreso en el H. M. S. Tyne» (McCormick 1884, 2: 222). Benjamin Bynoe, el médico asistente, sirvió como tal el resto del viaje. <<

[74] Alexander Derbishire, contramaestre del Beagle (Narrative 2: 19). <<

[75] Venta o taberna [T.] <<

[76] Error por «mayo». El Beagle partió para Bahía el 10 de mayo (véase «Beagle» Diary). <<

[77] Narrative 2: 75: «Puesto que encontré que existía una diferencia, más de cuatro millas de longitud, entre la distancia del meridiano de Río a Bahía, determinada por la expedición francesa bajo el barón Roussin y la medida por el Beagle, y no siendo capaz de detectar ningún error u omisión por mi parte, resolví regresar a Bahía y comprobar si la medición del Beagle era incorrecta». La medición de Robert FitzRoy entre Bahía y Río se confirmó «incluso por segunda vez» (ibid). <<

[78] Véase Keynes 1979, (Narrative 2: 76-77), para el recuento de las muertes por el capitán FitzRoy. <<

[79] Después del viaje, los especímenes de insectos de Darwin fueron descritos por Charles Cardale Babington, Frederick William Hope, Francis Walker, George Robert Waterhouse y Adam White. Véase Collected Papers 2: 295-300. <<

[80] Claude Lorrain. <<

[81] Albert Way. <<

[82] Viuda del vicario de Highbury, en la novela de Jane Austen Emma (1816). <<

[83] La frase en itálicas es eco de un aforismo de Samuel Johnson (Boswell 1791, 2: 21):

«Un barco es peor que la cárcel. En una cárcel hay un aire más sano, una mejor compañía, todo es más conveniente, y un barco tiene la desventaja adicional del peligro latente». <<

[84] La palabra inglesa es writer: «Un amanuense al servicio de la antigua East India Company» (OED). <<

[85] Mackintosh 1830-1832. <<

[86] Henslow extrajo pasajes de muchas de las cartas de CD, incluyendo ésta, y, sin su conocimiento, los leyó en la Cambridge Philosophical Society. Los extractos fueron entonces publicados con algunos cambios editoriales, por lo común menores, en un panfleto impreso en forma privada por la Sociedad (Henslow 1835, Collected Papers 1: 3-16). <<

[87] Las primeras notas de campo de CD (núm. 1.4, ahora en Down House) contienen observaciones geológicas de las islas de Cabo Verde (mencionadas brevemente en Voyage). Notas más detalladas aparecen en el manuscrito «Diary of observations on the geology of the places visited during the voyage, Part 1» (DAR 32: 15-38). Las muestras mineralógicas de Cabo Verde se describen en Harker 1907. Toda la colección se guarda ahora en el Department of Earth Sciences, Cambridge University. <<

[88] «Me llevé el primer volumen de los Principles of Geology de Lyell (C. Lyell 1830-1833), que estudié atentamente, y este libro me sirvió de mucho y de muchas maneras. El primer lugar que examiné, o sea São Thiago en las islas de Cabo Verde, me mostró claramente la superioridad maravillosa de la forma en que Lyell trata la geología en comparación con cualquier otro autor, cuyas obras hubiera tenido conmigo o que haya leído más tarde» (Autobiography). Henslow le había recomendado a CD que se llevara el primer volumen de los Principles de Lyell al viaje, «pero que de ninguna manera aceptara los puntos de vista ahí declarados» (ibid). El ejemplar de CD, preservado en Darwin Library-CUL, lleva la inscripción «Del capitán FitzRoy». <<

[89] Véase Darwin and Henslow, n. 1, para el punto de vista moderno de las rocas de São Paulo. <<

[90] Windham Club. <<

[91] Parece que esto se refiere al grabado francés La forêt de Brésil. Véase la carta a Caroline Darwin, 25-26 de abril [de 1832]. <<

[92] Véase la carta a Charles Whitley [9 de septiembre de 1831], y la carta a Caroline Darwin [28 de abril de 1831]. <<

[93] Frans Snyders. <<

[94] Pueblo de Gwynedd, Gales, a unas millas adentro de Barmouth. <<

[95] William Selwyn, o su hermano menor George Augustus Selwyn. Ambos estudiaron en St John's College con Herbert. <<

[96] El sobrescrito va dirigido a «J. M. Herbert Esqr./ Miembro del St John's College / Cambridge / Para su entrega inmediata». <<

[97] Thomas Hunt. <<

[98] Anne Henrietta Boughey se casó con Everard Robert Bruce Fielding, rector de Stapleton, el 21 de junio de 1832 (Gentleman's Magazine 102.2 (1832): 75-76). <<

[99] Samuel John Galton de Duddeston House, que murió en 1832. <<

[100] Bartholomew James Sulivan. <<

[101] El HMS Thetis, en el que Robert FitzRoy sirvió durante cuatro años (1824-1828), se hundió el 5 de diciembre de 1830. Para el relato de FitzRoy, véase Narrative 2: 67-72. <<

[102] Pennant 1781. Un ejemplar de la tercera edición (1793) está en la Darwin Library-CUL. La portada del volumen uno falta; el volumen dos dice «Charles Darwin 1826» en la guarda. Los dos volúmenes están anotados; las marcas del primer volumen, en el capítulo sobre «Perros», son seguramente de una fecha posterior. <<

[103] Tableaux de la nature (Humboldt 1828), traducción del libro de Humboldt intitulado Ansichten der Natur. No hay ejemplar en la Darwin Library, ni se ha encontrado ninguna referencia en las notas de CD en el Beagle. <<

[104] Falkner 1774. No se ha encontrado ningún ejemplar de CD y probablemente el ejemplar utilizado durante el viaje fue el de FitzRoy. <<

[105] Charles Hughes, de Rodger, Breed and Co., Buenos Aires (nota en el cuaderno núm. 1.12 de CD, Down House). La señora de John Hiram Haycock, madre de Edward Haycock, un prominente arquitecto de Shropshire (Hobbs 1960). <<

[106] El 5 de agosto de 1832, en Montevideo, se pidió la ayuda del capitán FitzRoy para conservar el orden en la ciudad sobre ciertas tropas negras amotinadas. «La tripulación del Beagle no estuvo en tierra más de 24 horas, y no fue llamada a actuar de ninguna manera» (Narrative 2: 95). CD fue uno de los 50 hombres implicados, pero regresó al Beagle esa noche, pues tenía «un fuerte dolor de cabeza» («Beagle» Diary). <<

[107] Henslow extrajo pasajes de esta carta y los publicó en un panfleto de la Cambridge Philosophical Society (véase carta a J. S. Henslow, 18 de mayo-16 de junio de 1832, n. 1). <<

[108] En la misma fecha de esta carta, FitzRoy le escribió a Francis Beaufort acerca del envío de CD: «En este paquebote, el Emulous [CD] envía su primera colección a cargo del profesor Henslow, de Cambridge, en espera de su regreso al país. Supongo que, aunque de pequeñas muestras, es numeroso y valioso y convencerá a los cantabrigios de que su ida no es ociosa» (F. Darwin 1912). <<

[109] Los cuatro catálogos de muestras geológicas de CD se conservan en la Cambridge University Library, a préstamo permanente del Department of Earth Sciences, Cambridge University (DAR 39). En Harker 1907 se describen como «un monumento de la labor paciente. Bajo cada número está una descripción condensada de la roca, tal como se ve ante los ojos y ante la lente, además de los necesarios registros de la localidad y la incidencia. En la página opuesta hay notas adicionales, también redactadas durante el viaje, que dan los resultados del examen con soplete, goniómetro, magneto y botella de ácido». <<

[110] «para mi vergüenza y disgusto». <<

[111] Henslow, en sus extractos de esta carta, omitió «verdaderas» y colocó un signo de interrogación después de «Planariæ». Es claro que dudó de que el género pudiera existir fuera del agua. (Véase la carta de J. S. Henslow, 15-21 de enero de 1833, en la que pregunta si CD ha equivocado las Planariæ de tierra por especies del género Oncidium y la respuesta de CD a J. S. Henslow, 24 de julio-7 de noviembre de 1834). «Oscillaria» de CD cambió a «Oscillatoria». <<

[112] Una alusión al libro de Rudolph Erich Raspe, Baron Münchausen's Narrative of His Marvellous Travels and Campaigns in Russia (1785), que contiene los recuerdos personales de Raspe acerca de Hieronymous von Münchausen. <<

[113] La carta original está en DAR 223: 1.12a. <<

[114] Frances (Fanny) Wedgwood «murió el 20 de agosto de 1832, de edad de veintiséis años, después de una enfermedad de algunos días por cierto ataque inflamatorio» (Emma Darwin 1: 250). <<

[115] Aunque Henrietta Litchfield informa (en Emma Darwin 1: 141 n.) que CD le dijo una vez que «todo lo que llevara chaqueta y pantalones de los ocho a los ochenta años era para Susan una buena pieza de caza», Susan fue la única hermana que nunca se casó. <<

[116] Un monte cerca de Barmouth. <<

[117] El «Diario» (Correspondence vol. 1, apéndice I) registra que CD se quedó tres semanas en Plas Edwards, en el norte de Gales, en 1819. <<

[118] Augustus Earle, el dibujante del Beagle, vivió en Nueva Zelanda y viajó por el Pacífico en 1827. La obra de referencia fue publicada en 1832 (Earle 1832). Véase la carta a Caroline Darwin, 27 de diciembre de 1835, para la reacción de Robert FitzRoy y CD ante su relato de la obra misionera. <<

[119] Edward George Earle Lytton Bulwer-Lytton editó el New Monthly, 1831-1832. <<

[120] John Cressett Pelham fue candidato conservador por Shrewsbury y fue derrotado; en cuanto a South Shropshire, el conde de Darlington y Robert Henry Clive, ambos conservadores, fueron elegidos derrotando a Thomas Whitmore, también conservador; para North Shropshire, Sir Rowland Hill (conservador) y John Coates (liberal) derrotaron a William Ormsby-Gore (conservador) (Hanham 1972). Robert Myddelton Biddulph, como

liberal y partidario de la Reforma, derrotó por poco a Lloyd Kenyon (1805-1869). <<

[121] Robert Wedgwood se convirtió en el rector de Dumbleton, Gloucestershire, pero no antes de 1850; la parroquia estaba bajo el patronazgo de Edward Holland (Alum. Cantab.; Clergy List, Londres 1852). <<

[122] Babbage 1832. <<

[123] Great Ness y Little Ness, pueblos a unas siete millas al noroeste de Shrewsbury. El «Hill» es probablemente Nesscliffe Hill, cerca de Great Ness. <<

[124] Un encuentro para practicar el tiro con arco. <<

[125] Cuvier 1817. <<

[126] Humboldt 1831. La guarda del segundo volumen tiene la inscripción «Chas Darwin Montevideo nov. 1832». Los volúmenes están algo anotados y subrayados, sobre todo a lápiz. Los temas de interés sugieren que las notas fueron hechas después del viaje. En el primer volumen la portadilla tiene la firma de CD y la nota «Las partes interesantes empiezan», «Los Andes». En la portada anotó: «Metafísica». <<

[127] La Personal Narrative completa consta de siete volúmenes. Los volúmenes octavo y noveno del Voyage se dedicaron a la zoología y a la anatomía comparada. No fueron traducidos. <<

[128] Buch 1813. El ejemplar de la Darwin Library-CUL tiene la inscripción «Chas Darwin Montevideo Nov. 1832». No tiene marcas ni anotaciones. <<

[129] Henry George Bohn. <<

[130] La Darwin Library-Down tiene el Systema naturæ, 13.ª ed., al cuidado de J. F. Gmelin (encuadernado en 10 volúmenes) (Linneo 1789-1796) y el Systema vegetabilium, 15.ª ed. (Linneo 1797). La inscripción en este último reza «Erasmus Darwin Christ Coll. 1825». Éste debe ser el volumen mencionado por Erasmus en la carta. En Shrewsbury existía igualmente una traducción inglesa del Systema vegetabilium por Erasmus Darwin (Linneo 1783a; véase King-Hele 1977, y la carta de E. A. Darwin [8 de marzo de 1825]). La Darwin Library-CUL tiene la Philosophia botanica de Linneo (Linneo 1783b), ligeramente anotada. No hay pruebas de que CD la tuviera a bordo del Beagle. Las notas de la guarda se relacionan con intereses botánicos; una de ellas llama la atención: «Maris fundus non destruit semina» («La profundidad del mar no destruye las semillas»). <<

[131] Scoresby 1820. <<

[132] Roderick Impey Murchison. <<

[133] Un Pontesford Hill se examina e ilustra en Murchison 1839. <<

[134] Posiblemente Frederick Thomas Sergeant. <<

[135] Thomas Babington Macaulay fue miembro del Parlamento por Leeds in 1831. Las opiniones enlistadas por Erasmus son las causas liberales típicas de los treinta. En su discurso a los electores de Leeds, Macaulay apoyó la Ley de Reforma como moderado, lo que prevenía que los ministros presentes fueran «sustituidos por radicales incompetentes, viciosos y destructores, que pisotearán a los liberales y a los conservadores por igual» (Annual Register, 1832). <<

[136] Cuerpo político fundado por Francis Place en 1831 y que se dedicó a poner presión sobre la Cámara de los Lores para que aprobara la Ley de Reforma. <<

[137] Frances Anne Kemble, una actriz en el momento cumbre de su éxito. <<

[138] Richard Williams, cuñado de Sarah. <<

[139] Una alusión a que Fanny Owen fue cortejada por John Hill. <<

[140] Anna Maria Bristowe. <<

[141] De las hermanas Wedgwood, sólo la mayor, Sarah Elizabeth (Elizabeth) y la menor, Emma, todavía no se habían casado. <<

[142] En apariencia un desliz por Cryptocephalus. CD habrá mandado lo que pensó que era una nueva especie para que fuera incluida en Stephens 1827-1846. <<

[143] Rennie 1832. <<

[144] The Entomological Magazine, editada por Edward Newman (Londres 1833-1838). <<

[145] El impuesto sobre conchas y otros objetos de historia natural fue levantado en julio de 1825. «An act to repeal certain duties and customs», 6 Geo 4. c. 104.Véase Swanson 1822 para un recuento de las diversas recaudaciones, y Lingwood 1984. <<

[146] En octubre-diciembre de 1832, los británicos y los franceses cooperaron en un bloqueo para obligar a los holandeses a rendir Amberes a la recientemente independizada Bélgica. <<

[147] Jeffry Brock Hall emigró a Canadá y residió en Guelph, Ontario (Alum. Cantab.). <<

[148] George Goldie, M. D. <<

[149] William Venables Vernon Harcourt. <<

[150] Pueblo de Worcestershire, en el límite con Gloucestershire. <<

[151] Thomas Denman. <<

[152] Rice Wynne. <<

[153] El original no nos da ninguna explicación de la discrepancia entre el día al término de la carta, que desde luego es de la mano de Caroline, y el sello de la oficina de correos, «SE 19 1832», en la cubierta. Sólo podemos suponer que Caroline quiso escribir martes 18 y lo confundió con el martes 25. <<

[154] El sello postal, «SE 28 1832», y la evidencia interna dan motivo para sostener que la carta fue escrita el 27 de septiembre y fechada por error el 27 de octubre. <<

[155] No se ha podido identificar a Wilcox. <<

[156] Recuérdese que en esa época el pretendiente al trono español, don Carlos de Borbón, andaba aprestándose a la lucha desde el exilio en Portugal después de que Fernando VII aprobara la Pragmática Sanción (1830) derogando la ley sálica. [T.] <<

[157] Audubon 1827-1828. <<

[158] No se trata del famoso cometa Halley, que apareció en 1835, sino de uno que fue visible durante octubre y noviembre de 1832. The Times del 12 de octubre de 1832, contiene una carta de John Herapath acerca de los cometas en general y de éste en particular. Mucha gente atribuyó el calor fuera de tiempo a su cercanía. <<

[159] CD se refiere al país entre cabo San Antonio y Bahía Blanca en la parte meridional de la provincia de La Plata. La provincia de Patagonia no se extiende tan al norte, más allá del río Colorado. <<

[160] Robert FitzRoy pagó por el alquiler de dos botes, el Liebre y el Paz, de su propio bolsillo. Su esperanza de que el Almirantazgo le rembolsara se vio frustrada. Véase Mellersh 1968, y Narrative 2: 109-111. <<

[161] En Punta Alta, cerca de Bahía Blanca, CD desenterró huesos fósiles del Megatherium, un perezoso gigante y varios mamíferos extintos no descritos hasta entonces (véase «Beagle» Diary). Más tarde fueron descritos y bautizados por Richard Owen en Fossil Mammalia. Aunque CD sabía que muchos de sus fósiles sudamericanos eran nuevos, sus identificaciones eran inevitablemente vagas y a veces equivocadas, como cuando no pudo distinguir entre el Megatherium de otras formas edentadas descritas más tarde por Owen como Toxodon, Mylodon y Glossotherium. <<

[162] Los naturalistas de la época pensaban que el Megatherium tenía una armadura dorsal, un error que se originó según parece en Georges Cuvier, que lo bautizó y describió (Cuvier 1812) por los huesos matritenses a los que se refiere CD (véase Judd 1911). La capa ósea pertenecía a un Glyptodon, pariente del armadillo actual. <<

[163] En ese tiempo, CD escribió en su «Zoological diary»: «En la cacería de un día se encontraron 64: 44 de ellos estaban en dos nidos, los otros 20 esparcidos. Parece raro que se produjeran tantos de estos últimos sin un fin determinado» (DAR 30: 112v). <<

[164] Head 1826. <<

[165] El teniente Robert Nicholas Hamond, que había sido contramaestre con FitzRoy en el Thetis, fue transferido al Beagle en Montevideo del Druid, del cual era contramaestre. Poco después de la muerte de CD, Hamond le escribió a Francis Darwin la siguiente remembranza hasta ahora inédita: «Tengo los recuerdos más gratos y felices de tu padre

durante el corto tiempo en que lo traté en el Beagle, por el hecho de haberse juntado conmigo en nuestra petición al capellán de Buenos Aires, donde estábamos residiendo, de que nos administrara el sacramento de la Santa Cena antes de irnos a Tierra del Fuego. Ambos éramos jóvenes y veíamos este rito como lo hacían y hacen muchos jóvenes, como supongo que lo hacen ahora, como una especie de voto que nos condujera a una mejor vida. Nuestra petición recibió una respuesta tan fría que la necesidad nos llevó a comprometer a otros a que fueran con nosotros; este propósito nuestro no pudo cumplirse, pero mostró una actitud que me da gusto recordar. Desde luego, fue un episodio de nuestra vida demasiado delicado para mencionarlo en público» (DAR 112: A54). <<

[166] Hasta aquí llega el original conservado. [T.] <<

[167] Pasajes de esta carta fueron extractados por Henslow y publicados en un panfleto de la Cambridge Philosophical Society. Véase carta a J. S. Henslow, 18 de mayo-16 de junio de 1832, n. 1. <<

[168] Según el «Beagle» Diary y la bitácora meteorológica de FitzRoy, el Beagle seguía navegando el 24 y el 25 de octubre. La fecha más cercana de su llegada a Montevideo sería la noche del 25. <<

[169] Alcide Charles Victor Dessalines d'Orbigny. De 1826 a 1833 viajó por toda Sudamérica recogiendo especímenes para el Muséum d'Histoire Naturelle. Publicó sus resultados en Orbigny 1835-1847. <<

[170] Descritos en Fossil Mammalia, por Richard Owen, quien los identificó como subgéneros distintos de Edentata megateroides, a los cuales llamó Mylodon darwinii. Las «últimas observaciones» se refieren a las notas de los periódicos ingleses del fósil de Megatherium hallado por Sir Woodbine Parish en 1831 (véase carta a J. S. Henslow, 11 de abril de 1833, n. 7). <<

[171] Después del viaje, al discutir el origen de ciertos puntos de la evolución, CD citó con frecuencia la relación de las especies vivas como el armadillo con los fósiles sudamericanos como importantes para sugerir la posibilidad de la trasmutación (p. ej., Autobiography). Algunas de estas referencias han desembocado en el punto de vista de que CD llegó a la hipótesis durante el viaje. La mayoría de los estudiosos, sin embargo, sostienen ahora que la «conversión» a la evolución sucedió después de su llegada a Londres. Véase Sulloway 1982b para un análisis de los diversos puntos de vista. Sulloway convence cuando dice que CD vio la importancia evolucionaria de sus colecciones después de que sus especímenes ornitológicos y fósiles fueron clasificados por John Gould y Richard Owen. <<

[172] Las etiquetas llevaban numeraciones que se correspondían con sus catálogos de especímenes. <<

[173] Orbigny bautizó a 20 especies de conchas, todas de especies vivas, recogidas por CD de las formaciones de Punta Alta (véase South America). <<

[174] William Sharp Macleay. En su Horæ entomologicæ (Macleay 1819-1821), propuso el sistema quinario de clasificación en el que los cinco principales grupos animales se representaban mediante «círculos de afinidad». Para representar la continuidad de las formas, los círculos se disponían en un gran círculo en el que cada uno era contiguo o «inosculante» con los demás. Loren Eiseley citó el uso de Darwin de la palabra «inosculante» como evidencia de una deuda temprana no reconocida con Edward Blyth, pero el sistema de Macleay y su vocabulario eran bien conocidos de CD mucho antes de que conociera a Blyth. Véase Eiseley 1959 y S. Smith 1968. El ave inosculada fue identificada como Tinochorus rumicivorus en Birds<<

[175] Paradise Lost 4. 799-800. CD llevaba un ejemplar de los poemas de Milton consigo durante el viaje. <<

[176] Syme 1821. <<

[177] John Allen Wedgwood. <<

[178] Penny Magazine of the Society for the Diffusion of Useful Knowledge (1832-1845) y The Saturday Magazine. <<

[179] «A flitch of bacon»: La palabra flitch sólo se usa, hoy, en conexión con el costado

del puerco salado y curado, y en relación con esta frase. El premio de una lonja de tocino a las parejas casadas que pueden jurar que no se han arrepentido de su matrimonio durante un año y un día es una vieja tradición, cuyos remanentes todavía sobreviven en algunas zonas aisladas de Inglaterra. Véanse los datos históricos en Wikipedia, «Flitch of bacon custom». [T.] <<

[180] Fechada durante el viaje del Beagle de Buenos Aires a Montevideo, de acuerdo con el «Beagle» Diary<<

[181] The Literary and Philosophical Society of Manchester, fundada en 1781. Para un examen del contexto cultural de su fundación, véase Thackray 1974. <<

[182] John Dalton fue presidente de la Manchester Society, 1817-1844. <<

[183] William Charles Henry. Su ponencia no fue publicada en las memorias de la Sociedad. <<

[184] Constantine John Phipps, segundo barón Mulgrave, encabezó una expedición polar en 1773. <<

[185] Herbert intentó escribir en griego «Ρat???????»: «por excelencia», «preeminente». <<

[186] John Murray sí se convirtió en editor de CD, a partir de la segunda edición del Journal of Researches (1845). <<

[187] F. R. S. corresponde a miembro de la Royal Society y F. L. S. a miembro de la Linnean Society. [T.] <<

[188] Thomas Denman fue abogado general de la reina Carolina. Su procurador general, Henry Peter Brougham, primer barón Brougham y Vaux (1830), fue lord canciller, 1830-1834. <<

[189] Sin embargo, John Cam Hobhouse se postuló y fue elegido para Westminster en diciembre de 1832. <<

[190] George De Lacy Evans no tuvo éxito al participar por una curul en Westminster en 1832. <<

[191] Henry Percy Gordon. Los liberales se dirigieron a él en Cambridge, pero cuando no se comprometió a votar por los ministros, «se acordó que Lubbock [véase abajo] pasara al frente». Véase Romilly 1967. <<

[192] La Corporation Act (1661) ampliada por la Test Act (1673) hacía inelegibles para puestos públicos a los católicos y a los protestantes no conformistas. <<

[193] John Leslie. <<

[194] John William Lubbock. Durante 1830-1832 publicó una serie de artículos sobre «Researches on physical astronomy» (Lubbock 1830-1832). <<

[195] Los edificios de oficinas que albergaban los aposentos del Tesoro y del Consejo Privado en Westminster, llamados así porque fueron el lugar del palenque construido por Enrique VIII. <<

[196] Archibald Constable, editor de Sir Walter Scott. <<

[197] George Biddell Airy. <<

[198] Lubbock se retiró antes de las elecciones. Romilly comentó en su diario: «decisión muy sabia, ya que el vocero [Charles Manners-Sutton] y Goulburn lo tenían asegurado» (Romilly 1967). <<

[1] Josiah Wedgwood II ocupó una curul por Stoke-on-Trent, Staffordshire, el cual, gracias a la Ley de Reforma, se convirtió en un pueblo con dos miembros elegidos (Hanham 1972). <<

[2] Era una práctica común en las celebraciones de las elecciones cargar al victorioso sobre una silla. <<

[3] The Irish Tutor; or, New Lights: a Comic Piece, in One Act, de Richard Butler, conde de Glengall, se estrenó en 1822. <<

[4] Posiblemente el señor Pemberton mencionado por CD en su Autobiography<<

[5] Sir Thomas Fletcher Fenton Boughey casó con Louisa Paulina Charlotte Giffard el 27 de diciembre de 1832. <<

[6] El año escrito es 1832, pero debe ser 1833. <<

[7] La asignación o beneficio parroquial, localizada en Cholsey-cum-Moulsford, sumaba 340 libras al año. Henslow residía ahí sólo durante la vacación larga de Cambridge (véase Darwin and Henslow, n. 1). <<

[8] Ésta fue la elección a la que renunció John William Lubbock. Fueron elegidos el honorable Henry Goulburn (conservador) y el honorable Sir Charles Manners-Sutton (conservador), vocero de la cámara de los Comunes. Para esta y para otras relaciones mencionadas, véase Hanham 1972<<

[9] No se ha encontrado este informe. <<

[10] Véase la carta a J. S. Henslow del 18 de mayo-16 de junio de 1832 y Darwin and Henslow, n. 1. <<

[11] Guilding 1825. <<

[12] Cuvier 1817. <<

[13] Treuttel, Wurtz y Richter, comerciantes de libros extranjeros y clásicos, 30 Soho Square (Post Office directory, 1834). <<

[14] El Anatomy Museum y las salas de conferencias para las escuelas de anatomía y química se construyeron en 1832-1833 en parte del antiguo Jardín Botánico, entonces localizado cerca del Free School Lane. <<

[15] John Athanasius Herring Laffer. <<

[16] El espécimen núm. 223 del «Zoological diary» de CD (DAR 30: 20), identificado como «Mucor Linn.», un hongo. <<

[17] Roadsteed entre Spithead y la isla de Wight. <<

[18] El término despectivo inglés que usa Fox es «Nick Frog». [T.] <<

[19] Probablemente Fleming 1828. Un ejemplar anotado está en la Darwin Library-CUL. <<

[20] The Field Naturalist (Londres, 1833-1835). <<

[21] William Chapman Hewitson. La primera parte de su British Oology se publicó en 1831. <<

[22] La carta de Catherine del 8 de febrero no ha sido hallada, aunque sí la recibió CD en el siguiente junio (véase carta a Catherine Darwin, 22 de mayo-14 de julio de 1833). <<

[23] Frances Julia Wedgwood. <<

[24] La reforma de la Iglesia, que tanto se anticipó en 1832, no se instituyó. La esclavitud se abolió en Inglaterra en 1772 y el comercio de esclavos en las colonias en 1806. En agosto de 1833 se promulgó una ley para la emancipación de los esclavos en las colonias. <<

[25] Louisa Leighton casó con Henry Hope, hermano de Frederick William Hope. <<

[26] Joseph Banks y Daniel Carl Solander navegaron en el Endeavour con el capitán Cook desde 1768 hasta 1771. Mientras ascendían en la bahía del Buen Suceso el 16-17 de enero de 1768, fueron atrapados por una tormenta de nieve y dos miembros de su grupo perecieron. Véase Beaglehole, ed. 1962, 1: 218-222. <<

[27] En el «Beagle» Diary, CD anotó: «Si [la diferencia] es mayor que entre un animal domesticado y uno salvaje, entre los hombres representa una gran fuerza de progreso». La reacción de Robert FitzRoy fue muy distinta: observó que César encontró a los britanos pintarrajeados y vestidos de pieles como estos fueguinos (Narrative: 120-121). <<

[28] A unas 35 millas al noroeste del cabo de Hornos. <<

[29] George Anson, que llegó a almirante, comandó una escuadra enviada para atacar a las colonias españolas de Sudamérica en 1740 y perdió dos barcos por las tormentas al rodear el cabo de Hornos. <<

[30] Todo esto lo niega E. L. Bridges, hijo de Thomas Bridges, misionero que se estableció en Tierra del Fuego en 1871. Dice que CD entendió mal a sus informantes, ya que los fueguinos dan ese tipo de respuesta que creen ha de ser la esperada (Bridges 1948). Lothrop 1928, corrobora el punto de vista de Bridges de que los fueguinos no practicaban el canibalismo. <<

[31] H. M. S. Clio y H. M. S. Tyne llegaron a las Falkland a principios de 1833 y fue izada

la bandera inglesa. Woodbine Parish, encargado de negocios en Buenos Aires, que antes había enviado una nota de protesta contra la ocupación argentina, ordenó que se reafirmara la soberanía británica. El relato de FitzRoy del acontecimiento y de sus antecedentes históricos (Narrative 2: 228-240) presenta el punto de vista inglés de la época. La protesta argentina del 17 de junio de 1833 enviada por Manuel Moreno, ministro plenipotenciario en la corte de St. James, aparece en British and Foreign State Papers 22 (1833-1834): 1366-1384; la respuesta de Lord Palmerston aparece en el mismo volumen. FitzRoy lo reimprimió en un apéndice de su Narrative. Para un análisis posterior del problema, véase Goebel 1927. <<

[32] Sobre los antecedentes económicos y políticos de los viajes británicos para cartografiar las costas de Sudamérica en el periodo 1826-1836, véase Basalla 1963. <<

[33] Véase Narrative 2: 274-275. FitzRoy bautizó al bergantín como Adventure, como el compañero del Beagle de su primer viaje. El Almirantazgo desaprobó fuertemente la compra de FitzRoy (véase Voyage, n. 1, y Mellersh 1968). <<

[34] Un error por abril. <<

[35] Condiciones nada favorables para la navegación cambiaron este plan y el Beagle se dirigió a Maldonado, 65 millas al este de Montevideo. <<

[36] Henslow extractó pasajes de esta carta y los publicó en el panfleto de la Cambridge Philosophical Society. Véase la carta a J. S. Henslow, 18 de mayo-16 de junio de 1832, n. 1. <<

[37] El espécimen (núm. 485) se describe con detalle en el «Zoological Diary» (DAR 30: 131-132). <<

[38] Cuatro géneros de conchas fósiles de las Falkland se describen como similares a las formas silúricas y devonianas por Morris y Sharpe (1846). Sobre la relación de los fósiles con las formaciones europeas, los autores consideran que la cantidad de especies colectadas por CD es «demasiado limitada para justificar cualquier comparación cercana con la fauna paleozoica de otras partes del globo». <<

[39] Se trata de la primera mención del interés de CD por los arrecifes coralinos. Quizá fue resultado de su lectura del segundo volumen de los Principles de Lyell, que había recibido poco antes. Su ejemplar, con la inscripción «Montevideo. Noviembre de 1832», se guarda en la Darwin Library-CUL. Está ligeramente anotado con lápiz. <<

[40] Véase carta de J. S. Henslow, 31 de agosto de 1833. <<

[41] Una referencia al agente de Woodbine Parish, «el señor Oakley, un caballero de Estados Unidos» (Parish 1834). En una entrada del cuaderno de notas de campaña del 3 de noviembre de 1832, CD se refiere a él como «el fósil de Oakley, una escápula en verdadero tosca» (ibid., p. 169). (Véase abajo, n. 7.) Parish presentó el esqueleto y otros fósiles al Royal College of Surgeons el 13 de junio de 1832, después de ser exhibidos en la Geological Society, Londres (véase Clift 1835, y n., y Parish 1838). <<

[42] El 20 de noviembre [de 1832] CD redactó la siguiente nota en su diario geológico: «En los relatos periodísticos del Megatherium presentado últimamente por el señor Parish en la Geological Society se afirma que fueron encontrados en el barro de un lecho del río Salado. Después de preguntarle al señor Oakley, quien se lo entregó al señor Parish, parece que el río fluye entre colinas de tosca, que sin duda es idéntica al de Bahía Blanca y Buenos Aires... El señor Oakley recuerda claramente que una de las escápulas estaba embebida en una masa de tosca» (DAR 32.1: 71v.). Tosca es una formación de arenisca que sustenta la formación pampeana. <<

[43] George Evans. <<

[44] La tercera reunión de la British Association tuvo lugar en Cambridge en junio de 1833. <<

[45] Welshpool, Gales. William Clive era vicario de Welshpool. <<

[46] El capitán Francis Harding había regresado apenas de su servicio en la estación sudamericana de la flota (O'Byrne 1849). <<

[47] Syms Covington, «violinista y criado para el camarote de popa», se convirtió en el sirviente de CD y permaneció con él como asistente, secretario y sirviente hasta 1839,

cuando emigró a Australia. <<

[48] 3s. 6d. era una suma considerable y era el costo postal para una carta a Sudamérica. Seguramente CD quiere decir que un empleado postal —lejos del hogar, donde la familia era conocida— estaría tentado de destruir la carta y embolsarse el costo. <<

[49] Burchell 1822-1824, Caldcleugh 1825, Dalyell 1814, Davy 1830, Fleming 1822, Pennant 1781, Playfair 1802, Scoresby 1820 y Scrope 1825. Nunca se publicó un octavo volumen de la Personal Narrative de Humboldt (véase la carta de E. A. Darwin, 18 de agosto [de 1832], n. 3). Tampoco se publicó ninguna obra de Sedgwick y Conybeare sobre geología. Ejemplares anotados de Fleming 1822 y Playfair 1802, y un Pennant (3.ª ed., 1793) sin anotaciones están en la Darwin Library-CUL. Ejemplares sin anotar de Burchell 1822-1824, Scoresby 1820 y Scrope 1825 están en la Darwin Library-Down. Los ejemplares de CD de Caldcleugh 1825, Dalyell 1814 y Davy 1830 no se han encontrado. CD utilizó en el Beagle ejemplares de Playfair y Caldcleugh. Fleming y Pennant le fueron enviados desde Shrewsbury y probablemente fueron utilizados a bordo del Beagle, pero no hay pruebas que lo corroboren, tanto en los mismos libros como en las notas de CD. <<

[50] Las medidas de CD eran a veces improvisadas y aproximadas. Para pesar balanceaba con su frasco de agua y para pesos más refinados utilizaba balas y perdigones. Por ejemplo: «Rata grande que pesa el frasco con agua, sin la base dos balas y cuatro perdigones» (Voyage). <<

[51] Un tipo de fósforo. «Llevaba conmigo unos fósforos prometeos, que encendía mordiéndolos. Se creía tan maravilloso que un hombre pudiera hacer fuego con sus dientes que era común reunir a toda la familia para verlo. Una vez me ofrecieron un dólar por uno de ellos» (Journal of Researches). <<

[52] Las cartas de W. D. Fox, 29 de agosto-28 de septiembre de 1832 y 23 de enero de 1833. <<

[53] «To go snacks»: Por partes iguales. El ave es quizá la misma «criatura inosculada» de la que CD escribió en su carta a J. S. Henslow [c. 26 de octubre-]24 de noviembre [de 1832]. <<

[54] Las palabras transcritas aquí no son claramente legibles. Su interpretación nace de las entradas sobre Maldonado de su «Zoological Diary» (DAR 30: 178-200), que contienen observaciones detalladas del vuelo, la nidificación, la alimentación y otras costumbres. Muchas de estas entradas se reproducen en «Ornithological Notes»<<

[55] Turner 1832-1837, 2: 111 y n., cita una carta al editor firmada por «Ethelbert», Hereford Journal... (24 de noviembre de 1824). El párrafo citado también aparece en Bradley 1726, 2: 301. Herbert fue a la escuela de Hereford, lo que explica los signos de admiración de CD. <<

[56] Pasajes de esta carta fueron extraídos por Henslow y publicados en un panfleto de la Cambridge Philosophical Society. Véase carta a J. S. Henslow, 18 de mayo-16 de junio de 1832, n. 1. <<

[57] La ortografía idiosincrática de CD de ciertas palabras, aunque no siempre congruente, continuó casi hasta el fin del viaje. Frank J. Sulloway tabuló las variaciones ortográficas de CD de palabras como occasion, coral y Pacific en sus cartas, diarios y otros documentos de viaje (Sulloway 1982b) y demostró la importancia de las faltas para ayudar a establecer la época de escritura de las «Ornithological Notes» y de otros catálogos de especímenes como los del último año del viaje. <<

[58] Henslow transcribió la palabra inferior como interior, pero el manuscrito es claro y el sentido queda confirmado por la descripción de los lechos como «subyacentes» en South America<<

[59] Los especímenes fueron enviados a la Geological Society por el capitán Philip Parker King. «De los especímenes embarcados a Inglaterra por el capitán King desde esta remota parte del globo, puede destacarse en general que concuerdan perfectamente con las rocas de Europa y otras partes del mundo; siendo su semejanza, en varios casos, casi hasta la completa identidad» (Proceedings of the Geological Society of London 1 [1826-1833]: 29-

31). Una segunda colección fue presentada en 1831. <<

[60] Gamlingay, a unas 15 millas de Cambridge, era un campo favorito para la recolección entomológica. Leonard Jenyns lo describió como «una localidad muy rica, desde su posición geológica, en especies raras de insectos y plantas que no se encuentran en ninguna otra parte de Cambridgeshire y tan conocidas por la gente de Cambridge en los últimos tiempos, a partir de las excursiones llevadas a cabo anualmente por Henslow con su clase de botánica» (Jenyns 1862). <<

[61] Selby [1818-]1834; Bewick 1797-1804. <<

[62] Sobieski Owen. <<

[63] CD estaba ya esperando al Beagle cuando éste llegó a Bahía Blanca el 24 de agosto. Él y James Harris viajaron a caballo desde el Río Negro, gracias al pasaporte y los caballos que les dio el general Juan Manuel de Rosas, comandante de una expedición enviada para exterminar a los indios. Véase Journal of Researches, cap. 4. <<

[64] Edward Main Chaffers, contramaestre del Beagle, fue enviado por FitzRoy para conseguir carne. <<

[65] En español en el original. [T.] <<

[66] «quarter-er-less four». Cito: «FitzRoy muestra su humor en esta carta para Charles Darwin. Un "quarter" es uno de los puntos de la brújula, que se refiere a la dirección en que sopla el viento. Esto tiene importancia cuando el barco va con velas desplegadas y trata de capturar la fuerza del viento. Sin embargo, está anclado. Y él empieza a decir (pues continúa capitaneando el barco, su viejo oficio) por cuál cuarto sopla el viento, pero este aspecto del "viejo oficio" sólo tiene importancia cuando navega, así que de pronto quiere volverse atrás en su frase —"er"— y acaba diciendo "less four", o sea menos los cuatro cuartos, ya que está detenido en el puerto hasta que Darwin regrese al barco... y en efecto, no puede emplearse en su "viejo oficio". Está tan atado a tierra como Darwin tierra adentro». David L., 8 de diciembre de 2007, en UsingEnglish.com, en respuesta a pregunta expresa de cierto Carl. [T.] <<

[67] El segundo postscript antecede al primero en el manuscrito. <<

[68] William Buckland fue presidente suplente de la Sección Geológica de la reunión de la British Association en 1833; William Clift era curador del Hunterian Museum del Royal College of Surgeons. El Report de la reunión de 1833 no menciona los huesos del Megatherium de CD. <<

[69] El Report de la reunión de la British Association de 1832 en Oxford. En 1832 Buckland se dirigió a la reunión general hablando de los huesos de Megatherium encontrados por Woodbine Parish (véase Buckland 1832). <<

[70] William Jackson Hooker, entonces profesor de botánica en Glasgow. Henslow describió sólo algunos especímenes colectados más tarde en el viaje: nuevas especies de cactus de las Galápagos (Henslow 1837) y las plantas de las islas Keeling [o Cocos] (Henslow 1838). Se dejó a Joseph Dalton Hooker (hijo de William Jackson Hooker) la descripción de las colecciones de las islas Falkland y de Tierra del Fuego (Hooker 1844-1847) y más tarde la flora de las Galápagos (Hooker 1846a y 1846b). Para un recuento de la historia del trabajo sobre los especímenes botánicos de CD y el redescubrimiento de sus notas, véase Porter 1980a, 1981 y 1982. <<

[71] El cometa de Halley apareció, como se predijo, en 1835. <<

[72] Las esposas de William Clark y de Robert Willis. <<

[73] Henslow estaba escribiendo en la parte de la cubierta reservada para la dirección. <<

[74] Para la narración de CD de su encuentro con el general Rosas, véase «Beagle» Diary, y Journal of Researches. <<

[75] El esqueleto casi entero era de un Scelidotherium, un perezoso gigante terrestre (véase Fossil Mammalia). En South America, CD describe el mamífero fósil que encontró en Punta Alta tal como fue identificado por Richard Owen. <<

[76] Edward Lumb, comerciante británico de Buenos Aires. <<

[77] CD dejó esta carta en manos de Edward Lumb para que fuera enviada con el cargamento de huesos al que se refiere. La carta no fue despachada hasta el 2 de mayo de 1834, cuando Lumb le escribió a Henslow diciéndole que le enviaba una caja de especímenes con parte de la cabeza de un «Megatherium». Sin embargo, este envío no era aquel al que se refería la carta, sino otro que contenía un espécimen encontrado más tarde en 1833. De la carta de Lumb del 8 de mayo de 1834 parecería que el amigo español era «el señor Hooker». El cargamento de huesos no pudo rastrearse, aunque Lumb esperaba que llegaría pronto después del 2 de mayo de 1834. <<

[78] Una campanilla de invierno, de las Amarilidáceas (Galanthus nivalis), también llamada flor de la leche por su color blanco. [T.] <<

[79] James Harris. <<

[80] Thomas Samuel Hood, cónsul general británico en Montevideo (véase Narrative 2: 293-294). <<

[81] Conrad Martens, que remplazó a Augustus Earle como dibujante. La mala salud de Earle lo obligó a dejar el Beagle en agosto. <<

[82] La fecha real fue el 6 de diciembre de 1833. La demora fue causada por la necesidad de completar las cartas de navegar de los reconocimientos que hicieron el Liebre y el Paz («Beagle» Diary). <<

[83] Philip Yorke Gore, encargado de negocios en Buenos Aires. <<

[84] El señor Roberts fue el piloto a bordo del Liebre (Narrative 2: 110). <<

[85] Fleming 1822 y Pennant 1793. <<

[86] «En el whist, un jugador imaginario representado por una "mano" a la vista» (OED). <<

[87] Martineau 1833. <<

[88] La ley relativa a la abolición de la esclavitud en las colonias pasó el 23 de agosto de 1833. Se estableció un proceso de aprendizaje de siete años que había de servir como transición para la libertad completa. Se votó una cifra de 20 millones de libras como compensación para los plantadores. <<

[89] La pronunciación de Shrewsbury varía entre Shrowsbury y Shrewsbury, de ahí Shropshire. [T.] <<

[90] «Septiembre 23» es lo que escribió CD. «Septiembre» fue tachado y se inscribió en su lugar «octubre de 1833» en lo que parece escritura de otra mano, para corregir el error de CD. <<

[91] Jaguares (llamados «tigres» por los españoles) y capibaras. <<

[92] Véase el «Beagle» Diary: «Estos disturbios me causaron grandes inconvenientes, pues mi sirviente quedó afuera y yo me vi obligado a sobornar a un hombre para pasarlo por entre los beligerantes. Sus ropas, mis arneses, las colecciones de Santa Fe quedaron fuera, con ninguna posibilidad de obtenerlos. Sin embargo, fui afortunado en que se me mandaran a Montevideo». Véase también la carta de Edward Lumb, 13 de noviembre de 1833. <<

[93] «Kilkenny cats»: con el significado de «gente que pelea sin descanso hasta su fin». Se refiere a la leyenda de que algunos irlandeses del pueblo de Kilkenny ataban dos gatos por sus colas y los observaban pelear hasta que sólo quedaban éstas. Aunque es más factible que se trate de los pleitos inacabables entre Kilkenny y el pueblo vecino de Irishtown. [T.] <<

[94] CD usa por lo común «recado» por «silla de montar»; «recón» será quizá un término gaucho. <<

[95] Henslow escribió el 6 de febrero de 1832 y de nuevo el 15-21 de enero de 1833. CD recibió la carta del 6 de febrero cuando el Beagle llegó a Río de Janeiro el 4 de abril (carta a J. S. Henslow, 18 de mayo-16 de junio de 1832). La carta del 15-21 de enero de 1833 llegó a Valparaíso el 24 de julio de 1834 (véase carta a J. S. Henslow, 24 de julio-7 de noviembre de 1834). <<

[96] Gilbert White, The Natural History and Antiquities of Selborne (1789). <<

[97] Martineau 1833-1834. <<

[98] Whately 1829. <<

[99] El capitán John Ross acababa de regresar de un viaje de reconocimiento por el Ártico, 1829-1833, en busca del paso del noroeste. <<

[100] No se ha encontrado ninguna carta de la familia a CD fechada en el último marzo o abril. <<

[101] Fox llegó a Río de Janeiro como ministro plenipotenciario británico en Brasil en agosto de 1833. <<

[102] CD conservó esta carta entre sus notas geológicas (DAR 39.1: 1-4) para su uso posible al escribir acerca de los resultados de su viaje, pero no se hace mención alguna en sus últimas obras de esta o de ninguna otra isla de las que comenta Fox. Para la descripción de CD de la geología de la zona de Montevideo, véase South America. <<

[103] Los especímenes aparecen enlistados en DAR 39: 75. <<

[104] Probablemente Lacordaire 1830. Un ejemplar de la Darwin Library-CUL («Philosophical tracts») está ligeramente anotado. <<

[105] Latham 1781-1802. <<

[106] No hay una publicación por separado de las tráqueas y músculos fónicos de las aves; sin embargo, Eyton sí empleó su estudio de las tráqueas (y esqueletos) como base para una nueva clasificación de los patos (véase Eyton 1836. El concepto que implicaba se explicó con más detalle en Eyton 1838. El hincapié de Eyton en los órganos internos fue una novedad de la taxonomía avícola. <<

[107] Jenyns 1835. <<

[108] Probablemente una referencia al volumen dos, Water Birds (1833), de Selby [1818-]1834. <<

[109] Nicholas Aylward Vigors fue un defensor del sistema quinario de William Sharp Macleay. Eyton se refiere quizá a Vigors 1825. <<

[110] Gould 1832-1837. <<

[111] Gould 1834. <<

[112] Pasajes de esta carta fueron extraídos por Henslow y publicados en el panfleto de la Cambridge Philosophical Society. Véase carta a J. S. Henslow, 18 de mayo-16 de junio de 1832, n. 1. <<

[113] En Journal of Researches, p. 600 n., en una sección dedicada a aconsejar a los recolectores, CD advierte que «Las semillas no deben enviarse en la misma caja con pieles preparadas con veneno, alcanfor o aceites esenciales; casi ninguna de las mías germinó y el profesor Henslow piensa que murieron así». <<

[114] Identificado más tarde por Richard Owen, que lo bautizó Mylodon darwinii (Fossil Mammalia). <<

[115] Richard Owen lo identificó como perteneciente a Toxodon platensis (véase Fossil Mammalia, y South America). <<

[116] Syme 1821. <<

[117] Puesto que CD no da la ubicación en la que lo encontró, no puede identificarse el fósil en Fossil Mammalia, pero puede ser aquel, todavía sin identificar en 1846, que se menciona de South America como «fragmentos de una cabeza de cierto cuadrúpedo edental gigante» encontrado en Punta Alta. <<

[118] Antony Vandyke Copley Fielding. <<

[119] CD no registra ninguna visita a Paysandú, pero sí vio una calera en su camino a Mercedes (véase «Beagle» Diary). <<

[120] El nombre indígena del río Chubut en la Patagonia. Fue explorado por John Clements Wickham con el Liebre en febrero de 1833 (véase Narrative 2: 306-309). Sin embargo, el Beagle no llegó hasta ahí. <<

[121] De acuerdo con Robert FitzRoy la ubicación del Chubut fue ocultada durante muchos años «a cuenta del comercio lucrativo que ciertos individuos esperaban llevar a cabo gracias a los cueros y el sebo que pensaban obtener de las manadas de ganado salvaje» (Narrative 2: 307). <<

[122] La típica venda brasileña se describe en el «Beagle» Diary, y en el Journal of

Researches. Theresa Price era la hija de ocho años de un comerciante de Río de Janeiro («Beagle» Diary). <<

[123] La referencia va en el sentido probablemente de la adopción por CD del uniformatismo de Lyell, que impresionó a CD cuando leyó el primer volumen de los Principles of Geology. No recibió el tercer volumen hasta más tarde durante el viaje (véase carta a J. S. Henslow, 24 de julio-7 de noviembre de 1834). <<

[1] «No ánimo mudan quienes allende el mar corren». Horacio, Epístolas I, 11: 27 (traducción de Tarsicio Herrera Zapién, Nuestros Clásicos 47, unam, México, 1974). [T.] <<

[2] John George Children, Nicholas Aylward Vigors, Thomas Horsfield, James Francis Stephens, Frederick William Hope, William Spence, George Robert Gray, George Robert Waterhouse. <<

[3] Véase la bibliografía de los ensayos de Owen en R. S. Owen 1894, 2: 335-336. <<

[4] Saba Smith. <<

[5] Anne Marsh, una escritora muy admirada por los Allen y los Wedgwood. Con frecuencia se la menciona en Emma Darwin. Su hermana Emma fue la primera esposa del doctor Holland. <<

[6] Louisa Frances Wedgwood. <<

[7] Lord Grey se retiró en 1834 como resultado de un desacuerdo en el gabinete acerca de la renovación de la Irish Coercion Act de 1833. <<

[8] El término del aprendizaje, originalmente de siete años, fue reducido a cinco años cuando se hizo evidente que los «aprendices» ya no trabajarían para sus dueños. <<

[9] Daniel O'Connell. <<

[10] Frederick Marryat. <<

[11] Acton Burnell, al sureste de Shrewsbury, residencia de Sir Edward Joseph Smythe, baronet (Bagshaw 1851). <<

[12] Francis Vere Cotton. <<

[13] Pasajes de esta carta fueron extractados por Henslow y publicados en el panfleto de la Cambridge Philosophical Society. Véase carta a J. S. Henslow, 18 de mayo-16 de junio de 1832, n. 1. <<

[14] Véase carta a J. S. Henslow, 12 de noviembre de 1833, n. 3. <<

[15] No se trató de un mastodonte sino de un paquidermo hasta entonces desconocido y extinto parecido a llama o camello, que Richard Owen llamó Macrauchenia patachonica (véase Fossil Mammalia, y South America). Los huesos del espécimen de CD están en el Museo Británico (Historia Natural). <<

[16] Para las notas y observaciones de CD sobre esta especie, véase «Ornithological Notes», y Red Notebook. La nueva especie fue llamada Rhea darwinii por John Gould en 1837.Véase Collected Papers 1: 38-40. <<

[17] Uno de ellos puede haber sido el tercer volumen de los Principles of Geology de Lyell (1833). La primera mención de CD sobre haberlo recibido está en su carta a Henslow del 24 de julio de 1834, pero el contexto sugiere que le llegó antes de la expedición por el río Santa Cruz, que realizó a continuación de su visita a las islas Falkland. El ejemplar de CD en la Darwin Library-CUL sólo tiene la inscripción «C. Darwin», sin fecha. <<

[18] El Report de la segunda reunión de la British Association en Oxford en 1832. <<

[19] Adam Sedgwick fue elegido presidente para la reunión de Cambridge en 1833. <<

[20] No hay registro de que Darwin lo recibiera, aunque sí es seguro de que se le envió. En la Darwin LibraryCUL hay un folleto de firmas litográficas de los miembros de la British Association que se reunió en Cambridge, con un informe de las actas de las reuniones públicas, en «Philosophical tracts», vol. 2 (un volumen encuadernado en quarto de artículos misceláneos impresos). <<

[21] Véase «Beagle» Diary. <<

[22] Whewell 1833. <<

[23] En 1826.Véase en el «Journal» (Correspondence, vol. 1, apéndice I) la entrada del 30

de octubre de ese año. <<

[24] Véase Clift 1835, lámina XLIV, para un dibujo a línea hecho en 1832 del Megatherium, que muestra las partes descubiertas por Woodbine Parish. Los huesos de CD aparecen dibujados en Fossil Mammals, lámina XXX. <<

[25] Edward Vernon Harcourt. <<

[26] John Harding, beneficiado de St. George en Shrewsbury (Alum. Oxon.). <<

[27] Sedgwick 1833. <<

[28] Letitia Kynaston. <<

[29] Pot Fair o Midsummer Fair eran nombres populares para la feria que se celebraba en Barnwell, a tres millas al noreste de Cambridge, el 23 de junio (Winstanley 1940). <<

[30] «Ese animal del preboste [el reverendo George Thackeray] cerró las grandes puertas y su portero encerró a Henslow durante una hora en su covacha por tratar de mantener las puertas abiertas; tuvimos que (después de esperar una hora) descender por el Lane: los fuegos artificiales estuvieron bien» (Romilly 1967). <<

[31] Robert Lowe tomó un primer rango en clásicos y un segundo rango en matemáticas en el University College, Oxford, 1833 (Alum. Oxon.). <<

[32] Charles de Bériot. <<

[33] Robert Mackenzie Beverley, graduado de Trinity, escribió un panfleto en noviembre de 1833 sobre el estado de corrupción de la Universidad. Adam Sedgwick escribió cuatro cartas de respuesta durante los siguientes dos años. Beverley respondió a la primera, en la que comparaba a Sedgwick con un oso que bailaba sobre hierros candentes (Romilly 1967,;Winstanley 1940). <<

[34] El honorable George Augustus Frederick John Murray. El 11 de febrero de 1834, según Joseph Romilly anotó en su diario, «expulsamos al Hon. G. A. Murray y a Hunter por jugar (Murray ganó cerca de 800 libras a Hunter, quien se lo confesó a Whewell)» (Romilly 1967, p. 48). <<

[35] William Chafy, director del Sidney Sussex College (ibid.n). <<

[36] La petición de abolir las pruebas religiosas para el grado fue firmada por 63 miembros del Senado de la Universidad, entre ellos John Stevens Henslow, Adam Sedgwick, Charles Babbage y George Peacock. Una copia, hecha por Joseph Romilly, registrador universitario, está en los Cambridge University Archives. Véase también Winstanley 1940. <<

[37] La tercera universidad era el Trinity College, Dublín (Cumberland). <<

[38] Herbert continuó la carta escribiendo en forma vertical cruzando la primera página. <<

[39] El llamado para abolir las pruebas religiosas en las universidades fracasó. Esto no sucedió hasta 1871. <<

[40] «Estudiantes» en este caso se refiere a aquellos que no optan a un grado (poll-men en terminología de Cambridge) y «tutor» a la persona que desempeña ese cargo (poll-tutor). [T.] <<

[41] «Un certificado de manifestación personal para un beneficio eclesiástico, o una garantía de apoyo, requerido (en los casos comunes) por el obispo de un candidato a ordenarse» (OED). <<

[42] John Carr. <<

[43] Samuel Marindin se casó con Isabella Colville el 13 de marzo de 1834. <<

[44] Llanelltyd. <<

[45] Esta carta se publicó, con un examen completo acerca de sus antecedentes, en Winslow 1975. <<

[46] El señor Keen era el dueño de una estancia en la que permaneció CD en su viaje al Río Negro en el Uruguay occidental, 22-24 de noviembre de 1833. <<

[47] Comandante de la estación sudamericana de la Marina británica. <<

[48] Matthew Brisbane. <<

[49] Charles Griffith fue cónsul británico en Buenos Aires. El nuevo ministro

plenipotenciario, Hamilton Charles James Hamilton, no llegó sino el 11 de octubre de 1834 (BDR). <<

[50] Véase la carta de Edward Lumb, 13 de noviembre de 1833. <<

[51] Se dice que Magallanes llamó a la gente de esta región patagones cuando observó pisadas gigantes en la arena (Narrative 2). <<

[52] Pedro Sarmiento estableció una colonia española de 400 gentes en la cabeza de los estrechos de Magallanes en 1584. El nombre de «Port Famine» [Puerto del Hambre] le fue dado por Thomas Cavendish en 1587 cuando encontró a los colonos muriéndose de hambre durante su circunnavegación de la tierra (1587-1588) (véase DNB, «Thomas Cavendish»). <<

[53] En español en el original. [T.] <<

[54] En el «Beagle» Diary, CD escribió: «Una montaña que el capitán me hizo el honor de llamarla por mi nombre y de la que se determinó por medición angular que era la más alta de Tierra del Fuego, cerca de 7000 pies y por lo tanto más alta que el monte Sarmiento». Robert FitzRoy (Narrative 2: 215-216) no está tan seguro, «pues las medidas obtenidas no se basan en datos satisfactorios». Da una altura (en una «Table of remarkable heights», ibid., apéndice) de 6800 pies y del monte Sarmiento de 6910 pies. En el Times atlas se dan sus alturas, respectivamente, como de 2135 m y 2300 m. [El Comprehensive Atlas of the World, 12.ª ed., The Times, 2007, da las siguientes alturas: monte Sarmiento, 2234 m; monte Darwin, 2438 m; cerro Yogan, 2469 m. T.] <<

[55] La frase completa de CD es «recollect what a bobbery (a sea phrase)» y los editores anotan la definición de bobbery según el OED: «Ruido, perturbación ruidosa, "alboroto"». [T.] <<

[56] BDR, enlista al teniente-coronel John Walpole como cónsul general y plenipotenciario en Santiago de Chile, pero para 1837-1841. Sin embargo, residía en Santiago cuando CD llegó en agosto de 1834 (véase carta a Robert FitzRoy [28 de agosto de 1834]). <<

[57] Véase la posdata de la carta a Catherine Darwin, 22 de mayo-14 de julio de 1833. <<

[58] En la esquina izquierda superior de la primera página aparece lo siguiente, de otra mano: «Mrs. Hewtson, Camelford, Cornwall», la dirección a la que la carta de Covington debía enviarse. <<

[59] Edward George Geoffroy Smith Stanley se convirtió en secretario colonial en el ministerio de Lord Grey en marzo de 1833. Renunció en 1834 ante el problema de los diezmos irlandeses. <<

[60] John Coates, que por poco derrotó a William Ormsby-Gore en la elección de 1832. <<

[61] Catherine Darwin. <<

[62] El cráneo fue descrito por Richard Owen en Fossil Mammalia, como el de un «animal mamífero gigante extinto, de la orden de los Pachydermata, pero con afinidades con Rodentia, Edentata y Cetacea herbívoros». Owen lo llamó Toxodon platensis. <<

[63] Véase la carta a J. S. Henslow [20-27 de] septiembre de 1833. <<

[64] El propietario de una de estas estancias en las que CD permaneció durante su viaje por el Uruguay occidental. En su cuaderno de campo, hay una entrada que dice: «Roca dura en la estancia del señor Hooker» (Down House MS Beagle Notebook 1.13, «Buenos Ayres, St. Fe and Parana»). <<

[65] Juan Facundo Quiroga, un caudillo regional. <<

[66] Pedro Pablo Vidal. <<

[67] Juan Ramón González Balcarce. <<

[68] Estanislao López. <<

[69] Manuel José García. <<

[70] Bernardino Rivadavia. <<

[71] Véase la carta de Caroline Darwin, 9-28 de marzo [de 1834]. La mención por Susan

del Museo Británico es un error. Se refiere a la recepción de los huesos por William Clift y Richard Owen en el Museum of the Royal College of Surgeons. <<

[72] Bell 1833. <<

[73] James Mackintosh Wedgwood. <<

[74] George Proctor, compañero de estudios en Christ's College. Su tío, Robert Proctor, vivió y viajó por Perú y Chile en 1823-1824. (Véase Proctor 1825, del cual un ejemplar, firmado «C. Darwin» en el interior de la portada, está en la Christ's College Library, Cambridge. No hay pruebas de que CD lo tuviera a bordo del Beagle). <<

[75] El relato de CD está en el capítulo X del Journal of Researches. Robert FitzRoy leyó una ponencia sobre la expedición en la Royal Geographical Society el 8 de mayo de 1837 (FitzRoy 1837). <<

[76] Cinco líneas del manuscrito («díganle... diario») han sido tachadas con tinta negra, seguramente por una de las hermanas de CD. <<

[77] Una referencia a la especulación y fraude de la famosa «burbuja de los mares del Sur» de principios del siglo XVIII. <<

[78] Richard Henry Corfield estudió en la escuela de Shrewsbury, 1816-1819; CD entró en 1818 (Shrewsbury School Register). Las cartas de Corfield a CD, 26-27 de junio de 1835 y 14-18 de julio de 1835, indican que estaba comerciando o tenía negocios de embarques en Valparaíso. <<

[79] John Clements Wickham fue puesto al mando del Adventure por FitzRoy poco después de comprarlo en marzo de 1833. <<

[80] El día de apertura de la temporada de caza en Inglaterra. <<

[81] Para las identificaciones sugeridas de estos especímenes de Tierra del Fuego, véase Darwin and Henslow, n. 2, 3. <<

[82] Phillips 1816. La referencia de Henslow parece decirnos que CD tenía el volumen consigo en el viaje. Ejemplares no anotados de la tercera (1823) y cuarta (1837) ediciones están, respectivamente, en la Darwin LibraryDown y en la Darwin Library-CUL. <<

[83] Una referencia a la controversia sobre la cuestión de los disidentes. Véase la carta de J. M. Herbert [28 de marzo de] 1834, n. 9. <<

[84] John Graham, director del Christ's College. <<

[85] Una referencia a la reunión de la British Association en Cambridge en 1833. CD dobla aquí la asistencia. <<

[86] Harry Stephen Thompson y Thomas Charles Thompson. <<

[87] Pasajes de esta carta fueron extractados por Henslow y publicados en el panfleto de la Cambridge Philosophical Society. Véase carta a J. S. Henslow, 18 de mayo-16 de junio de 1832, n. 1. <<

[88] No se ha encontrado la carta de diciembre. <<

[89] En los registros que mantuvo CD durante el viaje, véase Correspondence vol. 1, apéndice II. <<

[90] Véase carta de J. S. Henslow, 15-21 de enero de 1833. <<

[91] Henslow subrayó este pasaje, 3.6 «Con respecto a... Cuvier» 3.11, para su comunicación a la Cambridge Philosophical Society, pero no se incluyó en el panfleto, quizá porque sentía todavía que estaba equivocado acerca de las Planariæ de tierra. CD las describió en el Journal of Researches, y con más detalle en un artículo de 1844 (véase Collected Papers 1: 182-193). <<

[92] Lyell utilizó primero el término «mioceno» en el volumen tres de los Principles of Geology<<

[93] Jean Vincent Félix Lamouroux. CD llevaba con él Lamouroux 1821, un ejemplar del cual, ligeramente anotado, está en la Darwin Library-CUL, con la inscripción «C. Darwin». <<

[94] Marie-Jules-César Lelorgne de Savigny. <<

[95] La naturaleza de las coralinas, definidas hoy como plantas, fue motivo de debate en

esa época. Para un examen de la cuestión y de las ideas de Darwin acerca del tema, véase Sloan 1985. <<

[96] Sir John Narbrough (también escrito Narborough) visitó los estrechos de Magallanes y la costa oeste de Sudamérica (Narbrough 1694). Puesto que la investigación del Beagle cubrió gran parte de la ruta de Narbrough, Robert FitzRoy probablemente tenía un ejemplar en la biblioteca del barco, pero ésta es la única mención de la obra. Una versión fue reimpresa en el volumen tres (1813) de Burney 1803-1817. <<

[97] Stephens 1833. Quizá CD recibió por parte de Henslow un ejemplar de la ponencia, la cual se leyó el 16 de mayo de 1831 y describía un nuevo género de escarabajo, Chiasognatus, enviado a la Cambridge Philosophical Society por el doctor Grant, médico a bordo del HMS Forte. También se le encontró en la isla de Chiloé. <<

[98] Vidrio volcánico muy parecido a la obsidiana, aunque con un lustre resinoso. Contiene una mayor cantidad de agua que la obsidiana. [T.] <<

[99] Gay 1833. Un ejemplar ligeramente anotado está en «Philosophical Tracts», Darwin Library-CUL (véase carta a Robert FitzRoy [28 de agosto de 1834]). <<

[100] Friedrich Sellow. Concentró sus esfuerzos en colectar plantas en Brasil y Uruguay, 1814-1831, pero también hizo valiosas observaciones sobre geología y las lenguas indígenas. «Río Grande y São Paulo» son ahora los estados de Rio Grande do Norte, Rio Grande do Sul y São Paulo. <<

[101] Augustin François César Prouvençal (también conocido como Auguste de) Saint-Hilaire viajó por Brasil durante seis años (1816-1822) recolectando en todos los campos de la historia natural. <<

[102] Andrew Mathews. <<

[103] Probablemente el mismo «Belford Wilson, cónsul general de Su Majestad en el Perú», a quien CD agradece por facilitarle un ejemplar de la declaración oficial de las exportaciones de nitrato de sosa para 1831-1834 (DAR 37: 685). Wilson sirvió en el ejército bolivariano como ayudante de campo del general Bolívar, 1823-1830 (Modern English Biography). <<

[104] Alexander Caldcleugh. <<

[105] Probablemente el copista equivocó la transcripción por «Quillota». <<

[106] Véase la carta a J. S. Henslow, 24 de julio-7 de noviembre de 1834. <<

[107] Thomas Sutcliffe. <<

[108] Miers 1826. <<

[109] El profesor de mineralogía de Cambridge era William Hallowes Miller, pero no se casó hasta 1844 (DNB). «Murchison» parecería ser el nombre correcto, ya que Roderick Impey Murchison y esposa frecuentaban los círculos de moda de Londres, en los que los fueguinos fueron presentados, y Murchison era amigo del coronel John Wingfield de Onslow (véase Murchison 1839). <<

[110] Esta carta se perdió, como las otras cartas de la familia para los meses de junio, julio y agosto de 1834, aunque CD acabó recibiéndolas (véase carta a Caroline Darwin [19 de] julio-[12 de agosto de] 1835). <<

[111] Esta carta se escribió antes de que CD completara la empezada el 24 de julio (carta a J. S. Henslow, 24 de julio-7 de noviembre de 1834). <<

[112] Robert FitzRoy en el apéndice a su Narrative, registra una altura de 6200 pies. CD cambió su cifra a 6400 pies en el Journal of Researches. <<

[113] En Narrative 2: 361-362, FitzRoy escribió: «En esta época me hicieron sentir y aguantar una amarga desilusión; la mortificación que causó me atormentó profundamente y todavía está vivo el sentimiento. Me encontré que era para mí imposible mantener más tiempo el Adventure: mis propios medios habían sido puestos a prueba e incluso me metí en dificultades, y como los lores comisionados del Almirantazgo no creyeron apropiado darme cualquier asistencia, vi que todas mis acariciadas esperanzas de examinar muchos grupos de islas del Pacífico, además de un calado completo de las costas de Chile y Perú, fracasaban por completo. Pedí que se me permitiera contratar a 20 marineros más en los libros del

Beagle, cuya paga y provisiones fueran entonces proporcionados por el gobierno, estando todo otro gasto por mi cuenta, pero incluso esto fue rechazado. Tan pronto como me hice a la idea, después de una dura lucha, despedí a la tripulación del Adventure, tomé de nuevo a los oficiales a bordo del Beagle y vendí el barco». <<

[114] «El señor Martens, el artista, ha sido obligado por falta de espacio a dejar el Beagle» («Beagle» Diary). Conrad Martens emigró a Australia, donde CD lo visitó en 1836. <<

[115] Lord Melbourne sucedió a Lord Grey. <<

[116] Para un relato del incendio, véase Annual Register, 1834. <<

[117] Thomas Campbell Eyton se comprometió con Elizabeth Frances Slaney, la hija de Robert Aglionby Slaney. <<

[118] Sir Robert John Wilmot Horton fue gobernador de Ceilán de 1831 a 1837. <<

[119] Spennithorne, North Yorkshire. Pulleine fue coadjutor de 1830 a 1845. <<

[120] La familia de William Brown Darwin establecida en Elston, sede de la familia Darwin cerca de Newark, Nottinghamshire, desde mediados del siglo XVII (véase LL 1: 2-3). <<

[121] De los dos hijos, uno, William Waring Darwin, murió al año siguiente, de edad de 13 años; el segundo, Robert Alvey Darwin, murió soltero en 1847 (Darwin Pedigree). Dejó Elston Hall a su hermana Charlotte (Freeman 1978). <<

[122] La casa bancaria de Robarts, Curtis & Co., 15 Lombard St., Londres. <<

[123] CD navegó a Chiloé en el Beagle el 10 de noviembre y no regresó hasta el 11 de marzo de 1835. <<

[124] El Challenger partió de Coquimbo el 5 de febrero de 1835, pero no partió a Inglaterra. Después de llegar a Río de Janeiro en marzo, el 1.º de abril partió en su malaventurado viaje hacia la costa oeste de Sudamérica (véase «Loss of His Majesty's frigate Challenger» 1835). Las cajas de CD, si viajaron en el Challenger, deben haber sido transferidas a otro barco en Río de Janeiro. <<

[125] En la cubierta de esta carta, CD escribió: «Última carta recibida en Valparaíso». <<

[126] El capellán fue Richard Thomas Lowe (véase carta a J. S. Henslow, 28 [de septiembre de 1831]). <<

[127] El término inglés es rantipole: «Salvaje, desordenado, disoluto» (OED). <<

[128] Rice Wynne. <<

[1] Véase la carta de J. M. Herbert, 15-17 de abril de 1832, n. 6. <<

[2] Edward Clive, conde de Powis. <<

[3] La tendencia conservadora de Shropshire no era típica. El resentimiento popular por la dimisión de Lord Melbourne por el rey Guillermo IV y el nombramiento de Peel y Wellington causó que una fuerte mayoría liberal fuera elegida. Peel, repetidamente derrotado en los Comunes, renunció en abril de 1835. Melbourne lo sucedió y formó un ministerio que duró seis años. <<

[4] Butler se hizo rector de Langar cum Barnston, Nottinghamshire (Alum. Cantab.). <<

[5] Henry Peter Brougham. <<

[6] La Comisión Eclesiástica nombrada por Sir Robert Peel continuó con el gobierno liberal, el cual pasó cierta cantidad de actas de reforma para reducir los privilegios e ingresos de la Iglesia. <<

[7] Sydney Smith fue uno de los fundadores de la Edinburgh Review en 1802. <<

[8] Williams Ormsby-Gore y Sir Rowland Hill, baronet, ambos conservadores, no tuvieron oposición en la elección general de enero de 1835. <<

[9] En esta carta, CD escribió: «Última carta. Costa de América —Lima— fechada en febrero». <<

[10] Véase el listado de cargos de la Marina británica y su historia en Wikipedia, «Post Captain». [T.] <<

[11] Douglas era un agrimensor radicado en Chiloé. Actuó como piloto e intérprete de FitzRoy y le proporcionó a él y a CD información acerca del país y sus habitantes. Véase

Narrative 2: 364 y «Beagle» Diary. <<

[12] CD incluyó los datos de Douglas sobre los bloques erráticos en sus notas geológicas (DAR 35: 300). CD los observó por primera vez durante las expediciones al río Santa Cruz en abril de 1834 y después anotó ejemplos de bloques a una distancia remota de sus formaciones originales. En Journal of Researches (y Addenda) publicó su idea de que la explicación era el transporte por icebergs, una conclusión presentada en 1841 en forma más comprensiva en su ponencia «On the distribution of the erratic boulders... of South America» (Collected papers 1: 145-163). En sus notas geológicas (DAR 34: 169) CD afirma que le llamó la atención el transporte de bloques de roca como resultado de «ciertas preguntas enviadas por el señor Lyell al capitán FitzRoy». <<

[13] CD describió el terremoto de Concepción en su ponencia, leída ante la Geological Society en marzo de 1838, «On the connexion of certain volcanic phenomena in South America» (Collected Papers 1: 53-86). <<

[14] No se encontró esta carta. <<

[15] CD dejó Santiago camino de Mendoza por el paso del Portillo el 18 de marzo y regresó por el paso de Uspallata, llegando el 10 de abril. Véase «Beagle» Diary, y Journal of researches, cap. 17. <<

[16] Las luces de Lizard Head, Cornwall, la punta más meridional de las tierras británicas. <<

[17] Pasajes de esta carta fueron extraídos por Henslow y publicados en el panfleto de la Cambridge Philosophical Society. Véase carta a J. S. Henslow, 18 de mayo-16 de junio de 1832, n. 1. <<

[18] Véase South America, para una descripción de CD de los estratos de la península de Lacuy, Chiloé. La formación de la isla de Wight se describe en Conybeare y Phillips 1822, , que CD tenía a bordo del Beagle. Un ejemplar sin notas se encuentra en la Darwin Library-Down. <<

[19] La descripción de este espécimen (Cryptophialus minutus) llevó más tarde a CD a su labor de ocho años de clasificación de Cirripedia. «Originalmente intenté haber descrito sólo un cirrípedo anormal de las costas de Sudamérica y esto me llevó, por mor de la comparación, a examinar las partes internas de tantos géneros como pude procurarme» (Living Cirripedia 1: v; véase también Autobiography). La descripción está en Living Cirripedia 2: 566. <<

[20] George Henslow nació el 23 de marzo de 1835 (Alum. Cantab.). <<

[21] El asunto se centraba en los diezmos irlandeses, que sobre todo pagaban los católicos, lo que proporcionaba a la Iglesia de Inglaterra y a sus obispos fondos considerables. Lord John Russell propuso una resolución que inquiría acerca de las necesidades reales de la Iglesia. Todo excedente no requerido para el cuidado espiritual de sus miembros debería aplicarse a la educación de todas las clases, sin considerar su fe religiosa. El ministerio de Peel se oponía a la resolución y, cuando finalmente pasó, renunció el 8 de abril de 1835. <<

[22] Pasajes de esta carta fueron extractados por Henslow y publicados en el panfleto de la Cambridge Philosophical Society. Véase carta a J. S. Henslow, 18 de mayo-16 de junio de 1832, n. 1. <<

[23] Las notas geológicas de CD sobre esta jornada están en DAR 36.2. Estas notas, incrementadas por una lectura posterior, se utilizaron para escribir South America. Véase el cap. 7 y el cap. 8,, y las láminas que muestran secciones geológicas de los pasos de Peuquenes (Portillo) y Cumbre (Uspallata). <<

[24] Los fósiles fueron más tarde bautizados por Alcide d'Orbigny, identificados con las correspondientes formaciones europeas (véase South America). <<

[25] En las notas geológicas de CD (DAR 36: 489v.) hay una entrada que explica por qué subrayó «proto»: «Incluso si la protógina no es posterior al granito blanco, lo es al levantamiento (debido al granito y a la diorita sienítica de la Cordillera occidental) de la

cadena Peuquenes. De ahí que su nombre de proto no sea aquí aplicable». <<

[26] Robert Brown se sintió muy impresionado por los especímenes y los identificó como «coníferas que comparten las características de la tribu araucaria, con ciertos curiosos puntos de afinidad con el tejo» (South America). <<

[27] CD estaba en lo cierto al asumir que Claude Gay probablemente comunicaría la información a Francia (véase Gay 1836). <<

[28] En las minutas de la Cambridge Philosophical Society del 14 de diciembre de 1835, el ítem 6 dice: «comunicaciones de C. Darwin, Esq., sobre lagartos vivíparos y sobre nieve roja». CD describe la última en Journal of Researches,. Los lagartos recogidos por CD, Claude Gay y otros fueron descritos por Thomas Bell en Reptiles. Las notas de campo de CD del 24 de marzo de 1835 contienen sus descripciones (véase Voyage). Henslow, en su panfleto de la Cambridge Philosophical Society, cita el periódico chileno a que se refiere el recuento de CD. <<

[29] Las notas en DAR 31: 314 se reproducen casi verbatim en Journal of Researches. <<

[30] Tal fue uno de los principales objetivos del viaje, según se estableció en las instrucciones del Almirantazgo. Robert FitzRoy resumió los principales resultados en el apéndice a su Narrative, pp. 331-352. Las mediciones cronométricas se describen como «formando una cadena conectada de distancias meridianas alrededor del globo, la primera que se ha logrado concretar o incluso intentar por medio de sólo cronómetros». <<

[31] CD utilizó información de esta carta en su ponencia para la Geological Society del 4 de enero de 1837 (Collected papers 1: 41-43) y en South America. También se incluían datos proporcionados por Alison en un memorándum sobre cambios del nivel terrestre desde 1640 hasta 1834 (DAR 36: 425-426). <<

[32] Una de las explicaciones propuestas en la época para la existencia de conchas por encima del nivel del mar se refería a que eran restos de mariscos utilizados como alimento en sitios de habitación primitiva. CD fue especialmente cuidadoso en su observación de los depósitos de conchas porque había visto recientemente montones acumulados por los nativos de Tierra del Fuego (véase «Observations of proofs of recent elevation on the coast of Chili», Collected Papers 1: 41-43, y la carta a [Alexander Burns Usborne] [c. 1.º-5 de septiembre de 1835]). Los nombres correctos de las conchas de Alison son Concholepas, Patellae y Mytilus. Véase South America. <<

[33] Por lo visto, CD analizó con Alison su hipótesis de que un desplome de tierra tuvo lugar en el Pacífico concomitante con la elevación del continente sudamericano. <<

[34] Robert FitzRoy navegó con el HMS Blonde para rescatar a la tripulación del Challenger, que naufragó el 19 de mayo (véase Narrative 2: 429-430 y carta a Caroline Darwin [19 de] julio-[12 de agosto] de 1835). <<

[35] Puede haber sido una carta a Charles Douglas de Chiloé pidiéndole sus observaciones sobre el terremoto del 20 de febrero. «Ansioso de rastrear los efectos del terremoto en el sur, le escribí, después de visitar Concepción [marzo de 1835] al señor Douglas, un hombre muy inteligente, a quien conocí en la isla de Chiloé» (Collected Papers 1: 55). <<

[36] Nicolas Jean de Dieu Soult, duque de Dalmacia. <<

[37] James Abercromby. <<

[38] Charles Manners-Sutton. <<

[39] Se menciona al señor Lambert en South America. Esta carta se utiliza. CD escribió sobre la carta: «Debe observarse que la afirmación del señor Lambert de que las erupciones volcánicas cubrieron las colinas antes de la excavación de los valles está perfectamente de acuerdo con mi idea de que el ónix es una formación submarina y no subaérea. Si fuera subaérea no habría razón posible para imaginar por qué todas las capas habrían pertenecido a un mismo nivel». <<

[40] El reverendo George Townsend acusó a Thomas Wentworth Beaumont, miembro del Parlamento, de expresar «sentimientos atrozmente revolucionarios contra los

conservadores», lo que llevó a un intercambio de cartas en The Morning Herald del sábado, 21 de febrero de 1835. <<

[41] La referencia es al resumen de un elogio de Georges Cuvier por Marie-Jean-Pierre Flourens en la Academia de Ciencias francesa (The Morning Herald, 21 de febrero de 1835). <<

[42] Fechada con la llegada del Beagle a Callao, el puerto de Lima (19 de julio de 1835). Por lo tanto, la fecha «Julio 12» que aparece más adelante en el texto es un error por agosto. La oración que precede a esta fecha también fue escrita en agosto, después de la carta a W. D. Fox, [9-12 de agosto de] 1835. <<

[43] Un error por agosto (véase carta a Caroline Darwin [19 de] julio-[12 de agosto] de 1835, n. 1). <<

[44] No se ha encontrado la carta. <<

[45] Curculia imperialis de Brasil, llamado «escarabajo diamante» por sus élitros brillantes. <<

[46] De los cuatro lugares mencionados, sólo se visitaron las Galápagos y las islas de la Sociedad. <<

[47] Aunque todavía existe alguna actividad volcánica en las Galápagos, las esperanzas de CD se vieron frustradas. La única reacción que informa haber visto es un pequeño surtidor de vapor de un cráter en la isla Albemarle (Isabela) («Beagle» Diary). <<

[48] Henslow no dio a las prensas extractos de esta carta probablemente porque no le llegó cuando se publicó el panfleto de la Cambridge Philosophical Society a principios de diciembre de 1835. La carta a Caroline de CD, también escrita en agosto, tiene el sello postal «Shrewsbury JA 41836». <<

[49] Un error por agosto (véase carta a Caroline Darwin [19 de] julio[-12 de agosto] de 1835, n. 1). La partida esperada «En unos días» que se menciona en el primer párrafo se demoró hasta el 7 de septiembre. <<

[50] Véase South America, apéndice, para la descripción de los especímenes de conchas fósiles de CD por George Brettingham Sowerby y Edward Forbes. <<

[51] Blainville, Brongniart y otros (Blainville 1834) publicaron un informe sobre los resultados científicos del viaje de Orbigny. Más tarde CD se dio cuenta de que estaba en desacuerdo con el naturalista francés acerca de la edad y el origen de la formación pampeana (véase South America). <<

[52] Los dos primeros capítulos de South America dan conjuntamente la evidencia de la elevación reciente de ambas costas del continente. En la costa este, la localización de conchas en las formaciones observadas por CD y Orbigny constituye la mayor evidencia. No se mencionan pruebas proporcionadas por Fox. <<

[53] El memorándum de CD fue enviado por Usborne a Henrietta Litchfield el 15 de septiembre de 1882 con una nota de reminiscencias de CD como compañero de a bordo (DAR 207: 17). CD escribió el memorándum cuando Usborne y Charles Forsyth fueron desembarcados para examinar la costa del Perú (véase Narrative 2: 483). En South America no se hace mención alguna de especímenes colectados o de observaciones hechas por Usborne durante el reconocimiento. <<

[54] La primera oración de CD deja claro que «Mayo 3» es un error. La fecha fue cambiada a «septiembre», probablemente por su hermana Catherine (véase carta de Catherine Darwin, 29 de enero de 1936) y después a «agosto». El 3 de agosto es la fecha que da Nora Barlow (Voyage), pero la referencia a Robert FitzRoy corresponde mejor a la fecha de septiembre, ya que FitzRoy no regresó de la misión de rescate del Challenger hasta el 9 de agosto (véase Narrative 2: 482). <<

[55] A pesar de la censura anterior a FitzRoy por parte del Almirantazgo, volvió a comprar un pequeño bergantín, el Constitución, con sus propios fondos y por lo visto esperaba de nuevo que el gobierno se lo rembolsara (véase Narrative 2: 482-483; para la respuesta negativa del Almirantazgo, véase «Beagle» Diary,). <<

[56] Tal fue la explicación de Robert FitzRoy (véase Narrative 2: 479-480). Las notas de

FitzRoy a este respecto se leyeron en la corte marcial del capitán Michael Seymour del Challenger en Portsmouth, 19 de octubre de 1835. Seymour fue exonerado. <<

[57] Los primeros cuatro niños Parker fueron todos varones. Como se predijo, una sobrina, Mary Susan Parker, nació en enero de 1836. <<

[58] El telescopio de South tenía un objetivo de 12 pulgadas, el segundo más grande del mundo. <<

[59] La Shropshire and North Wales Natural History and Antiquarian Society. CD aparece como miembro en las listas de 1835-1836. En 1877 se unió con la Shropshire Archaeological Society. <<

[60] Extractos tomados de las cartas de CD a Henslow (atribuidos a «F. Darwin, Esq., del St. John's College, Cambridge») los leyó Adam Sedgwick en la Geological Society (véase carta de Caroline Darwin, 29 de diciembre [de 1835]) el 18 de noviembre de 1835 (Proceedings of the Geological Society of London 2 (1833-1838): 210-212, Collected Papers 1: 16-19). La geología de Sudamérica era tan poco conocida en esa época que las cartas de CD despertaron gran interés. Charles Lyell, que vio los informes de CD sobre la elevación como confirmación de sus puntos de vista, se mostró del todo deseoso de más detalles. El 6 de diciembre de 1835 le escribió a Sedgwick: «¡Cómo ansío el regreso de Darwin! Espero que no intente usted monopolizarlo en Cambridge» (K. M. Lyell 1881, 1: 460-461; véase también Wilson 1972). <<

[61] Robert Mackintosh era el hermano de Fanny Mackintosh Wedgwood. Al conocer las noticias de que Erasmus había tomado el empleo con su hermano, Emma Wedgwood escribió el 29 de noviembre [de 1835] a su tía, Jessie Sismondi: «Erasmus se fue como su secretario, y nos sorprendió a todos que a un hombre tan ocioso le agradara tomarlo (o sea, el puesto), ya que se supone que tendrá bastante quehacer. Las muchachas de Shrewsbury le dijeron que temían que el rey habría hecho un mal negocio» (Emma Darwin (1904) 1: 376). <<

[62] John Wedgwood y familia tomaron una casa de campo en Betley, Staffordshire. Su hijo, John Allen Wedgwood, era vicario de Maer. <<

[63] No se ha encontrado ninguna carta de CD desde las Galápagos. <<

[64] Earle 1832. <<

[65] Seis meses después, al observar fuertes sentimientos contrarios a los misioneros en Ciudad del Cabo, Robert FitzRoy y CD escribieron en defensa de su labor (véase Collected Papers 1: 19-38). <<

[66] El panfleto, «Extracts from letters addressed to Professor Henslow by C. Darwin, Esq.», fechado el 1.º de diciembre de 1835, fue impreso en forma privada para su distribución entre miembros de la Cambridge Philosophical Society (véase Collected Papers 1: 3-15). <<

[67] Sin duda esto se refiere a la carta mal fechada por CD de «Julio 12» (véase carta a Caroline Darwin [19 de] julio[-12 de agosto] de 1835, n. 1). <<

[68] Athenæum, 21 de noviembre de 1835. En realidad era un semanario. <<

[69] Debe leerse «el último», o sea William Darwin Fox. <<

[1] Para un uso extenso de CD del material de esta carta, véase su «On the conexion of certain volcanic phenomena in South America», Collected Papers 1: 53-86. CD escribió en la carta: «Compárese. Islas occidentales de Escocia / costa de Inglaterra / volcán de la Francia [central]» y en su ponencia hace referencias semejantes para dar una idea de la extensión de la acción volcánica (Collected Papers 1: 59). <<

[2] En su ponencia CD utiliza el nombre indígena de «Minchinmadom» para este volcán. <<

[3] Arsenales. <<

[4] Esta carta en español que firma [Humberto] Garrao contesta brevemente y más bien en forma vaga las preguntas de Douglas acerca del nivel de las mareas del 20 y el 23 de febrero de 1835 (DAR 39.1: 6a). <<

[5] Véase la carta de Charles D. Douglas, 24 de febrero de 1835. <<

[6] CD, en el «Beagle» Diary, llama a esta isla «Quinchao». Philip Parker King (en Narrative 1: 271) se refiere a ella como «Achao o Quinchao». <<

[7] Bathurst se localiza a orillas del río Macquarie, a unas 100 millas tierra adentro de Sydney. CD llegó ahí el 20 de enero (véase «Beagle» Diary). <<

[8] King se retiró a Dunheved, Penrith, Nueva Gales del Sur. <<

[9] La profecía del brillante futuro de la nueva colonia en el poema de Erasmus Darwin (E. Darwin 1791, canto 2: 315) se inspiraba en un medallón Wedgwood modelado con arcilla traída de Sydney poco después de que se fundara la colonia (véase Voyage). <<

[10] En un informe al capitán Beaufort fechado tan sólo dos días antes (26 de enero de 1836), Robert FitzRoy comentaba: «Mi compañero de correrías, el señor Darwin, es lo peor para un viaje largo, tanto que estoy ansioso por apresurarme tanto como sea posible. Otros más se duelen y requieren con ansia ese descanso que sólo puede obtenerse en el hogar» (F. Darwin 1912). Francis Darwin observa que el punto más interesante acerca de este informe «es la afirmación del capitán FitzRoy del pobre estado de salud de Darwin. No estaba nada preparado para una afirmación de este tipo y me parece probable que fuera el principio del derrumbe en la salud que se inició bien pronto a su regreso a Inglaterra» (ibid.). Pero las cartas de CD de esta época no mencionan para nada su mala salud y su viaje de 12 días al interior inmediatamente anterior no sugiere ninguna enfermedad seria. No se sintió bien una mañana de este viaje y «pensé más prudente no partir» («Beagle» Diary). Es como si FitzRoy se refiriera a los continuos mareos de Darwin, ya que, unos días después, escribió: «Mi compañero de mesa, el señor Darwin, está ahora muy bien, pero es un mártir del confinamiento y del mal de mar cuando estamos en camino» (F. Darwin 1912). <<

[11] Las acuarelas aparecen en la lista de Keynes 1979 como los números 193: «Orillas del río Santa Cruz» (propiedad de la señora de R. G. Barnet), y 150: «El Beagle en el canal del Beagle» (propiedad de George Pember Darwin). <<

[12] Henslow dispuso la colección de las plantas de CD provenientes de las Galápagos, ahora en el Botany School Herbarium de la Universidad de Cambridge. Sólo una pequeña parte de esta colección fue descrita por Henslow; las demás plantas de las Galápagos fueron descritas por Joseph Dalton Hooker en 1846 (véase la carta de J. S. Henslow, 31 de agosto de 1833, n. 3). <<

[13] Las aves de las Galápagos son famosas por haber sido motivo de las primeras dudas de CD acerca de la permanencia de las especies. Para un examen de su importancia en la «conversión» de CD, véase Sulloway 1982b, y para un análisis detallado del papel de los «pinzones de Darwin» en particular, véase Sulloway 1982a. Gran parte de la colección de pinzones del Beagle está ahora en el departamento de ornitología del Museo Británico (Historia Natural) en Tring. Los especímenes fueron cuidadosamente identificados y descritos por primera vez en Sulloway 1982c. <<

[14] «La Citerea coronada de riquezas», Homero, Himnos, 5: 1. El lugar original, llamado ahora Cerigo o Kithira, es una isla de la costa del Peloponeso. <<

[15] La carta de CD fue mal fechada como de julio (véase carta a Caroline Darwin, [19 de] julio[-12 de agosto] de 1835, n. 1). <<

[16] Eliza Ann Fox. <<

[17] Véase la carta de Sarah Williams, 21 de octubre de 1833, en la que se refiere al interés de Thomas Panting por Susan Darwin. <<

[18] A Diary of the Wreck of His Majesty's Ship Challenger... 1836. <<

[19] Véase la entrada del «Beagle» Diary del 13 de diciembre de 183. <<

[20] Eyton 1836. <<

[21] Para un relato de las observaciones geológicas de CD mientras estuvo en Tasmania, véase Banks 1971. <<

[22] Con el tiempo, CD recibió cartas en el Cabo de Buena Esperanza, después de 13 meses sin recibir ninguna, y en Bahía, Brasil (véase cartas a Catherine Darwin, 3 de junio de 1836, y a Susan Darwin, 4 de agosto [de 1836]). <<

[23] Una referencia a la obra de Jacques Henri Bernardin de Saint-Pierre, Paul et Virginie (1787). <<

[24] Un grupo de islas coralinas en el océano Índico. Se las examina a fondo en Coral Reefs. [Son las islas Cocos. T.] <<

[25] Se trata de la opinión más generalizada, compartida por Charles Lyell (Principles of Geology 2: 290-291). En la Autobiography, CD dice que su teoría, de que los arrecifes de coral se formaron por el crecimiento hacia arriba del coral durante la gradual sumersión del lecho marino, «se me ocurrió en la costa oeste de Sudamérica». No se ha encontrado ningún texto sobre la teoría escrito en esa época. Para un relato de las primeras notas de CD sobre la formación de arrecifes coralinos, véase Correspondence vol. 1, apéndice V. La primera exposición del esbozo general de la teoría aparece en un manuscrito con el encabezado «Coral islands», fechado en 1835 y escrito probablemente en el mar entre Tahití y Nueva Zelanda, 3-21 de diciembre de 1835. Forma parte de las «Geological notes» de CD (DAR 41: 1-22). Fue transcrito y publicado en Stoddart 1962, con un recuento de la probable cronología del desarrollo de la hipótesis. (Véase también Stoddart 1976). <<

[26] Nabab era un término que se aplicaba a las personas que regresaban de ultramar, por lo común la India, habiendo adquirido una gran fortuna. CD se refiere a Beppo, el héroe epónimo del poema satírico de Lord Byron (1818). <<

[27] Juego de palabras irónico. La terminación que utiliza CD es «poor», por lo tanto ironiza acerca de los «pobres» nababs de Cawnpoor y otros «pobres». [T.] <<

[28] Henslow metió la siguiente advertencia en sus anotaciones previas al panfleto de extractos de la Cambridge Philosophical Society: «Las opiniones expresadas aquí no deben verse con más luz que las primeras ideas que se le ocurren a un viajero respecto de lo que ve, antes de que tenga tiempo de cotejar sus notas y examinar sus colecciones con la atención necesaria para su expresión científica cuidadosa». <<

[29] El comunicado original, publicado bajo el título de «A letter, containing remarks on the moral state of Tahiti, New Zealand, etc.», constaba de dos partes: la primera sección, la más larga, escrita en primera persona excepto por los tres párrafos iniciales, y firmada sólo por FitzRoy, contenía extractos del diario de CD. Ambas partes se publicaron en Collected Papers 1: 19-38. <<

[30] Véase la carta de Adam Sedgwick, 18 de septiembre de 1831. <<

[31] Sir Thomas Maclear. <<

[32] Véase Andrew Smith 1838-1849 para la zoología de la expedición. El diario de Smith fue publicado en Andrew Smith 1939-1940. <<

[33] Levaillant 1790, un popular libro de viajes por África. <<

[34] Andrew Smith dejó Inglaterra en 1837 pero no regresó a Sudáfrica. <<

[35] Véase Journal of Researches. <<

[36] El general Charles Dallas. Su hija Davidona casó con el capitán Francis Harding, un amigo de la familia Darwin (véanse las cartas de Caroline Darwin, 1-4 de mayo de 1833, y de Susan Darwin, 16 de febrero de 1835). <<

[37] No se ha encontrado esta carta. <<

[38] Una libreta con cuentas de pesos que el padre de CD y después Josiah Wedgwood III mantuvieron registra la estatura y el peso de CD del 6 de octubre de 1836 como «5 pies, 11 3/8 pulgadas, 10 stone, 8 ¼ libras». Para diciembre de 1836 pesaba «11 stone, 12 libras» (Down House ms). <<